영어와 국어 통사구조의 신탐구

Explorations of Syntactic Structures in English and Korean

장경기 지음

UUP

영어와 국어 통사구조의 신탐구

- 2015년 12월 21일 초판 인쇄
- 2015년 12월 29일 초판 발행
- 지은이 장경기
- 펴낸이 오연천
- 펴낸곳 UUP(울산대학교출판부) 680-749 울산광역시 남구 대학로 93(무거동) 울산대학교 출판부
- 전화 (052)259-2488 팩스 (052)277-3011 ▪ 홈페이지 http://uup.ulsan.ac.kr
- 출판등록 제370-1996-000001호(1996.3.13)
- ₩ 24,000

이도서의 국립중앙도서관 출판도서목록(CIP)은 e-CIP 홈페이지(http://www.nl.go.kr/ecip)에서 이용하실 수 있습니다.

ISBN 978.89.7868.379.1 (93700)

머리말

知之爲知之 不知爲不知 是知也

-論語, 爲政篇-

아는 것은 안다고 하고

모르는 것은 모른다고 하는 것,

이것이 진정으로 아는 것이다.

공자님의 말씀대로 필자는 지난 36년 동안 '영어'에 대해서 내가 무엇을 안다고 할 수 있으며, 무엇을 모른다고 할 수 있는지를 알기 위해서 오늘까지 교육과 학문의 길을 정진해 오면서 30여 편의 논문을 발표하였다. 구체적으로는 학부와 대학원에서의 영어교육 및 영어통사론과 관련된 강의에서 축적된 경험과 관련되어있고, 또 하나는 평생 공부해온 생성문법 이론과도 관련되어 있다. 바꾸어 말하면 전자는 교육적 관점이고, 후자는 학문적 관점이다. 교육적 관점에서는 영어를 올바로 이해하는데 꼭 필요한 지식이 무엇인가를 염두에 둔 부분이고, 후자는 생성문법과 철학적 관점에서 언어와 영어의 본질을 탐구해 나가는 학문적 관점이다.

필자는 그동안 20세기 중반에 시작된 현대언어학의 혁명을 주도한 Noam Chomsky의 생성언어학(Generative Linguistics)이 모든 인간의 자연언어인 모국어의 보편문법(Universal Grammar)의 명시적 기술(explicit description)을 통해서 궁극적으로는 인간 정신(human mind)의 탐구에 언어학의 목표를 둔다는 점을 적극적으로 수용하여, 외국어이자 세계 공용어인 영어와 필자의 모국어인 국어의 통사구조의 올바른 이해와 기술을 평생의 연구과제로 삼아 왔다. 특히 현대 생성문법은 Chomsky(1981)의 LGB (Lectures on Government and Binding)의 출판을 기점으로 하여 지배결속이론(GB Theory)이라는 이름의 제 2의 생성문법 이론의 혁명이 완성되었다고 해도 과언이 아니다.

필자는 정년을 앞에 둔 이 시점에서 그동안 발표한 논문 가운데 주로 <영어통사론>에 관한 논문 10편과 주로 <국어통사론>에 관한 논문 10편을 엄선하여 재 탐구하기로 하였다. 필자는 그동안 생성문법 이론의 발전과 학문적 호흡을 같이 하면서 처음에 결심한 대로 평균 한 해에 한 편의 논문을 발표한 셈이다. 이는 학문의 연속성이라는 면에서 매우 의미가 있다. 생성 문법적 관점에서 볼 때 모든 이론은 가설이므로 논문의 발표 시점과 길게는 30년이 지난 지금의 시점에서 바라보면 당연히 차이가 있을 수밖에 없고, 특히 동일 주제에 관한 연구는 발표 시기에 따라 자연스럽게 이론의 발전과 필자의 인식의 변화에 따라 논문의 내용이 진화되었다. 또한 보편문법적 관점에서 <영어통사론>과 <국어통사론>을 구별하는 것은 이론적으로 큰 의미는 없으나, 이해의 편의를 돕기 위하여 어느 언어에 더 비중을 두고 기술했느냐에 따라 분류하였다. 특히 필자는 모국어인 국어와 외국어인 영어가 보편문법적으로 경이롭게 합치된다는 점을 탐구하면서 우리 학생들도 영어에 대한 두려움을 모국어에 대한 자신감을 통해서 극복할 수 있도록 교실에서 강조해왔다. 구체적으로 이 신탐구의 내용이 학술지에 발표한 원 논문과 달라진 점은 다음과 같다.

첫째, 원 논문의 내용을 비판적으로 재검토하여 수정·보완하고, 필요하면 <추가 내용> 및 <자가 평가>로 표시하였다. 원래의 주장의 핵심은 크게 달라지지 않았으나 학문의 발전과 필자의 학문적 역량이 성장함에 따라 더 나은 대안이 필연적이며, 이를 이 신탐구에 자연스럽게 반영하도록 도모하였다. 특히 동일 주제에 대한 여러 편의 논문을 한 자리에 모아서 편성함으로써 영어와 국어를 중심으로 보편문법적 관점에서 그 주제에 대한 보다 나은 이해를 할 수 있도록 하였다.

둘째, 기술의 방법상, 부분적으로 논문의 형식에서 설명문의 형식을 도입하였다. 발표용 논문의 제한점을 극복하고, 학자뿐만 아니라 언어 전공 교사나 학생을 비롯한 일반 독자도 읽을 수 있도록 어휘와 문장 표현을 가다듬고, 스타일에 변화를 주었다. 오자, 탈자를 바로 잡고, 필요에 따라 문장과 문단을 재구성하거나 소제목을 추가하기도 하였다.

셋째, 그동안 학술지에 따라, 그리고 발표 시기에 따라 논문의 게재 규정이 변화되어 왔는데, 우리는 모든 논문을 현 시점에서 학술지 『현대영미어문학』의 게재 규정에 맞추어 통일하였다.

이제 필자의 연구 가운데 대표적인 두 가지 주제에 대한 최종적인 입장을 간단히 기술하고자 한다. 먼저 이 책의 제1부 <영어통사론>에서 제3장부터 제6장까지 총 네 편의 논문을 작성한 영어의 There-존재구문에 관한 필자의 연구를 요약하면 다음과 같다.

우선 There-존재구문은 문법적 주어와 의미상의 주어라는 표면적인 두 개의 주어를 가진 단문이라는 면에서 영어에서 유일무이한 특수구문이다. 이러한 구조적인 특이성은 학계의 주목을 받기에 충분하며, 현대생성문법에 이르기까지 끊임없는 연구가 이루어지고 있다. 일반적으로 There-존재구문이라고 일컬어지듯이 어떻게 보면 "어떤 개체가 존재한다"는 매우 단순한 명제적 의미를 갖는 구문에 대하여 아직도 다양한 수많은 이론이 제기되고 있어서 학문적으로 완전히 합의된 이론이 정립되지 않고 있다는 것이 아이러니이기도 하다. 바로 이 점이 필자의 학문적 호기심으로 연결되어서 이제 나름대로의 다음과 같은 결론에 이르게 되었다.

첫째, 문법적 주어 'there'은 현대생성문법의 주류의 주장과 달리 허사가 아니다. 생성문법에서 허사(expletive)는 무의미 요소로서 기저에서 생성되지 않고, 다른 요소가 들어가지 않는 자리에 최후수단(Last Resort)으로 삽입되는 성분이라고 정의된다. 전형적인 허사인 Seem-구문의 'it'와 달리 There-구문의 'there'는 기저에서 생성되며, 'there' 대신에 그 자리에 어떤 다른 성분도 들어갈 수 없다. 이는 'there'가 가진 고유한 기능이 있음을 의미하며, 우리는 이를 근거로 존재의 'there'를 의사 논항(quasi-Argument)이라 규정한다.

둘째, 'there'는 반드시 격을 받아야 하는 격여과조건(Case Filter)의 대상이며, 일반 논항과 달리 수자질을 가지고 있지 않고, 존재의 Be 동사 다음에 오는 제휴어(associate NP)의 수자질을 받아서 동사의 수자질과 일치(AGREE)를 이룬다. 이 점도 존재의 'there'가 허사보다는 일반 논항과 유사함을 보여준다.

(1) a. There <u>is</u> a book on the table.
    b. There <u>are</u> two books on the table.

셋째, There-존재구문의 전형적인 술어인 Be 동사는 2항술어로서 주제(Theme)와 처소(Locative)의 의미역을 각각 갖는 두 논항을 갖는다. 이는 일반문의 Be 동사가 의미역을 갖지 않는 계사(copula)라는 점과 엄격히 구분되는 점이다.

(2) a. There is someone at the door.
    b. There is someone.
    c. Someone is at the door.
    d.*Someone is.

There - 존재구문의 주제 의미역은 제휴어에게 부여되며, 뒤에 오는 처소 의미역은 보통 전치사구로 나타나는데, (2b)처럼 내현적일(implicit) 수 있다. 그러나 일반적인 계사로서의 Be 동사 구문인 (2c)의 주어가 갖는 의미역은 술어의 기능을 하는 전치사구(at the door)가 부여하며, 전치사구가 없으면 (2d)처럼 비문이 된다.

넷째, There-존재구문의 'there'가 기저에서 생성된다는 우리의 주장은 현대 생성문법에서 거의 받아들여지고 있는 도출이론을 부인한다. 생성문법 이론은 위 예문 (2a)가 (2c)로부터 도출된다고 가정한다. 그 모순은 바로 (2b)를 비문 (2d)에서 도출한다는 불가능한 가정에 이르게 된다. 더욱이 도출이론은 다음의 문장을 설명할 수 없다

(3) a. There is someone knocking at the door.

b. Someone is knocking at the door.

c. There is someone (who is) knocking at the door.

도출이론은 (3a)가 (3b)로부터 도출된다고 가정한다. 다시 말하면 (3a)와 (3b)의 의미가 동일하다고 가정한다. 그러나 이 입장은 현대생성문법의 의미역기준에 정면으로 배치된다고 우리는 주장한다. 먼저 (3b)의 의미는 동사 'knock'의 의미구조에서 나오므로 주어 논항인 'someone'도 의미역을 술어 'knock'가 부여한다. 그러나 (3a)의 의미상의 주어인 'someone'은 의미역이 There-존재구문의 본동사인 Be 동사로부터 부여된다. 만일 뒤에 나오는 'knock'로부터 다시 의미역이 부여된다면 바로 의미역기준을 어기게 되어 비문이 되어야 하는데, 정문이므로 이 분석은 잘못된 것이다. 이 모순을 피하는 방법은 (3a)를 (3c)로 분석하는 것이다. (3c)처럼 독립된 수식절을 가정하면 존재구문의 Be 동사는 'someone'에게 의미역을 부여하고, 부가된 수식절의 본동사인 'knock'는 자신의 주어인 변항 'who'에게 의미역을 부여하게 되어서 의미역기준을 완벽하게 준수하는 정문임을 설명할 수 있다.

다섯째, 현대생성문법 이론은 There-존재구문의 제휴어는 비한정 명사구(indefinite NP)여야 한다는 소위 한정성효과(Definiteness Effect)를 가정하고 있으나, 우리는 이는 통사적 제약이 아니라 화용론적 원리로 재해석되어야 한다고 주장한다. 이 문제는 그동안 There-존재구문의 올바른 이해와 문법의 중심에 놓여있었다고 말할 수 있다. 전통문법에서는 There-존재구문의 의미상의 주어는 반드시 비한정 명사구여야 하며, 한정 명사구가 쓰이는 경우는 매우 예외적인 용법으로 간주하였다. 그러나 심각한 문제는 바로 한정 명사구가 There-구문의 의미상의 주어인 제휴어로서 너무 일상적으로 사용된다는 점이다. 생성문법 이론과 입장을 달리 하는 학계에서는 이 문제에 대한 화용론적 접근을 통해서 거의 완전히 규명하기에 이르렀다.

(4) A: Have we any loose cash in the house?
(집에 잔돈 좀 있어요?)
B: Well, there's the money in the box over there.
(글쎄요. 참, (생각났어요) 저기 상자 속에 그 돈 있어요!)

아마도 부부간의 대화에서 B는 의미상의 주어가 한정 명사구 'the money'인 There-존재구문을 자연스럽게 사용하고 있다. 이는 분명히 한정성 효과를 어기고 있는 문장인데, 비문이 아닌 이유는 무엇일까? 이 문제의 해답은 곧 There-존재구문의 숨겨진 비밀과 직접 관련되어 있다. 제휴어 'the money'는 대화자 사이에 공유된 구정보임을 의미한다. 그러나 이 특정한 상황, 즉 화자 A의 발화시점에서의 의식 속에는 'the money'가 들어있지 않았기에 B에게 질문을 하였으며, B도 A의 질문을 받은 순간에'the money'가 의식 속에 들어온 신정보이다. 우리는 이를 Ward & Birner(1995: 728)의 화용론적 원리를 원용하여 다음과 같이 형식화하였다.

(5) There-존재구문의 화용론적 원리
There-존재구문의 제휴어는 발화시점에 화자와 청자가 공유하는 지식이라고 가정되지 않는 개체로서 항상 신정보로 해석된다.

이제 존재구문의 NP 제휴어는 일반구문의 NP와 다른 세 가지 중요한 특징이 있다고 말할 수 있다. 첫째, 전형적으로 비한정 표현이 제휴어가 되지만 한정 표현도 결코 드물지 않게 제휴어가 된다. 둘째, 일반구문과 달리 존재구문은 한정성 여부가 제휴어의 신/구정보를 결정하는 것이 아니라 모든 제휴어가 신정보로 해석된다. 셋째, 존재구문은 제휴어 자체가 아니라 제휴어인 개체의 존재가 신정보로서 주장되는 특수구문이다. 논리적으로 볼 때, 세 번째 특징이 첫 번째 특징의 이론적 근거를 제시한다고 말할 수 있다. 즉, 존재구문에서는 제휴어의 한정성 여부가 신/구정보를 결정하는 것이 아니기 때문에 NP 제휴어로 비한정 표현 뿐만 아니라 한정 표현도 나타날 수 있는 것이다. 여기서 특히 주목할 점은 한정 표현 자체는 구정보이지만 존재구문의 제휴어로 쓰인 한정 표현은 발화 시점에서 대화자의 인식 속에서 신정보로 재확인(reidentification)된다는 이중 기능(dual function)을 가진다는 점이다. 이는 처음부터 비한정 표현이 제휴어로 쓰이는 존재구문보다 더 복잡한 화용론적 상황임을 시사한다. 여섯째, 결론적으로 모든 There-존재구문은 제휴어의 존재를 주장하는 신정보로 해석된다.

(6) a. Across the street is a grocery.
  b. Across the street *there's* a grocery.

단순히 일정한 개체가 존재한다는 의미의 전달이라면 (6a)와 (6b)의 차이가 없다. 그러나 실제 쓰이는 상황은 전혀 다르다. Bolinger(1977: 93-4)와 Lakoff (1987: 543)에서 상세히 논의되듯이 (6a)는 "대화자의 바로 앞에서 일어나는 뭔가를 제시하는" (present something on the immediate stage) 구문인 반면에 (6b)는 "뭔가를 [대화자의] 마음 속에 제시하는"(present something to our minds) 구문, 즉 "일련의 지식을 의식 속으로 끌어들이는"(bring a piece of knowledge into consciousness) 구문이다. 다시 말하면 There-존재구문 (6b)는 대화자의 의식 속에 공유되지 않은 신정보, 즉 제휴어 'a grocery'의 존재를 강조하는 신정보라고 해석된다. There-존재구문에 관한 보다 상세한 논의는 이 책의 제1부 <영어통사론>에서 제시하였다.

다음은 이 책의 제2부 <국어통사론>에서 부정의문문의 특수구문인 전제 부정의문문, 즉 부정의문문의 전제용법에 대한 필자의 최종적인 입장을 기술하고자 한다.

(7) a. Isn't that nice?
  b. That is very nice.
  c. 저것이 멋있지 않니?
  d. 저것이 안 멋있니?
  e. 저것이 아주 멋있다.

Jespersen(1933: 304)은 영어의 부정의문문 (7a)는 특정한 상황에 따라 (7b)라는 강한 긍정의 의미를 갖는다고 기술하고 있다. 이 사실을 필자는 국어에 그대로 적용해보았다. 국어의 장형 부정의문문 (7c)와 단형 부정의문문 (7d)가 모두 특정한 상황에 따라 강한 긍정의 의미인 (7e)가 될 수 있다는 사실을 아마도 국어학계에서 필자가 처음으로 발견한 것 같다. 다시 말하면 경이로운 보편문법을 국어에서 우연히 발견한 셈이다. 대부분의 독자가 한국어를 모국어로 하고 있다는 전제 하에 예문 (7c)의 의미에 집중해보자. (7c)는 상황에 따라 적어도 세 가지 의미가 있다. 하나는 가장 일반적인 부정의문문으로서 화자가 사전 전제 없이 "저것이 멋있지 않느냐?" 고 묻는 질문으로서 상승 억양을 갖는다. 또 하나의 의미는 화자가 "저것이 멋있다" 는 점을 강조하기 위하여 청자에게 부정의문문으로 묻는 수사의문문(rethorical question)으로서 억양은 일반 부정의문문과 같이 상승 억양을 갖는다. 마지막으로 화가자 "저것이 멋 있다" 는 사실을 강조하기 위하여 부정의문문의 형식을 빌어서 "저것이 멋있느냐?" 는 긍정 질문을 하는 전제부정의문문으로서 서술문과 동일한 하강 억양을 갖는다. 아직도 (7c)가 전제부정의문문으로 사용된다는 것을 실감하지 못하는 안타까운 독자를 위하여 (7c)에 약간 변화를 주어보기로 하겠다.

(8) a. 저것이 멋있지 않았니?
 b. 저것이 멋있었지 않니?
 c. 저것이 멋 있잖았니?
 d. 저것이 멋 있었잖았니?

한 가지 변화는 (7c)를 과거형으로 바꾼 것이다. (8a)가 일반적인 과거시제문인데, 시제표지 '았'이 어간 앞으로 이동한 것이 (8b)이다. 그런데 놀라운 일은 (8a)와 달리 (8b)는 항상 전제부정의문문만으로 사용된다는 점이다. 다시 말해서 (8b)는 중의성이 완전히 해소된다. 아직도 예문 (8b)에서 강한 긍정의 의미를 찾지 못하는 국어가 모국어인 독자가 있다면 이제 (8c)와 (8d)에 주목하기 바란다. (8c)는 (8a)의 '지 않'이 '잖'으로 축약(contraction)된 것이며, (8d)는 (8b)의 '지 않'이 '잖'으로 축약된 것이다. (8b)는 축약 이전에도 전제부정의문문으로만 사용되지만, 중의성을 가진 (8a)와 달리 축약된 (8c)는 항상 전제부정의문문으로 사용된다는 점이 큰 의미가 있다.

전제부정의문문은 실제로 긍정의문문과 동일한 통사적 성질을 가진다는 증거가 있다. 다음 예문을 살펴보자.

(9) a. 형은 먹지 않았니?
b. 형은 아직/벌써 먹지 않았니?
c. 형은 *아직/벌써 먹잖았니?
d. 형은 *아직/벌써 먹었지 않니?
e. 형은 *아직/벌써 먹었잖니?

주지하는 바와 같이 '아직'은 부정 극성어(NPI)이고, '벌써'는 긍정 극성어(PPI)이다. (9a)는 중의적인 문장이다. 일반 부정의문문이면, '아직'이 수식어로 부가될 수 있고, 전제 부정의문문이면, '벌써'가 수식어로 부가될 수 있어서 정문 (9b)가 된다. (9c)는 축약형 부정소 '잖'이 쓰였으므로 전제부정의문문만 가능함을 보여준다. (9d)는 시제소가 전치이동되어서 전제부정의문문만으로 쓰임을 보여준다. 끝으로 (9e)는 시제소 전치이동과 부정소 축약이 동시에 일어난 전제부정의문문임을 보여준다.

지금까지 보편문법적 관점에서 문형의 분류상 부정의문문이 특정한 상황에 따라 강한 긍정의 용법, 즉 전제부정의문문으로 사용될 수 있음을 간략하게 기술하였다. 이는 언어 연구에서 통사론과 화용론의 엄격한 구별이 얼마나 중요한 가를 잘 보여주는 실례라고 말할 수 있다. 필자의 이러한 주장을 학문적으로 이론화하기 위하여 다른 선행 연구를 검토한 바, 김동식(1981)은 '확인문'론을, 장석진(1984)는 '부가의문문'론을, 구종남(1992)은 '융합형 부가의문문'론을 주장하였음을 알게 되었고, 필자는 이 책의 제2부 <국어 통사론>의 제2장에서

제5장까지 소개된 여러 편의 논문에서 이들의 주장을 비판하고 대안을 제시하게 되었다. 특히 그 과정에서 국어의 부가의문문의 정체를 정확하게 밝힐 수 있었고, 결과적으로 국어에서 유일하게 경상도 방언에만 부가의문문이 존재한다는 놀라운 사실을 우리 학계에서 필자가 처음으로 주장하게 되었다. 후학들이 이 중요한 문제에 대한 보다 발전된 논의를 해주기를 기대한다.

무엇보다도 지난 36년간의 학문적 성과를 이번 신탐구의 과정을 통해서 스스로 다시 드러낸다는 것은 두려움이었지만, 이를 극복할 수 있는 용기로 바꾸어 준 것은 교육자와 학자적 양심과 나의 이 고독한 결단이 내 뒤에 오는 누군가에게 한 줄기 희망의 불빛이 될 지도 모른다는 순수한 신념 때문이었다. 그동안 수없이 많은 사람들을 통해서 오늘의 내가 만들어졌듯이 비록 이제 곧 대학의 교단을 떠나고, 공식적인 학문 활동을 마감한다고 하더라도 이 신탐구의 작업을 하면서 다시 한번 많은 사람을 글 속에서 만나게 되었고, 훗날 또 누군가와 이 지면 안에서 나의 정신과 소중한 교감이 이루어질 것을 믿어 의심치 않는 바이다. 원래 인생이 그런 것이라고 믿고 살아왔다.

본문 뒤의 <부록>에서 필자의 학문의 길과 관련하여 남기고 싶은 이야기를 ‘자전적 에세이’로 실었으며, 대학신문에 기고한 영어교육에 관한 필자의 칼럼 및 개인적인 자료를 기록으로 남기기 위하여 정리하였다.

이제 나에게 삶과 꿈의 보금자리를 제공하고, 교육과 연구 활동을 적극적으로 지원해준 울산대학교에 머리 숙여 진심으로 감사드린다. 아울러 영문학과 선·후배 교수님들께 그동안 나에게 베풀어준 사랑과 배려에 대하여 마음 깊이 감사드린다. 또한 나의 강의실 안팎에서 나의 지적 호기심을 끊임없이 자극해 준 수많은 영문학과와 영어과, (교육)대학원 졸업생과 재학생에게 영원한 축복을 빌어주고 싶다. 끝으로 그동안 항상 나의 기대보다 훨씬 예쁜 작품을 만들어 준 울산대학교 출판부 관계자 여러분께 진심으로 사의를 표한다.

2015년 8월 31일

문수골 心水齋에서

목 차

제1부 영어통사론

제2부 국어통사론

<부록>

제1부

영어통사론

01
Morphological Change of '-y'*

I. Introduction

1.1 The Aim

This paper aims to examine major foregoing treatments of morphological change of $-y$ as a spelling and also to propose two alternatives in order to solve their irregularities and illogicality. Our alternatives are modest but significant ones in that they prove our necessity of more abstract morphological knowledge in deciding how $-y$ changes as a spelling. We have found out that $-y$'s change into another form is not just a matter of surface spelling, but reflect the grammatical nature of the given word.

1.2 The Structure

The order of development of this paper is as following.

* This is a revised and complemented version of the paper published in *The UIT Report* 13.1. Ulsan University. 1983.

1. Introduction
2. Historical backgrounds
3. Grammarians' Views
4. Common Problems of their Treatments
5. Overview of Morphology
6. Our Alternatives
7. Conclusion

II. The Historical Backgrounds

2.1 Prologue

In order to make our question much clearer we first of all had better turn to the history of the English language. To our pity, however, linguistic history does not reveal much about our question, *-y*→*i* or *-y*→*ie*. The next two sources are insufficient but indispensible historical traces about *-y*'s change in the English lexicon.

2.2 Thomas Pyles (1964)

The letter *y* was exclusively a vowel symbol in Old English, having the value of Modern French *u* or German *ü;* the consonantal value of the letter as used since Middle English times was indicated in Old English. Later pronunciation of the Old English vowel without lip rounding caused it to fall together with *i* so that *y* might be used for both vowel and consonant. In other words, Middle English scribes used *y* for one of the values of ʒ (called *yogh*) and also, for the sake of legibility, as a variant of *i* in the vicinity of stroke letters, for example, myn homcomynge 'my homecoming'. Late in the Middle English period there was a tendency to write *y* for long i generally. *Y* was regularly used in final position.

Pyles (1964: 146) states elsewhere: The Old English vowels *ē, ī, ō,* and *ū* remained unchanged in Middle English as in Old English *fēt* – Middle English *fēt* 'feet'; Old English rīdan – Middle English rīden, ryden, 'to ride'. Old English *y* was unrounded to [i:] sound in the Northern and the East Midland areas.

2.3 G. L. Brook (1958)

Another Old English letter which remained in use long after the pronunciation it represented had changed was *y*. In Old English this letter presented a front close rounded vowel, but in Middle English in the Northern and East Midland dialects it was unrounded to [i] sound. Hence during the Middle English period *y* is often used as a spelling to represent [i] sound whether long or short, as in mythe beside *mihte* 'might', *wys* beside wis 'wise'. In the later Middle English period some scribes tried to restrict the spelling y to express [i:] keeping the spelling i for the short vowel. Another tendency was to use the spelling y next to letters like *n, m* and *u,* where *i* might lead to confusion.

Middle English scribes, like many people today, often failed to distinguish clearly between letters made up of short minims and therefore *n* is liable to be confused with *u* and *m* with *in*. The use of *y*, when it was available as an alternative spelling, lessened the likelihood of confusion.

2.4 Brief Summary

Now we can naturally derive some important facts from the above historical observations.

(i) The change in pronunciation of *y* caused the letter to fall together with *i* and even to use for *i*.

(ii) *Y* was regularly used in word-final position.

(iii) *Y*'s replacement for *i* was also used for visual aid, that is, inorder to avoid *i*'s confusion with similar letters.

(iv) *Y* and *i* were interchangeable.

Later the above points will be fairly helpful to solve our question. However, let us notice that from the historical point of view, -*y* is exclusively related to *i*. This fact is well reflected in the modern grammarians' treatments of this issue. This point will be explicated in the next chapter.

III. Grammarians' Views

3.1 Prologue

Now let us look into some modern grammarians' views of our issues. Of course they differ from historical sources not in essence but in degree. And yet it is also useful to understand to what extent they are alike, how they are different, and how they are related to each other.

3.2 Otto Jespersen (1933)

Instead of writing *ii* it became usual to write *y*. This letter, which in Old English served to denote the rounded vowel corresponding to [i] sound (=French *u* in *bu*, German ü in *über*) has become a mere variant of i used preferably at the end of words, while *i* is used in the beginning and interior of words: hence such alternatives as *cry - cries- cried; happy - happier - happiest - happiness; body - bodiless - bodily*, etc. But y is kept before such endings as are felt more or less as independent elements, e.g.

citywards, lady ship, twentyfold, juryman. After another vowel y is generally kept, e.g. *plays, played, boys*; confer, however, *laid, paid, said*, (but *lays, pays, says*: too much consistency must not be expected.) In some cases homophones are kept apart in the spelling: *die* (with dies, but dying, because it is avoided) - *dye, flys* (=light carriages); but otherwise *flies* (substance and verb category). Further, y is written in many originally Greek words: *system, nymph*, etc. Before a vowel, *y* is used as non-syllabic [i], i.e. [j], e.g. *yard, yellow, yield, yole, yule, beyond.*

Jespersen (1933: 168) states elsewhere: After a consonant −*y* is changed into −*ies*; *flies, ladies, babies.* But after a written vowel *y* is retained: *boys, days*; thus also generally in proper names: *Henries, Pollys.*

Jespersen (1933: 219) also states about comparative and superlative of adjectives: The regular way of forming them is by adding the endings −*er* and −*est* to the ground form, which is called positive, e.g. positive: *small*, comparative: *smaller*, superlative: smallest.

Merely orthographic peculiarities are seen when *y* after a consonant is changed into *i*; e.g. positive: *dry/happy, comparative: drier / happier, superlative: driest / happiest, respectively.*

3.3 R. W. Zandvoort (1957)

Zandvoort (1957: 336) deals with final *y*; words in a consonant-symbol −*y* into *ie* before *s* (not before'*s*) and *(e)d: cry - cries - cried; also soliloquy - soliloquies.*

Before other endings *y* after a consonant symbol is either changed into *i*, or retained. It is changed before the endings of the comparative and superlative (*dry - drier-driest*); before the adverbial ending –*ly* in adjectives of more than one syllable (*merry - merrily*); before the ending of ordinals in –*eth* (*twenty - twentieth*); and in derivatives in –ness from adjectives of more than one syllable (*holy - holiness*). -*y* after a consonant symbol is retained in derivatives in –*ness* from monosyllabic adjectives (*shy - shyness*); in derivatives in –*ist*, -*like*, -*ship*, -*ward(s)* (*copyist, lady - like, ladyship, city - wards*): sometimes in those in –*fied* (*countrified or countryfied*).

In adverbs from monosyllabic words in –*y* both y and i are found in *dryly*(*drily*) and *slyly*(*slily*), the others occur only with *y* (*e.g. coyly, shyly*), but *daily* is always and *gaily* is usually spelt with *i*.

On the other hand, *ie* changes into *y* before –*ing: die - dying, lie - lying.*

3.4 Quirk et al. (1972)

Quirk et al (1972: 108) treat –*y*: In base ending in a consonant plus –*y*, the following changes occur before the –*s* and –*ed* inflection: –*y* after consonant changes into –*ie* before –*s* (carry - carries) and –*i* before –*ed* (*carry - carried*). The past of the following two verbs has a change of –*y* into –*i* also after a vowel (*lay - laid, pay - paid*). In bases ending in –*ie*, the following change occurs before the –*ing* inflection (*die - dying, lie - lying*). Quirk et al. (1972: 173) also treat –*y* as nouns: -*y* changes into –*ys* after a vowel (*days*), in proper names (the two *Germanys*, the *Kennedys*), and in some compounds (stand - bys, lay - bys), and otherwise into –ies after a consonant (*spy - spies*).

Quirk et al. (1972: 292) treat –y as adjectives: In bases ending in a consonant plus –*y*, final *y* changes into *i* (*angry - angrier - angriest, early - earlier - earliest*).

3.5 Some Common Treatments

Unlike historical approaches, contemporary treatments show that −*y* becomes either *i* or *ie* according to their occurring environments. There are some characteristics common to the above treatments.

(i) *Y* after a consonant becomes either *i* or ie before endings.

(ii) Historical sources show that *y/i* is not directly concerned with either derivations or inflections.

(iii) Comtemporary treatments show that *y* becomes *i* or *ie* both in derivations and inflections.

(iv) ie becomes *y* before −*ing.*

(v) Quirk et al. (1972) only attempt to formulate regularities of −*y*'s change.

(vi) They don't use the notion of morpheme.

IV. Common Problems of Their Treatments

4.1 Prologue

The following table shows the contrasts of the above three treatments. Lett us now examine the table in order to understand the same and different points of their treatments clearly. The table will show us what their real problems are. Let's see one by one.

	Jespersen(1933)	Zandvoort(1957)	Quirk et al. (1972)
y→y	Before independent elements: *ladyship, juryman*	Derivation: *copyist, lady-like*	
y→i	1) Comparison: *happy-happier-happiest* 2) Derivation: *happiness, bodily* 3) Verb form: *cry-cries-cried*	1) Comparison: *dry-drier-driest* 2) Derivation: *holy-holiness* 3) Ordinal: *twenty-twentieth*	1) Comparison: *angry-angrier-angriest* 2) Past form: *carry-carried*
y→ie			1) Present form: *carry-carries* 2) Plural form: *spy-spies*
y→ies	Plural form: *lady-ladies*		
ie→y		Before -*ing: lie-lying*	Before -ing: *die-dying*

4.2 -*y*→*i* or -*y*→*ie*?

Jespersen (1933), Zandvoort (1957), and Quirk et al. (1972) agree about the formation of comparative and superlative of adjective. They may be right. But note that another explanation is possible. That is, instead of their *y*→*i* version, *y*→*ie* version is possible just in terms of logic, because there is an existing rule that if the base ends in -*e* as a spelling, -*r* and -*st* are added to the base. Look at the following examples: *able* -*abler* -*ablest; sure* -*surer* -*surest; early* -*earlier* -*earliest*. For a moment let us reserve the definite answer to the question.

Jespersen (1933) and Quirk et al. (1972) agree about making of past and past participle (=perfect participle) form of verb. They may not be wrong in that -*ed* is added to the base ending in *i*. Look at the example: *ski* -*skied* -*skied.*

However, the same logic as in the case of adjective is applied and then another solution is possible. That is, *y*→*ie* is possible, because there is a rule that if the base ends in e, -*d* is added to the base. Look at the following examples: *cry* -*cried* - *cried; skate* -*skated* -*skated.*

4.3 *y*→*ies*?

Jespersen (1933) and Quirk et al. (1972) agree about formation of plural form. But - *y*→ *ies* does not explain anything. They did not use the plural morpheme, - *es*.

4.4 ie→y?

Zandvoort (1957) and Quirk et al. (1972) agree that *ie*→*y* occurs before - *ing*. I think they may be right. But they did not state whether *ie*→*y* is related to *y* →*i* or *y*→*ie*. However, this is an important point in that it shows some possibility of interchangeability of *y* and *ie*.

4.5 Brief Summary

Up to now we dug out problems out of their treatments. Our current observations can shed light on our next solutions.

V. Overview of Morphology

5.1 Prologue

Before we suggest our solution to the problems presented in the last chapter, we need general view of morphology. We have already seen that grammarians did not use the basic notion of morpheme. Morphological knowledge, however, will be essential to solving our solution. The following mostly originates from Dorothy Siegel (1979).

5.2 Definition of Morpheme

Morphology is the study of the word formation processes of language. Word formation takes place in two distinct realms. Inflectional morphology treats the generation of words by the syntactic component of the grammar. On the other hand, derivational morphology is the study of word formation processes which occur in the lexicon. Each of the morphological processes is governed by constraints which are characteristic of the components in which they arise.

5.3 Inflectional Features

All inflectional features are introduced by the syntactic component of the grammar. Inflectional features such as perfect aspect (*-en*), progressive aspect (*-ing*), the gerundive aspect (*-ing*), and tense [+PAST, - PAST] are generated by the phrase structure rules. They include the plurality of a count noun and comparative and superlative form of an adjective. One characteristic of inflectional morpheme is that it does not cause a change in grammatical class (*=category*) to the base.

5.4 Derivational Morphemes

Derivational morphemes are lexically introduced. In the lexicon, there are rules which attach morphemes to stems and words to form new words. The words *probity*, vacuous, and potable are lexically derived from the stems *prob*, *vacu*, and *pot*.

5.5 Derivational and Inflectional Morphology

The distinction between derivational and inflectional morphology has strong semantic, phonetic, and syntactic supports. The meaning of a syntactically derived word is com - positional. If one knows what solve and [PAST] tense feature mean, one also knows what solved means. The meaning of lexically derived words, on the other hand, are not compositional. Solution's semantic relationship to *solve* is not the same as *vacation's* semantic relationship to vacate. Phonetic and syntactic differences between the two are omitted here because they are not directly related to our issues.

VI. Our Alternatives

6.1 Prologue

Their common weak point is that they analyze regular phenomena irregularly and inconsistently. Therefore they fail to capture both generalization and simplicity. My alternative is expected to capture generalization and simplicity which their treatments seem to lack.

6.2 First Alternative

Our first alternative is that *−y→ ie* occurs in the inflectional morphology when −y locates after a consonant. First of all, notice that our approach is bidirectional (↔) instead of unidirectional (→). Look at the following examples:

(1) a. cr*y* – cr*ies* (present form)

cr*y* – cr*ied* – cr*ied* (past and perfect participle form)

c. bab*y* – babies (plural form)

d. dr*y* – dr*ier* – dr*iest* (comparative and superlative form)

e. l*ie* – l*ying* (present participle and gerund form)

f. twent*y* – twent*ieth* (ordinal number form)

Once we assume that –*y*→*ie* occurs, the inflectional morphemes, *-s, -d, -s, -r/-st* (in this order) instead of regular –*es, - ed, - es, - er/-est* morphemes, are added to their corresponding base in the above examples, because the bases end in *e* as a spelling. Observe that there is no theoretical contradiction in this analysis. And also note that *ie* ↔ *y* in the present participle and gerund shows interchangeability of –*y* and ie.

6.2 Our Second Alternative

Our second alternative is that *y* ↔ *i* occurs in the derivational morphology when –*y* locates after a consonant. Look at the examples.

(2) a. happ*y* - happ*i*ness - happ*i*ly

b. den*y* - den*i*al

c. bod*y* - bod*i*ly - bod*i*less

d. cit*y* bank = cit*i*bank

e. hand*y*work = hand*i*work

Notice that there are some words like (2d) and (2e) which are two forms are used at the same time according to the speakers or dialects. Now we can make sure that my second alternative is empirically valid.

There are some examples in which $-y$ is retained. Look at the examples.

(3) a. cop*y* → cop*y*ist

b. lad*y*+like → lad*y*like

c. bab*y*+sit → bab*y*sit

This fact requires some more explanation. It seem to us that there is a strong tendency to retain $-y$ in a compound word. But note that word formation rules do not apply every time the speaker of a language utters. These morphological rules make up new words which may be added to the native speaker's lexicon. We may think of them as once-only rules. Therefore the apparent counterexamples just reflect the nature of these rules.

The following examples co-exist because of another linguistic motivation, which shows interchangeability of *y* and i in another way.

(4) a. tire (American English) - tyre (British English))

b. gipsy (British English) - gypsy (American English)

However, we must note that these examples are not directly related to the morphological changes.

VII. Conclusion

Which is better, $y \leftrightarrow i$ or $y \leftrightarrow ie$ as a spelling, might be a minor question just to confined to the word formation. But through this analysis we argue that more abstract morphological knowledge is necessary to understand and explain *y*'s change as a spelling. And through this analysis we make sure that generality and simplicity are very useful as a measure of evaluation about the adequacy of the grammar.

Last but not least, pedagogical implication must be considered. As you know, *y*→*i* only is widely taught and learned in our most English classes. To be sure, our alternatives are more consistent, more effective, and more economical in both theory and practice.

References

Arnoff, M. (1974) *Word Formation in Generative Grammar*, doctoral dissertation, MIT, Cambridge, Mass.

Brook, G.L. (1958) *A History of the English Language*, London.

Fromkin, V. and Rodman, R.(1978) *An Introduction to Language*, U.S.A.

Jespersen, O. (1909-49) *A Modern English Grammar on Historical Principles I-VII*, Copenhagen: Munksgaard.

Jespersen, O. (1933) *Essentials of English Grammar*, New York.

Matthews, P.H. (1974) *Morphology,* Cambridge.

Pyles, Thomas (1964) *The Origin and Development of the English Language*, U.S.A.

Quirk, R. et al. (1972) *A Grammar ofnContemporary English.* New York and London.

Zandvoort, R.W. (1957) *A Handbook of English Grammar,* London.

<Abstract>

Morphological Change of '–*y*'

Chang, Kyung Key. Morphological Change of '-*y*.' *The UIT Report.* 13.1. The Journal of The University of Ulsan. (1983): 00-00. This paper aims to examine major foregoing treatments of morphological change of '-*y*' as a spelling and also to propose our two alternatives. Our first alternative is that the ‒*y*->*ie* spelling change occurs in the inflectional morphology when ‒*y* locates after a consonant. Our second alternative is that ‒*y*->-*i* spelling change occurs in the derivational morphology when ‒*y* locates after consonant. We argue that our analysis seems to capture both theoretical generality and simplicity, while preceding treatments may not. (Ulsan University)

Key Words: Morphological Change, Derivational Morphology, Inflectional Morphology, Theoretical Generalization, Simplicity

<국문요약>

'-y' 의 형태론적 변화 연구

본 논문의 목적은 영어 단어에 나타나는 철자 -y의 형태론적 변화에 대한 지금까지의 대표적인 연구를 비판적으로 검토하고, 이에 대한 두 가지 대안을 제시하는데 있다.

첫 번째 대안은 -y → ie의 철자 변화는 굴절형태론(inflectional morphology)에서 일어난다는 것이다.

두 번째 제안은 -y → i 철자 변화는 파생형태론(derivational morphology)에서 일어난다는 것이다.

우리의 이와 같은 분석은 몇 가지 예외를 가지고 있지만 이전의 연구가 포착하지 못하고 있는 이론의 일반성과 간결성을 잘 포착하고 있다고 주장한다. (울산대학교)

주제어: 형태적 변화, 파생형태소, 굴절형태소, 이론적 일반성, 간결성

02
수정격여과조건과 격승계가설*

I. 서론

1.1 연구의 목적

이 논문은 다음과 같은 몇 가지 주장을 정당화하기 위하여 쓰여진 것이다.

① Chomsky(1981, 1986)의 격여과조건(Case Filter)은 영어의 격 현상을 명시적으로설명하는데 미흡하다.

② 양동휘(1990, 강의중, 서울대)의 수정격여과조건(Revised Case Fikter)은 격여과조건의 문제점을 해결할 수 있는 대안이 될 수 있다.

③ seem-구문의 유형에 대해서는 수정격여과조건도 만족스러운 설명을 할 수 없는데, 이를 해결하기 위해서 우리는 seem-동사의 논항구조를 대부분의 기존 이론이 받아들이고 있는 일항술어(one-Argument predicate)가 아닌 무항술어(non-Argument predicate)로 수정함으로써 수정격여과조건으로 일관성있게 설명할 수 있다.

④ 격이론 안에서 수정격여과조건이 일관성과 논리성을 갖기 위해서 우리는

---

* 이 논문은 『언어』18.2호 (한국언어학회, 1993.12)에 발표한 논문을 수정·보완한 것이다.

새롭게 격승계가설(Case Inheritance Hypothesis)을 제안한다.

⑤ 격승계가설은 수정격여과조건을 정당화하는데 기여함은 물론 외치이동 (Extraposition)의 통사적 의의를 새롭게 규명해주고, 나아가서 지금까지 대부분의 논의에서 예외적 처리가 불가피했던 ECM-구문을 정상적인 격이론 안에서 수용할 수 있게 해준다.

1.2 기본원리와 가정

이 논문이 받아들이고 있는 GB이론의 기본원리와 가정은 다음과 같다.

첫째, 우리는 Chomsky(1986)의 허가원리(Licensing Principle)를 가정한다. 허가원리는 정문에 나오는 모든 요소는 문법원리에 의해서 허가되어야 함을 말한다. 바꾸어 말하면 통사적 원리, 즉 문법에 의해서 설명되지 않는 성분은 정문에 나타날 수 없음을 규정하는 엄밀하고 강력한 원리이다.

둘째, 우리는 Chomsky(1982)의 확대투사원리(EPP)를 가정한다. 확대투사원리는 핵어인 술어의 주어를 포함한 어휘 정보가 모든 통사 단계, 즉 D-구조, S-구조, LF에 범주화되어 표시되어야 함을 규정한다. 이 원리는 문장의 통사구조는 바로 핵어(Head)의 논항구조(Argument Structure)에 기초되어야 함을 의미한다. 이 입장은 Koopman & Sportiche(1990: 5)에서 "통사이론은 모두 의미론과 통사론이 대응관계가 있다고 가정한다"고 하는 주장으로 나타나 있으며, 우리는 이를 문장을 생성하고 해석하는데 있어서 술어인 핵어의 올바른 논항구조 설정의 의의와 중요성을 반영하고 강조하는 것으로 이해한다.

셋째, 우리는 Chomsky(1986)의 가시성조건(Visibility Condition)을 가정한다. 이 조건은 의미역을 가진 모든 가시적 요소는 반드시 격이 부여되어야 한다는 원리이다. 문장에서 의미역을 가진 요소가 실제로 논항(Argument)임을 고려할 때, 논항은 격이 표면적으로 표시되어야만 문장에 합법적으로 나타난다는 주장으로서 수정격여과조건과 동일한 취지를 담고 있다. 다만 가시성조건이 절 논항의 격표시 문제를 다루고 있지 못하다는 한계가 있기 때문에 우리는 수정격여과조건을 주요 개념으로 사용하기로 하겠다.

1.3 논문의 구성

이 논문은 2장 본론에서 구체적인 논의를 하고, 3장에서 결론을 제시하는 순서로 구성되어 있다. 구체적으로 2장의 논의 순서는 다음과 같다.

① Chomsky(1981)에서 제안된 격여과조건의 설명력의 한계를 살펴본다(2.1).

② 수정격여과조건을 재조명한다(2.2).

③ 수정격여과조건의 일관된 설명력을 위하여 격승계가설을 제안한다(2.3).

④ 격승계가설의 설명력을 논의한다(2.4).

⑤ seem - 구문을 통해서 기존 이론의 설명력에 한계가 있음을 지적하고, 이를 극복하기 위해서는 seem-동사의 논항구조를 새로 설정하고, 격승계가설로 설명되어야 함을 논의한다(2.5).

⑥ 격승계원리가 외치이동의 통사적 의의를 규명하는데 어떻게 기여할 수 있는지를 논의한다(2.6).

⑦ 기존의 ECM-이론의 문제점을 논의하고, 격승계원리로 해결할 수 있음을 논의한다(2.7).

II. 수정격여과조건

2.1 격여과조건의 한계

Chomsky(1981: 49)의 격이론에 의하면 변항(variable)을 포함한 음성형태를 가진 모든 NP는 격을 가져야 한다는 아래와 같은 이른바 격여과조건(Case Filter)을 제안하고 있다.

(A) 격여과조건: 음성형태를 가진 모든 NP는 격을 가져야 한다.
(*NP if NP has phonetic content and has no Case.)

따라서 NP가 아닌 CP는 격여과조건의 적용을 받지 않는 것, 즉 격을 면제받는 것으로 가정한다. 먼저 격여과조건의 설명력을 아래의 예문을 통해서 살펴보기로 하자.

(1) a. [ ] seems [CP that John is honest]. [D-구조]
b. [It] seems [CP that John is honest].
c.*[CP That John is honest] seems [t].

(2) a. [ ] seems [CP John to be honest]. [D-구조]
b.*[It] seems [CP John to be honest].
c. [John] seems [CP [t] to be honest].

Chomsky(1981: 105)는 seem-동사가 일항술어(monadic predicate)로서 명제논항(prepositional Argument)을 갖는다고 가정한다. 그러나 이 술어는 자동사이므로 명제논항인 CP를 지배는 하되 격을 부여하지 못하는데, 그럼에도 불구하고 (1b)가 정문인 이유는 CP가 격여과조건의 적용 대상이 아니기 때문이라고 주장한다. 이를 강력하게 지지하는 증거는 예문 (1a)의 CP가 격을 받기 위하여 주어자리로 이동한 예문 (1c)가 비문이라는 점이다.

이와 대조적으로 예문 (2a)의 NP인 'John'은 격여과조건의 대상으로서 반드시 격을 받아야 한다. 따라서 NP 'John'이 내포절인 부정사구문의 주어로서 격을 받지 못한 예문 (2b)는 비문이며, 비어있는 주절의 주어 자리로 이동하여 주격을 받은 예문 (2c)는 정문이다.

이제 Chomsky(1981: 79)가 seem-구문과 동일하게 다루고 있는 believed-수동구문을 살펴보기로 하자.

(3) a. [   ] is believed [that John is honest]. (D-구조)

b. [It] is believed [that John is honest].

c. [That John is honest] is believed [t].

(4) a. [   ] is believed [John to be honest]. (D-구조)

b.*[It] is believed [John to be honest].

c. [John] is believed [[t] to be honest].

먼저 Chomsky(1981)가 believed-수동구문을 seem-구문과 동일하게 보는 근거는 예문 (3a)의 수동분사 'believed'의 보충절인 that-절이 격여과조건의 대상이 아니므로 격을 받기 위하여 이동할 필요가 없고, 예문 (3b)처럼 비어있는 주절 주어 자리에 허사 'it'가 삽입되어 정문이 생성된다는 점과 또 예문 (4a)처럼 수동분사 'believed'의 보충절이 to-부정사구문인 경우에 내포절의 주어 NP인 'John'이 격여과조건의 대상으로서 그 자리에서 격을 받지 못하여 비어있는 주절 주어 자리로 이동하여 주격을 받음으로써 격여과조건을 만족하여 정문 (4c)가 된다는 두 가지 면에서 정당성을 가진다고 주장한다.

우리는 이 시점에서 seem-구문의 that-절이 주어 자리로 이동한 예문 (1c)가 비문인 점과 believed-수동구문의 that-절이 주어 자리로 이동한 예문 (3c)가 정문이라는 점에 주목하게 된다. 만일 두 구문이 격여과조건과 관련하여 동일한 구문이라면 논리적으로 이 두 예문의 문법성이 동일해야 할 것이라는 것이 우리의 중요한 입장이다. 다시 말하면 seem-구문의 비문 (1c)는 that-절이 격을 받을 수 있는 주어 자리로 이동하여 비문이 되었으나, believed-수동구문은 that-절이 격을 받지 않은 자리에 온 (3b)와 함께 동일한 that-절이 주어 자리로 이동하여 주격을 받은 (3c)도 정문이므로 적어도 정문 (3c)는 격여과조건으로 설명할 수 없다는 면에서 격여과조건의 심각한 문제점을 보여주는 경험적 증거라고 하지 않을 수 없다.

더욱이 다음의 예문은 seem-구문의 that-절이 반드시 격을 받기 위하여 이동해야 함을 보여주고 있어서 주목된다.

(5) a. [   ] seems [[that John is honest] to be true]. (D-구조)

b.*[It] seems [[that John is honest] to be true].

c. [[That John is honest] seems [[t] to be true]. (that-절 이동)

d. [It] seems [[t] to be true]] [[that John is honest]]. (외치이동)

seem-구문의 보충절 안의 주어인 that-절이 to-부정사구문의 주어이므로 격을 받지 못하고 있으며, 주절 주어 자리에 허사 'it'가 삽입된 예문 (5b)는 비문이다. 반면에 동일한 that-절이 격을 받기 위하여 주절 주어 자리로 이동한 (5c)가 정문이므로 이는 격여과조건과 달리 that-절도 반드시 격을 받아야 함을 증명하고 있다. 경험적으로 정문 (5d)도 사용되는데, 이는 (5c)로부터 that-절이 문미로 외치이동하고, 이동전의 자리에 후방 조응사(cataphora) 'it'가 대치된 것으로 볼 수 있다[1]. 따라서 위 예문은 that-절도 반드시 격을 받아야 함을 보여주는 중요한 증거로서 격여과조건의 설명력의 한계를 드러내고 있다고 보아야 한다.

2.2. 수정격여과조건의 설명력

양동휘(1990, 강의중, 서울대)는 우리가 <2.1>에서 검토한 바와 같이 설명력의 한계를 드러낸 Chomsky(1981)의 격여과조건의 대안으로 다음과 같은 수정격여과조건(Revised Case Filter)을 제안한 바 있다.

(B) 수정격여과조건: 음성형태를 가진 모든 논항(또는 변항)은 격을 부여받아야한다. (Every phonetically realized argument (or variable) must be assigned Case.)

수정격여과조건은 한마디로 격여과조건의 대상, 즉 격표시(Case marking)의

1) 전통적으로 학교문법에서 외치이동된 자리에 들어가는 'it'를 허사로 간주하였으나, Quirk et al. (1972, 1985) 등에서는 후방조응사, 즉 대명사로 기술하고 있으며, 우리는 이를 따른다.

대상을 가시적인 NP에서 가시적인 논항(Argument)으로 확대한 것이다[2]. 여기서 우선 분명히 해두어야 할 점은 Chomsky(1981, 1986)도 모든 가시적인 NP를 격표시의 대상으로 규정하고 있지 않다는 점이다. 예를 들어 Be 동사의 보어(SC)나 5형식동사의 보어(OC)로서의 NP, 주제(topic)로서 전치된 NP, 주어나 목적어의 강조표현, 그리고 숙어적 표현의 타동사의 목적어로서의 NP 등은 격표시되지 않는 것으로 가정하고 있다[3]. 다시 말해서 Chomsky(1981, 1986)의 격여과조건은 모든 가시적 NP가 아닌, 논항으로서의 가시적인 NP를 격표시의 대상으로 하고 있다. 이런 면에서 양동휘(1990)의 수정격여과조건은 이 점을 구체적으로 명시화한 것으로 보아야 하며, 특히 that-절(이하 CP)을 격표시의 대상에 포함하고 있다는 점이 Chomsky(1981, 1986)와 다르다. 수정격여과조건은 CP뿐만 아니라 격이 표시되는 자리에 있는 다른 최대투사범주도 격이 표시된다고 본다. 물론 이 격은 형태격(morphological Case)이 아닌 추상격(abstract Case)이다. 이 점은 다음 예문에서 확인할 수 있다.

(6) a. [CP For the Prime Minister to resign] is said [IP [t] to be unthinkable].
b. [PP In Paris] is said [IP [t] to be where they first met].
c. [AP Rather plump] is said [IP [t] to be how he likes girls].

위 세 예문은 said - 수동구문의 보충어인 to - 부정사구문의 주어 자리에 있던 CP, PP, AP 논항이 각각 제 자리에서 격을 받지 못하여 흔적 [t]을 남기고 주절 주어 자리로 이동하여 주격을 받아 Chomsky(1981)의 격여과조건이 아니라 양동휘(1990)의 수정격여과조건을 만족하여 정문이 되고 있음을 보여주고 있다.

지금까지 Chomsky(1981)의 격여과조건의 설명력을 검토하는 과정에서 두 가

---

2) Chomsky(1981: 175)는 Chomsky(1981: 49)의 격여과조건의 적용 대상을 변항(variable)으로 확대하여 '확대격여과조건(Extended Case Filter)'를 제안한다. 우리는 이 논문에서 격여과조건을 확대된 개념으로 사용하기로 한다.

3) 다음의 [ ] 속의 표현은 비논항으로서 격표시의 대상이 아니다.
a. John is [a fine mathematician].
b. [John], I consider [a fine mathematician].
c. John did it [himself].

지 점을 확인할 수 있게 되었다.

첫째, 격표시의 대상이 되는 일반적인 논항은 NP-논항이지만 구조적으로 격이 부여되어야 하는 자리에 오는 CP-논항, PP, AP도 반드시 격을 받기 위하야 이동하는 것은 지배결속이론 안에서 격이 논항-자리(A - position)에 부여된다는 격이론을 지지해주고 있다.

둘째, 주어 자리에 오는 CP-논항뿐만 PP, AP 등도 격을 받을 수 있는 자리로 이동하여 정문이 되는 것은 PP와 AP도 술어로서 잠재적 주어(implicit subject)인 PRO를 가진 논항임을 시사하고 있다.

이제 수정격여과조건을 수용하는 우리에게 남은 과제는 seem-구문인 예문 (1a)의 that - 절은 예문 (1b)처럼 제자리에 있으면 정문이 되고, 예문 (1c)처럼 격을 받을 수 있는 자리로 이동하면 오히려 비문이 되는 근본 이유를 밝혀내는 것이다. 이 문제를 뒤에서 상세히 다루기로 하겠다.

2.3 수정격여과조건의 딜레마

우리가 앞 절에서 살펴본 바와 같이 양동휘(1990)의 수정격여과조건은 Chomsky (1981)의 격여과조건의 문제점을 해결하기 위하여 제안된 것이다. 그러나 우리는 수정격여과조건이 논리적으로 다음과 같은 심각한 문제점을 가지고 있음을 논의하고자 한다.

첫째, 수정격여과조건은 격여과조건에서 문제가 되지 않았던 새로운 문제점을 가지고 있다. 다음 seem - 구문을 보자.

(7) a. [ ] seems [CP that Mary is honest]. [D -구조]
b. [It] seems [CP that Mary is honest].
c.*[CP That Mary is honest] seems [t].

(8) a. [ ] seems [CP Mary to be honest]. [D -구조]

b.*[It] seems [CP Mary to be honest].

c. [Mary] seems [CP [t] to be honest

우리가 <2.1>에서 언급한 바와 같이 Chomsky(1981: 105)는 seem -동사는 명제논항을 갖는 일항술어라고 가정한다. 위 예문 (7a)의 that-절이 seem-동사의 명제논항에 해당하며, NP-논항이 아니어서 격여과조건의 대상이 아니므로 격을 받지 않으며, 주절 주어 자리에 허사 'it'가 삽입된 (7b)는 정문이고, 오히려 (7a)의 that-절이 이동하여 주격을 받은 (7c)는 비문이 된다. 아울러 (8a)의 CP는 격여과조건의 대상이 아니므로 이동하지 않고, CP 안의 주어인 NP-논항 'Mary'는 격여과조건의 대상이므로 격을 받기 위하여 주절 주어 자리로 이동한 (8c)는 정문이고, 'Mary'가 이동하지 않은 (8b)는 격여과조건을 위반하여 비문이 된다. 다시 말해서 seem -구문인 예문 (7)과 (8)은 곧 Chomsky(1981)의 격여과조건을 지지하는 증거가 되고 있는 것이다.

우리의 관심은 격여과조건의 대안으로 제시된 양동휘(1990)의 수정격여과조건이 위 예문을 올바르게 설명할 수 있느냐 하는 점에 있다. 이미 예상되듯이 수정격여과조건은 that - 절도 논항이면 반드시 격을 받아야 하므로 seem -구문의 예문 (7a)의 that - 절을 Chomsky(1981)의 주장대로 명제논항이라고 가정한다면 반드시 격을 받아야 한다. 그러나 seem - 동사는 자동사이므로 that - 절에게 격을 줄 자격이 없다. 따라서 격을 받기 위하여 주절 주어 자리로 이동하는 방법밖에 없는데, 그 결과로 도출된 (7c)는 비문이 되고, 오히려 이동하지 않고, 주절 주어 자리에 허사 'it'가 삽입된 (7b)는 정문이므로 수정격여과조건과 정면으로 배치되는 결과가 도출되고 있음을 알 수 있다. 여기서 다시 기억해두어야 할 점은 우리가 앞 절에서 논의한 바와 같이 수정격여과조건은 일단 believed - 수동구문의 that - 절을 설명하는데 유용했다는 점이다. 따라서 논리적으로 seem - 구문에 대한 기존의 설명이 타당한지를 재검토할 필요가 있는지, 아니면 이것이 수정격여과조건의 이론상의 한계인지를 밝힐 필요가 있다고 본다.

둘째, 수정격여과조건은 아래의 believed - 수동구문을 설명하는데 논리상의 딜레마를 피할 수 없다. 다음 예문을 살펴보자.

(9) a. [ ] is believed [that Mary is honest]. (D-구조)
b. [It] is believed [that Mary is honest].
c. [That Mary is honest] is believed [t].

(10) a. [ ] is believed [CP Mary to be honest]. (D-구조)
b.*[It] is believed [CP Mary to be honest].
c. [Mary] is believed [CP [t] to be honest].
d.*[CP Mary to be honest] is believed [t].

우선 예문 believed-수동구문인 예문 (9)를 보면 정문 (9b)는 적어도 표면적으로 that-절이 격을 받지 않고 있으므로 격여과조건을 지지하는 증거가 된다. 그러나 정문 (9c)는 (9a)의 that-절이 격을 받기 위하여 주절 주어 자리로 이동한 정문이므로 수정격여과조건을 지지하는 증거가 된다. 따라서 이 예문만으로는 두 조건의 이론상의 우열을 가릴 수 없다. 그러나 예문 (10)을 보면 논리적으로 수정격여과조건이 격여과조건에 없는 심각한 딜레마를 가지고 있음을 알 수 있다. 즉, 격여과조건 안에서는 (10a)의 CP-논항은 격 부여의 대상이 아니므로 이동하지 않고, CP-논항의 주어인 NP-논항 'Mary'가 격을 받기 위하여 주절 주어 자리로 이동하여 정문 (10c)가 도출된다. 그러나 우리가 수정격여과조건을 따르면 일단 (10a)의 CP-논항은 격을 받기 위하여 이동해야 하고, 그 형태가 (10d)가 된다. 문제는 예문 (10d)가 비문이라는 점인데, 비문인 이유가 이동 자체에 있는 것이 아니라는 점은 정문 (9c)를 보면 분명해 보인다. 그렇다면 이동 자체는 정당하고, 비문인 이유는 곧 CP 안의 주어인 NP 논항 'Mary'가 격을 받지 못하고 있기 때문이라고 보아야 한다. 다시 말해서 수정격여과조건을 받아들이는 입장에서 정문 (10c)와 비문 (10d)의 관계에 대한 새로운 분석이 불가피하다는 것이 우리의 관점이다.

셋째, 수정격여과조건은 소위 예외적 격표시구문(ECM-구문)에 대한 논리적인 설명을 할 수 없다. 다음의 believe-구문을 보기로 하자.

(11) a. I believe [that Mary is honest].
b. I believe [Mary to be honest].
c. I believe [her to be honest].
d. She is believed [[t] to be honest] by me.

예외적 격표시, 즉 ECM 이론은 격이론 안에서 believe -구문의 내포절의 주어에 대한 목적격표시의 예외성을 설명하기 위한 불가피한 이론으로서 학계에서 거의 확립된 이론이다. 구체적으로 살펴볼 때, 먼저 격여과조건 안에서는 believe -구문인 예문 (11a)의 that - 절 논항은 격표시의 대상이 아니므로 문제가 되지 않는다. that - 절 대신에 to-부정사구문이 온 예문 (11b)가 문제가 되는데, 그 이유는 NP 논항이 격을 받을 수 없는 자리에 오기 때문이다. 그러나 자연언어에서 보면 예문 (11c)처럼 형태격이 표시되지 않는 'Mary' 대신에 인칭대명사인 목적격 형태 'her'로 표시되므로 이는 주어인 'Mary'도 실제로 추상격인 목적격이 표시된다고 보아야 한다. 이 과정을 '예외적 격표시'(ECM)라고 부르게 되었다. 그러나 ECM 이론은 예문 (11d)에서 보듯이 수동문에서 목적어가 주어로 이동하는 현상을 설명하지 못한다는 문제점을 안고 있다. 이제 수정격여과조건 안에서 살펴보면 believe - 구문 (11a)의 that - 절은 논항으로서 목적격이 부여된다. 동일한 인지적 의미를 가진 예문 (11b)의 to -부정사절은 논항으로서 역시 주절의 타동사 'believe'로부터 목적격을 받는다. 문제는 to - 부정사구문의 주어인 'Mary'는 NP - 논항으로서 격이 표시되어야 한다는 점이다. 예문 (11d)를 볼 때 'Mary'도 목적격이 표시된다고 보아야 한다. 그 격부여자는 물론 주절 동사인 'believe'이다. 그러나 이러한 논리적 추론은 심각한 모순을 안게 된다. 즉, 주절의 타동사는 이미 목적절인 to - 부정사구문에게 이미 목적격을 부여했으므로 다시 NP인 'Mary'에게 목적격을 부여할 능력이 없다. 그러나 현실적으로 목적격은 NP - 논항에게 표시되고 있으므로 이는 마치 수정격여과조건의 반증이 되는 것처럼 보인다. 우리는 이 문제를 근본적으로 해결할 수 있는 대안을 다음 장에서 모색하게 될 것이다.

III. 대안: 격승계가설의 제안

3.1 논의의 전제조건

실제로 가시적 NP-논항만을 격표시의 대상으로 삼은 격여과조건의 대안으로 제안된 수정격여과조건은 모든 가시적 논항을 격표시의 대상으로 삼는다. 수정격여과조건은 Chomsky(1986)의 가시성조건과 동일하게 가시적 논항을 격표시의 대상으로 삼고 있지만, 가시성조건이 가시적인 CP - 논항을 다루고 있지 않다는 점에서 우리는 수정격여과조건을 중심 개념과 용어로 사용하기로 한다.

앞 장에서 살펴보았듯이 수정격여과조건은 부분적으로 격여과조건이 설명하고 있는 문장을 설명하지 못하는 경우도 있고, 수정격여과조건을 적용할 경우 논리적인 딜레마에 빠지는 심각한 문제점을 발견할 수 있었다. 이러한 두 가지 문제점을 해결할 수 없다면 이는 곧 수정격여과조건의 이론적 타당성이 의문시 될 수밖에 없을 것이다. 이에 우리는 이러한 문제점을 해결할 수 있는 새로운 대안을 모색하게 될 것이다. 이를 위하여 먼저 전제로 확인해두어야 할 점은 다음과 같다.

첫째, 격은 격부여자에 의해서 구조적으로 자리에 부여되고, 이 자리에 위치한 논항에게 격이 표시된다.

둘째, 격부여자는 자신의 격부여 자질에 따라 피부여자에게 격을 부여하면 다시 격을 부여할 수 없다.

셋째, 모든 가시적 논항은 반드시 격이 표시되어야 한다.

3.2 격승계가설의 필요성: ECM – 분석법의 대안

먼저 예를 들어 아래 believe-구문의 타동사 'believe'는 자신의 보충어 논항에게 목적격을 한번만 부여할 수 있다. 그 대상이 예문 (12a)처럼 that - 절일 수도 있고, 예문 (12b)처럼 NP - 논항 'Tom'일 수도 있다. 문제는 예문 (12c)처럼 목적절이 to - 부정사구문일 경우에 발생한다. 즉, 타동사 'believe'는 이미 보충어인 to - 부정사절에 목적격을 부여하였기 때문에 자신이 다시 to - 부정사절의 주어인 NP - 논항에게 목적격을 부여할 수 없다. 그러나 자연언어의 증거는 이 'Tom'에게 목적격이 표시된다는 점을 보여준다. 표면적으로는 격은 하나인데, 그 격을 받는 자는 둘인 셈이다. 이는 격이론의 근본을 헤치는 논리이므로 이를 극복하기 위한 새로운 분석과 해석이 필요하다.

(12) a. I believe [that Tom is honest].
  b. I believe Tom.
  c. I believe [Tom to be honest]. (D-구조)
  d. I believe Tom [[t] to be honest]. (S-구조)

우리는 예문 (12d)를 대안으로 제안한다. (12d)는 목적격을 받은 자리인 to -부정사구문의 목적어 자리를 NP - 논항이 승계하여 목적격까지 양도받으며, to -부정사구문의 나머지 성분은 문미로 외치이동한다고 가정하는 것이다. 이러한 분석법은 의미역이론의 관점에서 보아도 문제가 없다. D - 구조에서 to - 부정사절 전체가 논항으로서 술어인 'believe'로부터 내재의미역을 받고, NP - 논항 'Tom'은 자신의 절 안에서 술어 'honest'로부터 외재의미역을 받고 있다. 이러한 과정을 격승계가설(Case Inheritance Hypothesis)로 형식화하면 다음과 같다.

(C) 격승계가설[i]: 수정격여과조건을 만족하기 위하여 NP - 논항은 자신의 상위절인 to - 부정사절의 격을 승계하고, 나머지 to - 부정사절은 외치이동

한다. (In order to satisfy the Revised Case Filter, the NP-argument inherits the Case of its higher to-infinitive clause and then the rest of the to-infinitive clause extraposes to the end of the sentence.)

격승계가설[i]은 앞에서 논의한 수정격여과조건의 논리적인 모순을 피할 수 있을 뿐만 아니라 우리의 전제를 준수하고 있다는 면에서 이론적으로 불가피한 선택이라는 면에서 그 의의가 있다. 동시에 예외적 격표시, 즉 ECM - 구문으로 설명될 수 없었던, 그래서 자체의 논리상의 문제를 가지고 있었던 예문 (22c)에 대하여 논리적인 설명을 제시할 수 있게 되었다. 아울러 일반적으로 화용론적 목적으로만 설명되었던 외치이동에 대한 통사론적 의의가 밝혀지게 되었다고 본다.

이제 또 다른 형태의 격승계가설이 필요함을 believed - 수동구문인 아래 예문을 통해서 논의하기로 하자.

(13) a. [ ] is believed [that Mary is honest]. (D -구조)
b. [That Mary is honest] is believed [t].
c. [It] is believed [that Mary is honest].

먼저 예문 (13a)의 that - 절은 believed - 수동구문의 목적어 논항이므로 격을 받지 못하고 있으며, 격을 받기 위하여 주어 자리로 이동한 문장이 (13b)이다. 만일 (13b)

의 주어 that - 절이 외치이동하면 그 주격을 대명사 'it'가 승계하여 (13c)가 도출된다[4]. 이를 형식화하면 다음과 같다.

4) 주어로서의 that-절이나 to-부정사절이 외치이동한 자리에 들어가는 'it'를 전통문법에서는 가주어, 즉 허사로 불리어왔으나, Greenbaum & Quirk(1990)을 비롯한 현대 문법학자들은 후방조응사(cataphora)로 부른다. 이는 곧 'it'가 외치이동된 요소를 지칭한다는 것을 의미한다.

(D) 격승계가설[ii]: 수정격여과조건을 만족하기 위하여 대명사 'it'는 that - 절의 격을 승계하고, that - 절은 외치이동한다. (In order to satisfy the Revised Case Filter, pronoun 'it' inherits the Case of that-clause and then that-clause extraposes to the end of the sentence.)

결국 격승계가설은 두 가지 유형이 있으며, 부분적인 외치이동을 하는 경우와 전체가 외치이동하는 것으로 나누어진다. 이제 believed - 수동구문의 부분 외치이동이 되는 경우를 다음 예문에서 살펴보기로 하겠다.

(14) a. [ ] is believed [CP Mary to be honest]. (D-구조)
b.*[CP Mary to be honest] is believed [t].
c. [Mary] is believed [CP [t] to be honest].

예문 (14a)는 주어가 포함된 to - 부정사구문이 believed-수동구문의 목적어인 경우로서 격을 받지 못하여 수정격여과조건을 위반하고 있다. 이 부정사절이 격을 받기 위하여 주어 자리로 이동한 문장이 (14b)이다. 그러나 (14b)는 부정사절의 주어인 'Mary'가 격을 받지 못하여 비문이다. 이를 구원하기 위하여 격승계원리가 작용한다. 즉, 'Mary'가 전체 부정사절의 주격을 승계하고, 나머지 부정사절은 문미로 외치이동하면 정문 (14c)가 도출된다.

3.3 Seem – 구문의 새로운 분석: 일항술어론의 대안

우리는 앞 절에서 seem-구문은 수정격여과조건으로 설명될 수 없고 이전의 격여과조건으로 설명된다는 면에서 격여과조건의 대안으로 제시한 수정격여과조건의 설명력에 심각한 의문이 제기될 수 있음을 논의하였다. 이제 격승계가설의 관점에서 seem -구문을 다시 검토할 필요가 있다. 다음 예문을 보자.

(15) a. [   ] seems [that John is honest].

b. [It] seems [that John is honest].

c.*[That John is honest] seems.

Chomsky(1981)는 seem - 동사를 명제논항을 보충어로 갖는 일항술어로 규정하였음을 앞에서 지적하였다. 예문 (15a)의 명제논항인 that - 절은 격여과조건의 대상이 아니므로 제 자리에서 격을 받지 않아도 이동하지 않고 빈 주어 자리에 허사 'it'가 삽입되어 정문 (15b)가 도출된다. 그러나 수정격여과조건 하에서는 seem - 동사를 일항술어로 가정하면 명제논항인 that - 절은 반드시 격을 받아야 하며, 제 자리에서 격을 받을 수 없으므로 빈 주어 자리로 이동해야 한다. 그러나 이동하여 도출된 (15c)가 비문이므로 수정격여과조건으로 이 문제를 해결할 수 없다는 딜레마에 빠진다. 이 문제를 격승계가설의 입장에서 살펴보면, that - 절이 격을 받은 다음에 이를 대명사에게 양도해야 하는데, (15c)가 비문이므로 that - 절이 합법적 격을 가지고 있지 않으므로 논리적으로 양도 자체가 불가능하다. 비유적으로 말하면 일종의 장물(贓物)이므로 이를 처분하는 것이 불법이라고 보아야 한다. 다시 명제논항이 to - 부정사절인 다음 예문을 보자.

(16) a. [   ] seems [John to be honest]

b. John seems [[t] to be honest].

예문 (16a)의 seem - 동사의 보충어인 to - 부정사절은 격을 받고 있지 않으며, to - 부정사절의 주어인 NP - 논항은 격표시(Case marking)의 대상이므로 빈 주절 주어 자리로 이동하여 정문 (16b)를 도출한다.

지금까지의 논의로 볼 때 seem -구문의 that - 절이나 to - 부정사절은 격표시와 전혀 무관함을 확인하였다. 우리는 격과 무관하다는 이 증거를 seem -동사의 논항구조와 관련하여 새로운 제안을 하겠다. 즉, 논항으로 가정하여 설명할 수 없다면 역으로 논항이 아니라는 가정을 해볼 필요가 있는 것이다. 이 문제의 핵심 가운데 하나는 seem -동사의 본질적 성격, 즉 논항구조와 관련되어 있다. 주지하는 바와 같이 seem-동사는 불완전자동사로서 반드시 전통문법적 용어로서의 보어(complement)를 필요로 하는 2형식동사에 속한다. 바꾸어 말하면 seem -동사는 보어의 도움을 받아 완전한 술어를 구성한다고 보아야 한다. 이를 받아들이면 seem -구문의 that - 절이나 to - 부정사절이 바로 seem -동사의 논항이 아니라 보어라고 보아야 한다. 다시 말해서 seem -동사는 논항을 갖지 않는 무항술어(non - Argument predicate)라는 것이 우리의 새로운 주장이다. seem -동사가 무항술어이므로 주어는 의미역이 주어지지 않는 허사 'it'의 삽입이 정당하고, 날씨술어(weather predicate) - 구문도 의미역이 없는 의사논항 'it'가 필수적인 주어로서 존재한다. seem -동사와 같이 무항술어로 쓰이는 다른 술어로는 "happen, appear, chance, be likely" 등이 있다[5].

지금까지 문장의 기본적인 의미와 구조를 결정하는 술어의 논항구조를 무항술어로 새롭게 올바로 설정함으로써 seem -구문에 대한 격여과조건과 수정격여과조건 사이의 논리적 딜레마를 완전히 해결할 수 있음을 확인하였다.

IV. 결론

우리는 지금까지 문장의 모든 가시적인 논항은 적법하게 격이 표시되어야 정문이 될 수 있다는 수정격여과조건을 가정하고, 이의 정당성을 검증하는 과정에서 중요한 네 가지 점을 확인할 수 있었다.

첫째, 기존의 believed - 수동구문의 분석법은 수정격여과조건을 위반하고 있으며, 이는 격승계가설[i]을 설정하여 해결할 수 있다.

둘째, 기존의 생성문법학계에서 believe-구문에 대한 일반화된 ECM-분석법은 수정격여과조건을 위반하는 심각한 문제점을 가진 접근법이며, 이를 해소하

5) NP가 논항이 아니면 격이 표시되지 않듯이 CP도 논항이 아니면 격이 표시되지 않는다고 볼 수 있다는 것은 논리적이다.

기 위해서는 격승계가설[ii]이 필요하다.

셋째, 지금까지 기존 학계에서 외치이동은 무거운 성분이 문미로 이동한다는 화용론적 관점에서 설명되는 것이 전부였으나, 우리는 격승계라는 중요한 통사적 운용의 결과로 발생된다는 점을 밝혔다.

넷째, 지금까지 학계에서 seem-구문은 수정격여과조건으로는 설명이 안되고 격여과조건으로 설명되는 것처럼 인식되어왔으나, 우리는 그 근본 이유는 seem-동사의 논항구조를 잘못 설정했기 때문임을 밝혔다. 대안으로 우리는 seem-동사는 일항술어가 아니라 무항술어로서 seem-동사 다음에 오는 that-절은 명제논항이 아니라 seem-동사의 의미를 보충하는 보어 역할을 한다고 정의함으로써 격이 처음부터 부여되지 않는 성분임을 밝혔다.

이러한 우리의 논의는 격이론의 기본 정신인 격은 구조조적으로 자리에 부여되고, 그 자리에 들어가는 논항에게 격표시된다는 점을 엄격하게 준수하고, 아울러 격부여자는 격피부여자에게 단 한번만 부여한다는 점도 엄격하게 준수한다는 가정 하에 문법으로서 이상적인 최대한의 제약을 가진다고 본다.

참고문헌

양동휘.『문법론』수정본. 서울: 한국문화사. 1994.

Adger, David. *Core Syntax: A Minimalist Approach*. Oxford University Press, 2003.

Chomsky, N. *Lectures on Government and Binding*. Foris, 1981.

______. *Knowledge of Language: Its Nature, Origins, and Use*. MIT, 1986.

______. "A Minimalist Program for Linguistic Theory," in *The View from Building 20: Essays in Linguistics in Honor of Sylvain Bromberger*, ed. K. Hale and S. Keyser, MIT, 1993.

Hornstein, N. *A Theory of Syntax*. Cambridge University Press, 2009.

Lasnik, H. "The Minimalist Theory of Syntax: Motivations and Prospects," Presented at the 2nd Seoul International Conference on Generative Grammar. 1993.

Greenbaum S. & R. Quirk. *A Student's Grammar of The English Language*. 1990.

Radford, *A. Syntax: A Minimalist Introduction.*Cambridge, 1997.

<Abstract>

Revised Case Filter and Case-Inheritance Hypothesis

Chang, Kyung Key. (1993) Revised Case Filter and Case-Inheritance Hypothesis. Linguistic Journal of Korea, 18-2, 363-392. This paper argues that Chomsky's (1981, 1986) and other theories based on the assumption that *seem* is a monadic(=one-Argument) predicate are almost incompatible with the Revised Case Filter, and further presents an alternative. Our alternative is that *seem* is an incomplete non-Argument predicate (Rothstein, 1985), which means that the CP following *seem*, unlike Chomsky's assumption, is not an Argument but a Base-generated clausal Complement that makes *seem* complete non-Argument predicate with no relation to either theta-role or Case. In the process of strict application of the Revised Case Filter, we propose Case-Inheritance Hypothesis, which enables us to apply the Revised Case Filter both consistently and unexceptionally in the Case theory, and in consequence provides us with adequate explanation about syntactic meaning of extraposition and in addition, makes ECM-construction not exceptional but quite normal in the Case theory. (Ulsan University)

Key Words: Case Theory, (Revised) Case Filter, Argument, Case-Inheritance Hypothesis

03
There - 구문의 통사적 연구*

I. 연구의 목적 및 동기

이 논문은 영어의 가장 생산적인 구문의 하나인 There -구문의 본질에 관한 올바른 이해와 통사구조에 관한 명시적인 기술을 목적으로 쓰여진 것이다.

There -구문에 대한 학계의 관심은 전통문법 이론에서부터 현대생성문법 이론에 이르기까지 꾸준히 계속되어 왔으며, 특히 Chomsky(1981, 1986)의 지배결속이론 (Government and Binding Theory; 이하 GB이론) 이후에 There-구문의 통사구조에 관한 더욱 심도있고 활발한 연구가 이루어져 왔다.

우리는 이 논문에서 전통문법 이론에서부터 최근의 현대생성문법 이론에 이르기까지 There -구문과 관련된 몇 몇 선행연구를 검토한 다음, 아직도 논의가 계속되고 있는 몇 가지 핵심적 문제에 관한 비판적인 검토를 통해서 더 나은 대안을 모색하기로 하겠다.

이 논문의 중요한 특징 중의 하나는 특정한 문법이론의 모델 안에서 제한된 자료를 설명하는 가설의 검토가 아니라 There - 구문이 가지고 있는 본질적인 특성을 보여주는 자료들을 가능한 한 많이 활용하여 더욱 설명력 있는 대안을

* 이 논문은『현대영미어문학』21.2호(현대영미어문학회, 2003)에 발표한 것을 수정·보완한 것이다.

모색하는데 있다. 우리는 특정 언어 현상에 관한 이론의 설명적 타당성은 어떤 문법이론의 모델을 택하느냐에 의해서 결정되는 것이 아니라 제안된 이론이 얼마나 모국어 화자의 내재적인 무의식적 언어 지식(I-Language)과 이의 실제적인 활용(E-Language)을 정확히 반영하고 있는가에 의해서 결정된다고 보며, 특히 우리처럼 외국어로서 영어를 교육하고 학습해야 하는 입장에서도 바르게 기술된 언어이론은 실제적인 도움을 줄 수 있다고 믿는다.

II. There - 구문의 선행연구

There - 구문의 첫 성분인 'there'는 전통적으로 유도부사(introductory adverb)라고 불리어 왔다. Jespersen(1933)은 예비의 'there'(preparatory 'there')라고 지칭하면서 장소의 의미가 없다고 언급하고 있는 정도이며, Hornby(1975)는 다른 동사와의 관련성 및 문장 유형(sentence pattern)의 분류 차원에서 다루었고, 특히 Quirk & Greenbaum (1990)은 신정보의 제시(new information presentation)의 방안으로 기술하고 있다.

There - 구문에 대한 본격적인 통사적 연구는 생성문법(Generative Grammar) 안에서 Chomsky(1965) 의 표준이론(Standard Theory) 이후이다. 표준이론은 There - 구문을 There-삽입규칙(There-insertion)이라는 변형규칙에 의해서 심층구조로부터 도출된 표면구조로 설명하였다. 생성문법이 획기적으로 발전된 이론 모델인 Chomsky (1981, 1986) 이후의 GB이론에서는 격이론(Case Theory)과 의미역 이론(Theta Theory) 안에서 모든 논항(Argument)이 구조적으로 엄격하게 격과 의미역을 부여받아야 한다고 주장하면서 There -구문은 그 구조의 특수성 때문에 매우 심각한 주제가 되고 있다.

우리는 여기에서 전통문법과 관련된 몇몇 이론과 생성문법의 표준이론 및 GB이론과 최소이론(Minimalist Program)에서 제안된 There -구문에 관한 이론을 비판적으로 검토하기로 하겠다.

2.1 Hornby(1975)의 논의

Hornby(1975: 16-22)는 There-구문을 먼저 Be 동사 구문과 일반동사 구문으로 나누고, Be 동사 구문을 다시 장소 부가어(adverbial adjunct)가 없는 구문과 있는 구문으로 나눈다.

(1) [VP1]: <There + Be + Subject>

a. There was a large crowd.

b. There's no doubt about it.

(2) [VP1]: <There + Be + Subject + Adverbial Adjunct>

a. There are three windows in this room.

b. There was a thunderstorm in the night.

(3) [VP2]: <There + Verb + Subject> - follow, arise, come, develop, enter

a. There followed a long period of peace and prosperity.

b. There comes a time we feel we must make a protest.

위의 예문이 보여주듯이 Hornby(1975)는 There-구문을 동사에 따라 분류하였으며, Be 동사가 아닌 다른 술어의 문장은 또 다른 문형으로 분류하고 있다.

2.2 Quirk & Greenbaum(1990)의 논의

Quirk & Greenbaum(1990: 424-428)은 There-구문의 유형을 직접 분류하지 않고 술어 다음의 NP가 문법적 주어인 기본문(basic clause)과 의미가 동일하다는 전제하에 기본문을 아홉 유형으로 분류하는 것으로 대신하고 있다는 면에서 특별하다.

(4) There - 구문의 분류

① SVC: Something must be wrong.→ There must be something wrong.

② SVA: Was anyone in the vicinity?→Was there anyone in the vicinity?

③ SV: No one was waiting→There was no one waiting.

④ SVO: Plenty of people are getting promotion.→There are plenty of people getting promotion.

⑤ SVOC: Two bulldozers have been knocking the place flat.→There have been two bulldozers knocking the place flat.

⑥ SVOA: A girl is putting the kettle on→There's a girl putting the kettle on.

Quirk & Greenbaum(1990)의 이와 같은 분류는 There -구문의 다양한 형태를 보여주는 장점이 있지만, There - 구문을 그의 기본문과 구조와 의미를 동일시 했다는 면에서 심각한 문제점을 안고 있으며, 아울러 There - 구문의 명사구 다음의 구조를 There - 구문의 술어인 Be 동사의 특성이 아닌 기본문 술어의 하위 범주에 다름 아니라는 면에서 일반성을 잃고 있다. 다시 말하면 (4iii-vi)의 기본문의 Be동사는 조동사이고, There - 구문의 Be 동사는 본동사인데 이 차이점이 유형의 분류에서 반영되지 않고 오직 기본문의 본동사의 특성에 따라 세분되고 있다.

한편 우리가 주목할 점은 Quirk & Greenbaum(1990: 423 - 426)에서 There - 구문을 존재문(existential sentence)이라고 언급하고 있다는 점이다. 일반적으로 문장은 구정보(given information)에서 시작하여 신정보(new information)로 진행된다. 그러나 때로는 처음부터 신정보를 청자에게 전달하는 문장을 사용하는 경우가 있는데, 이때는 허수아비 주제(dummy theme)를 앞에 놓아서 전체 명제의 존재(existence)를 청자의 주의를 끌도록 하는 방안을 사용한다.

(5) a. A car is blocking my way.

→<u>There is</u> a car blocking my way. / <u>I have</u> a car blocking my way.

그들은 There - 구문이 신정보인 전체 명제를 제시하는 역할(presentative role)을 한다고 보며, 이는 곧 There-구문의 주요 기능이 화용론적인 것이라는 주장이다. 이 주장은 There - 구문의 술어 다음에 신정보로서의 비한정 명사구(indefinite NP)가 오는 것을 함께 설명해준다. 아울러 아래와 같은 화맥(pragmatic context) 안에서는 한정 명사구(definite NP)도 신정보라면 가능하다고 주장하고 있는 점이 주목된다. 다음 예문을 보자.

(6) A: Have we any loose cash in the house?
    B: Well, there's the money in the box over there.

(6B)에서 한정 명사구 "the money"가 쓰인 이유는 이 맥락에서 신정보이기 때문이다. 다시 말해서 화자와 청자가 의식 속에서 새롭게 깨닫게 되는 정보라는 면에서 새로운 세계에서의 신정보이기 때문에 "the money"가 가능하다.

2.3 표준이론의 논의

생성문법의 초기 이론인 표준이론Standard Theory)은 There - 구문을 아래와 같은 There - 삽입규칙(There-insertion)에 의해서 도출된 표면구조로 분석하였다.

(7) There - 삽입규칙(optional)

SD : NP	- Tense	- (mod)	- (have-en)	- be
[-def]				
1	2	3	4	5
SC: There	2	3	4	5+1

이 규칙은 다음 문장 (8b)가 (8a)로부터 도출되었다고 설명해준다.

(8) a. A cat is on the red roof.

b. There is a cat on the red roof.

여기서 주목할 점은 변형규칙(T- rule)이 의미를 바꾸지 않는다는 표준이론의 입장에서 문장 (8a)와 (8b)가 의미가 동일하다고 가정하며, There - 삽입규칙은 선택규칙(optional rule)이라는 점이다. 아울러 규칙의 적용 조건으로 SD의 주어가 [- def] 자질을 가진 NP, 즉 비한정 명사구이어야 한다는 것이다. 또 하나 유의할 점은 There - 삽입규칙은 NP가 Be 동사 다음 자리로 이동함과 동시에 일어난다는 점이다.

표준이론의 최대의 문제점은 There - 구문의 특수성을 전혀 인정하지 않은 것이다. 변형규칙은 동일한 의미를 전제하기 때문이다. 다만 Be 동사 다음의 비한정 명사는 There - 삽입규칙의 단서 조항에 지나지 않았다.

2.4 현대생성문법의 논의

Chomsky(1981, 1986)의 GB이론은 There - 구문의 분석에도 획기적인 발전을 가져오게 되었다.

첫째, 격이론(Case Theory) 안에서 격 부여자Case assigner)와 격 피부여자(Case assignee)는 반드시 엄격한 구조적 지배관계에 있어야 하는데, There -구문의 주격 부여자 AGR과 지배관계에 있는 구성성분은 'there' 밖에 없기 때문에 일단 주격이 부여되는 문법적 주어는 'there'라고 보았다.

둘째, 의미역 이론(Theta Theory) 안에서 모든 논항(Argument)은 하나의 의미역을 가져야 하며, 의미역은 반드시 하나의 논항에게만 주어져야 하는데, There - 구문의 일반적인 술어 be 동사를 일항술어(one Argument predicate)로 간주하고, 그 의미역은 'there'에 배당되는 것이 아니라 제휴 명사구(associate NP; associate; 이하 제휴어)에 배당된다고 보았다. 이런 면에서 'there'는 격은 부여되지만 의미역을 갖지 않으므로 허사(expletive)라고 보았다.

셋째, 의미역을 가진 논항 NP는 Chomsky(1981)의 격여과(Case Filter)나 Chomsky (1986)의 가시성조건(Visibility Condition)에 의해서 반드시 격을 가져야 하는데, There-구문에서는 구조적으로 격이 부여될 방법이 없다. 따라서 Chomsky(1986)은 'there'가 받은 격이 제휴어에 전이(Case Transfer)되어 이 조건을 만족한다고 설명하였다.

넷째, 제휴 명사구는 반드시 비한정 명사구(indefinite NP)가 와야 한다는 한정성 효과(Definiteness Effect)를 제안하였다. 이러한 주장의 구체적인 논의를 살펴보기로 하자.

먼저 There - 구문의 'there'는 무의미 요소로서 D -구조에 존재하지 않고, S -구조에서 삽입된다고 보았다. 다음 예문을 살펴보기로 하자.

(9) a. [   ] is a man in the room. [D -구조]
   b. [A man] is [t] in the room. [NP -이동]
   c. [There] is a man in the room. [S -구조]

GB이론에서 허사의 삽입은 모든 이동규칙이 이루어진 다음에 마지막 수단(Last Resort)으로 일어나는데, (9b)와 같은 제휴어의 이동이 일어나지 않으면 There - 삽입규칙이 적용된다. 결국 이 설명은 (9b)와 (9c)의 의미가 동일하다는 전제 하에 이루어진 것임에 유의하기로 하자. 앞에서 논한 표준이론과 다른 점은 There - 구문의 D - 구조를 다르게 설정한 점이다.

이제 제휴어의 문법적 특성에 대해서 다음 예문을 통해서 살펴보자.

(10) a. There is a man in the room.
   b. There are men in the room.

GB이론은 일치소 AGR이 성, 수, 격의 일치자질을 주어와 공유하고 있다고 가정한다. 그러나 There - 구문은 수 자질(number feature)을 'there'가 가지고 있는 것이 아니라 제휴어가 가지고 있다. 즉, 예문 (10a)의 제휴어가 단수이므로 단수동사 'is'가 왔고, (10b)는 제휴어가 복수이므로 복수동사 'are'가 왔다. 이는 There-구문의 특성을 잘 보여주는 것으로서, 제휴어가 의미상의 주어일 뿐만 아니라 문법적으로도 부분적으로 주어의 기능을 가지고 있는 것을 보여주는 증거이다. 그러나 이 점을 GB이론 안에서 구조적으로 설명할 방법이 없다. 왜냐하면 구조적인 주어 자리는 'there'의 자리 하나이기 때문이다. 이를 해결하는 방안으로 Chomsky(1986: 94)는 술어 다음의 명사구를 제휴 명사구(associate NP)로 규정하여 두 성분이 제휴함으로써 비로소 AGR과 자질의 일치를 만족하게 되며, 이를 격전이(Case Transfer)로 개념화하였다.

Chomsky(1992)에서 제안된 최소이론(Minimalist Program)의 이론 틀 안에서 There -구문의 분석이 GB이론에서의 그것과 근본적으로 다른 것은 없다. 다만 격의 부여(assignment)가 아니라 격을 받는 성분과 격을 주는 성분 사이에 자질의 점검(feature checking)에 의해서 문장의 문법성, 즉 합치조건(Convergence Condition) 의 만족 여부가 결정된다고 보았다. 구체적으로 GB이론의 격전이 이론 대신에 Chomsky(1992: 46)는 There-구문의 제휴어가 논리형태(LF)에서 'there'에 부가되어 자질이 점검되고, 'there'는 허사이므로 비한정 명사구의 접사가 되어 해석 점검을 통과한다는 주장하였다. 다음 문장을 보자.

(11) a. [There] is [a man] in the room.

b. $[_{NP}$ [A man]$_i$ $[_{NP}$ there]] is [t_i] in the room.

예문 (11a)의 'a man'이 'there'에 부가되어 'a man'의 지표는 [a man [there]]라는 전체 NP의 지표가 되고, 'a man'의 흔적 t와 논항 연쇄를 형성한다는 것이 Chomsky (1992)의 주장이다.

III. There - 구문의 통사성 검토

3.1 'there'의 정체성 검토

현대생성문법 이론은 There - 구문의 문법적 주어 'there'가 무의미 요소라는 면에서 Chomsky(1981: 35)와 Chomsky(1986: 93)는 의미역(theta role)을 갖지 않는 비논항이며, 다른 규칙이 적용된 다음에 빈자리에 삽입되는 허사(expletive)라고 주장한다. 다음의 Seem -구문을 보자.

(12) a. It seems that John is innocent. [S -구조]
     b. [ ] seems that John is innocent. [D -구조]
     c. [John] seems [t] to be innocent. [S -구조]
     d. [ ] seems [John] to be innocent. [D -구조]

모든 논항은 Chomsky(1981)의 격여과조건(Case Filter)나 Chomsky(1986)의 가시성조건(Visibility Condition)에 의해서 반드시 격이 부여되어야 한다. Seem -구문 (12a)의 논항 'John'은 내포절 안에서 격을 받고 있으며, 주절 술어 'seem'의 주어 자리는 비의미역 자리이므로 의미역을 갖지 않는 허사 'it'가 최후수단(Last Resort)으로 삽입되어 (12b)에서 (12a)가 생성된다. 그러나 만일 예문 (12c) 처럼 논항 'John'이 내포문에서 격을 받지 못하면 격을 받기 위하여 주절 주어 자리로 이동하는 NP -이동을 통해서 (12d)로부터 (12c)가 생성된다.

이제 There - 구문의 경우를 아래 예문에서 살펴보자.

(13) a. A boy is [t] in the room. [S - 구조]
     b. [There] is [a boy] in the room. [S - 구조]
     c. [ ] is [a boy] in the room [D - 구조]

'there'를 허사로 규정하는 GB이론은 위 예문의 제휴어인 논항 'a man'이 주어 자리로 이동하여, 즉 명사구 이동규칙에 의해서 (13c)로부터 (13a)가 생성되며, 만일 이동되지 않으면 주어 자리에 허사 'there'를 삽입하여 (13b)가 생성된다고 본다.

그러나 두 예문 (12)와 (13)은 매우 심각한 차이점이 있다는 것이 우리의 판단이다. 첫째, 차이점은 It - 허사 구문에서는 의무적인 NP - 이동이 적용되는데 반해 There - 구문에서는 선택적인 NP-이동이 적용된다. 둘째, It - 허사 구문은 NP-이동이 문법성과 인지적 의미의 차이를 가져오지 않는데 반해, There - 구문은 NP - 이동 전과 후의 구문사이에 문법성과 의미의 동일성 여부에 관하여 많은 학자들이 의견을 달리하고 있다는 점이다.

Chomsky(1981: 323)는 There - 구문의 'there'를 허사로 분석하면서 날씨의 'it' (weather 'it')는 의사 논항(Quasi-Argument)으로 분류하였다. 그가 제시한 유일한 증거는 허사의 'it'나 There - 구문의 'there'와 달리 날씨의 'it'는 PRO(ungoverned invisible pronominal)를 통제(control)한다는 점이다. 다음 예문을 보자.

(14) a. [It] sometimes rains after [PRO snowing].
b. I want [it to snow].
c.*I want [PRO to snow].
d. [For it to snow all day] would be a nuisance.

먼저 예문 (14a)는 날씨의 'it'는 주절의 주격 부여자 AGR로부터 주격을 부여받아서 격부여 기준을 만족한다. 또한 정문 (14a)는 날씨의 'it'가 PRO를 통제하고 있음을 보여준다. 이는 통제자가 없는 (14c)가 비문인 것을 보면 쉽게 알 수 있다. Chomsky (1981: 324 - 5)는 허사의 'it'나 존재구문의 'there'는 이러한 통제 기능을 결코 갖지 못한다고 주장한다. 또한 (14b)가 정문이고 (14c)가 비문인 것은 날씨의 'it'가 기저에서 생성되며, 또 선행사 없이는 생략되지 못함을 보여준다. 아울러 날씨의 'it'는 반드시 격을 부여받아야 함을 정문 (14b)와 (14d)가 보여준다. 다만 정문 (14b)와 (14d)의 'it'는 문장이 반드시 주어를 가져야 한다는 확대 투사원리(Extended Projection Principle: EPP)에 의해서 설명되어야 한다. 이러한 증거로 판단해볼 때 날씨의 'it'는 의미론적으로 지시물(referent)을 갖지 않는다는 면에서는 참 논항과 다르지만, 통사적으로는 격부여 기준을 준수한다는 면에서 일반적인 논항과 완전히 동일하게 행동하고 있음을 알 수 있다.

그런데 우리가 주목하는 점은 실제의 언어생활에서 날씨의 'it'와 There - 구문의 'there'가 매우 비슷한 용법으로 사용되고 있다는 것이다. Thomson & Martinet(1986: 120)을 보자.

(15) a. It is foggy. → There is a fog.

b. It is a long way to York. → There is a long way still to go.

c. It is time to go home. → There is time for us to go home.

위 예문은 'it'가 특수용법으로서 날씨, 거리, 시간을 표현하는 문장의 주어가 될 수 있는데, There - 구문의 주어 'there'도 비슷한 용법으로 사용될 수 있음을 보여주고 있다.

또한 아래 예문은 There - 구문의 'there'가 일반적인 논항과 마찬가지로 반드시 격을 받아야 하며, 격을 받지 못하는 자리에 있으면 논항처럼 이동하여 정문이 된다는 점을 확인시켜준다.

(16) a. <u>There</u> is no gain without [[PRO] being no pain].

b. I do not want [<u>there</u> to be any doubt about this].

c. He was disappointed at [<u>there</u> being so little to do].

d. [For <u>there</u> to be a man here at this time] is unlikely.

e. <u>There</u> seems [t] to be a student in the classroom].

아울러 날씨의 'it'구문 (16)과 위 예문을 비교해보면 동일한 통사적 행태를 보여주고 있음을 알 수 있다. 또한 아래 예문은 There - 구문과 날씨-구문이 소유격의 형태를 갖지 못하는 공통점을 보여준다.

(17) a. There are a lot of people at the party.
b. You may count on there/*there's being a lot of people at the party.
c. It snows tomorrow.
d. I wouldn't count on it/*its snowing tomorrow.

이상과 같은 증거로 볼 때 There - 구문의 'there'는 논항으로서의 지시적 의미는 없지만 날씨의 'it'와 마찬가지로 기저에서 생성된다고 보아야 하며, 따라서 허사가 아닌 의사 논항(Quasi-Argument)이라고 우리는 주장한다[1]. 그러나 There - 구문은 날씨 - 구문과 달리 반드시 특정 술어와 함께 제휴어가 존재하며, 제휴어는 논항으로서 스스로 격을 갖지 못하고 자신의 수 자질이 'there'가 가진 격 자질(Case feature)과 제휴하여 AGR의 일치 자질과 점검됨으로서 합치된다.

3.2 There—구문의 술어 검토

일반적으로 There - 구문을 존재 구문(existential construction; existential sentence)라고 불러왔다. 이 용어는 There - 구문의 생산적인 술어인 be 동사의 용법중의 하나가 '존재'(existence)이기 때문인 것으로 보이며, Chomsky(1981)도 같은 입장에 있다. 그러나 모든 문장의 기본적 의미가 술어의 논항구조(Argument Structure)에 근거를 두고 있으며, There - 구문의 술어가 Be 동사 이외에도 많은 다른 술어가 쓰인다는 점 등이 제휴어의 한정성 효과와 맞물려서 많은 논의가 이루어지고 있다는 면에서 There - 구문의 술어에 관한 검토가 필요하다.

---

1) There-구문의 'there'를 허사의 'it'와 다르게 보는 대표적인 논문은 Rothstein(1995: 500)이다. "While 'there' is neither thematic nor referential, it may have some semantic import, since it occurs only in semantically restricted environments. Also, there are syntactic differences between 'there' and 'it,' as discussed by Safir(1985) and McCloskey(1991)"

먼저 There - 구문의 be 동사가 존재의 의미와 직접 관련이 없는 것으로 보이는 많은 예문이 있음을 아래에서 확인할 수 있다.

(18) a. There <u>is</u> no wind.
  b. There <u>is</u> a man here.
  c. There <u>is</u> a man coming here.
  d. There <u>was</u> a whole box stolen.

위의 There - 구문의 정형 동사(finite verb)는 Be 동사이지만 존재(existence)의 의미를 가진 예문은 (18a)와 (18b)이고 나머지는 존재의 의미가 없거나 중의성을 가진 구조이다. 예를 들어 (18c)는 일반적으로 "A man is coming here."와 동일한 의미를 가진 것으로 보는데, 이를 받아들인다면 (18c)의 Be 동사는 존재의 의미가 없다고 보아야 하며, 이를 "There is a man who comes here."라고 풀어쓴다면 이때는 존재의 의미가 있다고 보아야 하지만 보통은 전자의 의미로 이해하고 있음을 고려해야 할 것이다. 그렇다면 (18c)의 제휴어 'a man'은 Be 동사의 논항인지, 아니면 뒤에 오는 술어 'come'의 논항인지가 심각한 문제가 되는데, 의미상으로 'come'의 논항이라면 Be 동사의 기능은 무엇인지가 역시 문제가 아닐 수 없다. 일단 There - 구문의 복잡성을 받아들이면서 Be 동사 아닌 다른 술어가 쓰이는 다음의 예문을 보자.

(19) a. There <u>arrived</u> a taxi cab.
  b. There <u>appeared</u> ship after ship.
  c. There <u>comes</u> a time for decision.
  d. There <u>ived</u> a king.

위와 같은 There - 구문의 다양한 술어의 특성으로 Firbus(1966: 243)는 "특정 장소에 존재하거나 출현"을 의미하는 동사로서 "appear, live, arrive" 등이 있으며, "die, leave, vanish, disappear" 등은 의미상으로 존재와 출현의 의미가 아니므로 There-구문의 술어로 쓰일 수 없다고 보았다. 박승윤(1986: 16)은 "존재 내지 존재의 시작"을 의미하는 동사라고 보고, "appear, arrive, arise, ensue, remain, enter, begin, exist, follow, develop, emerge, dawn" 등을 예로 들었으며, 존재와 반대되는 "disappear, exit" 혹은 존재와 무관한 의미의 "laugh, cry, die" 등은 There - 구문의 술어가 되지 못한다고 주장하고 있다. 아울러 There - 구문의 모든 술어는 적어도 '존재'의 의미와 관련되어 있으며, 제휴어의 한정성 효과도 모든 술어 구문에 그대로 적용된다고 본다.

3.3 제휴 명사구의 정체성-한정성 효과 검토

일반적으로 There - 구문의 be 동사나 다른 술어 다음에 오는 제휴 명사구(제휴어)는 반드시 비한정 명사구(indefinite NP)여야 한다는 한정성 효과(definiteness effect)가 There - 구문의 중요한 특성으로 인식되어 왔다. 이 제약은 There-구문의 제휴 명사구가 특정한(specific) 지시물(referent)을 갖지 못함을 의미하며, 구체적으로는 [부정관사+단수명사], 관사 없는 복수명사, 물질명사(mass noun), [수사+복수명사], 긍정문에서 [some+명사], 부정문과 의문문에서 [any+명사] 혹은 [no+명사] 등이 제휴어가 된다. 다음의 예문은 제휴 명사구의 다양한 모습을 보여준다.

(20) a. There was <u>light.</u>
b. There is <u>no use</u> (in) crying over spilt milk.
c. There is <u>no accounting</u> for tastes.
d. There remains only <u>for me to apologize</u>.

이 예문들이 보여주는 흥미로운 점은 제휴어는 (20b)나 (20c)와 같은 숙어적 표현도 설명해주며, (20d)는 for - to - 절(clause)도 제휴어가 될 수 있음을 보여준다.

우리의 관심은 이 다양한 제휴어를 일반화할 수 있는 특성이 무엇인가 하는 점이다. 이 문제에 관하여 Milwark(1977: 7)는 의미있는 주장을 하고 있다. 그는 "한정사 없는 복수형"(determinerless plural)이나 물질 명사구(mass NP)는 상황(contextual factor)에 따라 전칭적 의미(universal reading)와 비전칭적 의미(non-universal reading)를 갖게 되는데, There-구문에서는 후자, 즉 비전칭적 의미로만 해석된다는 것이다[2]. 다음 예문을 보자.

(21) a. Coffee is tasty.

b. Fireplugs are red.

위 예문 (21a)의 'coffee'는 전칭적 의미의 물질 명사구이고, (21b)의 'fireplugs'는 전칭적 의미의 복수 명사구이다. 이 경우에는 각각의 명사구 앞에 'all'을 수식어로 놓을 수 있다. 그러나 아래 예문과 같이 이 명사구가 비전칭적 의미를 갖게 되면 'all'을 명사구 앞에 놓을 수 없다.

(22) a. We found coffee in the pot.

b. Fireplugs were lining the street waiting for employnment.

이 사실을 There - 구문에 적용해보면 중요한 사실을 찾아낼 수 있다. 다음의 예문을 보자.

(23) a. There is coffee on the stove.

b. There were fireplugs outside the window.

이때의 각각의 명사구는 오직 비전칭적 해석만 가능하다는 것이 Milwark(1977)의 핵심적 주장이다. 물론 이 명사구 앞에 전칭 양화사 'all'을 놓

---

2) 여기에서 비전칭적 해석(nonuniversal reading)은 곧 존재적 해석(existential reading)에 다름 아니라는 면에서 There-구문의 본질을 이해하는데 중요한 단서가 될 수 있을 것이다.

을 수 없다. 결론적으로 There - 구문의 제휴어는 비전칭적 의미, 즉 존재적 의미로만 해석될 수 있어야 한다고 일반화할 수 있다.

한편 실제로 사용되는 자료를 보면 제휴어가 한정 명사구(definite NP)인 경우가 많아서 이 점에 대한 논의도 There - 구문의 중요한 쟁점이 되고 있다. 먼저 다음 예문을 보기로 하자.

(24) a. There is <u>a girl</u> in the room.

b.*There is <u>the girl</u> in the room.

정문 (24a)와 비문 (24b)의 유일한 차이점은 (24a)는 제휴어가 비한정 명사구이고, (24b)는 한정 명사구라는 점이다. 이러한 차이는 한정사(determiner)의 한정성(definite - ness) 여부에 달려 있기 때문에 곧 한정성 효과의 설명력을 보여주고 있다고 말할 수 있다. 그러나 일정한 화맥 안에서는 There - 구문의 제휴어가 한정 명사구로 쓰인다는 주장이 제기 되었다. 박승윤(1986: 14)도 대화 안에서 한정 명사구가 제휴어로 쓰인다고 주장하고 있다. 다음 예문을 보자.

(25) A: My God! How many people know about this?

B: There is <u>you</u> and there is <u>me</u>. that's all.

박승윤(1986)은 화자 B가 사용한 There - 구문의 제휴어로 'you'나 'me'와 같은 한정 명사구가 가능한 것은 "담화 맥락(discourse - context) 안에서 존재하는 대상"이라는 '존재'(existence)의 의미를 가지고 있기 때문이라고 주장한다. 이 는 Quirk & Green - baum (1990)의 주장과 다르지 않으며, 이를 바꾸어 말하면 통사적으로 한정 명사구라 하더라도 일정한 화맥 안에서 신정보로 '존재'하면 합법적인 제휴어가 된다는 것이다.

이러한 설명은 마치 특정한 상황에서만 가능한 예외적인 용법으로 이해되어서는 안 된다는 것이 우리의 판단이다. 자연언어의 모든 문장은 상황이 제시되지 않는 경우에도 일정한 상황을 전제로 하는 문장이고, 실제로 매우 많은 There - 구문에서 한정 명사구가 제휴어로 쓰이고 있음을 고려할 때, 이를 명시적으로 설명할 필요가 있을 것이다. 다음의 예문을 보자.

(26) a. There is the taker of the role and there is the role taken.
b. There was [t] committed the greatest crime of that or any succeeding age. c. There was the White House, almost dazzling in the spring sunshine.
d. Well, there is always George. We might ask him.

위 예문은 There - 구문의 제휴어로서 한정 명사구, 고유명사, 인칭 대명사, 최상급 용법 등의 다양한 한정적 표현(definite expression)이 쓰이고 있음을 보여준다. 표면적으로 보면 이 예문들은 한정성 효과 조건을 위반하는 비문이 되어야 하지만, 실제로 정문이므로 이는 한정성 효과에 대한 새로운 분석을 할 필요성을 제기하고 있는 것이다. There - 구문은 일반적으로 신정보인 비한정 명사구를 제휴어로 사용하여 이를 비전칭 해석(nonuniversal reading)을 갖도록 하는 것이다. 비전칭 해석이란 특칭 해석(specific reading)이며 존재 해석(existential reading)이다. 한정 명사구는 There - 구문으로 사용하기 전에 다른 세계에서 이미 존재 해석을 받았다는 의미인데, 따라서 새로운 화맥에서 다시 존재적 해석을 받을 때만 There-구문에서 사용이 가능한 것이다. 예를 들어 예문 (26d)의 고유명사 George는 세상에 이미 존재하는 개체이지만 There-구문의 제휴어로 쓰임으로서 대화자 사이에 존재하는 새로운 세계(공간)에서 다시 존재 해석을 받게 된다. 그 공간은 물리적인 공간일 수도 있고 의식(consciousness)의 공간일 수도 있다. 분명한 것은 (26d)의 성공적인 대화자는 George를 그 세계 속에 존재하는 신정보로 인식한다는 점이다.

그러면 우리의 이러한 입장이 모든 유형의 There - 구문에서 적용될 수 있을지가 검토되어야 한다. 다음 예문을 보자.

(27) a. There is a boy

b. There is a boy in the room.

c. There is a boy coming here.

d. There comes a boy.

위 예문의 제휴어 “a boy”는 비한정 명사구로서 그 자체는 전칭 해석과 존재 해석이 모두 가능한 의미를 갖고 있으나, 이 명사구가 There - 구문의 제휴어가 됨으로서 (27a)는 존재 해석을 받아 신정보로서 어떤 세계에 존재하는 개체가 되며, (27b)는 존재의 세계가 “in the room”이며, (27c)는 “a boy”가 존재 해석을 받을 뿐만 아니라 “A boy comes here.”라는 행위를 하고 있고, (27d)도 “한 소년이 존재하고 그가 온다”는 의미를 가지고 있다. 우리가 올바른 방향에 있다면 모든 There - 구문은 제휴어의 존재 해석의 기능을 반드시 가지며, 뒤에 오는 성분의 성격에 따라 추가적인 의미를 갖게 된다고 말할 수 있다. 추가적인 의미 구현의 구체적인 방법은 다음 장에서 논하기로 하겠다.

3.4 There – 구문의 기본구조 검토

우리는 이제 지금까지의 논의를 토대로 하여 There - 구문의 기본구조를 어떻게 설정할 수 있을지 검토하기로 하겠다. 먼저 몇 가지 예문을 통해서 There - 구문의 제휴어와 그 뒤에 오는 구성성분과의 관계를 살펴보기로 하자.

(28) a. There was light.

b. There lived a king.

c. There comes a time for decision.

d. There is nothing I can do about it.

e. There is no one for us to talk to.

f. There is no doubt that he is intelligent.

g. There is a hole in my tights.

h. There is something wrong.

i. There's something worrying me.

j. There was a whole box stolen.

k. Is there anything the matter?

l. There is a Van Gogh exhibition on at the museum.

m. Is there anything good on at the Savoy?

먼저 예문 (28a-b)는 제휴어(Associate)가 NP이며, 예문 (28c-f)는 수식어를 가진 NP로서 수식어의 구조는 전치사구, 관계절, 부정사 구문, 동격절 구문 등이다. 예문 (28g-k)는 제휴어와 서술구조의 관계로서 생성문법에서는 소절(Small Clause; SC)이라 부른다[3]. 소절 안에서 제휴어는 지정어(Specifier)로서 주어의 기능을 하며, 뒤에 오는 성분이 머리어(Head)이다. 즉 (28g)는 PP - 소절이며, (28h)는 AP - 소절, (28i-j)는 VP - 소절, (28k)는 NP - 소절이다. (28l)은 PP - 소절 안에 PP가 들어있는 구조이며, (28m)은 PP-소절의 지정어 'anything'이 후치 수식어 'good'을 가진 구조이다.

위에서 보듯이 제휴어가 소절의 지정어일 때 제휴어의 존재의 의미가 어떻게 구현되는지를 생각해 볼 필요가 있다.

(29) a. There is a boy coming here.

b. A boy is coming here.

c. There is a boy who is coming here.

d. There is a boy, who is coming here.

There - 구문 (29a)가 소절로 분석되면 (29b)의 의미가 되고, NP로 분석되면 (29c)의 의미가 된다. 우리의 관심은 소절로 분석될 때에도 제휴어가 존재의

---

3) 여기에서 각각의 소절은 X'-구조를 받아들인 구조로서 각 소절의 지정어에 의미상의 주어가 오게 된다.

의미를 갖게 되는가 하는 점이다. 우리는 (29a)의 제휴어 “a boy”는 There - 구문 안에서 존재 해석(existential reading)을 받게 되고 동시에 소절의 술어인 “come here”의 행위자로서의 의미도 갖게 된다고 본다. 이를 풀어쓰면 (29d)가 된다. 이는 마치 NP로 분석했을 때의 의미는 (29c)의 제한적 용법의 관계절이 되고, 소절의 의미일 때는 (29d)의 계속적 용법의 관계절이 된다는 차이점이 있다. 이제 There - 구문의 기본 구조를 다음과 같이 형식화할 수 있게 되었다.

(30) There - 구문의 기본 구조

① There + 존재 동사 + NP [- def]

② There + 존재 동사 + SC (SC=VP, AP, PP, NP)

다만 (30ii)에서의 제휴어 NP는 소절의 지정어에 나타난다. 제휴어인 비한정 명사구는 일반적인 통사적 제약이지만 특정한 화용론적 맥락에서는 의미상의 제약, 즉 통사적으로는 비한정 명사구가 아니라 하더라도 비한정적인 신정보로 해석되는 한정 명사구도 올 수 있다.

<이하 자가 평가>

지금까지 There - 구문의 통사적 연구를 하는 과정에서 There - 구문의 기본구조를 위에 제시한 (30)으로 규정하였다. 먼저 (30i)는 There - 구문의 술어 다음에 관련 명사구(Associate NP), 즉 제휴어만 나오는 구문이며, 더 일상적으로 사용되는 (30ii)는 제휴어 다음에 여러 유형의 구범주가 나오는 구문이다. 우리는 생성문법의 관점에서 제휴어와 뒤에 따라오는 구범주가 더 큰 구성성분인 소절을 구성한다고 결론지었다.

그러나 이러한 현대생성문법 - 기반의 논거는 There - 구문의 본질인 존재의 의미가 반영되지 못한다는 면에서, 그리고 논항의 의미역 이론의 의미역 기준(Theta - Criterion) 을 위반한다는 면에서 치명적인 결함이 있다는 것이 우리의 새로운 입장이다. 다음 예문을 보자.

(31) a. There is a boy coming here.

b. A boy is coming here.

c. There is a boy who is coming here.

현대생성문법은 There - 존재구문 (31a)의 의미와 일반문 (31b)의 의미가 동일하다고 가정한다. 이 주장은 (31a)의 "a boy coming here"를 소절로 보는 입장을 그대로 반영하고 있다.

그러나 이 주장은 제휴어 논항인 "a boy"의 의미역의 부여자가 무엇인가에 대한 심각한 문제를 안고 있다는 것이 우리의 입장이다. 한 마디로 There - 존재구문의 의미상의 주어인 제휴어 논항 "a boy"는 존재구문의 술어인 Be 동사의 논항구조에서 의미역이 부여되어야 한다. 이를 받아들이면 이 동일한 논항이 다시 소절 안에서 소절의 술어인 'come'으로부터 다시 의미역을 부여 받으면 의미역 기준을 위반하므로 비문이 되어야 한다. 그러나 실제로 완전한 정문이므로 생성문법의 소절 이론은 잘못된 것이라고 우리는 주장한다. 물론 그 전제는 There-존재구문의 기본적/명제적 의미는 제휴어의 존재를 주장하는 문장이라는 것이다. 이 논거를 바탕으로 (31a)의 의미를 다시 살펴보면 (31c)가 된다. (31c)는 소절 이론이 갖는 문제점이 없으며, 제휴어는 There - 구문의 본동사 Be로부터 의미역이 주어지고, 뒤에 오는 술어 'come'은 관계절 안에서 그 주어에게 의미역을 부여함으로써 의미역 기준을 준수하게 된다. 부연하면 (30i)처럼 제휴어 논항만 오는 There - 존재구문은 자연스럽게 존재의 Be 동사로부터 의미역을 받아서 의미역 기준을 만족한다.

그렇다면 (30)의 There - 구문의 기본구조는 아래처럼 수정되어야 한다.

(32) There - 구문의 기본 구조(수정안)

① There + 존재 동사 +DP(=NP)

② There + 존재 동사 +DP(=NP) + (XP) [XP=VP, AP, PP, NP]

<이하 자기평가>

IV. 결론

지금까지의 대장정을 통해서 영어의 가장 생산적이면서도 명시적인 기술의 가장 까다로운 대상의 하나인 There - 구문의 본질과 통사적 특성을 다음과 같이 기술할 수 있게 되었다.

첫째, There - 구문의 'there'는 의사논항으로서 제휴어의 수 자질을 받아서 완전한 문법적 주어의 기능을 수행하며, 반드시 격을 받아야 하는 논항처럼 격을 받기 위하여 비의미역 자리로 이동한다.

둘째, There - 구문의 'there'는 화용론적으로는 청자에게 신정보 항목이 나온다는 신호(signal information)이자 신정보의 제시적인 역할(presentative role)을 한다.

셋째, There - 구문의 술어는 존재의 의미의 Be 동사나 존재 혹은 출현(coming into being)의 의미를 가진 술어로서 궁극적으로 제휴어를 특정한 상황 안에 존재하도록 서술하는 기능을 한다.

넷째, There-구문의 제휴어(Associate NP)는 의미상의 주어이면서 존재 동사의 논항이다. 그러나 이 논항은 독자적으로 격과 의미역을 받을 수 있는 자리에 있지 않으며, 문법적 주어 'there'와 제휴하여 격과 의미역을 받게 된다. 또한 제휴어는 비한정 명사구로서 전칭적 해석에서 존재적 해석으로 바뀌어 특정한 화용론적 상황에서 존재하는 개체가 된다. 이미 다른 세계에서 존재의 의미를 가진 한정 명사구가 제휴어로 쓰이면 이는 새롭게 특정 상황에서 존재의 의미를 갖게 됨을 의미한다.

다섯째, 제휴어가 추가적인 의미를 갖게 되면 소절의 구조를 갖게 되고, 제휴어는 소절의 X'-구조 안에서 지정어로 자리 매김 된다는 현대생성문법의 주장은 으미역 기준을 위반하고, 제휴어의 존재 의미를 반영하지 못한다는 면에서 심각한 문제점이 있으므로 우리는 이를 받아들이지 않는다. (자가 평가에서 재론함)

결론적으로 There - 구문은 제휴어 논항의 존재를 기본적인 의미로 가지며, 이

명제적 정보가 특정한 상황에서 신정보로 존재한다는 것을 화자가 청자에게 강조하여 전달하기 위한 화용론적 기능을 가진 특수구문이라고 정의할 수 있다.

참고문헌

문용,『고급 영문법 해설』. 박영사.1994.

박승윤,「there 구문의 통사와 의미」.『어학연구』22.1. (1986).

장경기,「가시성조건 연구-격이론을 중심으로-」서울대 학위논문. 1996.

Chomsky, N. *Lectures on Government and Binding*. Dordrecht: Foris .1981.

Chomsky, N. *Knowledge of Language: Its Nature, Origin, and Use*. New York: Praeger.1986.

Chomsky, N. "A Minimalist Program for Linguistic Theory," *MIT Occasional Papers in Linguistics1*(1992), MIT.

Chomsky, N. *The Minimalist Program*, Mass: MIT Press. 1995.

Firbus, Jan. "Non-thematic Subjects in Contemporary English," *Travaux Linguistiques de prague 2*. (1966: 239-256).

Hornby, A. S. *Guide to Patterns and Usage in English*, Oxford. 1975.

Jespersen, O. *Essentials of English Grammar*, George Allen and Unwin. 1933.

Lasnik, H. "Case and Expletives: Notes toward a Parametric Account," Linguistic *Inquiry*, 23, (1992: 381-405.)

Milwark, G.L "Toward an Explanation of Pecularities of the existential Construction in English," *Linguistic Analysis 3.1*. 1977.

Quirk, R. & S. Greenbaum, *A Student's Grammar of the English Language*. Longman.1990.

Rothstein, D. Susan, *The Syntactic Forms of Predication*. 1985.

Rothstein, D. S. "Pleonastic and the Interpretation of Pronoun," *Linguistic* Inquiry, Vol. 26.3. 1995.

Swan, M. *Practical English Grammar*, Oxford.

Sylvia, Chalker S. & E. Weiner, *The Oxford Dictionary of English* Grammar, Oxford. 1994.

Thomson, A. J. & A. V. Martinet. A Practical English Grammar, Oxford, 1986(fourth edition)

Uriagereka, J. *Rhyme and Reason*, MIT Press. 1998.

<Abstract>

A Syntactic Study on There - Construction in English

Chang, Kyung Key. "A Syntactic Study on There-Construction in English." *The Journal of Modern British & American Language & Literature*. 21.2 (2003): 00-00. This paper attempts to fully understand the nature of *there*-construction in English and also to explicitly describe the syntactic structure of this construction.

There-construction is one of the most productive linguistic systems in the spoken and written language, but it has been one of the most difficult constructions to adequately describe on the syntactic, semantic, and pragmatic bases primarily because it has two different subjects; one is a grammatical subject, another notional subject. Mainly for this and some other reasons, there-construction has long been the center of linguistic arguments in the traditional grammar and the modern Generative Grammar as well. Above all, great progresses have been made in the syntactic analysis of this construction since Chomsky's(1981) Government and Binding Theory. The Chomskyan approach is based on Case Theory and Theta Theory. According to GB theory, in there-construction 'there' is characterized as an expletive and the Associate NP following BE is an Argument, which has been traditionally called a notional subject. In GB theory, every Argument must have Case, so the Associate NP is assigned Case indirectly from the grammatical subject 'there' through Case Transfer. Another key point of the approach is that the Associate NP must be indefinite, which is conceptualized as Definiteness Effect.

We carefully examined the two assumptions of GB Theory briefly mentioned above and finally reached the following conclusions:

(1) 'there' of *there*-construction is identified as a quasi-Argument and must be assigned legitimate Case or, if not, be moved to Case-assigned nontheta position.
(2) The key role of 'there' is a signal that new information is presented.
(3) The predicate including Be of *there*-construction realizes the existence or coming into being of a new NP in the given discourse world.
(4) Definiteness Effect is a partial syntactic constraint and can be overrided by the upper-level pragmatic factors. (Ulsan University)

Key Words: Associate, Case, Definiteness, Expletive, Existence

04

There - 구문의 존재성 연구*

I. 연구의 목적 및 동기

이 논문은 영어의 매우 일상적인 구문의 하나이면서도 아주 특별한 통사구조와 의미론 및 화용론적 용법을 가진 There - 구문(*There* - Construction)의 본질인 존재성(existentiality)에 관한 올바른 이해와 명시적인 기술을 하는데 목적이 있다.

There - 구문의 구조와 용법에 대한 학계의 관심은 전통문법 이론에서부터 현대생성문법 이론에 이르기까지 꾸준히 계속되어 왔으며, 특히 Chomsky(1981, 1986)의 지배결속이론(Government and Binding Theory) 이후 최근의 최소주의(Minimalism) 이론에 이르기까지 There - 구문의 통사구조 및 의미해석에 관한 매우 활발한 연구가 이루어져 왔다.

우리는 장경기(2003)에서 전통문법에서부터 최근의 현대생성문법에 이르기까지 There - 구문의 통사적 특성과 관련된 몇몇 선행연구를 검토하고, 여전히 학계에서 논의가 계속되고 있는 몇 가지 핵심적 문제에 관한 비판과 이에 대한 대안을 제시한 바 있는데, 이제 이를 앞으로의 우리의 논의의 출발점으로 삼기 위하여 요점을 다시 열거하면 아래와 같다.[1)]

---

* 이 논문은『영어영문학연구』36.1호(대한영어영문학회, 2010)에 실린 것을 수정·보완한 것이다.

1) 이와 관련된 상세한 논의는 장경기(2003)를 참고하기 바람.

첫째, There-구문의 'there'는 의사논항(quasi-Argument)으로서 제휴어(associate NP)의 수 자질(number feature)과 함께 작용하여 완전한 문법적 주어의 기능을 수행하며, 반드시 격(case)을 받아야 하는 일반적인 논항(Argument)처럼 원래의 자리에서 격을 받지 못하면 격을 받기 위하여 비의미역 자리(nontheta position)로 논항 이동(Argument movement) 한다.

둘째, There - 구문의 'there'는 화용론적으로는 청자에게 신정보 항목이 나온다는 신호(signal information)이자 신정보의 제시적인 역할(presentative role)을 한다.

셋째, There - 구문의 술어는 존재(existence)의 의미의 Be 동사이거나 혹은 존재, 혹은 출현(coming into being)의 의미를 가진 술어로서 궁극적으로 제휴어(associate NP)를 특정한 상황 안에 존재하도록 서술하는 기능을 한다.

넷째, There - 구문의 제휴어는 의미상의 주어이면서 존재동사의 논항이다. 그러나 이 논항은 독자적으로 격과 의미역(theta role)을 받을 수 있는 자리에 있지 않으며, 문법적 주어 'there'와 제휴하여 격과 의미역을 받게 된다. 이를 다시 요약하면 There - 구문은 일정한 대상(object/thing) 혹은 개체(entity)가 특정한 상황에서 신정보로 존재한다는 것을 화자가 청자에게 강조하여 전달하기 위한 특수구문이라고 정의할 수 있다.

장경기(2003)를 포함한 기존의 대부분의 통사적 논의에도 불구하고 There - 구문에 대해서 풀리지 않는 우리의 의문과 지적 호기심은 Bolinger(1977: 95)의 다음과 같은 언급에서 비롯되었으며, 이에 대한 궁극적인 해답을 찾는 것이 본 논문의 목적이자 절실한 동기이다.

If I have a pencil in my open palm extended forward and an eraser in my clenched fist held behind my back, I will say, for the respective hands,

[39] In my right hand <u>is a pencil</u>, and in my left <u>there's an eraser</u>. [번호는 원문의 것임]

위 내용을 살펴보면 화자가 자신의 활짝 편 오른손 바닥에 연필을 가지고서 청자에게 보이면서 말하는 경우와 화자가 꽉 쥔 왼손에 지우개를 가지고 있지만 청자에게 보이지 않게 왼손을 자신의 등 뒤에 숨긴 채로 말하는 경우에 예문 [39]가 보여주듯이 전자는 There - 구문을 사용할 수 없고, 후자는 반드시 There - 구문을 사용해야 한다는 주장이다.

일단 우리는 Bolinger(1977)의 이러한 주장이 옳다는 가정 하에 There - 구문은 표면적으로 유사한 다른 구문과 엄격히 구분되는 독특한 화용론적인 용법을 가지며, 이를 설명할 수 있는 명시적인 원리를 구명하기 위해서는 There - 구문의 구조적 특성을 중심으로 한 대부분의 기존 연구와 다른 새로운 시각에서 There-구문의 존재성에 관한 고찰을 할 필요가 있다고 판단하였다. 따라서 우리는 먼저 Lyons(1968)을 수용하여 There - 구문의 Be동사가 어떻게 존재의 술어로 쓰이게 되는지를 검토한 다음, There - 구문의 존재성에 관한 기존의 연구와 다른 새로운 관점에서의 논의를 Bolinger (1977)와 Lakoff(1987)로 한정하고, 이 두 논의를 집중적으로 검토한 후에 우리의 입장에서 종합적인 논의를 통해서 결론을 도출하기로 하겠다.

II. Lyons(1968)의 논의

There - 구문의 특수성을 반영하듯이 There-구문의 명칭이나 그 구성성분을 일컫는 용어도 매우 다양하여, 통일되어있지 않은 것이 현실이다. 주지하다시피 There - 구문은 일반적으로 존재구문(existential construction/sentence)이라고도 불리어 왔는데, 이는 There - 구문의 본질이 존재(existence)라는 개념과 밀접하게 관련되어있기 때문이라고 추정할 수 있다.

Lyons(1968: 388-9)는 Be 동사의 존재적 기능(existential function)에 관해서 상세히 기술하고 있다. 그는 논리학이나 철학에서 존재적 기능은 Be 동사의 다른 기능인 서술적 기능(predicative function)과 엄격히 구분하였음을 언급하면서 그 용법이 언어마다 다르고[2], 영어에서의 Be 동사의 존재적 용법은 다음과 같은 처소(locative) 및 시간 보충어(temporal complement)가 동반되지 않으면 일반적인 용법으로 사용되지 않는다고 기술하고 있다.

(1) a. There are lions in Africa. (existential)
b. The accident was yesterday. (existential)

계속해서 Lyons(1968: 389-90)는 Be 동사의 존재적 기능이 아닌 서술적 기능을 다시 동일시 기능(identifying/equative), 부가적 기능(attributive function), 처소적 기능(locative function)의 세 기능으로 나누고, 이 세 기능을 하나로 통합하여 계사적 기능(copulative/linking function)으로 분류하며, Be 동사의 존재적 기능은 이 계사적 기능과 확연히 다르다고 기술하고 있다.

우리가 여기서 주목할 점은 Lyons(1968: 390)가 Be 동사의 존재적 기능과 서술적 기능의 하나인 처소적 기능이 아래의 There - 구문에서 차이점이 두드러지지 않는다고 보고 있다는 점이다.

(2) a. There are lions in Africa. (existential)
b. There is a book on the table. (locative)

위에서 언급한 Lyons(1968)의 분류법에 따르면 (2a)는 존재구문(existential construc- tion)이고, (2b)는 처소구문(locative construction)이며, 그 차이는 (2a)는 "Lions exist in Africa." 라고 바꿔 쓸 수 있고 "in Africa"를 분리할 수 있는 선택적인 부가어(adjunct)인데 반해, (2b)는 이에 상응하는 문장인 "*A book exists on the table."이 비정상적인 문장이라는 점이 근거가 되어 왔다.

그러나 Lyons(1968)는 두 구문이 분명한 통사적 유사성이 있을 뿐만 아니라 의미론적 분석의 관점에서 보아도 뭔가가 존재한다고 해석되기 위해서는 곧 처소적(locative) 및 시간적(temporal) 표현으로 보충(complementation)될 것을

2) 예를 들어 "신이 존재한다."는 의미로 영어의 "God is."는 부자연스러운 표현이지만 상응하는 그리스어 표현은 자연스럽다.

요구한다는 면에서 동일한 구조로 분석되어야 한다고 시사하고 있다[3]. 더 나아가서 그는 첫째, 존재문은 전형적으로 비한정 주어(indefinite subject)를 갖고, 따라서 Be 동사의 기능 가운데 비한정 처소(indefinite locative) 기능을 갖는 것으로 다루어져야 한다는 점과 둘째, 영어의 존재문인 There - 구문이 전형적으로 직시적[4]부사(deictic adverb)와 동일한 형태의 무의미 요소인 'there'와 함께 사용되듯이 흔히 유럽의 다수의 언어가 원래 직시적 부사로 쓰이는 어휘를 무의미요소(dummy)로 채택하여 지원받는다는 점에서 존재적 기능과 처소적 기능의 밀접한 관련성을 주장하고 있다.

지금까지의 검토를 근거로 우리는 Lyons(1968)가 존재성을 Be 동사의 기능 가운데 존재 기능으로 보고 있으며, 아울러 Be 동사의 다른 기능으로 분류되어 왔던 처소기능과 밀접한 관련성이 있고, 원래 직시적 부사인 'there'가 존재 기능을 갖는 구문에서 무의미요소로 쓰이는 이유도 여기에서 찾고 있음을 확인하였다.

III. Bolinger(1977)의 논의

There - 구문에 대한 대부분의 기존 연구가 전통문법에서는 구조와 의미 및 용법의 엄격한 구분이 없이 이루어져왔고, 생성문법에서는 거의 전적으로 순수 통사론적 연구가 진행되어 온데 반해서 Bolinger(1977)는 There - 구문의 통사적 특성을 받아들이면서도 여기에는 의미론적, 화용론적 성질이 포함되어 있다고 기

3) Lyons(1968: 298)은 처소 기능(local function)에 공간적 의미뿐만 아니라 시간적 의미를 포함하는 것으로 이해되어야 한다고 언급하고 있다. 또한 Lakoff & Johnson(1980)은 비유적 개념으로서 공간과 시간이 동일하게 용기 비유(container metaphor)로 언어에 구현된다고 주장하고 있다. 우리는 두 개념을 구분하지 않고 처소적 기능으로 다루게 될 것이다.

4) Lyons(1968: 275)에 따르면 학계에서 일반적으로 직시소(直示素), 혹은 직시어(直示語)라고 번역하는 'deixis'는 'pointing,' 혹은 'indicating'에 해당하는 그리스어로서 발화의 시간과 공간의 방향성 자질(orientational feature)를 다루는데 사용되는 전문용어이다. 유형으로는 화자(I)와 청자(you) 및 제3자(he/she)를 가리키는 인칭대명사, 장소를 가리키는 'here'와 'there,' 그리고 시간을 가리키는 'now'와 'then' 등이 있다. 최근 학계에서는 'deixis'의 형용사형인 'deictic'을 명사형으로 전환하여 가산명사로 사용하기도 하며, 우리도 이 관례를 따르기로 하겠다.

술하면서 구체적인 논증을 하고 있어서 주목된다. 우리는 그 내용이 There - 구문의 본질을 밝히는데 중요한 의미가 있으며, 특히 There - 구문의 존재성을 규명하는데 매우 긴요하게 작용한다고 판단하고 이를 상세히 검토하기로 하겠다.

먼저 Bolinger(1977: 90)는 There - 구문의 'there'는 직시적 기능, 즉 장소 부사로서의 의미와 기능을 갖지 않는다는 면에서 무의미요소이지만, 긍정 서술문에서 문두에 나타나는 'there'는 부정문, 조건문, 의문문, 부가의문문 등에서 조동사와의 도치(SAI; subject-aux inversion)가 일어나는 대명사 주어(pronoun subject)로서의 문법적 주어임을 분명히 하고 있다. 여기 'there'를 대명사 주어로 명확히 규정하고 있는 점은 대부분의 기존 연구에서 언급되지 않고 있다는 면에서 주목할 만하다. 그 통사론적 증거는 바로 부가의문문(tag question)의 부가문(tag)의 주어는 반드시 대명사여야 한다는 통사적 제약이 있는데, 아래 예문 (3e)에서 보듯이 'there'는 부가의문문의 문법적 주어로서 부가문에서 Be 동사와 도치되고 있다.

(3) a. *There is* money in the drawer.
b. *Never did* there arise the slightest suspicion about his character.
c. *Had there* occurred one more accident, the policy would have been canceled.
d. *Is there* time?
e. There's time, *isn't there*?

There - 구문의 'there'가 비록 어휘적 의미는 없지만 장소 부사가 아니라 주어로서의 기능을 거의 완전하게 수행하고 있는 대명사라는 사실은 'there'의 정체성, 나아가서 There - 구문의 독립성을 지지하는 강력한 증거가 될 수 있다고 말할 수 있다.

There - 구문의 동사 다음에 오는 의미상의 주어(notional subject)[5]는 비한정

5) There-구문의 술어 다음에 오는 전형적인 비한정 명사구(indefinite NP)를 전통문법에서는 의미상의 주어라고 불러 왔으나 현대생성문법에서는 '관련명사구' (associate NP)라고 부른다. 우리가 Bolinger (1977: 90)에서 확인할 수 있듯이 이 성분이 명사구가 아닌 경우도 있고, 또

명사구(indefinite NP)여야 한다는 것이 전통문법 뿐만 아니라 생성문법에서도 한정성 효과(definiteness effect)로서 개념화하고 있는데, Bolinger(1977: 91)는 이 조건도 순수 통사적인 것이 아니라 의미론적 사실로 설명하고 있다. 그는 한정성 효과가 인칭대명사나 양화사(quantifier)가 제휴어로 나타나는 것도 제한하고 있음을 아래 예문을 통해서 보여주고 있다.

(4) a.*There are *they* in the room.
    b. There are *some* in the room.
    c.*There are *all three* in the room.
    d. There are *three* in the room.

위 예문 (4a)와 (4c)가 비문인 이유는 각 문장의 제휴어 'they'와 'all three'가 한정사(definite)이기 때문이며, 이와 대조적으로 (4b)와 (4d)가 정문인 이유는 각 문장의 제휴어 'some'과 'three'가 비한정사(indefinite)이기 때문이다. 특히 (4c)와 (4d)의 문법성이 갈라지는 이유는 (4c)는 전칭 양화사(universal quantifier) 'all'에 의해서 수식되어 결국 전칭 양화사로 해석되어 비문이지만, (4d)는 수량사 'three'가 존재 양화사(existential quantifier)로 해석되는 정문이기 때문이다.

Bolinger(1977: 91-93)의 가장 주목할 만한 주장은 존재의 'there'를 단지 무의미 요소가 아니라 처소적 'there' (locative there)의 확장(extension)으로서 '일반화된 처소'(generalized location)를 지칭하는 의미로 본다는 점이다. 이는 마치 영어의 대명사 'it'가 일반화된 정체성(generalized identity)을 가리키는 의미로 확장되어 강조구문(it-cleft construction)[6]의 주어로 사용되는 현상과 동일하다는 것이다. 따라서 물리적 공간을 지칭하는 처소적 'there'와 달리, 존재적 'there'는 막연한 공간, 즉 '어디엔가'(somewhere/anywhere)를 지칭한다는 면에서 장소뿐만 아니라 제휴어로서의 명사구(associate NP)까지도 비한정성을 갖는다고 주장하고 있

한 문법적 주어 'there'와 제휴하여 완전한 논항(Argument)의 기능을 한다는 면에서 '제휴어'가 적절한 용어라고 보고 이를 사용하기로 한다.

6) 예를 들어 "*It* was John who said that."에서 주어 'it'의 기능을 의미한다.

다. 이는 마치 Jespersen(1909-49)이 존재의 'there'를 언질을 주지 않는, 즉 애매한 예비어(non-committal preparatory)로 규정한 것과 같은 맥락으로 이해된다. Bolinger(1977: 92-93)는 이를 다시 "무언가를 의식 속으로 가져온다"(bring something into awareness)고 풀어서 설명한다. 여기서 대화자의 의식세계, 즉 마음속이 어떤 대상의 존재를 위한 추상적 처소(abstract location)로 구현하는 기능을 존재의 'there'가 하게 된다.

이와 같이 존재적 there - 구문이 비한정적인 대상이 구체적인, 혹은 추상적인 처소에 존재함을 대화자의 의식 속으로 끌어들이는 기능을 한다고 하면 존재적 There - 구문이 아닌 구문과 그 용법이 명확히 구별되어야 할 것이다. 이 점에 대하여 Bolinger(1977: 93)는 아래의 예문으로 설명하고 있다.

(5) A: Who's in the next room?
B: *John and Mary are. (John and Mary.)*
<u>**Ther's*</u> John and Mary.

(6) A: What's for supper tonight?
B: **Bread and beans are. (Bread and beans.)*
<u>*There's*</u> bread and beans[7].

예문 (5)와 (6)에서 There - 구문의 쓰임 여부가 대조되고 있는 이유가 중요하다. 먼저 예문 (5)는 옆방에 대기하고 있는 사람을 대화자가 알고 있는 상황으로서 개체의 확인(identity)이 목적이므로 화자의 의식(awareness)이라는 추상적 공간이 필요치 않아서 There - 구문이 사용될 수 없으나, 예문 (6)은 저녁식사 메뉴로 무엇이 나올지 전혀 정해져있지 않는 상황이 추상적 공간으로서 대화자의 의식세계로 들어와야 하므로 There - 구문이 적절하게 쓰일 수 있다는 것이 그의 주장이다. 물론 여기에 존재 대상의 한정성 여부가 함께 관여한다.

Bolinger(1977: 93 - 4)에서는 더 구체적으로 자신의 주장을 드러내고 있다. 다

7) There-구문의 제휴어가 복수인 경우에도 구어체에서 Be동사가 'are'가 아니라 'is'가 되어 'there's'로 축약되어 흔히 사용된다.

음 예문을 보자.

(7) a. <u>Across the street</u> is a grocery.

b. <u>Across the street</u> *there's* a grocery.

장소를 나타내는 전치사구가 전치된(PP fronting) 두 예문의 논리적 의미, 혹은 인지적 의미가 동일하다고 가정하더라도 실제 사용되는 상황은 전혀 다르다는 것이 Bolinger(1977)의 일관된 입장이다. 즉, (7a)는 "대화자의 바로 앞에서 일어나는 뭔가를 제시하는"(present something on the immediate stage) 구문인 반면에 (7b)는 "뭔가를 [대화자의] 마음 속에 제시하는"(present something to our minds) 구문, 즉 "일련의 지식을 의식 속으로 끌어들이는"(bring a piece of knowledge into consciousness) 구문이라고 주장하고 있다.

이러한 차이점에 대해서 There - 구문이 아닌 경우는 화자가 마치 물리적인 무대에서 일어나는 현상을 청자도 같은 무대에서 직접 감지할 수 있는 것처럼 제시하는 문장이라면, there - 구문은 대화자 사이에 정신 작용(mental operation)이 개입되며, 아무 예비지식이 없는 상황에서 마음 속으로 이해되도록 해설(narrative)하는 형식이 된다. 이러한 Bolinger(1977: 95)의 입장은 아래와 같은 두 인용문에 압축되어 있다고 말할 수 있다.

어떤 행위가 무대에서 생생하면 할수록 there-구문은 더욱더 적절하지 않게 된다. (The more vividly on the stage an action is, the less appropriate *there* becomes...) (Bolinger 1977, p. 94)

뭔가가 시야에서 안보여서 마음 속에도 잊혀지면 ... 의식 안으로 가져오는 데는 There-구문이 적절하다. (Out of sight and out of mind, ... *there* is appropriate to bring it into awareness.) (Bolinger 1977, p. 95)

끝으로 Bolinger(1977: 99)는 존재의 there - 구문은 어떤 대상을 구체적인 장면(scene)이나 추상적인 장면과 관련지어 청자의 의식 속으로 가져올 수 있다고 주장하고 있다. 아래 예문을 보자.

(8) a. Is *there* a God? (*Is a God?)
b. Is *there* a God <u>in the universe?</u>
(Is a God in the universe?)

예문 (8a)는 추상적 장면이 대상(a God)이 존재하는 처소가 되며, 예문 (8b)는 구체적 처소(in the universe)가 장면으로 기술된 경우이다. 대화자는 장면이 구체화되지 않을 경우에는 대화자 사이의 화용론적 화맥을 이용하여 추론하게 된다. 위 예문의 괄호 속에 제시된 There - 구문이 아닌 문장의 문법성과 비교해 보면, 'there'가 어떤 대상의 처소의 필요성과 관련되어 있다고 볼 수 있으며, 이 점은 Be 동사 이외의 동사의 선택에도 영향을 주고 있음을 아래 예문에서 확인할 수 있다.

(9) a. *There appeared (emerged)* ship after ship.
b.**There disappeared (went down)* ship after ship.
c. <u>*In this vortex*</u> *there disappeared (went down)* ship after ship.

일반적으로 존재, 출현, 발생 등의 의미를 가진 술어가 There - 구문의 술어로 쓰인다고 기술되고 있다. 그러나 Bolinger(1977: 100)에 따르면 (9a)는 'appear' 라는 출현의 의미를 가진 동사는 구체적인 장소가 제시되지 않아도 'there'에 의해서 추상적 장면이 추론될 수 있어서 정문이며, (9b)는 'appear'의 반대 의미인 'disappear'가 쓰여서 비문이 되었으나 (9c)가 정문인 이유는 "in this vortex" 라는 장소를 나타내는 전치사구가 쓰여서 there -구문이 가능하게 된다고 주장하고 있다.

IV. Lakoff(1987)의 논의

Lakoff(1987: 462-3)는 자립통사론(autonomous syntax)을 핵심적인 기반으로 하는 형태(form) 중심의 생성문법을 통렬히 비판하고, 대안으로 인지문법(cognitive grammar)의 정당성을 주장하기 위한 사례 연구(case study)의 한 예로서 There - 구문을 심도 있게 분석, 기술하고 있다. 인지문법의 입장은 언어의 형식과 의미는 독립된 것이 아니고 오히려 불가분의 관계에 있다고 보며, 이때 의미는 문자적 의미와 함께 인간의 신체적, 인지적 경험과 화용론적 지식이 매우 복잡하게 작용하여 형성된다고 가정한다.

Lakoff(1987: 468)는 There-구문을 직시문(deictic)과 존재문(existential)의 두 가지 유형으로 나누어서 분석하고 있다. 아래 예문을 통해서 그 논리를 살펴보기로 하겠다.[8)]

(10) a. There's Harry with his red hat on. [직시문]
(저기, 빨간 모자를 쓰고, Harry가 오는구나!)
b. There was a man shot last night. [존재문]
(어제 밤에 한 남자가 총을 맞았다.(고 한다.))

직시어는 손으로 가리키는데 사용되거나, 혹은 문장이 발화되는 화맥(context)과 관련해서만 해석될 수 있는 'this,' 'that' 등의 단어를 지칭한다. 직시문 (10a)의 'there'는 화자와 관련된 처소(location)를 선택하는데 사용되는 장소 부사이자 직시어이다. 존재문 (10b)에서 화자가 문제로 삼고 있는 것은 처소가 아니라 존재이며, 여기서는 사건(event)의 존재이다. 여기서 사건이란 "한 남자가 총을 맞았다"는 사건이다. 직시문의 'there'(직접 손가락으로 가리키는 동작을 동반하면서 처소를 선택하는 기능을 하고, 강세(stress)를 받으며 발음되는 반면에,

8) 두 예문의 우리말 해석은 Lakoff(1987)의 주장하는 바, 두 문장의 근본적인 의미 차이를 반영하고자 하였으나, 명쾌하지는 않는 듯하다. 분명한 점은 (10a)의 'there'는 직시어 부사이고, (10b)의 'there'는 무의미 대명사라는 점이다.

존재문의 'there'는 처소의 선택과 무관하고, 강세를 받지 않으며, 모음이 축약될 수 있다.

우리의 직접적인 관심은 There-구문의 존재성에 있으나, 이를 밝히기 위해서는 존재문과 표면적인 구조의 유사성이 있는 직시문과의 실질적 차이점을 분명히 하는 작업이 유익하므로 Lakoff(1987: 468-9)의 관련 부분을 좀 더 살펴보기로 하겠다.

첫째, 존재문의 'there'는 문법적 대명사 주어이지만, 직시문의 'there'는 아니다. 따라서 존재문의 'there'만이 주어의 성질(subjecthood)을 갖는다. 이는 아래의 세 가지 검증법으로 점검된다.

① 부가의문문(tag question)

부가의문문의 부가문(tag)는 선행 주절의 주어가 대명사 주어로 나타난다는 제약이 있는데, 존재문의 'there'만이 조건을 만족한다.

- *There* was a man shot last night, wasn't *there?* [존재문]

-*There's Harry with his red hat on, isn't there?. [직시문][9)]

② 주어인상 구문(subject raising construction)

하위절의 주어가 상위절의 주어로 인상되는 이동규칙이 있는데, 존재문의 'there'만이 이 조건을 만족한다.

- *There* was likely to be a man shot last night. [존재문]

-*There was likely to be Harry with his red hat on. [직시문]

9) 여기에서 직시문 앞에 별표(*) 표시는 통사적 비문 표시가 아니라 직시문으로 사용될 수 없는 문장, 즉 직시문으로 쓰인다면 비문이 된다는 의미이다.

③ 대명사화(pronominalization)

명사구 주어는 대명사 주어로 바뀔 수 있는데, 직시문의 Be 동사 바로 다음에 오는 명사구가 주어 대명사로 바뀔 수 있으므로 'there'는 장소 부사라는 증거가 된다.

- There's Harry with his hat on. [존재문]
- There he is with his red hat on. [존재문]
-*There him is with his hat on. [직시문]

둘째, There - 존재문은 부정문이 될 수 있으나, There - 직시문은 부정문이 될 수 없다.

- *There* wasn't anyone in the room. [존재문]
-*There isn't Harry with his hat on. [직시문]

셋째, 존재문은 자유롭게 내포문이 될 수 있으나, 직시문은 거의 대부분이 내포문이 될 수 없다.

- I doubt that *there's* anyone in the kitchen. [내포 존재문]
-*I doubt that there's Harry with his hat on. [내포 직시문]

넷째, 직시문의 'there'는 'here'로 교체될 수 있으나, 존재구문의 'there'는 'here'로 교체될 수 없다. 직시어의 'there'는 직시어 'here'와 대조되는 처소이므로 상황에 따라 교체가 가능하나, 존재구문의 'there'는 어떤 다른 성분으로도 교체가 불가능한데, 이는 곧 존재의 'there'의 정체성이자 존재구문의 정체성을 보여주는 결정적인 증거라는 것이 우리의 판단이다.

- There's Harry with our pizza! [직시문]
- Here's Harry with our pizza! [직시문]

- There will be a man shot tomorrow. [존재문]
- *Here will be a man shot tomorrow. [존재문]

지금까지 Lakoff(1987)를 통해서 표면적으로 유사한 직시문과 존재문이 통사적으로 다르게 행동한다는 점을 확인하였다. 그러나 이러한 표면구조의 유사성이 Thorne(1973), Kuno(1971) 등이 관찰한 바와 같이 우연이 아니라는 것이 Lakoff(1987: 470)의 입장이다. 즉, 직시적 'there'가 존재적 'there'보다 더 기본적이며, 'there'의 존재적 용법은 직시적 용법의 확장(extension)이라는 데에 일반적으로 동의하고 있다. 사실 어떤 면에서 이러한 지극히 상식적인 설명은 "존재하는 것은 장소 안에 존재한다."는 구호에 다름 아니라는 것이 그의 입장이다[10].

여기서 필요한 것은 이 두 구문 사이의 관계를 정립하는 것인데, 이 작업을 구조적으로 접근한 이전의 생성문법을 비롯한 여러 연구가 결국 실패했으며, 자신은 인지문법을 바탕으로 한 새로운 접근법으로 이 문제를 해결할 수 있다고 Lakoff(1987)는 일관되게 주장하고 있다.

Lakoff(1987: 471)의 새로운 시도는 통사적 조건(syntactic condition)과 화용론적 조건(pragmatic condition)을 구분하는 데서부터 시작된다. 아래 두 예문의 구조 및 의미를 생각해보자.

(11) a. *Here* comes Harry. [직시문]
　　b. Harry comes *here*. [단순 서술문]

먼저 통사론적 관점에서 보면 예문 (11a)는 예문 (11b)의 부사 'here'가 전치되고, 이어서 주어와 동사의 도치(subject-verb inversion)가 일어난 구문으로서 두

---

10) "Things that exist must exist in a location, or in slogan form: to be is to be located." (Lakoff, 1987: 470)

문장의 논리적 의미는 같다고 전제된다. 이제 이를 다시 화용론적 관점, 즉 언어 사용(language use)의 관점에서 보면 (11a)는 직시문인 반면에 (11b)는 단순 서술문[11]이다. 이 두 구문은 의미-화용론적 관점에서 아래와 같이 서로 매우 다른 의미와 용법을 가지고 있다는 것이 그의 입장이다.

첫째, 직시문 (11a)의 현재시제(present)는 화자가 발화하는 시점, 즉 실재의 시간(real time)이 현재로서 Harry의 오는 행위가 일회적이며 즉각적인데 반해, 단순 서술문 (11b)의 시제는 일반적 시간으로서의 현재로서 Harry의 오는 행위가 습관적이고 반복적으로 일어날 수 있다. 이 점은 두 구문이 특정한 시간 표현과 함께 쓰일 수 있느냐에 의해서 검증될 수 있다.

-*_Here_ comes Harry <u>from time to time</u>. [직시문]

- Harry comes _here_ <u>from time and time</u>. [단순 서술문]

둘째, 두 구문의 'here'의 의미와 기능이 다르다. 단순 서술문 (11b)의 'here'는 화자의 위치를 표시하는데 반해, 직시문 (11a)는 좀 더 복잡하다. 먼저 행위 동사 'come'은 화자를 목표물로 삼고 있는 탄도(trajectory) 위에 Harry를 탄도체(trajector)로서 올려 놓으며, 'Here'는 두 가지 기능이 있다: 하나는 탄도의 끝 지점인 화자의 처소를 표시하고, 다른 하나는 Harry의 처소가 'there'가 가리키는 것보다 상대적으로 더 가까움을 표시한다.

셋째, 두 구문은 화자의 처소를 지시하지 않는 장소 부사와 함께 쓰이면 문법성의 차이를 보여준다.

- _Here_ comes Harry <u>around the corner</u>. [직시문]
- *Harry comes here <u>around the corner</u>. [단순 서술문]

먼저 직시문의 'Here'는 코너를 돌고 있는 Harry의 위치를 표시하고, 다시

11) 우리는 이 연구에서 '단순 서술문'이라는 용어를 도치되지 않은 서술문이나 There-구문, 혹은 직시문이 아닌 일반 서술문을 지칭하는 데 사용한다.

화자를 향하고 있는 탄도 위에 Harry를 올려놓는다. 그러나 단순 서술문의 'here'는 화자의 위치인데, 이 위치가 "around the corner"와 불일치하여 비문이 된다.

넷째, 두 구문은 화용론, 즉 사용의 조건에서 다르다. 단순 서술문은 다른 서술문처럼 단순한 주장(assertion)이며, 직시문은 주장뿐만 아니라 'here'가 지정하는 장소에 청자의 주의를 주도록 지시한다(directive).12)

다섯째, 두 구문의 의미론적, 화용론적 차이점과 상관하여 아래와 같은 주요한 통사적 차이점도 있다.

① 부가의문문(tag question)

단순 서술문은 부가의문문이 될 수 있으나, 직시문은 부가의문문이 없다.

- Harry comes <u>here</u>, doesn't *he*? [단순 서술문]

-*<u>*Here*</u> comes Harry, doesn't *he*? [직시문]

② 인상 구문(raising construction)

단순 서술문은 인상구문이 될 수 있으나, 직시문은 인상구문이 없다.

- <u>Harry</u> is likely [t] to come here. [단순 서술문]

-*<u>*Here*</u> is likely [t] to come Harry. [직시문]

③ 부정문(negative sentence)

단순 서술문은 부정문이 될 수 있으나, 직시문은 부정문이 없다.

- Harry doesn't come <u>here</u> anymore. [단순 서술문]

-*<u>*Here*</u> doesn't come Harry. [직시문]

④ 내포문(embedded clause)

---

12) 이를 화행(speech act)의 관점에서 보면 직시문은 주장(assertion)과 지시(directive)의 화행을 갖지만, 단순 서술문은 진술(statement), 혹은 주장(assertion)의 화행을 갖는다고 말할 수 있다.

단순 서술문은 내포문이 될 수 있으나, 직시문은 내포문이 될 수 없다.

- I doubt that Harry comes here. [단순서술문]
-*I doubt that *here* comes Harry. [직시문]

Lakoff(1987: 473)은 지금까지의 논의를 요약하여 There - 직시문(위의 Here - 직시문을 포함)은 상응하는 단순 서술문과 두드러지게 다른 통사론적, 의미론적, 화용론적 성질을 가지고 있으며, 이 사실은 곧 There - 구문은 직시문과 존재문이 모두 단순 서술문의 스타일상의 변이형(stylistic variant)이 아니라 의미와 형식이 짝지어지는(pairing) 진정한 독립적 구문(independent construction)임을 시사한다고 본다.[13] 이를 근거로 그는 어떤 구문을 정의하는데 통사론적 제약뿐만 아니라 의미론적, 화용론적 제약을 포함하도록 함으로써 구문의 더 많은 통사적 행위를 예측할 수 있다고 주장한다.

이제 우리는 Lakoff(1987: 540)를 따라 직시적 There - 구문과 존재적 There - 구문의 차이점을 살펴보기로 하겠다.

- THERE's a new Mercedes across the street. [직시문]
- There's a new MERCEDES across the street. [존재문]

① 직시문의 'there'는 특정한 처소를 지칭하지만, 존재문의 'there'는 그렇지 않다.
② 직시문의 'there'는 다른 직시어 'here'와 대조되지만, 존재문의 'there'는 그렇지 않다.
③ 직시문의 'there'는 직시적 There - 구문과 독립적으로 나타나지만, 존재문의 'there'는 존재적 There - 구문 밖에는 나타나지 않는다.

---

13) Lakoff(1987: 483)는 직시문을 가장 중심적인 유형(central type)에서 가장 주변적인 제시형(presentational type)까지 모두 11가지 유형으로, 이 사이에는 연속성(continuum)이 있다고 주장한다: Central, Perceptual, Discourse, Existence, Activity Start, Delivery, Paragon, Exasperation, Narrative Focus, New Enterprise, Presentational.

④ 직시문의 'there'는 장소부사이지만, 존재문의 'there'는 대명사이다.

⑤ 직시문의 'there'는 문법적 주어가 아니지만, 존재문의 'there'는 문법적 주어이다.

⑥ 직시문의 'there'는 항상 강세를 받지만[14], 존재문의 'there'는 강세가 없다.

이러한 주요한 차이점에도 불구하고 Lakoff(1987: 541)는 직시문의 'there'가 구체적인 처소 공간을 지칭하지 않고, 지각과 담화 안에서의 추상적인 처소를 지칭하는 유형인 경우에 두 구문의 용법이 비슷해진다고 주장하고 있다. 예를 들어 "There goes our last hope."는 직시문 가운데 존재 직시구문(existence deictic construction)으로서 존재를 규정하는 개념적 공간(conceptual space)의 처소를 지칭하고 있어서 의미상으로 There - 존재구문과 아주 가깝다. 또 하나의 예로 배달 직시문(delivery deictic)의 'there'는 강세가 매우 약해서 존재문의 'there'와 구분이 안 될 정도라고 주장하고 있다. 결국 공간적 직시어 'there'와 존재구문의 'there' 사이는 연속체(continuum)를 구성한다고 결론짓는다. 이러한 그의 주장은 There - 존재구문의 존재성을 밝히려는 우리의 입장에서 볼 때 시사하는 바가 매우 크다고 할 수 있다. 왜냐하면 There - 존재구문의 'there'도 어떤 면에서는 추상적 공간을 지칭할 가능성을 암시하고 있기 때문이다.

Lakoff(1987: 542)는 자신의 입장을 Bolinger(1977: 93-4)를 인용하여 강화하고 있다. 우리는 이미 앞 장에서 Bolinger(1977)를 상세히 논한 바 있으므로 중복을 피하기 위하여 여기서는 Lakoff(1987)에서 언급되고 있는 부분만을 간단히 살펴보기로 하겠다. 존재구문의 'there'는 곧 비한정적인 뭔가(something)를 의식(awareness) 속, 곧 화자의 마음이라는 추상적 처소(abstract location)에 존재하게 하는 기능을 갖는다고 규정하는 반면에, 직시구문은 뭔가를 문자적이든 비유적이든 공간적 처소(spatial locative)인 대화 참여자인 화자 앞에(in our presence) 구체적인 대상(concrete object)을 가져오는 기능을 한다. 이때 '화자 앞'이라는 현재성은 공간(space), 지각(perception), 담화(discourse), 혹은 우리의

14) 직시문의 'there'가 항상 일차강세(primary stress)를 받는 것은 아니다.

생생한 상상력(vivid imagination) 속에서의 현재성이다. 바꾸어 말하면 무대 위(on stage)가 직시 구문의 처소라고 한다면, 존재구문은 무대 밖(off-stage)이라는 추상적 처소에 부재(absence), 가능성(probability), 일반적 행위(general activity) 등이 존재 대상이 된다.[15] 이러한 두 구문의 대조를 아래 예문이 잘 보여주고 있다.

-*In the house was no sign of life. [직시문]
- In the house *there* was no sing of life. [비존재(absence)의 존재문]

-*On the table is probably a book. [직시문]
- On the table *there* is probably a book. [가능성(probability)의 존재문]

-*At the party was dancing. [직시문]
- At the party *there* was dancing. [일반행위(general activity)의 직시문]

Lakoff(1987: 542)는 Bolinger(1977)의 'awareness' 혹은 'consciousness'라는 다소 막연한 용어를 Fauconnier(1985)를 따라 "mental space"라는 용어로 대체할 것을 제안한다. 존재의 'there'는 개념적 개체가 자리하게 될 정신 공간을 표시하며, 정신 공간은 처소(location) 자체가 아니라 많은 처소가 존재하는 매개물(medium)이다. Lakoff (1987: 543)의 중요한 가정의 하나는 존재구문의 존재 대상인 제휴어 NP의 부정관사(indefinite article)가 곧 정신 공간에 개념적 개체(conceptual entity)로 설정되게 하는 기능을 한다는 것이다. 아래 예문을 통해서 요지를 정리할 필요가 있다.

- In my dream *there* was a rabbit.

---

15) 여기서 부재(absence), 즉 '존재하지 않음'도 존재구문으로 실현된다는 점이 흥미롭다. 물론 부재는 존재구문의 통사적 부정문으로 실현된다. 부재의 존재요, 비존재의 존재라고 말할 수 있을 것이다.

- In his poem *there* is a rabbit.
- In the painting *there* is a rabbit.
- In the yard *there* is a rabbit.

문두에 나오는 다양한 처소 표현은 공간의 구체적인 성질—꿈, 시, 그림, 마당—을 보여주며, 'there'는 정신 공간을 지정하고, 부정관사는 새로운 개체(신정보 *a rabbit*)가 공간에 설정됨을 가리키며, 명사 'rabbit'은 개체의 종류를 말해주고, Be동사는 공간에 개체가 존재한다는 것을 가리키는 처소 관계이다.

위 예문 가운데 장소 수식어 "in the yard"와 함께 사용된 마지막 예문만이 실재 세계와 관련되어 있다. 그 이유인즉, 마당은 실재 세계의 일부이며, 이에 상응하는 개념이 마음 속에 설정된다. 한편 "in the poem"과 같은 장소 수식어를 가진 다른 예문들은 정신 세계와 상응하는 실재 세계가 존재하지 않는다. 이 모든 경우가 존재구문은 실재 세계의 존재(real-world existence) 여부와 관련되어 있기 때문에 '존재문'(existential)이라고 부르게 된다.

Lakoff(1987: 543)는 이제 이러한 이론적 입장에서 직시문과 존재문의 차이점을 비유법(metaphor)으로 설명하고 있는 점이 주목된다.

(12) a. There goes our last hope. [존재적 직시문]
　　b. *There* is still hope. [존재문]

먼저 직시문은 다음과 같은 비유법에 기초하고 있다: 존재는 개념적 공간 안의 처소로 이해된다(EXISTENCE IS UNDERSTOOD AS LOCATION IN A CONCEPTUAL SPACE.).[16] 화자의 면전(presence) 안의 공간은 존재를 표시하는 것으로 받아들여진다. 반면에 화자의 면전 밖의 공간은 비존재(nonexistence)를 표시한다. 직시문 (12a)의 there'는 화자의 면전에 있는 처소를 지정한다. 대조적으로 존재문 (12b)의 'there'는 개념적 공간 존재를 지정하며, 개념적 공간

16) Lakoff & Johnson(1980)은 비유적 개념(metaphorical concept)은 대문자로 표시하고, 비유의 언어적 표현(metaphorical expression)은 소문자로 표시하여 엄격히 구별하고 있다.

안의 처소를 지정하는 것이 아니다. 일반적으로 존재문의'there'는 개념적 공간, 즉 정신공간을 지정할 뿐 그 안에 처소를 지칭하는 것은 아니며, 존재도 개념적 존재(conceptual existence)로서 물리적 실재 세계의 존재와 구분되지만 일치하는 경우도 있다.

V. 논의의 종합 및 결론

지금까지 우리가 집중적으로 검토한 Lyons(1968), Bolinger(1977), Lakoff (1987)의 There - 구문의 존재성에 관련된 논의를 우리의 입장에서 비판적으로 종합하여 요약하면 다음과 같다.

첫째, 우리는 Lyons(1968)를 통해서 There - 존재구문의 존재의 의미는 Be 동사의 존재 기능에서 나오며, 처소 부가어와 함께 쓰인 There - 구문은 Be동사의 서술적 기능의 하나에 속하지만 이 경우는 Be 동사의 존재 기능과 유사한 의미가 됨을 확인하였다. 이 점을 우리가 받아들이면 There - 존재구문의 많은 예문이 처소부가어 없이 존재를 표현하는 Be 동사이거나, 혹은 발생, 출현 등의 존재를 전제로 하는 특정 술어를 사용하여 추가적인 의미가 발생하는 존재구문을 일관되게 존재구문 안에서 설명할 수 있게 되었다.

둘째, 우리는 Bolinger(1977)를 통해서 There - 존재구문은 독립적인 용법을 가지며, 단순 서술문으로부터 도출되지 않는다는 점을 확인하였다. 나아가서 There - 구문의 'there'는 대화자의 의식 세계(awareness)라는 추상적인 처소를 의미하며, 뒤에 오는 사건이 이 정신 세계에 존재하게 하는 고유한 기능을 갖는다는 점을 확인하였다.

셋째, 우리는 Lakoff(1987)을 통해서 There - 존재구문에 대한 입장이 기본적으로 Bolinger(1977)와 동일하지만, 존재구문을 직시문을 기본으로 하는 확장형이라고 규정하고, 그 차이점을 구명함으로서 단순 서술문과 전혀 다르고, 핵심적인 직시문과도 다름을 확인하였다.

이제 이와 같은 종합된 입장을 기초로 하여 우리가 이 연구를 시작하면서 의문의 단초로 제시한 Bolinger(1977)의 예문을 대조성을 보이기 위하여 약간 바꾸어서 살펴보기로 하겠다.

(13) a. In my right hand is a pencil.(and) [직시문]

b. In my left (hand) <u>*there's*</u> an eraser. [존재문]

우선 위 두 예문이 동일한 화자에 의해서 연속적으로 사용되었으며, 화자가 오른손을 청자에게 보이면서 (13a)를 말하고, 이어서 왼손은 주먹을 쥐고 자신의 등 뒤에 숨긴 채로 (13b)를 말하는 상황임을 염두에 두자. Bolinger(1977)의 용어를 빌리면 (13a)는 직접적인 무대 위에서의 사건이고, (13b)는 대화자의 의식 세계 안에서의 사건이다. 이를 다시 Lakoff(1987)의 용어를 빌어서 표현하면 (13a)는 직시문이며, (13b)는 존재문이다. (13a)가 화자 앞에서 일어나는 사건을 손으로 가리키듯이 말하는 표현인 반면에, (13b)는 개체인 "an eraser"나 이 개체의 처소인 "in my left (hand)"도 화자와 청자의 눈에 직접 보이지 않고 대화자의 의식 속에 존재하는 처소이다.

이러한 해결책이 영어 모국어 화자의 직관, 즉 무의식적인 언어지식과 일치한다면 우리는 여기에서 두 가지 중요한 사실을 추론할 수 있다.

첫째, 존재의 There - 구문과 단순 서술문은 언어 사용의 측면에서 전혀 다른 구문이므로 두 구문이 통사적으로 도출(derivation)의 관련성을 갖고 있지 않다.

둘째, There - 존재구문의 'there'는 단순 서술문과의 차이뿐만 아니라 직시문과의 차이를 가져오는 필수 성분이다. 따라서 단순히 어휘적으로 직시적 의미가 없다는 점만으로 무의미요소라고 보는 것은 잘못이며, 대화자의 의식 세계라는 인지 공간을 지칭하는 고유한 기능을 수행하고 있다.

존재구문으로서의 There - 구문의 또 하나의 중요한 특징은 존재의 대상인 개체가 제휴어로서 비한정사(indefinite)여야 한다는 점이며, 생성문법에서는 이를 한정성 효과(Definiteness Effect)라고 불러왔다. 이 문제와 관련하여 학계에서 두 가지 방향의 논의가 이루어져 왔는데, 하나는 There-존재구문의 존재 대상인 제휴어는 왜 비한정사여야 하는가를 밝히려는 논의이고, 다른 하나는 자연언어에서 There-존재구문의 제휴어가 한정사(definite)가 쓰이는 경우가 많은데, 그 본질적 이유를 밝히려는 논의이다.

그러나 이 문제에 관한 대부분의 기존 생성문법적 연구가 There - 존재구문의 한정성 효과를 어기는 경우를 예외적인 특수한 용법으로 보고, 두 구문의 상호 관련성을 심도 있게 다루지 못했다고 말할 수 있는데, Bolinger(1977)와 Lakoff (1987)는 이 문제에 대해서도 기존 연구와 달리 두 구문이 There - 존재구문의 고유한 기능을 수행하는 것으로 분석하고 있다. 특히 Lakoff(1987: 561)는 표면적으로 존재구문의 기능은 청자의 의식을 제휴어의 지시물에게 집중하게 하는 것이라고 주장한다. 이런 상황, 즉 존재구문이 쓰일 수 있는 상황은 두 가지이다. 하나는 청자가 이때까지 그 제휴어의 존재물을 의식하지 못하고 있었던 경우이고, 또 하나는 이전에는 의식하고 있었으나 발화 시점에서는 잊어버린 경우이다. 후자의 경우에만 제휴어는 한정적이고(definite), 특정적인(specific) 표현으로 나타난다.17)

(14) a. *There*'s always <u>Harry</u>.

b. But *There*'s <u>the dog</u>.

c. *There*'s still <u>the remains of Christmas dinner</u> in the freezer.

아래의 소위 열거(listing)의 용법도 There - 구문의 특수 용법이 아니라 화자가 청자에게 잊어버린 몇 가지 것을 상기시키는(reminder) 상황에서 사용되는 문장의 하나이다.

---

17) 'definite'는 'indefinite'의 대조적 개념이고, 'specific'은 'generic'의 대조적 표현이다. 'definiteness'는 NP의 지정어인 한정사(determiner)의 한정성 여부와 관련되어 있으나, 'specificness'는 한정성과 관계없이 NP가 전체의 class를 지칭하면 전칭(generic)이고, 그 class의 일부를 나타내면 특칭(specific)이다.

(15) *There's* <u>the cat</u> to feed, <u>the dog</u> to walk, <u>the horse</u> to brush.

다시 말하지만 위 예문에서 나열되는 여러 개의 제휴어가 한정적 표현이 가능한 이유는 기존의 대부분의 연구가 주장하는 바와 같이 열거되기 때문이 아니며, 이 개체들이 이미 이전에 대화자에게 구정보였음을 의미함과 동시에, 발화시점에서 그 정보를 청자가 기억하고 있지 못하다고 화자가 판단하고 청자에게 다시 새로운 정보로서 상기시켜주기 위한 정상적인 표현이다.

요약하면, There - 구문은 고유한 어휘성분인 'there'에 의해서 청자가 모르고 있는 신정보로서의 개체를 기술하는 사건을 추상적인 청자의 의식 속에 존재하도록 하는 고유의 기능을 가지며, 이미 알고 있고 있어서 한정적 표현으로 나타난 개체도 화자가 발화시점에서 청자가 잊어버리고 있다고 판단하는 경우에는 화자가 다시 상기시켜서 신정보로서의 개체로 청자의 의식 속으로 가져오게 하는 추가적인 기능도 갖는다고 말할 수 있다.

이제 우리는 이 논의의 목적인 There - 구문의 '존재성'이란 과연 무엇인가에 대하여 최종적인 결론을 내려야 할 시점에 와 있다. 논의의 편의를 위하여 우리가 1장에서 본 연구의 핵심적 과제로 설정한 Bolinger(1977: 95)의 아래 문장을 다시 살펴보기로 하겠다.

(16) a. In my right hand is a pencil. [직시문]

b. In my left hand <u>*there's*</u> an eraser. [존재문]

우선 일반적인 의미에서 위 두 예문은 각각 연필과 지우개라는 개체의 존재를 존재동사 Be와 처소 부가어를 사용하여 표현하고 있으므로 존재적 표현이라고 말할 수 있다. 그러나 (16a)와 달리 (16b)만을 존재의 There - 구문이라고 부르는 이유는 바로 'there'의 고유한 기능 때문이다. 즉, (16b)의 화자는 직시적 의미가 없는 어휘성분인 'there'를 사용하여 어떤 사건을 청자의 의식, 곧 정신 공간(mental space)에 가져오는(bring into) 기능을 수행한다.

지금까지의 우리의 논의가 옳다면 There - 구문은 존재의 'there'를 통해서 존재성을 실현하는 아래와 같은 두 가지 기능(dual function)을 동시에 수행하는 독립적인 특수구문이라고 규정할 수 있게 되었다.

첫째, There - 구문은 일반적으로 비한정적 표현인 개체가 Be 동사를 포함한 존재동사와 선택적으로 나타나는 처소 부가어에 의해서 실현되는 존재성을 실현하는 기능을 갖는다. 대체로 전통문법이나 생성문법의 연구는 바로 이 개체의 존재성과 관련된 문장-내적 논의라고 말할 수 있으며, 이 입장에서 보면 문장 - 내적 존재성을 실현하는데 있어서 'there'는 존재술어 다음에 나오는 비한정사와 제휴하여 의사논항으로서 문법적 기능뿐만 아니라 신정보로서의 개체의 존재성을 실현하는 고유한 기능을 수행한다고 말할 수 있다.

둘째, There - 구문은 'there' 다음에 나오는 어떤 개체의 존재를 기술하는 사건을 대화자의 정신세계, 즉 의식 안에 존재하도록 하는 '존재성'의 기능을 갖는다. 따라서 지금까지 우리가 심도있게 진행해온 논의는 존재의 공간이 대화자의 의식 속에 있다는 면에서 문장-외적 존재성이라고 말할 수 있으며, 'there'는 There - 구문의 문장 - 외적 존재성을 실현하는 필수성분으로서 새롭게 정의되어야 할 것이다.

최종적으로, 우리는 지금까지의 논의 과정 속에서 There - 구문이 어떤 사건을 대화자의 의식이라는 정신공간을 처소로 하여 존재하게 하는 문장-외적 기능이 있음을 확인함으로써 문장 안에서 개체의 존재를 실현하는 문장-내적 기능과 함께 동시에 이중적으로 존재성이 실현된다고 논의하였다. 이러한 화용론적, 혹은 인지론적 관점의 연구가 순수 문장 내의 통사적 연구의 설명력의 한계를 극복하고, There - 구문의 더 풍부한 경험적 증거에 더욱 충실한 명시적 기술에 한걸음 더 가까이 갈 수 있는 계기가 될 수 있기를 기대한다.

참고문헌

장경기. 「There-구문의 통사적 연구」. 『현대영미어문학』 21.2, 2003.

Bolinger, D. *Meaning and Form*. Longman, 1977.

Carden, Guy. *There-insertion Makes a Mistake: A Global Rule and the Validation of Introspective Judgements*. Linguistics Department. University of British Columbia, Vancouver, 1978.

Chomsky, N. *Lectures on Government and Binding*. Dordrecht: Foris, 1981.

Chomsky, N. *The Minimalist Program*. Mass.: MIT Press, 1995.

Fauconnier, G. *Mental Spaces*. Cambridge. Mass.: MIT Press, 1985.

Huddlestone, R. & G. K. Pullum. *The Cambridge Grammar of the English Language* Cambridge University Press, 2002.

Jespersen, O. *A Modern English Grammar on Historical Principles*. London: Allen and Unwin, 1909-49.

Kuno, S. "The Position of Locatives in Existential Sentences". *Linguistic Inquiry 2*, no. 3 (1971): 333-78.

Lakoff, G. *Women, Fire, and Dangerous Things: What Categories Reveal about the Mind.* University of Chicago Press, 1987.

Lakoff, G. & M. Johnson. *Metaphors We Live By*. University of Chicago Press, 1980.

Lyons, J. *An Introduction to Theoretical Linguistics*. Cambridge University Press, 1968.

Thorne, J. P. "On the Grammar of Existential Sentences". Patrick Suppes *et al*(eds). *Studies in Logic and the Foundations of Mathematics*, Vol 74: *Logic, Methodology and Philosophy of Science IV*. Proceedings of the 4th International Congress for Logic, Methodology and Philosophy of Science, Bucharest 1971. 863-81. Amsterdam: North Holland.

<Abstract>

A Study on Existentiality of There-Construction

Chang, Kyung-Key. 2010. A Study on Existentiality of *There*-Construction. *Studies on English Language & Literature*. 36.1 (2010): 259-281. This study aims to closely examine 'existentiality,' the central concept of existential *there*-construction in terms of pragmatic and cognitive analyses mainly based on Bolinger(1977) and Lakoff(1987), and then modestly propose that existential *there*-construction has a dual function simultaneously performed by existential 'there' itself: sentence-internal and sentence- external function.

Most of the foregoing studies on the *there*-construction in the traditional grammar and the modern generative grammar as well are arguably based on the intrasentential existence and have failed to explain the significant difference in the use of the two examples below from Bolinger(1977: 95).

a. In my right hand is a pencil. [deictic]

b. In my left hand *there's* an eraser. [existential]

(a) and (b) are never interchangeable and each presupposes its own pragmatic context. (b) only is an existential *there*-construction, where *there*'s function is to bring something into th hearer's awareness. We argue that this extrasentential function must be distinguished from the intrasentential function which realizes the existence of the indefinite associate NP in the general existential *there*-construction. (Ulsan University)

Key Words: *there*-Construction, Existentiality, Entity, Awareness, Mental Space.

05
There - 존재구문의 한정성효과 연구*

I. 연구 목적 및 배경

이 연구는 영어에서 매우 일상적으로 사용되는 대표적인 구문 가운데 하나인 There-존재구문(Existential *there*-Construction)의 중요한 특성으로 학계에서 널리 인식되어온 한정성효과(Definiteness Effect)의 타당성을 면밀히 검토하여 종합적인 결론을 모색하는데 목적이 있다.

우선 한정성효과의 사전적 정의(강명윤 1998)를 보면 정관사나 this, these 등의 지시사를 가진 명사구, 고유명사, 보편양화사, 그리고 he, they 등의 인칭대명사 등을 한정명사구(definite NP)라고 부르며, 이에 대하여 부정관사나 존재양화사 등을 가진 명사구 등을 비한정명사구(indefinite NP)라고 부른다.[1] 일반적으로 어떤 문장에서 일정한 명사구의 한정성(definiteness) 여부가 그 문장의 문법성 혹은 적절성을 결정하는 요인으로 작용할 때 이를 한정성효과라고 지칭해왔다. 예를 들어 아래 예문에서 한정명사구로부터의 Wh-구의 적출(extraction),

---

*이 논문은 『현대영미어문학』 30.1호(현대영미어문학회, 2012)에 실린 것을 수정·보완한 것이다.

1) 현대생성문법은 종전의 NP를 DP로 대치하고 있지만, 우리는 필요에 따라 NP와 DP 둘 다 사용하기로 하겠다. 또한 학계에서 NP의 지정어와 DP의 머리어를 한정사(determiner; D)로 부르고 있으므로 우리는 존재구문의 제휴어가 한정적 표현이면 '한정표현,' 비한정적 표현이면 '비한정표현'이라고 부르기로 하겠다.

즉 Wh-이동은 허용되지 않는다.

(1) a. Who did you see [a picture of t]?

b.*Who did you see [those pictures of t]?

위 두 예문 사이의 대조적 문법성은 곧 목적어 NP의 한정성 여부가 결정하므로 이 언어 현상, 혹은 상황을 한정성효과 또는 한정성제약이라 부른다.

성격이 좀 다른 또 하나의 예문을 보자(Safir 1987).

(2) a. John seems [a fool].

b.??John seems [the fool].

c.*John seems [the president].

위 예문에서도 동사 다음에 오는 명사구의 한정성 여부가 문장의 문법성을 결정하고 있다는 면에서 한정성효과를 잘 보여주고 있다.

대체로 학계에서 한정성효과가 널리 주목을 받으며 다양한 입장에서 논의되어온 구문은 바로 "존재의 There-구문"(existential there-construction; 이하 주로 '존재구문'이라 칭함)이라고 말할 수 있다. 논의의 편의상 매우 단순한 아래 예문을 통해서 존재구문에서의 한정성효과의 개념을 확인해보기로 하겠다.

(3) a. There is a car in the garden.

b.*There is the car in the garden.

전형적인 존재구문인 위 예문에서 존재의 Be동사 다음에 오는 NP, 즉 제휴어(associate)[2]의 한정성 여부가 문법성을 결정하고 있음을 알 수 있다. 이 현상을 학계에서 널리 존재구문의 한정성효과라고 부르고 있을 뿐만 아니라 전통적으

---

2) 존재구문의 동사 다음에 오는 성분을 지칭하는 용어는 notional subject, essential, coda, postverbal NP, associate (NP) 등이 사용되고 있으나 우리는 생성문법에서 사용하는 'associate'의 우리 말 용어로 '제휴어'를 사용하기로 하겠다.

로 존재구문의 중요한 통사적 특성으로 가정해왔다. 아울러 어떤 존재구문이 외현적으로 한정성효과를 어기면서도 정문으로 사용되는 경우에 대해서는 특정한 화용론적 상황에서 쓰이는 예외적인 문장으로 간주해 왔다.

그러나 우리는 경험적 언어현실에서 There-존재구문이 한정성효과를 위반하면서도 정문으로 사용되는 적지 않은 상황을 만나게 된다. 다시 말해서 존재구문의 제휴어로 한정표현이 오는 문장이 실제로 매우 흔하게 사용되고 있는 것이다. 구체적으로 보면 우리가 논의의 편의상 비문으로 표시한 위 예문 (3b)도 적절한 언어 환경에서는 정문으로 쓰일 뿐만 아니라 아래와 같은 다양한 한정표현이 존재구문의 제휴어로 나올 수 있음을 쉽게 관찰할 수 있다.

(4) a. There is the money in the box.
b. There was this strange dog wandering around the neighborhood.
c. There's Harry.
d. If you need a backup catcher, there's always me!
e. There's every reason to believe this winter will be especially mild.
f. There was the world's tallest man at the circus.
g. There was the sound of a sharp slap, and then a loud cry.

먼저 위 존재구문의 제휴어를 각각 살펴보면 (4a)와 (4b)는 한정명사구, (4c)는 고유명사, (4d)는 인칭대명사, (4e)는 보편양화사, (4f)는 최상급 표현이며, 특히 (4g)는 한정명사구와 비한정명사구가 동시에 사용되고 있다.

위와 같이 존재구문의 제휴어가 모두 한정표현이므로 한정성효과를 위반하면서도 경험적으로 엄연한 정문으로 사용되고 있다는 면에서 이러한 언어현실과 문법이론의 괴리가 학계에서 존재구문의 한정성효과에 관한 다양한 측면에서의 많은 논의를 촉발시켜왔다고 해도 과언이 아니다. 우리의 연구도 바로 이러한 한정성효과를 둘러싼 광범위한 기존의 논의를 면밀하게 검토해보려는 동기에서 출발하고 있다. 구체적으로 말해서 존재구문의 한정성효과가 만일 주로 생성문법에서 가정하듯이 통사론적 조건이라면 그 이론적 근거는 무엇인지를 진지하게 검토할 필요성이 있으며, 만일 한정성효과가 통사론적 조건이 아니고 의미-화용론적 조건이라면 이 조건 하에서 존재구문의 제휴어의 한정성 여부에 관한 기존 논의의 타당성 여부도 심도있게 검토할 필요성이 있는 것이다.

관련 학계의 존재구문의 한정성효과에 관한 연구는 대체로 크게 두 가지 접근법으로 나누어 볼 수 있다. 한 접근법은 주로 전통문법을 포함한 생성문법의 관점에서 한정성효과를 단지 통사론적 조건으로 가정하고 존재구문의 제휴어가 한정성효과를 어기는 경우를 예외적인 것으로 간주하면서 특정한 화용론적 상황 안에서 설명하려는 입장이다. 또 하나의 접근법은 한정성효과를 의미-화용론적 조건으로 가정하고 한정표현이 제휴어로 나타나는 경우는 물론이고 비한정표현이 제휴어로 쓰이는 경우도 일정한 의미-화용론적 관점에서 설명하려는 입장이다.

우리는 본 연구에서 이 두 가지 접근법의 선행연구를 면밀히 검토하고, 이를 토대로 한 포괄적인 논의를 통해서 종합적인 결론을 모색하게 될 것이다.

II. 선행연구 검토

2.1 통사론적 연구 검토

존재구문에 관한 통사론적 연구는 생성문법 이후에 본격적으로 진행되어왔다고 말할 수 있다. 따라서 우리는 제휴어의 한정성효과와 직접 관련된 생성문법이론의 논의를 중심으로 몇 가지 선행연구를 비판적으로 검토하겠다. 다만, 한정성효과와 관련된 존재구문의 다른 통사론적 연구에 관해서는 우리 입장에서의 논의없이 선행연구의 내용을 그대로 제시하기로 하겠다.

Hornstein(2009: 135-40)은 생성문법의 존재구문에 대한 연구를 GB-이론의 이동-기반접근법(Move-based approach)과 최소이론의 일치-기반접근법(AGREE-based approach)으로 나누어 설명하고 있다.

지배결속이론 하에서 Chomsky(1986)의 이동-기반이론은 존재구문의 문법적 주어인 허사 'there'와 제휴어는 LF에서 T(tense)에 의해서 자질일치가 점검되기 위해서 제휴어가 내현적 이동(covert Movement = LF-이동)을 하여 'there'에 부가된다고 설명한다. 이를 정당화하려는 논의는 다음의 세 가지 항목으로 나누어진다.

첫째, 존재구문의 문법적 주어 'there'와 제휴어는 논항연쇄(A-chain)로서 선행사와 흔적 사이에 국부적 관계(local relation)를 갖는다.

둘째, 존재구문의 주어 허사 'there'와 제휴어는 일대일 상관관계에 있다. 'there'는 자신의 제휴어와 한 쌍을 이루어서 LF-이동에 의해서 단일 구성성분을 만든다.

셋째, 한정성효과가 존재구문의 이동-기반접근법에 적용된다. 즉, 존재구문의 제휴어가 LF-이동에서 허사 'there'에 부가될 때 제휴어가 한정표현이면 한정성효과를 위반하여 비문이 된다.

Hornstein(2009)은 아래의 일반구문 (5)가 보여주는 한정성효과를 존재구문에 그대로 적용하고 있다. 일반적으로 정관사는 부정관사와 달리 머리어 명사(noun)와 병합(merge)될 수 없다. 그는 이를 존재구문 (6)의 제휴어가 LF-이동에서 허사 'there'에 부가되는 현상에 적용하여 제휴어가 한정표현이면 비문이 되는 것을 설명할 수 있다는 것이다.

(5) a. a condo for (two) girls → a (two) girls condo
b. a condo for (the two) girls → *a (the two) girls condo

(6) a. *There is everyone in the room.
b. *There is the man drinking a lot of beer.

그러나 일반구문 (5)가 보여주는 바 구조상의 일반적인 한정성효과가 존재구문 (6)에서도 똑 같이 적용될 수 있다는 Hornstein(2009)의 주장에 대하여 우리는 의문을 제기한다. 그 이유는 첫째, 일반구문 (5)는 DP-구조 안에서의 외현적 이동(overt Movement)인 반면에 존재구문 (6)은 제휴어의 의미해석을 위한 내현적 이동(covert Movement)으로서 문장의 문법성을 결정한다고 볼 수 없기 때문이며, 둘째, 일반구문 (5)와 달리 존재구문 (6)은 본질상 문법적으로 비문이라기보다는 일정한 상황에서 충분히 정문으로 쓰일 수 있다는 면에서 화용론적 적절성이 개입되어 있다고 판단되기 때문이다.

한편 Hornstein(2009: 135)은 최소이론의 일치-기반설명(AGREE-based account)에 의하여 한정적 T가 제휴어를 탐사하여 일치관계(AGREE relation)를 구축한다고 설명하고 있다.

(7) There are certain to be mice / *a mouse in the tub.

이는 위 존재구문 (7)에서 필수적인 형태상의 수의 일치관계의 기초가 된다. 주절의 정형문의 시제소 ‘are’는 내포절의 제휴어 ‘mice’를 탐사(Probe)하여 자질일치를 점검하게 된다. 이 구조가 아래 예문 (8)이다.

(8) [TP There1 [T + are] [certain [t1 to be [mice in the tub]]]]

이 입장의 주요한 가정은 아래 존재구문 (9a)의 제휴어가 가진 격이 일반구문 (9b)의 주어 DP와 동일한 방법으로 방출(discharge)된다고 하는 것이다.

(9) a. There were several books on the table.
b. Several books were on the table.

Radford(2004: 230)는 Chomsky(1995)의 존재구문 이론을 다음과 같이 요약하고 있다.

첫째, 존재구문의 제휴어는 phi-자질(수의 해석자질과 인칭과 격의 비해석 자질)을 가진다.

둘째, 존재구문의 TP의 T인 Be동사는 해석 시제자질과 비해석 phi-자질을 가진다.

셋째, 시제 표시된 Be동사는 목표(Goal)인 제휴어를 탐사하여, 제휴어의 자질복사(feature copying)에 의해서 동일한 자질을 갖게 되고, 제휴어는 T에 의해서 주격이 주어진다.

넷째, 'there'는 T의 EPP-자질3)에 의해서 점검된다.

다섯째, 'there'는 [3인칭] 자질을 갖는다.

Chomsky(1995)가 제안하는 EPP-일반화는 다음과 같다(Radford 2004: 235).

(10) EPP-일반화(EPP Generalization)

T가 [EPP] 자질을 가질 때, 아래와 같은 방법으로 삭제될 수 있다:

① T가 합치하는 비한정 표현 목표 (즉, 비한정 표현이 인칭과 수가 합치하는 비한정 표현)를 C-command하면 Spec-TP에 있는 허사 'there'를 병합하거나, 혹은

② T가 합치하는 어떤 목표도 C-command하지 않으면 Spec-TP에 있는 허사 'it'와 병합하거나, 혹은

③ T가 C-command하는 가까운 활성 목표를 Spec-TP로 이동하여

우리의 직접적인 관심은 한정성효과와 관련된 (10i)에 있는데, 이는 제휴어가 비한정 표현으로서 목표(Goal)가 된다는 내용으로서 Radford(2004: 235)는 이를 설명력이 없는 기술적 약정(descriptive stipulation)에 불과하다고 지적하고 있다.

존재구문에 대한 최근의 최소이론의 입장을 Radford(2009: 251)를 통해서 살펴보면 그 핵심적인 내용은 첫째, 이전에 'there'를 TP의 지정어 자리에 놓았던 것을 VP의 지정어 자리에 놓으며, 둘째, 'there'는 허사 'it'과 마찬가지로 격

3) EPP(Extended Projection Principle): Every clause has a subject.

자질이 없다고 가정한다는 점이다. 격 자질을 갖지 않는 대신에 비해석 [3인칭] 자질을 갖는다. 다음 예문을 통해서 구체적으로 검토하기로 하겠다.

(11) There were awarded several prizes.

위 존재구문에서 'there'의 비해석 [3인칭] 자질이 양화사구(QP)와 일치에 의해서 삭제될 수 없는 이유는 첫째, 'there'가 최대투사구의 머리어가 아니어서 탐사자(Probe)가 될 수 없으며, 둘째, 일치는 탐사자 - 목표 쌍(Probe-Goal pair)이라는 한 구성원의 평가 자질이 부합하는 다른 구성원의 비평가 자질 사이의 관계이기 때문이다. 그러나 여기에서는 이미 두 성분이 도출 과정에서 [3인칭]이라는 값이 매겨진 상태이므로 이 단계에서 일치관계를 이루지 않고 병합단계에서 일치와 격부여가 이루어진다. Be 동사는 머리어로서 활성상태이며, 비평가 자질에 값을 매기는 탐사자이다. 그 과정을 보면 먼저 가장 가까운 목표인 'there'를 찾는다. 그러나 'there'는 수 자질이 없으므로 그 다음으로 가까운 목표인 제휴어 QP "several prizes"를 찾는다. 결과적으로 T-Be 동사 탐사자는 두 개의 목표를 갖는다. 그 과정이 동시에 일어나는 다수 일치(multiple agreement)라고 가정한다. 그 다음 병합 단계로 T의 EPP-자질이 가장 가까운 목표를 유인하여 'there'를 spec-TP로 이동시킨다. 또한 T-Probe는 "several prizes"에 주격의 값을 매긴다.

Radford(2009: 255)는 존재구문의 자질 점검과정과 관련하여 아래와 같은 허사조건(Expletive Condition)으로 개념화하고 있다.

(12) 허사조건(Expletive Conditions)

① 외재논항조건(External Argument Condition):
허사는 오직 외재논항을 갖지 않는 동사의 최상위 논항으로서 병합될 수 있다.

② 비한정사조건(Indefinite Condition):
허사 'there'는 오직 비한정 명사류(nominal) 혹은 대명사류(pronominal)인 내재논항을 가진 동사와 병합될 수 있다.

③ 비활성조건(Inactive Condition):
허사 'it'은 오직 활성 격 자질 혹은 phi-자질을 가진 명사류, 혹은 대명사류 표현을 갖지 않는 구성성분과 병합될 수 있다.

우리의 관심은 존재구문의 제휴어가 문법적 주어 'there'와 병합되기 위해서는 비한정 표현이 와야 한다는 비한정사 조건 (12ii)에 있는데, 이 조건은 곧 한정성효과에 다름 아니다. 이 조건은 Radford(2009: 255)가 주장하는 바와 같이 이론상의 설명력을 갖추지 못한 기술상의 약정으로서 존재구문의 제휴어가 한정성효과를 준수해야 한다는 점을 처음부터 가정하고 있음을 보여준다.

우리는 지금까지 주로 지배결속이론 이후의 생성문법을 중심으로 존재구문의 한정성효과와 직접 관련된 통사적 논의를 검토하였다. 결과적으로, 존재구문의 제휴어는 문법적 주어 'there'와 구조적, 의미적으로 밀접히 관련되어 있는 동일한 점검 영역(Checking Domain) 안의 한 쌍이며, 한정성효과는 적어도 통사론적 측면에서 문법성을 결정하는 합법적 조건이 되지 못함을 확인하였다.

2.2 의미-화용론적 연구 검토

그동안 학계의 존재구문의 한정성효과에 관한 의미-화용론적 연구는 역사적으로 통사적 연구보다 더 일찍부터 활발하게 이루어져 왔다고 말할 수 있다. 우리는 바로 앞 절(2.1)에서 한정성효과에 대한 통사적 선행연구를 검토한 결과 그 분명한 문제점을 확인할 수 있었다. 이제 학계의 대표적인 의미-화용론적 선행연구를 면밀히 검토하여 존재구문의 제휴어의 한정성효과의 이론적 타당성을 점검하도록 하겠다. 다만 통사적 선행연구의 검토에서 그랬듯이 우리는여기에서도 한정성효과와 직접 관련이 없는 존재구문에 관한 다른 논의에 대해서는 불가피한 경우에만 비판 없이 그대로 제시하기로 하겠다.

먼저 존재구문에 대한 어휘-의미론적 논의로서 학계에 비교적 널리 알려진 Bolinger(1977)를 통해서 한정성효과의 의미-화용론적 논의를 검토하도록 하겠다. Bolinger(1977: 90-120)는 존재구문의 특성은 존재의 'there'라는 단어의 속성에서 기인한다고 제안하고 있다.[4] 존재구문의 문법적 주어 'there'는 원래의 직시적(deictic) 의미인 '거기에'라는 장소 의미는 잃었지만 그 대신에 대화자의 의식세계라는 추상적 장소에 어떤 개체가 존재하도록 "집어넣는"(bringing into) 기능을 한다고 주장한다. 존재구문의 문법적 주어 'there'가 제휴어인 개체를 추상적 공간에 존재하게 하는 근거가 된다는 그의 주장은 아래 두 문장의 차이를 잘 설명해주고 있다.

(13) a. Across the street is a grocery.
b. Across the street there's a grocery.

위 두 문장은 표면적으로 비슷한 구조와 의미를 갖는 것으로 보이지만, Bolinger (1977)에 의하면 일반구문 (13a)는 대화자의 눈 앞에 보이는 모습을 그대로 기술하는 문장이고, 존재구문 (13b)는 'there'가 어떤 개체의 존재정보를 대화자의 의식 속에 새로운 지식으로 집어넣는 기능을 하는 특별한 구문이다.

더 나아가서 Bolinger(1977: 115)는 존재의 'there'는 대화자가 개체를 처음으로 의식하도록 하기도 하지만, 대화자가 그 개체의 정보를 망각해서 다시 소개할 경우에도 의식 속에 "다시 집어넣는"(bringing something BACK into awareness) 기능을 한다고 주장한다. 아래 존재구문에서 화자는 그녀에게 아이들이 있다는 사실을 이전의 어느 시점까지는 알고 있었다. 그러나 발화 시점에서 이 사실을 미처 생각하지 못하다가 순간적으로 의식 속에 떠올랐다는 점을 존재구문의

4) "There brings something into awareness, where 'bring into' is the contribution of the position of there and other locational adverbs, and 'awareness' is the contribution of there itself; specifically, awareness is the abstract location to which I referred above." Bolinger(1977: 92-93)

주어 'there'와 존재동사 뒤에 한정 표현 제휴어인 'the children'을 통해서 구현하고 있다고 주장한다.

(14) I'm surprised she hasn't left him long before this. - There are the children - remember?

주목할 점은 Bolinger(1977: 116)는 '한정성효과'라는 용어 자체를 사용하지 않고 있다는 것이다. 대신에 존재구문의 제휴어로 한정표현의 적절성에 대하여 논의하기 시작한 것은 최근의 문법학자들이라고 언급하고 있다.

지금까지 살펴보았듯이 Bolinger(1977)는 존재구문의 특성이 존재의 'there' 어휘에서 기인한다고 보았고, 존재 대상으로서의 개체인 제휴어는 적절한 상황 속에서 비한정 표현뿐만 아니라 한정 표현도 가능하다고 주장하였다.5)

Lakoff(1987)는 존재구문에 대하여 기본적으로 Bolinger(1977)의 입장과 다르지 않으며, 이를 화용론의 하나인 화행구문(speech act construction)의 관점에서 발전시키고 있다. 구체적으로 그는 Bolinger(1977)의 핵심어인 추상적 의식 공간 'awareness'를 "mental space"라고 부르고 있으며, 이 "개념적 공간"(conceptual space)안에 존재구문의 제휴어인 "개념적 개체"가 "개념적 존재"를 한다고 본다. 존재구문의 이러한 고유기능은 아래 예문에서의 일반구문과 존재구문의 엄밀한 문법성의 차이를 가져온다.

(15) a. *In the house was no sign of life.
b. In the house there was no sign of life.

위 예문 (15)는 존재의 대상인 제휴어가 부정어구로 표현되어서 개념상의 개체가 존재할 수 없기 때문에 일반구문 (15a)는 비문이지만, 존재구문 (15b)는 개체의 존재를 부정하는 문장으로서 역시 (비)존재를 강조하는 정문이라고 설

5) Bolinger(1977)의 존재구문의 논의는 문법적 주어 어휘 'there'를 중심으로 이루어지고 있고, 'semantics'나 'context'라는 용어는 자주 사용하고 있지만 'pragmatics'라는 용어는 사용하고 있지 않다. 우리는 그의 'semantics'는 그 이후의 'pragmatics'와 다르지 않다고 본다.

명한다. 그리고 제휴어 NP의 부정관사가 대화자의 정신 공간 안에 개념적인 새로운 개체, 즉 신정보로 해석될 수 있도록 작용한다고 주장한다.[6]

Lakoff(1987: 545)는 존재구문은 청자의 의식을 제휴어의 지시어에 집중하도록(focus) 한다고 주장한다. Bolinger(1977)가 대화자의 의식에 어떤 개체를 '집어 넣는다'고 표현한 것을 좀 더 구체적으로 '집중하게 한다'로 바꾸어 말하고 있다. 그 개체는 대화자의 어느 한 편은 아직 모르는 정보이므로 의미상 한정적(definite)이고 동시에 특정적(specific)이지 않은 비한정 표현이 쓰이게 된다. 문법적으로 한정 표현이지만 의미상으로 특정적이지 않으면 존재구문의 제휴어로 쓰일 수 있음을 아래 예문이 보여준다.

(16) a. There was the usual argument in class today.
b. There's the strangest smell coming from the fridge.
c. There's this woman next door who plays the stereo too loud.

위의 증거는 통사론적으로 한정 명사구 제휴어라고 하더라도 특정한 지시어를 갖지 않으면 there-존재구문이 가능하다는 것을 잘 보여주고 있다.

Lakoff(1987: 561)는 존재구문의 제휴어가 한정적이고 특정적이면 이는 대화자의 한 편이 알고 있었으나 발화시에 잊고 있는 경우에 다른 한 편에 이 개체의 존재를 상기시키기(reminding) 위한 용법으로 사용된다고 주장하면서 아래와 같은 다양한 예문을 제시하고 있다.

(17) a. There's always Harry.
b. But there's the dog!
c. There's still the remains of Christmas dinner in the fridge.
d. If you need a backup catcher, there's always me.

---

6) "The existential there designates the [mental] space, the indefinite article indicates that a new entity is being set up in the [mental] space, ..."(Lakoff 1987: 543) 이러한 주장은 Bolinger(1977)와 다를 바 없다.

지금까지 살펴본 바 Lakoff(1987)는 존재구문을 비교적 일반적인 비상기(non- reminding) 존재구문과 상기 존재구문으로 나누어지고, 제휴어가 두 가지 의미적 자질인 한정성과 특정성을 가지면 상기 존재구문으로 쓰인다고 정리할 수 있다. 학계에서 흔히 한정표현이 제휴어로 쓰이는 대표적인 경우라고 기술되어 온 열거(list) 구문은 Lakoff(1987)는 존재구문에만 쓰이는 용법이 아니므로 상기 존재구문의 한 종류로 분류하고 있다.

Ward & Birner(1995: 722)는 그동안 there-존재구문의 제휴어에 대한 중요한 제약으로 받아들여져 온 한정성효과에 대한 반론으로서 한정적 표현이 제휴어로 쓰이는 일반적인 유형을 아래와 같이 다섯 가지로 분류하고 있다.

(18) 한정표현 제휴어의 다섯 유형:

① 신정보로 취급되는 구정보

② 구정보 유형(type) 중의 신정보 실례(token)[7]

③ 구정보의 신변항(new variable)

④ 확인 가능한 기술로 된 신정보

⑤ 유사 한정사 'this'[8]

위 각각의 유형에 해당하는 예문을 차례대로 하나씩 제시하면 아래와 같다.

(19) a. A: I can't imagine what I'm going to make for dinner tonight.

B: Well, there's that leftover meatloaf.

b. There was the usual crowd at the beach today. [수식어 'usual'의 앞]

c. A: What can I get Mary for her birthday?

B: There's the new book on bird watching we were talking about yesterday [수식 관계절의 선행사]

7) 특정한 형용사를 동반한 명사구는 항상 한정명사구가 되는데, 실제로는 신정보의 실례(token)의 의미를 갖는 경우를 말한다: (i) known type을 지칭하는 형용사: same, usual, regular, traditional, obligatory, expected (ii) known type을 추론할(inferable) 수 있는 형용사: ideal, correct, perfect, necessary, required

8) 여기서 'this'는 한정사가 아니라 'so'라는 부사와 같은 의미로 사용된 경우이다.

d. There was the world's tallest man at the circus. [최상급 수식어의 앞]

e. Last week there was this strange dog wandering around the neighbourhood. [한정사가 아닌 수식어로서 'this'(=so)가 쓰인 경우]

우리는 이 분류법에 대하여 첫 번째 유형을 제외한 네 가지 유형은 화용론적 상황과 관계없이 항상 한정표현 제휴어를 사용한다는 면에서 어휘 및 통사적 영역에 속한다고 본다. 또한 이 네 가지 유형은 존재구문의 제휴어가 비한정 표현이 나와야 한다는 한정성효과를 항상 어긴다는 점에 유의하기로 한다.

Ward & Birner(1995)의 핵심적 주장은 존재구문의 제휴어가 항상 청자에게 새로운 개체(hearer-new entity)라는 것이다. 그것은 비한정 표현일 수도 있고 한정표현일 수도 있으며, 이들의 공통점은 제휴어의 지시어가 항상 청자에게 신정보여야 한다는 화용론적 제약(pragmatic constraint)을 준수한다는 점이다. 일반적으로 구정보도 질문의 응답이 되면 신정보가 된다. 신정보이므로 존재구문의 제휴어로 놓아서 화자가 청자에게 어떤 개체의 존재에 주의를 끌도록 하거나 개체의 존재를 주장할 수 있다. 이들은 결론적으로 한정성효과는 표피적 현상(epiphenomenon)의 관찰에 근거한 "잘못된 명칭"(misnomer)이라고 주장하고 있다.

Abbott(1992)은 Ward & Birner(1995)가 존재구문의 모든 제휴어가 청자에게 신정보라고 주장한 것과 달리 화용론적 상황에 따라 제휴어의 지시어가 화자에게 신정보이고, 오히려 청자에게는 구정보인 아래 문장을 제시하고 있다.

(20) A: Don't forget that Kim will be bringing a salad.
B: Oh right - there is that.

위 대화를 보면 화자(B)가 존재구문의 제휴어로서 한정표현 'that'을 사용하고 있는데, 우리가 청자(A)가 앞서 한 말을 통해서 추론해 볼 때 제휴어 'that'의 지시어 "the salad"의 존재는 화자(B)에게 신정보이고 청자(A)에게 구정보임이 분명하다. 즉, 화자(B)는 제휴어의 지시어를 이전에는 알고 있었으나 발화시점에서 잊고 있다가 자신의 발화 직전의 화자이자 동시에 발화 순간의 청자(A)의 말을 듣고서 'salad'를 다시 생각해 내는 흔하지 않은 화용론적 상황일 수 있다. 더욱이 이 존재구문은 화자가 청자에게 상기시키기 위한 목적도 없다.

지금까지 존재구문의 제휴어가 형식상의 한정성효과를 위반하면서 한정 표현이 쓰이는 현상에 대한 의미-화용론적인 다양한 선행 논의를 검토하였다. 이를 요약하면 다음과 같다.

첫째, 존재구문의 제휴어의 한정성은 의미-화용론으로 설명되어야 한다.

둘째, 존재구문의 제휴어의 한정 표현이 화용론과 관련없이 어휘-통사적으로 설명되는 경우도 있다.

셋째, 존재구문의 제휴어는 항상 화용론적인 면에서 신정보로 해석된다.

존재구문의 제휴어는 화용론적 필요에 따라 비한정 표현과 한정 표현이 모두 나올 수 있다. 특히 한정 표현 제휴어가 나오는 경우는 대화자의 어느 한 편에게 담화의 어느 시점까지는 구정보였으나 일정한 발화의 순간에 다양한 화용론적 상황 안에서 대화 참여자 간에 신정보로 의식되는 경우이다. 그 화용론적 상황은 대표적으로 상기(reminding)나 열거(list) 등이 있으나 모두 다 예측하기는 불가능할 정도로 복잡하며, 제휴어의 존재가 대부분 청자에게 새로운 정보이지만 특정한 경우는 오히려 화자에게만 새로운 상황도 있을 수 있다.

III. 종합적 논의 및 결론

3.1 한정성의 정의와 개념

현대생성문법에서 한정성(definiteness)은 DP의 필수자질이다. Abney(1987)가 처음 제안한 DP-이론에 따라 DP의 머리어(D)는 아래와 같이 정의된다.

(21) D → (AGR) Def

여기서 Def(definiteness)는 D의 본질적 의미 자질로서 한정성을 나타낸다. 다시 말하면 모든 명사류(nominal)를 포함하는 DP는 한정 표현 혹은 비한정 표현의 하나에 속한다는 것을 의미한다.

Adger(2003: 248-49)가 화용론적 효과(pragmatic effect)라고 기술하고 있듯이 한정성은 DP를 발화의 화맥과 개별적인 방식으로 연결지어주는 기능을 한다.9) 그는 구체적으로 화자가 청자에게 DP의 지시어가 친근하거나, 낯설다고 가정되는 어떤 개체를 기술하거나 선정하는 일과 한정성이 관련되어 있다고 말하고 있다. 일반적으로 담화 중에 이미 이전에 언급된 것은 구정보로서 한정 표현 DP로 나타나고, 처음 언급된 것은 신정보로서 비한정 표현 DP로 나타난다. 또한 전에 직접 언급되지 않았지만 앞의 내용이나 상황에서 추론(inference)이 가능한 경우도 구정보로서 한정 표현 DP로 나타난다. 영어에서 이 언어 현상을 잘 보여주는 가장 일반적인 예는 종래의 명사구(NP) 안에서 정관사(definite article)와 부정관사(indefinite article)의 기능이라고 말할 수 있으며, 생성문법이론 안에서는 DP의 머리어인 D의 화용론적 기능이고 말할 수 있다.

3.2 제휴어의 한정성과 화용론

우리가 위와 같은 한정성의 정의와 기능을 받아들이면 존재구문에서 한정성 효과는 곧 DP 제휴어에 미치는 제약이라고 말할 수 있다. 구체적으로 존재구문의 제휴어 DP의 한정성을 아래의 예문을 통해서 살펴보자.

(22) a. There is <u>a dog</u> running loose somewhere in the neighborhood.
b. There is <u>the dog</u> running loose somewhere in the eighborhood.

만일 화용론적 상황에 관계없이 존재구문 (22a)는 항상 정문이고, (22b)는 항

9) "Definiteness, then, is something which helps to integrate an utterance into a conversation. It does this by giving clues to the hearer about what the speaker thinks he/she(=the hearer) already knows. Linguistic devices that do this kind of work are said to have a pragmatic effect." Adger(2003: 249)

상 비문이라면 이를 지배하는 조건인 한정성효과는 통사론의 영역에 속한다. 그러나 실제로 위 두 존재구문은 화용론적 상황에 따라 문법성이 아닌 적절성이 결정되므로 이는 한정성효과로 설명할 수 없다. 아울러 (22a)와 (22b)는 동일한 상황에서 사용될 수 없으며, 각각의 상황에서 제휴어 DP는 모두 신정보로 해석된다.

다시 Ward & Birner(1995)가 소개하는 아래 예문을 살펴보자.

(23) Q: Have you seen the dog or the cat around?

a. (Not lately.) #There's the dog running loose in the neighborhood.

b. (Not lately.) #There's a dog running loose in the neighborhood.

c. (Not lately.) The dog is running loose in the neighborhood.

d. (Not lately.) #A dog is running loose in the neighborhood.

위 예문을 보면 질문 (23Q)에 맞는 적절한 응답문은 (23c) 밖에 없다. 이는 단적으로 일반구문보다 존재구문의 제휴어 DP가 더욱 더 화용론적 상황에 민감하게 적절성이 결정된다는 점을 보여주고 있다. 우리는 이를 Ward & Birner(1995: 728)의 화용론적 원리를 원용하여 다음과 같이 형식화하기로 하겠다.[10)]

(24) 존재구문의 화용론적 원리

존재구문의 제휴어 DP는 발화시점에 화자와 청자가 공유하는 지식이라고 가정되지 않는 개체로서 항상 신정보로 해석된다.

이제 존재구문의 DP 제휴어는 일반구문의 DP와 다른 세 가지 중요한 특징이 있다고 말할 수 있다. 첫째, 전형적으로 비한정 표현이 제휴어가 되지만 한정표현도 결코 드물지 않게 제휴어가 된다. 둘째, 일반구문과 달리 존재구문은 한정

---

10) "all existential *there*-sentences with definite postverbal NPs can be accounted for by a single pragmatic principle: that the postverbal NP of a *there*-sentence represents an entity that is not presumed by the speaker to constitute shared knowledge (with the hearer)." Ward & Birner(1995: 728)

성 여부가 제휴어의 신/구정보를 결정하는 것이 아니라 모든 제휴어가 신정보로 해석된다. 셋째, 존재구문은 제휴어 자체가 아니라 제휴어인 개체의 존재가 신정보로서 강조되는 특수구문이다. 논리적으로 볼 때, 세 번째 특징이 첫 번째 특징의 이론적 근거를 제시한다고 말할 수 있다. 즉, 존재구문에서는 제휴어의 한정성 여부가 신/구정보를 결정하는 것이 아니기 때문에 DP 제휴어로 비한정표현 뿐만 아니라 한정표현도 나타날 수 있는 것이다.

3.3 존재구문의 특수성

존재구문의 제휴어 DP는 본질적으로 반드시 한정성(definiteness)을 갖는다. 이 점은 일반구문의 DP와 다를 바 없다. 문제는 존재구문의 제휴어 DP는 화용론적으로 항상 개체로서 존재가 강조되는 신정보라는 점이다. 학계에서 보기 드물게 이 사실을 직접 언급하고 있는 Keenan(1987: 288)은 존재구문의 존재의미(existential reading)는 곧 "존재의 강조"(existence assertion)를 의미하며, 제휴어는 존재의 NP(=DP)라고 주장하고 있다. 존재구문의 전형적인 비한정 표현 제휴어의 개체로서의 존재는 화용론적 상황에 의해서 신정보로 해석되고, 아울러 한정표현 제휴어의 개체로서의 존재도 반드시 신정보로 해석되는 이유는 바로 존재구문이 개체인 제휴어의 존재를 강조하는 특수구문이기 때문이다.[11] 흥미롭게도 존재구문의 의문문이나 부정문을 보면 제휴어 자체보다 개체의 존재성이 강조되고 있음을 더 잘 실감할 수 있다.

(25) a. Is there God? (신이 <u>존재할</u>까?)

b. I think there is no God. (내 생각에 신은 <u>존재하</u>지 않는다.)

위 두 존재구문은 한정표현 제휴어 DP인 신(God)의 존재(existence) 여부가 바로 대화의 초점이 되고 있음을 잘 보여주고 있다. 긍정 존재구문에서도 존재

11) 예를 들어 영어의 강조구문에는 it-강조구문(*it*-cleft construction)과 what-강조구문(*what*-cleft construction)이 있으며, 각각 특정 성분이 구조적으로 강조된다.

성이 강조되고 있음을 보다 쉽게 알 수 있는 내용도 있다.

(26) A: There's <u>a serious flaw</u> in your argument.

B: There's <u>a more serious flaw</u>, however, in your OWN argument.

위 예문은 대화자 A와 B가 서로 상대방의 주장에 심각한 잘못이 있다고 주장하는 존재구문이다. 즉, 제휴어 개체인 'flaw'(잘못)가 누구의 주장 안에 존재하느냐의 여부가 논란의 초점이 되고 있어서 존재구문이 제휴어의 존재를 강조하는 용법임을 잘 보여주고 있는 경우이다.

존재구문의 제휴어인 개체의 존재는 발화 순간에 대화자의 어느 한 편의 의식 속에 신정보로 들어가게 된다. 이는 일반적으로 화자나 청자의 주의, 혹은 초점을 새로운 존재정보에 집중하게 만드는 현상에 다름 아니다. 존재구문의 이와 같은 특수한 강조용법은 제휴어가 한정 표현일 때 더욱 분명하게 드러난다. 존재구문이 아닌 일반구문에서 한정 표현 DP는 일반적으로 대화자가 이미 알고 있는 구정보이고, 비한정 표현 DP는 대화자가 아직 알고 있지 않은 신정보이다. 그러나 존재구문의 제휴어 DP는 한정성 여부에 상관없이 항상 신정보로 해석된다. 다시 말하면 존재구문의 비한정 표현 제휴어 DP가 항상 신정보로 해석되는 것은 물론이고, 한정 표현 제휴어 DP도 항상 신정보로 해석된다. 이 기능이야말로 바로 존재구문의 사용상의 존재 이유, 즉 화용론적 정체성이라고 말할 수 있으며 이를 우리는 존재구문의 화용론적 원리(24)로 형식화하였다.

더 나아가서 우리가 이 시점에서 간과할 수 없는 중요한 사실은 존재구문의 한정 표현 제휴어는 비한정 표현 제휴어와 다른 고유한 기능을 가지고 있다는 점이다. 즉, 존재구문의 한정 표현 제휴어는 먼저 현재의 발화 이전에 구정보로 해석된 다음, 이어서 새로운 상황의 발화 시점에서 신정보로 재해석되는 이중적 기능(dual function)을 가진다. 이러한 두 기능이 수행되는 화용론적 상황은 그만큼 더 복잡하며, 결과적으로 발화 순간에 신정보로 해석되는 한정표현 제휴어는 처음부터 신정보로 해석되는 비한정 표현보다 더욱 강력하게 대화자의 주의를 끌어서 개체의 존재를 주장하는 독자성을 가지고 있다고 말할 수 있다.

IV. 마무리

지금까지 우리는 영어 존재구문의 제휴어 DP가 비한정 표현이 나와야 한다는 한정성효과(Definiteness Effect)의 타당성을 검토하기 위하여 이와 관련된 선행연구를 검토하고, 이를 토대로 한 종합적인 논의를 통하여 한정성효과는 존재구문의 제휴어에 대한 통사론적 조건이 될 수 없으며, 실제 언어생활에서 존재구문의 제휴어로 비한정 표현 뿐만 아니라 한정 표현도 결코 적지 않게 사용된다는 면에서 화용론적 조건으로서도 타당성이 없음을 확인할 수 있었다.

더 나아가서 우리가 최종적으로 제안한 바, 존재구문의 DP 제휴어는 한정성 여부와 상관없이 반드시 신정보로 해석되어야 한다는 화용론적 원리를 준수해야 하며, 존재구문의 비한정 표현 DP 제휴어는 처음부터 신정보로 해석되고 한정 표현 DP 제휴어는 이전의 구정보가 발화시점에서 새롭게 신정보로 재해석된다는 면에서 구정보의 신정보화라는 고유한 이중적 기능을 수행한다는 점을 새롭게 인식할 수 있었다.

끝으로, 제휴어 DP가 갖는 이러한 화용론적 특성은 결국 존재구문 자체의 통사론적 정체성과 밀접하게 관련되어 있다고 말할 수 있다. 존재구문의 필수적인 두 구성성분인 문법적 주어 there와 개념적 주어인 제휴어 DP가 통사론적으로 뿐만 아니라 의미-화용론적으로도 연쇄를 구성하는 한 쌍을 이루며, 이러한 두 요소의 통사론적, 의미-화용론적 연관성에 의해서 존재구문은 제휴어인 개체의 존재를 항상 신정보로서 강조하는 고유한 화용론적 기능을 적절하게 수행한다고 명시적으로 기술할 수 있게 되었다.

참고문헌

강명윤. 『촘스키 언어학 사전』. 서울: 한국문화사. 1998.

장경기. 「There-구문의 통사적 연구」. 『현대영미어문학』21.2. 2003.

Abbott, B. Definiteness, Existentials, and the 'list' Interpretation. *Proceedings of SALT II*, ed by Christ Barker and David Dowty, 1-16. Ohio. 1992.

Abney, S. *The English Noun Phrase in its Sentential Aspect*. Doctoral Dissertation. MIT, 1987.

Adger, David. *Core Syntax: A Minimalist Approach*. Oxford, 2003.

Bolinger, D. *Meaning and Form*. Longman, 1977.

Chomsky, N. *Knowledge of Language: Its Nature, Origins, and Use*. MIT, 1986.

______. *The Minimalist Program*. MIT, 1995.

Hornstein, N. *A Theory of Syntax-Minimal Operations and Universal Grammar*. Cambridge, 2009.

Huddlestone, R. and G. K. Pullum. *The Cambridge Grammar of the English Language. Cambridge Grammar of the English Language*. Cambridge, 2002.

Keenan, E. A Semantic Definition of "Indefinite NP," In Eric J. Reuland and Alice G. B. ter Meuland. eds. *The Representation of (In)definiteness*. MIT, 1987.

Lakoff, G. *Women, Fire, and Dangerous Things: What Categories Reveal about the Mind*. University of Chicago Press, 1987.

Radford, A. *English Syntax - An Introduction*. Cambridge, 2004.

______. *An Introduction to English Sentence Structure*. Cambridge, 2009.

Safir, Kenneth J. What Explains the Definiteness Effect? In Eric J. Reuland and Alice G. B. ter Meulen eds. *The Representation of (In)definiteness*. MIT, 1987.

Ward, G. and B. Birner. Definiteness and the English Existential. *Language*. 71.4. 1995.

<Abstract>

A Study on the Definiteness Effect in the Existential *There*-Construction

Chang, Kyung Key. "A Study on the Definiteness Effect in the Existential *There*-Construction." *The Journal of Modern British & American Language & Literature.* 30.1 (2012): 000-000. This study aims to closely examine the so-called definiteness effect in the existential *there*-construction and then evaluate its theoretical adequacy. It is widely understood in the literature that the definiteness effect prevents the definite expression from the associate, the postverbal DP, in the existential construction. We first examine several foregoing arguments from both syntactic and semantic-pragmatic perspectives. Next, we comprehensively argue that the definiteness effect may not be syntactic but pragmatic in nature. Moreover we argue that contrary to the definiteness effect, both indefinites and definites may be equally used as associates depending on their particular pragmatic contexts. We also argue that all associates regardless of their definiteness must be interpreted as new information in the existential construction. In particular, the definite associates are reinterpreted as new information, which is an inherent function different from that of the indefinite associates. We suggest that the existential *there*-construction is a special emphatic construction which asserts the existence of the postverbal associate entity of DP. (Ulsan University)

Key Words: Definiteness Effect, Existential, *there*-Construction, Associate

06

There - 존재구문의 정체성 연구*

I. 서론

1.1 연구의 목적과 필요성

이 연구는 매우 일상적으로 사용되는 영어의 There - 존재구문(Existential There- Construction)의 정체성을 올바로 확립하기 위하여 아래와 같은 두 유형의 There - 존재구문의 의미와 통사구조에 관한 일반인 및 관련 학계의 공통적인 인식에 대한 타당성 여부를 논의하고, 이를 바탕으로 하여 새로운 대안을 제안하는 것을 목적으로 한다.

(1) a. There is someone knocking at the door.
    b. There were lots of people arrested.

위 예문은 There - 존재구문의 대표적인 확장형(extension)[1] 유형의 일부이다.

---

* 이 논문은『현대영미어문학』32.2호(현대영미어문학회, 2014)에 실린 것을 수정·보완한 것이다.

1) Collins & Hollo(2000: 140)는 전형적인 기본형 이외의 모든 There-존재구문을 확장형으로 구분하였다. 여기에는 be-동사 이외의 'arrive, live, appear' 등의 다른 동사가 쓰인 There-존재구

이 구문의 의미와 구조에 대하여 일반인뿐만 아니라 관련 학계에서도 대체로 합의하고 있는 관점이 있다. 먼저 다음 예문과 비교하여 살펴보기로 하자.

(2) a. Someone is knocking at the door.
   b. Lots of people were arrested.

There - 존재구문 (1a)의 의미는 일반문 (2a)와 동일하고, There - 존재구문 (1b)는 일반문 (2b)와 의미가 동일하다고 일반적으로 인식되어 왔고, 관련 학계에서도 대체로 이 가정 하에 대부분의 이론적인 연구가 이루어져 왔다. 두 문장의 의미가 동일하다는 가정은 곧 명제적 의미가 동일하고, 두 문장이 기저에서 동일한 통사구조를 가진다는 것을 의미한다.2) 즉, (1a)와 (2a) 그리고 (1b)와 (2b)가 서로 도출관계(derivational relation)에 있다는 것을 전제로 한 의미해석이라고 할 수 있다.

우리는 There-존재구문에 대한 이와 같은 거의 상식화되어있는 인식이 과연 논리적으로, 그리고 이론적으로 타당한 것인가에 대한 의문을 가지고 있으며, 그 근거는 바로 There - 존재구문의 개념정의와 깊이 관련되어 있다. Collins & Hollo(2000: 139)는 There - 존재구문은 무의미 대명사인 존재의 'there'(existential *there*)를 주어로 사용하여 존재(existence)의 명제(proposition), 즉 어떤 개체의 존재를 주장하는 명제를 표현하는 문장이라고 정의하고 있다. 물론 이 정의는 특별한 것이 아니고 일반화된 것이다. 그럼에도 불구하고 이 정의와 달리 확장형 There - 존재구문 (1a)와 (1b)의 각 문장의 의미로 인식되는 일반문 (2a)와 (2b)의 각 문장의 의미에 '존재'의 의미가 없다는 점에 우리는 특별히 주목하게 된다. There - 존재구문에 존재의 의미가 없다는 입장을 어떻게 이해해야 할 것

문도 포함된다. 학계에서 비대격동사(unaccusative verb)로 분류되는 There-존재구문의 존재동사 Be 이외의 동사는 직접 존재의 의미를 표현하는 것이 아니라 존재의 의미를 전제로 하여 추가적인 의미를 구현하는 특성을 가진다. 우리의 연구는 be동사 There-존재구문만을 연구의 대상으로 하고 있다.

2) Baker(1988)에서 처음 제안된 UTAH(Uniformity of Theta-Assignment Hypothesis)의 정신을 최소이론에서는 전반적으로 계승하고 있다. "Identical thematic relationships between items are represented by identical structural relationships between these items at the level of D-structure."

인가는 곧 이 연구의 방향을 결정하는 중요한 과제이다. 다시 말하면 논리적으로 There - 존재구문의 엄정한 정의를 포기하거나, 아니면 확장형 There - 존재구문 (1a)와 (1b)의 의미와 구조에 대한 기존의 인식과 이론의 타당성 여부를 다시 검토할 필요가 있는 것이다. 우리는 이론의 경제성 원리에 따라 후자의 입장에서 There - 존재구문의 정의에 충실한 논리적인 분석을 통해서 예문 (1a)와 (1b)를 포함한 전형적인 Be 동사 There - 존재구문의 의미와 구조를 명시적으로 기술하는 것을 이 연구의 궁극적인 목적으로 삼는다.

1.2 연구의 방법과 구성

이 연구는 구체적인 연구방법으로 먼저 There - 존재구문의 기본형을 중심으로 There - 존재구문의 의미 및 통사구조를 올바르게 분석한 다음, 이를 확장형 There - 존재구문에 일관되게 적용가능한지를 검토하여 There - 존재구문을 명시적으로 기술할 수 있는 일반적인 원리를 규명하도록 하겠다.

제 II장에서는 먼저 기본형 There-존재구문의 의미와 구조를 분석하기 위한 기초 작업으로 Chomsky(1981, 1986)의 의미역기준(Theta - Criterion)과 가시성조건(Visibility Condition)을 논의하는 과정에서 Chomsky(1986)의 격전이(Case Transfer) 이론이 이 연구와 관련된 우리의 입장과 연구의 목적에 가장 부합된다고 가정한다.[3] 이어서 Lyons(1968) 등의 논의를 기초로 하여 There-존재구문의 전형적인 본술어인 Be 동사의 논항구조를 규명하도록 하겠다. 이 과정에서 There - 존재구문의 문법적 주어인 'there'와 의미상의 주어인 비한정 명사구(indefinite NP) 논항의 의미역 및 격 문제를 의미역기준과 가시성조건에 따라 설명하기 위하여 Chomsky(1986)의 격전이 이론을 적극적으로 수용하여 적용하기로 하겠다.

제 III장에서는 There - 존재구문의 술어의 논항구조를 바탕으로 기본형과 확

3) 일반적으로 존재구문의 존재의 there를 '문법적 주어'로, be동사 다음에 오는 비한정 명사구를 '의미상의 주어'라고 지칭되고 있으므로 논의의 편의상 이 연구에서도 그대로 사용하기로 한다.

장형으로 나누어 의미와 구조를 분석하고, 이어서 There - 존재구문과 일반문의 도출관계를 부정하는 증거를 제시하여 논증하기로 하겠다.

제 IV장 결론에서는 지금까지 논의된 There - 존재구문의 정체성과 관련된 특성을 요약하여 제시하기로 하겠다.

이 연구는 There - 존재구문에 대한 연구가 가장 활발하게 이루어지고 있는 생성문법이론 안에서 전반적으로 지배결속이론을 이론 틀로 사용하며, 기본적으로 최소이론의 경제성원리(principle of economy)를 가정하고 있다. 다만 이 연구는 There-존재구문에 대한 특정 이론이나 주장에 대한 찬반 논의가 아니라 학문의 보편적 방법론에 따라 There-존재구문의 정체성과 관련된 핵심적인 의미와 구조에 대한 학계의 일반화된 인식을 학문적 논리성 및 이론 내적인 관점에서 타당성을 검증하고, 보다 설명력 있는 대안을 제안하려는 시도임을 분명히 밝혀둔다.

II. There-존재구문의 논항구조

2.1 의미역이론과 가시성조건

There - 존재구문의 의미와 구조를 명시적으로 기술하기 위하여 먼저 생성문법 안에서 그 이론적 기반을 구축할 필요가 있다. Chomsky(1981) 이후 지배결속이론의 의미역이론(Theta Theory)은 문장의 명제적 의미를 그 문장의 술어의 논항구조(Argument Structure)라고 정의한다. 의미역을 가진 지시적 표현을 논항이라고 규정하고, 의미역을 가지지 못하는 비지시적 표현을 비논항(non-Argument)이라고 규정한다. Chomsky(1981: 325)는 비논항의 예로서 허사(expletive) 'it'와 There - 존재구문의 'there'를 들었고, 날씨의 'it'은 준논항(quasi-Argument)으로 규정하여 순수 논항 및 허사와 구분하였다.

논항구조는 문장의 술어가 가진 논항의 개수와 역할로 구성되는 술어의 의미구조(Thematic Structure)이며, 논항을 하나 가진 술어는 1항술어, 논항을 두 개 가진 술어는 2항술어라고 지칭된다. 구체적으로 각 명제의 논항은 핵계층구조(X'-Structure) 안에서 술어를 핵(Head)으로 하고 그 핵의 보충어(Complement) 및 지정어(Specifier)로 실현된다. Chomsky(1981: 36)는 논항과 의미역의 관계를 다음과 같은 의미역기준(Theta-Criterion)으로 개념화하고 있다.

(3) 의미역기준

모든 논항은 오직 하나의 의미역을 가지며, 모든 의미역은 오직 하나의 논항에게 배당된다. (Each Argument bears one and only one theta-role, and each theta-role is assigned to one and only one Argument.)

한편, 지배결속이론의 격이론(Case Theory)은 논항이 합법적으로 문장에 나타나기 위해서는 일정한 격이 부여될 필요성이 있음을 체계화하고 있다. 구체적으로 Chomsky(1981: 49)는 격여과조건(Case Filter)을 제안하여 외현적인(overt) NP는 격을 받아야 한다고 주장하였다. 격여과조건은 음성형태(PF)에서 비문을 걸러내는 여과장치이며, 이 장치를 피할 수 있는 요소로는 외현적으로 실현되지 않는 흔적(trace)과 PRO가 있다. 더 나아가서 Chomsky(1986: 94)는 논항의 의미역과 격을 구조적으로 엄밀하게 관련지어 다음과 같은 가시성조건(Visibility Condition)을 제안하였다.

(4) 가시성조건

문장의 모든 요소는 격이 부여되어야만 의미역 표시를 위해서 가시적이다. (An element is visible for theta-marking only if it is assigned Case.)

가시성조건은 논항이 격이 부여되는 자리에 있거나, 혹은 그 자리와 연결되어(linked) 있을 때만 의미역이 표시될 수 있다는 조건이다. 다시 말해서 가시성조건은 음성형태를 가진 모든 명사구를 격 부여의 대상으로 본 격여과조건을 수정하여, 의미역을 가진 가시적인 논항과 변항(variable)을 격 부여의 대상으로 규정한 것이다. 한편 논항이 격을 받기 위하여 이동하고 그 자리에 남은 흔적은 선행사와의 연쇄, 즉 논항 연쇄(A-chain)에 의해서 선행사가 격을 받으면 가시성조건을 만족한다.

2.2 There－존재구문의 Be 동사의 논항구조

이제 There-존재구문의 전형적인 술어인 Be 동사의 논항구조에 대하여 논의하기로 하겠다. There-존재구문의 Be 동사의 논항구조는 바로 Be 동사의 의미적 성질에 의해서 결정되고, 논항구조는 곧 There-존재구문의 명제적 의미, 즉 논리적 의미를 결정한다. 먼저 이와 관련된 논의를 Lyons(1968)를 중심으로 하여 살펴보자.

Lyons(1968: 389-390)는 There-존재구문의 Be 동사의 성격에 대하여 주목할 만한 기술을 하고 있다. 즉, 그리스어나 러시아어와 달리 영어는 Be 동사가 일반적인 존재적(existential) 용법으로 잘 쓰이지 않으며, 대신에 There-존재구문이라는 특수한 구문이 일정한 개체의 존재를 주장하는 문장으로 쓰인다고 기술하고 있다. Lyons(1968)가 제시하는 다음 예문을 살펴보자.

(5) a. Someone is at the door.
b.*Someone is.
c.*Someone was on Sunday.

(6) a. There is someone at the door.
b. There is someone.
c. There was someone on Sunday.

Lyons(1968)는 본동사로서의 Be 동사의 용법을 계사적(copulative) 기능과 존재적(existential) 기능으로 나누고, There-존재구문의 Be 동사의 용법만을 존재적 기능으로 분류하고 있음이 주목할 만하다. 또한 계사적 기능은 다시 동일체(identifying/ equative), 속성(attributive), 처소(locative)의 세 기능으로 나누고 있는데, 위 예문 (5a)의 Be 동사를 처소적 기능으로 분류하고 있음이 주목된다. 예문 (5a)는 대체로 학계에서 There-존재구문 (6a)에 대응하는 일반문으로 보고 있는데, Lyons(1968)를 따르면 (5a)의 Be 동사는 (6a)의 존재동사가 아니라 계사적 기능을 하는 무의미(dummy) 동사이다. 이를 정당화하는 근거는 There-존재구문 (6b)나 (6c)와 달리 일반문 (5b)와 (5c)가 비문이라는 점이다. 존재동사 Be의 논항구조에 대하여 Lyons(1968)는 2항 술어로 규정하고, 의미상의 주어인 비한정 명사구(indefinite NP) 논항과 함께 처소나 시간을 나타내는 요소를 하나로 묶어 처소 보충어(Complement) 논항으로 본다. 특히 예문 (6b)에서 보듯이 There-존재구문의 보충어는 내현적인(implicit) 논항일 수도 있다.

Adger(2003: 322)는 There-존재구문의 술어의 논항구조에 대한 구체적인 언급을 하고 있다. 그는 There-존재구문의 Be 동사는 본동사이며, DP(NP) 주어와 전치사구(PP) 보충어를 기본구조로 갖는다고 기술하고 있다. 여기서 DP 주어는 의미상의 주어인 비한정 명사구 논항이며, 전치사구 보충어는 비한정 명사구 다음에 나오는 처소 논항을 의미한다.

Foley & Van Valin(1984: 47)은 처소적 상태는 일차적으로 Be 동사 다음에 처소 전치사구가 더해져서 표현되며, Be 동사는 존재하는 개체와 처소라는 두 개의 논항관계(two-place relation)를 갖는다고 주장한다. 존재의 개체는 대상(Theme)의 의미역을, 존재의 처소는 처소(Location)의 의미역을 갖는다고 두 논항의 의미역을 적시하고 있다.

우리는 이상과 같은 학계의 논의를 종합하여 There-존재구문의 본술어인 Be 동사는 대상과 처소라는 두 개의 논항으로 구성된 2항술어라고 규정한다. 구체적으로 대상 의미역은 의미상의 주어인 비한정 명사구 논항에게 주어지며, 처소 의미역은 처소나 시간을 나타내는 보충어에게 주어진다. 다만 There-존재구문의 문법적 주어인 존재의 'there'는 어휘적인 무의미 요소이므로 의미역을 갖지 않는다.

2.3 There－존재구문과 Chomsky(1986)의 격전이 이론

기본형 There-존재구문은 표면적으로 단일 명제 안에 두 개의 주어를 가지고 있다는 점이 가장 핵심적인 특성으로서 There-존재구문과 관련된 모든 논의의 중심에 있다고 말할 수 있다. There-존재구문의 문법적 주어인 존재의 'there'는 무의미 요소, 즉 허사(expletive)이므로 정의상 논항이 아닌 비논항(non-Argument)이다. There-존재구문의 논리적 주어인 비한정 명사구는 실사, 즉 순수 논항으로서 가시성조건에 따라 반드시 격을 받아야 하는데, 구조적으로 직접 주격을 받을 수 있는 일반적인 자리에 놓여있지 않다.

생성문법 안에서 이 문제에 대한 의미있는 주장이 Chomsky(1986)에서 제안되었다. Chomsky(1986: 94)는 There-존재구문의 전형적인 술어인 Be 동사 바로 다음에 나오는 의미상의 주어 논항인 비한정 명사구를 제휴어(Associate)[4)]라고 지칭하였는데, 이는 문법적 주어인 'there'와 의미상의 주어인 제휴어의 통사론적 및 의미론적 연관성(association)을 주장하고 있다는 면에서 특히 주목할 필요가 있다. 다음 문장을 통해서 구체적으로 그 내용을 검토해보자.

(7) a. There is someone at the door.
    b. There are some people at the door.

위의 전형적인 There-존재구문 (7a)와 (7b)는 다음과 같은 세 가지의 명백한 특성을 보여주고 있다. 첫째, 문법적 주어인 존재의 'there'는 주어로서의 자질

---

4) Chomsky(1986: 94)는 There-존재구문의 비한정 명사구(indefinite NP)를 'associate NP'라고 명명하였으며, 이후 학계에서 'associate,' 'postverbal NP,' 'coda' 등으로 부르고, 국어로는 '비한정 명사구,' '관련명사구' 혹은 '제휴어' 등으로 부르고 있으나, 우리는 NP가 아닌 경우가 있다는 점과 문법적 주어 there와의 연관성을 주장하는 입장에서 이를 '제휴어'라고 부르고, 편의상 중립적 논의를 할 경우에는 '비한정 명사구'라고 부르기로 한다.

을 가지고 있다. 둘째, 주어와 일치관계를 갖는 정형동사인 Be 동사의 수자질 (number feature)은 제휴어 논항의 수자질과 일치한다. 셋째, 가시성조건에 따라 제휴어 논항도 반드시 격을 받아야 하지만 구조적으로 직접 격을 부여받지 못한다. 이 세 번째 문제를 해결하기 위한 방안으로 Chomsky(1986: 94)는 격전이 (Case Transfer) 이론을 제안하였다. 한마디로 말해서 격전이 이론은 There-존재구문의 제휴어 논항은 문법적 주어인 'there'의 격을 전이 받아서 가시성조건을 만족시킨다는 주장이다.5)

격전이 이론의 핵심은 There-존재구문의 제휴어 논항은 가시성조건에 따라 반드시 격을 받아야 하지만 스스로 격을 받을 수 없고, 문법적 주어인 존재의 'there'가 대신 격을 받아서 이를 제휴어 논항에게 양도한다는 주장이다. 이를 강력하게 지지하는 근거가 Chomsky(1986: 94)가 제시하는 아래 두 유형의 예문이다.

(8) a.*It seems [[there] to be men in the room].

b. [There] seem [___ to be men in the room].

(9) a.*[There to be a man] is unlikely.

b. [For there to be a man] is unlikely.

먼저 (8a)는 Seem-구문의 내포절인 There-존재구문의 'there'가 격을 받지 못하고 있으며, 결과적으로 격전이 방식에 의해서 제휴어 논항인 'men'이 가시성조건을 어겨서 비문이 된다. 대조적으로 정문 (8b)는 존재의 'there'가 Seem-구문의 주어 자리로 이동하여 주격을 받아서 결과적으로 존재구문의 제휴어 논항 'men'이 'there'의 격을 전이 받아서 정문이 된다. 주목할 점은 주절의 시제동사 'seem'은 여전히 제휴어의 수자질과 일치한다는 점이다. 격전이 이론의 중요한

5) Hornstein(2009: 138-140)은 존재의 there와 제휴어가 1대1의 대응관계에 있으며, LF 이전에 표면에서 T와 there가 직접적으로 일치점검된 다음에 간접적으로 there와 제휴어의 일치가 이루어진다고 주장하고 있다.

가정은 There-존재구문의 존재의 'there'와 제휴어가 구조적, 의미적으로 밀접한 관련성이 있다고 본다는 점이다. 이를 Chomsky(1986: 135)는 두 성분이 동지표(coindexing) 관계에 있으며, 확대된 연쇄, 즉 대연쇄(CHAIN)로 설명하였다.[6]

한편 비문 (9a)는 There-존재구문이 부정사구문의 형태로 주절의 주어 자리에 나오고 있는 경우로서, 존재의 'there'가 격을 받지 못하여 결과적으로 제휴어인 NP 논항 'a man'이 격을 전이 받지 못하여 가시성조건을 어긴 비문이 된 것이다. 대조적으로 정문 (9b)는 존재의 there가 전치사적 COMP인 'for'에 의해서 목적격을 부여받아, 자신의 제휴어인 NP 논항 'a man'에게 격을 전이하여 의미역기준과 가시성조건을 만족하여 정문이 된 것이다.

지금까지 우리는 Chomsky(1986)의 격전이 이론을 적극 수용하는 입장에서 그 설명력을 확인할 수 있었다. 격전이 이론은 There-존재구문에 대한 다음과 같은 두 가지 전제를 가지고 있다고 말할 수 있다. 첫째, There-존재구문은 반드시 존재의 'there'와 제휴어가 1대1의 대응관계를 가지고 있어야 한다. 둘째, 존재의 'there'는 반드시 격을 부여받아야 하고, 제휴어는 스스로 격을 받을 수 없고 반드시 존재의 'there'의 격을 전이 받는다.[7] 결과적으로 격전이 이론은 There-존재구문이 의미역이론과 가시성조건을 만족하기 위한 개념적 필연성을 가진다고 말할 수 있다. 전통적으로 문법적 주어라고 지칭되어온 존재의 'there'는 최소이론의 관점에서 보면 비해석 자질을 가진 성분이고, 의미상의 주어라고 지칭되어온 제휴어는 해석 자질을 가진 성분으로서 두 성분이 제휴하여 연합하여야만 독립된 논항으로서 필수자질을 갖추게 된다는 면에서 존재의 'there'와 제휴어가 공생(symbious)[8] 즉, 공존(coexistence)의 필연적 관계를 가진다고 말할 수 있다.

---

6) "A CHAIN is Case-marked if it contains exactly one Case-marked position; a position in a Case- marked CHAIN is visible for theta-marking." (Chomsky 1986: 135)

7) There-존재구문의 there가 격을 받지 않는 경우가 있다. 일반 논항과 마찬가지로 분사구문의 주어나 주절의 주어 자리에 오는 동명사절의 주어로 쓰인 there는 격을 받지 않는다.
[There soon being a taxi available], Dr Lowe caught his train. (Quirk & Greenbaum 1990)
[There being a guard in the room] annoyed me. (Hornstein 2009)

8) 심비우스(symbious)는 최재천(2005: 108-112)의 이상적 인간상인 'homo symbious'에서 빌린 개념으로 최소이론의 '개화된 이기주의(enlightened self-interest)'와 상응하는 개념이다.

II. There-존재구문의 의미와 구조 분석

3.1 기본형 There-존재구문의 의미와 구조

이제 There-존재구문의 의미와 통사구조에 대한 구체적인 분석을 하도록 하겠다. 논의의 편의상 There-존재구문을 다시 기본형과 확장형으로 나누어서 다루기로 하겠다. 그 이유는 첫째, 이론상 단순한 형태를 분석하기가 더 용이하기 때문이며, 둘째, 확장형 There-존재구문의 구조와 의미의 복잡성으로 인하여 학계의 논의가 기본형 There-존재구문과 매우 다른 결과로 나타났기 때문이다. 우리는 기본형 There-존재구문에서 정립한 원리가 확장형There-존재구문에도 그대로 적용된다는 가정 하에 There-존재구문의 본질적 정의에 충실한 분석을 하도록 하겠다. 아래의 There-존재구문과 일반문을 비교해 보자.

(10) a. There is someone at the door.

b. ______ is [VP there [VP someone [___ [PP at the door]]

c. There is someone.

(11) a. Someone is at the door.

b. ______ is [PP someone [at the door]].

c.*Someone is.

관련 학계에서 거의 절대적으로 There-존재구문 (10a)와 일반문 (11a)가 동일한 의미를 가지고 있으며, 동일한 기저(Base)에서 도출된다고 가정하고 있다. 일단 일반문 (11a)도 존재의 의미가 있으므로 이러한 가정에 별 문제가 없어 보이지만, 명제의 논리적 의미는 술어의 논항구조에서 나온다는 것을 전제로 하면, There-존재구문 (10a)의 술어인 Be 동사의 논항구조와 일반문 (11a)의 술어인 Be 동사의 논항구조가 동일해야 한다. 그러나 우리가 앞(2.2)에서 언급한 바와 같이 Lyons(1968)는 There-존재구문 (11a)의 Be 동사는 존재기능을 갖는 본동사로, 그리고 일반문 (11a)의 Be동사는 처소 기능을 연결하는 계사(copula)로 완전히 다르게 분류하였다. Lyons(1968)가 제시한 증거는 There-존재구문은 처소 보충어가 내현적일 수 있어서 정문 (10c)가 가능한데 반해, 일반문은 처소 표현이 없으면 (11c)와 같이 비문이 된다는 점이다. 우리가 Lyons(1968)를 적극적으로 수용하는 입장에서 볼 때 일반문 (11a)가 어떻게 존재의 의미를 갖게 되는가가 중요한 문제이다. Lyons(1968: 346)는 (11a)의 Be 동사는 무의미 요소로서 다른 계사적 기능과 마찬가지로 시제와 법(Mood) 및 상(Aspect)을 표시하기 위한 장소(locus) 제공의 역할을 할 뿐이며, 존재의 의미는 뒤에 오는 술부인 전치사구(PP)의 핵인 장소 전치사(P) 'at'에서 나온다고 주장하고 있다. D-구조 (11b)가 보여주듯이 핵계층구조(X'-Structure) 안에서 전치사구 술부(PP)의 지정어인 'someone'이 "at the door"의 존재의 대상(Theme)의 의미역을 받은 다음에 TP의 주어 자리로 이동하여 주격을 받게 된다. (11b)는 우리가 가정해 본 There-존재구문 (10a)의 D-구조인 (10b)와 매우 다르다. 우선 There-존재구문의 Be 동사는 술부(VP)의 핵으로서 자신의 지정어인 'someone'에게 대상 의미역을 부여한 다음에 T-자리로 이동하고, T의 지정어 자리로 이동한 존재의 'there'와 지정어-핵일치(Spec-Head Agreement)에 의해서 자질이 점검된다.

이렇게 볼 때 There-존재구문 (10a)와 일반문 (11a)가 결과적으로 존재의 의미를 가지고 있으나, 그 의미가 각기 다른 술어의 논항구조에서 나온다는 면에서, 그리고 다른 D-구조를 갖는다는 면에서 두 문장이 도출관계에 있지 않다는 것을 보여주는 의미있는 증거이다. 또한 우리가 There-존재구문의 정의상 모든 There-존재구문이 존재의 주장이라는 의미를 갖는다고 가정하는 입장에서 There-존재구문 (10a)는 제휴어인 'someone'의 존재를 주장하는 문장이지만, 일반문 (11a)는 주어인 'someone'에 대하여 서술하는 문장이라고 보아야 한다. 더 나아가서 There-존재구문 (10c)와 달리 일반문 (11c)가 비문인 이유가 결국 술부인 처소의 전치사구(PP)가 없기 때문임을 알 수 있다.

3.2 확장형 There-존재구문의 의미와 구조

이제 우리는 확장형 There-존재구문의 의미와 구조를 분석해야 할 시점에 와 있다. 확장형 There-존재구문은 우리의 연구에서 특별한 의미가 있다. 서론에서 밝혔듯이 일반 화자의 인식이나 학계의 연구와 우리의 입장이 극명하게 갈라지는 구문이 확장형 There-존재구문이며, 바로 이 점을 올바로 이해하고 기술하는 것을 이 연구의 일차적인 목적으로 하기 때문이다. 우선 한 가지 분명히 해 둘 점은 기본형 There-존재구문의 의미와 구조가 확장형에서도 그대로 적용된다는 것이다. 이는 모든 학문의 방법론에서 당연한 것으로 받아들이는 간결성의 원리(Ocam's razer)를 따르기 때문이다.

우리는 There-존재구문의 확장형으로 두 가지 유형을 분석하게 된다. 먼저 제휴어 다음에 진행 분사구문(progressive participle construction)이 나오는 아래 문장을 면밀히 살펴보자.

(12) a. There is someone [knocking at the door].
b. There is [someone knocking at the door].
c. There is someone [PRO knocking at the door].
d. Someone is knocking at the door.
e. ________ is someone knocking at the door.
f. There is someone.

There-존재구문 (12a)에 대한 대체적인 기존 학계의 입장을 반영한 구조는 (12b)이며, 그 의미는 일반문 (12d)이다. 마찬가지로 기존 학계에서는 There-존재구문 (12a)와 이에 대응하는 일반문 (12d)는 도출관계에 있다고 가정하며, 그 과정은 D-구조 (12e)에서 EPP에 의해서 빈 주어 자리에 허사 'there'가 삽입되면 There-존재구문 (12a)가 도출되고, 그 대신에 'someone'이 주어 자리로 NP-이동하면 일반문 (12d)가 도출된다고 본다. 도출이론의 입장에서 보면 존재구문

(12b)의 진행 분사구문은 앞에 나오는 비한정 명사구 'someone'을 주어로 하여 술어인 'knocking'과 소절(Small Clause)[9])을 구성하는 필수성분이 된다.

이제 도출이론의 문제점을 구체적으로 살펴보기로 하겠다. 첫째, There-존재구문의 개념 정의와 다르게 확장형 There-존재구문 (12b)에는 존재의 의미가 없다. There-존재구문 (12a)의 본동사는 Be 동사이고, 2항술어로서 비한정 명사구 'someone'의 지시어가 이 문장에서는 내현적이어서 보이지 않는 일정한 처소에 존재한다는 기본적인 의미를 가진다. 그러나 도출이론의 입장에서는 동일한 의미라고 전제되는 (12d)에서 보듯이 There-존재구문 (12b)의 본동사는 'knock'이며, Be 동사는 진행 조동사에 불과하다. 둘째, 도출이론은 지배결속이론의 의미역기준을 위반한다. 비한정 명사구 'someone'이 진행분사구문의 본동사인 'knocking'의 주어라면 'knock'로부터 의미역을 받게 되는데, 'someone'은 There-존재구문의 본술어인 Be 동사로부터 존재의 '대상'이라는 의미역이 주어지므로 결과적으로 단일 문장 안에서 두 술어로부터 의미역을 받게 되어 의미역기준을 위반하게 된다. 셋째, 도출이론은 There-존재구문의 T의 수자질의 일치에 대하여 적절한 설명을 하지 못한다. (12b)에서 보듯이 'someone'이 소절의 주어라면 그 안에서 주격을 받을 수 없고, Be 동사가 소절의 주어에게 예외적으로 격을 줄 수 없으므로 결과적으로 가시성조건을 위반하게 된다.[10]) 넷째, 만일 소절이론을 받아들이면 소절이 There-존재구문의 필수요소가 되어야 하는데, 이를 부정하는 증거가 바로 (12f)이다. 소절의 주어로 분석하는 'someone'만이 필수요소로 남아있다는 것은 'someone'이 소절의 구성성분이 아니고 There-존재구문의 필수요소라는 결정적인 증거라고 보아야 한다. 이상과 같은 문제점은 There-존재구문의 정의에 부합하는 존재의 의미를 인정하지 않는 데에서 비롯

9) 소절(Small Clause)은 정형문과 대조하여 시제나 동사가 빠져있으나 주술관계(predication)를 갖는 일정한 문장형식의 구조를 말한다.

10) There-존재구문의 제휴어인 비한정 명사구 논항이 앞에 나오는 be동사에 의해서 부분격(partitive Case)이 부여된다는 주장은 Belletti(1988)를 중심으로 제안되었고, 이를 Lasnik(1993)이 Chomsky (1993)의 비한정 명사구의 격을 LF-이동으로 설명하는 것에 대한 비판과 대안으로 영어에 적용하였다. 이 주장은 지배결속이론의 격이론 자체를 흔드는 값비싼 주장일 수밖에 없고, 이론 내적으로는 There-존재구문의 T의 수자질과의 일치를 해결할 수 없다는 점에서 우리는 받아들이지 않는다.

된 것임을 알 수 있다.

이제 우리의 대안을 제시하기로 하겠다. There-존재구문의 개념적 정의를 바탕으로 모든 There-존재구문은 어떤 대상의 존재를 주장하는 의미를 가진다고 가정한다. 따라서 (12f)는 There-존재구문의 기본 구조를 갖추고 있으므로 정상적인 There-존재구문이며, 다만 기본형과 달리 비한정 명사구인 'someone' 다음에 또 하나의 동사구(VP)가 진행 분사 형태로 나와 있는 확장형이다. 이 추가된 구조와 기본형과의 관계를 적법하게 설명하고자 하는 것이 우리의 접근법이다. 우리의 일차적 분석법은 이 동사구를 선행하는 비한정 명사구를 수식하는 후치 수식구문으로 가정하는 것이다. 왜냐하면 복합명사구(complex NP)는 진행 분사구문이 명사구를 후치 수식하는 것이 매우 일반적이기 때문이다.11)이러한 우리의 입장을 그대로 반영한 구조가 바로 (12c)이다. (12c)는 추가된 수식구조의 주어로서 영범주(null category)인 PRO를 설정함으로써 의미역기준과 가시성조건을 만족하는 적법한 구조이다. 추가된 수식구조 이전의 구조는 기본형 존재구문과 동일하므로 우리는 별도로 설명하지 않는다. 우리의 입장에서 독립된 명제인 수식구조는 자체적으로 술어의 논항구조에서 나온 명제적 의미를 가지며, 논항은 술어로부터 적절한 의미역을 배당받는다. 수식구조의 술어는 'knock'이며, 2항술어로서 두 개의 논항에게 행위자(Agent) 논항과 피해자(Patient) 논항을 배당한다. 행위자 논항은 주어인 PRO에게 주어지고, 피해자 논항은 전치사구 안의 NP인 'the door'에게 주어진다. 가시성조건에 따라 가시적 논항은 격이 부여되어야 하고, 비가시적 논항인 PRO는 외현적 격은 부여되지 않는다. PRO의 선행사는 존재구문의 의미상의 주어인 비한정 명사구 'someone'이다. 만일 수식구조의 주어자리에 PRO를 설정하지 않으면 논리적으로 상정이 가능한 두 가지 경우에서 모두 가시성조건을 위반하게 된다. 한 가지

11) 명사를 후치 수식하는 대표적인 구문은 관계절이지만 진행분사나 수동분사가 직접 수식할 수 있으므로 이 예문을 정형문으로부터 도출하는 것은 경제성원리를 위반한다. 더욱이 진행분사가 반드시 현재진행형을 함의하지 않는다는 점을 보여주는 중요한 증거가 아래 문장이다.

a. There a boy resembling his mother.
b.*A boy is resembling his mother.
c. A boy resembles his mother.

경우는 선행하는 'someone'을 자신의 주어로 착각하는 경우이다. 그렇게 되면 There-존재구문의 본동사 Be의 의미상의 주어 자격으로 의미역(Theme)을 받고, 또 수식절의 본동사 'knock'의 주어 자격으로 의미역(Agent)을 받음으로써 논항은 하나의 의미역만 받아야 한다는 의미역기준을 어기게 된다. 또 한 가지 경우는 수식절이 처음부터 주어를 가지고 있지 않다고 보는 것이다. 이렇게 되면 수식절의 본동사 'knock'의 행위자 의미역을 가진 논항이 적법하게 방출(discharge)되지 못하여 의미역기준을 어기게 된다. 결국 논리적으로 There-존재구문 (12a)는 정문이므로 소절이론은 타당하지 않다는 것이 증명된 셈이다.

이제 또 하나의 대표적인 확장형 There-존재구문의 하나인 아래 예문의 구조와 의미를 분석해보자(Collins & Hollo 2000: 141).

(13) a. There were lots of people [arrested]
     b. There were [lots of people arrested].
     c. There were lots of people [PRO arrested ____].
     d. Lots of people were arrested.
     e. There were lots of people.

위 예문 (13)은 진행 분사구문(progressive participle construction)의 추가구조를 가지는 이 전의 예문 (12)와 비교하여 수동 분사구문(passive participle construction)이 기본형 There-존재구문에 추가된 구문이다. 기본적으로 진행 분사구문이 추가된 예문 (12)에 적용된 모든 논의가 수동 분사구문이 추가된 (13)에도 그대로 적용된다. 다만 추가된 수식구조가 수동 분사구문인데, 수동 분사구문도 명사구를 후치 수식하는 것이 자연스럽기 때문에 도출이론자들이 설정하는 (13b)라는 D-구조 대신에 우리는 (13c)를 D-구조로 설정한다. 또한 추가된 수식구조가 수동 분사형이지만 동사 'arrest'의 논항구조는 능동형과 동일한 2항술어이며, 수동구문의 주어인 PRO는 동사의 목적어 자리에서 의미역을 배당받은 다음에 주어 자리로 이동한다. 이 PRO의 선행사는 There-존재구문의 의미상의 주어인 'lots of people'이다.

요약하면 확장형 There-존재구문에 대한 우리의 대안은 주절인 There-존재구문에 수식구조가 추가된 구조로 분석하는 것이다. 이러한 분석은 There-존재구문의 정의에 부합하고, 의미역기준과 가시성조건을 만족한다. 아울러 비한정 명사구의 격 문제는 수식구조와 독립적으로 문법적 주어인 'there'와의 필연적인 제휴과정을 통하여 만족할 수 있는 일관성을 갖는다는 이론 내적인 장점이 있다.

3.3 There-존재구문의 도출이론에 대한 반론

우리는 지금까지 There-존재구문의 개념적 정의에 따라 Be 동사를 가진 There-존재구문은 예외 없이 일정한 개체의 존재를 주장하는 명제여야 한다는 관점에서 일관된 논의를 해왔다. 그 과정에서 존재를 주장하는 명제는 동일한 의미를 가진 일반문으로부터 도출하려는 도출이론이 타당하지 않음을 논증하였다.

이제 우리는 모든 There-존재구문은 일반문으로부터 도출될 수 없다는 논증을 하도록 하겠다. 우리는 논의를 두 가지로 나누어서 진행하도록 하겠다. 하나는 There-존재구문과 이에 대응하는 일반문이 의미 및 구조가 완전히 일치하지 않는다는 점을 논증하도록 하겠고, 또 하나는 There-존재구문과 이에 대응하는 일반문 중 하나가 정문이 아닌 경우가 있음을 논증하도록 하겠다.

먼저 There-존재구문과 대응하는 일반문의 의미가 동일하지 않다는 사실을 아래 예문을 통해서 확인해보기로 하자.

(14) a. There is a man in the room.
b. A man is in the room.

(15) a. There is a Korean whom John wants to marry.

b. John wants to marry a Korean.

There-존재구문의 의미상의 주어는 일반적으로 '비한정' 명사구가 쓰인다. 이를 한정성효과(Definiteness Effect)라고 부른다. There-존재구문 (14a)의 비한정 명사구 'a man'은 불특정 의미(non-specific reading)를 갖는다. 화자가 알지 못하는 막연한 어떤 사람을 의미한다. 이와 대조적으로 일반문 (14b)의 주어인 비한정 명사구 'a man'은 중의적인 의미를 가진다. (14a)의 불특정 의미와 함께 특정 의미(specific reading), 즉 화자가 알고 있는 한명의 사람일 수도 있다. 따라서 There-존재구문 (14a)와 대응하는 일반문 (14b)가 동일한 의미가 아니다.

There-존재구문과 이에 대응하는 일반문이 근본적으로 의미의 차이가 있다는 사실은 (15)와 같이 비한정 명사구 다음에 수식절이 추가되면 더욱 분명해진다. There-존재구문 (15a)의 비한정 명사구인 'a Korean'은 불특정 의미를 가지므로 John이 결혼하고 싶은 한국인이 아직 실제로 없는 경우에 쓰이는 표현이고, 일반문 (15b)의 목적어인 'a Korean'은 불특정 의미와 함께 특정 의미를 갖는 중의성을 가진다. 특정 의미는 John이 결혼하고 싶은 한국인이 현재 실존한다는 의미이다. 따라서 예문 (14)와 (15)의 There-존재구문과 일반문의 의미가 부분적으로 일치하지만 완전히 동일하지는 않기 때문에 구조적인 도출관계로 설명할 수 없다는 명백한 증거라고 보아야 한다.

더구나 There-존재구문에서 매우 흔하게 나타나는 비한정 명사구가 양화표현(quantifier)이면 이러한 중의성이 예외없이 발생한다는 면에서 그 심각성은 더욱 크다고 말할 수 있다. There-존재구문과 일반문의 부정문에 쓰인 양화표현이 의미영역(semantic scope)의 차이를 초래하는 경우를 보기로 하겠다. 다음 예문을 살펴보자(Hornstein 2009: 137).

(16) a. There are not many students in the class.

b. Many students are not in the class.

부정형 There-존재구문 (16a)는 "몇몇 학생이 교실에 있다"는 의미만을 갖고, 대응하는 일반문 (16b)는 중의적이어서 (16a)의 의미 외에 "많은 학생들이 교실 안에 있지 않고 딴 곳에 있다"는 의미를 갖는다. 따라서 (16b)의 의미의 중의성은 There-존재구문 (16a)와 일반문 (16b)가 도출관계에 있지 않다는 증거가 된다.

이제 There-존재구문과 일반문 사이에 시제의 불일치가 발생하는 경우를 아래 예문에서 살펴보자(Quirk & Greenbaum 1990: 427).

(17) a. There are some planets [PRO discovered by the ancients].

b.?Some planets are discovered by the ancients.

c. Some planets were discovered by the ancients.

There-존재구문 (17a)에 대응하는 일반문은 (17b)이다. 그러나 There-존재구문의 의미를 고려해 보면 일반문의 현재시제는 적절하지 않다. 고대인들이 행성을 발견하는 것은 현재가 아니라 과거이므로 (17b)의 현재시제형은 부자연스러운 표현이다. 이러한 시제상의 불일치가 발생하는 원인은 There-존재구문 (17a)에서 찾아야 한다. 즉 (17a)의 수식절의 의미는 과거의 사건이고, 주절의 비한정 명사구 'some planets'는 현재에 존재한다. 이러한 두 가지의 의미가 일반문 (17c)에는 없다. 따라서 이러한 특정한 문맥상의 예문도 일반문과 There-존재구문의 도출관계를 부정하는 중요한 증거가 된다.

이제 There-존재구문과 일반문 가운데 하나가 비문이 되어 도출이 불가능한 몇 가지 경우를 살펴보기로 하겠다. 먼저 부정 극성어(NPI)가 함께 사용된 경우에 There-존재구문은 정문이고 일반문은 비문인 경우가 발생한다. 다음 문장을 살펴보자.

(18) a. There is not anyone in the room.

b.*Anyone is not in the room.

구조적으로 부정어는 부정 극성어를 성분통어해야 하는데, There-존재구문

(18a)는 이 조건을 준수하는 정문이고 일반문 (18b)는 이 조건을 위반한 비문이다. 따라서 일반문으로부터 There-존재구문을 도출할 수 없다는 분명한 증거가 된다. 도출이론의 입장에서 결국 There-존재구문 (18a)가 생성될 수 없다는 모순에 이른다. 존재구문 (18a)는 완전한 정문이기 때문이다.

지금까지 우리는 두 문장의 인지적 의미가 동일하다는 전제 하에 There-존재구문을 일반문에서 도출하려는 기존의 이론적 접근법으로 설명할 수 없는 증거들을 유형별로 검토하였다. 여기에서 두 구문의 문법성 및 의미 차이를 보여주는 예문이 단순히 우연적으로, 혹은 무작위로 존재하는 것이 아니라 근본적으로 도출이 불가능한 경우를 포함해서 체계적으로 존재한다는 데에 주목할 필요가 있다. 결과적으로 모든 There-존재구문은 일반문으로부터 도출되지 않는다는 There-존재구문의 고유한 특성, 즉 정체성을 충분히 확인할 수 있게 되었다.

V. 결론

가장 일상적인 영어 구문 가운데 하나인 There-존재구문에 대하여 일반인은 물론이고 대부분의 전통문법과 생성문법 이론 안에서도 거의 상식화된 공통적인 인식이 있다. 그것은 There-존재구문은 무의미 요소인 허사 there가 문법적 주어이고 존재동사 Be가 전형적인 술어이며, 의미상의 주어가 Be 동사 다음에 오고 그 뒤에 처소의 전치사구가 오는 기본구조를 가지고, There-존재구문의 기본적인 의미는 허사 'there'가 삽입되기 전의 일반문과 동일하다고 보는 관점이다. 전통문법의 There-존재구문에 대한 일차적인 관심은 현재시제의 경우에 정형동사의 수자질이 문법적 주어인 'there'와 일치하는 것이 아니라 동사 다음에 나오는 제휴어의 수자질과 일치한다는 정도에 머물러 있었다. 이후 There-존재구문에 대한 본격적인 연구는 생성문법의 GB이론 안에서 이루어져왔고, 최근의 최소이론까지 문법이론의 전반적인 발전에 따라 상응하는 많은 논의가 이루어져 왔다.

그러나 우리는 그동안의 학계의 논의의 전반적인 성과가 과연 There-존재구문의 본질과 일치하는가에 대한 심각한 의문을 가졌으며, 이 연구에서 그 근본 원인을 밝히고, 대안을 제시하고자 시도하였다. 우리는 There-존재구문의 본질은 "존재의 주장"이라는 가정 하에 There-존재구문의 의미와 통사구조를 재검토하는 작업을 진행하였다. 일반문과 There-존재구문의 의미가 동일하지 않는 예문을 유형별로 제시하여 존재의 'there'가 순수 허사가 아님을 논증하였다. 아울러 There-존재구문의 기본적 의미는 Lyons(1968)를 따라 Be 동사의 논항구조를 2항술어로 정의하고, Chomsky (1981, 1986)에 따라 일반적인 논항과 마찬가지로 There-존재구문의 논항도 의미역이론과 가시성조건을 준수해야 한다고 주장하였다. 또한 존재의 'there'와 그 제휴어는 반드시 1대1의 대응관계에 있으며, 'there'의 격이 제휴어에 전이된다는 Chomsky(1986)의 격전이 이론이 우리의 대안에 가장 합치된다고 주장하였다.

끝으로 정의상 There-존재구문은 "의미상의 주어인 제휴어 논항의 '존재'를 주장하는 특수구문"이라고 규정하였다. 기본형 Thee-존재구문에 다양한 유형의 수식구조가 부가된 확장형 There-존재구문은 제휴어의 존재를 주장하는 본질적 의미에 수식구조의 부가적인 정보가 더해져서 생성된다고 새롭게 주장하였다.

참고문헌

양동휘. 『문법론』수정본. 서울: 한국문화사. 1994.

최재천. 『호모 심비우스: 이기적 인간은 살아남을 것인가?』.서울: 이음. 2005.

Adger, David. *Core Syntax: A Minimalist Approach.* Oxford University Press, 2003.

Baker, Mark. Incorporation. Chicago University Press, 1988.

Belletti, A. "The Case of Unaccusatives," *Linguistic Inquiry* 19: 1-34. 1988.

Chomsky, N. *Lectures on Government and Binding.* Foris, 1981.

______. *Knowledge of Language: Its Nature, Origins, and Use.* MIT, 1986.

______. "A Minimalist Program for Linguistic Theory," in *The View from Building 20: Essays in Linguistics in Honor of Sylvain Bromberger*, ed. K. Hale and S. Keyser, MIT, 1993.

Collins, P. and C. Hollo. *English Grammar An Introduction*. Macmillan, 2000.

Ek, Jan A. van & Nico J. Robat. *The Student's Grammar of English*. Blackwell, 1984.

Foley, William A. & Robert D. Van Valin, Jr. *Functional Syntax and Universal Grammar*. Cambridge University Press, 1984.

Greenbaum, S. and G. Nelson. *An Introduction to English Grammar*. Third Ed. Longman, 2009.

Hornstein, N. *A Theory of Syntax*. Cambridge University Press, 2009.

Lasnik, H. "The Minimalist Theory of Syntax: Motivations and Prospects," Presented at the 2nd Seoul International Conference on Generative Grammar. 1993.

Lyons, J. *An Introduction to Theoretical Linguistics*. Cambridge, 1968.

Radford, A. *Syntax A minimalist introduction*. Cambridge, 1997.

<Abstract>

A Study on the Identity of the Existential *There*-Construction

Chang, Kyung Key. "A Study on the Identity of the Existential *There*-Construction." *The Journal of Modern British & American Language & Literature.* 32.2 (2014): 51-71. This study aims to newly verify the identity of the semantics and syntax of the existential *there*-construction on the basis of the Theta Criterion and Visibility Condition. It has been widely accepted that the existential *there*-construction is derived from the corresponding regular sentence. Contrarily, we argue for the semantic and syntactic independence of the existential *there*-construction on the ground that there are crucial differences in the semantics and syntax between the two sentences. We assume that BE, the existential verb, is a two-Argument predicate. One Argument is the Associate with the THEME theta role and the other Argument is its complement with LOCATION theta role. We assume Chomsky's(1986) Case Transfer theory that the Case of the existential *there* must be transferred to its Associate in order to satisfy the Theta-Criterion and Visibility Condition within the GB theory. (Ulsan University)

Key Words: Existential *there*-Construction, Associate, Theta-Criterion, Visibility Condition

07
관계구문의 통사적 연구*

I. 연구의 목적과 동기

이 연구는 지배결속이론(Government-Binding Theory) 이후의 현대 생성문법의 이론 틀 안에서 영어 관계구문(Relative Construction)의 통사적 특성에 관한 기존의 이론을 비판적으로 검토하고 부분적인 대안을 모색하기 위하여 이루어진 것이다.

관계구문은 모든 인간언어에 존재할 뿐만 아니라 그 쓰임의 풍부한 생산성 때문에 학계에서 뿐만 아니라 언어 교육 및 학습 문법에서도 매우 중요한 비중을 가지고 다루어져 왔다. 특히 Chomsky(1981)의 지배결속이론 이후에 영어의 관계구문에 대한 이론은 과거의 전통문법이나 생성문법의 초기 이론과 전혀 다른 새로운 접근을 하게 되었다. 그것은 주지하는 바와 같이 관계화 변형(Relativization)에 의해서 두 문장을 한 문장으로 통합하는 방식에서 관계구문 자체를 지배결속이론의 이동규칙의 하나인 Wh-이동(Wh-Movement)으로 설명하는 방식으로 바뀌었다는 점이다.

우리는 모든 관계구문은 Wh-이동 구문이라는 가정 위에서 가능한 한 다양한 예문을 활용하여 관계구문의 통사적 특성에 관한 기존의 기술 및 이론을 비판

* 이 논문은 『영어영문학연구』 31.3호(대한영어영문학회, 2005)에 실린 것을 수정·보완한 것이다.

적으로 논의하면서 부분적으로 대안을 제시하는 작업을 병행하게 될 것이다.

II. 관계구문의 유형과 특성

2.1 전형적인 세 가지 유형

Radford(1981: 257)는 관계절과 선행사와의 관련성을 기준으로 하여 전형적인 세 가지 유형의 관계구문으로 분류하고 있다.

(1) ① 제한적 관계절(Restrictive Relative Clause)
　② 동격적 관계절(Appositive Relative Clause)
　③ 자유 관계절(Free Relative Clause)

2.1.1 제한적 관계절

먼저 제한적 관계절은 선행사인 명사구(NP)를 통사적으로 수식하면서 의미상으로 선행사의 의미를 제한한다는(defining) 면에서 그렇게 불리어지며, 아래 예문의 이탤릭체로 표시된 부분이 제한적 관계절이다.

(2) a. I met the man *who lives next door in town*.
　b. The book *that you lent me* was interesting.
　c. I enjoyed the meal *you made us*.
　d. A MAN came to see me *who said he was from the Gas Board*.

제한적 관계절은 (2a)처럼 Wh-대명사로 유도되는 경우, (2b)처럼 보문자 that-COMP에 의해서 유도되는 경우, 그리고 (2c)처럼 Wh-대명사나 that-COMP를 포함하지 않는 경우, 즉 e-COMP(empty COMP)로 유도되는 경우로 나누어진다. 또한 제한적 관계절은 (2d)처럼 머리어(Head)로부터 분리되어 외치될 수 있는 통사적 특성을 가진다.

2.1.2 동격 관계절

동격 관계절은 흔히 비제한적 관계절(Undefined Relative Clause), 혹은 계속적 관계절(Unrestrictive Relative Clause)로도 불리어지며, 아래 예문의 이탤릭체로 표시된 부분이 동격 관계절이다.

(3) a. John - *who used to live in Cambridge* - is a good friend of mine.
    b. Yesterday I met your bank manager, *who was in a filthy mood*.
    c. Mary has left home - *which is very unfortunate for her parents*.

이 구문은 일반적으로 괄호적 논평(parenthetical comment) 혹은 추가표현(afterthought)을 수행하며, 독립된 억양그룹으로서 나머지 문장과 분리되고, 글에서는 쉼표(,), 하이픈(-), 혹은 중괄호(bracketing) 등에 의해서 표시된다. 또한 이들은 항상 외현적인(overt) Wh-구에 의해서 유도되며, that-COMP나 e-COMP는 외현적으로 나타날 수 없다. 아울러 동격적 관계절은 제한적 관계절과 달리 한정표현(definite expression)인 고유명사를 선행사로 가질 수 있으며, NP-선행사 뿐만 아니라 선행문 전체, 혹은 그 일부 등 다양한 구범주를 선행사로 가진다.

2.1.3 자유 관계절

자유 관계절(Free Relative Clause)은 외현적인(overt) 선행사를 갖지 않으며(antecedentless), 따라서 자유 관계사, 'what'은 자신이 속한 관계절이나 상위절의 어떤 구성성분을 지칭하는 표현(referential expression)으로 사용되지 못하고 자유 관계사 자체의 의미에 내현적(covert) 선행사의 어휘적 의미를 내포하고 있다. 아래 예문의 이탤릭체 부분이 여기에 해당한다. 자유 관계사에는 'what' 뿐만 아니라 'who', 'where' 등의 다른 Wh-구도 포함된다.

(4) a. *What you say* is true.

b. This is who I *spoke to*.

c. I quite understand *what you mean.*

d. I am very interested in *what you just mentioned.*

e. I will go *where you go*.

자유 관계사(what)의 이러한 특징은 자유 관계절의 기능을 결정하게 되는데, (4a)의 주어, (4b)의 보어, (4c)의 목적어, (4d)의 전치사의 목적어, 혹은 (4e)의 부가어(Adjunct) 등의 기능을 갖는다.

2.2 관계사에 따른 분류

Radford(1981: 258)는 가장 일반적인 관계구문인 제한적 관계구문을 관계사(Relative)를 기준으로 다시 세 가지 유형으로 분류하고 있다.

(5) ① Wh-관계사 구문(*Wh*-Relative)

② That-관계사 구문(That-*Relative*)

③ e-관계사 구문(e-Relative; zero Relative)

다음 예문은 Wh-관계사가 사용된 관계절로서 여기에는 관계대명사(relative pronoun)와 관계부사(relative adverb)가 모두 포함되어 있다.

(6) a. the man who(m) I met

b. the book which I read

c. the day when we went to Paris

d. the place where we stayed

e. the reason why I went there

다음 예문은 that-관계사가 관계대명사와 관계부사를 대신하여 사용된 관계절이다.

(7) a. the man *that* I met
    b. the book *that* I read
    c. the day *that* we went to Paris
    d. the place *that* we stayed
    e. the reason *that* I went there

다음 예문은 e-관계사, 즉 외현적 관계사를 갖지 않은 관계절로서 관계대명사와 관계부사가 삭제(deletion)된 구문이다.

(8) a. the man *I met*
    b. the book *I read*
    c. the day *we went to Paris*
    d. the place *we stayed*
    e. the reason *I went there*

Radford(1981: 259-60)는 that-관계절과 e-관계절을 비-Wh-관계절(non-wh-relative)로 통합하여 제한적 관계절을 Wh-관계절과 비-Wh-관계절로 이원화하고 있다. 지배결속이론의 가정대로 Radford(1981: 259)는 비-Wh-관계절도 기저에 Wh-관계대명사를 가지고 있으며[1] Wh-이동에 의해서 that-COMP에 부가된 다음에 Wh-삭제규칙(Wh-Deletion)이 적용되면 e-관계절이 된다고 기술하고 있다.

우리는 Radford(1981)가 분명한 이유를 제시하지 않은 채 위와 같이 관계사에 의한 분류를 제한적 관계구문만을 대상으로 하고 있음에 주목한다. 만일 순전

1) Radford(1981)는 실제로 관계부사라는 용어를 따로 사용하지 않고 관계대명사(relative pronoun)에 통합하여 논하고 있다. 엄격하게는 양자가 구분되어야 하지만, 우리는 이를 대용어(pro-form)의 개념으로 받아들인다.

히 외현적인 관계사만을 분류기준으로 한다면 동격적 관계절과 자유 관계절의 관계사도 외현적인 Wh-관계사 구문이므로 Wh-관계절로 분류되어야 하며, 두 구문이 제한적 관계절과 달리 외현적인 that-관계사나 e-관계사가 쓰이지 못하는 이유가 밝혀져야 하며, 우리는 이를 논의의 중요한 목표의 하나로 삼고 있다.

2.3 특수 관계구문

앞 절에서 논의한 전형적인 관계구문 외에도 전통문법 학자를 비롯한 많은 현대 문법학자들이 관계구문으로 분석하고 있는 대표적인 구문이 It-분열문(*it*-Cleft Construction)과 What-분열문[2](*What*-Cleft Construction; Pseudo-Cleft Construction)이다. 여기에서는 이 구문을 비교적 상세히 다루고 있는 Culicover(1976)[3]를 중심으로 두 구문의 관계절로서의 통사적 특성을 살펴보기로 하겠다.

2.3.1 It-분열문

아래 예문은 Culicover(1976: 207)가 관계절로 규정한 It-분열문이다.

(9) a. It was a skunk *that John brought home*.

b. It is near Chicago *that John lies*.

c. It is that the world is flat *that I believe*.

d. It was your answer *that surprised Bill*.

e.*It was answer the question *that Mary did*.

It-분열문은 관계사로서 'that' 대신에 관련된 Wh-구가 사용될 수 있으며 반드

2) What-분열문은 실제로 항상 'what'으로 시작되는 것은 아니므로 엄격하게 말하면 Wh-분열문, 혹은 의사분열문(Pseudo-Cleft Construction)이라고 불러야 할 것이나 우리는 일반적으로 사용되는 명칭을 그대로 따르기로 한다.

3) Culicover(1976: 201)는 전형적인 관계절과 동일하지는 않지만 유사성이 많은 구문을 관련구문 (related construction)이라고 부르고 있다.

시 선행절에 선행사를 가진다는 면에서 거의 지배적으로 학계에서 제한적 관계절로 분류된다. 위 예문에서 이탤릭체로 표시된 구문이 제한적 관계절이며, 밑줄친 'that'은 관계사로서의 COMP로 분석된다.

Culicover(1976: 207)는 첫째, that-절이 표면적으로 관계절의 모습을 하고 있으며, 둘째, 각 구문이 What-분열문으로 다시 쓸 수 있다는 면에서 관계절로 분석한다.

다만 전형적인 제한적 관계구문과 달리 It-분열문은 선행사를 직접 제한하지 않는다는 면에서 차이가 있고, 또한 선행사를 강조하여 표현하기 위한 특수구문이라는 면에서 전형적인 제한적 용법이 명사구를 선행사로 하는 점과 달리 다양한 구범주의 선행사를 갖는다는 특성이 있다.

2.3.2 What-분열문

아래 예문은 Culicover(1976: 205)가 제시하는 what-분열문의 예들이다.

(10) a. *What John brought home* was a skunk

b. *Where John lives* is near Chicago

c. *What I believe* is that the world is flat

d. *What surprised Bill*. was your answer

e. *What Mary did* was answer the question

What-분열문은 Radford(1981)가 그랬듯이 자유 관계절로 간주하는 것이 학계의 공통된 입장이다. 'what'으로 시작하는 (10a), (10c), (10d)는 전형적인 자유관계구문 자체이며, 'what' 대신에 'where'가 쓰인 (10b)도 자유 관계구문으로 분석된다. 또한 (10e)는 비문 (9e)와 비교해 볼 때 VP "answer the question"을 강조하는 전형적인 What-분열문이다.

III. 관계구문 논의의 확장

이제 우리는 영어의 모든 관계구문이 Wh-이동 구문이라는 현대 생성문법의 가정을 받아들일 때 전반적인 관계구문을 기술하고 이해하는데 구체적으로 어떠한 성과를 얻게 되는지 상세히 논의하기로 하겠다.

3.1 제한적 관계구문의 한정성

Swan(1980: 526-530)은 제한적 관계절(restrictive RC)을 확인 관계절(identifying RC), 혹은 한정 관계절(defining RC)로 부르고 있는데, 이 모든 명칭은 제한적 관계구문의 고유한 특성을 잘 드러내 보여주고 있다. 이러한 특성 때문에 선행사가 이미 한정적(definite)인 NP는 제한적 관계절이 수식할 수 없으며, 이 점은 비제한적 관계구문과 극명하게 대조된다. 아래 예문을 보자.

(11) a.***My** house <u>*which*</u> *I bought last year* has got a lovely garden.
b. **My** house, <u>*which*</u> *I bought last year*, has got a lovely garden.
c.***Dorothy** <u>*who*</u> *cuts my hair* has moved to another hairdresser's.
d. **Dorothy**, <u>*who*</u> *cuts my hair*, has moved to another hairdresser's.

예문 (11a)는 선행사인 "my house"가 이미 확인 가능한 선행사여서 제한적 관계구문이 수식하지 못하기 때문에 비문이며, 이를 비제한적 관계절로 바꾸면 (11b)처럼 정문이 된다. (11c)는 고유명사는 이미 한정적이므로 제한적 관계구문이 수식할 수 없으므로 비문이며, 이를 비제한적 용법으로 바꾼 (11d)는 정문이다.

Quirk et al.(1985: 369)은 'which'가 의문문에서는 사람을 지칭하는 용법으로 사용되지만 제한적 관계구문에서는 동일한 용법으로 사용되지 못하는 이유는 바로 'which'의 어휘적 속성에 한정성(definiteness)이라는 의미자질이 내재되어 있기 때문이라고 주장한다. 다음 예문을 보기로 하자.

(12) a. Which is your favorite author?
b. Who is your favorite author?
c. The author who is my favorite is …
d.*The author which is my favorite is …
e. The book which is my favorite is …

(12a)의 의문사 'which'는 '한정적'(definite) 의문 대명사로서 사람을 지시하고 있으며, (12b)의 의문사 'who'는 사람을 지시하는 '비한정적'(indefinite) 의문 대명사이나. 이 두 Wh-구가 관계사도 사용되면 제한적 관계구문에서는 (12d)처럼 'which'는 사람을 지시하는 용법으로 사용될 수 없다. 이 주장을 받아들이면 제한적 관계절은 비한정적 선행사를 관계절이 수식함으로서 한정성을 갖게 하는 관계구문이라고 말할 수 있다.

제한적 관계구문은 Radford(1988: 480)가 언급하고 있듯이 전통적으로 접촉관계절(contact relative clause)이라고 불리어지기도 했는데, 이는 선행사와 제한적 관계절의 구조적, 의미적 밀접성을 반영하고 있으며, 이 점은 아래 예문이 보여주는 바 관계절의 외치이동을 가능하게 하는 통사적 근거가 되고 있다.

(13) a. Someone [*who said he was from the bank*] came to see me.
b. Someone came to see me [*who said he was from the bank*].

예문 (13a)의 제한적 관계절이 선행사 'someone'을 수식함으로서 복합명사구(complex NP)인 주어가 너무 무거워졌기 때문에 이를 해소하기 위하여 관계절만을 머리어인 선행사로부터 분리하여 문장의 끝으로 외치이동시킨 문장이 (13b)이다. 이와 대조적으로 비제한적 관계절은 외치가 불가능한데, 이는 비제한적 관계절은 처음부터 구조상으로나 의미상으로 선행사가 포함된 상위절과 독립된 절이므로 외치이동이 적용될 수 없다는 것이 우리의 입장이다.

3.2 제한적 관계구문의 Pushdown—구문

일반적으로 제한적 관계절의 선행사와 관계절 사이에 일정한 정형절이 나타나는 구문은 학계의 관계구문의 논의에서 별다른 주목을 받지 못했다. 전통적으로 이 절이 관계사의 선택에 영향을 주지 않고 부수적인 의미만을 추가한다는 면에서 삽입절(parenthetic clause)로 간주되어왔던 것이다. 구체적으로 Greenbaum & Nelson (2002: 151)은 "I think"나 다음 예문의 "I believe"를 삽입절로 분석하면서 이들은 관계사의 격(Case) 선택에 영향을 주지 않는다고 기술하고 있다.

(14) a. I recently spoke to somebody *who I believe* [ ] *knows you well*.
b. I recently spoke to somebody *whom I believe you know* [ ] *well*.

즉 (14a)의 관계사의 격은 정형동사 'knows'가 결정하는 주격 'who'가 되며, (14b)의 관계사의 격은 'know'의 목적격 'whom'이 되므로 선행하는 "I believe" 절은 관계구문 안에서 문법적 역할이 없는 삽입절로 간주되었다.[4]

이러한 전통적인 입장과 근본적으로 다른 관점에서 이 구문을 다룬 본격적인 논의는 아마도 Quirk et al.(1972, 1985)일 것이다. 이들의 주장은 한 마디로 말하면 위 예문에서 "I believe"는 삽입절이 아니라 관계절을 내포절로 갖는 상위절이라는 것이다. Quirk et al.(1985: 407)은 이러한 구문을 'Pushdown-구문'으로 부르는데[5], 이를 우리는 제한적 관계절을 보충절(complement clause)로 갖는 상위절이 그 제한적 관계절의 선행사 뒤에 오는 구문이라고 정의하고 Pushdown-

---

4) 이 구조는 중첩된(stacking) 관계구문과는 전혀 다르다는 점을 분명히 해야 한다. 다음 예문은 중첩된 관계절 즉, 다중 관계구문이다.
a. the man *who came to dinner] (and) who hated lox*
b. I just read the book *that you told me about (and) that your son gave me last year.*
c. I found something *(that) everyone can do (and) that can help.*

5) pushdown이란 컴퓨터 저장장치에서 쓰는 용어로서 새로 입력된 정보가 가장 먼저 검색되도록 정보 기억장치를 말한다.

구문이라는 명칭을 그대로 따르기로 하겠다.

이들은 Pushdown-구문이 먼저 의문문이나 감탄문의 Wh-구문에서 다양하게 나타난다고 주장한다. 다음 예문을 보기로 하자.

(15) a. Which professor did he marry [the daughter of [ ]]?
b. What would you like me to buy [ ]?
c. How long did he tell you he waited [ ] ?
d. Which mountain do they say [they tried to climb to [the top of [ ]]?
e. What a girl I thought [I was going to marry [t]!

(15a)는 NP 안의 Wh-구가 문두로 이동하고 있으며, (15b)는 to-부정사구문의 목적어인 Wh-구가 문두로 이동하고 있고, (15c)는 내포절의 부가어 AdvP인 Wh-구가 문두로 이동하고 있으며, (15d)는 to-부정사구문의 NP 안의 Wh-구가 문두로 이동하고 있고, (15e)는 감탄문인 내포절 안의 Wh-구가 문두 이동하고 있다.

이와 같이 Pushdown-구문이 Wh-의문문이나 Wh-감탄문에 일반화되어 있다면 관계구문을 Wh-이동으로 분석하는 현대 생성문법(Generative Grammar)의 관점에서 볼 때 Pushdown-구문이 관계구문에도 존재한다는 점이 오히려 관계구문의 Wh-이동 분석법을 지지하는 증거가 된다고 말할 수 있다. 더 결정적인 증거는 Quirk et al.(1985: 398)이 제시하는 Pushdown Wh-의문문의 통사적 특성이 Pushdown-관계구문에서도 동일하게 나타난다는 점이다. 다음 예문을 통해서 이를 확인해보기로 하자.

(16) a. Who do you think [ ] did it?
b.*Who do you think [that] did it?
c. Who did she hope (that) that would be [ ]?
d. Who(m) do you expect (that) they have chosen { }?

(17) a. This is the man (*who/that*) *you think [ ] did it.*

b.*This is the man *who you think [that] did it.*

c. This is the man *who she hope (that) that would be [ ].*

d. This is the man (*who(m)/that*) *you expect (that) they have chosen [ ].*

예문 (16)은 Pushdown-Wh-의문문이고 예문 (17)은 Pushdown-관계구문인데, 예문 (16a)와 (16b) 그리고 예문 (16b)와 (17b)의 문법성을 비교해 볼 때 통사적으로 동일하게 행동하고 있다. 즉, 주격 의문사가 이동되고 난 빈 자리(extraction site)에 외현적인 that-COMP가 실현되면 (16b)와 (17b)가 모두 비문이 된다. 그 이유를 Quirk et al.(1985: 1050)은 정문 (16a)와 (17a)의 'that'이 삭제됨으로써 그것이 최초에 내포절의 주어로 잘못해석(misinterpretation)되는 것을 방지하기 위함이라도 시사하고 있다.[6] 이와 대조적으로 주격 의문사가 아닌 (16c)와 (16d), 그리고 (17c)와 (17d)는 의문사가 이동된 후에 남은 자리에 that-COMP가 선택적으로 문자화될 수 있는데 이점도 두 구문이 통사적으로 동일하게 행동하고 있음을 보여주고 있다. 이상의 논의는 모든 관계구문을 Wh-이동으로 가정하는 우리의 입장에서 Pushdown 관계구문이 Pushdown-Wh-의문문과 통사적으로 동일하게 행동하고 있음을 보여줌으로써 Pushdown-관계구문이 일반적인 제한적 관계구문임을 증거하고 있다.

또 하나 주목할 점은 우리가 제한적 관계절의 하나로 Pushdown-관계구문을 인정하게 되면 관계사의 삭제현상에 대한 새로운 도전에 직면하게 된다는 사실이다. 즉, 일반적인 제한적 관계절의 관계사는 목적격 관계사만 삭제가 가능한데, Pushdown-관계구문에서는 예문 (17a)처럼 주격 관계사도 삭제가 가능하므로 기존의 이론으로는 주격 관계사의 수의적 삭제현상을 설명할 수 없기 때문이다. 우리는 뒤에서 Pushdown-구문에서의 주격 관계사의 삭제가 가능한 이유를 심도있게 고찰함으로써 관계사의 전반적인 삭제조건을 포함하는 새로운 설

---

6) "If the subject of the *that*-clause is a pushdown Wh-element and is therefore moved to the front of the superordinate clause, the subordinator that must be omitted, perhaps to prevent *that* being initially misinterpreted as subject of the following verb." (밑줄은 필자가 그었음.)

명을 모색하게 될 것이다.

3.3 Wh-이동과 It-분열문

It-분열문(Cleft Construction)이 정상적인 문장의 특정 요소를 강조하기 위하여 사용되는 특수구문이기는 하지만 통사적으로 제한적 관계구문으로 보는 것이 학계의 일반적인 입장이다. It-분열문이 접속사로서 ‘that’ 대신에 Wh-구가 사용될 수 있다는 점도 모든 관계구문을 Wh-구문으로 가정하는 우리의 입장에서 보면 당연한 현상이다.7) 아래의 다양한 예문을 통해서 It-분열문의 통사적 성격을 더 살펴보기로 하겠다.

(18) a. It was Tom *who/that helped* us.
b. It was Ann (*whom/who/that*) I saw.
c. It was the President himself (*who/that*) *spoke to me.*
d. It was at dawn *when/that she left the town.*
e. It’s Uncle Bill *whose address I forgot.*
f. It’s me *that is responsible for the organization.*
g. It is I *who am responsible for the organization.*
h. It was because he was ill (*/why/that*) *we decided to return.*
i. It was in September (*that*) *I first noticed it.*

위 예문에서 알 수 있듯이 It-분열문은 전형적인 제한적 관계구문과 동일하지는 않지만 that-관계사 대신에 다양한 Wh-관계사가 쓰이며, 이는 Wh-이동으로 일관되게 설명할 수 있다는 면에서 제한적 관계구문으로 분석된다.

---

7) It-분열문에서 it 대신에 that이나 those가 쓰이는 경우도 없지는 않은 듯 하다. (문용(1994: 427), Quirk et al. (1972: 952))
a. That was a firebomb they let off last night.
b. Those are my feet that you're stepping on.

그러나 분명한 차이점은 (18a)와 (18b)가 보여주는 바 It-분열문은 선행사로서 고유명사 같은 한정표현이 올 수 있다는 점이다. 이 점은 Radford(1988: 493)에서의 논의와 관련되어 있는 것으로 보인다. 다음 예문을 보자.

(19) a. It is John *who she really loves.*
b. *John* it is *who she really loves.*
c.*[John *who she really loves*] it is.

It-분열문 (19a)의 선행사인 한정표현 'John'이 전치이동하면 정문 (19b)가 되지만 관계절과 함께 이동하면 비문 (19c)가 된다. 이는 전형적인 제한적 관계구문과 다른 It-분열문의 두드러진 특징으로서 선행사와 관계절이 최대투사(maximal projection)를 구성하지 않는다는 점을 증명하고 있다. 그러나 It-분열문이 완전한 Wh-이동 구문이고 아울러 관계사는 선행사의 지시적 표현으로서 구조 및 의미상으로 상위절의 의존절이라는 면에서 제한적 관계절로 분석되는 것이 마땅하다.

3.4 Wh-이동과 비제한적 관계구문

일반적으로 학계에서 비제한적 관계구문은 제한적 관계구문과 대조적 관점에서 기술되어 왔다. 이를 지칭하는 명칭 자체가 제한적 용법과 대립적인 개념을 가지고 있음이 이를 잘 반영하고 있다.[8] 무엇보다도 비제한적 관계절은 외현적으로 Wh-관계사만 나타난다는 면에서, 즉 that-관계사는 문자화되지 못한다는 면에서 제한적 관계절과 다른 통사적 특징을 가지고 있다. 또한 제한적 관계절과 마찬가지로 선행사를 선행절에 가지지만 항상 명사구 선행사를 갖는 제한적 관계절과 달리 비제한적 관계절은 다양한 구범주의 선행사를 가지며,

8) Swan(1980: 526-530)은 관계구문의 계속적인 용법을 제한적인 용법의 용어와 대조적으로 비확인 관계절(non-identifying RC), 비한정 관계절(non-defining RC), 비제한 관계절(nonrestrictive RC) 등으로 부르고 있다.

관계절 이 이 선행사를 제한하지 않는다. 먼저 대표적인 비제한적 관계절의 아래 예문을 살펴보기로 하자.

(20) a. The 8.15 train, ***which*** *is usually very punctual*, was late today.
b. This is George, ***whose*** *class you will be taking*.
c. I bought a dozen eggs, *six of* ***which*** *broke when I dropped the box*.
d. The clock struck thirteen, ***which*** *made everyone laugh*.
e. He said he had no money, ***which*** *was not true*.

예문 (20a)는 관계절이 선행사 NP에 대한 추가적인 정보를 제공하는 구문이며, (20b)는 이미 한정되어 있는 고유명사가 선행사인 구문이고, (20c)는 관계절이 연속되는 사건을 기술하고 있으며, (20d)는 앞 문장 전체가 선행사인 구문이고, (20e)는 앞 문장의 일부가 선행사인 구문이다. 이처럼 비제한적 관계절은 독립적인 통사구조와 기능을 가지고 있다. Swan(1980: 526-530)은 비제한적 관계절의 특성을 다음과 같이 기술하고 있다.

첫째, 계속적 관계절은 선행사를 확인하는 데 필요한 수식절이 아니며, 선행사에 관한 추가적인 정보를 제공한다. 따라서 선행사가 NP이면 고유명사 같은 한정 명사구(definite NP)가 되어야 하며, NP가 아닌 다양한 구범주가 선행사가 될 수 있다.

둘째, 문어체에 주로 사용된다. 그 이유는 구어체에서 제한적 관계절과 구분이 쉽지 않기 때문이다.

셋째, 선행사와 쉼표(comma)로 끊어진다. 구어체에서는 약간의 쉼 (pause)가 있고, 문장의 시작과 같은 억양을 갖는다.

넷째, Wh-구 대신에 'that'은 외현적으로 나타나지 않는다.

다섯째, 'whom' 대신에 'who'가 사용되지 않는다.[9)]

여섯째, 관계사의 생략은 없고 의문사보다 약하게 발음된다.

---

9) 다른 학자(e.g. Quirk et al.(1985))들은 'who'도 사용가능하다고 본다.

모든 관계절은 Wh-이동 구문이라는 학계의 일반화된 가정과 지금까지의 논의를 통해서 볼 때 비제한적 관계절은 선행절과 상당히 독립적인 절이며, 바로 이 점이 비제한적 관계절에서 tat-관계사나 e-관계사가 외현적으로 쓰일 수 없는 근본적인 이유라는 것이 우리의 판단이다. 위 예문 (10)을 that-관계사나 e-관계사가 쓰인 문장으로 바꾼 아래 예문 (11)은 모두 비문이 된다.

(21) a.*The 8.15 train, ***(that)*** *is usually very punctual,* was late today.
b.*This is George, ***(that)*** *class you will be taking.*
c.*I bought a dozen eggs, *six of* ***(that)*** *broke when I dropped the box.*
d.*The clock struck thirteen, ***(that)*** *made everyone laugh.*
e.*He said he had no money, ***(that)*** *was not true.*

이와 같은 비제한적 관계절의 분포상의 특징은 바로 선행절과의 구조적인 독립성과 직접적으로 관련되어 있는 것으로 판단된다.

비제한적 관계절이 제한적 관계절과 대조적으로 선행절과 독립적이라는 두 가지의 통사적 증거를 Lasnik(1999)을 통해서 확인해보기로 하자.

한 가지 증거는 앞에서도 언급한 바 있지만 제한적 관계절은 외치가 가능하지만 비제한적 관계절은 외치가 불가능하다는 점이다. Lasnik(1999: 56)의 아래 예문을 보자.

(22) a. A man *who was wearing a red hat* arrived.
b. A man arrived *who was wearing a red hat.*
c. John, *who was wearing a red hat*, arrived.
d.*John arrived *who was wearing a red hat.*

즉 제한적 관계구문인 (22a)는 수식절로서의 관계절이 NP 선행사와 복합명사구를 형성하여 무거워졌기 때문에 외치동을 통해서 이를 해소한 구문이

(12b)이다. 반면에 비제한적 관계구문 (22c)는 선행사 주어 'John'이 관계절과 최대투사를 구성하지 않기 때문에 복합명사구가 아니며 따라서 외치이동조건을 만족하지 못하여 이를 어긴 (22d)는 비문이다.

또 한 가지의 통사적 증거는 Lasnik(1999: 47)에서 찾을 수 있다. 다음 예문을 보자.

(23) a. Dulles suspected everyone *Anglton did.*
b.*Dulles suspected Philby, *who Anglton did.*
c.?*Dulles suspeccted Philby, *and Anglton did.*

제한적 관계구문 (23a)는 관계절의 술어와 주절의 술어가 동일하여 대동사 'did'가 사용된 정문이다. 반면에 비제한적 관계구문 (23b)는 대동사(pro-verb) did가 쓰일 수 없음을 보여주고 있는데, 이를 등위절이 'and'로 연결된 (23c)와 비교해보면 문법성이 거의 동일함을 알 수 있다. 이는 곧 비제한적 관계절이 등위절과 마찬가지로 선행절과 통사적으로 독립되어 있음을 보여주는 강력한 증거라고 본다.

지금까지 비제한적 관계절이 선행절과 의미상으로, 음운론적으로, 그리고 통사적으로 선행절과 독립되어 있음을 확인하였다. 그럼에도 불구하고 통사적으로는 Wh-이동 구문이고 의의미적으로 선행사의 지시적 표현이라는 면에서 관계절의 공통적 특성을 가지고 있음은 물론이다. 우리는 비제한적 관계절이 제한적 관계절과의 다른 성질은 곧 상대적으로 독립적인 절이라는 점과 관계사의 외현적 선택 및 삭제현상과 밀접하게 관련되어 있다는 관점에서 이 문제를 뒤에서 다시 다루기로 하겠다.

3.5 Wh-이동과 자유 관계구문

일반적으로 자유 관계구문은 선행문에 조응적 표현(anaphoric expression)을 갖지 않는다는 면에서 제한적 관계구문이나 비제한적 관계구문과 다르게 분류되어 왔다. Collins & Hollo(2000)는 자유 관계절(free RC)라는 명칭과 함께 명사형 관계절(nominal RC) 혹은 융합 관계절(fused RC)이라는 명칭을 사용하고 있다. 명사형 관계절은 문장 안에서 명사구가 하는 기능을 수행한다는 의미이며, 융합 관계절은 선행사를 내포하고 있다는 의미이다.

전형적인 자유 관계절은 What-분열문(Pseudo-Cleft Construction)을 포함하여 관계사 'what'으로 시작하는 관계절이지만 우리는 외현적 선행사가 없고 의문문으로 쓰이지 않는 Wh-구로 시작하는 모든 절을 자유 관계절로 정의한다. 다음 예문은 what-관계절의 다양한 기능을 보여준다.

(24) a. *What I'd like* is a digital watch. (주어)
b. I am not *what I was*. (주격보어)
c. I took *what they offered me*. (목적어)
d. I am happy with *what I am*. (전치사의 목적어)

이 저자들은 자유 관계절의 관계사로서 "who, where, when" 뿐만 아니라 '-ever' 복합어(compound)인 "whatever, whoever, whichever, wherever, whenever" 등도 포함시켰다. 아래 예문은 다양한 자유 관계구문을 보여주고 있다.

(25) a. The police chief was *who I meant*.
b. *Whoever did that* should admit it frankly.
c. I took *what books she gave me*.
d. Macy's is *where I buy clothes*.
e. Put it *wherever you can find a spot*.
f. *However hard you may try*, you cannot do it in a week.
g. *Where this habit clouds the mind*, there is only darkness, slavery, suspicion and a pall of fear.

관용적 표현에도 what-자유 관계구문이 생산적으로 쓰인다.

(26) a. She is *what you call* "a society lady."

b. Reading is to the mind *what food is to the body*.

c. He is kind, and *what is better still*, very handsome.

d. *What with the wind and the rain*, our walk was spoiled.

자유 관계절의 Wh-관계사도 원래의 자리에서 Wh-이동을 하여 CP의 지정어 자리에 항상 문자화되며, 대신에 내현적인 that-관계사는 문자화될 수 없고 e-관계사도 사용될 수 없다. 그 본질적 이유는 외현적 Wh-관계사만이 자신이 내포하고 있는 선행사의 지시적 표현을 가지며 동시에 COMP의 기능을 할 수 있기 때문이다.

3.6 Wh-관계사와 That-관계사의 비교

Berk(1999: 267)에 의하면 고대영어(Old English)의 ρe가 불변화형 관계사로 쓰였고 이것이 'that'으로 발전되었다. 고대영어에서는 Wh-구는 의문사로만 쓰였으며, 중세영어에서 Norman French를 모델로 하여 의문사가 관계사로 쓰이기 시작하였다. 아직도 구어체에서는 that이 Wh-구보다 널리 쓰이고 있음도 이 점과 무관하지 않다는 것이다. 이를 현대 언어학적 관점에서 해석하면 고대 영어에서는 관계구문의 Wh-구는 의무적으로 삭제되어 표면에 나타나지 않았다고 말할 수 있다. 이 점이 현대 영어에서는 'that;과 Wh-구가 모두 표면에 나오면 비문이 된다는 이중-COMP 제약(Doubly-Filled COMP Filter)으로 규칙화되었다. 아울러 보문자 C를 핵어로 하는 최대투사범주 CP의 내부 구조가 밝혀지고 that은 CP의 핵어(Head)로서 C 자리를 차지하고 Wh-구는 CP의 지정어(Specifier) 자리를 차지하는 것으로 일반화되었다.

2장에서 우리가 언급하였듯이 Radford(1981: 259)가 관계구문에 관한 전형적인 분류를 한 다음, 제한적 관계구문만을 대상으로 하여 Wh-관계사를 기준으로 Wh-관계사 구문(wh-relative)과 비-Wh-관계사 구문(non-wh-relative)으로 통합하고 비-Wh-관계사 구문을 다시 That-관계사 구문과 e-관계사 구문으로 다시 분류하는 단계적 분류를 하고 있다. 아울러 Radford(1981: 260)는 e-관계사 구문을 Wh-관계사 구문의 wh-삭제(wh-deletion)로 설명하고 있다. 그러나 Radford(1988: 491)에서는 e-관계구문을 삭제현상으로 설명하지 않고 영-구성성분(null Constituent)을 처음부터 설정하여 설명하고 있다.

먼저 Radford(1988: 491)의 다음 e-관계구문을 보자.

(27) a. someone *[I met]*
b. the book *[I put on the table]*
c. the day *[we went to Paris]*
d. the place *[we stayed]*
e. the reason *[I went there]*

위 예문은 우선 e-관계사는 전통적인 목적격 관계사인 (27a)와 (27b)를 포함해서 (27c), (27d), (27e)까지 설명해야 하므로 제한적 관계구문의 주격과 소유격 관계사 이외의 모든 관계사는 e-관계사가 될 수 있다고 보아야 한다. 아울러 That-COMP도 드러나지 않았으므로 e-COMP(null COMP)를 가정해야 한다.

또한 Radford(1988)는 Wh-이동을 외현적 이동과 내현적 이동으로 나누고, 외현적 이동은 e-that-COMP일 때 일어나고, 외현적 that-COMP가 존재하면 내현적 e-Wh-구의 이동이 일어난다고 기술하고 있다. 이러한 접근법은 Wh-구가 이동된 후에 이중-COMP 제약을 만족하기 위하여 삭제되는 지배결속이론의 접근법과 다르다. Radford(1988: 491)는 (27b)의 도출과정을 아래와 같이 D-구조를 설정하여 설명하고 있다.

(28) a. the book [S' which I put on the table]

b. the book [S' that I put on the table]

c. the book [S' I put on the table]

(29) a. the book [S' [C^e] [S I put *which* on the table]]

b. the book [S' [C that] [S I put O on the table]]

c. the book [S' [C^e] [S I put O on the table]]

예문 (28a)는 (29a)의 'which'가 S' 안에서 가장 왼쪽 즉, CP의 지정어 자리로 Wh-이동하여 도출되며 'that'은 처음부터 e-that-COMP(null-that)로 설정된다. 예문 (28b)는 (29b)의 e-Wh 운용자인 O가 (28a)와 동일한 자리로 Wh-이동하여 도출되며 that-COMP는 처음부터 문자화되어 있다. (28c)는 (29c)의 e-조 운용자 O의 이동과 e-that-COMP의 설정으로 도출된다.

한편 최소이론에서는 소위 자질 유인이론(Feature Attract Theory)에 바탕을 두고 that-COMP의 [WH, EPP] 자질이 Wh-구를 자신의 지정어 자리로 유인한다고 설명한다[10]. 이 때 that-COMP는 외현적인 것일 수도 있고, 또 e-COMP일 수도 있다. 위 예문을 이 Radford(2004: 177)에 따라 다시 표시하면 아래와 같다.

(30) a. the book [$_C$ that $_{WH, EPP}$] [I put *which* on the table]

b. the book [$_{CP}$ which [$_C$ that $_{WH, EPP}$] [I put *which* on the table]

c. the book [$_{CP}$ which [$_C$ that $_{WH, EPP}$] [I put *which* on the table]

예문 (30a)의 C가 가진 [WH, EPP] 자질이 Wh-구인 'which'를 유인하여 CP의 지정어 자리에 이동시킴으로서 비해석 자질 [WH, EPP]가 점검된 것이 (30b)이며, (30c)는 'which'가 PF에서 문자화되지 않아서 삭제된 구문이다. PF 단계에서

10) "Chomsky (1998, 1999, 2000) suggests that an [EPP] feature is the mechanism which derives movement of Wh-expressions to spec-CP. More specifically, he maintains that just as T in finite clauses carries an [EPP] feature requiring it to be extended into a TP projection containing a subject as its specifier, so too C in Wh-questions carries an [EPP] feature requiring it to be extended into CP projection containing a Wh-expression as its specifier."(Radford(2004: 159)

'which'와 'that'이 동시에 문자화되지 않는 조건, 즉 다중-COMP 제약(Multiply Filled COMP Filter: MFCF)를 위반하지 않으면서 Wh-구와 'that'이 동시에 나타나지 않으면 정문이다.

3.7 e-관계사의 통사성

지금까지의 논의를 볼 때 e-관계사(null relative)는 관계구문의 논의에서 핵심적인 위치를 차지하고 있다고 판단된다. 앞에서 언급했듯이 전통적으로 제한적 관계절의 목적격 관계사만 관계사의 삭제 즉 e-관계사가 가능한 것으로 인식되어 왔으나 이는 출력조건(Output Condition)에 불과하며, 더 본질적인 관계사의 삭제조건을 밝히기 위해서는 관계사의 삭제가 불가능한 비제한적 관계절과 자유 관계절의 관계사와의 관계 속에서 논의되어야 하며, 특히 우리가 Pushdown-관계구문을 제한적 관계구문으로 받아들이면 주격 관계사도 삭제가 가능하므로 이 구문까지를 설명할 수 있는 대안이 모색되어야 한다.

그 과정으로서 먼저 Radford(2004: 174)의 아래 예문을 살펴보겠다.

(31) a. It's hard to find people [<u>*who*</u> *you can trust*].
b. It's hard to find people [<u>*that*</u> *you can trust*].
c. It's hard to find people [<u>*e*</u> *you can trust*].

그는 외현적 관계사가 있는 관계구문 (31a), (31b)와 더불어 e-관계사가 사용된 (31c)가 정문인 이유는 관계사 'who'의 어휘자질인 삼인칭, 복수, 유정성(animateness) 대명사가 선행사 'people'에 의해서 확인될 수 있기 때문이라 기술하고 있다. 우리는 이를 접합점에서 개념-의도체계(Conceptual-Intentional System)에서 합치(Convergence)될 수 있도록 충분한 문법적 자료가 제시되어야 한다는 Chomsky (1995: 262)의 합치원리(Convergence Principle)를 가지고 설명할 수 있다고 제안한다. 먼저 Radford(2004: 165)는 아래 예문의 문법성을 최소이론의 합치원리로 설명하고 있다.

(32) a.*Done which assignment has he?

b. Which assignment has he done?

즉, 정문 (32b)와 달리 비문 (32a)는 Wh-이동시에 문법적으로 이동을 설명할 수 없는 'Done'이라는 성분이 함께 이동되어 합치되지 못하고 비문이 된 것이다. 즉 Wh-구는 자신을 포함한 최대투사범주만 이동이 가능한데, 'Done'은 자기 범주 안에 있지 않은 성분으로 이동이 허가받지 못한다. 이를 Chomsky(1995)는 아래와 같이 형식화하였다.

(33) 합치원리(Convergence Principle)

한 구성성분이 이동할 때는 합치될 수 있는 충분한 자료를 함께 운반해야 한다.11) (When an item moves, it carries along with it 'just enough material for con- vergence.')

우리는 이동과 관련된 합치원리를 삭제의 경우에도 적용될 수 있도록 아래와 같이 수정하여 관계사를 포함한 일반적인 구성성분(Constituent)의 삭제현상을 설명하는데 응용할 수 있다고 주장한다.

(34) 수정합치원리(Revised Convergence Principle)

한 구성성분이 이동하거나 삭제될 때는 합치될 수 있는 충분한 자료를

11) Radford(2004: 165)는 '합치될 수 있는 충분한 자료'에 대해서 아래와 같이 부연하고 있다. "Since a convergent derivation is one which results in a grammatical structure which can be assigned an appropriate semantic and phonetic representation, the phrase 'just enough material for convert-gence' in effect means 'just enough material to ensure that resulting structure is grammatical'." 또한 우리가 3.2에서 언급한 바 Quirk et al.(1985: 1050)에서 Pushdown 주격 관계절에서 Wh-이동 후에 남은 자리에 that-관계사가 문자화되면 주어로 잘못 해석(misinterpretation)될 수 있어서 비문이 된다는 주장은 곧 최소이론의 합치원리와 다름 아니다는 것이 우리의 관점이다.

포함해야 한다. (When an item moves or deletes, it contains along with it 'just enough material for convergence.')

우리의 수정합치원리를 지지하는 몇 가지 증거를 먼저 살펴보기로 하자. Radford (2004: 103)는 E-COMP(null C), 'that'의 통사성을 설명하기 위하여 다음의 예문을 제사하고 있다.

(35) a. We didn't know (that) [he had resigned].
b. We didn't know (that) [he had been accused of corruption]
c. We didn't know [he had resigned] or that [he had been accused of corruption]
d.*We didn't know [he had resigned] or [he had been accused of corruption]

그는 (35a)와 (35b)의 that-COMP는 삭제된 것이라는 증거로서 등위절로 연결된 (35c)에서 that-COMP가 문자화된 점을 들고 있다. 우리는 동일한 자료를 우리의 수정합치원리를 정당화하는 자료로 사용할 수 있다고 주장한다. 즉 e-that-COMP가 가능한 (35a)와 (35b)의 that-보충절이 등위절로 연결되면 VP의 머리어인 'know'와 인접하지 않는 보충절은 that-COMP가 반드시 문자화되어야 함을 정문 (35c)와 비문 (35d)가 증명하고 있다. 이러한 문법성을 가르는 근본적인 이유는 등위접속사 'or' 뒤에 오는 보충절은 that-COMP가 없으면 자료가 불충분하게 되어 보충절로 해석되지 않고 주절로 해석되어 원래의 의도대로 해석되지 못하여 결국 합치되지 못하게 된 것이다.

이 배경에는 Radford(2004: 11)가 제시하는 아래와 같은 보편문법적 국부성 원리가 자리하고 있는 것으로 판단된다.

(36) 국부성 원리(Locality Principle)
문법 작용은 국부적이다. (Grammatical operations are local.)

Radford(2004: 228)는 국부성 원리에 대한 상세한 언급을 하고 있는데 "국부성 원리는 UG의 기본원리로서 모든 문법적 작용은 탐사자(probe) P와 이에 국부적으로 충분히 가까운(sufficiently close) 표적(Goal) G 사이의 관계를 수반한다(involve)"고 기술하고 있다. 그는 나아가서 그러면 "왜 탐사자-표적의 관계가 국부적이어야 하는가?" 라는 질문에 대한 해답으로 Chomsky(2001: 13)을 인용하고 있는데 그 이유는 곧 "수색을 최소화하여"(to minimize search) 결과적으로 "연산부담의 절감"(reduction of communicational burden)을 위해서라고 설명하고 있다. 이는 인간의 언어능력(Language Faculty)은 한 번에 처리할 수 있는 구조적 작업의 양이 제한되어 있음을 암시하고 있다는 것이다.

국부성 원리에 의해서 예문 (35)를 다시 보면 정문 (35a)와 (35b)는 타동사 'know'가 탐사자(Probe)로서 지역적으로 가까운 곳에 있는 정형절을 보고 that-COMP가 삭제된 것으로 쉽게 처리하여 해석하게 됨으로써 합치되고, (35c)는 등위접속사 'or' 다음의 정형절은 머리어인 타동사 'know'와 멀리 떨어져 있지만 문자화된 that-COMP를 통해서 보충절로 처리하여 합치되며, (35d)는 국부성 원리를 위반하고 이를 보충할 다른 문법적 성분도 없기 때문에 대화자에 의해서 잘못 해석되므로 합치되지 못하여 비문이 된다고 설명할 수 있다.

Radford(2004: 106)는 삭제된 영 COMP(null COMP)의 문법성을 다음 예문으로 설명하고 있다.

(37) a. She wanted [him to apologize] more than anything else.
b. She wanted more than anything else [for him to apologize].
c.*She wanted more than anything else [him to apologize]

그는 (37a)의 주절 술어 'wanted'의 보충절이 외치되는 경우 정문 (37b)와 달리 'him' 앞에 for-COMP가 문자화되지 않은 (37c)는 비문이므로 이는 곧 정문 (37a)의 'him' 앞에 영(null) COMP 'for'가 있음을 증명한다고 논증하고 있다. 우리는 이를 수정합치원리를 정당화하는 증거로 사용할 수 있다고 본다. 즉

(37a)에 비하여 비문 (37c)는 외치이동으로 인하여 합치되기에 정보가 충분치 않다고 보는데, 그 이유는 부가어인 "more than anything else"로 인하여 VP의 핵어인 본동사 'wanted'와 보충절의 주어 'him'이 인접되지 못하기 때문이다. 바꾸어 말하면 정문 (37b)는 'for'가 문자화되어 for-to-구문이 'wanted'의 보충절로 해석하는데 충분한 자료가 되는데 비해 (37c)는 불충분한 자료로서 합치되지 못하여 비문이 된 것이다. 동일한 구문을 앞에서 제시한 국부성 원리로 설명하면 for-COMP도 머리어인 타동사 'wanted'와 가까우면, 즉 인접해 있으면 삭제되어도 (37a)처럼 정문이지만 다른 구성성분에 의해서 국부성 원리를 위반할 때 for-COMP가 회복되어 문자화되지 않으면 정문 (37b)와 달리 비문 (37c)가 도출되어 합치원리를 어기게 된다.

Lasnik(1999: 57)도 외치이동으로 인해서 관계사의 삭제조건이 달라지는 다음과 같은 경우를 제시하고 있다.

(38) a. I visited a man *who/that/Ø John mentioned* **recently.**
b. I visited a man **recently** *who John mentioned.*
c. I visited a man **recently** *that John mentioned.*
d.*I visited a man **recently** *Ø John mentioned.*

(38a)는 제한적 관계절의 목적격 관계사의 삭제가 가능하지만 관계절이 외치되면 (38d)처럼 관계사의 삭제가 불가능하다. 우리는 이 점도 지역성원리로 설명할 수 있다고 본다. 정문 (38b)와 (38c)는 외치되어 선행사 NP 머리어인 "a man"과 떨어져서 국부성 원리를 위반하고 있지만 문자화된 관계사가 떨어져있는 선행사와의 문법적 관계를 회복하는 문법 성분으로 처리되어 합치에 이르기 때문에 정문이 된다. 그러나 비문 (38d)는 관계사가 보이지 않기 때문에 충분한 정보를 제공하지 않아서 우리의 수정합치원리를 위반하며, 독립적인 정형절로 처리되어 절 자체가 내재논항이 결핍된 비문이 되고 결과적으로 의도되지 않은 의미로 해석되어 파탄(Crash)에 이르게 된다.

이제 수정합치원리 및 국부성 원리에 따라 제한적 관계절에서 주격 관계사의 삭제가 불가능한 이유를 설명할 수 있는지 검토해보자.

(39) a. I know a student *[who] is honest.*

b.*I know a student *Ø is honest.*

c. I know a student is honest.

d. I know (that) a student is honest.

제한적 관계절인 예문 (39a)가 정문인데 반해서 주격 관계사가 삭제된 (39b)가 비문인 이유는 한마디로 (39b)가 (39a)의 의미로 해석되지 못함으로서 개념-의도 체계(Conceptual-Intentional System)에서 합치되지 못하기 때문이다. 다시 말해서 (39b)는 접합점(Interface)에서 (39c)로 표시되는데, 이 때 (39d)로 해석되는 경우에는 정문이 되겠지만 (39a)로 해석되기에는 충분한 자료가 없으므로 합치되지 않아서 비문이 된다.

이제 수정합치원리와 국부성 원리가 제한적 관계절의 Pushdown-구문의 주격 관계사의 삭제가 가능한 이유를 설명할 수 있는지 검토하겠다.

(40) a. I know a student *[(who/that)]* I believe *[ ] is honest.*

b.*I know a student [*(who/that)*] I believe *[that] is honest.*

c. I will read the poem *(which/that)* Tom hopes *(that) Jane will write to you.*

청자나 독자가 주격 관계사가 삭제된 정문 (40a)를 보면 "I know a student I believe..." 까지는 두 절의 관련성이 아직 불분명하다. 'believe'에 이르면 타동사이므로 보충절을 필요로 하는데 다음에 이어오는 시제 동사와 술어 'honest'를 통해서 주어가 삭제되어 있음을 알게 되고 그 주어의 선행사가 이미 나왔던 NP "a student"라고 해석함으로써 주격 관계사가 'who/that'이 삭제된 것으로 해석되어 정문이 된다. 그러나 만일 (40b)를 만나게 되면 외현적 관계절의 동사 'are' 바로 앞에 있는 'that'에 의해서 전혀 다른 해석을 하게 된다. 즉 만일 "I believe that..."으로 해석하면 'that'은 일반적인 COMP가 되고 정형절의 주어가 없어서 비문이 된다. 동시에 또 하나의 해석이 가능한데 접속사 that-COMP가 삭제되고 외현적인 'that'이 주어로 해석될 수 있으나 그때는 "I know a student 와 그 이하의 절과 합치되지 못하여 결과적으로 비문이 된다. 그러나 Pushdown-관계절이 목적격 관계절인 예문 (40c)는 관계절 바로 앞에 that-COMP가 문자화될 수 있다. 바로 상위절의 동사 'hope'는 타동사로서 that-절을 보충절로 가질 수 있는데, 이 때 that-COMP는 삭제가 가능하다. 다만 국부성 원리에 따라 청자는 아직 이 보충절이 관계절인지 판단하지 못하며 "..write to you"에 이르러 직접 목적어의 필요성을 알게 되고 이를 근거로 보충절이 아니라 관계절로 처리하여 주절로부터 선행사 NP "the poem"으로부터 지시적 의미를 갖게 되어 합치원리를 준수하게 된다.

이제 일관된 관점에서 비제한적 관계절에서 that-관계사가 문자화되지 못하는 이유를 고찰하기로 하겠다. 먼저 다음 비제한적 관계절의 예문을 보자.

(41) a. I have two sons, *who are now college students.*
b.*I have two sons, *that are now college students.*
c.*I have two sons, Ø *are now college students.*

청자나 독자는 예문 (41a)를 보면 'who' 이하를 비제한적 관계절로 해석할 수 있는 충분한 자료가 있다고 판단한다. 관계사 'who'는 통사적으로는 주어이자 COMP의 기능을 하고 의미상으로는 지시적 표현으로서 상황에 적절한 선행사로서 "two sons"와 동일의미를 갖는다고 해석함으로써 합치된다. 동일한 사람이 (41b)를 보면 국부성 원리에 따라 우선적으로 'that'을 지시사로서 'are'의 주어로서 처리하게 되는데 수(number)가 일치되지 않아서 합치되지 않아서 비문이 된다. 만일 'that'을 관계사로 처리하게 되면 다음에 주어가 나와야 하는데 동사 'are'가 나와서 역시 문법적으로 합치되지 못하여 비문이 된다. 한편 비문 (41c)는 주어가 없어서 확대투사원리(EPP)를 위반하여 비문이 된다.

끝으로 제한적 관계구문에서 표면적으로 Wh-관계사와 달리 that-관계사가 전치사와 함께 문자화되지 못하는 근본 이유를 다시 생각해 보기로 하자.

(42) a. This is the pen <u>*which/that*</u> *I wrote the letter with.*
b. This is the pen *I wrote the letter with.*
c. This is the pen <u>*with which*</u> *I wrote the letter.*
d.*This is the pen <u>*with that*</u> *I wrote the letter.*
e.*This is the pen <u>*with*</u> *I wrote the letter.*

일반적으로 기존의 이론은 (42a), (42b), (42c)가 '이중- COMP 금지 제약'(Doubly-Filled COMP Filter)을 준수하여 정문이라고 설명하면서도 이중-COMP 금지제약을 준수하지만 비문인 (42d), (42e)에 대해서는 각각 달리 설명한다. 즉 (42d)는 that-관계사가 전치사 'with'의 목적어가 되어서 비문이고 (42e)는 전치사의 목적어인 Wh-관계사가 삭제되어 비문이라고 설명하고 있다.

그러나 Wh-이동 분석법 안에서 보면 이러한 설명은 심각한 문제가 드러난다. Wh-구가 전치사의 목적어이면 두 가지의 Wh-이동이 가능한데, 구어체에서는 (42a)처럼 전치사가 좌초된 체로(stranded) Wh-구만 이동하기도 하고, 문어체에서는 (42c)처럼 전치사가 동반되어(pied piping) Wh-이동되기도 한다. 문제는 동반 이동된 Wh-구가 삭제되면 비문 (42d)와 (42e)가 도출된다는 점이다. 특히 (42d)는 외현적으로 전치사 'with'의 보충어가 that-관계사가 된 것으로 해석되어 비문이 된다고 보았던 것이다. 이에 대하여 우리는 비문 (42d)와 (42e)를 합치원리에 따라 아래와 같은 동일한 조건으로 설명해야 한다고 제안한다.

(43) 전치사의 동반이동 조건(Preposition Pied-Piping Condition):
동반이동된 Wh-구의 전치사는 좌초(stranded)될 수 없다.
(The pied-piped preposition of the Wh-phrase cannot be stranded.)

우리의 이 제안은 전치사가 자신의 보충어 Wh-구와 함께 동반이동하면 Wh-구가 삭제되는 것을 방지함으로서 (27d)처럼 that-관계사가 전치사의 보충어로 잘못 해석되거나 혹은 (28e)처럼 전치사의 보충어가 주어인 'I'로 잘못 해석되어 파탄(Crash)되는 것을 막아준다.

IV. 결론

우리는 지금까지 영어의 관계구문은 Wh-이동 구문이라는 가정 위에서 현대 생성문법의 지배결속이론과 최소이론의 학문적 성과를 기초로 하여 전반적인 영어 관계구문의 통사적 특성에 관한 이론을 비판적으로 논의하고 부분적으로 대안을 제시하는 작업을 대체로 두 가지 방향에서 진행하였다.

한 방향은 관계구문의 정의 및 유형과 관련된 작업이었다. 이 유형화의 기준은 관계절과 선행사와의 관련성이다. 제한적 관계절은 선행사 NP를 한정하는 수식절이며 강조구문인 It-분열문도 여기에 포함된다, 비제한적 관계절은 대조적으로 선행사에 대한 추가적 정보를 제공하거나 선행사와 관련된 연속적 사건을 기술하는 비교적 독립적인 절이다. 자유 관계절은 외현적 선행사가 존재하지 않고 자신이 내포하고 있다는 면에서 위의 두 관계절과 다르지만, 상위절의 보충절이나 부가절의 기능을 하고 있다는 면에서 상위절에 의존적이다.

우리 논의의 두 번째 방향은 관계사의 선택, 문자화, 삭제 등에서 각 유형이 독자적인 특성을 갖는 이유를 밝혀내는 것이었다. 모든 관계절은 CP이며, 외현적 관계사의 선택과 삭제 등은 각 관계구문의 본질적 특성과 관계사의 어휘적 특성 및 다중-COMP 제약과 같은 통사적 제약에 의해서 결정된다는 점을 확인하였다. 특히 Quirk et al.(1985)의 Pushdown-관계구문은 주격 Wh-구가 이동되고 남은 자리에 'that'이 문자화되면 비문이고, 주격 관계사도 삭제가 가능하다는 면에서 전형적인 제한적 관계절과 다른 듯이 보이지만 우리는 오히려 Pushdown-관계구문을 통해서 관계사의 삭제조건이란 곧 Chomsky(1995)의 합치원리를 수정하여 제안한 수정합치원리와 보편적 원리인 국부성 원리에 따라 설명되어야 함을 논증하였다. 아울러 우리는 비제한적 관계절에서 외현적인 that-관계사가 문자화되지 못하는 점에 주목하였고, 그 이유는 that-관계사가 문자화되면 개념-의도 체계에서 합치되지 못하기 때문이라고 주장하였다.

참고문헌

Aarts, Bas. 2001. *English Syntax and Argumentation.* Second edition. Palgrave.
Adger, David. 2003. *Core Syntax: A Minimalist Approach.* Oxford.
Berk, M. Lynn.1999. *English Syntax: From Word To Discourse.* Oxford University Press.
Chomsky, N. 1981. *Lectures on Government and Binding.* Foris. Dordrecht.
Chomsky, N. 1995. *The Minimalist Program.* MIT Press. Cambridge. Mass.
Collins, Peter & Hollo Carmella. 2000. *English Grammar: An Introduction.* Macmillan Press LTD.
Culicover W. Peter. 1976. *Syntax.* Academic Press.
Greenbaum & Nelson. 2002. *An Introduction to English Grammar, Longman..*
Kuiper, Koenraad & Allan W. Scott (2004). *An Introduction to English Language-Word, Sound and Sentence.* Palgrave Macmillan.
Radford, Andrew. 1981. *Transformational Syntax.* Cambridge University Press.
Radford, Andrew. 1988. *Transformational Grammar: A First Course.* Cambridge University Press.
Radford, Andrew. 2004. *English Syntax: An Introduction.* Cambridge.
Swan, Michael. 1980. *Practical English Usage.* Oxford.
Thomson. A.J. & A.V. Martinet. 1984. *A Practical English Grammar.* 4th edition.

<Abstract>

A Syntactic Study on the Relative Construction

Chang, Kyung Key. 2005. A Syntactic Study on the Relative Construction. *The Journal of Modern British & American Language & Literature. Language.* 23.3 000-000 This paper aims to examine the overall relative constructions in the theoretical framework of the Government-Binding Theory and Minimalist Program and then to propose a modest modification of the Convergence Principle in order to newly explain the deletion of relatives. Above all, we argue that Quirk et al.'s (1985) Pushdown-Construction, which has traditionally been regarded as a optional parenthetical clause, is an ordinary 'defined relative construction' and further that the optional deletion of the nominative relatives, which has generally been considered impossible in the typical 'defined relative clause,' might be explained by our Revised Convergence Principle. We also argue that the reason for the impossibility of the *that*-relative and null-relative in the 'undefined relative clause' might be explained by the Revised Convergence Principle and Chomsky's (1995) universal Locality Principle. (Ulsan University)

Key Words: Relatives, Wh-movement, Deletion, Pushdown-Construction

08
관계사 생략의 비밀을 찾아서*

I. 논문의 동기와 목적

언어는 인간 마음의 거울이다. 언어는 인간 사회의 거울이기도 하다. 인간 사회의 한 행동 양식 중에 생략(省略) 현상이 있다. 생략은 화자가 어떤 존재하는 현상을 일정한 동기에 의해서 삭제하는 것이라고 말할 수 있다.

인간 행동의 중요한 양식의 하나인 언어에도 생략, 혹은 삭제 현상(Deletion)이 존재한다. 언어의 생략 현상은 언어 기술의 핵심적인 연구 주제가 되어왔다. 생략의 본질적 동기는 경제원리(Economy Principle)이다. 생략은 문장이 인간의 생각을 표현하는 기본 단위라는 본래의 목적에 충실하면서 문장을 가능하면 단순화하여 길이는 짧게, 무게는 가볍게 하여 언어 사용의 비용을 낮추는 것이다.

이 논문은 Chomsky(1981)의 지배결속이론(Government-Binding Theory) 이후 현대 최소주의(Minimalism) 이론 틀 안에서 영어 관계사 생략의 비밀을 찾아보는데 목적이 있다. 이제 우리는 구체적으로 관계구문(Relative Construction)의 통사적 특성에 관한 기존의 이론을 비판적으로 검토한 다음, 관계사(Relative)의 삭제규칙(Deletion Rule)을 규명하는 여정을 시작하기로 하겠다.

---

* 이 논문은 『인문논총』 24호. (울산대학교 논문집, 2005)에 실린 것을 수정·보완한 것이다.

II. 관계구문의 유형과 특성

2.1 전형적인 세 가지 유형

Radford(1981: 257)는 관계절과 선행사와의 관련성을 기준으로 하여 전형적인 세 가지 유형의 관계구문으로 분류하고 있다.

(1) 관계절의 유형
① 제한적 관계절(Restrictive Relative Clause)
② 동격적 관계절(Appositive Relative Clause)
③ 자유 관계절(Free Relative Clause)

2.1.1 제한적 관계절

먼저 제한적 관계절은 선행사인 명사구(NP)를 통사적으로 수식하면서 의미상으로 선행사의 의미를 제한한다는(defining) 면에서 그렇게 불리어지며, 아래 예문의 이탤릭체로 표시된 부분이 제한적 관계절이다.

(2) a. I met the man *<u>who</u> lives next door in town.*
b. The book *<u>that</u> you lent me* was interesting.
c. I enjoyed the meal *[_____] you made us.*
d. A man [t] came to see me *[<u>who</u> said he was from the Gas Board.]*

제한적 관계절은 (2a)처럼 Wh-대명사로 유도되는 경우, (2b)처럼 보문자 that-COMP에 의해서 유도되는 경우, 그리고 (2c)처럼 Wh-대명사나 that-COMP를 포함하지 않는 경우, 즉 e-COMP(empty COMP)로 유도되는 경우로 나누어진다. 또한 제한적 관계절은 (2d)처럼 머리어(Head)로부터 분리되어 외치될 수 있는 통사적 특성을 가진다.

2.1.2 동격적 관계절

동격적 관계절(Appositive Relative Clause)은 비제한적 관계절(Undefined Relative Clause)로서 흔히 계속적 관계절(Unrestrictive Relative Clause)로 불리어지며, 아래 예문의 이탤릭체로 표시된 부분이 동격적 관계절이다.

(3) a. John - *who used to live in Cambridge* - is a good friend of mine.
    b. Yesterday I met your bank manager, *who was in a filthy mood.*
    c. Mary has left home - *which is very unfortunate for her parents.*

이 구문은 일반적으로 괄호적 논평(parenthetical comment) 혹은 추가표현(afterthought)을 수행하며, 독립된 억양그룹을 형성함으로써 나머지 문장과 분리되고, 글에서는 쉼표(,), 하이픈(-), 혹은 중괄호(bracketing) 등에 의해서 표시된다. 또한 이들은 항상 외현적인(overt) Wh-구에 의해서 유도되며, that-COMP나 e-COMP는 외현적으로 나타날 수 없다. 아울러 비제한적 관계절은 제한적 관계절과 달리 한정표현(definite expression)인 고유명사를 선행사로 가질 수 있으며, NP-선행사 뿐만 아니라 선행문 전체 혹은 그 일부 등 다양한 구범주(phrasal category)를 선행사로 가진다.

2.1.3 자유 관계절

자유 관계절(Free Relative Clause)은 외현적인(overt) 선행사를 갖지 않으며, 따라서 자유 관계사는 자신이 속한 관계절이나 상위절의 어떤 구성성분을 지칭하는 표현(referential expression)으로 사용되지 못하고, 자유 관계사 자체의 의미에 내현적(covert) 선행사의 어휘적 의미를 내포하고 있다. 아래 예문의 이탤릭체 부분이 여기에 해당한다. 자유 관계사에는 가장 일반적인 what 뿐만 아니라 who, where 등의 다른 Wh-구도 포함된다.

(4) a. *What you say* is true.

b. This is *who I spoke to.*

c. I quite understand *what you mean.*

d. I am very interested in *what you just mentioned.*

e. I will go *where you go.*

자유 관계사의 이러한 특징은 자유 관계절의 기능을 결정하게 되는데, (4a)의 주어, (4b)의 보어, (4c)의 목적어, (4d)의 전치사의 목적어, 혹은 (4e)의 부가어(Adjunct) 등의 기능을 갖는다.

2.2 관계사에 따른 유형

Radford(1981: 258)는 가장 일반적인 관계구문인 제한적 관계구문을 관계사(Relative)를 기준으로 다시 세 가지 유형으로 분류하고 있다.

(5) 제한적 관계절의 유형

① Wh-관계사 구문(Wh-Relative)

② That-관계사 구문(that-Relative)

③ e-관계사 구문(e-Relative; zero Relative)

아래의 예문은 Wh-관계사가 사용된 관계절로서 여기에는 관계대명사(Relative Pronoun)와 관계부사(Relative Adverb)가 모두 포함되어 있다.

(6) a. the man *who(m) I met*

b. the book *which I read*

c. the day *when we went to Paris*

d. the place *where we stayed*

e. the reason *why I went there*

아래 예문은 that-관계사가 관계대명사와 관계부사를 대신하여 사용된 관계절이다.

(7) a. the man *that I met*
b. the book *that I read*
c. the day *that we went to Paris*
d. the place *that we stayed*
e. the reason *that I went there*

아래 예문은 e-관계사, 즉 외현적 관계사를 갖지 않은 관계절로서 관계대명사와 관계부사가 삭제(Deletion)된 구문이다.

(8) a. the man *I met*
b. the book *I read*
c. the day *we went to Paris*
d. the place *we stayed*
e. the reason *I went there*

우리가 Radford(1981: 259-60)에서 특히 주목할 점은 다음과 같은 세 가지이다.

첫째, 그는 이 분류를 관계구문의 세 가지 용법 가운데 제한적 관계구문만을 대상으로 하고 있다는 점이다.

둘째, 그는 관계사가 생략된 e-관계절과 that-관계절을 동일한 범주로 묶은 비-Wh-관계절과 Wh-관계절로 이원화하고 있다는 점이다.

셋째, 그는 비-Wh-관계절도 기저에 Wh-관계대명사를 가지고 있으며,[1] Wh-이동에 의해서 that-COMP에 부가된 다음에 Wh-삭제규칙(Wh-Deletion)이 적용되면 e-관계절이 된다고 기술하고 있는 점이다.

1) Radford(1981)는 실제로 관계부사라는 용어를 따로 사용하지 않고 관계대명사에 통합하여 논하고 있다. 엄격하게는 양자가 구분되어야 하지만 우리는 이를 대용어(pro-form)의 개념으로 받아들인다.

우리는 Radford(1981)의 기술에 세 가지 문제점이 있다고 본다.

첫째, 제한적 관계구문만을 대상으로 하고 있어서 이 분류와 비제한적 관계구문과 자유 관계구문과 어떤 관계가 있는지 규명되어야 한다.

둘째, e-관계구문을 Wh-관계사가 이동 후 삭제된 것으로 보면서도 이를 that-관계절과 함께 비-Wh-관계절로 통합한 근거를 제시하지 않고 있다.

셋째, e-관계사의 조건을 전혀 언급하지 않고 있다. 지배결속이론 이후 이중-COMP 제약(Doubly-Filled COMP Filter)으로 설명하고 있지만 이는 일종의 출력조건(Output Condition)일뿐 근본적인 설명은 아니다.

우리는 이러한 기본 입장에서 문제점을 극복하고 특히 e-관계사의 조건, 즉 관계사의 생략조건을 밝히는 논의를 계속하기로 하겠다.

III. 관계사의 생략에 관한 논의와 대안

3.1 역사적 배경

Berk(1999: 267)에 의하면 고대영어(Old English)의 ρe가 불변화형 관계사로 쓰였고 이것이 'that'으로 발전되었다. 고대영어에서는 Wh-구는 의문사로만 쓰였으며, 중세영어에서 Norman French를 모델로 하여 의문사가 관계사로 쓰이기 시작하였다. 아직도 구어체에서는 'that'이 Wh-구보다 널리 쓰이고 있음도 이 점과 무관하지 않다는 것이다. 이를 현대언어학적 관점에서 해석하면 고대영어에서는 관계구문의 Wh-구는 의무적으로 삭제되어 표면에 나타나지 않았다고 말할 수 있다. 이 점이 현대영어에서는 'that'과 Wh-구가 모두 표면에 나오면 비문이 된다는 이중-COMP 제약(Doubly-Filled COMP Filter)으로 규칙화되었다. 아울러 보문자 C를 핵어로 하는 최대투사범주 CP의 내부 구조가 밝혀지고 that은 CP의 핵어(Head)로서 C 자리를 차지하고 Wh-구는 CP의 지정어(Specifier) 자리를 차지하는 것으로 일반화되었다.

3.2 지배결속이론 이후의 관점

Radford(1988: 491)에서는 e-관계구문을 삭제현상으로 설명하지 않고 영-구성성분(Null Constituent)을 처음부터 설정하여 설명하고 있다. 먼저 Radford (1988: 491)의 아래 e-관계구문을 보자.

(9) a. someone *[I met]*

b. the book *[I put on the table]*

c. the day *[we went to Paris]*

d. the place *[we stayed]*

e. the reason *[I went there]*

위 예문은 우선 e-관계사는 전통적인 목적격 관계사인 (9a)와 (9b)를 포함해서 (9c), (9d), (9e)까지 설명해야 하므로 제한적 관계구문의 주격과 소유격 관계사 이외의 모든 관계사는 e-관계사가 될 수 있다고 보아야 한다. 아울러 that-COMP도 드러나지 않았으므로 e-COMP(Null COMP)를 가정해야 한다.

또한 Radford(1988)는 Wh-이동을 외현적 이동과 내현적 이동으로 나누고, 외현적 이동은 e-that COMP(Null-that COMP)일때 일어나고, 외현적 that-COMP가 존재하면 내현적 e-Wh-구(Null Wh-구)의 이동이 일어난다고 기술하고 있다. 이러한 접근법은 Wh-구가 이동된 후에 이중-COMP 제약을 만족하기 위하여 삭제되는 지배결속이론의 접근법과 다르다. Radford(1988: 491)는 위 예문 (9b)의 도출과정을 아래와 같이 D-구조를 설정하여 설명하고 있다.

(10) a. the book [*S' <u>which</u> I put on the table*]

b. the book [*S' <u>that</u> I put on the table*]

c. the book [*S' I put on the table*]

(11) a. the book [S' *[C^e] [S I put* <u>*which*</u> *on the table]*]

b. the book [S' *[C that] [S I put* <u>*Ø*</u> *on the table]*]

c. the book [S' *[C^e] [S I put* <u>*Ø*</u> *on the table]*]

예문 (10a)는 (11a)의 'which'가 S' 안에서 가장 왼쪽 즉, CP의 지정어 자리로 Wh-이동하여 도출되며 'that'은 처음부터 e-that COMP(Null-that)로 설정된다. 예문 (10b)는 (11b)의 e-Wh 운용자인 O가 (10a)와 동일한 자리로 Wh-이동하여 도출되며 that-COMP는 처음부터 문자화되어 있다. (10c)는 (11c)의 e-Wh 운용자 O의 이동과 e-that-COMP의 설정으로 도출된다.

한편 최소이론에서는 소위 자질 유인이론(Feature Attract Theory)에 바탕을 두고 that-COMP의 [WH, EPP] 자질이 Wh-구를 자신의 지정어 자리로 유인한다고 설명한다[2]. 이 때 that-COMP는 외현적인 것일 수도 있고, 또 e-COMP일 수도 있다. 위 예문을 Radford(2004: 177)에 따라 다시 표시하면 아래와 같다.

(12) a. the book [$_C$ that WH, EPP] [I put *which* on the table]

b. the book [$_{CP}$ *which* [$_C$ that *WH, EPP*] [I put *which* on the table]

c. the book [$_{CP}$ *which* [$_C$ that *WH, EPP*] [I put *which* on the table]

예문 (12a)의 C가 가진 [WH, EPP] 자질이 Wh-구인 'which'를 유인하여 CP의 지정어 자리에 이동시킴으로서 비해석 자질 [WH, EPP]가 점검된 것이 (12b)이며, (12c)는 'which'가 PF에서 문자화되지 않아서 삭제된 구문이다. PF 단계에서 'which'와 'that'이 동시에 문자화되지 않는 조건, 즉 다중-COMP 제약(Multiply Filled COMP Filter: MFCF)를 위반하지 않으면서 Wh-구와 'that'이 동시에 나타나지 않으면 정문이다.

2) "Chomsky(1998, 1999, 2000) suggests that an [EPP] feature is the mechanism which derives movement of wh-expressions to spec-CP. More specifically, he maintains that just as T in finite clauses carries an [EPP] feature requiring it to be extended into a TP projection containing a subject as its specifier, so too C in wh-questions carries an [EPP] feature requiring it to be extended into CP projection containing a wh-expression as its specifier."(Radford, 2004: 159)

3.3 Wh-관계사와 That-관계사의 비교

전통문법과 학교문법의 입장에서 보면 that-관계사는 Wh-관계사를 대신하여 사용될 수 있다고 인식되어 왔다. 아래 예문들은 이 점을 확인시켜 준다.

(13) a. Mary is the only person *who John likes.*
b.*Mary is the only person *which John likes.*
c. Mary is the only person *that John likes.*
d. Mary is the only person *Ø John likes.*

(14) a.*This book is th only thing *who was on the table.*
b. This book is th only thing *which was on the table.*
c. This book is th only thing *that was on the table.*
d.*This is the only book *Ø was on the table.*

(15) a. I met the children *who you had told me about.*
b.*I met the children *which you had told me about.*
c. I met the children *that you had told me about.*
d. I met the children *Ø you had told me about.*

(16) a.*I bought the dog *who you had told me about.*
b. I bought the dog *which you had told me about.*
c. I bought the dog *that you had told me about.*
d. I bought the dog *Ø you had told me about.*

위 예문은 선행사의 사람(human) 여부에 관계없이 그리고 관계사의 주격/목적격에 관계없이 Wh-관계사 대신에 that-관계사가 쓰일 수 있음을 보여주고 있으며, 아울러 e-관계사의 분포를 보여주고 있다.

한편 아래 예문은 Wh-관계사 대신에 that-관계사가 사용될 수 없는 경우를 보여주고 있다. 이때는 관계사의 생략은 불가능함에 유의하기로 하자.

(17) a. This is the book *whose cover is missing.*
b.*This is the book *that's cover is missing.*
c.*This is the book *Ø cover is missing.*

(18) a. New York is the place *to which Mary is heading.*
b.*New York is the place *to that Mary is heading.*
c.*New York is the place *to Ø Mary is heading.*

예문 (17)는 Wh-관계사가 소유격일 때 that-관계사나 e-관계사가 대신 사용되지 못함을 보여주고 있으며, (18)은 Wh-관계사가 전치사구(PP)의 한 구성성분일 때, 즉 앞에 전치사를 동반한(Pied-Piping) 관계사일 때는 그 관계사는 that-관계사나 e-관계사로 대치할 수 없음을 보여주고 있다. 이를 통합하여 설명하면 Wh-관계사가 NP나 PP의 한 구성성분이면 이를 that-관계사로 대치할 수 없다고 말할 수 있다. Culicover (1976)는 이 점에 착안하여 관계사의 생략규칙을 다음과 같이 일원화한 바 있다.

(19) THAT DELETION (REL): X N *that* NP Y
1 2 3 4 5 → 1 2 0 4 5
Condition: 3 is relative *that*

만일 Culicover(1976)의 주장이 정당하다면 이론의 경제성과 간결성이라는 면에서 현대의 최소주의 이론의 입장에서도 바람직한 것이 아닐 수 없다[3]. 우

3) "The relative marker can be deleted from just those positions in which that may appear. This generalization must be captured by stating the rule that deletes the relative marker in such a way

리는 이를 받아들이는 입장에서 다음 장에서 구체적인 논의를 하고, 문제점의 극복을 위한 대안을 마련하기로 하겠다.

3.4 Pushdown-구문의 주격 관계사 생략

일반적으로 제한적 관계절의 선행사와 관계절 사이에 일정한 정형절이 나타나는 구문은 학계의 관계구문의 논의에서 별다른 주목을 받지 못했다. 전통적으로 이 절이 관계사의 선택에 영향을 주지 않고 부수적인 의미만을 추가한다는 면에서 삽입절(parenthetic clause)로 간주되어왔던 것이다. 구체적으로 Greenbaum & Nelson (2002: 151)은 “I think”나 다음 예문의 “I believe”를 삽입절로 분석하면서 이들은 관계사의 격(Case) 선택에 영향을 주지 않는다고 기술하고 있다.

(20) a. I recently spoke to somebody <u>*who*</u> ***I believe*** *[ ] knows you well.*
   b. I recently spoke to somebody <u>*whom*</u> <u>***I believe***</u> *you know [ ] well.*

즉 예문 (20a)의 관계사의 격은 정형동사 ‘knows’가 결정하는 주격 ‘who’가 되며, (20b)의 관계사의 격은 ‘know’의 목적격 ‘whom’이 되므로 선행하는 “I believe” 절은 관계구문 안에서 문법적 역할이 없는 삽입절로 간주되었다.[4)]

이러한 전통적인 입장과 근본적으로 다른 관점에서 이 구문을 다룬 본격적인 논의는 아마도 Quirk et al.(1972, 1985)일 것이다. 이들의 주장은 한 마디로 말하

---

that it applies only when the relative marker is that. Otherwise, the grammar would be considerably complicated by the need to state the same set of conditions for both the transformational deletion of the relative marker and the realization of the relative marker as that by a late spelling rule. If these conditions are incorporated in a That-Transformation as we have done here, then the rule that deletes that for relative clauses may be simply stated as follows.

4) 이 구조는 중첩된(stacking) 관계구문과는 전혀 다르다는 점을 분명히 해야 한다. 다음 예문은 중첩된 관계절 즉, 다중 관계구문이다.
   a. the man [who came to dinner] (and)[who hated lox]
   b. I just read the book [that you told me about] (and) [that your son gave me last year].
   c. I found something [(that) everyone can do] (and) [that can help].

면 위 예문에서 "I believe"는 삽입절이 아니라 관계절을 내포절로 갖는 상위절이라는 것이다. Quirk et al.(1985: 407)은 이러한 구문을 Pushdown-구문으로 부르는데[5], 이를 우리는 제한적 관계절을 보충절(Complement Clause)로 갖는 상위절이 그 제한적 관계절의 선행사 뒤에 오는 구문이라고 정의하고 Pushdown-구문이라는 명칭을 그대로 따르기로 하겠다.

이들은 Pushdown-구문이 먼저 의문문이나 감탄문의 Wh-구문에서 다양하게 나타난다고 주장한다. 다음 예문을 보기로 하자.

(21) a. Which professor did he marry [the daughter of [ ]]?
 b. What would you like me to buy [ ]?
 c. How long did he tell you he waited [ ]?
 d. Which mountain do they say [they tried to climb to [the top of [ ]]?
 e. What a girl I thought [I was going to marry [t]!

예문 (21a)는 NP 안의 Wh-구가 문두로 이동하고 있으며, (21b)는 to-부정사구문의 목적어인 Wh-구가 문두로 이동하고 있고, (21c)는 내포절의 부가어 AdvP인 Wh-구가 문두로 이동하고 있으며, (21d)는 to-부정사구문의 NP 안의 Wh-구가 문두로 이동하고 있고, (21e)는 감탄문인 내포절 안의 Wh-구가 문두 이동하고 있다.

이와 같이 Pushdown-구문이 Wh-의문문이나 Wh-감탄문에 일반화되어 있다면 관계구문을 Wh-이동으로 분석하는 현대 생성문법의 관점에서 볼 때 Pushdown-구문이 관계구문에도 존재한다는 점이 오히려 관계구문의 Wh-이동 분석법을 지지하는 증거가 된다고 말할 수 있다. 더 결정적인 증거는 Quirk et al.(1985: 398)이 제시하는 Pushdown-Wh-의문문의 통사적 특성이 Pushdown-관계구문에서도 동일하게 나타난다는 점이다. 다음 예문을 통해서 이를 확인해보

5) pushdown이란 컴퓨터 저장장치에서 쓰는 용어로서 새로 입력된 정보가 가장 먼저 검색되도록 된 정보 기억장치를 말한다.

기로 하자.

(22) a. Who do you think [ ] did it?

b.*Who do you think [that] did it?

c. Who did she hope (that) that would be [ ]?

d. Who(m) do you expect (that) they have chosen { }?

(23) a. This is the man *(who/that) you think [ ] did it.*

b.*This is the man *who you think [that] did it.*

c. This is the man *who she hope (that) that would be [ ].*

d. This is the man *(who(m)/that) you expect (that) they have chosen [ ].*

예문 (22)는 Pushdown-Wh-의문문이고 예문 (23)는 Pushdown-관계구문인데, 예문 (22a)와 (22) 그리고 예문 (23a)와 (23b)의 문법성을 비교해 볼 때 통사적으로 동일하게 행동하고 있다. 즉, 주격 의문사가 이동되고 빈 자리(extraction site)에 외현적인 that-COMP가 실현되면 (22b)와 (23b)가 모두 비문이 된다. 그 이유를 Quirk et al.(1985: 1050)은 정문 (22a)와 (23a)의 'that'이 삭제됨으로써 그것이 최초에 내포절의 주어로 잘못 해석(misinterpretation)되는 것을 방지하기 위함이라도 시사하고 있다.[6] 이와 대조적으로 주격 의문사가 아닌 (22c)와 (22d), 그리고 (23c)와 (23d)는 의문사가 이동된 후에 남은 자리에 that-COMP가 선택적으로 문자화될 수 있는데 이점도 두 구문이 통사적으로 동일하게 행동하고 있음을 보여주고 있다. 이상의 논의는 모든 관계구문을 Wh-이동으로 가정하는 입장에서 Pushdown-관계구문이 Pushdown-Wh-의문문과 통사적으로 동일하게 행동하고 있음을 보여줌으로써 Pushdown-관계구문이 일반적인 제한적 관계구문임을 증거하고 있다.

6) "If the subject of the *that*-clause is a pushdown wh-element and is therefore moved to the front of the superordinate clause, the subordinator that must be omitted, perhaps to prevent *that* being initially misinterpreted as subject of the following verb."

또 하나 주목할 점은 우리가 제한적 관계절의 하나로 Pushdown-관계구문을 인정하게 되면 관계사의 삭제현상에 대한 새로운 도전에 직면하게 된다는 사실이다. 즉, 일반적인 제한적 관계절의 관계사는 목적격 관계사만 삭제가 가능한데, Pushdown-관계구문에서는 예문 (23a)처럼 주격 관계사도 삭제가 가능하므로 기존의 이론으로는 주격 관계사의 수의적 삭제현상을 설명할 수 없기 때문이다. 우리는 뒤에서 Pushdown-구문에서의 주격 관계사의 삭제가 가능한 이유를 심도있게 고찰함으로써 관계사의 전반적인 삭제조건을 포함하는 새로운 설명을 모색하게 될 것이다.

4.4 관계사의 생략원리: e–관계사의 통사성

지금까지의 논의를 볼 때 e-관계사(Null Relative)는 관계구문의 논의에서 핵심적인 위치를 차지하고 있다고 판단된다. 앞에서 언급했듯이 전통적으로 제한적 관계절의 목적격 관계사만 관계사의 삭제 즉 e-관계사가 가능한 것으로 인식되어 왔으나 이는 출력조건(Output Condition)에 불과하며, 더 본질적인 관계사의 삭제조건을 밝히기 위해서는 관계사의 삭제가 불가능한 비제한적 관계절과 자유 관계절의 관계사와의 관계 속에서 논의되어야 하며, 특히 우리가 Pushdown-관계구문을 제한적 관계구문으로 받아들이면 주격 관계사도 삭제가 가능하므로 이 구문까지를 설명할 수 있는 대안이 모색되어야 한다.

그 과정으로서 먼저 Radford(2004: 174)의 아래 예문을 살펴보겠다.

(24) a. It's hard to find people [<u>who</u> *you can trust]*.
b. It's hard to find people [<u>*that*</u> *you can trust]*.
c. It's hard to find people [<u>*e*</u> *you can trust]*.

그는 외현적 관계사가 있는 관계구문 (24a), (24b)와 더불어 e-관계사가 사용된 (24c)가 정문인 이유는 관계사 'who'의 어휘자질인 삼인칭, 복수, 유정성

(animateness) 대명사가 선행사 people에 의해서 확인될 수 있기 때문이라 기술하고 있다. 우리는 이를 접합점에서 개념-의도체계(Conceptual-Intentional System)에서 합치(Convergence) 될 수 있도록 충분한 문법적 자료가 제시되어야 한다는 Chomsky(1995: 262)의 합치원리(Convergence Principle)를 가지고 설명할 수 있다고 제안한다. 먼저 Radford(2004: 165)는 아래 예문의 문법성을 최소이론의 합치원리로 설명하고 있다.

(25) a.*Done which assignment has he?
b. Which assignment has he done?

즉, 정문 (25b)와 달리 비문 (25a)는 Wh-이동시에 문법적으로 이동을 설명할 수 없는 'Done'이라는 성분이 함께 이동되어 합치되지 못하고 비문이 된 것이다. 즉 Wh-구는 자신을 포함한 최대투사범주만 이동이 가능한데, 'Done'은 자기 범주 안에 있지 않은 성분으로 이동이 허가받지 못한다. 이를 Chomsky는 아래와 같이 형식화하였다.

(26) 합치원리(Convergence Principle)
한 구성성분이 이동할 때는 합치될 수 있는 충분한 자료를 함께 운반해야 한다.7) (When an item moves, it carries along with it 'just enough material for convergence.')

우리는 이동과 관련된 합치원리를 삭제의 경우에도 적용될 수 있도록 아래와 같이 수정하여 관계사를 포함한 일반적인 구성성분(Constituent)의 삭제현상을

7) Radford(2004: 165)는 '합치될 수 있는 충분한 자료'에 대해서 아래와 같이 부연하고 있다. "Since a convergent derivation is one which results in a grammatical structure which can be assigned an appropriate semantic and phonetic representation, the phrase 'just enough material for convergence' in effect means 'just enough material to ensure that resulting structure is grammatical'."
또한 우리가 3.2에서 언급한 바 Quirk et al.(1985: 1050)에서 Pushdown 주격 관계절에서 Wh-이동 후에 남은 자리에 that-관계사가 문자화되면 주어로 잘못 해석(misinterpretation)될 수 있어서 비문이 된다는 주장은 곧 최소이론의 합치원리와 다름 아니라는 것이 우리의 관점이다.

설명하는 데에 응용할 수 있다고 주장한다.

(27) 수정합치원리(Revised Convergence Principle)
한 구성성분이 이동하거나 삭제될 때는 합치될 수 있는 충분한 자료를 포함해야 한다. (When an item moves or deletes, it contains along with it 'just enough material for convergence.')

우리의 수정확대원리를 지지하는 몇 가지 증거를 먼저 살펴보기로 하자. Radford(2004: 103)는 E-COMP(null C) 'that'의 통사성을 설명하기 위하여 다음의 예문을 제사하고 있다.

(28) a. We didn't know (that) [he had resigned].
b. We didn't know (that) [he had been accused of corruption]
c. We didn't know [he had resigned] or that [he had been accused of corruption]
d.*We didn't know [he had resigned] or [he had been accused of corruption]

그는 (28a)와 (28b)의 that-COMP는 삭제된 것이라는 증거로서 등위절로 연결된 (28c)에서 that-COMP가 문자화된 것을 들고 있다. 우리는 동일한 자료를 우리의 수정 합치원리를 정당화하는 자료로 사용할 수 있다. 즉 e-that-COMP가 가능한 (28a)와 (28b)의 that-보충절이 등위절로 연결되면 VP의 머리어인 'know'와 인접하지 않는 보충절은 that-COMP가 반드시 문자화되어야 함을 정문 (28c)와 비문 (28d)가 증명하고 있다. 이러한 문법성을 가르는 근본적인 이유는 등위접속사 'or' 뒤에 오는 구문이 외현적으로 that-COMP가 없으면 이 구문은 청자의 개념-의도체계 안에서 보충절로 해석되지 않고 'or' 앞의 절과 독립된 등위절로 해석되어 원래의 의도와 다른 부자연스런 의미가 되어서 결국 합치조건을 위반하게 된 것이다.

이 배경에는 Radford(2004: 11)가 제시하는 아래와 같은 보편문법적 국부성 원리가 자리하고 있는 것으로 판단된다.

(29) 국부성 원리(Locality Principle)
문법 작용은 국부적이다.(Grammatical operations are local.)

Radford(2004: 228)는 국부성 원리에 대한 상세한 언급을 하고 있는데 "국부성 원리는 UG의 기본원리로서 모든 문법적 작용은 탐사자(Probe) P와 이에 국부적으로 "충분히 가까운(sufficiently close)" 표적(Goal) G 사이의 관계를 수반한다(involve)"고 기술하고 있다. 그는 나아가서 그러면 "왜 탐사자-표적의 관계가 국부적이어야 하는가?" 라는 질문에 대한 해답으로 Chomsky(2001: 13)을 인용하고 있는데 그 이유는 곧 수색을 최소화하여(to minimize search) 결과적으로 "연산부담의 절감"(reduction of communicational burden)을 위해서라고 설명하고 있다. 이는 인간의 언어능력(Language Faculty)은 한 번에 처리할 수 있는 구조의 양이 제한되어 있음을 암시하고 있다는 것이다.

국부성 원리에 의해서 예문 (20)을 다시 보면 정문 (20a)와 (20b)는 타동사 'know'는 탐사자로서 국부적으로 가까운 곳에 있는 정형절을 보고 that-COMP가 삭제된 것으로 처리하여 해석하게 됨으로써 합치되고, (20c)는 등위접속사 'or' 다음의 정형절은 머리어인 타동사 'know'와 멀리 떨어져 있지만 문자화된 that-COMP를 통해서 보충절로 처리하여 합치되며, (25d)는 구문 [he had resigned]는 국부성 원리에 따라 선행하는 타동사 'know'의 보충절로 해서되어 합치되지만 'or' 다음에 오는 구문 [he had been accused of corruption]은 'know' 로부터 떨어져 있어서 지역성원리의 적용을 받지 못하고 'or' 앞의 문장 전체와 등위관계에 있는 독립절로 해석되어 원래의 의도와 다른 부자연스런 의미로 해석되어 합치되지 못하여 비문이 된다.

Lasnik(1999: 57)도 외치이동으로 인해서 관계사의 삭제조건이 달라지는 다음과 같은 경우를 제시하고 있다.

(30) a. I visited a man <u>who/that/Ø</u> *John mentioned* **recently**.

b. I visited a man **recently** <u>*who*</u> *John mentioned.*

c. I visited a man **recently** <u>*that*</u> *John mentioned.*

d.?*I visited a man **recently** <u>*Ø*</u> *John mentioned.*

예문 (30a)는 제한적 관계절의 목적격 관계사의 삭제가 가능하지만 관계절이 외치되면 (30d)처럼 관계사의 삭제가 불가능하다. 우리는 이 점도 지역성원리로 설명할 수 있다고 본다. 정문 (30b)와 (30c)는 외치되어 선행사 NP 머리어인 "a man"과 떨어져서 국부성 원리를 위반하고 있지만 문자화된 관계사가 떨어져 있는 선행사와의 문법적 관계를 회복하는 문법 성분으로 처리되어 합치에 이르기 때문에 정문이 된다. 그러나 비문 (30d)는 관계사가 보이지 않기 때문에 충분한 정보를 제공하지 않아서 우리의 수정합치원리를 위반하며, 독립적인 정형절로 처리되어 절 자체가 내재논항이 결핍된 비문이 되고 결과적으로 의도되지 않은 의미로 해석되어 파탄(Crash)에 이르게 된다.

이제 수정합치원리 및 국부성 원리에 따라 제한적 관계절에서 주격 관계사의 삭제가 불가능한 이유를 설명할 수 있는지 검토해보자.

(31) a. I know a student <u>*[who]*</u> *is honest.*

b.*I know a student <u>*Ø*</u> *is honest.*

c. I know a student is honest.

d. I know (that) a student is honest.

주격 관계사가 문자화된 제한적 관계절인 예문 (31a)가 정문인데 반해서 이 관계사가 삭제된 (31b)는 비문이다. 우리는 그 근본 이유를 수정 합치원리와 지역성원리에서 찾을 수 있다고 주장한다. 즉, (31b)가 비문인 이유는 한마디로 말해서 (31b)가 지역성원리에 따라 (31a)가 아닌 (31d)로 해석되기 때문이다. 다시 말해서 (31b)는 접합점(Interface)에서 (31c)로 표시되는데, 이 때 타동사

'know'와 가까운 구문 [a student is honest]는 보충어 'that'이 삭제된 보충절로 해석되어서 원래의 의도한 개념-의도체계와 합치되지 않아서 비문이 된다. 이러한 우리의 주장은 아래의 Pushdown-구문에서 그 정당성이 더욱 강화된다.

앞에서도 언급한 바와 같이 전형적인 제한적 관계절과 달리 Pushdown-관계구문은 주격 관계사의 삭제가 가능하다. 다음 예문을 보자.

(32) a. I know a student_[e]_ ***I believe*** _[ ]_ *is honest.*

b.*I know a student _[e]_ ***I believe*** _[that]_ *is honest.*

c. I will read the poem [e] ***Tom hopes*** _(that)_ *Jane will write to you.*

예문 (32a)처럼 주격 관계사의 생략이 가능한 이유는 바로 "I believe"에 의해서 설명되어야 한다. 즉 이 성분이 관계사와 술어 'is'의 인접성을 파괴함으로써 결과적으로 선행사인 "a student"가 'is'의 주어로 해석될 가능성을 제거하게 된다. 이 점은 비문 (32b)와 비교해보면 더욱 분명하다. (32b)의 that은 결국 "is honest"가 "a student"를 선행사로 하는 관계절로 해석되는 것을 방해하고 있는 것이다. 이 구문을 목적격 관계사일 때는 'that'이 나오는 것이 가능한 정문 (32c)를 보면 더욱 분명하다. (32c)는 'that' 다음에 명시적 주어 'Jane'이 있고 그 절이 완전한 문장이 아니기 때문에 'that'을 관계사로 해석하는데 오히려 도움을 주고 있다. 결국 합치원리를 준수하느냐의 여부가 관계사의 생략을 결정하는 것을 다시한번 확인할 수 있다.

이제 일관된 관점에서 비제한적 관계절에서 that-관계사가 문자화되지 못하는 이유를 고찰하기로 하겠다. 먼저 다음 비제한적 관계절의 예문을 보자.

(33) a. I have two sons, _who_ *are now college students.*

b.*I have two sons, _that_ *are now college students.*

c.*I have two sons, _Ø_ *are now college students.*

청자나 독자는 예문 (33a)를 보면 'who' 이하를 비제한적 관계절로 해석할 수 있는 충분한 자료가 있다고 판단한다. 관계사 'who'는 통사적으로는 주어이자 COMP의 기능을 하고 의미상으로는 지시적 표현으로서 상황에 적절한 선행사로서 "two sons"와 동일의미를 갖는다고 해석함으로써 합치된다. 동일한 사람이 (33b)를 보면 국부성 원리에 따라 우선적으로 'that'을 지시사로서 'are'의 주어로서 처리하게 되는데 수(number)가 일치되지 않아서 비문이 될 뿐만 아니라 두 독립된 문장이 쉼표로 연결되어는 문장((run-on sentence)으로서 비문이 된다. 만일 청자가 'that'을 관계사로 처리하게 되면 다음에 주어가 나와야 하는데 동사 'are'가 나와서 역시 문법적으로 허가받지 못하여 비문이 된다. 한편 비문 (25c)는 주어가 없어서 확대투사원리(EPP)를 위반하여 비문이 된다.

이제 제한적 관계구문에서 표면적으로 Wh-관계사와 달리 that-관계사가 전치사와 함께 문자화되지 못하는 근본 이유를 다시 생각해 보기로 하자.

(34) a. This is the pen *which/that I wrote the letter with.*
b. This is the pen *I wrote the letter with.*
c. This is the pen *with which I wrote the letter.*
d.*This is the pen *with that I wrote the letter.*
e.*This is the pen *with I wrote the letter.*

일반적으로 기존의 이론은 (34a), (34b), (34c)가 이중-COMP 금지 제약을 준수하여 정문이라고 설명하면서도 이중-COMP 금지제약을 준수하지만 비문인 (34d), (34e)에 대해서는 각각 달리 설명한다. 즉 (34d)는 that-관계사가 전치사 'with'의 목적어가 되어서 비문이고 (34e)는 전치사의 목적어인 Wh-관계사가 삭제되어 비문이라고 설명하고 있다.

그러나 Wh-이동 분석법 안에서 보면 이러한 설명은 심각한 문제가 드러난다. Wh-구가 전치사의 목적어이면 두 가지의 Wh-이동이 가능한데, 구어체에서는 (34a)처럼 전치사가 좌초된 체로(stranded) Wh-구만 이동하기도 하고, 문어체에서는 (34c)처럼 전치사가 동반되어(Pied Piping) Wh-이동되기도 한다. 문제는 동반 이동된 Wh-구가 삭제되면 비문 (34d)와 (34e)가 도출된다는 점이다. 특히 (34d)는 외현적으로 전치사 'with'의 보충어가 that-관계사가 된 것으로 해석되어 비문이 된다고 보았던 것이다. 이에 대하여 우리는 비문 (34d)와 (34e)를 합치원리에 따라 아래와 같은 동일한 조건으로 설명해야 한다고 제안한다.

(35) 전치사의 동반이동 조건(Preposition Pied-Piping Condition)
동반이동된 Wh-구의 전치사는 좌초(stranded)될 수 없다.
(The pied-piped preposition of the Wh-phrase cannot be stranded.)

이 제인은 전치사가 자신의 보충어 Wh-구와 함께 동반이동하면 Wh-구가 삭제되는 것을 방지함으로서 (35d)처럼 that-관계사가 마치 지시대명사인 것처럼 잘못 해석되거나, (35e)처럼 관계사가 생략되면 관계절의 주어인 'I'가 전치사 'with'의 목적어로 잘못 해석되어 파탄(Crash)되는 것을 막아준다.

끝으로 관계사가 전치사의 목적어가 아닌 경우에도 생략이 불가한 경우를 살펴보기로 하자.

(36) a. John looked up the information *that Mary had requested.*
b. John looked up the information *Ø Mary had requested.*

(37) a. John looked the information up *that Mary had requested.*
b.*John looked the information up *Ø Mary had requested.*

위 예문 (36)와 (37)의 문법성을 비교해보면 전치사 'up'은 관계절에서 이동된 것이 아니라 주절의 "looked up"의 'up'이 목적어 NP인 "the information"의 뒤로 이동하여 결과적으로 관계사의 바로 앞에 놓이게 된 경우인 (29b)는 that-관계사가 생략되면 결국 관계절의 주어 'Mary'와 인접되어 PP(Preposition Phrase)-구문으로 잘못 해석되기 때문에 비문이 된 것이다!

지금까지의 논의를 종합하면, 관계사의 생략은 that-관계사가 올 수 있는 관계구문으로서 궁극적으로는 수정합치원리를 준수해야 한다고 결론지을 수 있다.

V. 마무리

지금까지 현대 생성문법의 지배결속이론과 최소이론의 학문적 성과를 기초로 하여 관계구문의 통사적 특성에 관한 이론을 비판적으로 논의하고 관계사의 생략에 관한 새로운 대안을 제시하는 작업을 수행하였다.

먼저 관계구문의 정의 및 유형과 관련된 작업을 수행하였다. 이 유형화의 기준은 관계절과 선행사와의 관련성이다. 제한적 관계절은 선행사 NP를 한정하는 수식절이며, 비제한적 관계절은 대조적으로 선행사에 대한 추가적 정보를 제공하거나 선행사와 관련된 연속적 사건을 기술하는 비교적 독립적인 절이다. 자유 관계절은 외현적 선행사가 존재하지 않고 자신이 내포하고 있다는 면에서 위의 두 관계절과 다르지만, 상위절의 보충절이나 부가절의 기능을 하고 있다는 면에서 상위절에 의존적이다.

두 번째 작업으로 관계사의 선택, 문자화, 삭제 등에서 각 유형이 독자적인 특성을 갖는 이유를 밝혀내는 것이었다. 모든 관계절은 CP이며, 외현적 관계사의 선택과 삭제 등은 각 관계구문의 본질적 특성과 관계사의 어휘적 특성 및 다중-COMP 제약(Multiply Filled COMP Filter)과 같은 통사적 제약에 의해서 결정된다는 점을 확인하였다. 특히 Quirk et al.(1985)의 Pushdown-관계구문은 주격 Wh-구가 이동되고 남은 자리에 that이 문자화되면 비문이고, 주격 관계사도 삭제가 가능하다는 면에서 전형적인 제한적 관계절과 다른 듯이 보이지만 우리는 오히려 Pushdown-관계구문을 통해서 관계사의 삭제조건이란 곧 Chomsky(1995)의 합치원리를 수정하여 제안한 수정합치원리와 보편적 원리인 국부성 원리에 따라 설명되어야 함을 논증하였다.

참고문헌

장경기(2005). 「관계구문의 통사적 연구」. 『영어영문학연구』1.2. 대한영어 영문학회.

Aarts, Bas. 2001. *English Syntax and Argumentation.* Second edition. Palgrave.

Adger, David. 2003. *Core Syntax: A Minimalist Approach.* Oxford.

Berk, M. Lynn.1999. *English Syntax: From Word To Discourse.* Oxford University Press.

Chomsky, N. 1981. *Lectures on Government and Binding.* Foris. Dordrecht.

Chomsky, N. 1995. *The Minimalist Program.* MIT Press. Cambridge. Mass.

Chomsky, N. 2001. Beyond Explanatory Adequacy. unpublished ms. MIT.

Culicover W. Peter. 1976. *Syntax.* Academic Press New York..

Greenbaum, Sidney & Gerald Nelson. 2002. *An Introduction to English Grammar,* Second Edition.. Longman. .London.

Kuiper, Koenraad & Allan W. Scott (2004). *An Introduction to English Language-Word, Sound and Sentence.* Palgrave Macmillan.

Lasnik, Howard. 1999. *Minimalist Analysis.* Blackwell. U.S.A.

Radford, Andrew. 1981. *Transformational Syntax.* Cambridge University Press. Cambridge.

Radford, Andrew. 1988. *Transformational Grammar: A First Course.* Cambridge University Press.

Radford, Andrew. 2004. *English Syntax: An Introduction.* Cambridge University Press. Cambridge.

Swan, Michael. 1980. *Practical English Usage.* Oxford University Press. Oxford.

<Abstract>

A Syntactic Study on the Relative Deletion

Chang, Kyung Key. A Syntactic Study on the Relative Deletion. *The Journal of Humanities. 24.* The Journal of The University of Ulsan. (2005): 00-00. This paper aims to examine the preceding theories and relevant data about the overall relative constructions in the theoretical framework of the Government-Binding Theory and Minimalist Program and then propose a relative deletion principle with our modest modification of the current Convergence Principle.

Above all, we argue that Quirk et al.'s (1985) Pushdown construction, which has traditionally been regarded as a parenthetical clause, is an ordinary 'defined relative construction.' We further argue that the optional deletion of the nominative relative, which has dominantly been considered impossible in the typical 'defined relative clause,' might be explained by our Revised Convergence Principle. We also argue that the reason for the impossibility of the *that*-relative and null-relative in the 'undefined relative clause' might be explained by the Revised Convergence Principle and Chomsky's (1995) universal Locality Principle. (Ulsan University)

Key Words: Relative Construction, Relative Deletion, Null Relative

09

Wh-주어의문문의 통사적 연구*

I. 연구 목적 및 배경

이 연구는 Wh-주어의문문의 통사적 특성인 Wh-비주어 의문문과의 비대칭성(asymetry)을 규명하기 위하여 이전까지 최소이론(Minimalist Theory)의 학계에서 매우 설득력이 강한 주장으로 받아들여지고 있던 P&T(2001)[1]의 대안으로 제시된 Chomsky(2005)의 국면기반이론(Phase-based Theory) 안에서 Wh-주어의문문이 어떻게 기술되고 있는지 상세히 검토하고, 이 새로운 제안의 시사점을 제시하는데 목적이 있다.

그동안 최소주의 이전의 학계에서 영어 Wh-의문문에 대한 연구는 대부분 제자리(in situ)의 Wh-표현이 주어자리가 아닌 모든 Wh-의문문, 즉 Wh-비주어 의문문(Wh-nonsubject question)을 대상으로 한 것이었다. 다시 말하면 Wh-의문문에 관한 대부분의 문법이론은 Wh-주어의문문에는 동일하게 적용되지 않는 현상을 예외로 간주하거나 비대칭성의 한 유형으로 개념화하는 정도에 머물렀다. 아래 예문을 통해서 Wh-주어의문문의 표면적 특성이 보여주는 구조적 특이

---

* 이 논문은 『현대영미어문학』29.1호(현대영미어문학회. 2011)에 실린 것을 수정·보완한 것이다.

1) Pesetsky and Torrego(2001)를 학계에서 통상적으로 P&T(2001)이라 부르고 있으며, 우리도 이를 따르기로 한다.

성을 살펴보기로 하자.

(1) a. You like her.
    b. Do you like her?
    c. *Who* do you like?
    d. *Who* likes you?

이론적으로 서술문의 구조에서 의문문의 구조를 도출하는 접근법은 전통문법이나 생성문법이나 다를 바 없었다. 서술문 (1a)에서 Yes-No 의문문 (1b)를 도출하기 위하여 무의미 운용자(dummy operator) 'do'-지원(do-support) 방식으로 주어 앞에 조동사를 놓는 규칙을 통상적으로 SAI(subject-aux inversion)라고 불러왔다. 한편 예문 (1c)는 일반적인 Wh-의문문으로서 Yes-No 의문문 (1b)와 비교해보면 SAI와 함께 목적어 'her' 대신에 의문사 'who'가 문두, 즉 spec-CP로 이동하여 만들어지며 이를 Wh-이동이라 부른다. 우리는 본 연구에서 문장 (1d)에 특별히 주목하게 되는데, 적어도 표면상으로 볼 때 서술문 (1a)의 주어 'You' 대신에 의문사 'who'가 대치되었을 뿐 SAI는 일어나지 않고 있다[2]. 위에서 언급했듯이 SAI가 서술문 (1a)와 Yes-No 의문문 (1b)의 구조적 차이를 보여주는 중요한 특성임을 고려할 때, 예문 (1c)와 (1d)에서 확인할 수 있는 바대로 이 SAI가 Wh-의문문에는 선택적으로 적용된다는 사실 자체가 매우 놀라운 현상이 아닐 수 없다. 바꾸어 말하면 주절 의문문(root/main clause interrogative) 가운데 SAI가 일어나지 않는 문장은 (1d)와 같은 Wh-주어의문문밖에 없는 셈이다.

이제 Wh-주어의문문이 보여주는 표면상의 구조적 특성을 좀 더 구체화하기 위해서 (1d)와 유사한 문장과의 관련성을 검토할 필요가 있다. 아래 예문을 보자.

---

2) 시제가 본동사에 affix hopping되어 'likes'로 문자화(spell-out)되므로 이는 SAI가 일어나지 않는다는 확실한 증거이다.

(2) a. *Who* liked you?

b.**Who'd* like you? (*'d=did*)

c. *Who* DID like you?

Radford(1997: 143)가 기술하고 있듯이 Wh-주어의문문 (2a)와 (2c)가 정문인 것과 달리 (2b)는 'do'-지원이 되는 경우는 비문이 된다. 표면적으로 유사한 비문 (2b)와 비교하여 주목할 문장은 정문 (2c)인데, 'DID'가 대조(contrast)나 강조(emphasis)의 의미내용을 가지고서 음성적으로 강세가 주어지면 정문이 되며 'who'와의 축약도 불가능하다. 다시 말하면 (2c)의 'DID'는 무의미 운용자가 아니므로 최후수단원리(last resort principle)의 대상이 되지 않는다. 이는 구조적 관점에서 중요한 사실의 증거가 되는데, Wh-주어의문문은 SAI가 일어나지 않으므로 'DID'는 IP의 핵인 I-자리에 놓이게 된다는 점이 바로 그것이다. 이 점은 비문 (2b)의 I인 "d'가 'did'의 축약형이 아니라 법조동사 'would'의 축약형이라면 정문이 되는 데서도 확인된다[3]. Wh-주어의문문이 SAI가 일어나지 않는다는 점이 명백하다면 이점은 곧 서술문과 동일함을 의미한다. 그렇다면 Wh-주어의 자리는 어디인가가 바로 중요한 문제로 떠오른다. 다시 말해서 (2a)의 'who'가 서술문의 주어자리에 있는지, 아니면 Wh-이동의 결과 spec-CP에 있는지는 표면상으로는 알 수가 없다. 만일 서술문의 주어자리에 있다면 Wh-이동과 관련된 그동안의 모든 언어학적 성과는 Wh-주어의문문과는 합치되지 않으므로 이를 예외라고 규정할 수밖에 없고, 만일 Wh-주어가 spec-CP자리에 있다면 일반적인 Wh-이동을 한다고 가정되어야 한다. 한편 학계 일부에서는 Wh-주어의문문을 CP가 아닌 IP로 봄으로써 Wh-이동과 무관하다는 완전히 독립적인 입장을 취하기도 하였다(Grimshaw 1993).

최소이론에 이르러서 경제성원리(Economy Principle) 안에서 이론의 설명력의 극대화하기 위한 노력의 결과로 Wh-이동의 근본 원인을 밝히려는 노력이 한층 더 활발해졌고, 특히 최근의 Chomsky(2005)에서는 국면기반이론(Phase-Based

3) Wh-주어의문문의 I가 SAI가 일어나지 않는다는 점을 Koopman(1983: 346)에서 ECP(empty category principle)로 잘 논증하고 있다.

Theory)을 중심으로 이 문제에 대하여 기존의 이론과 근본적으로 다른 제안을 하여 학계의 주목을 받고 있다. 우리는 본 연구를 통해서 이 새로운 이론에 대한 체계적이고 심도 있는 검토를 함으로써 기존 초기 최소이론과의 차이점이 무엇인지 알아보고, 이 이론이 던져주는 몇 가지 시사점을 제시하기로 하겠다.

II. 초기 최소주의의 관점 검토

2.1 Wh－비주어의문문

우리는 주로 Radford(1997: 135)를 기초로 하여 Wh-비주어의문문에 대한 최소이론의 일반적인 관점을 두 가지 가정으로 나누어 설명하기로 하겠다.

첫째, 일반 Yes-No 의문문의 하나로서 IP의 핵인 I가 CP의 핵인 C로 이동하는 I-to-C 이동을 가정한다. 그 근거는 Chomsky(1995)를 따라 의문문의 C는 강한(strong) 의문접사성 핵(question affixal head)으로서 C를 합법적인 어휘범주로 채우기 위하여 I가 C로 이동한다고 가정한다[4].

둘째, 의문문의 핵인 C는 [WH] 지정어자질을 가지고 있어서 [WH] 핵자질을 가진 지정어를 필요로 하며, 따라서 의문사가 spec-CP로 이동한다고 가정한다. 이 두 가정을 아래 예문으로 살펴보기로 하겠다.

(3) a. He was doing *what*?
b. *What was* he doing?
c. [$_{CP}$ *What* [$_{C}$ *was*] [$_{IP}$ he [$_{I}$ ~~was~~] [$_{VP}$ [$_{V'}$ doing ~~what~~]]]]?

먼저 의문문의 C는 강한 마디이므로 추상적 의문접사 Q를 포함하고 있으며,

4) 어떤 구성성분 혹은 자질이 강하다(strong) 혹은 약하다(weak) 함은 비유적 개념으로서 관련된 성분간에 강한 성분이 약한 성분을 끌어당겨서 이동을 시키거나 무의미 운용자의 도움을 받아서 접사가 부가형태로 어휘화된다.

접사의 성질상 적절한 단어에 부착되어야 하므로 자신에 비해서 상대적으로 약한 I인 'was'를 끌어당겨 I-to-C 이동을 시킨다.

또한 문두로 이동된 'what'은 C와 함께 같은 CP 안에 포함되어 있으므로 C의 [WH] 지정어자질은 지정어 'what'의 [wh] 핵자질에 대하여 점검된다. 여기서 점검행위는 Wh-COMP와 Wh-지정어 사이의 국부적 지정어-핵 관계를 수반한다. 그 결과 비해석(uninterpretable) 자질인 C의 지정어자질은 삭제된다. 'what'의 [WH] 핵자질은 LF에서 의문문의 운용자로서 문장의 의미해석을 결정하는데 일정한 역할을 하기 때문에 삭제되지 않는다.

2.2 Wh-주어의문문

Radford(1997: 142)가 기술하고 있듯이 Wh-주어의문문을 제외한 모든 Wh-의문문, 즉 Wh-비주어의문문은 spec-CP 자리에 Wh-운용자로서 Wh-지정어를 포함한다는 점은 Wh-의문문의 정의적 특징(defining characteristic)이라고 말할 수 있다. 그러나 이러한 Wh-의문문의 일반적 특징이 Wh-주어의문문을 기술하는 데는 곧 바로 적용될 수 없다는 면에서 문제가 되고, 이 점이 학계의 각별한 주목의 대상이 되어왔다. 아래 Wh-주어의문문을 보자.

(4) a. *Who* helped him?
  b. [$_{CP}$ *Who* [$_{IP}$ ~~Who~~ [$_{VP}$ helped him]]]?
  c. She helped him.

적어도 표면상으로는 Wh-주어의문문 (4a)는 대응서술문 (4c)의 구조와 동일하고 반향의문문(echo question)과도 동일한 구조를 가지고 있다는 면에서 바로 위에서 언급한 Wh-의문문의 정의적 특징에 비추어 과연 Wh-의문문으로 분류, 기술되어야 할지조차 분명하지 않을 정도이다. 더욱이 바로 이 표면적인 특성이 Wh-주어의문문을 어떻게 기술해야 할 것인가에 관한 다양한 논의를 촉발했을 뿐만 아니라 생성문법학계에서 거의 일반화 되다시피 한 Wh-의문문에 대한 기존의 초기 생성문법 이론의 타당성 여부에 대한 심각한 재검토가 필요하게 되었다. 우리의 본 연구는 바로 이 점에 주목하면서 다음 장에서 최근의 Chomsky(2005)의 새로운 대안을 심도있게 검토하게 될 것이다. 이에 앞서 우리는 초기 최소주의 문법이론 안에서 (4a)와 같은 Wh-의문문이 어떻게 기술되었는지 살펴보기로 하겠다.

일단 초기 최소주의 문법의 일반적인 가정은 모든 Wh-의문문이 spec-CP로 이동하는 Wh-운용자를 포함하는 CP라고 보는 것이다. 따라서 위 예문 (4a)는 (4b)가 보여주듯이 'who'가 spec-IP에서 spec-CP로의 표면적인 이동을 수반한다. 그러나 이와 같은 도출과정에서 바로 눈에 띄는 것은 일반적인 주절의문문에서 필수적으로 일어나는 조동사 I의 이동, 즉 SAI가 일어나지 않고 있다는 점이다. 우리가 바로 앞 절에서 일반적인 Wh-의문문, 다시 말해서 Wh-비주어의문문은 C가 가진 강한 Q-접사성자질 때문에 상대적으로 약한 자질인 I가 C자리로 이동, 즉 I-to-C 핵이동이 일어난다고 보았던 가정이 이 도출에서는 적용되지 않고 있다. 역으로 이 가정이 옳다면 도출과정에서 최후수단으로서 'do-지원'이 일어나야 하고, 결과적으로 아래의 문장이 도출되게 되는데, 이는 경험적으로 아래 (5)와 같은 비문으로 판명되게 된다.

(5) **Who'd* help him(*'d=did*)?

그렇다면 Wh-비주어의문문에서 가정한 I-to-C 핵이동의 방아쇠였던 C가 가진 강한 Q-접사성자질은 Wh-주어의문문에는 없는 것일까 하는 일차적인 의문이 생기고, 더 나아가서 Wh-주어의문문의 Wh-주어, 즉 예문 (4a)의 'who'는 (4b)가 보여주는 바의 spec-CP로 이동하는 것이 정당한 것인가에 대해서도 다시 검토해볼 필요성을 제기하였다. 즉, 예문 (4a)의 주어 'who'는 원래의 자리인 spec-IP에 이동하지 않는 채로 남아있다고 볼 수는 없는가 하는 논의로 확대되기에 이른다.

이와 같은 논리적이고 이론적인 갈림길에서 우리는 두 가지 입장을 대표하는 이론을 각각 하나씩 차례대로 살펴보기로 하겠다.

2.3 Grimshaw(1993) 논의

Grimshaw(1993)는 Wh-주어는 spec-CP로 이동하지 않고 spec-IP에 그대로 남아있다고 제안한다(Radford 2009: 143). 이 입장 안에서는 위에서 제시한 예문 (2a)의 도출과정은 (2b) 대신에 아래 (4)가 된다.

(6) [$_{IP}$ *Who* I [$_{VP}$ helped him]]?

Radford(2009: 144)는 Grimshaw(1993)의 제안에 대하여 의미해석이 LF에서 CP가 아닌 IP-구조에서 이루어진다면 이는 경제성원리에 더 부합할 수 있다고 언급하고 있다. 이 관점은 결과적으로 Wh-의문문의 구조를 CP-구조와 IP-구조로 이원화하게 된다. 일단 Wh-주어의문문을 IP로 보면 I가 이동하지 않는다는 점을 자연스럽게 설명할 수 있다. 그러나 예문 (4)가 보여주듯이 Wh-의문문이 서술문의 구조와 동일하게 된다. 다시 말해서 Grimshaw(1993)의 제안은 Wh-주어의문문은 Wh-의문문의 특성을 보여주지 못할 뿐만 아니라 일반 의문문의 통사적 특성도 반영하지 못하고 있어서 결과적으로 더 큰 의미의 경제성원리를 위반하고 있다는 것이 우리의 판단이다.

2.4 P&T(2001) 논의

P&T(2001)는 Wh-주어의문문에서 Wh-주어는 spec-CP로 이동하지만 T[5]는 C로 이동하지 않는다고 주장하는 대표적인 입장이다. 우리는 여기에서 이들의 주장을 간략하게 살펴보기로 하겠다.

---

5) 최근의 최소이론에서는 시제문을 이전의 IP에서 TP(tense phrase)로 규정하게 된다. 우리는 논의 과정상의 편의상 두 표현을 함께 사용하기로 한다.

이들은 일반적인 Wh-의문문의 T가 C로 이동할 때 C는 [uT]와 [uWH]라는 두 가지 비해석자질을 점검하며, 주격(nominative)은 DP 위에 반영된 [uT]의 형태적 반사물(morphological reflex)이라는 두 가지 제안을 하고 있다. 이 제안이 앞에서 살펴본 바 초기 최소주의 이론의 일반적인 입장과 다른 점은 C의 비해석자질로서 [uT]라는 주격자질을 추가로 설정했다는 점이다. 이 주격자질의 설정이 Wh-주어의문문을 기존이론과 다르게 설명하는 중요한 근거가 된다. 다음 예문을 보자.

(7) a. [$_{CP}$ *What* did [$_{TP}$ Bill ∅ [$_{VP}$ see ~~what~~]]]?
b. [$_{CP}$ *Who* [$_{TP}$ saw Bill]]?
c. *[$_{CP}$ *Who* did [$_{TP}$ ∅ [$_{VP}$ see Bill]]]?

먼저 (7a)의 의문사 'what'은 C의 [uWH]를 점검하기 위하여 spec-CP로 이동하지만 주격을 가지고 있지 않으므로 C의 [uT]는 점검하지 못한다. 따라서 C의 [uT]를 점검하기 위하여 T-to-C의 이동이 필요하다.

한편, Wh-주어의문문 (7b)의 의문사 주어 'who'는 주어자리에서 주격자질을 가지고서 spec-CP로 이동하였으므로 C의 [uWH]를 점검하고 동시에 C의 또 다른 자질인 [uT]를 점검하게 된다. 따라서 Wh-주어의문사 'who' 혼자서 C의 두 자질을 모두 점검하므로 최소이론 안에서 T-to-C 이동은 불필요하고 불가능하며, 결과적으로 예문 (7b)는 정문이 된다. 그렇지 않고 만일 비문 (7c)처럼 추가적인 T-to-C 이동이 일어나고 그 과정에서 'do-지원'이 이루어지면 동일한 역할이 두 번 일어나게 되므로 경제성원리를 어겨서 비문이 된다.

P&T(2001)의 주장 안에서 Wh-주어의문문이 T-to-C 이동이 일어나지 않는 이유는 C의 주격자질인 [uT]를 Wh-주어가 가지고 있기 때문이라고 정리할 수 있다. 그러나 이 주장은 초기 최소주의 이론에서 가정되고 있는 C가 가진 강한 Q-접사성 자질이 T를 유인한다는 점을 설명을 할 수 없다는 이론내적 한계를 가진다는 것이 우리의 입장이다.

III. 국면기반이론과 Wh-주어의문문

3.1 국면기반이론의 기본개념

최소이론의 Wh-이동에 관한 연구는 Chomsky(2005)에 이르러서는 최소주의의 초기이론과 근본적으로 다른 접근법이 제안된다. 우리는 앞으로의 논의에서 이를 국면기반이론(phase-based theory)이라고 부르기로 하겠다. 국면기반이론은 최소주의 초기이론의 전반적인 분야에 심각한 영향을 주고 있으며, Wh-이동은 그 영향권의 핵심에 있다. 우리가 국면기반이론에 바탕을 둔 새로운 Wh-이동 이론을 이해하고, 나아가서 Wh-비주어의문문과 Wh-주어의문문의 비대칭성을 정확히 밝혀내기 위해서는 먼저 국면기반이론에 대한 체계적이고 심도있는 이해가 반드시 필요하다.

우선 중요한 개념중의 하나인 '탐침(probe)'은 국부적 '목표(goal)'[6]와 더불어 Chomsky (1999)가 최근에 관련 성분간의 통사적 일치관계를 설명하는 핵심적인 개념의 하나이다(Radford 2009: 237). 탐침은 자신과 일치하는 성분통어되는 명사성 목표(nominal goal)를 탐사하는 역할을 한다. 이때 통사적 운용은 목표와 탐침이 충분히 가까운 국부적 관계를 가져야 한다.

여기서 중요한 문제는 탐침-목표관계가 왜 국부적이어야 하는가 하는 점인데, 이에 대하여 Chomsky(2001: 13)는 탐사를 최소화하기 위하여 즉 탐침이 자신의 적절한 목표를 찾는 작업의 양을 최소화하기 위함이라고 설명하고 있다. 이미 Chomsky (1999: 9)에서는 "언어능력(language faculty)은 일회에 처리할 수 있는 구조적 양이 제한되어 있으며 아울러 활성기억 안에 제한된 양의 구조만을 담을 수 있다"고 주장한 바 있다. 이러한 최소량의 통사운용은 화자의 입장에서 보면 연산부담의 경감(reduction of computational burden)을를 담보하기 위함이며, 이를 위한 구체적인 과정으로서 Chomsky(1999: 9)는 언어표현의 도출은 '국면'(phase) 단위로 진행된다고 제안하였다. Chomsky(2001: 14)는 바로 화

6) 여기서 'goal'은 논항구조의 의미역(theta role)과 관련이 없는 새로운 개념이다.

자의 기억부담을 최소화하기 위하여 국면은 가능하면 작아야 하고 본질적으로 명제적(propositional)이어야 하므로 완전한 절 복합체(complete clause complex)인 CP와 완전한 의미(논항구조) 복합체(complete thematic/argument structure complex)인 타동성 vP(transitive vP)가 국면이 된다고 제안하고 있다[7].

일단 주어진 국면 안에서 적용되는 모든 운용이 완성되면 그 국면의 영역(domain)인 국면 핵의 보충어는 더 이상의 통사적 운용에 관여될 수 없는데, Chomsky는 이 조건을 다음과 같은 국면침투불가조건(PIC)으로 개념화하였다.

(8) 국면침투불가조건(Phase Impenetrability Condition)
어떤 국면의 핵이 c-command하는 영역은 그 국면을 c-command하는 어떤 탐침(probe)에게도 침투될 수 없다.

Chomsky(2001: 5)는 어떤 국면 핵이 그 국면의 외부탐침(external probe)에 의해서 침투될 수 없다는 이 조건의 근거에 대하여 일단 한 국면이 완성되면 그 국면의 영역인 보충어는 동시에 PF와 LF로의 전이운용(transfer operation)을 겪게 되어서 더 이상 통사론에 접근될 수 없다고 주장한다. 예를 들어서 완전한 CP-국면이 만들어지면 CP의 핵인 C의 보충어인 TP는 동시처리를 위해서 PF와 LF로 전이되어서 TP는 더 이상 통사론에 보이지 않으며(invisible), 따라서 TP 자신뿐만 아니라 TP의 어떤 구성성분도 상위의 탐침의 목표가 될 수 없다.

3.2 국면과 Wh-이동

이제 타동성 vP-구문을 중심으로 국면과 Wh-이동의 관련성을 살펴보기로 하겠다. 타동성 vP로부터 Wh-이동이 되는 경우는 이 vP가 국면이므로 의문사는 중간단계의 spec-vP를 모두 거쳐서 최종적으로 spec-CP로 이동해야 하므로 매

7) CP와 함께 국면의 하나인 '타동성 vP(transitive vP)'는 보충어인 VP의 V가 타동사인 경동사구(vP)를 의미하며, 타동성 절(transitive clause)이라 부르기도 한다.

우 복잡한 과정을 겪게 된다. 아래 예문을 통해서 그 도출과정을 검토하기로 하자.

(9) a. *What* have they done?

b. [$_{CP}$ *What* [$_{C'}$ *have*+∅[$_{TP}$ *they* [$_{T}$ ~~have~~ [$_{vP}$ ~~what~~ [$_{v'}$ ~~they~~ [$_{v'}$ *done*+∅ [$_{VP}$ ~~done~~ ~~what~~]]]]]]]]?

먼저 이 문장이 도출되는 병합과정을 보면, 본동사 'do'는 의미상의 보충어 'what'과 병합하여 VP "done what"을 만들고 이 VP는 다시 외재논항 'they'를 가진 경동사 v와 병합하여 v'가 된다. 이 타동성 경동사 v는 일치관계에 의해서 성분통어되는 PRN 'what'에게 대격/목적격을 부여한다. 이어서 접사성(affixal) v는 V 'done'을 자신의 자리로 인상시킨다. 국면 CP의 핵인 C가 Wh-표현의 이동을 유인하는 가장자리자질(edge feature; EF)을 갖듯이 타동성 경동사구 vP의 핵인 v도 국면의 핵으로서 Wh-표현의 이동을 유인하는 가장자리자질을 가질 수 있다. 이리하여 의문사 'what'은 이동하여 vP를 위한 외부지정어(outer specifier)로 부가된다. 이 분석의 암묵적 가정은 핵은 복수의 지정어(multiple specifier)를 갖는다는 것이다. (9b)에서 내부지정어(inner specifier)는 외재논항 'they'이고 외부지정어(outer specifier)는 경동사의 EF 자질에 의해서 유인되는 'what'이다. 일련의 운용이 끝난 vP의 보충어인 VP-영역은 전이를 겪게 되고, 이동 후에 남은 copy는 삭제된다.

다시 도출과정이 계속되면서 vP는 [T have]와 병합되어 T'가 되고 탐침 T는 미평가된 비해석자질인 인칭/수 일치자질에 의해서 활성화된다. 이 활성탐침 T는 명사성 목표를 탐사하여 일치자질을 평가하고 삭제함으로써 주어가 되도록 해야 하는데, 가장 가까운 자리의 성분통어되는 목표는 PRN 'what'이다. 그러나 T인 'have'는 'what'과 자질이 일치되지도 않고 주어도 아니므로 목표가 될 수 없기 때문에 이를 방지하는 수단을 강구해야 한다. 그 방법으로 다음의 '비활성조건'이 제안되고 있다.

(10) 비활성화조건(Inactivation Condition)

격자질을 가진 목표는 일단 그 격자질이 평가되고 삭제되면 T와 같은 A-head[8]와 일치나 유인에 대하여 비활성 상태가 된다.

나아가서 <2.4>의 예문 (7b)의 Wh-주어 의문사 'what'이 spec-vP에서 spec-TP로 이동하지 않는 것은 Chomsky(2005)가 제안한 다음과 같은 제약 때문이다.

(11) 혼합연쇄제약(Mixed Chains Constraint)

이동은 한 국면의 가장자리로 이동한 복사와 비국면투사의 가장자리로 이동한 다른 복사의 혼합된 연쇄를 생기도록 해서는 안된다.

요약하면 비활성화조건은 이미 격을 받은 'what'은 비활성화되어 'have'와 일치될 수 없음을 의미하고, 혼합연쇄제약은 'what'이 연속해서 spec-T로의 이동을 방지하는 기능을 한다. 반면에 대명사 'they'는 격자질이 아직 평가되지 않았기 때문에 활성상태에 있다. 따라서 탐침 'have'는 목표인 대명사 'they'를 찾아서 일치시켜서 격을 부여하며 유인하여 spec-T로 이동시킴으로서 TP가 도출된다. 이 TP는 시제자질을 가진 영보문소 C와 병합하여 C'를 만든다. C의 시제자질은 'have'를 T에서 C로 이동시키고, C의 가장자리자질은 의문사 'what'을 spec-CP로 이동시킨다. 이렇게 CP-국면이 완성되면 먼저 전이조건에 따라 영역인 TP가 전이되고 다시 나머지 CP도 전이되어 문자화된다.

3.3 비해석자질과 자질의 승계

지금까지 초기 최소이론에서는 T와 같은 비국면 핵은 해석 시제자질뿐만 아니라 비해석 일치자질을 가지고 있으며, 이 비해석자질이 활성명사나 대명사 표현을 통하여 평가되면서 그 명사나 대명사 표현에게 주격이 부여된다고 가정

8) 여기서 'A-head'는 미평가된(unvalued) 일치자질을 가지고 도출과정에 들어온 T나 타동성 v와 같은 탐침으로서 일치자질의 완전한 집합을 가지면 격부여자로서 활성화된다.

해왔다. 그러나 최근의 작업에서 Chomsky(2005, 2006)는 비국면 핵은 해석자질만을 가지고 도출에 들어오며, 비해석자질은 자신의 바로 위에 있는 국면 핵으로부터 승계한다고 주장하였다. 이는 국면핵 C가 해석자질의 본거지(locus), 즉 원천(source)일 뿐만 아니라 T가 가진 비해석 일치자질의 원천이기도 하다는 것을 의미한다[9]. Radford(2009: 340)에 의하면 이러한 생각은 일찍이 Chomsky(1999: 35)의 "주격과 주어-동사 일치의 본거지는 T가 아니라 C이다"라는 제안에서 예견된 바 있으며, 그의 이러한 추론은 T는 C에 의해서 선택된 절, 즉 CP 안에서 인칭과 수의 일치자질의 완전한 집합을 가진다는 주장과 같은 맥락이다. 아래 두 문장을 비교해 보자.

(12) a. It would seem [$_{CP}$ [$_{C}$ that] [$_{TP}$ he [$_{T}$ has] left]]
b. He would seem [$_{TP}$ [$_{T}$ to] have left].

위 예문의 보충절의 대조성을 보면, (12a)의 TP는 C 구성성분 'that'에 의해서 선택되고, 핵 T는 인칭/수 일치자질의 완전한 집합을 가진 'has'이다. 한편 인상구문 (12b)의 TP는 C에 의해서 선택되지 않고 핵 T는 일치자질의 완전한 집합을 갖지 않는다는 면에서 결손상태(defective) 이다. 이를 근거로 Chomsky는 T의 인칭/수 일치자질은 C에서 기원하여 바로 아래의 T 구성성분으로 인계된 것이라고 결론지었다.

3.4 독립적 탐침이론

Chomsky(2005) 이전까지 학계에서는 일반적으로 도출에 대한 고전적인 상향식 순환설명법(bottom-up cyclic account)을 채택하여 T-운용이 C-운용보다 먼저 일어난다고 설명해왔다. 또한 T가 C보다 먼저 도출에 도입되므로 '조기 적용원리(Earliness Principle)'[10]에 따라 이 T가 도입되자마자 곧바로 T-운용이 일어난

9) C가 해석자질의 본거지라는 점은 C가 문장의 화용론적 힘(force)을 구분하는 서술문, 의문문, 명령문의 표시가 되는 데서도 알 수 있다.

다고 가정해왔다. 그러나 우리가 바로 앞 절에서 심도 있게 살펴보았듯이 도출에 대한 Chomsky(2005)의 수정된 이론을 받아들이면 이 관점은 더 이상 유지될 수 없게 된다. 즉, T의 비해석 일치자질이 Chomsky가 주장하듯이 C로부터 승계된 것이라면 논리적으로 T가 일치와 격부여 및 이동을 위한 활성탐침으로서 역할을 하기 전에 먼저 C에서 T로의 비해석 일치자질의 삼투작용(percolation)이 일어난다. 다시 말하면 Chomsky가 최근에 주장하듯이 병합운용에 의해서 완전한 CP-국면이 만들어진 다음에 일치 및 이동의 운용이 적용된다. 그는 더 나아가서 한 국면 안의 각 핵은 다른 탐침과 독립적으로 어떤 일정한 순서 없이 탐침활동을 한다고 주장한다. 예를 들어 국면 CP 안에서 핵 C와 T는 서로 먼저 탐침활동을 할 수도 있고 동시에 독립적으로 탐침활동을 할 수도 있다.

이제 두 개의 다른 핵 C와 T가 주어진 국면 위에서 독립적으로 탐침작업을 한다는 Chomsky(2005)의 주장을 면밀히 검토하기로 하겠다. Chomsky(2005)는 기존의 전통적인 상향식 순환설명으로는 아래 문장의 문법성을 올바르게 설명하지 못한다고 주장한다[11].

(13) a. *[$_{\text{CP}}$ *Of which car* has [$_{\text{TP}}$ the driver ~~of which car~~ caused a scandal]]?
b. [$_{\text{CP}}$ *Of which car* was [$_{\text{TP}}$ the driver ~~of which car~~ arrested]]?

완전한 TP인 예문 (13a)와 (13b)의 지정어인 DP는 상위의 탐침에 보이지 않는데, DP의 일부인 Wh-표현 "of which car"이 목표가 되어 spec-CP로 이동하였으므로 비가시성조건(Invisibility Condition)[12]을 어겨서 모두 비문이 되어야 한다. 그러나 비문 (13a)와 달리 (13b)가 정문이라는 점이 심각한 문제가 된다. 이에 대한 Chomsky(2005: 13)의 대안적 해답은 어떤 국면 안에서 여러 다른

---

10) 조기적용원리(Earliness Principle)
운용은 도출과정에서 가능하면 일찍 적용되어야 한다.

11) 예문 (21)의 문법성에 대한 판단은 순전히 Chomsky(2005)를 따른 것이며, 다른 화자들에게는 그렇게 엄격하게 판단되지 않는 측면이 있음을 Radford(2009: 348)는 부연하고 있다.

12) 비가시성조건(Invisibility Condition)
완전한(비결손) TP의 지정어는 상위의 탐침에 보이지 않는다.

탐침핵과 관련된 운용 순서를 전통적인 상향식 방법으로 적용하지 말고, 임의적인 방법으로 적용하는 데서 찾고 있다. 특히 위 예문 (13b)의 문법성을 설명하는 데는 동시탐침(parallel probe)을 제안하고 있다. 먼저 예문 (13b)에 탐침이 적용되기 전에 병합에 의하여 도출된 구조는 아래와 같다.

(14) [$_{CP}$ ∅ [$_{TP}$ be [$_{vP}$ ∅ [$_{VP}$ arrest [$_{DP}$ the driver *of which car*]]]]]

이제 이 운용에서 C와 T가 동시에 탐침작업을 한다면 어떤 일이 생기는지 생각해보자. T는 DP와 일치하므로 그 copy를 유인하여 spec-TP로 이동시키고, 동시에 영(∅)의문사 C는 DP의 일부인 PP의 copy를 유인하여 spec-C로 이동시킨다. 이를 아래와 같이 표현할 수 있다.

(15) a. [$_{TP}$ [$_{DP}$ ***the driver of which car***] [$_{T'}$ be [$_{vP}$ arrest+∅ [$_{VP}$ ~~arrest~~ [$_{DP}$ ~~**the driver of which car**~~]]]]]

b. [$_{CP}$ [$_{DP}$ ***of which car***] [$_{C'}$ be+∅ [$_{TP}$ [$_{DP}$ the driver ~~of which~~ ~~car~~] [$_{T'}$ ~~be~~ [$_{vP}$ arrest+∅ [$_{VP}$ ~~arrest~~ [$_{DP}$ ~~the driver~~ ~~**of which car**~~]]]]]

(15a)는 A-이동이고, (15b)는 A'-이동이다. 이 운용과정에는 비가시성조건의 위반은 없다. 왜냐하면 spec-CP로 이동된 PP가 비가시성조건의 적용 대상인 완전한 TP의 주어로부터 적출된 것이 아니기 때문이다[13]. 이중이동(dual movement)의 결과로 PP "of which car"의 세 개의 copy가 생기지만 가장 상위의 copy만이 외현적으로 문자화되며, DP "the driver"도 가장 상위의 copy만이 문자화된다.

끝으로 C-운용과 T-운용 간에 적용의 우선순위가 있는 예로서 아래와 같은 단순한 타동성 문장을 살펴보기로 하자.

---

13) 지정어조건(Specifier Condition)
국면 핵의 지정어 성분에서 어떠한 하부적출(subextraction)도 불가능하다.
여기서 하부적출(subextraction)은 전체가 아닌 부분적인 성분을 빼내서 이동시키는 것을 의미한다.

(16) a. *What* have they done?

b. [$_{CP}$ [$_{C}$ ∅][$_{TP}$ [$_{T}$ have [$_{vP}$ *what* [$_{v'}$ they [$_{v'}$ do+$_{∅}$ [$_{VP}$ [$_{V}$ ~~do what~~]]]]]]]]?

(16b)는 (16a)가 도출되는 병합과정의 일부이다. 이 시점에서 T는 'they'를 유인하여 spec-TP로 이동시켜야 하고, C는 목적어 의문사 'what'을 유인하여 spec-CP로 이동시켜야 한다. 이 운용에 들어가기 전에 아래의 두 가지 조건을 가정한다.

(17) 가시성조건(Visibility Condition)

이동의 연쇄에서 최상위의 copy만이 상위의 탐침에 가시적이다.

가시성조건은 다음과 같은 개입조건을 준수해야 한다.

(18) 개입조건(Intervention Condition)

탐침과 목표 사이에 다른 가시적인 비활성목표가 개입되어 있으면 탐침은 그 목표를 과녁(target)으로 삼을 수 없다.

이 개입조건의 독립적 동기는 Chomsky(1998: 45)에 따르면 아래와 같은 이중-there-구문의 비문법성을 설명해주는 데서 나온다.

(19) *There <u>are</u> likely *there* to be <u>problems</u>.

위 예문에서 탐침 'are'와 목표 'problems' 사이에 'there'가 개입되어 있어서 두 성분간의 일치를 차단하므로 비문이 된 것이다.

이제 (19b)에 대한 T-운용과 C-운용의 적용 순서와 관련된 논의를 구체적으로 시작해 보자. 먼저 T-운용이 C-운용보다 먼저 일어나거나 동시에 일어나는 경우에는 T-운용과정에서 탐침 'have'와 목표인 대명사 'they' 사이에 최상위의 대명사 'what'이 개입되고, 또 vP 국면에서 격자질이 삭제되어서 'what'은 A-운용에는 비활성상태이기 때문에 결과적으로 정문이 도출되지 않는다.

그 대안으로 C-운용이 T-운용보다 먼저 일어나는 경우를 고려해보자. 즉, C가 'what'을 유인하여 spec-CP로 이동시키고, 이어서 T-조동사 'have'가 별도로 탐침작업을 하여 주어 'they'를 유인하여 spec-TP로 이동하게 한다. 이때 유의할 점은 'have'와 'they' 사이에 비활성 'what'이 개입하고 있지만 이 copy는 최상위의 것이 아니므로 개입조건을 위반한 것이 아니라는 점이다. 이어서 T 조동사 'have'가 C로 T-to-C 이동하고 관련된 삭제와 문자화가 이루어지면 성공적인 결과가 도출된다. 그 과정을 아래 문장이 보여주고 있다.

(20) [$_{CP}$ *What* [$_{C}$ *have*][$_{TP}$ *they* [$_{T}$ ~~have~~ [$_{vP}$ ~~what they~~ [$_{v}$ *done* [$_{VP}$ [$_{V}$ ~~done~~] ~~what~~]]]]]]?

결과적으로 예문 (20a)와 같은 Wh-목적어 의문문에서는 C-운용이 T-운용보다 먼저 적용된다.

지금까지의 논의로 판단할 때 C와 T의 탐침은 동시에 일어날 수도 있고 연속적으로 일어날 수도 있다. 이에 대하여 Chomsky(2005: 17)는 "모든 선택은 열려있으며 결과가 합치(converging), 즉 정문만 만들 수 있다면 동시적용을 포함한 어떤 순서도 가능하다"고 결론짓고 있다.

3.5 국면과 Wh-주어의문문

지금까지 우리는 Chomsky(2005)의 국면기반이론의 핵심은 모든 통사적 운용은 국면단위로 이루어지며, 영어의 국면은 CP와 타동성 vP라고 규정하고 있음을 확인하였다. 아울러 T와 C는 독립적인 탐침으로서 기능한다고 주장한다는 점도 확인하였다. 이제 이 새로운 이론이 우리의 주관심사인 Wh-주어의문문의 통사론에서 어떤 심각한 결과를 가져올 수 있는지 Radford(2009: 355)를 중심으로 살펴보기로 하겠다. 아래의 예문을 보자.

(21) a. *Who* killed the president?

b. [$_{TP}$ *Who* [$_{T}$ Af [$_{vP}$ ~~*who*~~ kill+∅ [$_{VP}$ ~~kill~~ the president]]]]?

c. [$_{CP}$ *Who* ∅ [$_{TP}$ ~~who~~[14] [$_{T}$ Af [$_{vP}$ ~~*who*~~ [$_{v'}$ kill+∅[$_{VP}$ ~~kill~~ the president]]]]]]?

먼저 (21b)의 T-운용을 보면 T의 일치자질은 탐침을 통해서 vP의 지정어 'who'를 목표로 선정하여 일치에 의해서 T는 삼인칭/단수자질이 표시되고, 주어-DP 'who'는 시제자질을 갖게 된다. 이제 두 핵 T와 C가 가진 이동자질, 즉 T의 EPP 자질과 C의 가장자리자질(EF) 및 시제자질이 동시에 탐침을 하여 각각 (21)와 (21c)의 다른 'who'의 copy를 vP로부터 유인하여 각각의 지정어자리로 이동시킨다. 여기에서 가장 상위의 copy만이 PF단계에서 문자화되므로 (21b)의 spec-TP인 'who'는 삭제되고 (21c)의 spec-CP인 'who'만이 살아남으며, 결과적으로 T-to-C 이동 자체가 존재할 수 없다.

지금까지 논의과정에서 보았듯이 Wh-주어의문문의 핵심적인 가정은 spec-TP의 Wh-copy와 spec-CP의 Wh-copy는 서로 독립된 도출과정에서 만들어진 별개의 것이라는 점이다. 이러한 주장의 경험적 증거를 Radford(2009: 357)를 통해서 살펴보기로 하겠다. 아래 예문을 보자.

(22) *Who* is considered by *himself* to be the best candidate?

재귀대용어(anaphor)는 결속조건(A)에 따라 자신이 포함된 최소의 TP 안에서 c-command하는 표현에 의해서 결속되어야 하는데, 만일 예문 (2)에서 의문사 'who'가 겪는 유일한 이동이 VP의 보충어자리에서 TP의 지정어자리로의 A'-이동이라면 그 골격구조는 아래 문장이 될 것이다.

14) 외곽선의 who는 T-운용이 끝난 형태로서 C-운용에는 보이지 않으며 마지막 단계에서 PF와 LF로 전이되어 삭제된다.

(23) [$_{CP}$ *Who* [$_{C}$ ∅] [$_{TP}$ [$_{T}$ is] considered by *himself* [$_{TP}$ ~~*who*~~ [$_{T}$ to] be the best candidate]]]?

그러나 이 도출과정 안에서는 'himself'는 자신이 포함된 최소의 TP 안에서 c-command하는 선행사를 갖지 못하므로 비문으로 잘못 예측하게 된다. 이제 이를 해결하기 위하여 'who'가 연속순환 A-이동을 겪어서 spec-TP로 이동하고, 동시에 별도의 'who' copy가 A'-이동을 통해서 spec-CP로 이동한다고 가정하면 아래 골격구조가 된다.

(24) [$_{CP}$ *Who* [$_{C}$ ∅] [$_{TP}$ ~~*who*~~$_{i}$ [$_{T}$ is] considered by *himself*$_{i}$ [$_{TP}$ ~~*who*~~ [$_{T}$ to] be the best candidate]]]?

이제 제자리의 'who'에서 굵은 글씨 TP의 지정어자리로 A-이동이 된 copy는 재귀사 'himself'의 적법한 선행사가 되어서 결속하게 되고, 원래자리에 있는 'who'의 또 다른 copy는 CP의 지정어자리로 A'-이동하여 올바른 문장을 도출할 수 있게 된다.

<추가 내용>

지금까지 살펴본 Wh-주어구문에 대한 Chomsky(2005)의 독립적 탐침이론은 이 주장이 나오기 전까지 학계에서 가장 강력한 설득력을 가졌던 P&T(2001)보다 이론적 타당성이 있음을 보여주는 심각한 증거가 자연언어에 존재한다는 것을 우리는 Poole (2002: 11)에서 확인하였다. 아래 예문을 살펴보자.

(25) a. I know *that* Mary is here.
     b. I know Mary is here.

(26) a. Who knows *that* Mary is here?
     b. Who knows Mary is here?

(27) a. Who do you think *that* Mary saw [t]?

b. Who do you think Mary saw [t]?

(28) a.*Who did you say *that* [t] left the room?

b. Who did you say [t] left the room?

Poole(2002)은 위 예문들을 that-COMP의 생략의 수의성(optionality)과 관련하여 유추(analogy)나 유사성(similarity)만으로 문장의 문법성(grammaticality)을 설명할 수 없음을 보여주는 예로서 제시하고 있다. 다시 말해서 that의 생략이 가능한 (25), (26), (27)과 표면적인 구조의 유사성에도 불구하고 (28)은 that이 생략되지 않은 (28a)는 비문이 되는 것을 설명할 수가 없는 것이다.

우리는 특히 예문 (27)과 (28)이 바로 내포절의 Wh-이동과 관련된 예문임에 주목하기로 한다. 구체적으로 말해서 (27)의 Who는 내포절의 목적어로서 that이 선택적인데 반해, (28)의 Who는 내포절의 주어로서 that이 반드시 생략되어야 한다. 두 구문의 이와 같은 명백한 통사적 차이를 설명해줄 수 있는 이론이 바로 Chomsky(2005)의 독립 탐침이론이라고 우리는 주장한다. 먼저 P&T(2001)의 순환이론은 Wh-표현이 내포절의 주어냐 목적어냐에 관계없이 항상 T-to-C로의 이동을 한 다음에 주절의 CP로 이동한다는 주장이므로 내포절의 that이 표면에 나타나는 정문 (27a)를 설명할 수 없다. 왜냐하면 이중-COMP제약(Doubly-Filled COMP Filter)에 의해서 that이 표면에 나타나면 spec-CP 자리로의 Wh-이동이 불가능하기 때문이다. 한편, Chomksy(2005)의 독립적 탐침이론은 내포절의 Wh-표현이 주어이면 주격자질이 점검을 위해서 T-to-C 이동이 일어나야 하므로 that이 표면에 나타나면 (28a)처럼 비문이 되고, 목적어이면 이미 제자리(in-situ)에서 목적격을 받았으므로 목적격 자질의 점검을 다시 받을 필요가 없으며 주절의 Spec-CP로 바로 이동하므로 (27)이 보여주듯이 내포절의 that은 수의적이라고 바르게 설명할 수 있다. 결과적으로 우리는 Chomsky(2005)의 독립적 탐침이론의 정당성을 확인할 수 있게 되었다.

<이상 추가내용>

IV. 논의의 종합 및 시사점

지금까지 우리는 Wh-주어의문문의 통사적 특성인 Wh-비주어의문문과의 비대칭성을 규명하기 위하여 이전까지 학계에서 매우 설득력이 있는 주장으로 받아들여져 왔던 P&T(2001)의 대안으로 제시된 Chomsky(2005)의 국면기반이론의 정당성에 관한 논의와 Wh-이동 이론의 관련성을 상세히 검토하였다.

구체적으로 먼저 Wh-비주어의문문의 하나인 타동성 vP-구문을 중심으로 국면과 Wh-이동의 관련성을 살펴보았다. 이 vP로부터 Wh-이동이 되는 경우는 명사성 의문사는 모두 중간단계의 spec-vP를 거쳐서 최종적으로 spec-CP로 이동한다. T-운용과정에서 탐침 T는 Wh-목적어를 목표(Goal)로 삼지 못하는 데 그 이유는 비활성화소선과 혼합연쇄조건 때문이다. 이 두 조건은 결국 Wh-목적어가 T-운용과정에 더 이상 참여하지 못하고 국면인 타동성 vP에 머물게 됨을 설명해준다. 계속된 T-운용의 결과 CP가 형성되면 독립된 C-운용과정에서 핵인 C의 EF 자질이 vP에 남아있는 Wh-목적어를 spec-CP로 이동시키고 copy를 남긴다.

이와 대조적으로 Wh-주어의문문의 T-운용을 보면 T의 일치자질은 탐침을 통해서 vP의 지정어 Wh-주어를 목표로 탐사하여 T는 삼인칭/단수자질이 표시되고 주어-DP 의문사는 시제자질을 갖게 된다. 이제 두 핵 T와 C가 가진 이동자질, 즉 T의 EPP 자질과 C의 EF 자질 및 시제자질이 동시에 탐침작용을 하여 각각 다른 의문사-copy를 vP로부터 유인하여 각각의 지정어자리로 이동시킨다. 여기에서 가장 상위의 copy만이 문자화되므로 spec-TP의 copy는 삭제되고 spec-CP copy만이 살아남게 된다. 결과적으로 Wh-주어의문문에서 Wh-주어의 T-to-C 이동은 Wh-비주어의문문과 마찬가지로 격을 받은 Wh-표현은 더 이상의 운용에 참여하지 못한다는 비활성화조건과 혼합연쇄조건으로 봉쇄되고 격이 부여되기 이전의 spec-VP의 Wh-copy가 독립적으로 spec-CP로 이동한다.

우리가 주목하는 Chomsky(2005)의 논의의 핵심은 Wh-비주어의문문과 Wh-주어의문문의 Wh-이동은 근본적으로 다르다는 것이다. Wh-비주어의문문은 국면인 spec-VP의 의문사가 먼저 진행된 T-운용의 결과 형성된 spec-CP로 이동하고 Wh-copy를 남기는 반면에 Wh-주어의문문은 독립적으로 진행되는 T-운용과정에서 의문사가 국면인 spec-vP로부터 격을 받기 위하여 spec-TP로의 A-이동과 국면인 spec-vP로부터 EF 자질의 일치를 위해서 spec-CP로의 A'-이동이 별도의 Wh-copy에 의해서 동시에 독립적으로 일어나는 이중이동(Dual Movement)이라고 요약할 수 있다. 우리는 지금까지 Wh-이동과 관련하여 Wh-의문문이 Wh-비주어의문문과 보여주는 비대칭성의 근본 원인을 밝혀내려는 목적을 수행하는 방법으로서 초기 최소주의의 두 가지 입장을 개관한 후 우리가 근본적으로 다른 대안이라고 판단한 Chomsky(2005)의 국면기반이론 안에서 제시된 이론을 면밀히 검토하였다.

이제 Chomsky(2005)의 대안이 초기 최소이론의 Wh-주어의문문 및 생성문법 전반에 걸친 Wh-이동에 시사하는 바를 모색하는 것으로 우리의 논의를 마무리하기로 하겠다. P&T(2001)는 Chomsky(2005)가 나오기 전까지는 아마도 학계에서 가장 주목받는 Wh-주어의문문에 관한 이론이었다고 말할 수 있을 것이다. 그들은 Wh-주어가 주격자질을 가진 DP임을 문제 해결의 열쇠라고 보았다. C와 T가 공유하는 주격자질이 TP 안에서 일치에 의해서 삭제되므로 Wh-비주어의문문에서 의무적인 T-to-C 이동에 의한 일치과정은 Wh-주어의문문에서는 잉여적이어서 경제성원리를 어긴다고 설명하였다. 그리고 spec-TP의 Wh-주어는 C의 EPP 자질에 의해서 spec-CP로 이동한다고 주장하였다. 따라서 이는 A-이동과 A'-이동이 연속적으로 일어나는 단일이동(Unitary Movement) 이론인 셈이다.

그러나 Chomsky(2005)의 국면기반이론 안에서는 spec-TP의 Wh-구성성분이 spec-CP로의 T-to-C이동이 불가능하므로 P&T(2001)의 주장은 받아들일 수 없게 된다. 물론 Chomsky(2005)의 Wh-주어의문문에 관한 이론의 정당성은 국면기반이론의 근간이 되고 있는 여러 조건과 제시된 경험적 증거의 정당성과 맞물려있다고 보아야 한다. 여기서 한 가지 주목할 만한 중요한 사실은 Chomsky(2005)의 이론이 P&T(2001)와 완전히 상충되는 것이 아니라는 점이다. 즉, Wh-주어가 주격을 받기까지의 과정은 두 입장이 동일하며, spec-CP의 의문사의 도출과정에 대한 설명은 두 이론이 매우 다르다고 말할 수 있다.

끝으로 우리는 논리학과 생성문법에서 전통적으로 의문사가 변항(variable)으로서 반드시 격을 받아야 하는 논항으로 간주되는 점을 고려해 볼 때 A-이동과 A'-이동의 분리 접근법을 제안하는 Chomsky(2005)가 올바른 방향에 있다고 평가할 수 있을 것이다.

참고문헌

양동휘. 『문법론』. 서울: 한국문화사. 1994.

양동휘 외 4인. 『최소주의 이론』. 서울: 한신문화사. 1998.

장경기. 『현대생성문법탐구』. 울산: 울산대출판부. 2005.

최기용 편저. 『최소주의의 최근 흐름: Chomsky(1995) 이후』. 서울: 한국문화사. 2005.

Adger, David. *Core Syntax: A Minimalist Approach.* Oxford: Oxford University Press, 2003.

Chomsky, N. *The Minimalist Program.* Mass: MIT Press, 1995.

______. *Minimalist Inquiries: The Framework.* MIT Occasional Papers in Linguistics, no. 15, 1998.

______. *Derivation by Phase*, MIT Occasional Papers in Linguistics. no. 18, 1999.

______. "Beyond Explanatory Adequacy". unpublished manuscript. MIT, 2001.

______. "On Phases". unpublished paper. Mass: MIT, 2005.

______. "Approaching UG from below", unpublished paper. MIT, 2006.

Culicover, Peter. *Natural Language Syntax*. Oxford: Oxford University Press, 2009.

Grimshaw, J. "Minimal Projection, Heads, and Optimality", draft manuscript. Rutgers University, 1993.

Hornstein, N. *A Theory of Syntax-Minimal Operations and Universal Grammar*. Cambridge: Cambridge University Press, 2009.

Koopman, Hilda. "ECP Effects in Main Clauses." *Linguistic Inquiry*. 14. Cambridge: MIT Press, 1983.

Pesetsky, D. & Torrego, E. 'T-to-C movement: causes and consequences', in M. Kenstowicz (ed.) *Ken Hale: A Life in Language.* Cambridge: MIT ress, 2001.

Poole, Geofrey. *Syntactic Theory*. Palgrave. 2002.

Radford, A. *Syntax: A Minimalist Introduction*, Cambridge: Cambridge University Press, 1997.

______. *An Introduction to English Sentence Structure.* Cambridge: Cambridge University Press, 2009.

<Abstract>

A Syntactic Study of Wh-Subject Questions

Chang, Kyung Key. "A Syntactic Study of Wh-Subject Questions." ***The Journal of Modern British & American Language & Literature.*** **29.1 (2011): 57-77.** This study aims to closely examine the phase-based theory of Chomsky(2005)'s and then evaluate his new theory on Wh-subject questions mostly based on Radford's(2009) explanation. We estimate that Chomsky(2005) proposes a radically different theory on the derivation of Wh-subject questions from most other preceding ones. We first examine Grimshaw(1993)'s no Wh-movement theory, which argues that the Wh-subject question is TP, not CP. Next, we examine P&T(2001)'s unitary Wh-movement theory, which argues that Wh-movement from the spec-TP to the spec-CP is the same as the Wh-movement from the nonsubject position to the spec-CP. We assume Chomsky(2005)'s dual Wh-movement theory, which argues that there is neither T-to-C—movement nor *do*-support in Wh-subject questions, because C does not attract T when C attracts a Wh-constituent which is itself attracted by T. So, there are one Wh-copy in spec-TP and another Wh-copy in spec-CP. (Ulsan University)

Key Words: Wh-movement, Wh-subject questions, Phase, Probe, Copy

10

수사의문문과 전제의문문의 통사적 연구*

I. 연구의 목적 및 방법

본 연구는 보편문법적 관점에서 영어와 국어의 수사의문문(Rhetorical Question)의 통사구조와 의미-화용론적 용법을 명시적으로 기술하는 데 목적이 있다. 구체적인 논의과정에서 수사의문문과 부분적으로 유사한 표면구조를 가지고 있어서 대체로 일반적인 인식뿐만 아니라 기존의 수사의문문에 관한 문법이론에서도 독립적으로 다루어지지 않은 새로운 문장 유형(sentence type)이 존재함을 논증하게 될 것이다. 우리는 표면적으로 수사의문문처럼 보이지만 본질적으로 전혀 다른 새로운 문형을 전제의문문(Presuppposi- tional Question)이라 명명하고, 전제의문문이 수사의문문과 완전히 다른 고유한 통사구조와 의미-화용론적 용법을 가지고 있음을 아울러 주장하게 될 것이다.

수사의문문은 흔히 그리스와 로마에서 약 5세기에 걸쳐서 형성된 고대 수사학 혹은 수사법(rhetoric)에 기본적인 개념과 용어의 기원을 두고 있다. 형용사로서 '수사적'(rhetorical) 이라는 개념은 효과적인 말하기나 글쓰기를 함의하며, 현대에 이르러 이와 관련된 종합적이고 체계적인 학문인 수사학(Rhetoric)으로 발전

---

* 이 논문은 『현대영미어문학』 30.4호(현대영미어문학회, 2012)에 실린 것을 수정·보완한 것이다.

하게 되었다. 구체적으로 한 『언어학사전』의 정의를 살펴보면, 수사의문문은 "구조는 의문문이면서 강한 단언의 언표내적 효력(illocutionary force)을 가지는 발화이다. Yes-No 의문문과 Wh-의문문을 모두 수사 질문으로 쓸 수 있다. 수사의문문이 긍정이면 부정의 단언의 효력을 갖고, 수사의문문이 부정이면 긍정의 단언의 효력을 갖는다" 라고 기술되어 있으며, 영어와 국어의 수사의문문의 예문을 다음과 같이 제시하고 있다(이정민·배영남, 1987: 778).

(1) a. Is that a reason for despair? ['Surely that is not a reason for despair.']
b. Isn't the answer obvious? ['Surely the answer is obvious.']
c. 누가 그럴 알아? ['아무도 몰라.']
d. Who doesn't know? ['Everybody knows.']

우리는 앞으로 수사의문문에 대한 이와 같은 사전적 정의와 예문을 기반으로 하여 논의를 진행하게 될 것이다. 좀 더 구체적으로 말하면 모든 일반의문문이 상황에 따라 수사의문문으로 사용될 수 있는지를 통사적 관점에서 면밀히 검토하여, 의미-화용론적으로 수사의문문과 유사하지만 통사론적으로 전혀 다른 새로운 문형, 즉 '전제의문문'(Presuppositional Question)이 존재함을 새롭게 논증하게 될 것이다.

이러한 목적을 위해서 먼저 문장의 개념과 유형에 관한 이론을 포괄적으로 재검토하고, 일반적인 문형의 하나인 의문문과 의문문의 하나인 수사의문문의 관계를 검토하는 과정에서 수사의문문의 통사적 특성과 전제의문문의 통사적 정체성에 대한 명시적인 기술을 모색하게 될 것이다.

II. 문장의 개념 및 유형

2.1 문장의 개념

우리 인간은 누구나 모국어의 사용능력이 있고, 문장의 개념에 대한 무의식적인 인식이 있다. 따라서 문장이 무엇인지를 일반적으로 누구나 잘 알고 있다고 생각하지만 이를 이론적으로 정확하게 정의하기는 매우 어렵다. Fries(1952: 9)에 의하면 학계에 역대로 무릇 200 여개에 달하는 문장의 정의가 있다고 하는데, 이는 곧 문장을 정의하기가 얼마나 어렵고 복잡한가를 상징적으로 표현하고 있다고 말할 수 있다. 문장은 기본 단위인 단어에서부터 의미(meaning)와 형식(form)이 관련되어 있고, 사용(use)의 화용론적 측면도 관련되어 있다는 점에서 언어, 혹은 문법 연구의 가장 본질적인 연구 대상인 문장의 정의가 더욱 다양하고 복잡해질 수밖에 없다. 하지만 문장을 형성하고 이해하는 법칙을 명시적으로 기술하고자 하는 통사론자들의 입장에서 연구의 대상을 분명히 하기 위하여 최소한의 작업상의 정의가 불가피하다. 따라서 언어 혹은 문법이론의 발전에 따라 문장의 정의와 개념이 변해 왔고, 실제로 문법을 이론적으로 정립해가는 과정에서 문장의 개념과 정의가 변화하는 것은 학문 발전의 속성으로 보아서 자연스럽고 바람직한 결과라고 보아야 할 것이다.

문장의 정의는 문법이론의 발전상 크게 두 가지 관점에서 형성되어 왔다. 하나는 의미상의 정의(notional definition)로서 문장이란 "완전한 사상(complete thought)을 표현하는 단어의 집합(group of words)"이라는 가장 일반화된 정의로서 5세기경 Prinscianus(Prinscian)의 『라틴어 문법』에서 유래되었으며 흔히 전통문법(Traditional Grammar)의 입장을 대변하는 것으로 이해되어 왔다. 동시에 그 이후 입장을 달리하는 문법이론에서 전통문법을 비판하는 주요 목표물이 되기도 했다. 그러나 초창기의 영문법이 일반적인 라틴어 문법을 모델로 한 초보적인 것이었음을 고려할 때 이러한 정의는 당시로서는 최선의 선택이었다고 말할 수 있으며, 이 정의가 순전히 의미론적 정의만을 담고 있는 것이 아님을 인정해야 할 것이다. 문장의 또 다른 정의는 형식(form)에 바탕을 둔 형식적 정의(formal definition)이다. 구조문법(Structural Grammar)에서의 문장에 대한 정의는 주로 언어의 형식, 즉 단어와 문장의 구조적 특성을 반영한 정의를 하고 있다. 구조문법의 대표적인 학자중의 하나인 Bloomfield(1933: 170)은 "문장은 하나의 독립된 언어 형식이다"라고 했고, Fries(1952: 25)는 "문장은 최소 혹은 확장된 단일한 자립형식의 발화이다"라고 정의하였다. 이와 같이 구조주의 문법학자들은 문장의 정의에서 의미 혹은 개념을 배재하고 형식으로 규정하고 있다.

구조문법 이후로 문장의 구조에 대한 관심이 더욱 고조되면서 문장의 정의도 문법과의 직접적인 관련성 안에서 내려지게 되었다. 이을환·이철수(1981: 202)는 "문장의 구조를 기술하는 것이 문법"이라고 언급하면서 문법이론의 철학에 따라 언어의 정의가 달라지면서 문법과 문장의 정의가 달라져 왔다고 기술하고 있다. Crystal(1985: 227)도 "한 언어의 문법이 조직되는 최대의 구조적 단위"(the largest structural unit in terms of which the grammar of a language is organized)라고 정의하고 있다. 또한 Greenbaum & Nelson (2009: 102)은 "문법을 단어를 더 큰 단위로 결합시키는 규칙을 다룬다."고 정의하고, 일정한 규칙을 따르는 대부분의 문법적인 문장을 일반문(regular sentence)으로, 그리고 이 일반문에서 도출된 소수의 문장을 특수문(irregular sentence)으로 분류하고 있다.

Chomsky(1957) 이후 최근의 최소이론(minimalist theory)에 이르기까지 생성문법은 문장의 통사적 구조에 대한 명시적 이론을 정립하는 것을 최상의 목표로 삼고 있다. 이는 다음과 같은 Radford(1997: 12)의 구조-의존원리에 잘 표현되어 있다.

(2) 구조 - 의존원리(Structure-Dependence Principle):
모든 문법운용은 구조-의존적이다.
(All grammatical operations are structure-dependent.)

초기 생성문법은 구절규칙(PS Rule)에 따라 문장을 다음과 같이 표시하였다.

(3) S→NP AUX VP

다시 Chomsky(1981)의 지배결속이론(GB Theory) 이후에는 문장의 핵(Head)를 I(infl)로 규정하고 문장은 I의 최대투사인 IP로 정의하였다. 나아가서 Chomsky(1995) 이후의 최소이론에서는 대체로 문장을 문장의 핵을 T(tense)로 규정하고, 문장은 이의 최대투사인 TP로 정의해 왔다. 다시 최근의 최소이론은 문장의 기본 구조를 IP나 TP가 아닌 CP(complementizer phrase)로 규정하고, 기존 문장은 CP의 핵인 보문소 C의 보충어(complement)로 간주하기에 이르렀다. 더 나아가서 이 보문소(C)가 문장의 담화기능을 결정하는 화용론적 자질(pragmatic feature)을 가진다고 이론화함으로써 일정한 담화기능을 구조적으로 설명할 수 있게 되었다.

이상에서 살펴보았듯이 문장의 정의 자체는 고정될 수 없고, 문장을 기술하고자 하는 문법이론의 관점에 따라 계속해서 변화, 발전되어 왔음을 알 수 있다. 우리가 이어서 살펴볼 문장의 유형에 관한 문법이론도 결국 문장의 구조를 보다 효과적으로 분석하고 기술하려는 학문적 작업의 성과라고 말할 수 있다.

2.2 문장의 유형

우리가 문장의 개념이나 정의를 생각할 때 처음부터 모든 문장을 대상으로 하는 것이 아니라 가장 기본적이고 일반적인 일정한 형태의 전형적인 문장을 원형(prototype)으로 삼아서 인식의 틀을 형성하게 된다. 이러한 인식 방법은 문법에서도 동일하게 사용되는데, 문법학자들이 모든 문장을 동시에 기술의 대상으로 하는 것이 아니라 가장 무표적인(unmarked) 형태의 문장을 기술하고, 이를 토대로 다른 문장과의 관계를 정립하게 된다. 이 기본문이 바로 평서문(declarative sentence)이다. 평서문은 문장의 유형, 즉 문형(sentencetype)의 기본문이 되기도 한다. 문형은 분류 방법이나 기준, 그리고 학자의 관점과 연구 목적에 따라 다양하게 분류될 수 있다.

Lyons(1968: 307)는 문법 범주의 중요한 개념의 하나인 서법(敍法; Mood)에 의해서 문형을 나누고 있다. 서법은 문장의 동사를 굴절시키거나, 조동사의 수식에 의해서 주로 실현된다. 서법이란 화자 자신이 말하고 있는 것에 대한 심리적 태도, 마음가짐, 혹은 자세에 관하여 전혀 수식되지 않고, 사실(fact)의 단순한 진술을 표현하는 문장의 무표적 종류(unmarked class)와 관련된 어법상의 정의이다. 이러한 단순 평서문은 엄격하게 말해서 무표적 서법(Mood-unmarked), 즉 비서법(非敍法; non-Modal)이라고 말할 수 있다. 그러나 화자가 말하는 내용에 대한 사실적 지위(factual status), 예를 들어 화자의 강조적 확신, 불확신, 혹은 의심에 관한 자신의 개입 여부에 따라서 여러 가지 문법적 장치를 갖는 언어도 있을 수 있기 때문에 이러한 무표적인 문장도 일정한 서법, 즉 직설법(indicative Mood=declarative Mood) 안에 있다고 보는 것이 통상적이다.

문형의 하나인 명령문(imperative sentence)은 진술하지 않고 명령(command)이나 지시(instruction/directive)를 표현하는 독립된 법에 속하는 문형이다. 명령문은 청자에게 직접 전달된다는 면에서 굴절(inflection)이 풍부한 언어조차 동사가 굴절되지 않는다는 사실이 놀랍다. 이 점에서 평서문보다 명령문이 더 기본적인 문장이라고 보는 학자들도 있다.

우리의 앞으로의 논의와 직접 관련이 있는 또 하나의 문형인 의문문(interrogative sentence)은 서법성(Modality)에서 평서문과 분명한 대조를 이루는 문형이다. 전통적으로 영어는 동사의 굴절이나 조동사에 의해서 평서문과 구분되지 않는다는 점에서 평서문과 같은 직설법에 속한다고 간주되기도 했으나 영어에서 주어와 조동사의 도치(SAI), 국어 등에서는 의문 문말어미의 추가, 평서문과 다른 상승억양(rising intonation) 등을 사용하여 의문문을 만든다는 면에서 독립된 서법(Mood)을 가진다고 Lyons(1968)는 주장한다.

(4) a. You are right.
    b. Are you right?
    c. 그가 왔다.
    d. 그가 왔니?

Lyons(1968: 308)는 그러나 화자의 기대(speaker's expectation)를 가리킨다는 면에서 의문문이 독립된 서법성(Modality)이라고 주장한다. 여기서 화자의 기대란 의문문이 화자가 청자에게 응답(Yes-No)를 기대한다는 것이다. 예를 들어 라틴어는 화자의 기대여부에 대한 분명한 형태소 표시가 의문문에 있다[1]. 영어도 화자의 기대를 반영하는 유사한 현상이 의문문의 특수 형태인 부가의문문에 나타난다[2]. 문형은 결국 화자의 명제에 대한 심리적 태도(psychological attitude; Mood)가 문법적으로 표시되는 방식에 따른 분류라고 말할 수 있다.

Greenbaum & Quirk(1990: 232)는 단문을 네 개의 주요 통사적 유형(four major syntactic types)으로 나눈다. 이들도 평서문을 기본문으로 하여 표면적인 어순이 구조적으로 구별되는 다른 문형을 기술하고 있다.

(5) 문장의 유형별 구조적 특성

① 평서문: <주어+동사>의 어순

② 의문문:

a. Yes-No 의문문: 운용자(operator)가 주어 앞에 놓인 문장

b. Wh-의문문: Wh-구가 문두에 오고 운용자가 주어 앞에 놓인 구문

③ 명령문: 외현적인 문법적 주어가 없는 문장으로 동사는 원형을 사용함.

④ 감탄문: 일반적으로 what이나 how로 시작하고 <주어+동사>의 어순인 문장

이 주요 문형은 아래의 담화기능(discourse function)과 직접 연관되어 있다고 기술하고 있다.

(6) 주요 문형의 담화기능

① 평서문: 진술(statement) [주로 정보의 전달]

② 의문문: 질문(question) [주로 정보의 추구]

---

1) ① open question: 접미사 -ne를 붙임 (기대 없는 경우)
② yes를 기대하는 경우: 첨사 nonne이 유도함
③ no를 기대하는 경우: 첨사 num이 유도함

2) ① open question: "Is he here?"
② yes를 기대하는 경우: "He's here, isn't he?"
③ no를 기대하는 경우: "He isn't here, is he?"

③ 명령문: 지시(directive) [주로 지시]
④ 감탄문: 감탄(exclamation) [주로 감정의 표현]

지금까지 우리는 평서문을 기본문으로 하여 학계에서 문형을 나누는 두 가지 입장을 살펴보았다. 하나는 Lyons(1968)가 기술하는 바대로 문장의 서법에 따른 분류이고, 또 하나는 Greenbaum & Quirk(1990)이 기술하는 바대로 담화 혹은 화용론적 기능에 따른 분류이다. 그러나 이처럼 다른 기준에 의해서 동일한 결과가 나오는 것은 전통적인 서법(Mood)의 정의나 화용론적 기능이 본질적으로 동일한 개념이기 때문이라는 것을 알 수 있다. 결론적으로 영어의 문형은 평서문, 의문문, 명령문, 감탄문으로 분류되는 것이 일반화되었으며, 화용론적 기능이 주로 문형 분류의 기준으로 기술되고 있다고 말할 수 있다. 물론 모든 언어가 완전히 동일한 문형을 갖는 것은 아니며, 국어는 세 문형은 영어의 것과 동일하지만 나머지 문형인 감탄문 대신에 기원문(祈願文)을 주요 문형의 하나로 받아들이고 있다. 특히 국어는 문말 어미에 의해서 문형이 분명하게 구분되는 매우 독특한 언어 체계를 가지고 있다. 결국 Lyons(1981)의 지적대로 문형은 문장의 구조와 화용론적 기능의 교차 영역(intersecting section)이라는 면에서 언어의 본질적 특성, 즉 형태와 의미를 그대로 반영하고 있다고 말할 수 있다.

2.3 문형의 생성문법 이론

생성문법(Generative Grammar)은 언어능력을 "모국어 화자가 가지고 태어나는 무의식적인 언어지식"(unconscious knowledge)으로 정의한다. 구체적으로 문법은 그 언어의 올바른 문장, 즉 정문을 생성하고 해석하는 규칙 및 원리이며, 문법학자들은 이 문법을 명시적으로 기술하고자 한다. 문형에 대한 생성문법의 입장도 이전의 전통적 입장과 크게 다르지 않으며, 단문으로서의 평서문(simple declarative sentence)을 기본 구조로 하여 다른 문형을 일정한 변형규칙에 의해서 도출하고자 하는 작업이 매우 핵심적인 문법으로 자리하게 되었다. 예를 들어 의문문은 주어-조동사 도치(SAI)에 의해서 만들어지고, Wh-의문문은 Wh-이동규칙으로 형식화하였다. 또 명령문은 평서문의 주어가 생략된 문장으로 설명하였다. 이러한 접근법은 심층구조에 설정한 의미와 구조가 변형규칙이 적용되어도 그대로 보존된다는 가설에 바탕을 둔 것이다.

Chomsky(1981)의 지배결속이론(GB Theory)) 이전에는 문장은 S이고 절(clause)은 문장 앞에 접속사 C(complementizer)가 온다고 보았다.

(7) S’ → COMP S

따라서 문장은 S이고 내포절은 S’가 된다. 그러나 Chomsky(1981)의 지배결속이론 이후에는 문장의 분석 방법과 내용도 크게 달라진다. 핵계층이론(X'-Theory)에 따라 문장의 핵(Head)을 I(infl)로 설정하여 문장(평서문)을 I의 최대투사 IP로 기술하게 된다. 이에 따라서 의문문은 IP보다 더 상위의 구조인 CP로 정의된다. CP는 기능범주 C의 최대투사범주로서 핵인 C는 문장인 IP를 보충어(complement)로 갖게 된다.

더 나아가서 생성문법(Generative Grammar)의 최신이론인 최소주의 문법(Minimalist Theory)은 문장의 개념 및 구조에 대한 획기적인 변화를 가져왔다. 최소주의 문법은 평서문도 의문문과 마찬가지로 IP(=TP)가 아니라 CP로 규정하기에 이르렀다. 일반 평서문에서 C가 드러나지 않는 경우는 영범주(null category)로서 비가시적인 C가 존재한다고 가정한다. 그리고 CP의 핵인 C가 화용론적 효력(pragmatic force), 즉 화용론적 기능을 가진다고 기술하게 되었다. 우리가 앞에서 살펴보았듯이 전통적으로 문형을 분류하는 기준이 되었던 담화, 화용론적 기능을 생성문법에서는 문장의 내부 구조로서 통사론의 영역 안에서 설명할 수 있게 된 것이다. Adger(2003: 292)에 따르면, “C는 그 절(clause)의 명제에 대하여 청자(hearer)가 어떻게 <u>생각해야</u> 하는가”(...how the hearer <u>should</u> think of the proposition expressed by its clause)를 지칭한다. 구체적으로 명제, 즉 사건에 대하여 발화자인 화자가 청자에게 기대하고자 하는 생각 혹은 판단으로는 두 가지 주요한 가능성이 있는데, 하나는 절(clause)이 사실의 단순한 진술로 생각되어야 하는 경우, 즉 평서문과 사실에 대한 질문으로 생각되어야 하는 경우, 즉 의문문이다. 이 두 문형을 구분하는 보문자의 기능은 C를 각각 평서문의 'that'과 의문문의 'whether/if'로 구별하게 한다. 이 두 보문자는 서로 상보적 관계를 가지며, C의 뒤에 따라오는 내포문과 하나의 구성성분 (constituent) CP를 구성한다. Radford(2009: 10)에 의하면, 이 이론이 더 발전하여 C의 이 두 가지 차이점이 자질(feature)로 표시된다. 평서문의 C는 진술(statement)의 화용론적 자질인 [Decl], 의문문의 C는 질문(question)의 화용론적 자질인 [Q]를 갖게 된다. 우리가 이 이론을 받아들이면 그 밖의 다른 문형인 명령문은 영범주(null category) C에 지시(Directive)의 화용론적 자질인 [Direct]를, 감탄문은 영범주 C에 감탄(Exclamation)의 화용론적 자질인 [Excl]을 일관되게 설정하여 화용론적 기능을 CP 안에서 구조적으로 설명할 수 있게 된다.

III. 수사의문문과 전제의문문

3.1 의문문과 수사의문문

의문문은 네 가지 주요 문형의 하나이다. Greenbaum & Nelson(2009: 106)는 의문문을 다시 일반의문문 유형(major question type)과 특수의문문 유형(minor question type)으로 나누어서 설명하고 있다. 먼저 일반의문문을 보기로 하겠다.

(8) 일반의문문의 유형

① Yes-No 의문문: (조)동사로 시작한다. 주어-조동사의 도치를 요구한다. 청자로 부터 Yes-No의 대답을 기대하기 때문에 이렇게 부른다. 물론 다른 단답형 응답도 가능하다.

② Wh-의문문: 의문사 단어나 구로 시작한다. 의문사 단어는 화자가 청자

로부터 공급받기를 원하는 부족한 정보를 대신한다. 주어-조동사 도치(SAI)가 일어난다. (Wh-주어인 경우는 제외된다)

이제 특수의문문(minor question)으로 분류된 유형을 보기로 하자.

(9) 특수의문문의 유형

① 평서의문문(declarative question): 평서문의 형식에 질문의 효력(force of question)을 갖는다.

② 선택의문문(alternative question): 두 가지 이상의 선택 요소에서 하나를 선택하도록 기대된다. Yes-No 의문문과 Wh-의문문이 모두 선택의문문의 형식을 가질 수 있다.

③ 부가의문문(tag question): <평서문+생략된 Yes-No 의문문>이며, 명령문도 부가문(tag)을 추가하여 부가명령문을 만들 수 있다.

④ 수사의문문(rhetorical question): 강력한 진술의 힘을 가지고 있으므로 응답을 기대하지 않는다. 긍정문이면 부정의 힘을 갖고, 부정문이면 긍정의 힘을 갖는다. Yes-No question과 Wh-question과 닮아 있다.

우리의 일차적 관심은 특수의문문의 하나로 분류된 수사의문문에 있다. 위 내용은 우리가 처음에 소개한 수사의문문의 사전적 정의와 다르지 않다. 다만 수사의문문의 통사구조가 일반의문문의 두 유형과 전혀 다를 바가 없다는 점에 유의하기로 하자.

Greenbaum & Quirk(1990: 232)는 문장의 유형을 논하면서 기대하는 응답의 유형에 따라 선택의문문을 일반의문문에 포함시키고 있는 점이 독특하다. 그러나 우리는 선택의문문이 응답이 제한되어 있다는 점과 부정의문문이 불가능하다는 점, 그리고 특수의문문인 수사의문문이 존재하지 않는다는 면에서 대부분의 학자들의 주장처럼 특수의문문으로 분류되는 것이 더욱 타당하다고 판단된다.

Greenbaum & Quirk(1990: 233)은 Yes-No 의문문을 다시 긍정 Yes-No 의문문

과 부정 Yes-No 의문문으로 나누어서 설명하고 있는데, 이 내용이 수사의문문에 대한 앞으로의 우리의 논의와 매우 밀접한 관계가 있기 때문에 자세히 살펴볼 필요가 있다.

먼저 긍정 Yes-No 의문문을 보자.

(10) a. Did anyone call last night? ['Someone called last night.']
b. Has the boat left yet? ['The boat has left already.']
c. Did someone call last night? ['Someone called last night.']
d. Has the boat left already? ['The boat has left already.])

Greenbaum & Quirk(1990)는 동일한 평서문에 대한 Yes-No 의문문이 응답에 대한 화자의 기대가 중립적인 경우와 긍정적인 응답을 원하는 경우 달라진다는 설명을 하고 있다. 소위 'any'나 'yet' 등의 부정 극성어(NPI; negative polarity item)가 사용된 (10a)와 (10b)는 화자의 기대-중립적인 의문문이며, 이와 달리 'some', 'already' 등의 긍정 극성어(PPI; positive polarity item)가 사용된 (10c)와 (10d)는 화자가 긍정의 응답을 기대하고 있는 상황이다.

그러나 부정 Yes-No 의문문에서는 화자-중립적인 용법으로 쓰이지 않고 항상 응답에 대한 화자의 태도가 반영된다고 Greenbaum & Quirk(1990: 233)는 주장하고 있다. 다음의 부정 Yes-No 의문문을 보자.

(11) a. Don't you believe me?
b. Hasn't he told you what to do?
c. Have they never invited you home?
d. Has nobody called?

Greenbaum & Quirk(1990)는 부정의문문이 부정적 방향(negative orientation)을 가진 경우에는 놀라움(surprise)이나 불신(disbelief)의 요소에 의해서 의미가

복잡해진다고 보는데, 여기에서 화자의 태도는 긍정 응답과 부정 응답의 결합으로서 과거의 긍정 기대(positive old expectation)와 현재의 새로운 부정 기대(negative new expectation)가 모두 반영되어 있다고 설명하고 있다. 화자의 이전의 긍정의 기대가 새로운 증거에 의해서 깨어지면서 실망과 난처함이 표현되고 있다.

그러나 부정 Yes-No 의문문이 긍정 극성어와 함께 쓰이면 항상 화자의 긍정 기대가 표현된다. 다음 예문을 보자.

(12) a. Didn't <u>someone</u> call last night? ['I expect that someone did.']
b. Hasn't the boat left <u>already</u>? ['Surely it has.']

그러나 Greenbaum & Quirk(1990)을 그대로 받아들이면 (10c)의 긍정 Yes-No 의문문과 (12a)의 부정 Yes-No 의문문이 화자의 긍정 기대라는 동일한 의미가 되고, (10d)의 긍정 의문문과 (12b)의 부정 의문문이 동일한 의미가 된다는 주장에 이르게 된다.

그러나 우리는 구조상으로 긍정과 부정의 대립이라는 유일한 차이만을 보여주는 위의 두 쌍의 문장이 화자의 긍정의 기대라는 동일한 의미를 갖는다는 것을 명시적으로 설명해야 할 심각한 과제를 안고 있다. 이 문제에 대한 진지한 논의를 수사의문문과 관련하여 다음 절에서 전개하게 될 것이다.

3.2 수사의문문의 구조와 용법

수사의문문은 일반의문문과 구분되는 특수의문문의 하나로서 Greenbaum & Quirk(1990: 240)에 따라 그 특성을 열거하면 다음과 같다.

(13) 수사의문문의 특성
① 구조는 일반의문문이지만 강력한 주장(assertion)의 효력(force)을 갖는다.

② 화자는 청자의 응답을 기대하지 않는다.

③ 긍정 Yes-No 의문문은 강한 부정의 주장을 하고, 부정 Yes-No 의문문은 강한 긍정의 주장을 한다.

④ 화자의 동일한 주장을 Wh-의문문으로 표현할 수 있다.

⑤ 억양은 일반의문문과 거의 일치한다. 고저(pitch)가 약간 다르다.

이를 요약하면 수사의문문은 화자의 태도나 주장과 긍·부정의 극성(polarity)이 대립되는 일반의문문을 통해서 자신의 주장을 강조하는 화용론적 용법을 가진 특수의문문이라고 정의할 수 있다. 다시 말해서 일반의문문은 화자의 태도나 주장이 중립적인 반면에 수사의문문은 반드시 자신의 태도나 주장이 있으며, 이를 긍·부정의 극성을 바꾸어 일반의문문의 통사구조로 표현한 문장이다. 다음 예문을 보자.

(14) a. You know this. ['너는 이것을 안다.']
  b. Don't you <u>know</u> this? ['너는 이것을 알지 <u>못 하니</u>?']
  c. <u>Who</u> doesn't know this? ['<u>누가</u> 이것을 알지 못하니?']
  d. <u>What</u> don't you know? ['너는 <u>무엇을</u> 알지 못하니?']

(15) a. You don't know this.['너는 이것을 알지 못한다.']
  b. Do you <u>know</u> this?['너는 이것을 <u>아니</u>?']
  c. <u>Who</u> knows this?['<u>누가</u> 이것을 아니?']
  d. <u>What</u> do you know?['너는 <u>무엇을</u> 아니?']

예문 (14)의 의문문은 평서문인 (14a)를 기본문으로 하여 화자의 태도가 중립적인 일반의문문으로 사용될 수도 있고, 상황에 따라 화자가 (14a)라는 긍정문을 자신의 생각으로 가지고 있으면서 이를 주장하기 위하여 부정문인 (14b), (14c), (14d)가 사용될 수도 있다. 이때 Yes-No 의문문 (14b)는 질문의 초점이

'know'에 있어서 이를 부정하여 역으로 강조하는 문장이며, Wh-의문문은 질문의 초점(focus)에 따라 의문사의 선택이 달라진다. (14c)는 (14a)의 'you'가 강조되는 수사의문문이며, (14d)는 (14a)의 'this'가 강조되는 수사의문문이다.

예문 (15)의 의문문은 (14a)의 부정 평서문인 (15a)를 기본문으로 하여 화자의 태도가 중립적인 일반의문문으로 사용될 수도 있고, 상황에 따라 화자가 (15a)라는 부정문을 자신의 생각으로 가지고 있으면서 이를 주장하기 위하여 긍정문인 (15b), (15c), (15d)가 수사의문문으로 사용될 수 있다. 질문의 초점에 따라 Yes-No 의문문과 Wh-의문문이 선택되는 원리는 예문 (14)와 다를 바 없다[3].

이제 우리가 앞 절(3.1)에서 심각한 과제로 남겨둔 극성어가 포함된 일반의문문과 수사의문문의 관계를 면밀히 검토하기로 하겠다. 논의의 편의를 위해서 다시 요약하면, Greenbaum & Quirk(1990: 233)의 핵심적 주장의 하나는 긍정 극성어(PPI)가 사용된 Yes-No 의문문은 화자의 긍정 기대에 따라서 긍정 의문문과 부정 의문문이 화자가 기대하는 동일한 긍정의 의미가 된다는 것이다. 관련된 예문을 다시 가져와서 살펴보기로 하자.

(16) a. Did someone call last night? ['Someone called last night.']
b. Didn't someone call last night? ['I expect that someone did.']
c. Has the boat left already? ['The boat has left already.']
d. Hasn't the boat left already? ['Surely it has.']

결국 Greenbaum & Quirk(1990)의 주장을 따르면 일반의문문인 (16a)와 (16b), 그리고 (16c)와 (16d)가 동일한 의미가 된다는 것이다.

이제 이 주장의 근거를 우리가 밝혀보기로 하자. 먼저 (16a)와 (16b), 그리고 (16c)와 (16d)가 모두 긍정 극성어 'some' 혹은 'already'를 가지고 있으므로 정의상 수사의문문이 될 수 없다고 보아야 한다. 그렇다면 표면적으로 분명하게 긍정문과 부정문의 대립을 보여주는 두 쌍의 문장이 어떻게 동일한 의미를 갖

3) Greenbaum & Nelson(2009: 107)도 수사의문문이 Yes-No 의문문 및 Wh-의문문과 유사하다고 기술하고 있다. 다른 점은 화자의 태도의 중립성 여부이다.

게 되는 것인지 언어의 변용이 신비스럽기까지 하다. 일단 이 시점에서 우리는 모국어의 직관을 빌려보기로 하겠다. 국어는 'some/any'에 대응하는 극성어가 없으므로 'already/yet'에 대응하는 극성어, '벌써/아직'이 포함된 (16c)와 (16d)의 국어 표현을 가지고 이 문제를 심도 있게 검토해 보기로 하자.

(17) a. 배가 (<u>벌써</u>) 떠났<u>니</u>?
b. 배가 (<u>벌써</u>) 떠났<u>지</u>?
c. 배가 (<u>벌써</u>) 떠나지 않<u>았</u>니?
d. 배가 (<u>벌써</u>) 떠<u>났</u>지 않니?

우선 영어 표현 (16c)와 (16d)가 모두 '배가 떠났음'을 강조하는 표현이라면 이에 대응하는 국어 표현은 각각 (17b)와 (17d)이다.

먼저 (17a)는 적어도 국어에서는 긍정 극성어를 사용해도 화자의 태도는 중립적임을 보여주고 있는데, 그 이유는 의문문의 문말어미가 중립적인 '-니?'이기 때문이다. 따라서 (17a)에 대한 응답은 '예'와 '아니오'가 모두 가능하다. 그러나 (17a)는 특정 상황에서 수사의문문으로 쓰일 수 있다. 화자가 "배가 아직 안 떠났다"는 부정적 주장을 강조하기 위하여 긍정 의문문을 사용할 수 있다.

그리고 (17b)는 '-지?' 문말어미에 의해서 화자가 배가 떠났음을 강조하고 확인하는 의미를 가지고 있다. 긍정 극성어 '벌써'는 꼭 필요한 성분도 아니다. (17d)도 우리의 국어에 대한 직관은 화자의 긍정 주장을 강조하는 의문문임이 분명한데, (17c)와 비교해보면 시제소 '았'이 어간 '떠나-' 바로 다음의 위치로 이동한 문장이다. 따라서 이러한 용법으로 쓰이는 데에서 시제소의 이동이 고유한 역할을 한다고 보아야 한다.

이제 우리가 가장 심각하게 숙고해야 할 문장은 (17c)이다. 한 가지 분명한 사실은 (17c)가 (17b)와 동일한 화자의 긍정적 주장을 의미할 수 있다는 점이다. 긍정 극성어는 이 문장에서도 필수성분은 아니다. 그렇다면 우리는 부정 일반 의문문의 의미를 다시 살펴볼 필요가 있다. 다음 예문을 보자.

(18) a. 배가 떠나지 않았니?
b. 배가 (아직) 떠나지 않았니?(↗)
c. 배가 (벌써) 떠나지 않았니?(↘)

(18b)는 화자의 태도가 중립적이면 일반 Yes-No 의문문이고, 화자가 긍정적 태도를 가지고 말하는 부정문이면 수사의문문이 된다. 반면에 (18c)는 긍정 극성어가 사용된 부정의문문으로서 화자가 긍정적 태도를 가지고 이를 강조 혹은 확인하는 독특한 용법으로 사용되었다. 극성어가 이 문장의 필수 성분은 아니지만 두 구문의 차이를 설명해주는 중요한 기준이 된다. 동시에 상승억양과 하강억양의 차이도 음운론적인 두 구문을 구분해주는 중요한 음운론적인 증거이다. (18c)가 갖는 이 용법은 우리가 앞에서 분류한 어떤 문형에도 포함되어 있지 않다는 것이 우리의 입장이며, 따라서 논의의 편의를 위하여 이 새로운 문형을 '전제의문문'(Presuppositional Question)이라 명명하기로 하겠다. 다음 장에서 전제의문문이 독립된 특수한 문형으로 설정될 수 있는지 영어와 국어의 예문을 가지고 구체적인 논증을 계속하기로 하겠다.

3.3 전제의문문의 정체성

저명한 전통문법학자인 Jespersen(1933: 304)은 일찍이 의문문을 비정서적(unemotional) 의문문과 정서적(emotional) 의문문으로 나누어 설명하면서 "Isn't that nice?"가 "That's very nice"를 의미한다는 놀라운 통찰력을 보여 주었다. 비정서적 의문문은 우리의 화자-중립적인 의문문이고, 정서적 의문문은 화자의 긍·부정의 태도가 반영된 의문문이라고 말할 수 있다. 우리는 앞 절에서 수사의문문의 성질을 면밀히 검토하는 과정에서 수사의문문처럼 보이나 실제로는 전혀 다른 부정의문문이 존재함을 발견하게 되었는데, 이 문장이 바로 강한 긍정의 의미를 갖는 특수한 부정의문문이다. 이 부정의문문은 화자가 긍정문을 자신의 전제(presupposition)로 하여 부정의문문의 형식으로 주장하는 용법이다. Greenbaum & Quirk(1990: 234)는 부정 Yes-No 의문문이 긍정적 어휘항목, 즉 긍정 극성어(PPI)를 가지면 화자의 긍정적 태도(positive orientation)를 표현한다고 기술하고 있는데, 바로 이 문장이 우리의 '전제의문문'이라고 우리는 주장한다. 다음 예문을 다시 보자.

(19) a. Didn't anyone call last night?
b. Didn't someone call last night? ['Someone called last night, didn't he?']
c. Hasn't the boat left (yet)?
d. Hasn't the boat left (already)? ['The boat has left already, hasn't it?']

위 예문 중 긍정 극성어 'someone'과 'already'가 각각 쓰인 (19b)와 (19d)는 전제의문문으로서 부가의문문과 유사한 구조와 화용론적 효력을 갖는다. 다시 말하면 전제의문문은 표면적인 부정의문문의 구조를 통해서 전제인 긍정 평서문을 확인한다는 면에서 <긍정문+생략형 부정 부가성분>의 부가의문문의 일반적인 용법과 유사하다고 말할 수 있다.

그러나 긍정 극성어가 전제의문문의 필수요소는 아니다. 따라서 극성어가 없는 부정의문문은 중의성을 갖게 된다. 이때는 음운론적 차이로 설명할 수도 있다. 전제의문문은 대체로 하강억양을 갖고, 화자 중립적인 일반 부정의문문이나 수사의문문은 상승억양을 갖는다.

국어의 전제의문문은 영어의 전제의문문보다 더 분명한 독자성을 보여주는 언어이다. 다음 예문을 보자.

(20) a. 철수가 오지 않았니?
b. 철수가 벌써 **오**지 않았니?
c. 철수가 (벌써) **왔**지 않니?
d. 철수가 (벌써) **오**잖았니?
e. 철수가 (벌써) **왔**잖니?
f. 철수가 (벌써) 안 왔니?
g.*철수가 (벌써) 못 왔니?

(20a)는 중립적인 경우와 수사의문문문, 그리고 전제의문문으로 쓰일 수 있는 중의성을 갖는다. 만일 전제의문문이라면 (20b)처럼 긍정 극성어와 함께 쓸 수 있다. 전제의문문은 또한 (20c)처럼 시제소가 어간 다음의 위치로 이동할 수 있고, 아울러 (20d)처럼 부정문의 첨사인 '지'와 부정소 '않'이 축약되어 '잖'이 될 수 있다. 더욱 흥미로운 사실은 (20f)처럼 국어의 부정문의 유형 중 하나인 전술어 부정문(pre-predicate negation)도 일반적인 전제의문문으로 쓰일 수 있지만, 소위 '못'-부정문은 (20g)처럼 전제의문문으로 쓰일 수 없다는 점이다. 이상의 특징은 전제의문문의 보편문법적 성질을 잘 보여주고 있다고 말할 수 있다.

오직 부정 Yes-No 의문문만이 전제의문문으로 쓰일 수 있는데, 이는 Yes-No 의문문과 Wh-의문문의 긍·부정형이 모두 수사의문문으로 쓰일 수 있는 점과 크게 대조되는 점이다. 아울러 긍정 극성어가 매우 흔하게 나타나는 전제의문문과 긍정 극성어가 나오는 긍정의문문과 부정의문문은 결코 수사의문문으로 쓰일 수 없다는 점은 두 구문의 정체성을 보여주는 또 다른 특성이라고 할 수 있다.

<추가 내용>

지금까지 논한 수사의문문과 전제의문문의 차이점을 도표로 나타내면 다음과 같다.

<table>
<tr><th colspan="2"></th><th>일반의문문</th><th>수사의문문문</th><th>전제의문문</th></tr>
<tr><td colspan="2">긍정의문문</td><td>가능</td><td>가능</td><td>불가능</td></tr>
<tr><td colspan="2">부정의문문</td><td>가능</td><td>가능</td><td>가능</td></tr>
<tr><td colspan="2">Wh-의문문</td><td>가능</td><td>가능</td><td>불가능</td></tr>
<tr><td colspan="2">시제소 이동</td><td>불가능</td><td>불가능</td><td>가능</td></tr>
<tr><td colspan="2">부정소 축약</td><td>불가능</td><td>불가능</td><td>가능</td></tr>
<tr><td rowspan="2">의미</td><td>긍정</td><td>긍정의문문</td><td>부정의문문</td><td>부정의문문</td></tr>
<tr><td>부정</td><td>부정의문문</td><td>긍정의문문</td><td>불가능</td></tr>
<tr><td colspan="2">화자의 전제</td><td>중립적</td><td>긍정/부정</td><td>긍정</td></tr>
<tr><td colspan="2">억양</td><td>상승/하강</td><td>상승/하강</td><td>하강</td></tr>
</table>

이 도표를 통해서 다시 확인할 수 있듯이, 구조적으로는 일반의문문과 수사의문문이 동일하며, 전제의문문은 오직 부정의문문만 가능하다. 특히 앞에서 구체적인 예문으로 살펴보았듯이 장형 부정문에서 '-지 아니하-' 다음에 나오는 시제소(았/었)이 '-지' 앞의 어간 다음의 자리로 이동하는 점과 '-지 아니하-'가 '-잖-'으로 의 축약이 가능한 통사현상은 오직 전제의문문에서만 가능하다. 한편 의미상으로는 일반의문문과 수사의문문이 대립적이고, 전제의문문은 독립적으로 긍정의 의미만 가능하다. 화용론적으로 화자의 입장에서 보면 일반의문문은 전제-중립적(presupposition-free)이고, 수사의문문은 긍정과 부정의 전제에 묶여 있으며(positive or negative presupposition-bound), 전제 의문문은 항상 긍정 전제에 묶여 있다(positive presupposition-bound) <이상 추가내용>

IV. 결론

우리는 지금까지 보편문법적 관점에서 영어와 국어의 수사의문문의 통사구조와 화용론적 용법을 명시적으로 기술하고자 시도하였다. 그 과정에서 표면구조상으로 수사의문문과 유사하지만 사실은 전혀 다른 새로운 특수문형이 존재함을 밝혀냈으며, 이를 전제의문문(prepositional question)이라 명명하고 전제의문문의 통사적, 의미-화용론적 정체성을 확립하기 위한 논의를 제시하였다.

먼저 논의의 기초를 마련하기 위하여 수사의문문의 현재의 위상을 확인하는 작업을 진행하였다. 논리적으로 수사의문문은 의문문의 하나이며, 의문문은 문형(sentence type)의 하나이므로 이를 정상적인 문법체계 안에서 확인할 필요가 있기 때문이다. 화용론적 기능에 따라 분류한 의문문은 질문(question)의 화용론적 기능을 하는 고유한 통사구조를 갖는다. 의문문은 다시 일반의문문(regular question)과 특수의문문(irregular question)으로 분류된다. 특수의문문은 각각 고유한 통사구조와 의미 및 용법을 가지는 유표적인(marked) 의문문이며, 수사의문문은 모든 문법서에서 예외없이 특수의문문의 하나로 기술하고 있다.

수사의문문의 일반적 정의는 화자의 태도 및 주장과 극성이 반대인 일반의문문을 통해서 청자의 대답이 필요하지 않을 정도로 강한 주장을 하는 특수의문문이다. 수사의문문은 그 기원의 역사적 배경과 관계없이 Greenbaum & Quirk (1990: 467)의 주장하는 바대로 부가의문문처럼 화자가 자신의 주장을 확인하기 위한 매우 일상적이고 비격식적인(informal) 의문문으로 사용된다.

수사의문문은 Greenbaum & Nelson(2009: 107)의 기술대로 일반의문문의 통사구조와 다를 바 없으며, 화자의 태도와 상황에 따라 화용론적 기능만 다르다는 면에서 다른 특수의문문과 구별된다. 특히 부분적으로 표면구조의 유사성이 있는 전제의문문과는 엄격한 구조적 차이를 보여주고 있다는 것을 우리는 논증하였다. 두 특수의문문의 통사구조와 화용론적 기능이 부분적으로 유사한 경우도 있으나, 구조적으로 전혀 다르고 때로는 배타적 관계를 보여주고 있음을 영어와 국어의 실제적인 자료를 비교하여 밝혀내게 되었다. 간단히 말하면 수사의문문은 화자의 기대가 중립적인 일반의문문과 달리 발화 이전에 긍·부정의 기대를 가지고 극성이 자신의 기대와 반대되는 일반의문문의 형식을 통해서 자신의 주장을 강조하는 특수구문이다.

한편 전제의문문은 화자가 발화 이전에 긍정 전제를 가지고 부정 Yes-No 의문문의 통사구조를 통해서 자신의 주장을 강조하는 특수구문이다. 두 구문이 보여주는 특히 두드러진 차이점은 긍정 극성어(PPI)가 부정 수사의문문에는 절대 나올 수 없으나 전제의문문에서는 오히려 매우 흔하게 나온다는 점이다. 또한 수사의문문은 화자의 동일한 태도를 일반의문문의 Yes-No 의문문이나 Wh-의문문으로 실현할 수 있은데 반해서, 전제의문문은 항상 부정 Yes-No 의문문만 가능하고, 특히 국어에서는 축약이나 시제소의 이동 등의 특별한 통사현상을 수반할 수도 있다는 특성을 가진다.

결론적으로 수사의문문은 결코 전제의문문이 될 수 없고, 전제의문문은 결코 수사의문문이 될 수 없음을 연구를 통해서 명시적으로 규명할 수 있게 되었으며, 아울러 수사의문문이나 전제의문문, 그리고 부가의문문이 모두 화자가 자신의 주장을 청자에게 확인(confirmation)하기 위한 공통적인 화용론적 기능을 가지고 있으나, 각각 독립적인 통사구조를 통해서 그 기능이 수행됨을 명시적으로 기술할 수 있게 되었다.

참고문헌

이을환·이철수. 『韓國語文法論』. 개정증보판. 개문사. 1983.

이정민·배영남. 『언어학사전』. 개정증보판. 박영사. 1987.

장경기, 「국어의 부정의문문과 전제」. 『어학연구』21.1. 서울대학교어학연구소. 1986.

______, 「국어 부정의문문의 통사적 연구」. 『언어』26.1. 한국언어학회. 2001.

Adger, David. *Core Syntax: A Minimalist Approach.* Oxford. 2003.

Bloomfield,, L. *Language.* New York: Holt. 1933.

Chomsky, N. *Lectures on Government and Binding.* Dordrecht: Foris Publications. 1981.

______, N. *The Minimalist Program*, Mass; MIT Press. 1995.

Crystal, D. *A Dictionary of Linguistics and Phonetics.* Blackwell. 2nd Edit. 1985.

Fries. C. Charles. *The Structure of English: An Introduction to the Construction of English Sentences.* New York: Harcourt, Brace & Co. 1952.

Greenbaum, S. and G. Nelson. *An Introduction to English Grammar.* 3rd Edit. Pearson. 2009.

Greenbaum, S. and R. Quirk. *A Student's Grammar of the English Language.* Longman. 1990.

Jespersen, O. *Essentials of English Grammar.* George Allen and Unwin. 1933.

Lyons, J. *Introduction to Theoretical Linguistics.* Cambridge Univ, Press. 1968.

______. J. *Language and Linguistics.* Cambridge University Press. 1981.

Radford, A. *Syntax-A Minimalist Introduction.* Cambridge University Press. 1997.

______. *An Introduction to English Sentence Structure.* Cambridge University Press. 2009.

<Abstract>

A Syntactic Study on the Rhetorical Question and Presuppositional Question

Chang, Kyung Key. "A Syntactic Study on the Rhetorical Question and Presuppositional Question." ***The Journal of Modern British & American Language & Literature.*** **30.4 (2012): 000-000.** This study aims to closely examine the rather prevailing theory of the rhetorical question and then explicitly argue that despite the surface similarities of the syntactic structure and pragmatic function among them, there exists another sentence type completely different from the real rhetorical question both syntactically and pragmatically. We designate the new sentence type as the presuppositional question. And from the viewpoint of the universal grammar we provide some English and Korean relevant syntactic evidence supporting our new argument. We argue that the true rhetorical question cannot comprise our new presuppositional question and that both the rhetorical question and the presuppositional question may and must be strictly defined and also explicitly described as an independent sentence type of each other including any other sentence types. We conclude that the rhetorical question cannot be the presuppositional question by nature and vice versa. (Ulsan University)

Key Words: Sentence Type, Rhetorical Question, Presuppositional Question

제2부

국어통사론

01

국어에도 부가의문문이 있는가*

I. 머리말

부가의문문(Tag Question)은 영어의 보편적인 통사현상의 하나이다. 국어의 '부가'라는 용어 자체가 바로 영어의 'tag'를 그대로 번역한 것으로 보인다. Stageberg(1980 : 300)에 의하면 세계의 많은 언어가 부가의문문을 만드는 고정된 성분을 가지고 있다고 한다. 예를 들어 중국어는 *ma*, 스페인어는 *verdad*, 네덜란드어는 *neit waar*, 이탤리어는 *non évero*등이 부가의문문을 만드는 고정된 성분이다. 영어에도 이와 같은 불변형태의 요소로서 *huh*와 *eh*가 있다.

그러나 적어도 영어에 있어서 불변형태소를 가지고 부가의문문을 만드는 용법은 그렇게 일반적인 것은 아니다. 오히려 선행서술문의 생략된 의문문이 부가성분으로 작용하여 부가의문문을 만드는 통사적인 현상으로 나타나는 것이 일반적이다. 따라서 본 논문에서는 영어 부가의문문의 본질을 이해하기 위하여 그 통사적인 특성을 먼저 밝히고, 그 다음에 의미론적 특성을 밝혀서 기존의 국어 부가의문문 연구를 재검토 비판하여 좀 더 설명력 있는 대안을 제시하고자 한다. 본 논문의 구성은 제 II장에서 영어 부가의문문의 특성을 논하고 제

* 이 논문은 「영어영문학」3호(한국영어영문학회 경남지회, 1985)에 실린 것을 수정·보완한 것이다.

III장에서 기존의 국어 부가의문문의 연구인 성광수(1980), 전병쾌(1984)를 비판하여 제 IV장에서 결론을 제시하도록 되어 있다.

II. 영어의 부가의문문

영어는 다른 언어와 비교해 볼 때 부가의문문이라는 언어현상이 매우 보편적으로 존재하는 언어임을 앞장에서 지적하였다. 본장에서는 이 영어 부가의문문의 통사론적, 의미론적 특성을 검토함으로써 부가의문문의 언어 보편적인(language universal) 특성을 찾기 위한 토대를 마련하기로 하겠다.

2.1 영어 부가의문문의 통사적 특성

먼저 Culicover(1976: 132-135)가 제시하는 영어 부가의문문의 조건은 다음과 같다. 첫째, 주절(main clause)과 부가성분(tag)이 모두 부정문이면 안 된다. 둘째, 부가성분의 동사와 주절의 동사가 일치해야한다. 셋째, 부가성분의 주어는 성(gender), 수(number), 격(Case)이 주절의 주어와 일치하는 대명사이어야 한다. 위의 세 조건 가운데 둘째와 셋째 조건에 대해서는 학자들 사이에 이론(異論)이 없으나 첫째 조건에 대해서는 많은 학자들이 Culicover(1976)와 의견을 달리하고 있다. 다음 예문을 보자.

(1) a. Mary won't read the book, <u>will she?</u>
b. Mary will read the book, <u>won't she?</u>
c. Mary will read the book, <u>will she?</u>
d. *Mary won't read the book, <u>won't she?</u>

예문 (1a)와 (1b)는 주절과 부가성분이 긍·부정의 대조를 이루는 매우 일반적인 문장이며, (1c)는 <긍정문+긍정문>의 구조이고 (1d)는 <부정문+부정문>의 구조인데 Culicover (1976)는 네 문장 가운데 (1d)만 비문법적이라고 주장한다. 그러나 Zandvoort(1965: 224-226), Quirk et al.(1972: 390-392), Lyons(1979: 764), Cattell(1973: 614-616)등이 (1c) 뿐만 아니라 (1d)도 좋은 문장이라고 보고 있다. 따라서 본 논문은 Culicover(1976)의 첫째 조건을 버리고, 주절과 부가성분의 긍·부정형태가 동일한 복사 부가의문문(copy tag question)이 영어에서 존재한다고 가정하고, 그 의미상의 차이점을 2장 2절에서 다루기로 하겠다. 또한 위에서 제시한 부가의문문의 조건만으로는 주절이 복문(complex sentence)일 때에 부가성분의 주어와 동사의 선택 문제 등을 해결해주지 못한다. 따라서 우리는 부가의문문의 의미론적 특성을 심도 있게 살펴봄으로써 좀 더 설명력 있는 통사상의 조건도 함께 제시하게 될 것이다.

2.2 영어 부가의문문의 의미론적 특성

부가의문문의 의미론적 특성은 그 본질적인 이유에서 통사론적 특성보다도 더 다양한 견해가 제시되어 왔다. 그러나 의미론적 특성에 대한 논의는 통사현상에 비해서 그렇게 활발하지 못했는데, 특히 현대 생성문법 이론에서는 주로 부가의문문의 통사적인 특성을 기술하는데 주력하였다. 더구나 학교문법에서 영어의 부가의문문이 상승조 종지억양(rising intonation)을 가지면 알기 위해서 하는 질문이고, 하강조 종지억양(falling intonation) 을 가지면 상대방의 동의를 구하는 질문이라는 두 가지로 구분해 왔으나 이는 부가의문문의 의미론적 특성을 기술하기에는 너무 단순한 논리라고 하겠다. 이제 몇몇 학자들의 이론을 검토해보기로 한다.

2.2.1 Zandvoort(1965)의 이론

Zandvoort(1965)는 부가의문문의 의미론적 특성을 화자의 진술에 대한 청자의 확인을 구하는 확인의문문(confirmative question)과 화자의 진술을 그대로 반복하여 반응을 표현하는 반사의문문(reactive question)으로 나누어 설명하였다. 이때 확인의문문은 대조의문문의 통사구조를 가지며 반사의문문은 복사의문문의 통사구조를 가진다. Zandvoort (1965: 225)는 확인의문문의 경우 선행 서술문과 같은 유형이 아닌 부가성분(tag)이 올 수 있음을 보여주고 있다.

(2) He is a nice man, <u>don’t you think?</u>

이 부가성분 “don’t you think?” 대신에 일반적인 부가성분 “isn’t he?” 를 넣을 수 있다는 면에서 “isn't he?” 는 “don’t you think?” 의 의미를 가진다고 볼 때 대조부가의문문이 확인의 의미를 가지고 있음을 알 수 있다.

2.2.2 Quirk et al.(1972)의 이론

Quirk et al.(1972: 390-392)은 부가의문문의 일반적인 용법인 대조부가의문문에 대해서 화자가 뭔가를 주장하고, 그 주장에 대한 듣는 이의 반응을 요청한다고 그 의미론적 특성을 밝혔다. 그들은 다음의 (3a)의 문장은 (3b)의 문장과 의미가 동일하다고 보았다.

(3) a. He likes his job, <u>doesn’t he?</u>
b. I assume he likes his job: <u>am I right?</u>

이러한 변이형은 부가의문문의 의미상의 특성을 명확하게 드러내 보인다는 점에서 매우 의의가 있다고 판단된다. 그들은 부가의문문의 서술문은 바로 가정(assumption)을 나타내고 의문문 형식인 부가성분은 기대(expectation)를 나타내는 요소로 규정하였다. 좀 더 부연 설명하면 가정이란 바로 화자의 가정이고, 기대란 이 화자의 가정에 대한 청자로부터의 반응의 기대라고 할 수 있을 것이다. 부가성분이 하강조 억양이면 화자의 기대의 정도가 강하고, 상승조 억양이면 화자의 기대의 정도가 상대적으로 약하다. 한편 복사부가의문문의 의미론적 특성에 대해서는 상대방의 말을 듣고 추론(inference)에 의해서 어떤 결론에 이르렀음을 나타내는 용법이 있는데 이때는 보통 oh, so 등이 문두에 나오고, 또 다른 용법으로는 상대방이 한 말을 되살리는(recalling) 용법이 있다. 이 용법은 Zandvoort(1965)의 반사적 용법에 해당한다고 말할 수 있다.

2.2.3 Lyons(1979)의 이론

Lyons(1979: 764)는 부가의문문의 의미론적인 특성을 부가성분의 기능에 의해서 설명하고 있는바 복사부가성분(copy tag)은 "선행 서술문에 의해 표현된 사태(state of affairs)에 대한 놀람, 회의, 풍자, 조소 등의 화자의 태도(speaker's attitude)를 나타내는" 기능을 가지고 있고, 대조부가성분(checking tag)은 질문(asking)이라는 언외적 효력(言外的 效力; illocutionary force)을 선행 서술문에 미친다고 말하고 있다. 다시 말해서 대조부가성분은 대조부가의문문을 질문(asking)이라는 발화행위, 즉 화행(speech act)을 가진 문장의 기능을 갖는다. Lyons(1979)의 이러한 견해는 부가의문문을 화용론적 관점으로 해석했다는 면에서 의의가 있다고 본다.

2.2.4 Cattell(1973)의 이론

Cattell(1973 : 615-616)은 복사부가의문문(matching tag question)과 대조부가의문문(contrasting tag question)의 의미상의 차이점을 명백히 보여주고 있다. 먼저 그의 예문을 통해서 살펴보기로 하자.

(4) a. The book is obscene, is it?
  b. The book is obscene, isn't it?

우선 예문 (4a)와 (4b)가 모두 정상적인 영어 문장이다. (4a)는 복사부가의문문으로서 Lakoff(1969)의 주장과는 달리 반드시 풍자적(sarcastic)인 용법으로 쓰이는 것만은 아니다. 화자가 그 책을 읽지 않았거나, 읽었지만 무슨 내용이었는지 잊었다거나, 'obscenity'라는 단어의 뜻을 확실히 모를 때 (4a)는 쓰일 수 있다. 바꾸어 말해서 화자가 자신의 의견을 개진할 입장에 있지 않은 모든 상황에서 (4a)는 쓰일 수 있다. 즉, 선행 서술문(host clause) "The book is obscene."의 내용은 화자의 관점(speaker's point of view)이 아니고 오히려 상대방에게 그의 관점이 아닌지 묻기 위해서 인용하고 있을 뿐이다. 어쨌든 (4a)가 풍자적인 의미를 갖는다 하더라도 역시 서술문은 화자의 관점이 아니라는 면에서 다를 바 없다. 한편 대조부가의문문인 (4b)는 화자가 자기의 의견을 제시하고 상대방에게 동의를 구하는 문장이다. 다시 말해서 선행 서술문이 화자의 관점이며, 이 관점에 대해서 청자로부터 동의를 구하기 위한 방법으로서 대조부가성분이 부가된 것이다. 이상과 같은 Cattell(1973)의 설명은 복사부가의문문과 대조부가의문문의 의미론적 특성을 화자의 관점이라는 개념으로 설명함으로써 단순히 통사론적인 접근에 의해서 해결할 수 없었던 많은 경우를 명료하게 처리하였다.

2.2.5 부가의문문의 정의 및 특성

지금까지 영어 부가의문문의 의미론적 특성에 관한 여러 학자들의 이론을 검토해보았다. 이들의 주장을 종합하여 다음과 같이 부가의문문을 정의하고 유형화한 다음 이를 뒷받침할 증거를 제시하기로 하겠다.

(5) 부가의문문의 가설적 정의 및 유형별 특성:

① 정의: 대조부가의문문은 화자의 전제(presupposition)에 대한 청자의 동의를 구하는 용법이며, 복사부가의문문은 대조부가의문문의 용법 이외의 모든 경우에 쓰이는 용법이다.

② 부가의문문의 전제: 전제의 내용은 부가의문문의 서술문 전부 또는 일부로 나타난다.

③ 부가성분: 부가성분은 전제의 내용인 선행 문장의 생략된 의문문으로 나타날 수 있다.

위의 기술에 대한 타당성을 검토하기 위한 논의를 시작하기 전에 전제(presupposition)에 대한 명확한 정의를 해둘 필요가 있다.1) 전제는 이미 오래 전부터 철학과 언어학의 논쟁의 핵심이 되어왔던 게 사실이다. 그러나 여기에서는 우리의 논의와 관련해서 가장 일반적인 정의를 내리는 것으로 충분하다고 본다. 그 내용인즉 "화자의 전제란 어떤 명제 p가 참(truth)이라고 하는 화자의 믿음을 말한다."는 것이다. 부가의문문에서 이 명제 p는 서술문의 전체 또는 일부로써 표현되는 것으로서 이것이 바로 전제의 내용이 된다. 이제 이 정의를 토대로 해서 부가의문문의 성질을 검토하기 위해서 먼저 다음의 예문을 보자.

(6) a.*Who left early, did he?
b.*Did Mary like the movie, didn't she?
c.*I pronounce you man and wife, don't I?
d.**Mary questioned whether the world was flat, didn't she?

예문 (6a)와 (6b)가 비문법적인 이유는 기존의 통사론적 조건으로 설명하면 "부가의문문은 <서술문+의문문>으로 구성 된다"는 조건을 위배하고 있기 때문이다. 그러나 이 조건은 왜 선행문이 서술문이지 않으면 안 되는지를 설명해주기 못할 뿐만 아니라 선행문이 서술문인 (6c), (6d)도 비문이기 때문에 위의 통사론적 조건은 필요하고도 충분한 조건이 될 수 없는 것이다. 필자는 이에 대해서 부가의문문의 선행문은 반드시 전제의 내용이 될 수 있는 문장이어야 한다고 주장한다. 따라서 이 선행문은 구체적인 내용을 가지는 명제여야 하므로 서술문이어야 함은 필요조건인 것이다. 그러므로 예문 (6a), (6b)는 선행문이 의문문이기 때문에 올바른 부가의문문이 될 수 없다. 한편 (6c)는 선행문이 서술문

1) '전제'와 관련해서 영어 부가의문문을 다룬 논문으로 박병수(1974)가 있다. 그는 tag를 독립된 의문문으로 보고 뜻을 알기 위해서 묻는 순수의문문과, 부정의문은 그 긍정서술문을, 긍정의문문은 그 부정서술문을 전제하는 전제의문문의 두 가지 의미를 갖는 것(two-way ambiguous)으로 보았다. 즉, 그는 tag를 일반의문문과 동일시하고 부가의문문을 서술문과 의문문이 의미론적 제약 밑에 있다고 본 반면 필자는 tag가 앞에 나오는 서술문이 화자의 전제인가를 밝혀주는 중요한 역할을 한다고 본다. 필자는 박병수의 이론에 동의하지 않는다.

이기는 하나 이 "I pronounce you man and wife." 가 발화와 동시에 행위를 하는 이행문(performative sentence)이므로 화자의 전제와는 무관하므로 근본적으로 부가의문문을 만들 수 없다. 또한 (6a)가 비문인 이유는 "whether the world is flat" 이 사실은 간접의문문이므로 (6a), (6b)와 마찬가지로 명제가 될 수 없기 때문이다. 그러나 (6e)는 화자의 전제의 내용이 "Mary questioned (whether the world was flat)." 이므로 합당한 명제가 되어 부가성분이 'Mary'를 받는 대명사 'she'와, 'questioned'를 받는 조동사 'did'와 일치하는 "didn't she?" 가 되어 올바른 문장이 되었다. 즉, 전제의 내용을 담은 문장이 부가성분으로 나타난다는 조건에 따라 (6d)는 비문이고 (6e)는 바른 문장이다.

이제 이제까지 부가의문문의 논의의 쟁점이 되어왔거나 설명되지 못했던 몇 문장을 살펴보기로 하자.

(7) a. I don't suppose they'll win, <u>will they?</u>
    b. I suppose they won't win, <u>will they?</u>

위 문장에 대해서 Lakoff(1969)는 'suppose'를 이행동사(performative verb)로 봄으로써 이행동사는 부가의문문을 만들지 못하므로 하위절이 부가성분으로 나타났으며 (7a)와 (7b)는 동일한 문장으로서 (7b)의 'not'이 부정소 이동규칙(negative transportation)에 의해서 (7a)가 되었다고 주장했다. 이에 대하여 Cattell(1973)은 'suppose'가 이행동사가 아니라고 반박했고 많은 학자들이 Cattell(1973)과 의견을 같이 하고 있다. 또한 Cheun(1974)의 부가의문문의 생성규칙과 부정소 이동규칙이라는 두 규칙의 적용순서(rule ordering)에 의해서 위의 예문이 설명될 수 있는 성격의 것이 아니라고 주장하였다. 필자는 많은 부분을 Cattell(1973)과 의견을 같이하지만 우리의 가설이 더 잘 설명할 수 있다고 본다. 우선 (7b)의 하위절 "they won't win"은 화자의 전제의 내용이다. 화자의 전제에 대한 확인의 용법일 때는 대조부가의문문이 되어야하는데, 'win'은 화자의 전제가 아니다. 따라서 복사부가의문문이 되어야 한다. 즉, (7b)는 화자가 자기의 생각을 청자에게 동의 또는 확인을 구하는 문장이고, (8a)는 화자의 생각이라는 언질이 들어있지 않다. 여기서 상위문인 "I don't suppose./I suppose."는 하위문이 생각인지 아닌지를 밝혀주는 역할을 하고 있다. 다시 말해서 Lakoff(1969)의 주장과는 전혀 다르게 (7a), (7b)는 별개의 문장이다.

이제 다음 예문을 보자.

(8) a. I don't think that they'll win, <u>will they?</u>

b.*I think they won't win, <u>will they?</u>

(8)의 문장을 (7)과 비교해 보면 상위문의 동사가 (7)은 'suppose'이고 (8)은 'think'라는 차이밖에 없는데 (8b)는 왜 비문이 되는 것일까? 더욱이 'suppose'와 'think'는 의미도 유사하다. 박병수(1974: 379)에 의하면 (8b)가 아직 설명되지 못하고 있는 문장이라고 한다. 이 문장을 우리의 정의에 의해서 논의해 보자. 우선 (8a)는 "they'll win." 이 화자의 전제가 아니고 따라서 복사부가의문문이다. 그런데 (8b)는 (7b)와는 달리 비문이라면 그 이유는 논리적으로 볼 때 상위문의 동사인 'suppose'와 'think'의 차이에서 찾아야한다. 다음의 예문을 보자.

(9) "I *think* he is wealthy. But I am not *sure*."

위의 문장은 화자가 'think' 하고 있는 내용을 곧바로 자신이 부정할 수 있음을 보여준다. 다시 말해서 'think'는 'suppose'에 비해서 하위문이 화자의 전제임을 함의하는 강도가 약하다고 여겨진다. 따라서 (8b)의 "they won't win" 이 화자의 전제가 되지 못해서 비문이 된 것으로 설명될 수 있다.

다음의 문장은 Cattell(1973 : 624)에 제시된 것이다.

(10) a. <u>I can't see</u> that it matters, <u>doesn't it?</u>

b. <u>Don't tell me</u> that Max has gone again, <u>has he?</u>

위의 예문은 둘 다 하위문으로부터 부가성분을 만들고 긍, 부정형태도 같은 복사부가의문문이다. 즉 하위문이 화자의 전제가 아닌데 이 사실은 상위문 "I can't see." 와 "Don't tell me." 에 의해서 밝혀진다. 즉, 예문 (10a)의 상위문과 (10b)의 상위문이 형태는 달라도 같은 기능을 하고 있다.

지금까지 화자의 전제라는 새로운 개념을 토대로 부가의문문을 더욱 설명력 있게 기술할 수 있음을 보였다. 필자는 여기에서 부가의문문이 전제라는 화용론적 개념으로 설명되어야 하는 몇 가지 증거를 제시하겠다.

첫째, 부가의문문에는 반드시 화자와 청자가 관련되어 있다. 다음의 예를 보자.

(11) a. The door isn't open, <u>is it?</u>, he asked himself.

b. *The door isn't open, <u>is it?</u>, he wondered.

(11a)는 바른 문장이고 (11b)는 비문인 이유는 바로 부가의문문의 화용론적 특성에서 찾을 수 있다. 즉 (11a)는 엄격히 말해서 화자가 'he'이고 청자는 'himself'이기 때문에 앞에 오는 부가의문문과 충돌이 일어나지 않으나 (11b)는 "he wondered" 로부터 화자와 청자를 찾을 수 없으므로 선행하는 부가의문문의 특성과 모순이 되기 때문에 비문이 된다고 본다. 따라서 (11a), (11b)는 부가의문문에는 반드시 화자와 청자가 관련되어야함을 잘 보여주고 있다.

둘째, 어떤 서술문에 대한 부가성분이 대조부가성분(checking tag)이 와야 하는지 복사부가성분(copy tag)이 와야 하는지가 완전히 화맥에 달려있다. 다음 예문을 보기로 하자.

(12) The book is obscene,____________?

(12)의 명제 "The book is obscene."이 화자의 전제인가 아닌가에 따라 대조부가성분이 오는지 복사부가성분이 오는지가 결정되는데, 이러한 결정은 통사론적인 것이 아니라 화용론상의 화맥(context)에 의해서 이루어지는 것이 분명하므로 이러한 사실은 부가의문문의 화용론적 특성을 잘 보여준다고 본다.

셋째, Lyons(1979)는 대조부가성분은 서술문에 질문(asking)이라는 언외적 효력(illocutionary force)을 갖게 하는 힘이 있다고 했는데, Lyons(1979)의 견해가 옳다면 이는 바로 부가의문문의 화용론적 특성을 밝혀주고 있다 하겠다.

넷째, 부가의문문의 종지억양에 따라 의미의 강도가 매우 달라지고 있는 점도 억양이 화용론적 요인임을 고려할 때 부가의문문의 특성을 보여준다고 본다.

다섯째, Cattell(1973)은 부가의문문의 용인가능성(acceptability)이 지역방언(dialect)에 따라 많은 차이가 있다고 지적하였는데, 그의 이론이 옳다면 역시 부가의문문의 화용론적 특성을 보여주는 일면이라고 본다.

이상의 논의에 의해서 필자가 부가의문문의 의미 특성을 전제라는 개념으로 설명한 근거를 제시했다고 본다.

III. 국어 부가의문문

본 논문이 국어 부가의문문을 논하기 위해서 먼저 영어 부가의문문을 논한 것은 다음 두 가지 가정 때문이다. 하나는 부가의문문이 자연언어에 보편적으로 존재하리라는 점이요, 또 하나는 영어가 다른 언어에 비해 부가의문문의 본질이 더 잘 밝혀져 있다는 점이다. 따라서 국어 부가의문문을 논하면서 영어의 그것과 비교해 본다는 것은 매우 자연스러운 일이다. 이제 국어 부가의문문을 다룬 성광수(1980)와 전병쾌(1984)를 살펴봄으로써 기존이론의 문제점을 지적하고 궁극적으로는 국어 부가의문문이 가지는 언어 보편성과 언어 개별성을 밝히도록 하겠다.

3.1 성광수(1980)의 이론

3.1.1 부가성분의 복원문제

일반적으로 영어 부가의문문의 분석에 있어 부가성분의 선행 서술문과의 구조적 유사성 때문에 부가성분을 완전한 의문문으로 복원할 수 있다고 인정해왔다.[2] 그러나 우리가 제 II장에서 보았듯이 선행문이 복문일때 특히 부가성분을 복원한다는 문제가 그렇게 단순한 것이 아니다. 한편 국어 부가의문문에 대해서 성광수(1980: 61)는 "부가의문은 선행 서술문의 상위구조에 포함된 이행동사(performative verb)로 인한 의미론적 제약을 받으면서도 구조상으로는 완전한 문장으로의 환원이 가능하다."고 주장하면서 다음의 예를 든다.

(13) a. [철수는 모범생이다], 아이가?
b. [철수는 모범생이다](가) 사실이 아닌가?
c. [내가 너에게 [[철수(가) 모범생이다](가) 사실이 아니다](를) 묻다]

(14) a. [철수는 모범생이다], 그쟈(그지)?
b. 사실이 그러하[=철수(가) 모범생이다]지?
c. [내가 너에게 [[철수(가) 모범생이다](가) 사실이다](를) 묻다]

그에 의하면 부가의문문 (13a)는 (13b)로, (14a)는 (14b)로의 환원이 가능하고 이들 환원문은 각각 (13c)와 (14c)에서 유도된 문장으로 보고 있다. 그의 이론에 따르면 (13a)의 부가성분 "아이가?"는 "사실이 아닌가?" 라는 문장으로부터 유도된 것이요 (14a)의 "그쟈?"는 "사실이 그러하지?" 라는 문장의 생략된 의문문(elliptical question)인 셈이다. 그러나 필자는 이와 같은 설명에는 몇 가지 문제점이 있다고 본다. 첫째, 선행문과 부가성분의 통사상의 유사성이 분명한 영어의 부가의문문과 비교해볼 때 국어의 경우에 "사실이 아닌가?" 나 "사실이 그러하지?" 등의 복원된 문장이 과연 선행서술문과 어떠한 제약을 가지고 있다고 할 수 있을지 의문이다. 다시 말해서 성광수의 이론대로라면 선행서술문에 상

2) 박병수(1974)는 Mary is pretty, isn't she?를 Mary is pretty.와 Isn't she pretty?의 독립된 두 문장이 의미적 제약 밑에 연결되어 있다고 보았다. 이 주장은 부가의문문에 대한 일반적인 인식과 두 가지 면에서 크게 다르다. 첫째는 부가의문문을 두 개의 문장을 보는 점이요. 둘째는 부가성분을 완전한 문장으로 복원해야한다는 점이다. 이 두 관점은 모두 지금까지의 연구결과에 비추어 받아들일 수 없다고 필자는 본다.

관없이 부가성분의 복원된 문장이 항상 일정한 셈이니 부가성분의 통론과는 전혀 무관한 것이 아닌가한다. 그렇다면 국어 부가의문문의 부가성분의 복원 문제가 과연 언어학적으로 어떤 의의가 있을지 필자는 의문을 갖지 않을 수 없다. 둘째, 성광수가 복원된 문장이라고 하는 "사실이 그러하지?/사실이 아닌가?" 에서 보듯이 '사실'이라는 성분이 필수 요소가 되어 있으나 이 점에 대해서 필연적인 근거를 제시하질 못하고 있다. 성광수(1980 : 61)의 "부가의문은 선행문의 상위구조에 포함된 이행동사(performative verb)로 인한 의미론적 제약"에 의하여 그 이론적 근거가 되고 있는 듯하나 Lakoff(1969)가 영어 부가의문문의 부가성분의 구조를 설명하는 이론으로서의 상위문의 이행동사 설정과는 무관하다.

이상의 논의에 의해서 국어 부가의문문의 부가성분의 생성이론에 선행 서술문으로부터의 복원이론이 도움이 되지 못함을 확인했다.

3.1.2 대조부가의문과 복사부가의문문

우리는 제 II장에서 영어 부가의문문의 선행 서술문과 부가성분의 긍, 부정 형태에 따라 대조부가의문문과 복사부가의문문으로 나누어지고, 이러한 통사상의 특징은 바로 의미론 및 화용론상의 엄격한 용법의 차이로 나타난다는 점을 밝혔다. 이러한 특성이 과연 국어에도 존재하는지 매우 흥미롭다. 성광수(1980: 64)는 "국어(특히 경상도 방언)에서의 긍 · 부정형은 외적 구조상으로는 선행 서술문의 긍·부정과 관계없이 사용되고 있다"고 했으며 "부가의문의 부정은 선행 서술문의 긍· 부정과는 관계없이 선행명제(부정명제포함)에 대한 부정적인 물음이고, 부가의문의 긍정의 선행명제에 대한 긍정적인 물음에 지나지 않음"을 주장하였다. 이에 따르면 긍정부가성분은 선행서술문을 그대로 긍정하고, 부정부가성분은 선행 서술문을 부정하는 중요한 기능을 가진다는 주장이다. 영어 부가의문문의 부가성분이 우리가 제2장에서 논한 바와 같이 일반적으로 선행 서술문으로 나타나는 내용이 화자의 전제이냐 아니냐에 따라 긍, 부정 형태가 정해지는 것과 비교해 볼 때, 성광수의 주장은 우선 영어 부가의문문과는 무관한 것이다. 이제 다음 예문을 통해서 성광수의 주장을 검토해 보자.

(15) A : 철수는 착하다, 그렇니? / 그렇지 않니?
B : 그래. (착하다)
아니야. (착하지 않다)

(16) A : 철수는 착하지 않다, 그렇니? / 그렇지 않니?
B : 그래. (착하지 않다)
아니야. (착하다)

일단 대화 (15)와 (16)가 국어에서의 자연스러운 문장임을 우리가 받아들인다고 할 때 몇 가지 중요한 사항을 알아낼 수 있다. 첫째, 부가성분의 긍·부정 형태가 그 부가의문문에 대한 응답의 형태에 아무런 영향을 미치지 않는다는 점이다. 이는 다시 말해서 부가성분의 형태가 선행서술문의 긍·부정 형태에 아무런 영향을 주지 않는다는 것이다. 따라서 부정부가성분이 선행서술문의 구조를 바꾼다는 성광수의 이론은 맞지 않다고 본다. 둘째, 국어 부가의문문의 경우에 대조부가 의문문과 복사부가의문문의 개념이 영어 부가의문문의 경우와는 달리 전혀 언어학적 의의를 가지고 있지 않다는 점이다. 그러나 성광수(1980 : 65)는 "부가의문이 선행문과 긍·부정의 대립에서 대조관계를 이룸은 선행문의 명제를 부가문이 부정의문으로 묻는 즉, 소극적인 방법 (태도)의 질문"이라 하고 성광수(1980: 70)에서는 "복사부가의문은 대조부가의문에 비해 질문 방법이 적극적이어서 화자의 주장이 너무 강하기 때문에 대화에서는 부적합하다"고 논한 것으로 볼 때 국어 부가의문문의 대조부가의문문과 복사부가의문문의 개념을 영어의 경우와는 전혀 다르게 사용하고 있을 뿐만 아니라 이 개념들을 모두 국어 부가의문문의 기술에 있어 필요한 것으로 보고 있는 것 같다. 그러나 필자로서는 성광수의 "대조부가의문문은 소극적 질문법이요 복사부가의문문은 적극적인 질문법"이라는 주장이 근거를 찾을 수 없으며 더구나 복사부가의문문은 “화자의 주장이 너무 강하기 때문에 대화에서는 부적합하다”는 주장은 타당성이 없다고 본다. 제 II장에서 보았듯이 영어 부가의문문의 경우에 복사부가의문문은 대조부가의문문에 비해 화자의 주장의 강도가 오히려 약하기 때문이다. 따라서 우리는 국어의 부가의문문을 기술하는 개념으로서 ‘대조부가의문문’과 ‘복사부가의문문’의 용어 사용이 부적당하다고 본다. 만약 이 개념들이 영어의 경우와 무관하게 사용되었다고 국어 개별적인 특성으로서 정의되어야 하는데 그 흔적을 찾을 수 없으며, 더구나 국어 부가의문문의 특성을 기술하는 데에도 기여하지 못했다. 그러므로 필자는 이 두 개념을 영어에서와 같은 개념으로 국어에 적용할 수 없으며 또한 다른 개념으로 사용할 필연성이 없음을 주장하게 된다.

3.2 전병쾌(1984)의 이론

3.2.1 선행서술문의 종결어미

전병쾌(1984 : 84)는 국어 부가의문문의 형태를 단정문인 ‘-다’로 끝나는 문장과 ‘-지’로 끝나는 문장으로 나누어 논하였다. 먼저 그가 제시한 예문을 다시 써보자.

(17) a. 나는 어제 실수하지 <u>않았다</u>, 그렇지? / *그렇지 않니?
~예, 실수하지 않았습니다. / 아니요, 실수했습니다.
b. 나는 어제 실수하지 <u>않았지</u>, 그렇지? / *그렇지 않니?
~예, 실수하지 않았습니다. / 아니요, 실수했습니다.

먼저 전병쾌(1984: 88)의 설명을 보면 (17a)와 (17b)의 차이는 “주절의 문미가 ‘않았다’라는 서술형과, ‘않았지’의 의문형의 어미로 끝난 것”으로 (17a)는 “화자의 단정의 의미가 들어있어서 대답에 ‘예’ 라는 긍정으로의 답이 가능하지, ‘아니요’라는 부정의 답은 어색하거나 좀 드물게 답할 수” 있는 반면에 (17b)는

"화자의 단정이 없이 순수한 의문문과 같기에 그 대답이 '예'나 '아니요' 모두가 가능하다."고 하였다. 그러나 이와 같은 그의 주장에는 몇 가지 문제점이 있다고 본다. 전병쾌(1984)는 부가의문문의 선행 서술문(그는 주절이라고 함)은 서술문이어야 한다는 가장 기본적인 조건을 위반하고 있다. 즉, 의문형의 어미 '-지'로 끝나는 의문문이 선행문으로 나타난 경우가 (17b)인데 그의 이론에 의하면 서술형 종결어미 '-다'로 끝난 (17a)와 비교해서 (17b)가 더 자연스럽고 일반적인 부가의문문인 셈이다. 그러나 필자가 영어 부가의문문을 논하면서 밝혔듯이 부가의문문의 형태는 <서술문+생략형 의문문>으로서 이는 언어 보편적 성질이라고 본다. 따라서 전병쾌(1984)가 국어 부가의문문의 한 형태를 <의문문+생략형 의문문>으로 본 것은 심각한 이론적 부담이라고 하지 않을 수 없다. 더구나 이 형태를 "화자의 단정이 없이 순수한 의문문"으로 쓰인다고 함으로써 그 의미론적 특성조차도 부가의문문의 본질로부터 멀어졌다고 하겠다. 여기서 한 가지 유의할 점은 우리말의 종결어미 '-지'가 서술형 어미로 쓰일 수 있다는 사실이다. 따라서 (17b)의 '-지'가 전병쾌의 의문형으로 보는 것과 달리 만일 서술형이라면 (17b)도 훌륭한 부가의문문이 될 수 있는 것이다.[3] 이때는 화자의 단정이라는 면에서 볼 때에 전병쾌(1984)의 주장과는 달리 '-다' 서술형보다 '-지' 서술형이 화자의 단정의 의미가 더 강하기 때문에 전병쾌(1984)가 (17b)를 화자의 단정이 없다고 본 것은 잘못이라고 하겠다. 한편 여러 화용론적 상황이 '-지' 의문형을 사용해야한다면 이때는 (17b)의 형태가 아닌 다음과 같은 독립된 두 문장의 형태로 나타나야 하며 이는 부가의문문과는 전혀 관계가 없다고 본다.

(18) 나는 어제 그에게 실수하지 않았지? 그렇지?

문장 (18)을 의미상으로는 부가의문문의 용법과 유사하나 형태상으로는 두 개의 독립된 문장의 병렬관계일 뿐이다. 또한 (17b)가 '-지' 의문형이 아니고

3) 장석진(1984: 265-268)에서도 부가의문의 본문(필자의 선행서술문에 해당)은 평서문이라고 밝히고 있다.

'-지' 서술형 어미로 쓰인 부가의문문으로 쓰인다고 해도 우리가 약간 어색하게 느끼는 것은 서술문의 내용 때문이라고 본다. 즉, 본인이 실수했는지 안했는지를 상대방에게 확인한다는 면에서 일상적인 표현이 아니기 때문이다. 이 사실은 다음 문장과 비교해보면 더욱 확실해진다.

(19) 오늘 날씨가 참 좋다(지), 안 그렇니? / 그렇지 않니?

물론 이때에도 '-지'가 서술형이 아니고 의문형이라면 국어의 부가의문문이라고 할 수 없다. 다시 말해서 국어 부가의문문의 선행문의 종결어미는 서술형이어야 한다는 점은 부가의문문의 필요조건이다.

3.2.2 부가의문문의 긍·부정형

우리가 제2장에서 영어 부가의문문의 통사상의 특성을 논의하면서 선행서술문과 부가성분의 긍·부정 형태를 살펴보았다. 영어의 경우에는 <긍정문+부정문>, <부정문+긍정문>, <긍정문+긍정문>, <부정문+부정문>의 네 가지 형태가 있으며 앞의 두 형태를 대조부가의문문이라고 하고 뒤의 두 가지 형태를 복사부가의문문이라고 한다. 또한 이 두 형태는 전혀 다른 용법을 가지고 있음을 보았다. 그러면 국어 부가의문문의 경우에 이 긍·부정 형태는 어떠한 특징을 지니는지 검토해 보자. 앞서 제시한 전병쾌(1984: 87-88)의 예문 (16a), (16b)가 이 문제에 대한 그의 견해를 보여주고 있다. 즉, (16a)와 (16b)의 비문이 되는 경우를 보면 선행문이 부정문이고 부가성분이 부정문일때 비문으로 보았다. 전병쾌는 "부정문의 부가의문문은 반드시 긍정이라야 되지, 부정부가의문문이 오면 <부정+부정>의 긍정의 뜻이 되어, 청자가 혼돈에 빠질 우려가 있어 부정의문문이 오면 비문이 된다" 고 밝히고 있다. 그러나 필자로서는 그의 주장을 받아들일 수 없다. 우리의 국어에 대한 직관은 (16a)와 (16b)를 모두 좋은 문장으로 받아들인다. 더구나 전병쾌의 우려와 달리 <부정문+부정문>의 구조라는 점 때문에 청자가 혼돈에 빠질 우려는 전혀 없다. 전병쾌(1984: 88-89)가 제시하고 있는 예를 더 살펴보자.

(20) a. 철수는 학교에 가지 않았다(지), 그렇지? / *그렇지 않니?
　　b. 그녀는 내일 미국으로 떠날 것이다, 그렇지? / *그렇지 않니?

위의 문장에서도 <부정문+부정문>의 경우에 비문이 된다는 전병쾌(1984)의 주장은 국어의 현실과 거리가 멀다는 점을 확인할 수 있다. 그러면 여기서 전병쾌(1984)의 오류의 배경을 추적해보자. 앞에서 인용되었듯이 그는 <부정문+부정문>의 부가의문문을 일반적인 문장의 이중부정문(double negation)과 동일시함으로써 결국 긍정의 뜻을 갖게 된다고 보았다. 이러한 매우 임의적인 판단은 세계의 자연언어의 부가의문문의 특성과 비교해 볼 때 국어 부가의문문의 기술에 전혀 도움이 되지 못한다. 우리가 성광수(1980)를 검토하면서 보았듯이 국어 부가의문문의 긍・부정 형태는 영어의 경우와 마찬가지로 <긍정문+부정문>, <부정문+긍정문>, <긍정문+긍정문>, <부정문+부정문>의 네 가지 형태가 있으나 영어의 경우와는 달리 '대조' 형태와 '복사' 형태 사이에 독립된 의미 특성이 존재하지 않고 따라서 국어의 부가의문문의 기술에 있어 대조부가의문문이나 복사부가의문문이라는 용어의 사용조차도 무의미하다고 하지 않을 수 없다.

3.2.3 부가성분의 종결어미 문제

전병쾌(1984: 89-90)는 "모문(우리의 선행서술문)이 긍정문일 때는 부가의문문(우리의 부가성분)이 긍정 혹은 부정 모두 다 가능하다"고 하면서 다음의 예문을 제시하고 있다.

(21) 그녀는 내일 미국으로 떠날 것이다, 그렇지? / 그렇지 않니?
　　~예, 떠날 것입니다. / 아니오, 떠나지 않을 것입니다.

그렇다면 전병쾌(1984)는 "그렇지?"의 부정문을 "그렇지 않니?" 라고 보고 있는 셈이며, 이러한 증거는 앞에 제시한 그의 여러 예문에서도 확인할 수 있다. 그러나 필자는 그의 견해를 받아들일 수 없다. 우리의 국어의 직관은 바로는 국어에서 "그렇지?"의 부정문을 "그렇지 않지?"이고 "그렇지 않니?"의 긍정문은 "그렇니?"이다. 또한 "그렇지?"와 "그렇지 않니?"는 긍 · 부정의 대립관계에 있는 것이 아니라 오히려 양자가 확인하는 의미로 쓰이는 비슷한 말이요, 차이가 있다면 "그렇지 않니?"가 "그렇지?"보다 의미가 더 강하다고 하겠다. 그렇다면 우리가 앞에서 예문 (20a), (20b)에서 확인 했듯이 "그렇지?"와 "그렇지 않니?"에 의해서 문장의 문법성을 다르게 본 전병쾌(1984)의 주장은 더욱 근거를 잃게 된다. 이제 우리의 주장대로 문장 (20)의 질문을 "그렇지 않니?" 대신에 "그렇지 않지?"를 넣어 다시 써보기로 하자.

(22) 그녀는 내일 미국으로 떠날 것이다, 그렇지? / *그렇지 않지?

위의 문장은 "그렇지?"의 부정문 "그렇지 않지?"가 국어의 부가의문문의 부가성분으로 쓰일 수 없음을 보여주고 있다. 이 명백한 사실로부터 국어 부가의문문의 부가성분의 종결어미의 중요한 특성을 알아낼 수 있다. 즉, 모든 자연언어가 긍정문에 대립되는 부정문을 갖는 것이 자연스러운 현상이라면 예문 (21)처럼 부정문이 존재하지 않는다면 본질적으로 그 긍정문의 존재에 대해서 의문을 제기하지 않을 수 없다고 본다. 다시 말해서 필자는 위의 사실을 토대로 국어의 경우에 부가성분이 "그렇지?"인 부가의문문이 존재하지 않는다고 본다.

예문 (22)를 다음 예문과 비교해 보자.

(23) 그녀는 내일 미국으로 떠날 것이다. 그렇지?

문장 (22)는 부가의문문의 형식으로 표현한데 반하여 문장 (23)은 두 개의 완전히 독립된 문장이 계속 이어진 표현이다. 즉, 국어에서 "그렇지?"는 부가의문문의 서술문 뒤에 부가되는 부가성분이 아니라 완전히 독립된 한 문장으로 쓰임을 알 수 있다. 사실 영어 부가의문문의 경우에는 서술문과 부가성분이 쉼표(comma)에 의해서 연결되는 분명한 특성을 가지고 있으나 국어 부가의문문의 경우에는 과연 그러한 특성을 가지고 있다고 할 수 있을지 알 수 없으나 우리가 제시한 바와 같이 "그렇지?"와 "그렇지 않지?"와 같은 성분을 부가의문문의 부가성분으로부터 배제함으로써 국어 부가의문문의 구조를 보다 엄격하게 규정할 수 있게 되었다. 만약 이러한 우리의 주장이 맞다면 우리가 앞서 살펴본 바 있는 성광수(1980)의 예문 (14a)나 전병쾌(1984)의 예문 (17a), (17b), (20a), (20b), (21)등이 모두 국어 부가의문문의 예문으로 부적당하다고 하지 않을 수 없다.[4)]

3.2.4 부가성분의 시제 표시

영어 부가의문문의 부가성분은 선행 서술문과 주어와 동사가 일치한다. 따라서 시제도 동일하게 나타난다. 국어의 부가성분은 선행문의 주어 및 동사와 일치하지는 않지만 부가성분 자체에 시제가 나타나는데 이 시제가 선행문의 시제와 어떤 관련성이 있는가를 알아보자. 이 문제에 대하여 전병쾌(1984: 91)는 "영어에서는 시제와 인칭이 모두 주절과 일치하지만 한국어에서는 전혀 무관하다."고 주장하고 다음의 예문을 그 증거로 제시하고 있다.

(24) a. 순자는 교회에 가지 않았다(지), / 그렇지? / *그렇했지?
　　 b. 순자는 교회에 가지 않을 것이다(지), / 그렇지? / *그럴 것이지?

전병쾌(1984: 91)는 (24a)은 "과거시제이지만 부가의문문(우리의 부가성분)을 과거로 하면 비문이 되고, (24b)는 미래시제이지만 미래시제의 부가의문문은 비문이 되었다. 시제와는 전혀 관계없이 현재형인 '그렇지'를 쓴다"고 주장하였다. 그러나 필자는 이러한 전병쾌의 주장을 받아들일 수 없다. 즉 (24a)의

---

4) 국어 부가의문문에 관한 최근 연구의 하나인 장 석진(1984)에서도 부가성분의 종결어미에 '지?'가 나타나고 있으나 필자의 주장에 비추어 이는 잘못인지도 모른다.

부가성분이 과거형인 경우나 (24b)의 미래형인 경우에도 모두 좋은 문장으로 본다. 다시 말해서 부가성분의 시제가 항상 현재형이어야 한다는 것이 아니라 현재형과 함께 또 하나의 시제 즉 선행 서술문의 시제도 부가성분의 시제로 쓰일 수 있다는 것이 우리의 주장이다. 다음의 문장을 보자.

(25) a. 순자는 서울에 갔다, 그렇니? / 그랬니?
  b. 순자는 서울에 갈 것이다, 그렇니? / 그럴거니?

위의 예문은 부가성분의 시제가 두 가지 형태임을 보여주고 있다. 그러면 왜 두 가지의 시제가 함께 쓰이느냐 하는 게 문제이다. 이에 대하여 필자는 먼저 선행 서술문과 동일한 시제가 부가성분에 나타날 수 있다고 보는데 이는 영어 부가의문문과 일치하는 것이다. 또 하나의 시제인 현재형은 선행문에 대한 화자의 발화시점 즉, 현재와 일치시킨 시제인 현재형을 사용한다고 본다. 이 발화시점이 기준이 되는 근본 이유는 선행 서술문을 화자의 전제 또는 견해로 하는 시점이 발화 시점과 일치하기 때문이다. 다시 말해서 서술문이 현재의 화자의 전제 내용으로 나타날 때 내용 자체의 시제가 부가성분의 시제로 나타날 수도 잇고 또 전제 자체를 확인하는 형태의 부가성분을 가질 때는 그 시제는 일반적으로 현재시제가 된다. 이와같이 화자의 전제 자체가 부가성분으로 나타나는 경우가 국어에만 나타나는 것은 아니다. 우리가 제2장에서 살펴본 바 있는 예문 (2)을 다시 써보자.

(2) He is a nice man, <u>don’t you think?</u>

이 예문은 Zandvoort(1965: 225)가 선행 서술문과 다른 유형의 부가성분(tag)이 오는 예로서 제시한 것인데, 이는 우리는 “I think he is a nice man, don' you think?” 로부터 유도할 수 있다고 본다. 즉, “I think”는 전제 자체를 나타내는 표현이요, 이 표현이 청자에게 동의를 구하는 형태인 “don't you think?”라는 부가성분으로 나타난 것이다. 또한 제 II장에서 살펴본 예문 (3)은 Quirk et al. (1972: 390-392)의 것인데 위의 우리의 주장을 뒷받침해주고 있다. 예문 (3)을 다시 써 보자.

(3) a. He likes his job, <u>doesn't he?</u>
 b. I assume he likes his job; <u>am I right?</u>

(3b)의 "I assume"이 화자의 전제를 나타내는 표현이고 화자의 전제를 나타내는 표현이고 화자의 전제 자체가 옳은지 그런지를 묻는 표현이 "am I right?"로 나타난 것이다. 물론 (3b)는 (3a)의 의미를 풀어서 구체화시킨 것이지만 영어의 경우에도 부가성분에 화자의 전제 자체가 반영된다는 사실을 증명해 주고 있다고 본다. 물론 영어와는 달리 국어의 부가성분에는 구체적인 주어와 동사가 표현되지는 않지만 엄격한 시제 표시에 의해서 화자의 전제 자체를 가리키는 경우와 전제의 내용인 선행 서술문의 시제를 가리키는 두 가지 경우가 있다는 것은 매우 의미 있는 현상이 아닐 수 없다. 다만 국어 부가의문문의 부가성분의 시제가 현재인 경우가 더욱 일반적인 점을 고려할 때 국어 부가의문문이 영어 부가의문문에 비해 좀 더 화용론적 특성이 강하다고 할 수 있을 것이다.5)

3.3 국어 부가의문문의 특성

지금까지 국어의 부가의문문에 관한 두 논문 성광수(1980)와 전병쾌(1984)를 검토함으로써 밝혀진 국어 부가의문문의 특성을 정리하면 다음과 같다.

첫째, 국어 부가의문문은 선행하는 진술문(statement)에 생략된 의문문

---

5) 국어가 영어에 비해서 화용론적 특성이 더 강하다는 점은 최근의 연구에 의해서 확인되고 있다. 예를 들어 다음과 같은 현상을 들 수 있다.
① 영어가 Subject-prominent language인데 반해 국어는 Topic-prominent language이다.
② 국어는 particle 은(는), 이(가)에 의해서 functional meaning이 달라진다.
③ 주어가 생략되는 경우가 국어에서 더 흔하다.

(elliptical question)이 쉼표에 의해서 부가된 문장이다. 따라서 서술문은 서술형 종결어미로 끝나야 하며 부가성분은 의문형 종결어미로 끝나야 한다. 이러한 사실을 보여주는 다음의 일반적인 예문을 통해서 확인할 수 있다.

(26) A: 영이가 갔다/지/군/어, 그러니/그렇지 않니/그랬니/안그랬니?
B: 그래, 갔다/지/군/어, 아니야/안 갔군/다/지/어.

(27) A: 영이가 안 갔다/지/군/어, 그렇니/그렇지 않니/그랬니/안 그랬니?
B: 그래, 안 갔군/다/지/어,/아니야, 갔군/어.

둘째, 국어 부가의문문의 서술문과 부가성분의 긍・부정 형태는 부가의문문의 의미와 긴밀한 관련성을 갖고 있지 않다. 이는 영어 부가의문문가 매우 다른 특질임을 앞에서 지적한 바 있다. 즉 앞 문장 (26A)의 긍정서술문에 긍정 부가성분과 부정 부가성분이 모두 올 수 있고 이들의 의미를 다르게 하지 않는다. 또한 (27A)의 부정서술문에 긍정 부가성분과 부정 부가성분이 모두 올 수 있고 이들이 의미를 다르게 하지 않는다.

셋째, 서술문과 부정성분 사이의 통사적 제약이 두드러진 영어 부가의문문과는 달리 국어 부가의문문의 경우에는 부가성분에 서술문의 주어와 동사가 나타나지 않고 다만 시제만 실현된다. 그러나 이 시제도 화자의 전제 시점과 일치되는 현재시제를 택할 수 있다는 면에서 영어보다는 국어가 시제의 폭이 더 넓다고 할 수 있다.

넷째, 국어 부가의문문의 부가성분의 긍・부정 형태가 그 응답의 형태에 영향을 주지 않는다. 즉, (26A)에 대해서 (27B)의 긍정이나 부정으로 답할 수도 있고 (27A)에 대해서 (27B)의 긍정이나 부정으로 답할 수도 있다. 다시 말해서 국어 부가의문문에 대한 응답은 선행서술문을 토대로 해서 긍정 혹은 부정의 응답을 하게 된다. 한편 영어의 경우에는 그 응답은 선행서술문의 긍정명제가 그 기준이 된다. 즉, 선행 서술문이 긍정이거나 부정이거나 응답의 형태에 영향을 주지 않는데 이는 국어와 크게 다른 특징이다. 어쨌든 영어 부가의문문의 부가성의 긍・부정 형태도 그 응답의 형태에 영향을 주지 않는다는 면에서 국어와 같은 특성을 지녔다.

다섯째, 국어 부가의문문도 영어와 마찬가지로 선행서술문은 화자의 전제(presupposition)을 나타내고 부가성분에 의해서 이 전제에 대한 청자의 동의를 기대하게 된다. 다만 영어 부가의문문의 경우에는 서술문의 부가성분의 긍・부정 형태가 동일하냐 아니하냐에 따라 그 서술문이 화자의 전제이냐 아니냐가 결정되고 또 종지억양에 따라 기대의 강도가 달라지는 매우 중요한 용법의 차이가 있으나 국어의 경우에는 이러한 특성이 존재하지 않는다.

지금까지 일단 국어 부가의문문의 존재를 받아들이고 그 특성을 정리하였다. 우리가 앞에 제시한 국어 부가의문문의 예문 (26)과 (27)이 자연스러운 국어 문장으로 받아들여진다면 우리의 지금까지의 논의는 그 지지하는 증거들을 확보한 셈이다.

<추가 내용>

우리가 지금의 시점에서 이 논문을 재검토해보면 우리가 인용하고 부분적으로 비판한 성광수(1980)와 전병쾌(1984) 등의 선행연구에 제시된 국어의 부가의문문의 예문이 전혀 경험적 증거와 일치하지 않는 것을 발견할 수 있다. 한마디로 말해서 우리가 결론적으로 제시한 (26A)와 (27A)가 전혀 국어의 전형적인 부가의문문이 아니다. 선행연구의 치명적인 결함은 첫째, 국어의 부가의문문의 경험적 증거를 전혀 반영하지 못했다는 점과, 둘째, 영어의 부가의문문을 단순히 국어로 번역하여 국어의 부가의문문으로 단정했다는 점, 그리고 마지막으로 부가의문문은 선행 서술문과 부가문이 자연스럽게 연결된 한 문장인데, 그들이 제시한 문장은 독립된 두 문장을 인위적으로 쉼표(,)로 연결시킨 비문(非文)에 불과하다는 점 등이다.

한편 우리는 이 책의 제2부 <국어통사론> 제5장 “부가의문문의 보편문법과 경상도 방언”에서 국어의 부가의문문은 경상도 방언에만 존재함을 경험적 증거를 토대로 하여 강력히 주장하였다. 그 내용은 국어의 부가의문문의 선행문은 반드시 '-다'로 끝나며, 이어지는 부가문은 "아이가(아입니까)/그지(예)/맞지(예)" 등이라는 것이다. 다시 간단히 요약하면 필자가 국내의 선행연구를 토대로 국어의 부가의문문의 정체를 밝히려는 이 논문의 시도는 예문 자체가 부가의문문이 아니었기 때문에 부실할 수밖에 없었다는 것이다. 그러나 바로 이런 시도가 밑거름이 되어 훗날 궁극적으로는 국어의 부가의문문의 실체와 존재를 밝힐 수 있게 된 것이다.

<추가 내용 끝>

IV. 맺는 말

이제 우리의 원래의 질문인 "국어에도 부가의문문이 있는가?"에 다시 돌아가 보기로 하자. 우리는 제 II장에서 영어 부가의문문의 특성을, 그리고 제 III장에서 잠정적인 국어 부가의문문의 특성을 살펴봄으로써 부가의문문의 보편적 특성을 어느 정도 밝혀내게 되었다. 물론 두 언어의 연구만으로 언어 보편성을 논한다는 것은 너무 성급한 처사라고 할 수도 있겠으나[6] 이는 언어의 보편성을 밝히는데 있어서 피할 수 없는 과정이며, 더욱이 국어 부가의문문의 기초를 마련한다는 면에서도 필요하다고 본다. 이제 두 언어의 비교에 의해서 밝혀진 부가의문문의 보편성에 비추어 국어 부가의문문의 본질을 정리해 보자.

부가의문문은 통사적으로는 서술문에 생략된 의문문이 부가되어 만들어진다. 이 부가성분은 제 I 장에서 보았듯이 언어에 따라서는 불변 어휘형태소로 나타날 수도 있고 영어에서처럼 통사적 특성이 강하게 나타나기도 한다. 국어의 경우는 부가성분에 시제가 실현된다는 면에서 또 긍・부정 형태가 나타날

---

6) Noam Chomsky(1981: 6)는 "A valid observation that has frequently been made (and often, irrationally denied) is that a great deal can be learned about UG from the study of a single language, if such study achieves sufficient depth to put forth rules or principles that have explanatory force but are underdetermined by evidence available to the language learner."라고 함으로써 개별 언어의 연구와 보편문법의 관계를 논하고 있다.

수 있다는 면에서 영어보다는 덜하지만 통사적 특질이 강하게 나타난다. 확대된 의미론 즉 화용론적 측면에서는 부가의문문은 화자가 자기가 전제하고 있는 내용을 청자에게 확인하느냐의 여부에 따라 선행서술문과 부가성분의 긍·부정 형태가 동일할 수도 있고 상이할 수도 있는데 이점이 매우 분명한 언어가 영어이고, 국어의 경우에는 부가성분의 긍·부정 형태에 상관없이 항상 화자가 자기의 전제내용을 청자에게 확인하게 된다. 제1장에서 우리가 지적한 불변형태소로 나타나는 부가성분을 가진 언어는 모두 화자의 전제에 대한 동의를 구하는 용법만 가지고 있을지도 모른다.

이제까지의 논의에 의해서 국어에도 부가의문문이 존재하지만 영어의 그것과는 여러 가지 면에서 다르게 나타남을 밝혔다. 끝으로 우리는 현대 언어학의 과제가 보편문법(Universal Grammar)의 추구에 있다하더라도 너무 성급히 특정 언어의 특성을 국어의 현상으로 인식하고자하는 일반화의 유혹을 경계해야한다고 믿는다.

참고문헌

박병수. 1974. Tag Question 再考 : Discourse Analysis의 한 試圖. 『영어영문학』. Nos. 51-52.
성광수. 1980. 국어 부가의문문에 대하여. 『한글』제 168호.
장석진. 1984. 국어의 부가의문—형식과기능—『언어』제 9권 제 2호.
전병쾌. 1984. 『한국어부정구조의 분석』. 서울: 한신문화사.
Cattell, Ray. 1973. Nagative Transportation and Tag Questions. *Language* 49. 3.
Chomaky, Noam. 1981. *Lectures on Government and Binding.* Dordrecht, Holland.
Cheun, Sang-buom. 1974. Negative Transportation and Tag Question Formation. *English Language and Literature* Nos. 51-52. Seoul, Korea.
Culicover, Peter W. 1976. *Syntax*. New York.
Lakoff, Robin. 1969. A Syntactic Argument for Negative Transportation. *Papers from the Fifth Regional Meeting* CLS.
Lyons, John. 1979. *Semantics* 2. Cambridge.
Quirk, R. et al. 1972. *A Grammar of Contemporary English.* New York.
Stageberg, Norman C. 1981. *An Introductory English Grammar.* New York.
Zandvoort, R. W. 1965. *A Handbook of English Grammar.* London.

<Abstract>

On the Nature of Tag Question in Korean

Chang, Kyung-Key. On the Nature of Tag Question in Korean. *English Language & Literature.* 3. (1985): 000-000. We assume that tag question is a language-universal phenomenon. So in order to investigate tag question in Korean we first turn to the tag question in English which has been rather explicitly described in many respects. However, according to Ray Cattell(1973) and many other arguments, English tag question theory so far is not so satisfactory yet and also has a couple of thorny problems to be solved. In this paper we propose a new alternative for the task in terms of the notion of 'speaker's presupposition' and then provide several evidence seemingly to support our arguments.

Next, we examine 성광수(1980) and 전병쾌(1984) respectively, two arguments on tag question in Korean. We argue that their theories both are in general much too English-oriented and these two grammarians almost directly relate terms and ideas of English tag question theory to the description of Korean tag question. Consequently, language-universality and language-particularity seem to be confused in their arguments. Alternatively, we show that tag question in Korean, like tag question in English, can be better described and more adequately explained by means of our alternative. We clarify to some extent language-universal characteristics and Korean-particular ones which are represented in Korean tag questions. Detailed empirical inquiry and concrete evidence are included in the paper. (Ulsan University)

Key Words: Tag Question, Speaker's Presupposition, Korean Tag Question

02
국어의 부정의문문과 전제*

I. 논문의 목적과 동기

김동식(1981)과 장석진(1984)은 아래와 같은 '유사' 장형부정의문문을 본격적으로 다룬 80년대의 대표적인 논문인 것 같다.

(1) 영희는 갔지 않니?

문제는 예문 (1)이 표면상 부정의문문의 구조임에도 불구하고 부정의 의미가 없고 '영희는 갔지?'와 비슷한 의미를 갖는다는 데 있다. 이와 같이 형식과 의미의 외견상의 불일치를 보여주는 (1)은 그 자체가 언어학계의 관심의 대상이 될 만한데 오히려 현실은 그 반대였던 것 같다.[1] 그러다가 최근에 국어에 대한 화용론적 연구가 활발해지면서 김동식(1981)과 장석진(1984)이 나온다.

종래에는 (1) 문형을 막연히 부정의문문의 하나라고 묵시적으로 인정해 왔으나, 김동식(1981)은 이를 '확인문'이라는 새로운 문형을 설정하여 설명하고자

---

* 본 논문은 『어학연구』 22.1 (서울대 어학연구소, 1986)에 발표한 것을 수정·보완한 것이다.

1) 임홍빈(1973: 123-127), 송석중(1977: 71-78)에서 (1)유형이 언급된 바 있으나 모두 '-지'에 대한 관심의 일부로서 다루어졌을 뿐이다.

했고, 장석진(1984)은 이를 '전형적 부가의문문'으로 분석하고 있다.

본 논문의 목적은 궁극적으로 (1) 문형의 정체를 밝히는 데 있으며, 이를 위하여 먼저 2장에서 김동식(1981)과 장석진(1984)의 타당성을 검토하고, 3장에서 영어의 Yes-No 의문문과 전제와의 관련성을 논한 후, 4장에서 우리의 대안을 제시하여 김동식(1981)과 장석진(1984)의 문제점을 극복함으로써 국어의 부정법과 의문법에 대한 보다 나은 문법을 마련하는데 도움이 되었으면 한다.

II. 국어 선행연구 검토

2.1 김동식(1981)의 확인문론

먼저 김동식(1981)을 살펴보기로 하자.

(2) 영이가 먹지 않니?

예문 (2)는 일반적으로 두 가지 의미가 있다고 인식된다. 김동식(1981: 101)은 이를 다음과 같은 구별자질을 사용하여 나타내고 있다.[2)]

(3) a. 영이가 먹지 ˇ**않니**? (↑)
b. 영이가 ˇ**먹지** 않니? ※ ˇ: 쉼, 고딕: 힘줌

그에 의하면 예문 (3a)는 일반적인 장형부정의문문인 반면, 예문 (3b)는 의미상으로 볼 때 부정의 뜻이 전혀 없고, 오히려 '영이가 먹는다' 는 긍정의 내용을 화자가 청자에게 확인하는 문장이라는 점을 주요 근거로 해서 이를 '확인의문

2) 물론 이 초분절요소가 (2)의 두 가지 의미를 완벽하게 구분지어주지는 못한다. 이는 실제적인 담화상의 상황에 의해서 결정되며 초 분절요소는 그 보조적 역할을 수행한다. 우리는 이 단순화된 구별자질을 필요할 때마다 사용하기로 한다.

문'이라고 규정하였다. 이러한 그의 논리는 예문 (2)라는 동일한 통사구조를 가진 문장을 쉼, 힘줌과 같은 초분절요소에 의해서 완전히 별개의 문형인 부정의문문과 확인의문문으로 분석하고 있음을 주목해두자.

이제 예문 (2)를 과거시제로 바꾸어 보자.

(4) a. 영이가 먹지 않았니?
    b. 영이가 먹었지 않니?

우선 예문 (4a)는 예문 (2)를 과거시제로 바꾼 것으로서 (2)와 마찬가지로 부정의문문으로서의 의미와 확인문으로서의 의미라는 두 가지 의미를 가진다. 한편 예문 (4b)는 우리가 아직 (2)의 과거시제형이라고 규정할 수는 없지만 의미상으로는 (4a)의 두 의미 중 확인문의 의미 즉, "영이가 먹었지?"와 유사한 의미만을 가지며, 구조적으로는 (4a)와 비교해 볼 때 시제표지 '었'이 '-지' 앞에 나타나는 특징을 가지고 있다. 김동식(1981: 102-106)을 따르면 (4a)는 화맥에 따라 부정의문문도 될 수 있고 확인문도 될 수 있으나 (4b)는 항상 확인문이 된다. 그가 제시하는 장형부정의문문과 확인문의 차이점은 다음과 같다.

첫째, 장형부정의문문에서는 시제의 표지가 '- 지' 앞에 연결될 수 없으나 확인문에서는 자유롭게 쓰일 수 있다.[3]

(5) a. 영이가 ˇ**먹었지** 않니?
    b. *영이가 먹었지ˇ**않니**? (↑)
    c. 영이가 ˇ**먹겠지** 않니?
    d. *영이가 먹겠지 ˇ**않니**? (↑)

구별자질로 판단해 볼 때 예문 (5a)와 (5c)는 그이 확인문인 데 각각 시제표지

---

3) 김동식(1981: 102)에서 "...자유롭게 쓰일 수 있다"고 기술되고 있음에 주목해야 한다. 그의 각주 3에서도 "시제[상]의 표지가 '아니' 뒤에 올 때도 확인문이 가능한 듯하다"고 하고 있듯이 '-지' 앞의 시제실현이 그의 확인문의 필요충분조건이 아니다.

'었'과 '겠'이 '-지' 앞에 나타난 바른 문장이고, 예문 (5b)와 (5d)는 장형부정의 문문이므로 '-지' 앞에 시제표지가 와서 비문이 된다. 김동식(1981: 103-104)을 따르면 이 '-지' 앞의 시제표지가 '-지'를 종결어미로 분석하는 근거가 되고 있음을 주목해두기로 하자.

둘째, 확인문은 대응하는 서술문이 없고 항상 의문문으로 쓰인다(김동식 1981: 102).

(6) a. *영이가 먹었지 않(었)다.
  b. 영이가 먹지 않았다.
  c. *영이가 먹겠지 않(겠)다.
  d. 영이가 먹지 않겠다.

예문 (6a)는 확인문 (5a)의 대응서술문이고 예문 (6c)는 확인문 (5c)의 대응서술문인데 둘 다 비문이다. 이를 (6b), (6d)가 바른 문장인 것과 비교해보면 바로 확인문의 특성임을 알 수 있다고 그는 본다.

셋째, 그는 확인문만이 갖는 분포상의 제약이 있다고 주장한다(김동식 1981: 103). 그 하나는 국어의 계사 '이-'는 단형부정문밖에 형성할 수 없는데 확인문에는 이러한 제약이 없다는 점이다(김동식 1980: 81-85). 다시 말해서 그의 확인문을 새로이 설정하지 않고서는 다음 (7a)의 문법성[4]을 설명할 도리가 없다는 주장이다.

(7) a. 영이는 ˇ**학생이(었)지** 않니? (확인문)
  b. 영이는 학생이 ˇ**아니(었)니**? (단형부정문)
  c. *영이는 학생이지 ˇ**않(었)니**? (장형부정문)

4) 엄격하게는 통사적 개념인 문법성(grammaticalness)과 화용론적 개념인 가용성(acceptability)이 구분 사용되어야 하나 논의에 혼동을 가져오지 않는 한 우리는 문법성이라는 용어를 포괄적으로 사용하겠다.

예문 (7c)는 구별자질로 볼 때 계사 '-이'가 장형부정문이 되어 비문이 된 것이다. 그가 주장하는 또 하나의 분포상의 제약은 동사 '알-'이 부정될 때 부정소 '아니'를 취하지 못한다는 제약이 확인문에는 없다는 점이다(김동식 1980: 20-22).

(8) a. 영수는 그 소식을 ˇ**알(었)지 않니**?
b. 영수는 그 소식을 알지 ˇ**않았니**?
c. 영수는 그 소식을 알지 ˇ**못했니**?

즉, 구별자질로 볼 때 예문 (8a)는 확인문이기 때문에 동사 '알-'이 '아니'를 취할 수 있으나 부정문인 (8b)는 '아니'를 취할 수 없기 때문에 비문이며, (8c)는 부정문이면서도 '못' 부정소를 취하고 있으므로 바른 문장이라고 본다. 이 주장은 그의 확인문에 나타나는 '아니'는 일반 부정문의 '아니'와는 다른 성분이라는 논리의 근거가 된다.

지금까지 김동식(1981)의 확인문 설정의 논리를 살펴보았다. 이를 다시 정리하면 확인문 설정의 일차적 동기는 역시 의미론적인 것이다. 장형부정의문문과의 표면적인 유사성에도 불구하고 부정의 의미가 없고 오히려 긍정명제를 화자가 청자에게 확인하는 용법으로 쓰이고 있기 때문이다. 이 의미론적 동기는 두 가지의 통사론적 동기에 연결된다. 하나는 '-지'의 문제인데 그의 확인문에서 마치 문장이 '-지'에서 끝난 느낌을 준다는 점, 다시 말해서 '-지' 이하를 잘라내어도 기본적인 의미의 차이를 가져오지 않는다는 면에서 이 '-지'를 종결어미로 보고 있다(김동식, 1981: 101). 이 '-지' 종결어미설은 '-지' 앞에 시제표지가 나타남으로써 그 주장을 뒷받침해주고 있는 듯하다. 또 하나의 통사론적 동기는 그의 확인문의 '-지' 다음에 오는 '아니'와 관련 되어있다. 일반부정문에 나타나는 부정소 '아니' 와는 달리 확인문의 '아니'는 전혀 부정의 의미를 문장에 가져다주지 못한다. 따라서 김동식(1981: 106)은 이를 "부정 아닌 부정" 다시 말해 '가부정'(假否定)의 '아니'라고 명명하였다. 이와 같이 통사적 의미적 특성을 근거로 그의 확인문은 특별한 형성규칙을 통해서 만들어지는 독립된 문형이라고 주장한다(김동식 1980: 92).

이제 김동식(1981)의 확인문 이론의 문제점을 검토해 보자.

(9) 영이가 먹지 않았니?

예문 (9)가 가진 두 가지 의미를 구별자질을 사용하여 아래와 같이 나타낼 수 있다.

(10) a. 영이가 먹지 ˇ**않았니**? (↑)
　　b. 영이가 ˇ**먹지** 않았니?

그의 이론에 따르면 (10a)는 부정의문문이고 (10b)는 확인문이다. (10b)는 '-지' 앞에 시제가 나타나지 않은 경우이고 '-지' 앞에 시제가 나타나는 다음과 같은 확인문이 또 있다.

(11) 영이가 먹었지 않니?

왜냐하면 김동식(1981: 102)은 그의 확인문의 '-지' 앞에 시제가 자유롭게 쓰인다고 했기 때문이다. 이 이론에는 두 가지의 문제점이 있는 것으로 보인다. 하나는 (9)라는 표면구조가 초분절요소에 의해서 다른 의미를 가질 때 동일한 통사구조임을 고려치 않고 완전히 독립적인 문형으로 분류할 수 있느냐하는 점이다. 물론 (10b)는 (10a)와 비교해 볼 때 부정의 의미가 전혀 없다는 의미론적 특성이 이 분석의 기본 동기였음을 앞에서도 언급한 바 있으나 이 이유가 새로운 문형의 창조에서 오는 문법이론의 복잡성을 정당화하기에는 미흡한 것으로 판단된다. 그의 분석이 지닌 또 하나의 문제점은 그의 확인문은 '-지' 앞과 '아니하-' 다음에 시제가 자유롭게 쓰인다는 데 있다. (11)은 '-지' 앞에 시제가 나와 일견 '-지'를 종결어미로 볼 수 있게 하지만 같은 확인문인 (10b)의 '-지' 앞에는 시제표지가 오지 않는데 어떻게 이 '지'를 종결어미라고 할 수 있을지 의문이다. 우리는 대안에서 (9)라는 장형부정의문문이 화용론적 요인에 의해서 (10a)와 (10b)라는 다른 화용론적 용법을 갖게 됨을 보이게 될 것이며, (11)은 (10b)와 같은 용법을 갖는 특수형태임을 증명하게 될 것이다. 또한 '-지'는 (10a), (10b), (11) 모두 동일한 장형부정의문문의 '-지' 임을 밝히고 종결어미가 될 수 없음을 논증할 것이다.

이제 김동식(1981)의 확인문이 갖는 분포상의 특징에 대해서 살펴보기로 하자. 우리는 일단 그가 제시한 분포상의 특징이 국어에 존재한다고 받아들인다. 그러나 이들이 곧 확인문 설정의 증거가 될 수 있을지 의문이다. 우리는 이들이 부정의문문이 특징한 화용론적 용법을 가질 때 부수적으로 나타나는 특성임을 대안에서 밝히게 될 것이다.

끝으로 김동식(1981)은 확인문을 장형부정의문문과의 관련성 안에서만 다루었음을 주목해 두기로 한다. 우리는 대안에서 장형부정의문문뿐만 아니라 단형부정의문문도 소위 그의 확인문의 용법으로 쓰일 수 있음을 보임으로써 궁극적으로 국어 부정의문문의 화용론적 용법을 기술하게 될 것이다.

2.2 장석진(1984)의 부가의문문론

1장에서 제시된 (1)문형을 부정의문문의 범주 밖에서 다룬 논문으로 김동식(1981)과 장석진(1984)이 있음을 앞에서 언급한 바 있다. 우리는 2장에서 김동식(1981)의 이론을 소개하고 그 문제점을 제시하는 순서를 택했으나 3장에서는 논리전개의 편의상 바로 장석진(1984)의 이론의 문제점을 검토하는 방법을 택하기로 한다.

장석진(1984: 260)은 (1)문형을 '전형적'인 부가의문문이라고 규정하고 있다는 면에서 김동식(1981)과 기본 입장이 다르다. 여기에서 '전형적'이라는 개념이 일반적이고 무표적(unmarked)이라고 이해될 수 있다면 그의 부가의문문이론은 부가의문문의 일반성 및 보편성과 밀접하게 관련되어 있다고 일단 추정할 수 있을 것이다. 그의 주장을 직접 들어보면 "전형적인 부가의문문이라고 여기서 부르는 구문은 부정의문문 '-지 않아?/않습니까?' 등과 그 형태가 유사하다. 양자의 차이는 부정의문문이 시제(tense)를 부정부분에 나타낼 수 있는데 반해 부가의문문에서는 그럴 수 없고, 그 대신 그 앞의 용언부(동사, 형용사, 지정사)에 시제를 나타낼 수 있고 부정의문문에서는 그럴 수 없다는 점에서 두 구문은 대조적이다" 라고 밝히고 있다. 이를 다시 요약하면 국어의 장형부정의문문의 구문이 '-지' 앞에 시제가 오면 부가의문문이고, '아니하-' 뒤에 시제가 오면 부정의문문이라는 주장이다.[5] 그는 그의 부가의문문의 '-지' 까지를 본문으로, 그리고 '아니' 이하를 꼬리(tag)로 양분한다. 우리는 장석진(1984)이 문형설정을 일차적으로 통사적인 분류법에 따라 하고 있음을 긍정적으로 받아들인다. 이 점에 있어 김동식(1981)의 접근법과 크게 다르다. 또한 김동식(1981)에서는 '-지' 앞의 시제가 확인문의 선택조건인 데 비해 장석진(1984)에서는 '-지' 앞의 시제가 의무조건이라는 차이가 있다.

이제 부가의문문의 일반성에 비추어 장석진(1984)의 부가의문문 이론을 검토해 보자. 일반적으로 부가의문문이란 일정한 서술문에 통사 및 의미론적 제약을 받는 생략된 의문문이 부가된 의문문이라고 통사적인 정의를 내릴 수 있다. 국어 부가의문문도 이 정의에 부합되어야 한다는 가정을 받아들인다면 장석진(1984)의 이론에는 몇 가지 문제가 있는 것 같다. 다음은 그의 예문을 그대로 옮긴 것이다(장석진 1984: 260).

(12) a. 비가 왔지 않습니까? (부가의문문 ; *정상의문)
　　b. 비가 오지 않았습니까? (정상의문 ; *부가의문문)
　　c. 비가 오지 않습니까? (정상의문 ; 부가의문)
　　d. *비가 왔지 않았습니까? (*정상의문 ; *부가의문)

5) 장석진(1984: 263)은 '-지' 앞과 '아니'뒤의 양쪽에 시제가 오는 문장을 사용하는 사람이 있으나 이를 비표준어로 보겠다고 밝히고 있다. 우리도 이 점에 있어 그의 견해를 따르기로 한다.

(12a)는 '-지' 앞에 시제가 와서 그의 부가의문문이고, (12b)는 '아니' 다음에 시제가 와서 일반 부정의문문이다. (12d)는 '-지' 앞과 '아니' 다음의 양쪽에 시제가 와서 비표준어이다. 한편 (12c)는 현재시제 문장으로서 국어에서 명시적인 시제표지가 없다. 그렇다면 현재형 구문은 부가의문문과 부정의문문이 동일한 형태가 된다. 그러나 우리는 어떤 자연언어에서 부가의문문과 부정의문문의 통사구조가 동일한 형태로서 존재한다는 이론을 받아들일 수 없다. 우리는 동일한 통사구조는 동일한 문형으로 분류되어야 한다고 보며 '-지' 앞의 시제는 일정한 화용론적 기능을 수행하기 위한 특수형태라는 점을 대안에서 보이고자 한다.

한편 장석진(1984)은 그의 부가의문문의 '-지' 까지를 본문으로 보며 이 '-지'를 종결어미라고 본다. 물론 '-지' 앞의 시제가 이 이론의 기본 동기가 되고 있다. 우리는 자연언어의 대부분이 부가의문문의 본문과 꼬리사이에 쉼표가 존재하며 이 쉼표에서는 쉼(pause)으로 나타나게 된다고 알고 있다. 이 점은 본문과 꼬리가 거의 독립적인 문장으로 연결되어 있음을 반영하는 것이다. 국어의 부가의문문에도 이 규칙이 존재해야 한다는 가정을 받아들인다면 장석진(1984)의 부가의문문의 본문과 꼬리사이에 잠깐 쉼이 존재하는지 의문이다. 또한 꼬리성분의 독립성이라는 면에서 그이 부가의문문의 꼬리에 '아니'가 필수성분이어야 하고 '아니' 이하가 무시제(tenseless)여야 하는 타당한 설명이 주어져야 할 것이다.[6] 우리는 대안에서 '-지'가 종결어미가 아니라는 몇 가지 통사적인 증거를 제시할 것 이다.

이제 장석진(1984: 265-267)이 보여주는 부가의문문과 부정의문문의 의미론적 용법(광의의 화용론적 용법)을 살펴보자. 그는 양자의 차이를 다음과 같이 표로 나타내고 있다(1984: 266).

6) 언어에 따라서는 꼬리(tag)가 생략된 의문문이라는 통사구조가 아닌 순수어휘 요소가 나타나기도 한다. 그러나 국어부가의문문의 꼬리는 긍·부정형태가 다 가능하고 또 시제가 나타난다는 면에서 통사적 성격이 매우 강한 것 같다(졸고 1985: 14-20).

(13)

의문문 유형	화자의 태도	화행
긍정의문문	중립적	진위여부 응답
부정의문문	중립적	진위여부 응답
	비중립적	본문내용 확인요청
부가의문문	비중립적	본문내용 동의요청

위 표에서 우리의 관심은 부정의문문의 비중립적 용법과 부가의문문의 용법에 있다. 장석진(1984: 267)은 “부가의문과 비중립적 부정의문은 화행이 아주 유사하고, 차이가 있다면 전자는 본문 명제가 참임을 단언하면서 청자의 동의를 청하는데 비해 후자는 청자에게 명제가 참임을 확인해줄 것을 요청하는 화행이다. Searle(1979)의 지시적(directive) 화행에 속하며 동의요청과 확인요청의 발화수반력(illocutionary force)의 정도의 차로 볼 수 있겠다. 부가의문이 비중립적 부정의문보다 동의요청의 힘이 더 강하다”라고 말하고 있다. 다음 예문을 가지고 이 주장을 검토해 보자.

(14) a. 영희가 갔지 않니?
b. 영희가 ˇ**가지** 않았니?
c. 영희가 가지 ˇ**않았니**?

그의 이론에 따르면 (14a)는 부가의문문이고 (14b)는 비중립적 부정의문문이며 (14c)는 중립적 부정의문문이다. 이 때 (14a)와 (14b)가 과연 발화수반력의 정도의 차이가 있다고 할 수 있을지 또 이 차이가 과연 독립적인 문형의 설정을 정당화할 수 있을 정도로 언어학적 의의가 있다고 할 수 있을 지 의문이다. Lyons(1977: 765)는 영어 부가의문문의 특징을 아래 예문을 통해서 드러내 보인다.

(15) a. “The door isn’t open, is it?,” he asked himself.
b. “The door isn’t open, is it?,” he wondered.

c. "Isn't the door open?," he wondered.

(15a)와 (15b)의 문법성의 대조는 영어 부가의문문은 반드시 청자의 존재 (자문자답일 때는 화자 자신)를 전제로 한다는 점을 보여주며, (15c)의 문법성은 부정의문문에는 위의 전제를 요구하지 않음을 보여준다. 우리는 국어의 부가의문문도 이러한 성질을 가지고 있는 지 확신할 수 없으나, 부가의문문이 갖는 본질적인 담화적 특성을 고려할 때 청자의 참여가 부가의문문의 문형 설정에 필요한 요소로서 작용해야 한다고 본다. 또한 부가의문문과 비중립적 부정의문문이 발화수반력의 정도의 차이라는 점을 받아들인다고 할 때, 명시적 시제표지가 없는 현재형의 문장은 부가의문문과 부정의문문이 통사구조가 동일하므로 이 차이조차도 인식될 수 없게 된다(12(c)참조). 이상의 논의로 볼 때 "발화수반력의 정도의 차이"라는 성격만으로 (1)문형을 부가의문문으로 규정하는 데는 여러 어려움이 있는 것 같다.

끝으로 장석진(1984)은 화자의 태도에 따라 부가의문문과 장형부정의문문의 화행을 분석했으나, 국어의 단형부정의문문의 화행에 대해서는 언급하지 않고 있다. 우리는 대안에서 장·단형부정의문문의 화용론적 용법 안에서 그의 부가의문문을 다루려고 한다.

III. 영어 선행연구 검토

3.1 Jespersen(1933) 검토

Jespersen(1933: 304)은 영어의 Yes-No의문문(그의 nexus-question)을 의미상의 용법에 따라 unemotional question과 emotional question으로 나눈다. unemotional question은 화자가 발화전에 아무런 전제 없이 단지 정보를 얻고자하여 하는 질문으로 의문문의 긍·부정 형태가 의미에 별 영향을 미치지 않는다. 한편

emotional question은 화자가 발화 이전에 일정한 전제를 가지고 하는 의문문으로서 전제의 긍·부정 형태와 발화된 의문문의 긍·부정형태가 대조되어 나타난다. 장석진(1984: 266)의 화자의 태도라는 면에서 보면 unemotional question은 화자의 태도가 중립적이며 emotional question은 화자의 태도가 비중립적이다. 다음 예를 통해서 구체적으로 살펴보자.

(16) a. Will you have a glass of beer?
  b. Won't you have a glass of beer?

즉, (16a)와 (16b)가 unemotional question이면 의미의 차이가 없으나, emotional question이면 의미상의 분명히 대조를 이루어 (16a)는 (17a), (16b)는 (17b)의 의미를 갖는다.

(17) a. I am surprised at your wanting a glass of beer.
  b. I am surprised of your not wanting a glass of beer.

다시 말해서 긍정형 emotional question으로서의 (16a)는 화자가 상대방이 술을 원하지 않으리라는 부정 명제를 전제하고 있었으나 발화 직전에 그 전제에 반하는 증거에 접하고서 놀라면서 던지는 질문이요, 부정형 emotional question으로서의 (16b)는 화자가 상대방이 술을 원하리라는 긍정 명제를 전제하고 있었으나 발화 직전에 그 전제에 반하는 증거에 접하고서 놀라면서 던지는 질문이다. 물론 우리의 이러한 견해는 복잡 미묘한 담화상황을 단순화시킨 일예에 불과한 것이나, 화자의 발화전의 전제 유무와 전제의 긍·부정 형태에 따라 Yes-No 의문문의 화용론적 용법이 결정된다는 일반화는 가능하다고 본다.

한편 Jespersen(1933: 304)은 부정의문문이 강한 긍정의 의미로 쓰일 수 있음을 밝히고 있다. 즉, "Isn't that nice?"가 "That is very nice"의 의미를 가질 수 있다. 이 경우는 화자가 긍정형의 전제를 가지고서 발화한다는 면에서 emotional question에 속하면서도 (16b)가 (17b)의 의미를 갖는 emotional question과는 대조적으로 화자의 발화전의 전제가 더욱 강화되는 emotional question이다. 여기서 우리는 emotional question을 다시 하위범주화 할 필요성을 발견하게 된다. 이 점에 대해서 Cattell(1973)은 좀 더 구체적인 논의를 하고 있다.

3.2 Cattell(1973) 검토

Cattell(1973: 617-618)은 서술문으로부터 유도되며 따라서 대응서술문을 갖는 일반적인 Yes-No 의문문과 성격이 다른 부정의문문의 존재를 밝히고 있다.

(18) a. Didn't Aunt Eliza get married?
b. Aunt Eliza didn't get married.
c. Aunt Eliza got married.

즉, 부정의문문 (18a)는 적어도 다음 세 가지의 의미가 있다고 Cattell(1973: 617)은 말한다.

(19) a. (18b)에 대한 검증을 요구하며 하강억양이 된다.
b. (18b)에 대한 확인을 구하지만 자신이 없어 상승억양이 된다.
c. (18c)가 참이라 믿고 확인을 구하며 상승억양을 가진다.

이 주장을 Jespersen(1933)과 비교해보면 (18a)가 (19a)와 (19c)의 용법일 때는 emotional question에 해당되고, (19b)의 용법일 때는 unemotional question에 해당한다고 본다. 우리의 관심은 (18a)가 emotional question일 때 (19a)와 (19)라는 전혀 다른 용법으로 쓰인다는 데 있다. 이 때 (19a)는 부정문 (18b)를 기본문으로 하고 있고 (19c)는 긍정문 (18c)을 기본문으로 하고 있다.[7] 우리는 emotional

7) 기본문이라는 용어는 Cattell(1973: 617)의 "...be based on..."으로부터 빌린 것으로서 화자가 부정의문문을 통해서 확인하려는 문장이라고 할 수 있다. 즉, (18)의 기본문이 (19)냐 (20)이냐

question으로서의 부정의문문의 기본문이 갖는 긍·부정 형태에 따라 emotional question을 둘로 나눌 수 있다고 본다. 즉, 기본문이 부정문이면 화자의 전제가 무너질 가능성이 높은 상황에서 쓰이는 용법으로 매우 일반적인 용법이므로 primary emotional question이라 하고, 본문이 긍정문이면 화자가 자기의 전제를 강화하려는 용법으로 그 용법이 제한적이고 구조상의 제약이 수반되므로 secondary emotional question이라고 잠정적으로 구분 사용하겠다. Hudson(1975: 13-20)은 우리의 secondary emotional question의 몇 가지 통사상의 제약을 들고 있다.

3.3 Hudson(1975) 검토

Hudson(1975: 13-20)은 Yes-No 의문문을 'straight question'과 'exclamation'으로 나눈다. 그의 exclamation은 바로 우리의 secondary emotional question에 해당한다고 보이는데 그는 이 용법이 갖는 몇 가지 제약을 제시하고 있다.

첫째, 반드시 'not'의 축약형 'n't'가 쓰인다. 즉, 'n't'는 secondary emotional question의 전용표지(arbitrary marker)이다.

둘째, 'any'나 'yet'과 같은 부정문에만 나타나는 어휘는 쓰이지 못한다. 이 제약은 secondary emotional question의 기본문이 긍정문이라는 점과 무관하지 않은 것 같다.

셋째, 하강억양을 갖는다. 이 점은 secondary emotional question이 서술문의 억양을 갖고 있음을 말해주는 것이다.

이상의 제약은 통사상의 부정의문문이 화자의 전제를 강화하기 위한 secondary emotional question이라는 고유한 용법으로 쓰일 수 있다는 강력한 증거라고 하겠다.

하는 것은 (18)의 화용론적 용법에 의해서 결정된다. 이 기본문의 개념은 다음 장의 국어 부정의문문의 분석에서도 유용하게 사용될 것이다.

3.4 요약

지금까지 Yes-No 의문문이 화자의 전제와 관련해서 세 가지 용법으로 쓰일 수 있음을 논하였다. Karttunen(1973: 169)에 의하면 전제의 정의에 대한 두 가지의 기본입장이 있다. 한 입장은 전제를 한 명제와 그 결과에 의해서 정의되는 두 문장 간의 의미론적 관계로 본다. 여기에는 화자나 청자 또는 그 문장이 발화되는 화맥이 관련되어 있지 않고, 전제의 주체는 바로 문장이다. 한편 전제를 화용론적 개념으로 보는 또 하나의 입장이 있는데, 여기에는 화자와 청자가 개입되어 있고 전제의 주체는 바로 화자이다. 우리는 바로 이 후자의 입장을 따르겠는데, 의문문의 본질적 속성인 담화적 성격을 고려할 때 전제에 대한 화용론적 정의가 우리의 논의에 더욱 유용하리라고 보기 때문이다.

이제 Yes-No 의문문을 화자의 전제라는 관점에서 분류해 보자. 먼저 화자가 아무 전제 없이 중립적인 태도로 발화하는 의문문의 화용론적 용법을 비전제용법이라고 부르기로 한다. 이때는 의문문의 긍·부정 형태에 따른 의미의 차이가 없으며 Jespersen(1993)의 unemotional question이 여기에 속한다. 한편, 화자가 어떤 전제를 가지고 발화하는 화자의 태도가 비중립적인 의문문의 화용론적 용법을 전제용법이라 부르기로 한다. 이 전제용법은 Jespersen(1993)의 emotional question을 포함한다. 이 전제용법은 화자의 전제가 담화상황에 따라 무너질 가능성이 높은 한 용법과, 화자가 전제를 청자의 동의 또는 확인을 구하여 강화하려는 용법의 두 가지로 나눌 수 있다. 전자를 더 일반적이고 의문문과 기본문의 긍·부정형태가 일치한다는 면에서 일차전제용법이라 하고, 후자를 여러 제약이 있고 또 부정의문문만이 이 용법으로 쓰이고 기본문이 긍정문이 되는 특수한 용법이므로 이차전제용법이라 하겠다. 앞서 잠정적으로 사용한 primary emotional question은 일차전제용법으로, secondary emotional question은 이차전제용법으로 바꿔 부르겠다.[8] 끝으로 영어 Yes-No 의문문을 이 용어를

8) 우리가 '의문문'이라는 용어대신에 '용법'이라는 용어를 사용하는 이유는 의문문이 기본적으로 통사적 용어이므로 화자의 전제와 담화상황에 의하여 달라지는 화용론적 용법의 역동성을 나타내는 데 있어 '용법'이 더 적절하다고 보기 때문이다.

사용해 다음과 같이 정리할 수 있다.

(20) 영어 Yes-No 의문문의 화용론적 용법

<table>
<tr><td rowspan="5">Yes-No 의문문</td><td rowspan="2">비전제용법</td><td colspan="2">긍정의문문</td></tr>
<tr><td colspan="2">부정의문문</td></tr>
<tr><td rowspan="3">전제용법</td><td rowspan="2">일차전제용법</td><td>긍정의문문</td></tr>
<tr><td>부정의문문</td></tr>
<tr><td>이차전제용법</td><td>부정의문문</td></tr>
</table>

IV. 대안 : 국어의 부정의문문과 전제

4.1 국어의 Yes-No 의문문

이제 우리는 국어 Yes-No 의문문의 화용론적 용법을 다루기로 한다. 이 과정에서 김동식(1981)이 확인문과 장석진(1984)의 전형적 부가의문문은 바로 국어 부정의문문이 갖는 화용론적 용법의 특수구문임이 밝혀질 것이며, 제3장의 영어 Yes-No 의문문의 화용론적 용법과 국어의 그것이 비교될 것이다.

다음 Yes-No 의문문을 보기로 하자.

(21) a. 영수는 가니? (긍정의문문)
b. 영수는 가지 않니? (장형부정의문문)
c. 영수는 안 가니? (단형부정의문문)

우선 예문 (21a), (21b), (21c)는 모두 화자가 아무 전제 없이 단지 모르는 사실을 알고자 하는 용법으로 쓰일 수 있으며 바로 비전제용법에 해당한다. 이때 (21a)의 기본문은 긍정문이고, (21b)와 (21c)의 기본문은 부정문이라는 점 외에는 화용론적 용법의 차이는 없다. 한편 예문 (21a), (21b), (21c)가 화자가 어떤 전제를 가지고 하는 발화, 즉 전제용법일 때는 화자의 전제의 강화 가능성 여부에 따라 다시 두 가지로 하위분류된다. 하나는 화자의 전제를 명제*P*라 할 때 발화직전에 ~*P* 일 가능성에 직면하여 화자가 기본문 ~*P* 를 확인하려는 용법으로 ~*P* 가 의문문으로 나타난다. 이 용법은 Yes-No 의문문이 갖는 매우 일반적이며 보편적인 용법이므로 일차전제용법이다. 한편 화자의 전제 *P*를 청자로부터 강화하기 위하여 기본문을 *P*로 하고 ~*P* 즉, 부정명제가 의문문으로 나타나는 용법은 여러 제약이 있고 미묘한 화용론적 요인이 작용하는 유표적인 용법으로 이차전제용법이다. 이 두 용법을 (21)의 예문을 가지고 비교해 보자. 먼저 (21a)는 긍정의문문이므로 이차전제용법으로 쓰일 수 없다. (21a)가 일차전제용법이면 화자의 전제 "영수는 가지 않는다"가 무너질 상황에 직면해서 "영수는 간다"를 기본문으로 하여 이 기본문을 의문문으로 하여 확인하는 용법이다. 한편 (21b)와 (21c)가 일차전제용법이면 화자의 전제 "영수는 간다"가 무너질 상황에 직면해서 "영수는 가지 않는다(안 간다)"를 기본문으로 하여 이 기본문을 의문문으로 하여 확인하는 용법이다. 이때 장형부정의문문과 단형부정의문문의 화용론적 용법에 차이가 없다. 일차전제용법에서는 긍정의문문의 기본문은 긍정문이고 부정의문문의 기본문은 부정문이 됨을 유의해두기로 하자. 또한 (21b)와 (21c)는 화자의 전제를 강화하기 위한 이차전제용법일 때는 화자의 전제 "영수는 간다"에 대해서 청자로부터 동의를 구하거나 청자에게 강조하기 위해서 부정의문문으로 표현된 것이다. 이때의 기본문은 "영수는 간다"라는 긍정문이라는 면에서 일차전제용법과 근본적으로 다르다. 이 경우에도 장형부정문 (21b)와 단형부정문 (21c)의 화용론적 기능에 차이가 없다. 지금까지 살펴본 의문문의 화용론적 용법은 전적으로 담화상의 상황에 의해서 결정된다. 다만 이 때 숨, 힘줌, 억양 등의 초분절요소가 그 보조적 역할을 맡게 되는데 그 비중이 언어마다 다르다.[9] 국어에서도 어느 정도까지는 이 초분절요소가 구별자질의 역할을 하는데 이 구별자질로서 (21)의 화용론적 용법을 나타내면 다음과 같다.

---

9) 예를 들어 "영수는 가지 않니?" 중국어 표현 "英洙 不去嗎"은 전제에 따른 용법이 완전히 화맥에 의존한다고 한다.

(22) a. 영수는 가니? (비전제용법/일차전제용법)

b. 영수는 가지 ˇ**않니**? (↑) (비전제용법/일차전제용법)

c. 영수는 ˇ**가지** 않니? (이차전제용법)

d. 영수는 ˇ**안 가니**? (↑) (비전제용법/일차전제용법)

e. 영수는 안 ˇ**가니**? (이차전제용법)

(22a)는 긍정의문문으로서 비전제용법과 일차전제용법을 초분절요소로 구분하기가 어렵고 거의 실제 담화상황에 의존하는 것 같다. (22b)와 (22d)는 비전제용법과 일차전제용법으로 쓰이며 (22c)와 (22e)는 이차전제용법으로 쓰인다. 여기서 편의상 비전제용법과 일차전제용법이 동일한 구별자질로 표시 되었으나 실제 담화상황이 주어졌을 때는 상당한 차이가 있음은 물론이다. 다만 우리의 의도는 이 두 용법과 이차전제용법사이에는 비교적 현저한 초분절요소의 차이가 존재한다는 점을 보여주는 데 있다. 여기서 또 주목할 점은 국어의 단형부정의문문도 장형부정의문문과 동일한 화용론적 용법을 갖는다는 사실이다.10) 이 단형부정의문문의 이차전제용법에 대해서 김동식(1981)과 장석진(1984)이 전혀 다루지 않았음을 앞에서 지적했었다. 우리는 그들이 장형부정의문문만을 분석의 대상으로 삼았기 때문에 결국 '-지' 앞의 시제실현 문제와 '아니' 이하의 성격이 주관심사이지 않았나 판단된다. 국어에서 장형은 물론 단형도 이차전제용법을 가진다는 사실은 국어의 화용론적용법을 일반 부정의문문의 범주로 다룰 수 있음을 보여준다는 면에서 언어학적 의의가 크다고 하겠다.

지금까지 살펴본 국어 Yes-No 의문문의 화용론적 용법을 정리하면 다음과 같은 형식화가 가능하다.

---

10) 단형부정의문문의 전제용법을 초분절요소로 구별하기는 장형의 그것보다 더 어려운 듯하다. 그 이유는 단형이 장형ㅂ다 더 구어적(spoken)이어서 화맥 의존도가 그만큼 높기 때문인 듯하다. 예를 들어 엄마가 식사 중에 딴 짓하는 아이에게 이미 다 먹어 가는 형을 가리키며 "봐라, 형은 안 다 먹었니?"라고 할 수 있는데 이 때 화맥을 무시하고 "형은 안(다)먹었니?"의 문법성, 더 엄격하게는 가용성(acceptability)을 판단하기는 어렵다. 우리는 다만 규칙의 일반화를 위하여 단순화된 예문을 사용하고 있을 뿐 이다.

(23) 국어 Yes-No 의문문의 화용론적용법

<table>
<tr><td rowspan="5">Yes-No 의문문</td><td rowspan="2">비전제용법</td><td colspan="2">긍정의문문</td></tr>
<tr><td colspan="2">부정의문문</td></tr>
<tr><td rowspan="3">전제용법</td><td rowspan="2">일차전제용법</td><td>긍정의문문</td></tr>
<tr><td>부정의문문</td></tr>
<tr><td>이차전제용법</td><td>부정의문문</td></tr>
</table>

이 (23)는 영어 Yes-No 의문문의 화용론적 용법인 (22)와 완전히 일치하고 있다. 우리의 논의가 옳다면 Yes-No 의문문의 화용론적 용법은 어느 정도 상대적인 언어보편성은 있는 것 같다.

4.2 논의의 확장

이제 우리는 Yes-No 의문문의 국어 개별적 특성을 고찰하기 위하여 예문의 범위를 확대해보자. 지금부터는 Yes-No 의문문중 부정의문문에 대해서만 논하기로 하겠다. 먼저 '영수는 가니?'의 과거시제 부정의문문의 화용론적용법을 보기로 하자.

(24) a. 영수는 안 갔니?
b. 영수는 가지 않았니?
c. 영수는 갔지 않니?

우리의 분류체계 (23)을 따르면 예문 (24a)와 (24b)는 화자의 전제와 화맥에 따라 비전제용법과 일차전제용법, 이차전제용법으로 쓰일 수 있다. 이와는 달리 예문 (24c)는 (24b)와 구조적으로 유사하면서도 의미상으로는 항상 '영수는 갔지?'라는 의미와 거의 같다. 다시 말해서 (24c)는 항상 화자의 전제 '영수는 갔다'를 강화하기 위하여 기본문 '영수는 갔다'가 부정의문문으로 나타나는 (24a)와 (24b)의 이차전제용법과 동일한 화용론적용법을 가진다. 우리가 2장과 3장에서 각각 논하였듯이 김동식(1981)은 이를 확인문으로, 장석진(1984)은 부가의문문으로 분석한 바 있다. (24b)와 (24c)의 통사상의 유일한 차이점은 (24b)는 '아니하-' 다음에 시제가 오는데 (24c)는 '-지' 앞에 온다는 점이다. 국어에서 시제는 종결어미 앞에 온다는 엄격한 규칙이 있으므로 이 규칙을 따르면 (24c)의 '-지'는 종결어미가 되는 셈 이다. 이 논리가 김동식(1981)과 장석진(1984)의 핵심을 이루고 있으며, 의미상으로 '-지'에서 문장이 끝난 느낌을 준다는 의미론적 동기가 이를 뒷받침하고 있다. 그러나 이 '-지' 종결어미설의 맹점은 실제로 '-지'에서 문장이 종결되지 않고 있다는 데 있다. 다시 말해서 (24c)의 종결어미는 '니'이지 '-지'가 아니다. 한 문장에 두 종결어미가 있을 수는 없다. 우리는 뒤에서 '-지' 앞의 시제실현자체가 '-지'의 종결어미를 보장하지는 않는다는 증거를 제시하겠다. '-지'를 종결어미라 할 때 파생하는 또 하나의 문제는 그러면 '-지' 다음에 오는 '아니' 이하의 성분을 무엇으로 보느냐하는 문제이다. 김동식(1981)은 '아니'를 '부정 아닌 부정'이라 했으나 이는 해결이 아니라 문제의 회피이며[11], 장석진(1984)은 부가의문문의 꼬리라고 분석하고 있으나 국어부가의문문의 꼬리에 왜 '아니'가 필수요소이며 또 꼬리가 항상 무시제(tenseless)여야 하는지를 정당화하지 못하는 듯하다. 이러한 문제의 파생은 궁극적으로 (24c)의 '-지'에 대한 잘못된 진단에서 비롯된 것이라고 판단된다. 앞에서도 여러 차례 시사하였듯이 우리의 대안은 (24c)를 (24b)와 동일한 통사구조로 분석하고 (24c)의 '-지' 앞의 시제실현은 (24b)가 전적으로 이차전제용법으로 쓰이기 위한 특별한 장치라고 분석하는 것이다. 다시 말해서 우리의 이론 안에서는 (24c)는 부정의문문이므로 '-지'가 종결어미도 아니고 또 '아니' 이하를 새롭게 규정할 필요도 없다. 이제 (24c)와 같은 전용적 이차전제용법을 좀 더 살펴보기 위하여 (24)를 미래시제로 바꿔보자.

(25) a. 영수는 안 가겠니?
b. 영수는 가지 않겠니?
c. 영수는 가겠지 않니?

11) 장경희(1982: 111)에서도 이에 대해서 "이들을 부정 아닌 부정으로 규정해버리기 보다는 이들이 왜 부정의 의미를 잃게 되었는가가 확인되어야 할 것이다" 라고 지적하고 있다.

예문 (25a)와 (25b)는 화자의 전제에 따라 비전제용법과 일, 이차전제용법의 세 가지 용법으로 쓰일 수 있으나 (25c)는 '-지' 앞에 미래시제가 나타난 구문으로 전용적인 이차전제용법으로 쓰인다. 과거시제 (24)와 미래시제 (25)을 현재시제 (24)와 비교해 보면 명시적 시제표지가 없는 현재시제 부정의문문은 전용적인 이차전제용법을 가지지 않음을 알 수 있다. 이 점을 다음 예문에서 다시 확인해 보자.

(26) a. 영수는 자지 않고 있었니?
b. 영수는 자고 있지 않았니?
c. 영수는 자고 있었지 않니?

먼저 (26b)를 (26a)와 비교해 보면 상(aspect)을 나타내는 어휘 '-고 있-' 이 '-지' 앞에 왔으나, (26b)가 전용적 이차전제용법으로 쓰이지 않고 (26a)와 (26b)가 비전제용법과 일,이차전제용법으로 쓰인다. 그러나 (26c)는 '-지' 앞에 과거시제 '었'이 온 형태로서 전용적 이차전제용법을 가진다. 다음 예를 다시 보자.

(27) a. 영수가 가지 않았었어?
b. 영수가 갔었지 않아?
c. 영수가 가지 않았겠니?
d. 영수가 갔겠지 않니?

먼저 (27a)와 (27b)를 보면 (27b)의 '-지' 앞에 시제 '았'과 추정의 기능을 갖는 것으로 보이는 '었'이 연이어 나온 구문으로 (27b)는 전용적 이차전제용법으로 쓰인다. 또 (27c)와 (27d)를 비교해 보면 (27d)의 '-지' 앞에 시제 '았'과 추정의 어휘 '겠'이 연결되어 나온 구문으로 전용적인 이차전제용법으로 쓰인다. 물론 (27a)와 (27c)는 전제와 관련된 세 가지 용법을 갖는다. 이상의 논의로 판단해 볼 때 '-지' 앞에 명시적인 시제표시가 오면 그 부정의문문은 전용적 이차전제

용법을 갖는다고 결론지을 수 있다. 다시 말해서 '-지' 앞의 시제표지는 이차전제용법의 전용표지(arbitrary marker)라고 우리는 본다.

이제 과연 이 '-지'가 통사적으로 종결어미의 특성이 있는지 살펴보기로 한다.

(28) a. 할아버지께서 가지 않으셨니?
b. 할아버지께서 가셨지 않니?
c. *할아버지께서 갔지 않으시니?

(28b)는 (28a)와 비교해서 시제표지 '었'이 '-지'앞에 왔으므로 전용적인 이차전제용법만을 갖는다. 이 때 소위 존칭보조어간 '시'가 시제표지 앞에 왔다. 이와는 달리 (28c)가 비문인 것을 보면 존칭보조어간은 항상 시제표지 앞에 와야 한다는 점을 보여준다. 이 예는 일견 '-지' 종결어미설을 지지해주는 듯 하기도 하다. 그러나 다음 예문을 보자.

(29) a. 아버님, 영수는 가지 않았습니까?
b. 아버님, 영수는 갔지 않습니까?
c. *아버님, 영수는 가셨지 않니?

예문 (29b)는 (29a)와 비교해 볼 때 시제가 '-지' 앞에 왔으므로 전용적 이차전제용법이다. 그러나 이 때 '지'에서 문장이 끝난 것으로 볼 수 없게 하는 요인이 있다. 즉, (29a)의 '-습니까'에 표시되는 화자의 청자에 대한 존대법이 (29b)의 '-지' 앞에 표시될 수가 없는 것이다. 만일 (29c)처럼 존대법이 '-지' 앞에 실현되면 원래 의도했던 화자의 청자에 대한 존대법이 되지 않고, 화자의 주어에 대한 존대법이 되어 국어에서 받아들일 수 없는 문장이 생긴다. 이 사실은 '-지'가 국어의 종결어미로서의 완전한 역할을 수행할 수 없음을 단적으로 보여준다고 여겨진다.

김동식(1981: 102)은 그의 확인문은 대응서술문이 존재하지 않는다고 보고 있으나 우리는 2장에서 이 특징이 곧 확인문 설정의 증거는 될 수 없음을 지적하였다. 우리는 그의 확인문을 부정의문문의 이차전제용법으로 분석하고 있으므로 여기에서 부정의문문과 대응서술문과의 관계에 대하여 알아보기로 한다.

(30) a. 영수는 먹지 않았니?
b. 영수는 먹었지 않니?
c. 영수는 먹지 않았다.
d. *영수는 먹었지 않다.

예문 (30a)가 비전제용법과 일,이차전제용법의 세 가지 용법을 가지는데 반해, (30b)는 '-지' 앞에 시제가 있으므로 전용적 이차전제용법으로 쓰인다. 이때 (30a)의 대응서술문 (30c)는 바른 문장이나, (30b)의 대응서술문으로 보이는 (30d)는 비문이다. 이를 근거로 만일 우리가 우리의 전용적 이차전제용법을 갖는 부정의문문은 대응서술문이 없다고 주장한다면, 우리가 김동식(1981)에 제기했던 것과 동일한 문제에 빠진다. 즉 대응서술문이 없다는 특징이 확인문을 정당화하지 못하듯이 부정의문문의 이차전제용법을 정당화하지는 못한다. 따라서 우리는 대응서술문을 갖지 못하는 근본 이유를 이차전제용법의 본질에서 찾아야 한다고 본다. 전용적 이차전제용법인 (30b)는 "영수는 먹었다"를 기본문으로 하여 이 화자의 전제를 강화시키기 위하여 부정의문문의 형식을 빌린 것이다. 따라서 부정의문문이라는 틀을 벗어나서는 이차전제용법이라는 원래의 담화목적을 이룰 수 없는 것이다. 따라서 일반 부정의문문이 갖는 대응서술문의 개념을 전용적 이차전제용법의 구문에 적용시킬 수 없다고 본다. 한편 (30a)는 화맥에 따라 이차전제용법으로 쓰일 수 있으나, 통사상으로 비전제용법이나 일차전제용법과 동일한 구조를 가지므로 (30b)와는 달리 대응서술문이 존재한다. 이 현상은 이차전제용법 구문의 보문화에서도 확인될 수 있다.

(31) a. 영수가 가지 않았는지 ...
b. *영수가 갔지 않는지 ...

(31a)와 비교해서 (31b)가 비문인 이유는 보문화되기 전의 '영수가 갔지 않니?'가 전용적 이차전제용법으로서 대응서술문이 존재하지 않기 때문이다. 이 점은 전용적 이차전제용법이 직접담화에서만 쓰일 수 있는 화용론적 성격이 지극히 강한 어법임을 증명하는 증거인 것 같다.

4.3 이차전제용법의 제약

이제 국어의 이차전제용법이 갖는 몇 가지 제약을 살펴보기로 하자.
첫째, '못' 부정의문문은 이차전제용법으로 쓰이지 않는다.

(32) a. 영수는 못 갔니? (비전제용법/일차전제용법)
b. 영수는 가지 못 했니? (비전제용법/일차전제용법)
c. *영수는 갔지 못 하니?

국어에는 '아니' 부정문과 함께 '못' 부정문이 있는데, '못' 부정의문문은 이차전제용법으로 쓰이지 못하며, 따라서 전용적 이차전제용법으로 쓰이기 위한 '-지' 앞의 시제자체가 불가능하므로 (32c)는 비문이다.

{ 모른다.
물어보라.

{ 모른다.
물어보라.

둘째, '지 아니하'가 축약되어 '잖'이 될 수 있다. 바꾸어 말하면 '잖'은 이차전제용법의 전용표지(arbitrary marker)이다.

(33) a. 영수가 가잖았니?
b. 영수가 갔잖니?
c. 영수가 가잖겠니?
d. 영수가 가겠잖니?

(33a)와 (33c)는 일반적인 부정의문문이 이차전제용법으로 쓰일 때 축약된 형태이며, (33b)와 (33d)는 시제가 '-지' 앞에 오는 전용적 이차전제용법이므로 당연히 '잖'이 가능하다. (35)는 모두 전용적 이차전제용법이다. 이와 같이 축약이 가능하다는 현상은 '-지'와 '아니' 사이가 통사적 및 음성적으로 매우 밀접하다는 점을 보여주는 증거이며, 결국 '지'를 종결어미로 보는 이론에 대한 반증이 될 것이다.[12)]

셋째, 종결어미는 화자의 중립적 태도를 나타내는 '-니?', '-어?' 등 이어야 한다.

(34) a. 영수는 때리지 않았니?
b. 영수는 때렸지 않니?
c. 영수는 때리지 않았지?
d. *영수는 때렸지 않지?

(34a), (34b)와 달리 (34c)는 '-지?' 로 문장이 끝난 형태로서 이차전제용법을 갖지 못하며, 따라서 '-지' 앞에 시제가 온 (34d)는 비문이다.[13)]

넷째, 이차전제용법은 부정의문문의 형식을 빌어 강한 긍정을 표시하므로 당연히 부정의 의미를 갖는 어휘인 '전혀', '아직' 등과는 쓰이지 못하는 반면,

---

12) 이차전제용법의 '-지'와 '아니'의 밀접성은 두 성분사이에 '는', '도' 같은 조사가 삽입될 수 없다는 사실에서도 확인된다. 즉 '영수는 갔지는(도) 않니?'는 받아들일 수 없는(unacceptable) 문장이다.

13) '-지?'와 같은 화자의 태도가 비중립적임을 나타내는 종결어미가 오는 Yes-No 의문문은 우리의 화자의 전제와 관련된 비전제/일차전제/이차전제의 3분법과 무관한 것 같다. 이는 화자의 태도가 어휘화됨으로써 화맥으로부터 비교적 자유로워지기 때문인 듯하다.

전적으로 긍정의 의미인 '벌써', '이미' 등은 이차전제용법만으로 쓰인다.

(35) a. *영수는 전혀 먹었지 않니?
b. *영수는 아직 먹었지 않니?
c. 영수는 벌써 먹지 않았니?
d. 영수는 이미 먹지 않았니?

예문 (35a)와 (35b)는 '-지' 앞에 시제가 와서 전용적인 이차전제용법이나 부정소 '전혀', '아직' 과 상충되어 비문이다. 한편 (35c)와 (35d)는 '벌써', '이미' 라는 어휘 때문에 이차전제용법으로만 쓰인다. 이 점은 영어 부정의문문의 이차전제용법에 'any', 'yet' 등의 부정문에 쓰이는 어휘가 오지 못하는 제약과 일치하는 것이다.

다섯째, 장형부정문보다는 단형부정문을 취하는 특정 동사도 이차전제용법에서는 그 제약이 없다.

(36) a. 영수는 학생이지 않았니?
b. 영수는 학생이었지 않니?
c. 영수는 알지 않았니?
d. 영수는 알았지 않니?

예문 (36a)는 김동식(1980: 81-85)을 따르면 계사 '이-'가 장형부정문으로 쓰이지 못하지만 (36a)가 (36b)의 의미인 이차전제의문문으로 쓰일 수 있으며, 김동식(1980: 20-22)은 동사 '알-'도 장형부정문으로 쓰이지 못한다고 밝히고 있는데, 이 점을 우리가 받아들인다 해도 (36c)가 (36d)의 의미로 사용될 때, 즉 이차전제용법일 때는 이 제약도 없다.

지금까지 국어의 부정의문문의 이차전제용법이 갖는 여러 가지 제약을 검토함으로써 이차전제용법의 특수성을 확인하였다.

V. 맺는 말

지금까지의 논의를 통해서 이 논문의 서두에서 제시한 (1)문형은 김동식(1981)의 확인문이나 장석진(1984)의 부가의문문이 아니라 국어의 일반적인 장형부정의문문의 이차전제용법을 위한 특수구문으로 분석되는 것이 보다 나음을 논증하였다. 이 과정에서 국어부정의문문의 화용론적용법을 화자의 전제에 따라 비전제용법과 일차전제용법, 이차전제용법의 세 가지 용법으로 형식화하였으며 이 형식화는 영어의 부정의문문에도 그대로 적용됨을 확인하였다. 또한 부정의문문의 이차전제용법이 갖는 여러 가지 제약을 밝힘으로써 이들이 일반적인 국어 부정법의 이론으로 다룰 수 없는 화용론적 특성이 매우 강한 어법임을 확인하였다.

자연언어 가운데 우리가 아는 한 유일하게 국어가 장형의문문의 이차전제용법에 두 가지 형태가 존재하는 이유는 아무래도 원문의 서술어와 '아니하-'의 첨가에 의한 '하-' 라는 두 서술어의 존재에서 그 해결의 실마리를 찾아야 할 것 같다. 정상적인 국어 사용자는 시제를 술어의 어간 다음에 나타내는데, 장형부정의문문이 두 개의 술어를 가지므로 시제실현이 가능한 곳이 두 곳이 되며 장구한 언어생활을 통해서 결국에는 '-지' 앞의 시제실현 어법이 독립하여 전용적인 이차전제용법으로 굳어진 것이 아닐까 생각해 본다. 지금도 일부 방언이나 유아문법에서 두 곳에 시제가 오는 현상은 이를 드러내 보이는 흔적이 아닌가 한다. 앞으로 학계에서 이와 관련된 보다 구체적인 논의를 기대한다.

참고문헌

김동식(1980) 현대국어 부정법의 연구. 서울대학교 석사학위 논문.

(1981) '부정 아닌 부정,' 『언어』6.2, 한국언어학회.

송석중(1977) '부정의 양상의 부정적 양상,' 『국어학』5, 국어학회.

임홍빈(1973)'부정의 양상,' 서울대학교 교양과정 부 논문집 5.

장경기(1985) '국어에도 부가의문문이 있는가?' 『영어영문학』3, 한국영어영문학회 경남지부.

장경희(1982) '국어의문법의 긍정과 부정.' 『국어학』11, 국어학회.
장석진(1984) '국어의 부가의문.' 『언어』9.2, 한국언어학회.
Cattell R.(1973) 'Negative Transportation and Tag Questions,' *Language* 49.3.
Hudson R.A.(1975) 'The Meaning of Question,' *Language* 51.1
Jespersen O.(1933) *Essentials of English Grammar*, George Allen & Unwin Ltd, London.
Karttunen L.(1973) 'Presuppositions of Compound Sentences,' *Linguistic Inquiry* 4.2.
Lyons J.(1977) *Semantics* 2, Cambridge University Press, London.
Searle J.(1975) 'Indirect Speech Acts,' *Syntax and Semantics* 3, Academic Press.

<Abstract>

The Presupposition of the Negative Question in Korean

Chang, Kyung Key. (1993) The Presupposition of the Negative Question in Korean, *Language Research.* 22.1, 19-40. This paper argues that pragmatics of Yes-No questions in Korean parallels that of English in that Korean also has unpresuppositional usages, primary presuppositional usages, and secondary presuppositional usages, which are categorized on the basis of the speaker's presuppositions.(cf. Cattell(1973), Jespersen(1933), Hudson(1975)). Unlike the other ones, the secondary presuppositional usage is a marked case in that it requires the hearer's confirmation about the speaker's positive presupposition through the negative Yes-No question.

Besides, Korean has an arbitrary secondary presuppositional usage, in which the question realizes its tense before '-chi' instead of after 'ha-'. Because of this unambiguous interpretation, Kim T.S. (1981) names the sentence a 'confirmative sentence' and Chang S.C. (1984) analyzes it as a typical tag question.

Unlike their approaches, we argue that the marked type is a special form of general secondary presuppositional usages, which seems to exist in Korean only. (Ulsan University)

Key Words: Speaker's Presupposition, Presuppositional Usage, Negative Question, Tag Question

03
국어 부정의문문의 구조와 의미해석*

I. 서론

1.1 연구의 목적

이 논문은 GB이론 안에서 국어의 부정문이 영어의 부정문과 비교하여 통사적으로 어떻게 정의되고 의미적으로 어떠한 특성을 가지는지 검토한 다음, 부정의문문이 화자의 전제(presupposition)와 관련하여 어떻게 분류될 수 있는지를 논하고, 부정의문문의 의미해석은 어느 단계에서 이루어지는지를 규명하는 것을 목적으로 삼고 있다.

1.2 기본 가정

이 논문은 아래와 같은 GB이론과 관련된 몇 가지 원리를 가정하고 있다.

① 허가조건(Licensing Principle): 모든 통사 현상은 통사규칙에 의하여 허가

---

*이 논문은 『영어영문학』 10호. (현대영미어문학회, 1993.9)에 발표한 것을 수정·보완한 것이다

받아야 한다(Chomsky, 1982).

② VP-내 주어내포 가설(VP-internal Subject Hypothesis): 주어를 포함한 모든 의미역이 VP 안에서 주어진다(Koopman & Sportiche, 1988).

③ INFL-하위분류 가설(Split-INFL Hypothesis): INFL은 더 많은 기능범주 로 나누어진다(Pollock, 1989).

④ Head Parameter를 가정한다: 영어는 Head-initial language이고, 국어는 Head-final language이다.

⑤ 영상원리(Mirror Principle): 형태론적 파생은 통사론적 파생을 직접 반영한다(Baker, 1988).

⑥ 핵이동제약(Head Movement Constraint): X는 자신을 특수지배하는 Y로만 이동해야한다(Baker, 1988).

II. 이론적 배경

2.1 문장의 정의

Quirk et al.(1985: 47)은 문장과 문법(grammar)의 관계에 대하여 매우 깊은 통찰력을 보여주고 있다. 일반적으로 문법의 역할이 정문을 명시적으로 기술하는 것이라고 할 때 문법과 문장의 정의는 독립적으로 내려질 수 없고 상호적으로 정의되는 것이라는 입장을 가지고 있다. 전통적으로 문법학자들이 문법을 정의하기 전에 문장을 정의하려고 했고, 혹은 문장에 대한 정의의 수단으로 문법을 정의하려고 했던 것은 문장과 문법을 분리하여 생각한 데서 나온 발상이다. Quirk et al.(1985)는 이 둘 가운데 어느 것도 명확한 정의가 불가능하다고 본다. 그 이유는 첫째, 문장과 담화(discourse)의 구분이 어렵기 때문이요, 둘째, 문법적 용인성(grammatical acceptability)에는 불가피하게 의미, 스타일, 어휘의 용인성(lexical acceptability), 문맥 속의 용인성(acceptability in context) 등이 개입되지 않을 수 없기 때문이라는 것이다. 따라서 어떤 문법이론을 전개할 때 자료의 문법성에 대한 판단이 학자마다 다른 경우가 흔한데, 이는 바로 위와 같은 다양한 요인들이 화자의 문법성의 판단에 개입되기 때문인 것이다. 그만큼 문법이론의 전개 과정에서 분석 대상에 대한 올바른 선택이 중요하다고 생각할 수 있고, 이 과정 자체가 문법의 일부가 된다는 의미이기도 하다.

Quirk et al.(1985: 78)은 문장 처리에 앞서 문법 범주를 가리키는 용어로서의 문장 유형과 발화(utterance)의 의미론적, 화용론적 지위를 지칭하는 용어로서의 문장 유형이 구분되어 사용되어야 한다고 본다. 서술문(Declarative), 의문문(Interrogative), 명령문(Imperative), 감탄문(Exclamative)은 문법 용어이며, 단언(statement), 질문(question), 지시(directive), 감탄(exclamation) 등은 화용론적 용어이나.

우리가 새삼스럽게 이러한 인용을 하는 이유는 문장에 대한 통사적 분석에 앞서 분석 대상이 통사론의 영역에 속하는 것인지 화용론적 대상에 속하는 것인지를 분명히 하는 것이 논의의 올바른 방향 정립을 위하여 얼마나 긴요한 것인가를 강조하기 위함이다. 문장의 의미가 이처럼 복합적인 점과는 대조적으로 절(clause)은 순전히 통사적 의미이다. 문장에 대한 통사 분석의 기본 단위는 독립절(independent clause)이다. Quirk et al.(1985: 79)은 독립절의 구조를 아래와 같이 나타낸다.

(1) He had given the girl an apple.

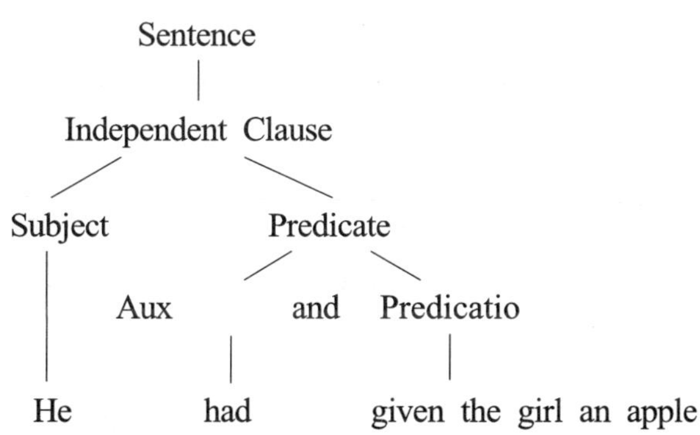

지금까지 살펴본 바를 토대로 하여 판단해 볼 때 문장은 문법이론에 의하여 정의되어야 하며, 통사 분석의 기본 단위로서의 문장은 독립절과 동일한 개념으로 이해된다고 말할 수 있다.

2.2 문장 분류의 통사적 기준

그렇다면 과연 문장을 분류하는 통사적 기준은 무엇인가가 관심사이다. 이를 바꾸어 말하면 문장의 핵(Head)이 무엇이냐 하는 문제이기도 하다. 굴절어이며 선핵언어(Head- initial language)인 영어는 INFL(= Aux and Operator)의 작용에 의해서 문장의 유형이 결정되고, 교착어이며 후핵언어(Head-final language)인 국어는 문장의 끝에 오는 서술어의 어미를 변화시켜 문형을 결정한다. 최근의 생성문법의 X'-이론을 따르면 문장은 IP이며, IP의 핵인 I가 시제를 가진 I(=AGR)일때 정형문(finite clause), 즉 독립절이 된다. 이 AGR은 IP의 SPEC 자리에 오는 주어에 주격을 허가(SPEC-Head Agreement)한다. Chomsky (1981: 27)는 INFL을 '서법 지시자(Mood indicator)'로 가정한다. 다시 말하면 INFL에 의해서 서법(Mood)이 구현된다고 본다. 그렇다면 문형의 차이는 곧 문장의 서법의 차이라고 말할 수 있다. 흔히 직설법, 명령법, 가정법이라 부르는 명칭이 바로 문형을 가리키는 이름인 셈이다. 이 시점에서 Fillmore(1968)의 '격문법(Case Grammar)'에서 문장을 어떻게 규정하는가를 살펴볼 필요가 있다.

(2) ① Sentence → Modality + Proposition
  ② Proposition → Predicate + C1 +......+ Cn(C는 deep Case)

이 격문법의 모델을 보더라도 문장의 유형이 양상부(Modality)에 의해서 결정된다는 것을 알 수 있다. Quirk et al.(1985: 219)은 양상부를 다음과 같이 정의하고 있다.

"Modality may be defined as the manner in which the meaning of a clause is qualified so as to reflect the speaker's judgment of the likelihood of the proposition it expresses being true."

이를 요약하면 양상부는 명제의 진리치에 대한 화자의 판단을 반영하는 양식이라고 할 수 있다. 따라서 이 Modality 안에는 당연히 Tense, Aspect가 포함되고 부정, 의문의 요소도 포함되며, 명령, 가정의 요소도 포함된다. 더 구체적인 의미론적 실현, 즉, 허가, 의무, 의지, 가능성, 필연성, 예측 등도 이 양상부의 개념에 포함된다. 이러한 양상부의 구현 방법은 언어마다 다른데 영어는 서법조동사에 의해서 그 의미가 구체적으로 문장에 표현된다. 의미에 따라서는 여러 개의 서법동사(Modal verb)가 연결되는데 문법적으로 가장 중요한 기능을 하는 것은 맨 처음에 오는 서법동사로서 Tensed-INFL이 되고, 부정문, 의문문을 만드는 운용자(Operator)의 역할을 겸한다. 한편, 국어는 고유한 기능을 가진 어휘의 첨가에 의해서 양상부가 실현되는데, 가장 두드러진 특징은 문장의 종결어미에 의하여 문장의 유형을 결정하는 방식이라고 하겠다. 즉, 종결어미의 선택에 의해서 그 문장이 직설법, 의문법, 명령법 등의 서법이 결정되게 된다. 이러한 서법이 문장의 유형을 결정하는 체계를 이을환·이철수(1978: 216-3)에서 다음과 같이 잘 보여주고 있다.

(3) 서상법(MOOD)

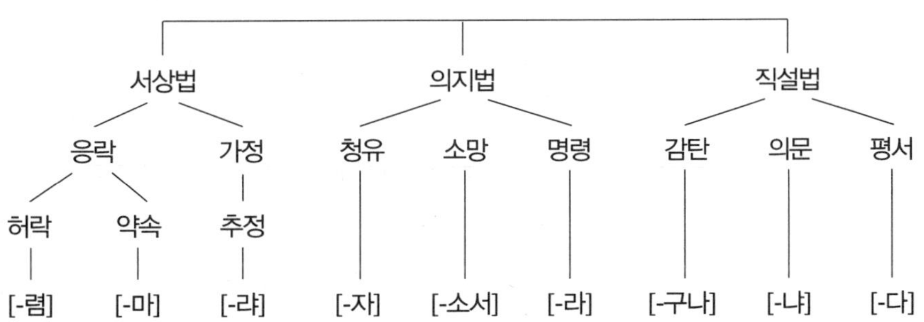

이 체계는 종결어미에 의해서 문장의 양상에 따른 문형이 표시된다는 우리의 입장과 완전히 일치하고 있다.

그렇다면 국어의 종결어미가 영어의 INFL의 기능을 하고 있는 것일까? 이 문제는 격이론 및 국어 통사론의 전반적인 문제와 관련된 매우 중요한 문제이고, 과연 국어에 INFL이 존재하느냐의 문제에서부터 주격부여자가 무엇이냐에 이르기까지 이 문제와 관련된 논의가 매우 활발하지만 아직 어느 하나로 정립되지 않고 있다는 점을 지적하면서 더 구체적인 논의는 우리의 논점 밖에 있으므로 보류하기로 한다. 다만 하나 더 언급할 필요가 있는 것은 우리가 국어의 종결어미를 INFL로 본다면 선핵언어인 영어는 IP의 핵인 I가 D - 구조에서 문장의 맨 앞에 오고, 후핵언어인 국어는 핵인 I가 문미에 옴으로써 핵매개변인(Head-Parameter)과 절묘한 일치를 보여주고 있다는 점이다. 물론 이러한 관찰은 Koopman & Sportiche(1988)의 VP-내 주어내포 가설(VP-internal Subject Hypothesis)을 받아들일 때만 가능하다. 또한 양상부의 복합성을 구조적으로 표현하기 위해서 현대 GB이론은 Pollock(1989)의 INFL-하위분류 가설(Split-INFL Hypothesis)을 받아들이고 있다. 물론 이 기능범주의 순서는 언어마다 다르다.

2.3 의문문의 정의와 특성

이제 의문문은 통사적으로 어떻게 정의되어야 하는가를 살펴보기로 하자. Modality의 관점에서 보면 의문문은 명제의 진리치에 대한 의문의 제기라고 할 수 있다. 이를 실현하는 방법은 영어에서는 운용자(operator)로서 INFL이 주어 앞 자리, 즉 CP의 C자리로 이동(I-movement)하여 이루어진다. 국어에서는 종결어미를 의문형 종결어미 '-냐'를 첨가하여 의문문을 만든다. 의문형 종결어미의 위치에 대해서도 영어의 경우와 동일하게 C의 자리라고 하는 일부 주장이 있으나 우리는 국어에서는 의문문을 만들기 위하여 어순의 변화를 가져오지 않고 다만 어미의 변화를 가져온다는 면에서 서술문의 종결어미 '-다'가 들어갈 자리, 즉, I의 자리에 들어간다고 가정한다. 또 하나의 증거는 종결어미가 문장의 유형을 결정하는 양상의 기능을 가지고 있으며 이 기능은 바로 I가 담당하므로 의문문의 종결어미 '-냐'의 위치도 I라고 본다.

의문문은 다시 일반적으로 Wh-의문문과 Yes-No 의문문, 그리고 선택의문문으로 나누어진다. 영어의 경우 Wh-의문문은 Wh-표현이 CP의 SPEC 자리인 문두로 이동하는 특징이 있으며, 응답은 Yes/No로 하지 않는다. 선택의문문의 기본 형식은 Wh-의문문과 Yes-No 의문문의 두 가지를 모두 가지고 있으나 응답의 형식이 선택적이다. 국어의 경우는 이러한 하위분류가 응답의 형식을 달리한다는 데에는 영어와 다를 바 없으나 어순의 변화나 종결어미의 차이를 가져오지 않는다는 면에서 통사적 의의는 다르다.

III. 영어 부정문의 통사적 특성과 의미

이제 서술문의 하나인 부정문의 통사성과 의미성을 살펴보기 전에 통사적 부정문의 형식을 정립할 필요가 있다. 부정문은 서술문의 하위범주로서 긍정서술문과 Modality가 대조되는 개념이다. 의문문의 통사적 구조가 비교적 간단한 것과 달리 부정문은 의미와 통사구조의 복잡함은 어느 언어나 마찬가지이다. 의미론적으로도 진리치가 정반대가 된다는 면에서 그만큼 부정문이 언어에서 차지하는 비중이 크고, 따라서 이에 대한 언어학적 관심과 연구도 오랜 역사에 걸쳐서 지속되어왔다. 부정문의 이러한 본질은 연구 방법에도 그대로 영향을 주어 왔는데 의미론적으로는 물론이고 통사적으로도 서술문과의 대조적 관계로 파악되어왔고 이는 당연한 접근 절차이기도 하다. 여기에서는 영어 부정의문문의 통사적 특성과 의미를 먼저 살펴보기로 하겠다.

3.1 어휘부정문과 통사부정문의 구분

영어 부정문의 통사적 특성을 연구하기 위해서 먼저 그 영역을 분명히 갈라야 할 필요가 있다. 먼저, 어휘부정문(Lexical negation)은 통사부정문(Syntactic negation)과 구분되어야 한다. 어휘부정문은 의존형태소(bound morpheme)인 부정접사(negative affix)가 특정어휘에 부착되어 부정의 의미를 갖는 문장을 말한다. 영어는 부정접두사 a-, dis-, in-, non-, un-, 등과 부정접미사 -less 등이 있다. 국어는 주로 한자어에서 온 부정접두사로서 '부-, 불-, 비-, 무-, 미-, 몰-', 등이 있다. 이 어휘 부정형태소는 오직 그 어근의 의미를 부정하여 새로운 어휘를 만드는 역할을 하며, 새로 만들어진 어휘는 사전의 목록에 들어간다. 이렇게 볼 때 어휘부정문이라는 용어는 자체 모순적일지 모른다. 부정 어휘형태소가 부정문을 만드는 것이 아니라 부정의 의미가 있는 어휘가 내포된 문장을 만들고 있다는 것이 정확한 표현일 것이다. 다만 그동안 관행이 되어 쓰이고 있기 때문에 논의의 편의상 그 용어를 그대로 사용하겠다. 한편 통사부정문은 특정한 부정요소(negative element = Negator)가 독립형태소(free morpheme)로서 통사규칙에 따라서 작용하여 긍정문이 부정문이 된 것이다. 이 부정소는 영어는 not, no, never, neither, nor, 등이 있으며 또 부정어휘 none, nothing, 등이 통사부정문을 만들기도 한다. 또한 특정 부정소를 가지고 있지 않지만 통사부정문을 만드는 부정 부사어로서 seldom, rarely, scarcely, hardly, barely, little, few 등이 영어에는 있다. 국어는 '안, 못, 말' 등이 통사부정문을 만드는데 일반적으로 장형부정문과 단형부정문이 형식과 분포에 있어서 차이를 보이고 있다. 이 점에 대해서는 뒤에서 다시 자세히 언급하기로 한다.

3.2 영어 부정문의 유형 분류

Quirk et al.(1985: 775)은 영어의 통사부정문을 다음과 같이 분류하였다.

(4) 영어 부정문의 유형

(가) 문부정(Clause negation): 문장의 모든 요소가 부정의 대상이 된다.

① 동사내적 문부정(Clause negation through verb negation)

a. I have not finished.

b. She does not work hard.

② 동사외적 문부정(Clause negation other than through verb negation)

a. She is no different.(cf. She is not any different:동사내적 부정)

b. Not one guest arrived late.

c. Under no circumstances will she return here.

d. I seldom get any sleep.

(나) 어부정(Local negation): 단어나 구를 부정하되 문부정을 만들지 못한다.

a. She's a not unattractive woman, in some ways(*in any respect)

b. I visit them not infrequently.

c. Not surprisingly, they missed the train.

d. No news is good news. ['Receiving no news is good news.']

(다) 술부부정(Predication negation): 몇 몇 조동사 다음에서 술부만을 부정하는 매우 제한적인 특수 용법이다.

a. They may not go swimming.
['They are allowed not to go swimming']

b. You could not attend any of the meetings.
['It's possible for you not to attend any of the meetings.']

물론 표면구조상으로 부정문이 중의적인 경우도 있다. 술부부정은 당연히 중의성을 가지며 오히려 일반적인 의미는 문부정으로서의 의미이다. 또, 어부정인 예문 ((나) d)도 문부정이 되면 "희소식이 아무것도 없다"라는 의미가 된다. 우리는 Quirk et al.(1985)의 위와 같은 분류를 그대로 받아들이되 어부정과 술부부정을 문부정을 만들지 못하고 해당 성분만을 부정한다는 면에서 성분부정(Constituent negation)으로 단일화 하기로 한다. 이 성분부정은 어휘화되어 있지 않다는 면에서 어휘부정문과 구분되지만 부정의 의미상의 범위가 그 어휘, 혹은 성분에만 미친다는 면에서 같은 범주로 묶을 수 있다. 여기서 중요한 부정은 문부정인데 문부정 만이 통사적, 의미론적으로 부정문의 언어학적 의의를 보여주는 특성이 있기 때문이다. 예를 들어 어부정 ((나) a)는 'not'이 문장과는 전혀 관계가 없음을 부정극성어(Negative Polarity Item; NPI)인 'any'와 함께 쓰이지 못하고, 'some'과 함께 쓰이고 있는데서 잘 확인할 수 있다. 이를 다음 문장과 비교해보자(Quirk et al.,1985: 791).

(5) She's not an attractive woman in any respect, is she?

(5)가 문부정임을 두가지의 대표적인 통사적 특성에 의해서 잘 확인할 수 있다. 첫째, 부정극성어 'any'와 함께 쓰이고 있으며, 둘째, 부가의문문이 긍정의문문이므로 본문이 통사적 부정문임을 잘 드러내 보인다. 지금까지 살펴본 부정문의 유형을 아래와 같이 도표화 할 수 있다.

(6) 부정문의 유형

이상과 같은 부정문의 하위분류와 용어의 정리는 앞으로의 논의를 위하여

매우 긴요한 것인데 과거의 연구가 용어 사용의 혼란과 연구 대상의 영역에 대한 합의의 결여 등이 부정문에 대한 올바른 논의에 장애 요소 였음을 어렵지 않게 확인할 수 있기 때문이다. 영어 부정문에 대한 통사적 연구는 곧 문부정(Clause negation)만이 연구의 영역이 된다는 점을 분명히 해야 한다는 것이 우리의 기본 입장이다. 사실, 전통적으로 국내외의 연구가 문부정과 술어부정, 성분부정 등의 용어가 잘못 쓰이거나 혼동되어 쓰이고 있다. Klima(1964)는 부정문에 대한 본격적인 통사론적 분석을 하고 있는데 그는 우리의 동사내적 부정을 술어부정이라고 하고 동사외적 부정을 문장부정이라고 해온 종래의 입장을 통사론적 증거를 들어 반박하고 있다. 동사내적 부정과 동사외적 부정을 함께 문부정으로 보는 Quirk et al.(1985)과 Klima(1964)의 주장이 일치하고 있다. Kroch(1975: 101-2)는 어휘부정을 술어부정이라고 부르고 있는데 이도 용어의 오용의 일면을 보여주고 있는 것이다. Lasnik(1976a[1972])은 부정소와 양화사 간의 의미영역의 중의성(Scope ambiguity)를 논하면서 동사내적 부정을 술어부정, 동사외적 부정을 문장부정으로 부르면서 중의성은 술어부정에서만 생긴다고 주장한다. 중의성에 대한 이론의 정당성 여부에 상관없이 여기에서도 용어 사용의 혼돈을 볼 수 있다. 우리가 판단하기로는 동사내적 부정을 술어부정이라고 부르고 동사외적 부정을 문장 부정이라 부르는 것은 단순히 표면에 들어나는 시각적 모습에 근거한 것이라고 볼 수밖에 없다. 두 문장이 통사적 차이를 전혀 보이지 않는다는 면에서 문부정으로 통합하는 Quirk et al.(1985)이 옳다고 본다. 우리의 일관된 입장은 문법 이론상의 용어는 통사적으로 뒷받침되지 않으면 통사론 연구의 대상이 될 수 없다고 보기 때문이다. 다만 동사내적 부정과 동사외적 부정이 의미 영역의 분명한 차이를 보인다면 부정문의 유형에 의해서 그렇게 되었다기 보다는 양화사와 부정소 간의 통사적 관계, 즉, 지배관계(Command)나 선행관계(Precedence)라는 일반적 통사 현상에 의해서 설명되는 것이므로 이를 근거로 부정문의 유형을 가르는 것은 적절치 않다고 본다. 또 의미의 중의성에 대해서는 일반 화자뿐만 아니라 학자들 간에도 의견이 일치하지 않는 부분이 매우 많은 것도 부정문의 연구를 어렵게 하고 있는 한 요인이라고 판단된다.

3.3 영어 부정문의 의미 영역

이제 문부정의 부정소가 어떠한 의미상의 영향력(Semantic influence)을 가지는지 검토할 차례이다. 이 점에 대하여 Quirk et al.(1985: 787-790)을 먼저 보기로 하자. Quirk et al.(1985)은 부정소(negator)는 자기의 영향권 안에 있는 요소를 지배한다고 보며, 그 영향권은 자신으로부터 문장 끝까지 이지만 문장 끝에 놓인 부사어는 제외된다고 본다. 이러한 주장은 다음 문장을 설명하는데 유용하다(Quirk et al.: 85).

(7) a. Some people never send any Christmas cards.
    b.*Any people never send some Christmas cards.

예문 (7a)는 부정소 'never'의 영역 안에 있는 극성어 'any'를 지배하고 있으므로 정문이지만 (7b)의 'any'는 'any'가 'never'의 지배하에 있지 못해 비문이다. 이를 현대 언어학에서는 부정극성어 허가조건(NPLC)이라 부른다.

(8) 부정극성어 허가조건(Negative Polarity Licensing Condition: NPLC):
    부정극성어는 S-구조에서 부정소에 의해서 m-command되어야 한다.
    (An NPI must be governed by a negator at S-structure.)

이 NPLC는 다음과 같은 흥미 있는 예문의 차이를 잘 설명해준다(Quirk et al.: 788).

(9) a. I didn't listen to some of the speakers.
    ['There were some of the speakers that I didn't listen to.']
    b. I didn't listen to any of the speakers.
    ['There were not any speakers that I listened to.']

예문 (9a)가 정문인 이유는 'some'이 부정소의 영향권 밖에 있을 경우이며, (9b)는 any가 부정소의 영향권 안에서 M-command되는 경우이다. 당연히 두 문장의 의미는 다르다. 그러나 Quirk et al.(1985: 789)는 부정소의 영향권이 과연 부정소 다음에 오는 요소에만 미치는가에 대해서 초점(focus)이 주어진다면 부정소 앞에 있는 요소도 그 부정 영역안에 들어갈 수 있다고 본다. 다음 예문은 부정소가 문장의 어느 요소도 초점으로 삼을 수 있음을 잘 보여준다.

(10) a. I didn't <u>take Joan to swim in the pool today</u>. — I forgot to do so.
b. I didn't take <u>Joan</u> to swim in the pool today. — It was Mary.
c. I didn't take Joan to <u>swim</u> in the pool today. — just to see it.
d. I didn't take Joan to swim in the pool <u>today</u>. — It was last week that I. did so.
e. I didn't take Joan to swim <u>in the pool</u> today. — I took her to the seaside
f. <u>I</u> didn't take Joan to swim in the pool today. — It was my brother who took her

(10)의 부정소 'not'은 뒤에 오는 어떤 요소도 화맥에 따라 부정의 표적(Negation target)이 될 수 있을 뿐 아니라 (10f)가 보여주듯이 앞에 오는 주어 I도 부정될 수 있다고 본다. 이러한 입장은 앞으로의 논의를 위해서 매우 중요한 것인데 이는 문부정 만의 고유 속성이다. 즉, 어휘부정이나 성분부정은 부정의 영역이 항상 자기 자신이 되는데 반해 문부정은 문장의 어떤 어휘도 부정의 표적이 될 수 있다고 정리할 수 있다. 이런 면에서 Quirk et al.(1985)가 의미영역(scope)과 초점(focus)은 상호 관련되어있으며 초점(focus)은 의미영역(scope)에 포함될 수 있다고 주장한 것을 우리는 그대로 받아들이게 된다. 그러나 일반적으로 부정소와 양화사 간에 발생하는 의미 영역의 중의성(Scope ambiguity)은 양화사가 지닌 특수한 언어학적 의미와 더불어 분리해서 다루어지고 있다. 다음 문장을 살펴보자.

(11) John didn't read many books.

예문 (11)는 부정어 'not'이 미치는 영역에 따라 두 가지 의미를 갖는다. 'not'이 문장 전체를 영역으로 할 때는 "There are many books, which John didn't read."의 의미로서 "많은 책이 있는데 John이 그 책을 읽지 않았다" 는 뜻이 되고, 'not'이 'many' 만을 부정할 때는 "There are many books, some of which John read." 의 의미로서 "John이 몇권의 책은 읽었다" 는 뜻을 갖는다. 물론 이러한 중의성은 일정한 화맥 안에서 초점에 의해서 구현된다는 것은 분명하다. 여기서 다시 강조되어야 할 점은 이러한 영역의 중의성도 오직 문부정의 경우에만 존재한다는 사실이다. 그동안 부정문의 중의성에 대한 연구, 특히 양화사가 들어있는 부정문의 중의성에 대한 연구는 학계의 중요한 주제가 되고 있지만 아직 확고한 정립은 안 되어있다는 것이 우리의 입장이다.

지금까지 살펴본 바와 같이 영어의 대표적인 통사부정문은 문부정이며, 문부정문은 통사적으로는 부가의문문의 꼬리문(tag)이 긍정의문문이 오고, 부정극성어와 함께 쓰이며, 의미론적으로는 문장의 모든 어휘가 부정의 표적이 될 수 있는 부정문이라고 정의할 수 있다. 우리의 관심은 국어의 부정문 연구에 지금까지 우리가 영어를 중심으로 살펴본 부정문의 성질이 어떻게 활용될 수 있느냐 하는 점이다.

V. 국어 부정문의 통사 및 의미론적 특성

4.1 국어 부정문의 유형 분류

이제 국어 부정문의 통사 및 의미론적 특성을 구체적으로 검토하기로 한다. 먼저 4장의 (6)과 같은 영어 부정문의 유형을 국어 부정문도 갖는지 궁금하다. 먼저 어휘 부정문은 매우 일반적이다. 성분부정의 하나인 어부정도 흔하다. 술부부정은 서법조동사(Modal auxiliary)가 독립형태소로 존재하지 않는 국어에는 없다고 본다. 문부정 가운데 동사내적 문부정은 일반적이다. 여기에 국어는 형용사도 술어가 되므로 동사와 형용사를 포함하는 용어로서 '술어내적 부정'이라고 부르기로 한다. 그러면 '술어외적 부정'은 있는가? 우리는 일반적으로 국어에는 영어와 같은 부정극성어가 존재하지 않는다는 면에서, 또 '아무', '전혀',등의 부정 어휘가 있기는 하지만 이들도 혼자서 부정문을 만들지 못하고 부정소와 함께 쓰인다는 면에서 술어외적 부정은 국어에 존재하지 않는다고 가정한다. 이렇게 볼때 국어 부정문의 통사적 분석의 대상은 바로 문부정 하나라고 할 수 있다. 이는 영어와 일치하고 있다는 면에서 대조상의 용이성이 있을 뿐 아니라 보편문법의 확인과 정립이라는 면에서 언어학적 의의가 크다. 이를 아래와 같이 도표화 할 수 있다.

(12) 국어 부정문의 유형

영어 부정문과 마찬가지로 국어 부정문의 연구에 있어서도 용어의 혼란은 매우 심각한 것이었음을 쉽게 확인할 수 있다. 대표적인 경우로 서정수(1978: 272)를 들 수 있는데 여기에서 서정수(1978)는 그동안의 국어학계의 부정법 연구를 전반적으로 개관하고 있다는 면에서 학계의 일반적 견해를 대변하는 것으로 볼 수 있다. 그는 "일반으로 한 문장의 술어 동사에 부정 요소가 직접 작용하는 경우는 문장 부정법이라 하는데 대해서 문장을 구성하는 한 단어(술어 동사 이외)나 특정 성분에만 부정 요소가 직접 작용하는 경우 성분 부정법이라 하는 것이다."라고 정의하고 있는데 이는 우리의 분류와 완전히 일치하고 있는 것처럼 보인다. 그러나 그가 직접 든 예문에서는 이러한 정의가 달리 적용되고 있는

것을 보면 놀라지 않을 수 없다. (예문 번호는 원문의 것임)

(10) 나는 그를 권총으로 쏘지 않았다.

(10)' 그를 권총으로 쏜 것은 내가 아니다.

서정수(1978)는 다시 "(10)이 (10)'와 같은 해석이 될 경우만을 문장부정법이라 정의하고 그밖의 단어나 성분(e.g, "그", "권총으로" 따위)을 특별히 부정한 경우는 성분부정으로 정의하고 있다." 라고 함으로써 그동안의 학계의 용어의 혼란의 심각성을 여실히 보여주고 있다. 이러한 설명을 근거로 판단해 볼 때 서정수의 정의는 완전히 의미상의 정의였음이 명백하다는 면에서 우선 통사적 정의가 기본이어야 한다는 우리의 입장과 다르고, 의미론적 정의를 인정한다고 하더라도 (10)이 술어동사 '쏘다'를 부정하는 의미로 해석하는 것이 일차적 해석이라고 판단되는데 (10)'처럼 '나'를 부정하는 의미로 해석함도 잘못일 뿐 아니라 이를 문장부정이라고 보았다는 점에서도 스스로의 정의에도 어긋나고 있다고 생각된다. 우리는 (10)이 국어의 일반적인 문부정문이며, 부정의 표적이 어느 부분인가는 화맥에 의해서 결정될 것이고 (10)'의 의미도 그중 하나일 뿐이라고 본다. 또, 임홍빈(1973: 119-121)에서 문부정이 있을 수 없다고 주장했는데, 이것이 영어 부정문에서의 오해처럼 우리의 술어외적 부정문의 의미로 쓰였다면 그 내용은 옳다. 그렇지 않다면 이것도 통사론과 의미론이 문장의 분류에 혼돈되어 사용된데서 오는 잘못된 결과일 수 있다. 이와는 대조적으로 송석중(1967, 1971), 이홍배 (1970, 1972)등은 문장부정법의 용어를 통사적으로 정확하게 사용하여 국어의 장/단형의 일반적 부정문을 연구 대상으로 하고 있음은 매우 고무적이다.

국어 부정문의 대표적 부정소(Negator)는 '안' 이다. 흔히 '안'을 '아니'의 축약형으로 간주하고 있으나 우리는 앞으로의 논의에서 이 둘이 완전한 동의어는 아님을 밝히게 될 것이다. 이 '안'이 어떻게 국어의 통사부정문을 만드는 지에 대하여 학계에서 거의 통일된 입장이 있다. 그 명칭은 각기 다를 수 있지만 국어의 통사부정문에는 두 가지 형태가 적어도 표면구조상에 존재한다는 데에 의견의 일치를 보고 있다. 즉, 한 형태는 술어 앞에 '안'을 놓아 부정문을 만드는 방법이고, 다른 한 형태는 술어의 어간 다음에 '-지'를 첨가하고 종결어미 앞에 '-안 하-'를 놓는 방식, 즉, 술어의 어간 다음에 '-지 않-'을 놓아 만드는 방식이다. 이 두 방식이 모두 술어를 통하여 부정문을 만든다는 면에서 영어와 마찬가지로 문부정의 속성을 그대로 지니고 있는 점이 흥미롭다. 우리는 전자를 단형부정문(short-form preverbal negation)이라 부르고, 후자를 장형부정문(long-form postverbal negation)이라 부르기로 하자.

4.2 국어 부정의문문의 통사적 특성

먼저 국어 부정문의 통사적 특성에 대한 우리의 가정은 다음과 같다.

가) 국어 문부정은 통사부정문으로서 단형부정문과 장형부정문이 있다.

나) 두 부정문을 어느 한 부정문으로부터 규칙에 의해서 도출하려는 이론은 단형부정문의 다음과 같은 분포 및 용법상의 제약 대문에 받아들일 수 없다.

① 명령문과 청유문에 쓰이는 '말' 부정문에 단형부정문이 쓰일 수 없다.
<예> 떠들지 말라/말자 (*말 떠들어라 / *말 떠들자)

② 단형부정문은 특정 어휘와 함께 쓰이지 못한다.
<예> 모르지 않다 (*안 모르다) / 없지 않다 (*안 없다)

③ 단형부정문은 어휘의 속성에 따라 어순이 제한되어있다.
<예> 조용하다 / 조용하지 않다 / 안 조용하다 / 조용 안 하다
공부하다 / 공부하지 않다 / *안 공부 하다 / 공부 안 하다

④ 단형부정문은 '안'이 서술어 앞(왼쪽)에 자리하고 있어서 NegP를 설정하고 핵이동을 시킨다고 가정할 경우 항상 핵이동제약(Head Movement Constraint: HMC)을 어기게 된다. 결국 단형부정문은 최대투사(Maximal projection)범주를 구성하지 못하고 항상 술어 앞에서 일반 부사와 같은 수식어로서 V-부가된다는 것이 우리의 가정이다.

다) 장형부정문은 '-지 않-' 이 술어 뒤(위)에서 NegP라는 기능범주를 구성하며, 하위 핵의 이동과 상위 핵으로의 이동 등의 핵이동이 HMC를 준수한다. 이는 장형부정문의 생산성과 더불어 국어의 대표적 부정문이 장형부정문임을 말해주는 것이다.

라) 장형부정문의 '-지 않(아니하)-' 의 특성은 다음과 같다.

① '-지'는 다음에 격조사 '이 / 을' 이 첨가될 수 있으므로 명사이지만 독립된 의미가 없으므로 의존명사이다. 그러나 명사화 접미사 '-기' 의 이형태소라는 주장(송석중,1967)은 받아들일 수 없다. 왜냐하면 이형태소는 완전히 동일 환경에서 동일기능을 해야 하는데 '-기' 다음에는 격조사의 부가가 의무적인데 반해 '-지' 다음의 격조사의 부가는 선택적이면서 유표적이기 때문이다. 또한 '-기'의 기능이 순전히 명사화에 있는데 반해 '-지'의 일차적 기능은 문부정문을 만드는 것임이 분명하지 않은가? 따라서 우리는 '-지'를 NegP의 한 구성성분으로 본다.

② '않' 의 '하-' 가 본동사라는 학계의 일부 주장을 받아들일 수 없다. 만일 본동사라면 의미역을 가진 핵으로써 논항구조를 형성해야 하는데 논항구조는 부정문 이전의 명제의 핵어가 이미 가지고 있으므로 부정문을 위하여 들여온 '-하' 는 부정의 양상을 실현하기 위한 법조동사, 즉 보조용언이라고 본다. 또 '하-'는 앞에 오는 부정소 '안'과 항상

축약되고 있다는 점도'하' 의 부정문에서의 특수성을 반영하고 있다고 본다.

<예> 그는 학교에 가지 않았다. (*안 했다)

③ '아니' 의 축약형이 항상 '안' 이 되는 것이 아니라는 증거가 또 있다. 즉, '아니' 는 혼자 쓰일 수 있으나 '안' 은 술어와 함께 쓰인다.

<예> 영수야, 너 밥 먹었니? / 아니.(*안) / (안 먹었어. (?아니 먹었어)

④ '-지' 다음에 선택적으로 부가될 수 있는 격조사는 D-구조에서 일어나는 것이 아니므로 의미역과 무관하고 술어가 자동사(형용사)이면 주격조사가 붙을 수 있고, 타동사(형용사) 이면 목적격조사가 붙을 수 있다.

국어 부정문의 위와 같은 특성을 반영하는 통사 구조를 수형도로 나타내면 다음과 같다. VP-내 주어내포 가설(VP-internal Subject Hypoothesis)을 가정한다.

(13) 국어 장·단형 부정문의 수형도

```
(a) 단형부정문          (b) 장형부정문
   IP                     IP
  /  \                   /  \
      I'                      I'
     /  \                    /  \
  VP     I               NegP    I
 /  \    |               /  \    |
V'  다                  Neg'  다
/  \                     /     \
    V                  VP      Neg
   /  \                / \     /  \
 Neg   V                V'  N    Neg
  |    |               /  \ |     |
 안   가                  V 지    않
                          |
                          가
```

이 수형도는 잠정적이고 실험적인 것이다. 그러나 국어 부정문에 대한 우리의 입장을 그대로 반영한 것이며 현대 GB이론의 원리를 최대한 수용하고 있다고 할 수 있다. 특히 장형부정문만이 NegP를 가지며 Neg 안에 '-지 않-'을 통합하는 입장을 취하고 있는 것이 기존 입장과 크게 다르다. 우리의 장점은 부정의 Modality가 다른 부수적인 규칙 없이 NegP 만으로 실현될 수 있다는 점이다. 또한 우리는 축약형 '않'을 거의 한 형태소로 보고 있는 점도 특이하다. 여기에서 축약의 통사적 의의를 Quirk et al.(1985: 122)를 통해서 살펴보자.

"The negative word 'not' following an operator can in most cases be contracted and attached, as an enclitic particle, to the auxiliary."

이들의 진술은 영어의 'not' 이 앞에 오는 조동사에 'n't' 로서 축약되는 것이 일반적이듯이 이를 국어와 비교하면 장형부정문에서 '안' 이 '하' 와 거의 의무적으로 축약되는 현상과 일치하고 있다. 형태론은 통사론을 반영한다는 Baker의 영상규칙을 받아들일 때 결국 구조상으로 한 구성소 NegP를 형성한다고 보는 우리의 견해는 정당성을 갖는다고 본다. 더구나 국어는 '지' 와 '않' 의 축약이 구어체에서 가능하며, 이 현상이 관용화되어 어휘화 된 것으로 예를 들어 '괜찮다', '귀찮다' 등이 있다는 점도 간접적으로 우리 분석을 정당화해주는 증거이다.

지금까지 국어 문부정문의 장/단형이 통사적으로 완전히 다른 구조를 가지고 있음을 확인하였다.

4.3 국어 부정의문문의 의미적 특성

이제 의미 영역의 중의성에 대하여 국어 부정문은 어떠한 특성을 가지는지 살펴보기로 한다. 이와 관련하여 조준학(1975: 71)은 국어의 단형부정문과 장형부정문이 영역의 중의성과 초점에 있어서 완전히 다르게 행동한다고 분석하면서 단형부정문은 초점과 영역의 중의성이 없고 장형부정문 만이 영역의 중의성을 갖는다고 본다. 한편 남기심·고영근(1985: 363)은 장형과 단형 간에 영역과 초점 등에 있어 중의성의 차이를 보이지 않는다고 본다. 조준학(1975)은 국어에 대한 토박이의 직관과 전혀 일치하지 않는다는 것이 우리의 판단이며, 남기심·고영근(1985) 의 주장이 옳다는 것을 다음 예문에서 확인할 수 있다. 그들의 예문을 직접 가져온다.

(14) (가) 회원이 다 안 왔다.
(나) 회원이 다 오지 않았다.

위 문장은 부사적 양화사 '다' 가 부정의 범위 안에 드느냐, 그렇지 않으냐에 따라 다음과 같이 두 가지로 해석이 된다.

(14)' (가) 회원이 온 사람이 하나도 없다.
(나) 회원이 오긴 왔는데 모두 온 것이 아니다.

따라서 국어 문부정의 장/단형은 의미상의 차이가 없다는 것이 우리의 견해이다. 결국 영어에서 부정소와 양화사의 표면적 위치에 의하여 의미의 중의성을 설명하려는 이론은 국어에는 적용할 수 없다고 결론지을 수 있다.

지금까지 살펴본 바와 같이 국어의 통사 부정문은 문부정문이며, 이를 장형부정문과 단형부정문으로 나눌 수 있다. 통사적으로는 이 두 부정문은 구조적 차이와 분포의 차이를 보이고 있지만 의미상의 차이는 없고 문장의 어떤 요소도 부정의 초점이나 표적이 될 수 있다고 정리할 수 있다.

4.4 국어 부정의문문의 전제용법

부정의문문은 부정과 의문이라는 두 가지의 양상(Modality)이 한 문장에 동시에 표현된다는 면에서 부정문과 의문문의 통사 구조를 동시에 가지고 있는 문장이다. 우리는 이미 의문문과 부정문의 구조를 밝혔으므로 이를 통합하는 작업은 어렵지 않다. 영어는 부정서술문의 연산자(Operator)가 CP의 C 자리로 이동함으로써 부정의문문이 된다. 만일 INFL과 부정소가 축약되어 있으면 축약된 어휘가 C 자리로 이동한다. 국어의 경우에는 영어보다 더 간단하다. 부정서술문의 종결어미를 의문문의 종결어미 '-냐?'로 바꾸면 된다.

문제는 부정의문문의 의미에 있다. 이 의미가 단순히 부정문의 의미와 의문문의 의미가 물리적으로 결합된 의미라고 정의될 수 있을까? 이 점에 대하여 우리는 부정의문문의 의미는 부정문의 의미와 의문문의 의미가 화학적 변화를 하여 부정의문문의 고유한 의미를 갖고 있다고 본다. 우선 의문문은 대화의 기본 구조이다. 서술문은 대화가 아닐 수 있다. 의문문은 비록 독백이라 하더라도 청자를 전제로 하는 대화구조이다. 그 대화가 긍정의문문이 아닌 부정의문문으로 묻는 대화라면 화자와 청자 사이의 대화 상황이 더욱 복잡하리라는 것은 상상하기 어렵지 않다. 따라서 부정의문문의 의미는 문자적 의미만으로는 설명할 수 없다. 오히려 화자의 전제를 포함한 화용론적 의미가 더 본질적일 수 있다. 편의상 우리는 이를 화용론적 용법이라고 부르겠다. 장경기(1985,1986,1989, 1991)에서 영어와 국어의 부정의문문의 의미 구조에 대하여 다각적인 검토를 해온 바 있다. 이에 따르면(장경기, 1986: 30-32) 화자가 어떤 전제를 가지고 묻느냐에 따라 그 용법을 다음과 같이 분류할 수 있다는 것이다. 이러한 분류는 영어와 국어가 동일하게 적용될 수 있다는 면에서 언어 보편적 정당성을 확보할 여지를 보여주고 있다.

(15) Yes/No 의문문의 용법

이러한 분류에 대한 언어학적 근거는 장경기 (1986)에서 자세히 다루고 있다. 이제 이를 부정의문문의 관점에서 다시 아래와 같이 분류할 수 있다.

(16) 부정의문문의 용법

- 부정의문문
  - 비전제 용법
  - 전제용법
    - 일차전제용법
    - 이차전제 용법
      - 일반적 이차전제 용법
      - 전용적 이차전제 용법

우선 비전제 용법이란 화자가 아무 전제없이 단순히 사실의 확인을 위해 묻는 의문문이다. 이때는 긍정의문문과 부정의문문의 차이는 스타일 상의 차이 정도다. 일차전제 용법이란 화자가 이미 전제를 가지고 묻는 의문문인데 전제의 내용은 그 의문문의 대응 서술문이다. 예를 들어 "영수는 안 갔니?" 라고 물을 때 전혀 사실을 모르고서 알고자 물을 때는 비전제 용법이요, 영수가 안갔음을 어느 정도 알고서 확인하고자 할 때는 일차전제 용법이다. 물론 이들의 차이는 억양, 쉼, 초점 등에 의해서 대화 중에 청자에게 전달된다. 한편, 이차전제 용법은 화자의 전제가 일차전제 용법의 전제와 반대의 내용이라는 면에서 완전히 구분된다. 즉, "영수는 안 갔니?" 라는 부정의문문이 화자가 영수가 갔음을 전제하고서 청자에게 강조하기 위해서 사용할 수 있는데 우리는 이 용법을 이차전제 용법이라고 부른다. 아래 문장을 통해서 좀 더 검토해 보기로 하자.

(17) a. 영수는 갔니? (긍정의문문)
b. 영수는 안 갔니? (단형 부정의문문:[+amb])
c. 영수는 가지 않았니? (장형 부정의문문:[+amb])
c'. 영수는 가잖았니? (축약: 이차전제 용법:[-amb])
d. 영수는 갔지 않니? (장형 부정의문문: 전용적 이차전제 용법:[-amb])
d'. 영수는 갔잖았니? (축약/시제의 이동: 전용적 이차전제 용법:[-amb])

이러한 이차전제 용법을 국어 부정의문문은 장/단형 구분 없이 가지고 있다. 이러한 용법은 영어 부정의문문도 마찬가지로 가지고 있음을 장경기(1986)에서 상론하였다. 우리의 남은 관심은 (17d)와 같은 문형에 있다. (17c)와 비교해 볼 때 Tense가 술어 '가-' 다음으로 이동한 모습인데, 이때는 항상 이차전제 용법으로 쓰이므로 우리는 이를 전용적 이차전제 용법이라 부르고 이러한 특징을 가져오는 시제표지를 전용표지(arbitrary marker)라 부른다. 여기에서 또 하나 중요한 사실은 (17c')가 보여주는 바와 같이 '-지 않-'의 축약이다. 이러한 축약은 부정서술문에도 존재한다는 점을 이미 지적하였지만 부정의문문에서는 이 축약이 의미해석에 영향을 미쳐서 결국 (17c)와 달리 (17c')를 중의성이 없이 항상 이차전제 용법의 의미만을 갖게 한다는 점이다. (17d')도 축약이 되었지만 이미 시제이동에 의하여 전용적 이차전제 용법으로 쓰이고 있으므로 그 역할이 중복되어있는 셈이다. 또한 간과할 수 없는 점은 '-지' 의 이와 같은 축약은 '지' 의 정체를 밝혀주고 있다는 점이다. 즉, 이 '-지' 를 부정문의 '-지' 와 달리 보려는 어떠한 시도도 정당화 될 수 없음을 보여주는 긴요한 증거라고 본다. (17d) 에 대한 종래의 연구에는 장석진(1984)의 '부가의문문' 설이 있고, 김동식(1981)의 '확인의문문' 설이 있다. 이 두 이론에 대한 자세한 비판은 장경기(1986)에서 다루고 있으나 문제의 심각성은 장석진보다 김동식에 있다. 왜냐하면 장석진은 기존의 문형으로 설명하는 방식을 택했지만 김동식은 새로운 문형을 만들었기 때문이다. 우리는 지금까지의 긴 논의를 통해서 문장은 무엇이며, 문장을 분류하는 통사적, 의미론적 기준은 무엇인가를 자세히 논하였다. 그 결과 (17b), (17c), (17d)가 모두 국어의 문부정문이며 통사적, 의미론적 공통점을 가지고 있다는 면에서 (17d) 만을 오직 의미론적 이유만으로 새로운 문형을 만들 수는 없다고 본다. 남기심·고영근(1985: 362)도 (17d)를 '확인문'으로 보고 있는바 우리는 같은 이유로 이를 받아들일 수 없다. 한편, 서정수(1992: 570)는 이를 확인질문의 의미를 갖는 찬부의문문(Yes/No 의문문)의 특수 용법으로 보고 있는데 새로운 문형을 설정하지 않은 것은 진일보한 견해이나 우리는 이러한 용법이 의문문의 특성에서 오는 것이 아니라 부정문의 본질에서 오는 것이라는 점에서 의견을 달리한다. 다시 말해서 청자에게 확인하는데 일차적 목적이 있다기보다는 화자의 강한 주장이 주요 목적이라고 본다. 더 정확히 말하면 부정문과 의문문의 각각의 특성에다 부정의문문의 고유성이 만들어내는 언어 현상이라고 할 수 있다 . 우리의 입장은 이와 동일한 용법이 국어에만 있는 것이 아니라 영어에도 그대로 존재한다는 것을 확인함으로써 언어 보편적 정당성을 갖게 된다. Jespersen(1933), Cattel(1973), Hudson(1975) 등을 통해서 장경기(1986)는 영어 부정문도 국어 부정문과 같은 체계를 가지고 있음을 논증하고 있다.

4.5 국어 부정의문문의 의미해석 모델

지금까지 살펴본 바와 같이 부정의문문은 부정서술문과 다른 차원에서 의미의 중의성이 생긴다. 이는 화자의 전제에 의해서 결정되는 것으로서 일차전제 용법의 의미와 이차전제 용법의 의미로 나눌 수 있다. 비전제용법의 의미는 기본적으로 일차전제 용법과 다르지 않으므로 해석 단계에서의 구분은 필요하지 않다.

이러한 부정의문문의 의미를 GB이론에서는 어떻게 수용할 수 있을까? 장경기 (1991)는 의미해석에 관한 Chomsky(1975)의 모델과 양동휘(1989)의 모델을 제시하고 부정의문문의 의미해석을 위해서는 양동휘의 모델이 더욱 적절하다고 주장하였다. 먼저 두 모델을 보기로 하자.

두 모델의 중요한 차이는 양동휘의 모델은 S-구조와 PF 사이에 SS(표면구조)를 설정하는 것이다. 이 SS는 음운규칙의 입력부로서 의미해석규칙1,2에 영향을 준다는 면에서 Chomsky의 모델과 다르다. Chomsky의 모델은 음성해석부와 의미해석부가 완전히 독립되어 있기 때문이다. 그런데 앞에서 살펴본 바의 국어 부정의문문의 이차전제 용법은 (17c')와 (17d')와 같은 축약현상과 관련되어 있다. 이 축약현상은 바로 음운생략현상이므로 음운해석부에서 생략규칙(Deletion Rule)의 적용을 받아 생긴 SS이다. 이 SS가 의미해석부에 영향을 주어 이차전제

(18) Chomsky(1975)의 모델

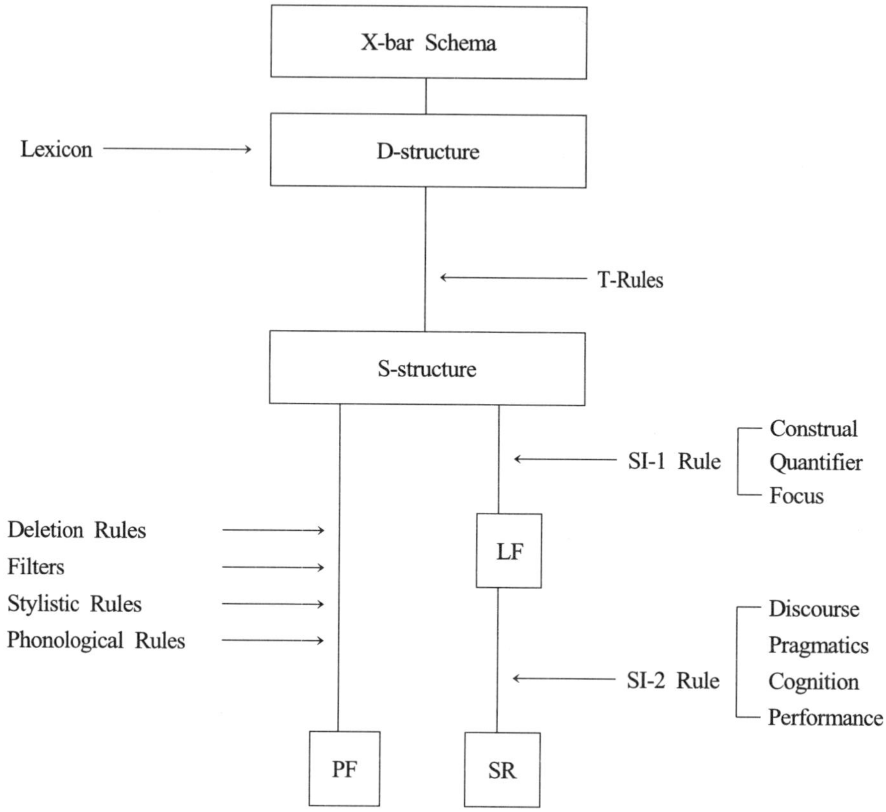

용법의 의미를 갖게 하고 있다. 이 점을 Chomsky의 모델에서는 반영할 길이 없다. 또한 (17d)와 같은 시제표지의 이동형상은 스타일의 문제인데 이것도 양동휘의 모델에서는 중간에 SS를 설정함으로써 스타일 규칙의 적용으로 인하여 시제가 이동된 형태가 SS가 되고 이 SS는 전용적 이차전제 용법으로 쓰이게 됨으로써 결국 음운부가 의미부에 영향을 주게 된다. 이 현상도 Chomsky의 모델에서는 반영할 수 없다. 따라서 국어 부정의문문의 올바른 의미해석을 위해서는 Chomsky의 모델보다는 양동휘의 모델이 더욱 타당함을 확인하였다.

(19) 양동휘(1989)의 모델

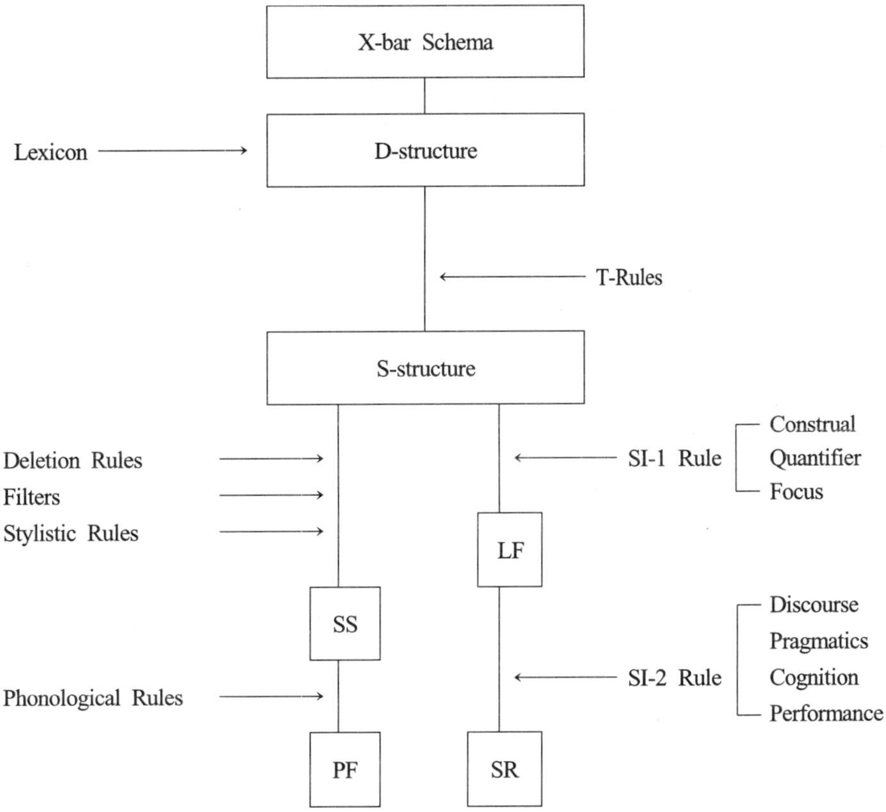

8.3 또한 우리의 비전제 용법과 일차전제 용법은 의미해석규칙1(SI-1)의 적용을 받아 LF가 되며, 이차전제 용법은 의미해석규칙2(SI-2)의 적용을 받아 의미표시(SR)가 된다. 그러나 전용적 이차전제 용법과 축약된 부정의문문은 어휘화된 것이므로 해석규칙1의 적용을 받아 LF가 된다.

지금까지 국어의 부정의문문의 의미가 GB이론 안에서 어떻게 해석될 수 있는지 살펴보았다.

V. 맺는 말

지금까지 "부정문이란 무엇인가?" 라는 지극히 평범한 질문에 대하여 "부정문이란 부정하는 문장이다." 라는 지극히 상식적인 응답을 할 수는 없다는 가정하에 그러면 어떻게 언어학적인 해답을 끌어내야 하느냐를 밝히는 탐구 과정을 수행해왔다. 그 결과 어휘부정문은 통사부정문과 구분되어야 하고, 통사부정문은 통사적 특성과 함께 의미론적 특성을 갖추어야 한다는 것을 알았다. 이러한 특성은 언어마다 다르겠지만 분명한 것은 통사적 자격과 의미적 자격을 엄격하게 갖추어야 한다는 점이다. 국어의 (통사)부정문은 모두 문(장)부정문으로서 부정소가 서술어 앞에 오는 단형부정문과 서술어 뒤에 오는 장형부정문의 두 종류가 있으며, 전자는 부정소가 수식어 자리를 차지하고 후자는 최대투사 NegP를 형성한다. 의미론적 특징으로는 양화사와 함께 쓰이면 장/단형 구분없이 항상 영역의 중의성(scope ambiguity)을 갖는다는 점이다. 여기서 한걸음 더 나아가서 부정의문문의 의미에 대하여 살펴보았으며 장경기(1986)에서 처음 논한대로 화자의 전제 여부에 따라 부정의 의미의 확인과 긍정의 의미의 강조라는 상호 대립되는 의미를 갖게 되는 것을 다시 확인하였으며 이 사실은 국어의 장/단형부정의문문이 의미상의 차이가 없다는 일반성을 지지해주고 있다는 면에서 의의가 크다. 결론적으로 우리가 전용적 이차전제 용법이라고 분류한 부정의문문의 한 용법에 대하여, 단지 강한 긍정의 의미만을 갖는다는 점을 주된 이유로 부가의문문으로 분석한 장석진(1984)이나, 확인의 의미가 있다고 하여 '확인문'이라고 명명한 김동식 (1981)은 문형의 분류에 있어 통사적 뒷받침이 없이 의미론적으로 분류한 오류를 범하고 있다는 것이 우리의 주장의 하나이다. 우리는 통사적인 증거와 의미론적인 증거에 의해서 국어의 부정의문문의 한 용법이라는 것을 충분히 정당화 할 수 있게 되었다.

우리 논의의 또 하나의 성과는 국어 부정의문문의 의미해석의 과정을 살펴볼 때 의미해석부와 음성해석부가 독립되어있는 Chomsky(1975)의 모델보다 음성해석부가 의미해석부에 영향을 줄 수 있다는 양동휘(1989)의 모델이 더 정당함을 확인할 수 있었다는 점이다. 이제 본 논문을 마무리하면서 국어 부정문의 통사성에 대한 보다 포괄적인 분석 없이 우리의 입장을 제시한 것이 아쉽고 미진함을 실감하면서 기본 입장을 정당화 할 수 있는 보다 깊은 연구를 기대한다.

참고문헌

김동식 (1981). '부정 아닌 부정',『언어』6.2, 한국언어학회.

남기심·고영근 (1985).『표준국어문법론』. 탑출판사.

문용 (1987).『고급영문법해설』. 박영사.

서정수 (1978).『국어구문론연구』. 탑출판사.

----- (1992). '국어의 특수 의문문에 대하여',언어학과 인지』. 김태옥교수화갑논총.

송석중 (1977.) ''부정의 양상'의 부정적 양상',『국어학』5, 국어학회.

양동휘 (1989).『지배-결속이론의 기초』. 신아사.

이을환·이철수 (1978).『한국어문법론』. 개문사.

장경기 (1985) '국어에도 부가의문문이 있는가',『영어영문학.』3, 한국영어영문학회 경남지부.

----- (1986). '국어의 부정의문문과 전제',『어학연구』22.1, 서울대어학연구소.

----- (1991). '국어 부정의문문의 GB분석 시론',『김상훈선생회갑논문집』. 울산대.

장석진 (1984) '국어의 부가의문',『언어』9.2, 한국언어학회.

Cho, Choon-Hak (1975) 'The Scope of Negation in Korean', The Korean
Language.6. The Center for korean Studies. Univ. of Hawaii.

Chomsky, N. (1975) Reflections on Language, Pantheon Books.

---------- (1981) Lectures on Government and Binding, Foris Publication.

---------- (1986) Knowledge of Language: Its Nature, Origin and Use.
Praeger Publishers.

Fillmore, C.J. (1968) 'Case for Case', Universals in Linguistic Theory.

Klima, E.(1964) 'Negation in English', The Structure of Language. ed.
Fordor & Katz. New Jersey: Prentice Hall.

Pollock, J.-Y. (1989) 'Verb Movement, Universal Grammar, and the Structure of IP', LI. 22.

Quirk et al. (1985) A Comprehensive Grammar of The English Language, Longman.

<Abstract>

The Structure of Korean Negative Questions and Semantic Interpretation

Chang, Kyung-Key. The Structure of Korean Negative Questions and Semantic Interpretation. *English Language & Literature.* 10 (1993.9): 173-203. This paper's first aim is to justify that Korean negative questions have unpresuppositional usages, primary presuppositional usages, and secondary presuppositional usages according to the speaker's presuppositions just as English negative questions do. (cf. Cattell (1973), Jespersen (1933), Hudson (1975)) The secondary presuppositional usage is a marked one in that the question asks for the hearer's confirmation about the speaker's positive presupposition through a formal negative question. Our main argument is that Korean syntactic negative question has two types such as preverbal short-form negation and postverbal long-form negation and that these two types have the identical semantic behaviors and also presuppositional usages.

This paper's second aim is to justify that the long-form negative question has an arbitrary (exceptional) secondary usage, in which the sentence realizes its tense marker before '-chi (지)'instead of normal after-'ha(하)' position and that falsify other two alternatives, Kim's 'confirmation sentence' argument(1981) and Chang's 'tag question'argument(1984).

This paper's third aim is to justify Yang's model(1989) against Chomsky's (1975) in that the above presuppositional usages of Korean negative questions show that the phonetic component influences the semantic component in the course of semantic interpretations. (Ulsan University)

Key Words: Negative Question, presupposition, Confirmation Sentence, Tag Question.

04

국어 부정의문문의 통사적 연구*

I. 서론

1.1 연구의 동기

현재 사용되고 있는 고등학교 국어 문법 교과서 가운데 적어도 두 종류는 국어의 매우 생산적이며 지극히 구어적인 표현의 하나인 아래 예문 (1a)에 관해서 서로 다른 기술을 하고 있다. 즉, 예문 (1a)에 대하여 성균관대학교 대동문화연구원(1991: 123) 발행 교과서를 보면 "장형(=긴) 부정문인 것 같으나 이것은 확인 의문문이다"라고 언급되고 있는데 반해, 서울대학교 사범대학 국어교육연구소(1998: 95-6) 발행 교과서를 보면 "부정문의 형식을 취하고 있지만 확인의 뜻을 나타낸다"고 설명되고 있다. 이 두 입장은 일견 그 내용이 매우 비슷해 보이지만 실제는 상당히 다르다. 전자는 예문 (1a)의 문장 형식, 즉 문형(sentence type)을 '확인 의문문'으로 규정하고 있으며, 후자는 이를 '부정문'으로 분류하고 있다. 이처럼 고등학교 문법 교과서에서조차 다른 문형으로 다루어지고 있는 이 구문이 국어 문법체계 안에서 과연 어떤 문형으로 분석되는 것이 이론적 타

---

* 이 논문은 『언어』26.1호(한국언어학회, 2001)에 발표한 것을 수정·보완한 것이다.

당성을 갖는지를 통사론적 입장에서 새롭게 규명하는 것이 이 연구의 동기이다.

1.2 연구의 목적 및 이론적 배경

이 연구는 보편문법과 통사론적 접근 방법을 기초로 하여 아래의 예문 (1a)의 문형이 국어의 장형 부정의문문임을 논증하는데 주요 목적이 있다. 그 과정에서 이 문제에 관한 선행연구를 검토하고, 특히 이 구문을 '융합형 부가의문문'이라고 주장한 비교적 최근의 연구인 구종남(1992)에 대한 반론을 제시하며, 이미 이 구문을 장형 부정의문문이라고 주장한 장경기(1986)를 지지하는 새로운 증거와 부분적인 수정안을 제안하게 될 것이다.

(1) a. 영희는 점심을 먹었지 않니?
  b. 영희는 점심을 먹지 않았니?
  c. 영희는 점심을 먹었다.

구문 (1a)에 대한 학계의 관심과 연구는 비교적 꾸준히 지속되어 왔다. 그 핵심적인 내용은 대체로 예문 (1a)와 (1b)가 보여주는 표면적인 구조 및 화용론적 용법의 유사성 문제와 관련되어 있다. 먼저 구조적으로 보면 예문 (1a)와 (1b)가 적어도 표면적으로는 시제소 '았/었'이 실현되는 위치만 다른데, (1b)는 의심의 여지가 없는 장형 부정의문문이므로 (1a)의 구조를 (1b)와 비교하여 논하는 것은 매우 자연스러운 접근 방법이었다. 나아가서 화용론적으로 (1a)는 화자가 자신이 강하게 믿고 있는 긍정명제 (1c)를 청자에게 확인하고자 하는 화용론적인 의미를 가지고 있는데, 이와 유사한 용법을 장형 부정의문문 (1b)도 가지고 있으므로 이 두 문장의 화용론적 의미의 동일성 여부에 관한 관심과 논의도 동시에 지속되어 왔던 것이다.

아마도 이 문제에 대한 학계의 본격적인 연구는 김동식(1981)의 '확인문'론과 장석진(1984)의 '전형적 부가의문문'론일 것이다. 먼저 김동식(1981)은 구문

(1a)는 화자가 청자에게 긍정명제 (1c)에 대한 확인을 요청하는 '확인문'이라는 새로운 문형을 창조하여 설명하고 있다. 한편 장석진(1984)은 구문 (1a)를 국어의 '전형적 부가의문문'으로 규정하고 있다는 면에서 기존의 부가의문문이라는 문형에 (1a)를 포함시켜 설명하고 있다. 이어 나온 장경기(1986)는 (1a)에 관하여 각각 독립적으로 이루어졌던 두 선행 연구인 김동식(1981)의 '확인문'론과 장석진(1984)의 '전형적 부가의문문'론을 모두 비판하고, 대안으로 구문 (1a)는 통사적으로는 (1b)와 같은 장형 부정의문문이며, 화용론적으로는 (1b)를 포함한 국어의 부정의문문이 화자의 전제와 관련하여 쓰이는 용법 중의 하나인 이차전제용법(arbitrary secondary presuppositional usage) 만으로 쓰인다고 주장하였다.[1] 그 뒤를 이어 나온 구종남(1992)은 이와 같은 각각 다른 세 이론을 종합적으로 논의하고, 결론적으로 장석진(1984)의 '전형적 부가의문문'론을 비판적으로 수용하여 '융합형 부가의문문'론을 제안하고 있다. 그 과정에서 장경기(1986)의 '장형 부정의문문'론에 대한 상세한 비판을 제시하였다.

이상에서 간략하게 언급된 기존의 연구를 다시 정리하면, 구문 (1a)와 (1b)의 구조와 화용론적 용법의 유사성을 모두 인정하고자 하는 입장과 이러한 유사성을 모두 인정치 않고 (1a)와 (1b)는 서로 독립적인 문형이며 화용론적 용법도 각기 다르다는 입장으로 나누어진다. 전자에는 장경기(1986)가 속하며, 후자에는 김동식(1981), 장석진(1984), 구종남(1992)이 속한다. 후자의 입장은 다시 구문 (1a)를 기존의 문형과 완전히 다른 새로운 문형으로 분석하고자 하는 입장과 기존의 문형인 부가의문문에 포함시키려는 입장으로 나누어진다. 전자에는 김동식(1981)이 속하며, 후자에는 장석진(1984)과 구종남(1992)이 속한다.

---

1) 우리는 장경기(1986: 26-32)에서 부정의문문의 화용론적 용법을 Karttunen(1973: 169)에 따라 화행(speech act)이 아닌 화자의 전제(presupposition)를 기준으로 하여 기술할 수 있다고 주장하였다. 또한 Jespersen(1933: 304), Cattell(1973: 617-8), Hudson(1975: 13-20)을 참고로 하여 화자의 전제유무에 따라 부정의문문의 화용론적 용법을 비전제용법(unpresuppositional usage)과 전제용법(presuppositional usage)으로 나누고, 다시 전제용법은 전재내용의 긍·부정문 여부에 따라 일차전제용법(primary presuppositional usage), 이차전제용법(secondary presuppositional usage), 전용적 이차전제용법(arbitrary secondary presuppositional usage) 등으로 분류하였다. 특히 이러한 분류는 영어와 국어에 똑같이 적용되는 보편문법적 특성임을 자세히 논증하였다. 본 논문에서는 필요에 따라 2장 3절(p.5), 2장 4절(p.6), 3장 1절(pp.9-11) 등에서 부분적으로 다루어지고 있으나 체계적인 논의는 장경기(1986)에 제시되어 있다.

II. 선행연구의 구체적인 검토

이제 앞장에 제시된 구문 (1a)에 관한 선행연구를 면밀히 살펴보되, 이 논문의 논의와 직접 관련된 장경기(1986)와 구종남(1992)을 중심으로 검토하도록 하겠다.

2.1 김동식(1981)의 '확인문'론

김동식(1981: 20)은 위 예문 (1a)가 긍정명제 (1c)를 확인하는 문장으로서 '지' 앞에 시제 요소가 나타나며, '지'에서 문장이 끝나는 느낌이 들고, 뒤에 오는 '아니'는 부정의 의미가 없다는 면에서 일반 부정의문문과 다르다는 점 등을 주요 근거로 하여 기존의 문형과 완전히 독립된 문형인 '확인문'으로 규정한다. 또한 김동식(1981: 101-2)은 예문 (1a)가 '지'에서 끝나는 느낌을 주고 '지' 이하를 잘라 내어도 기본적인 의미 차이를 가져오지 않는다는 면에서 '지'를 종결어미로 보고 있다. 그러나 그는 '지' 앞의 시제 실현을 그의 확인문의 필수요소로 보지 않는다. 다시 말해서 그는 시제소 '았/었'이 부정소 '않' 다음에 실현된 문장 (1b)도 화자가 긍정명제 (1c)를 확인하는 화행을 수행하면 확인문으로 분석하고 있다.

2.2 장석진(1984)의 '전형적 부가의문문'론

장석진(1984: 260)은 예문 (1a)의 시제소가 '지' 앞에 실현된다는 점을 주요한 통사적 근거로 하여 '지'를 선행 서술문의 종결어미로 보고, "않니?"는 시제를 갖지 않는 꼬리(tenseless tag)로 규정하여 (1a)를 국어의 '전형적인 부가의문문'으로 분류한다. 그러나 시제소가 부정소 '않' 뒤에 실현되는 (1b)는 (1a)와 유사한 화행을 수행하는 용법으로 쓰이는 경우에도 장형 부정의문문으로 분류된다. 그는 또한 두 구문이 중요한 화행의 차이가 있다고 보는데, 그의 부가의문문

(1a)는 '동의요청'의 화행을 갖고 부정의문문 (1b)는 '확인요청'의 화행을 가지며 이를 발화수반력(illocutionary force)의 차이라고 본다.

2.3 장경기(1986)의 '장형 부정의문문'론

장경기(1986: 19-40)는 기본적으로 김동식(1981)의 '확인문'론을 비판하는데 초점이 맞추어져 있었다. 즉, 예문 (1a)가 화자가 청자에게 긍정명제 (1c)를 확인하는 문장임을 받아들인다고 하더라도 이를 김동식(1981)처럼 기존의 문형과 독립된 확인(의문)문이라는 문형을 새로이 창조하여 설명하기에는 그 통사론적 및 화용론적 동기가 너무 약하다는 것이 우리의 입장이었다. 특히 그가 구문 (1a)의 '아니'를 부정 아닌 부정, 즉 가부정(假否定)의 '아니'라고 규정하면서도 어떠한 이론적 근거를 제시하지 않았고, 또한 의미상으로 문장이 '지'에서 끝나는 느낌이 들고, 또 시제가 '지' 앞에 나타난다는 점 등을 근거로 하여 '지'를 종결어미로 간주하면서도 더 이상의 논증이 없는 점을 우리는 비판하였다.

아울러 장경기(1986: 23-26)는 구문 (1a)를 '전형적 부가의문문'으로 분석한 장석진(1984)을 비판하였다. 장석진(1984)은 구문 (1a)를 부가의문문이라는 기존의 문형 안에서 기술하였다는 면에서 김동식(1981)의 '확인문'론이 가진 새로운 문형 창조의 정당성을 증명해야 하는 부담이 없는 것은 사실이다. 그러나 학계에서 널리 인정된 국어의 '전형적'인 부가의문문에 관한 확립된 이론이 없는 현실에서 장석진(1984)이 구문 (1a)를 부가의문문으로 규정하면서도 이를 정당화하는 통사적 논증이 없는 점을 우리는 비판하였다. 그 가운데 하나는 장석진(1984)이 국어의 전형적인 부가의문문이 왜 선행서술문의 종결어미는 반드시 "-지"가 되는지, 그리고 꼬리는 왜 항상 시제가 없는 "않니?"가 되는지를 논증하지 않고 있다고 비판하였다. 더욱이 그가 예문 (1a)와 (1b)가 보여주는 화행의 정도의 차이를 부가의문문과 부정의문문이라는 문형의 차이로 본 것은 화행이 본질적으로 구조-의존적(structure-dependent)인 개념이 아니고 화맥-의존적(context-dependent)인 개념이라는 면에서 그의 주장을 받아들일 수 없다고 우리는 보았다.

장경기(1986: 30)는 구문 (1a)와 시제의 실현 위치만 다르고 유사한 의미, 즉 긍정명제 (1c)를 화자가 청자에게 강하게 전달하는 용법으로 쓰일 수 있는 구문 (1b)의 구조와 화용론적 용법에 주목하였다. 그 이유는 (1b)가 국어의 전형적인 장형 부정의문문으로서 학계에서 비교적 잘 기술되어 있기 때문이다. 더 나아가서 장경기(1986: 30-38)는 국어의 장형 부정의문문뿐만 아니라 단형 부정문의 문문 중에서 '안'부정문은 화자가 전제하는 긍정명제를 청자에게 강조하는 용법으로 쓰일 수 있음을 밝히고 이를 이차전제용법(secondary presuppositional usage)이라고 규정하였다. 이 과정에서 특히 장형 부정의문문의 경우 부정소인 '지 않'이 축약되어 '잖'이 되거나, 또는 일반적인 장형 부정의문문에서 부정소 '지 않' 다음에 오는 시제소가 예문 (1a)처럼 본술어 다음 자리에 실현되면, 화자가 항상 긍정명제를 강조하는 용법으로만 쓰이므로 이 두 가지 통사적 특성을 이차전제용법을 위한 전용표지(arbitrary marker)라고 보았다. 우리의 입장에서 보면 이차전제용법의 부정의문문이 어떤 화행을 갖느냐 하는 점은 역동적인 화맥(context) 안에서 결정되는 것일 뿐, 김동식(1981)의 '확인문'의 기능이나 장석진(1984)의 '확인요청' 혹은 '동의요청' 등은 있을 수 있는 다양한 화행의 일례에 불과하다고 주장하였다.

장경기(1986)는 이러한 기본 입장에서 우리의 주장을 지지해주는 언어 보편적(language universal) 증거를 찾고자 하였는데, Jespersen(1933: 304), Cattell(1973: 617-8), Hudson(1975: 13-20) 등에서 영어의 부정의문문을 통하여 화자가 긍정명제를 청자에게 강조하여 전달하는 용법을 다루고 있음을 확인할 수 있었다. 특히 Hudson(1975)은 부정의문문의 부정소 'not'이 'n't'로 축약되어 조동사에 부착되면 항상 이차전제용법으로 쓰인다고 언급하고 있는데, 우리는 이는 국어의 장형 부정의문문의 부정소 '지 않'이 '잖'으로 축약되면 항상 이차전제용법으로 쓰이는 것과 완전히 일치하고 있다고 주장하였다. 또한 영어의 이차전제용법으로 쓰이는 부정의문문은 부정극어(negative polarity item)가 아닌 긍정극어 'some,' 'already' 등이 쓰인다는 점도 국어의 경우 긍정극어 '이미,' '벌써'

등이 쓰이는 점과 일치하고 있음을 밝혀 내었다.

장경기(1986)는 결론적으로 구문 (1a)는 국어의 장형 부정의문문의 하나이며, '지 않'은 장형부정문의 부정 구성성분(negative constituent)임을 논증하고자 하였다.

2.4 구종남(1992)의 '융합형 부가의문문'론

구종남(1992)은 구문 (1a)를 '융합형 부가의문문'으로 분석한다는 면에서 장석진(1984)의 '전형적 부가의문문'론을 지지하고 '장형 부정의문문'론을 주장하는 장경기(1986)와 정면으로 대립하는 이론이다. 여기에서는 구문 (1a)와 관련된 선행연구에 대한 그의 비판을 살펴본 다음, 그의 대안인 '융합형 부가의문문'론을 검토하기로 하겠다.

2.4.1 선행연구에 대한 구종남(1992)의 비판

구종남(1992)은 기존의 세 연구인 김동식(1981), 장석진(1984), 장경기(1986)를 비판적으로 검토하고 있다.

구종남(1992: 289)은 김동식(1981)의 '확인문'론 가운데서 '지'종결어미설을 부분적으로 수용한다. 즉 우리가 2장 1절에서 언급한 대로 김동식(1981)은 예문 (1a)처럼 '지' 앞에 시제가 실현되는 경우뿐만 아니라 '지' 다음에 시제가 실현되는 예문 (1b)가 (1a)와 유사한 의미로 쓰이는 경우에는 모두 '지'를 종결어미로 보았으나, 구종남(1992)은 '지' 앞에 시제가 실현되는 구문 (1a)의 '지'만을 종결어미로 본다. 그리고 그는 김동식(1981)에서 "않니?"의 성격에 관한 구체적인 설명이 없음을 아울러 비판하고 있다.

구종남(1992: 289)은 장석진(1984)의 '전형적인 부가의문문'론에 대하여 두 가지 점을 논하고 있다. 하나는 장석진(1984)의 부가의문문 (1a)와 장형 부정의문문으로서 (1a)와 비슷한 화행을 갖는 (1b)의 화행의 정도의 차이에 유의한다. 장석진(1984: 267)은 "부가의문과 비중립적 부정의문은 화행이 아주 유사하고,

차이가 있다면 전자는 본문명제가 참임을 단언하면서 청자의 동의를 청하는데 비해, 후자는 청자에게 명제가 참임을 확인해줄 것을 요청하는 화행이다. 부가의문이 비중립적 부정의문보다 동의요청의 힘이 더 강하다"라고 언급하고 있다. 구종남(1992)은 이 차이를 매우 중요시하여, 장석진(1984)과 마찬가지로 예문 (1a)는 부가의문문이지 장형 부정의문문일 수 없다고 주장한다. 구종남(1992)은 또한 부가의문문 (1a)의 꼬리인 "않니?"가 대용적인 요소(pro-form)를 포함하고 있지 않다는 면에서 통상적인 부가의문문의 꼬리와 다르다고 주장하는 장석진(1984)에는 이 꼬리에 대한 통사적인 설명이 없다는 점을 비판하고 있다.

구종남(1992)은 장경기(1986)에 대하여 앞서의 두 논문보다 더 상세한 논의를 하고 있다. 먼저 그는 장경기(1986)의 국어의 부정의문문의 전제용법에 관한 논의를 대부분 수용하지만, 예문 (1a)를 일반적인 장형 부정의문문 (1b)에서 도출된 것이라는 장경기(1986)의 주장은 받아들이지 않는다. 장경기(1986)는 구문 (1a)가 (1b)와 시제표지의 위치를 달리 하여 항상 강한 긍정의 의미, 즉 전용적 이차전제용법(arbitrary secondary presuppositional usage)을 갖는다고 보았다. 아울러 장경기(1986)는 예문 (1a)와 (1b)의 화용론적 의미가 상황에 따라 혹은 개인에 따라 약간 다를 수 있으나, 이는 두 구문을 다른 문형으로 분류되어야 할 정도의 차이는 아니라고 보았다. 그러나 구종남(1992: 291)은 장경기(1986)의 전용적 이차전제용법을 받아들이지 않는다. 그 주된 이유는 (1a)와 (1b)의 화행의 힘(strength)이 동일하지 않다고 보며, 이를 두 구문이 다른 문형에 속한다는 결정적인 증거로 보기 때문이다.

2.4.2 구종남(1992)의 대안-'융합형 부가의문문'론

구종남(1992: 300-7)은 구문 (1a)가 전용적인 이차전제용법의 부정의문문이라는 장경기(1986)의 대안으로서 국어의 부가의문문에서 도출된 소위 '융합형 부가의문문(amalgam type of tag question)'이라는 새로운 제안을 하고 있다. 그는 자신의 대안이 김동식(1981)의 '확인문'론이나 장석진(1984)의 '전형적 부가의문문'론을 통합하고, 동시에 장경기(1986)의 '장형 부정의문문'론이 가지는 문제점을 해결할 수 있다고 주장하고 있다.

우선 그는 장석진(1984: 267)을 따라 아래의 세 예문을 동일한 화행을 갖는 부가의문문으로 가정하고 있다.

(2) a.비가 왔지, 안 그래? (그렇지 않아?)
  b. 비가 왔어, 안 그래? (그렇지 않아?)
  c. 비가 왔잖아? (왔지 않아?)

다만 구종남(1992)이 문제로 삼는 것은 예문 (2c)의 꼬리(tag) "않아?" 에 관하여 장석진(1984)노 구소적인 설명이 없고, 김동식(1981)도 '가부정'이라는 이름을 붙이는 정도에 그치고 있다는 점 등이다. 구종남(1992)은 대안으로 그의 부가의문문 (2c)는 다음과 같은 4단계를 거쳐 만들어진다고 주장하고 있다.

(3) a. 비가 왔지? 그렇지 않아? (두 문장)
  b. 비가 왔지, 그렇지 않아? (부가의문문 형성)
  c. 비가 왔지 않아? ('그렇지' 탈락)
  d. 비가 왔잖아? ('지 않'이 '잖'으로 융합)

구종남(1992)의 주장은 한마디로 말하면 구문 (1a)는 부가의문문 "영희가 점심을 먹었지, 그렇지 않니?"의 대용표현 "그렇지"가 탈락되고 종결어미 '지'와 융합되어서 생긴 '융합형 부가의문문'으로서, 표면적인 구조 및 화행상의 유사성을 갖는 장형 부정의문문 (1b)와는 문형상 아무 관계가 없다는 것이다.

구종남(1992: 303-4)은 그의 '융합형 부가의문문'론만이 다음과 같은 설명력을 갖는다고 주장하고 있다.[2)] 첫째, 확인문에서 시제요소가 '지' 앞에 나타나는

2) 이 증거들은 구종남(1992)이 독자적으로 제시한 증거가 아니고, 이미 김동식(1981)이 자신의 '확인문'론을 주장하면서 제시한 자료이며, 장경기(1986)는 이 증거들이 그의 '확인문'론만을 지지하는 증거가 아니라 이차전제용법으로 쓰이는 국어의 장·단형 부정의문문 모두에게 적용되는 증거임을 논증한 바 있다.

이유가 설명된다.[3] 둘째, 장형부정문에서는 의문문이 부자연스러운 '이다,' '알다' 등의 술어가 확인문에서든 자연스럽게 쓰이는 사실이 설명된다. 셋째, '못' 부정문이 확인문에서 쓰이지 못하는 이유가 설명된다. 넷째, 확인문의 '지' 뒤에 '만,' '도'와 같은 특수조사가 쓰이지 못하는 이유도 설명된다. 다섯째, 확인문에서 부정 극성어 '전혀,' '아직' 등이 쓰이지 못하는 이유를 설명할 수 있다. 그는 자신의 '융합형 부가의문문'론만이 위와 같은 설명력을 갖기 때문에 다른 이론에 없는 타당성이 있다고 주장한다. 우리는 다음 장에서 구종남(1992)에 대한 타당성을 검토하기로 하겠다.

III. 구종남(1992)에 대한 비판

이제 우리는 구종남(1992)의 '융합형 부가의문문'론을 비판적으로 검토하기로 하겠다. 그의 첫 번째 중요한 주장은 구문 (1a)와 (1b)가 각각 화자의 동의요청과 확인요청의 화행을 갖는다는 면에서 통사적으로 독립된 문형, 즉 전자는 부가의문문이고 후자는 장형 부정의문문이라는 주장이고, 두 번째 주장은 구문 (1a)는 부가의문문 "영희가 점심을 먹었지, 그렇지 않니?"에서 대용표현인 "그렇지"가 생략된 '융합형 부가의문문'으로서 의문형 종결어미 "-지?"가 꼬리 "않니?"와 융합되면 "잖니?"가 된다는 주장이다.

3.1 구종남(1992)의 '화행중심'론 비판과 우리의 대안–'전제중심'론

우리는 구종남(1992)의 첫 번째 주장, 즉 동의요청과 확인요청이라는 화행의 차이를 본질적인 근거로 하여 구문 (1a)를 부가의문문으로, 그리고 구문 (1b)를

3) 여기에서 '확인문'이라는 용어는 원래 김동식(1981)에서 나온 것이지만, 구종남(1992)은 자신의 '융합형 부가의문문'이라는 용어를 사용하기 전까지는 구문 (1a)를 '확인문'이라고 부르고 있다. 그러나 김동식(1981)은 구문 (1a)는 물론 (1b)도 확인의 용법으로 사용되면 '확인문'이라고 보았기 때문에 엄밀하게는 '확인문'의 지시 대상이 동일하지 않다.

장형 부정의문문으로 분류하는 주장은 다음과 같은 문제점이 있다고 본다.

첫째, 화행의 개념 정의상 화행을 문형 분류의 기준으로 삼을 수 없는데, 구종남(1992)은 구문 (1a)와 (1b)를 각각 동의요청과 확인요청이라는 화행으로 고정해 놓고 화행이 다르다는 점을 근거로 하여 각각 다른 문형으로 분류하고 있다. 일반적으로 동일한 문장이 화맥에 따라 다양한 화행을 갖게 되고, 동일한 화행도 다양한 문장에 의해서 실현되기도 한다. 화행은 화용론적 개념이고, 문장의 유형 즉 문형은 통사적 개념이므로 화행과 문형은 차원을 달리하는 독립적인 개념이라는 것이 우리의 판단이다.

둘째, 구문 (1a)와 (1b)가 동의요청과 확인요청이라는 정도(degree)의 차이가 있더라도 이는 문장의 구조의 차이에서 비롯된 것이 아니라는 증거가 있다. 즉, 국어보다 더 잘 기술되어 있는 영어 부가의문문의 경우, 동일한 문장이 하강억양(falling tone)으로 끝나면 동의요청이 되고, 문장이 상승억양(rising tone)으로 끝나면 확인요청이 된다. 바꾸어 말하면 동일한 문형이 문미 억양의 차이에 의해서 화행이 달라지고 있다. 이런 면에서 구종남(1992)이 구문 (1a)와 (1b)를 화행의 정도의 차이를 근거로 각각 통사적으로 각각 다른 문형인 부가의문문과 부정의문문으로 분류하는 주장을 우리는 받아들일 수 없다.

셋째, 구종남(1992: 295-298)은 자신의 예문 속에서 문장의 자연스러움, 즉 용인성(acceptability)에 대한 주관적 판단을 주요 근거로 하여, 예문 (1a)는 적절하고 예문 (1b)는 부적절한 경우가 있다고 언급하면서 이는 부가의문문과 부정의문문의 동의요청과 확인요청이라는 화행의 차이 때문이라고 주장한다. 그러나 우리는 적어도 이 문제의 용인성에 대한 판단은 모든 화맥(pragmatic context)을 공유하지 않는 한 개인차이가 심하기 때문에 이를 주요 근거로 하여 예문 (1a)가 통사적 개념인 문형이라는 면에서 부정의문문이 아니라 부가의문문이라고 주장할 수 없다고 본다.[4)]

---

4) 구종남(1992)이 든 예문의 화행과 관련된 용인성에 대하여 우리는 그와 판단이 다르며, 구문 (1a)와 (1b)가 용인성의 차이를 보이지 않는 예문을 쉽게 발견할 수 있다. 또한 김동식(1981), 장석진(1984), 구종남(1992) 등이 일반적인 부정의문문과 그들의 확인문 혹은 부가의문문의 화행의 차이를 표시하기 위하여 특정 어휘의 힘줌(고딕), 특정 자리의 쉼(v), 문미의 올림과(↑) 내림(↓) 등의 초분절 요소를 사용하고 있지만, 우리는 이러한 초분절 요소가 문형을

화행을 문형 분류의 기준으로 삼을 수 없다고 주장하는 우리는 예문 (1a)와 (1b)를 모두 장형 부정의문문으로 분석한다. 문제는 이 문형상의 부정의문문이 어떻게 화자가 청자에게 긍정명제 (1c)를 강하게 표현하는 용법으로 사용될 수 있는가를 밝혀내는 것이다. 장경기(1986: 29-34)는 이 문제를 해결하기 위하여 Karttunen(1973: 169)의 전제(presupposition)에 관한 정의 중에서 화용론적 정의를 수용하였다. 즉, 그에 따르면 전제의 정의에 관한 두 가지의 기본 입장이 있는데, 하나는 전제를 어떤 명제와 그 결과에 의해서 정의되는 두 문장간의 의미론적 관계로 보는 전통적 입장이며, 또 하나는 전제를 화용론적 개념으로 정의하여 화자는 전제의 주체로서 자신의 전제를 문장 안에 실현하게 된다고 보는 입장이다. 우리는 후자의 입장에 따라서 부정의문문의 전제와 관련된 화용론적 용법을 논함으로서 자연스럽게 부정의문문 (1a)와 (1b)는 화자가 긍정명제 (1c)를 청자에게 강조하는 용법으로 쓰이는 문장임을 논증하였다. 구체적으로 예문 (1b)는 화자의 전제에 따라 비전제용법, 일차전제용법, 이차전제용법으로 쓰일 수 있다는 면에서 화용론적 중의성(pragmatic ambiguity)을 갖는 문장이며, (1a)는 본술어 다음에 시제소가 놓여서 예문 (1b)가 갖는 중의성이 해소되고 항상 이차전제용법만으로 쓰이므로 이를 전용적 이차전제용법으로 불렀다. 이러한 분류는 Jespersen(1933), Cattell(1973), Hudson(1975) 등을 근거로 하여 영어 부정의문문도 동일하게 분석될 수 있음을 논증하여 보편문법적 타당성을 가지고 있다고 주장하였다.

이제 우리는 '화행'(speech act)의 개념과 달리 '전제'(presupposition)의 개념은 문장의 구조와 직접 관련되어있다는 점을 밝혀야 할 단계이다. 화용론적 개념의 '전제'는 화자가 특정 구조의 문장을 통해서 실현하는 자신이 옳다고 믿는 명제라고 정의할 수 있다. 다음 예문을 살펴보자.

(4) a. 영희는 점심을 먹지 않았니?
    b. 영희는 점심을 먹지 못했니?

가르는 기준이 될 수 없다고 보고 통사적인 문형 분석을 위하여 이들을 사용하지 않는다.

c. 영희는 점심을 먹지 않았지?
d. 영희는 점심을 먹잖았니?
e. 영희는 점심을 먹지 않았다.
f. 영희는 점심을 먹었다.

예문 (4a)는 (1b)를 다시 쓴 것인데, 이 예문은 화자가 아무 전제를 하지 않고 사용하면 단순히 화자가 청자에게 부정명제 (4e)를 확인하는 비전제용법으로 쓰일 수 있고, 또 화자가 긍정명제 (4f)를 전제하되 부정명제 (4e)를 청자에게 확인하는 일차전제용법으로 쓰일 수도 있으며, 또 화자가 긍정명제 (4f)를 전제하고 이를 청자에게 강조 또는 확인하는 이차전제용법으로 사용될 수도 있다. 그러나 '못'부정문인 (4b)는 비전제용법과 일차전제용법으로는 쓰이지만 이차전제용법으로는 결코 쓰이지 못한다. 또한 비중립적 종결어미 "-지?" 를 가진 예문 (4c)도 비전제용법과 일차전제용법으로는 쓰이지만 이차전제용법으로는 결코 사용될 수 없다. 결과적으로 이차전제용법은 국어의 중립적 종결어미 "-니?" 등을 가진 '안'부정문에서만 가능함을 증명하고 있다. 아울러 예문 (4d)는 (4a)의 부정소 '지 않'이 '잖'으로 축약된 것인데, 이 예문은 항상 이차전제용법으로만 쓰이므로 이 증거도 이차전제용법이 부정소 축약(negative contraction)이라는 통사적 장치와 밀접하게 관련되어 있음을 보여준다. 이제 다음 문장을 보자.

(5) a. 영희는 점심을 먹었지 않니?
b.*영희는 점심을 먹었지 못하니?
c.*영희는 점심을 먹었지 않지?
d. 영희는 점심을 먹었잖니?
e. 영희는 점심을 먹었다.

위 예문 (5a)는 예문 (1a)를 다시 쓴 것인데, 이를 활용한 '못'부정문 (5b) 및 비중립적 부정의문문 (5c)를 보면 전제가 문장의 구조와 관련되어 있고, 이차전제용법은 중립적인 '안'부정문에서만 가능함을 다시 확인할 수 있다.즉, 항상 긍정명제 (5e)를 전제로 하며 이를 강조하는 이차전제용법만으로 쓰이는 예문 (5a)와 달리, '못'부정문 (5b)와 비중립적 종결어미 '-지?' 를 가진 '안'부정문 (5c)는 처음부터 비문이므로 전용적 이차전제용법이 매우 구조-의존적인 용법임을 잘 말해준다. 아울러 예문 (1a)의 본술어 다음 자리라는 표면적인 시제소의 실현은 오직 이차전제용법만을 가능하게 하는 구조적인 전용표지(structural arbitrary marker)라고 말할 수 있다. 더 나아가서 예문 (5d)는 예문 (5a)의 부정소 '지 않'이 축약되어 '잖'이 될 수 있음을 보여주는데, 이를 예문 (4d)와 비교해볼 때 (5d)는 부정소 이동과 부정소 축약이라는 두 가지 통사적 장치를 통해서 장형부정의문문이 전용적(arbitrary) 이차전제용법으로 쓰이도록 해준다고 말할 수 있다.

3.2 구종남(1992)의 '융합형 부가의문문'론 비판

이제 구종남(1992)의 두 번째 핵심적인 주장, 즉 구문 (1a)가 부가의문문 "영희가 저녁을 먹었지, 그렇지 않니?" 에서 "그렇지"가 생략되고 형성된 '융합형 부가의문문'이라는 주장의 타당성을 검토하기로 하겠다.

첫째, 구문 (1a)가 '융합형 부가의문문'이라는 구종남(1992: 302)의 주장은 부가의문문의 언어-보편적이고 일반적인 정의와 양립할 수 없다는 것이 우리의 판단이다. 즉, 부가의문문이 매우 생산적으로 쓰일 뿐만 아니라, 그 문법도 비교적 잘 정립된 영어 부가의문문의 정의로부터 부가의문문의 보편문법적 정의를 일반화하면, "부가의문문이란 선행서술문과 이 서술문에서 도출된 생략형 의문문으로 구성된 독립된 문형"이라고 말할 수 있다. 이 정의에 비추어 볼 때, 구종남(1992)처럼 예문 (1a)를 부가의문문으로 보면 선행문이 의문형 종결어미 "-지?" 를 가진 의문문이 되므로 결과적으로 부가의문문의 정의와 배치된다.5)

5) 예문 (1a)의 '지'의 정체에 대한 논의는 이 예문의 본질과 직접 관련된 문제이기도 하다. 김동식(1981)은 분명한 언급은 없지만 서술형 종결어미로 보고 있고, 장석진(1984: 화자의 비

둘째, 아래 예문 (6b)의 부정형 꼬리 "그렇지 않아?" 의 구조를 보면 바로 우리의 장형 부정의문문의 구조, 즉 구종남(1992)의 '융합형 부가의문문'의 구조를 가지고 있음을 알 수 있다. 다음 예문을 보자.

(6) a. 비가 왔지, 않아?
 b. 비가 왔지, [그렇지] 않아?
 c. 비가 왔지, [그렇지] [그렇지] 않아?
 d. 비가 왔지, [그렇지] [그렇지] [그렇지] [......] 않아?

구종남(1992)을 따르면 그의 부가의문문 (6a)는 (6b)의 대용어 '그렇지'가 생략되어 생성되는데, (6b)의 "그렇지 않아?" 라는 꼬리(tag)의 내부구조를 보면 바로 그의 부가의문문의 구조, 즉 "-지?" 로 끝나는 선행의문문과 꼬리인 "않아?"를 가지고 있으므로, 꼬리인 "않아?" 는 다시 (6c)의 "그렇지 않아?" 라는 부가의문문에서 '그렇지'가 생략되어 만들어져야 하고, 결국 (6d)와 같은 끝없는 구조를 상정하지 않으면 안 된다. 결과적으로 그의 부가의문문 (6a)의 구조는 (6d)라는 무한대의 구조에서 만들어진다는 비논리적인 주장을 하고 있다는 것이 우리의 판단이다. 우리의 이러한 논의가 옳다면 구종남(1992)의 대용어 "그렇지"의 생략이론은 부가의문문의 본질상 매우 심각한 문제점이 내재되어 있다고 하지 않을 수 없다. 즉, 일반적인 부가의문문은 선행서술문과 이 본문의 의문형 대용어(pro-form)인 꼬리(tag)로 구성되는데, 구종남(1992)은 오히려 대용어가 의무적으로 생략되고 "않아?" 만 남게 된되는 주장을 하고 있는 것이다.

이러한 우리의 입장을 뒷받침하는 증거가 자연언어에 실재한다. 장경기(1999)에 의하면 국어의 진정한 부가의문문은 경상도 방언에만 존재하며, 경상도 방언의 부가의문문의 선행서술문은 항상 중립적 종결어미인 '-다'로 끝나고,

중립적 '추정'의 서술형 종결어미로 본다. 또 장경기(1986)와 같이 장형부정문의 '지'로 보는 임홍빈(1973: 123-7)도 있다. 그리고 국어의 부가의문문에 학계의 대표적인 논의로는 장석진(1984), 성광수(1980), 전병쾌(1984), 장경기(1985) 등이 있으나 국어 부가의문문의 기본적인 정의와 구조조차 일치하지 않고 있다.

꼬리는 선행서술문의 긍·부정문에 관계없이 긍정형 “그지?/그쟈?/그지예?”와 부정형 “아이가?/아입니까?/아잉교?” 등이 쓰일 수 있다[6]. 여기서 매우 중요한 사실은 대용표현인 긍정형 꼬리와 부정형 꼬리가 결합된 형태의 꼬리인 “그렇지 않나?” 등은 결코 쓰이지 않는다는 점이다. 다시 말하면 구종남(1992)의 비생략형 꼬리인 “그렇지 않니?”와 동일구조의 꼬리는 경상도 방언의 부가의문문에 존재하지 않는다. 이를 받아들이면 구종남(1992)의 대용어 생략이론은 실제로 국어의 부가의문문에 존재하지 않는 꼬리인 “그렇지 않니?”에서 대용어를 생략하여 “않니?”를 도출하고 있다는 논리적 모순을 내포하고 있다는 것이 우리의 입장이다.

셋째, 구문 (1a)를 시제표지의 위치만으로 (1b)와 달리 부가의문문으로 분류할 경우에 국어에서 명시적인 시제표지가 없는 현재시제는 과연 어떤 문형으로 분류되어야 할지가 문제가 된다. 다음 예문을 보기로 하자.

(7) a. 영희는 점심을 먹었지 않니?
    b. 영희는 점심을 먹지 않았니?
    c. 영희는 지금 점심을 먹지 않니?

구종남(1992)에 의하면 예문 (7a)는 그의 융합형 부가의문문이고, 예문 (7b)는

---

6) 장경기(1999)는 영어 부가의문문을 토대로 하여 부가의문문의 언어 보편적 정의를 “화자의 전제-중립적 선행 서술문에 의문형 꼬리(tag)가 중단없이 자연스럽게 연결된 의문문”이라고 정의하고 이 정의에 부합되는 국어의 부가의문문은 오직 경상도 방언에만 존재한다고 주장하고 있다. 그 한 예문은 다음과 같다.
a. 어제 밤에 비가 (안) 왔다, 그쟈?/그지(예)?/맞지(예)?/아이가?/아잉교?/아입니껴(꺼)?
위 예문은 국어 부가의문문의 특성을 잘 보여준다. 첫째, 선행서술문의 긍·부정 형태와 꼬리의 긍·부정 형태는 무관하다. 둘째, 선행 서술문은 반드시 중립적 서술형 ‘-다’ 종결어미로 끝난다. 이 서술어미에는 청자 대우법인 ‘-습니다’ 등이 결코 쓰이지 않는데, 이는 문장이 종결되지 않았다는 강력한 증거이다. 셋째, 꼬리는 긍정형과 부정형이 있으나, 긍정형 대용표현과 부정형이 결합된 “그렇지 않니?” 에 상응하는 경상도 방언은 존재하지 않는다. 이는 구종남(1992)의 ‘대용어 생략’론에 대한 강력한 반증이 될 수 있다. 넷째, 선행 서술문과 꼬리 사이가 단절되지 않고 자연스럽게 이어진다. 우리는 단지 논의의 편의상 그 경계를 쉼표(,)로 표시하였으나 실제의 발화에서는 결코 멈춤이 없다. 이는 부가의문문이 한 문장임을 증명하고 있다. 서울말이나 필자의 토박이말인 전라도 방언에서 이와 같은 자연스런 흐름의 부가의문문 형식의 표현을 필자는 전혀 발견할 수 없었다.

장형 부정의문문이다. 그 기준은 바로 시제표지 '었/았'의 실현 위치에 따라 (7a)의 '지'는 종결어미가 되고 (7b)의 '지'는 장형부정문의 부정소의 일부로서의 '지'가 된다. 그렇다면 예문 (7c)처럼 어느 곳에도 형태적으로 실현되고 있지 않은 현재시제문은 어떻게 분류할 지가 문제이다. 만일 이 문장을 부가의문문이라고 분석하면 장형 부정의문문에는 현재시제 문장이 존재하지 않게 되고, 만일 장형 부정의문문이라고 분석하면 부가의문문에 현재시제 문장이 존재하지 않는다는 비논리적인 결론에 이르게 된다. 그렇다면 이러한 문제점을 극복하기 위하여 예문 (7c)를 구조적인 중의성을 갖는 문장으로 분석할 수 있는 방안을 생각해 볼 수 있으나, 각기 다른 독립된 문형을 넘나드는 구조적 중의성을 정당화하기는 이론적으로 더욱 어려울 것으로 판단된다. 따라서 우리는 이 문제를 야기시킨 구종남(1992)의 주장 자체의 정당성에 의문을 제기하지 않을 수 없다. 따라서 우리는 시제표지가 본술어 다음에 실현되느냐의 여부를 부가의문문과 장형 부정의문문의 문형 구별 자질로 보지 않으며, 예문 (7c)을 일반적인 장형 부정의문문의 현재시제문으로 분석함으로써 문제 자체가 발생하지 않게 된다고 본다.

이상의 세 가지 이유는 구종남(1992)의 '융합형 부가의문문'론이 가진 직접적인 문제점이다. 다음 절에서 그의 이론이 장경기(1986)보다 더 나은 설명력을 갖는다고 주장하는 논거의 타당성 여부를 검토하기로 하겠다.

3.3 장경기(1986) 비판에 대한 반론

이제 구종남(1992: 303-4)의 '융합형 부가의문문'론이 장경기(1986)의 '장형 부정의문문'론보다 더 나은 설명력을 갖는다고 주장하는 항목들을 차례대로 살펴보기로 하겠다.

첫째, 그는 자신의 이론 안에서 확인문, 즉 그의 융합형 부가의문문에서 시제요소가 '지' 앞에 나타나는 이유가 설명된다고 주장하지만, 이는 '지'를 종결어미로 보는 데서 오는 당연한 결과일 뿐이다.

둘째, 그는 자신의 이론 안에서 장형부정문에서는 쓰임이 부자연스러운 '이다,' '알다' 등의 술어가 확인문에서는 자연스럽게 쓰이는 사실이 설명된다고 주장하지만, 이것도 '지'를 종결어미로 보면 선행문이 긍정 서술문이므로 어떤 술어의 쓰임도 제한되지 않는다. 따라서 이 점도 '지'종결어미설의 결과일 뿐이다.

셋째, 그는 자신의 이론 안에서 '못'부정문이 확인문에서 쓰이지 못하는 이유가 설명된다고 주장하지만, 우리는 '못'부정문은 본질적으로 이차전제용법(=확인문)으로 쓰이지 못한다고 본다. 다음 예문을 보자.

(8) a. 민선이가 피아노를 치지, 그렇지 못하니?
b. 민선이가 피아노를 치지 못하니?
c. 민선이는 피아노를 친다.
d. 민선이는 피아노를 치지 못한다.

구종남(1992: 305)은 예문 (8a)의 꼬리인 "그렇지 못하니?"가 진위 여부를 되묻는 형식이 아니고 능력 부정을 나타내는 '못'부정문으로서 꼬리를 구성할 수 없으며, 이 (8a)로부터 도출된 (8b)도 당연히 확인문으로 쓰이지 못한다고 주장한다. 그러나 장경기(1986)는 구종남(1992)과 세 가지 면에서 견해를 달리 하였다. 첫째, 예문 (8a)는 긍정명제 (8c)를 청자에게 확인하는 '확인문'으로 쓰일 수 있다. 둘째, 예문 (8b)는 (8a)와 달리 부정명제 (8d)를 청자에게 확인하는 '확인문'으로 쓰일 수 있다. 셋째, 예문 (8b)가 (8a)처럼 긍정명제 (8c)를 확인하는 용법으로 쓰일 수 없는 이유는 '못'부정문 자체가 본질적으로 그의 확인문, 즉 우리의 이차전제용법으로 쓰일 수 없기 때문이다. 더 나아가서 구종남(1992)은 그의 '융합형 부가의문문'의 꼬리가 '안'부정문이면 대용어 "그렇지"가 생략되어 '확인문'이 될 수 있고, '못'부정문이면 대용어 "그렇지"가 생략될 수 없어서 '확인문'이 될 수 없다고 주장하지만, 이에 상응하는 통사적인 논증을 하지 않고 있다. 오히려 우리는 그의 '융합형 부가의문문'을 도출하는 동일한 절차에 따르면 예문 (8a)에서 (8b)를 도출하는 것을 막을 수 없다고 주장한다. 그가 이런 도출을 불가능하다고 주장하는 근거는 다름 아닌 화용론적 동기, 즉 예문 (8b)가 긍정명제 (8c)를 확인하는 용법을 갖지 않는다는 점이다. 따라서 화용론적 근거를 문형 분석의 본질적 기준으로 삼을 수 없다는 우리의 일관된 입장에서 그의 이러한 주장을 받아들일 수 없다.

넷째, 그는 확인문의 '지' 뒤에 '만,' '도'와 같은 특수조사가 쓰이지 못하는 이유도 설명된다고 주장하지만, '지'가 종결어미라면 어떤 요소도 뒤에 붙지 못하는 것이 당연하므로 우리는 이 점도 그의 이론의 장점이 아니라 '지'종결어미설의 일부라고 주장한다.

다섯째, 그는 확인문에서 부정극어 '전혀,' '아직' 등이 쓰이지 못하는 이유를 설명할 수 있다고 주장하지만, 우리는 '지'가 선행 긍정문의 종결어미라면 당연히 부정극어와 함께 쓰이지 못하므로 이 점도 '지'종결어미설의 부산물이라고 본다.

우리는 이와 같은 근거에서 구종남(1992)이 주장하는 다섯 가지 설명력 중 네 가지는 그의 '융합형 부가의문문'론에서 나오는 것이 아니라 이미 '지'종결어미설을 주장한 김동식(1981)과 장석진(1984)으로부터 나온다는 점을 밝히게 되었으며, 나머지 한 가지인 '못'부정문이 '확인문'으로 쓰이지 못하는 이유는 그의 '융합형 부가의문문'론을 지지하는 증거가 될 수 없고, 오하려 그 반증이 될 수 있다고 주장한다. 이제 우리는 구문 (1a)의 '지'가 종결어미가 아니고 장형 부정의문문의 부정소의 일부로서의 '지'임을 다음 장에서 상세히 논함으로써 구종남(1992)의 '지'종결어미설에 대한 반론을 제기하게 될 것이다.

IV. '장형 부정의문문'론의 통사적 논증

우리는 장경기(1986)에서 제안하고, 또 앞장에서 구종남(1992)을 비판하면서 시사했듯이 구문 (1a)는 장형 부정의문문이라고 주장한다. 이를 정당화하기 위한 구체적인 방법으로 첫째, '지 않'이 장형 부정의문문의 부정소임을 통사적으로 증명하고, 둘째, 예문 (1a)가 (1b)로부터 핵이동(Head Movement)의 하나인 부정소 이동(Neg Movement)에 의해서 도출되었음을 논증하기로 하겠다.

4.1 '지 않'이 장형 부정의문문의 부정소라는 증거

구문 (1a)를 (1b)와 같은 장형 부정의문문이라고 주장하는 우리의 입장에서, (1a)의 '지 않'이 (1b)의 부정소 '지 않'과 통사적으로 동일하게 행동하고 있음을 밝힘으로써 (1a)도 장형 부정의문문임을 증명하기로 하겠다.

첫째, 예문 (1a)의 '지 않'은 일반적인 장형 부정의문문 (1b)의 부정소 '지 않'과 동일하게 행동하므로 (1a)도 장형 부정의문문이라고 볼 수 있다. 예문 (1a)와 (1b)를 아래와 같이 다시 써보자.

(9) a. 영희는 점심을 먹었[지 않]니?
 b. 영희는 점심을 먹[지 않]았니?
 c. 영희는 점심을 먹었니?

일반적인 장형부정문 (9b)의 부정소 '지 않'은 부정 구성성분(negative constituent = Neg Phrase)을 이루며, 이는 이 부정소를 생략하면 긍정의문문 (9c)가 도출된다는 점에서 정당화된다. 마찬가지 논리로 예문 (9a)의 '지 않'을 생략하면 긍정의문문 (9c)가 도출되므로 예문 (9a)도 장형 부정의문문이고 '지 않'은 부정소구(NegP)라고 볼 수 있다.

둘째, 국어의 장형 부정의문문의 NegP '지 않'은 '잖'으로 축약이 가능한데, 예문 (1a)도 '지 않'이 '잖'으로 축약이 가능하므로 장형 부정의문문이라고 분석할 수 있다. 다음 예문을 보자.

(10) a. 영희는 점심을 먹[지 아니하]았니?
 b. 영희는 점심을 먹[지 않]았니?

c. 영희는 점심을 먹[잖]았니?

d.*영희는 점심을 먹[지 안하]였니?

e.*영희는 점심을 먹[잔 하]였니?

먼저 예문 (1b)를 활용한 예문 (10a)의 부정소 '지 아니하'의 일부인 '아니하'가 (10b)의 '않'으로 축약된다는 것은 '아니하'가 구성성분(constituent)을 이룬다는 것을 보여주며, 다시 예문 (10c)로 축약될 수 있음은 '지 않'도 상위구조에서 구성성분을 이룬다는 것을 증명한다. 한편 비문 (10d)는 (10a)의 '아니'가 '안'으로 축약된 경우인데, 이는 '아니/안' 만으로는 장형부정문의 구성성분이 되지 못함을 보여주며, 또한 비문 (10e)는 예문 (10a)의 부정소의 일부인 '지 아니/잔' 만으로도 장형부정문의 구성성분이 되지 못함을 증명한다.7)

만일 문제의 예문 (1a)의 '지 아니하'에도 예문 (1b)가 갖는 위와 같은 통사상의 제약이 있다는 것이 증명된다면 이 성분은 장형부정문의 부정소이고 예문 (1a)는 장형 부정의문문이라고 말할 수 있을 것이다. 다음 예문을 통하여 이 점을 검증해보자.

(11) a. 영희는 점심을 먹었[지 아니하]니?

b. 영희는 점심을 먹었[지 않]니?

c. 영희는 점심을 먹었[잖]니?

d. *영희는 점심을 먹었[지 안 하]니?

e. *영희는 점심을 먹었[잔 하]니?

예문 (1a)를 활용한 위 예문 (11a)의 '지 아니하'의 축약에 관한 통사적 제약이 장형 부정의문문 (1b)를 활용한 (10a)의 통사적 제약과 완전히 일치하고 있음을 (10)과 (11)의 각 예문의 문법성이 잘 보여주고 있다. 따라서 우리는 (1a)는 (1b)

7) '아니'와 '안'이 항상 동일한 것은 아니다. 어떤 질문에 대한 부정적인 대답은 항상 '아니'이지 '안'으로 축약되면 비문이다. 예를 들어 "너 밥 먹었니?"에 대한 대답으로 '아니.'는 좋지만 '안.'은 비문이다.

와 마찬가지로 통사적으로 장형 부정의문문이며, '지 아니하'도 장형부정문의 부정소라고 주장한다.

셋째, 장형 부정의문문 (1b)의 부정소 '지 아니하'가 '잖'으로 축약된 예문 (10c)는 축약되기 전의 (10b)와 달리 항상 긍정명제 (1c)를 강조하는 이차전제용법만으로 쓰인다. 이와 마찬가지로 구문 (1a)의 '지 않'도 '잖'으로 축약이 가능하고 항상 긍정명제 (1c)를 강조하는 용법으로 쓰인다. 따라서 부정소의 축약과 관련된 이차전제용법도 구문 (1a)와 장형 부정의문문 (1b)가 동일하게 행동하고 있으므로, 이는 구문 (1a)도 장형 부정의문문임을 증명한다고 말할 수 있다.

그러면 여기서 부정소의 축약과 이차전제용법은 어떤 관계가 있는지 생각해 보자. 우리가 2장 3절에서 언급하였듯이 Hudson(1975: 13-19)에 의하면 영어 부정의문문의 부정소 'not'이 'n't'으로 축약될 때만 긍정명제를 강조하는 용법으로 쓰일 수 있는데, 이는 국어의 장형부정문의 축약형 (10c)가 이차전제용법으로만 쓰인다는 사실과 매우 유사하다. 우리는 그 이유를 부정소의 축약은 결국 발음의 약화로 이어지고, 이는 곧 부정 의미의 약화와 긍정 의미의 강화로 이어지는 언어 보편적 현상의 하나라고 본다.[8)]

이상과 같은 통사적인 증거로 볼 때, 구문 (1a)는 구문 (1b)와 동일한 장형 부정의문문의 구조적 특성을 그대로 가지고 있으므로 장형 부정의문문으로 분석되어야 한다고 우리는 주장한다.

4.2 부정소 이동의 증거

장경기(1986)는 구문 (1a)를 장형 부정의문문 (1b)와 비교할 때 구조적인 차이점은 바로 장형부정문의 부정소 '지 않' 다음에 실현되던 시제가 구문 (1a)에서

8) 국어의 어휘에도 축약으로 인하여 부정의 의미가 약화되거나 소실되어 독립된 관용어구로 굳어진 다음과 같은 예가 있다.
a. 귀하지 아니하다 → 귀찮다
b. 젊지 아니하다 → 젊잖다
c. 하지 아니하다 → 하찮다
위 예들은 원래 장형부정문의 부정소 '지 아니하'가 '잖'으로 축약되어 부정의 의미가 거의 사라진 관용표현이다.

는 본술어 다음에 실현된다는 점이라고 분석한 바 있다.

이제 우리는 이 문제를 좀 더 일반화된 통사규칙 안에서 설명할 수 있는 방안을 모색하고자 한다. 그것은 다름 아닌 부정소 이동규칙(Neg Transportation Rule)이다. 먼저 일반적인 부정소 이동규칙은 하위절의 부정소가 상위절로 이동하는 수의규칙으로서 두 문장의 인지적 의미(cognitive meaning)가 동일하다는 전제하에서 가능하다.[9] 다음은 부정소 이동규칙이 적용된 몇 가지 예문들이다.

(12) a. I think [that John didn't come.] → [I don't think] that John came.

---

9) 익명의 심사위원은 두 가지 점을 지적해 주었다.
첫째, 부정소 이동규칙을 인정하지 않는 입장을 고려할 필요를 지적하였다. 이 점은 매우 중요하다. 이론적으로 이 규칙의 타당성 여부를 논하는 자리는 아니지만 우리는 (1a)와 (1b)의 화용론적 의미의 차이를 인정하지만 구조, 즉 문형의 차이라고 보아야 할 정도는 아니라는 입장에서 (1a)를 (1b)로부터 도출하기 위하여 부정소 이동규칙을 가정하였다. 한편 (1a)와 (1b)의 화용론적 의미가 다르다는 입장에서 구조, 즉 문형도 다르게 보는 입장은 곧 우리가 비판해온 김동식(1981), 장석진(1984), 구종남(1992) 등이다. 이런 면에서 부정소 이동규칙이 영어나 국어에서 존재하지 않는다는 점이 밝혀진다면 우리의 주장은 무너진다. 그러나 부정소 이동이 존재한다는 주장은 아직 건재하고, 특히 다음의 예문은 부정소 이동을 지지해주는 강력한 증거이다.
a. I think John won't leave until tomorrow.
b. I don't think John will leave until tomorrow.
위 예문에서 전치사 'until'은 행위나 상태가 계속되는 문장에서 쓰이는데 (a)는 John이 떠나지 않은 상태가 내일까지 계속된다는 면에서 정문인데, (b)는 John이 내일까지 계속해서 떠난다는 행위가 불가능하므로 전치사 'until'의 시용이 불가능한데도 정문인 이유는 바로 (b)는 정문 (a)에서 부정소 이동규칙에 의해서 도출된 문장이라고 설명될 수 있다.
그러나 모든 술어가 부정소 이동규칙이 적용되는 것은 아니다. 일반적으로 심적 상태를 나타내는 타동사(think, believe, expect, guess, suppose)와 자동사(appear, seem), 형용사(likely) 등이 부정소 이동규칙이 적용 가능한 술어이다. 이를 심사위원은 epistemic certainty의 정도에 따라서 그 정도가 아주 높거나(claim, assert), 아주 낮은 경우(hope)에는 이 규칙이 적용되지 않으며, 그 정도가 중간정도인 술어에만 적용된다고 지적해주었다. 중요한 것은 어느 기준을 따르든지 부정소 이동규칙으로 설명하는 것이 이론적으로 더 바람직한 통사현상이 영어는 물론 국어에도 존재한다는 점이다.
둘째, 익명의 심사위원은 (1a)와 (1b)의 비인지적(non-cognitive/episemic)의미의 차이를 설명할 필요성을 제기하였다. 결국 (1a)의 통사적, 화용론적 정체성에 관한 논의는 우리처럼 (1a)와 (1b)의 인지적 의미의 차이는 같고, 비인지적 의미, 즉 화자의 전제에 관한 강조의 정도의 차이만 다르다고 보는 입장과 김동식(1981)처럼 (1a)가 갖는 '확인'의 의미는 그의 '확인문'이라는 구조에서 온다는 주장이나, 장석진(1984), 구종남(1992)처럼 국어의 전형적인 부가의문문의 구조에서 '동의요청'의 화행의 의미가 온다는 입장에서는 두 입장이 모두 (1a)라는 원래의 독자적인 구조에서 그 의미가 온다고 보기 때문에 그 의미는 인지적 의미이다. 이러한 우리의 입장이 옳다면 결국 (1a)와 (1b)의 비인지적 의미의 차이를 잘 설명할 수 있는 이론은 (1a)를 (1b)에서 도출하는 우리의 이론인 셈이며, 이러한 결론을 끌어내는 데에 심사위원의 지적이 큰 도움이 되었다.

b. It looks [as if they are not coming.] → [It doesn't look] as if they're coming now.

c. I intend [not to interfere.] → [I don't intend] to interfere.

d. He seems [not to be happy.] → [He doesn't seem] to be happy.

위 예문들은 모두 논리적으로 하위절에 있던 부정소 'not'이 상위절로 이동되는 부정소 이동규칙이 적용되어 생성된다.

다음 예문들은 동일절 안에서 부정소가 이동되는 경우이다.

(13) a. Did they [not] warn you? → [Didn't] they warn you?

b. I would [never] have married her. → I [never] would have married her.

→ [Never] I would have married her.

위 예문에서 부정소 'not'과 부정 부사어 'never'는 각각 원래의 자리에서 왼쪽 방향으로 이동되어 또 하나의 문장을 생성한다. 이를 현대생성문법적 관점에서 보면10) 선핵언어(Head First Language)인 영어는 NegP(Neg Phrase)의 핵인 Neg 'not'이 반드시 자신이 속한 절의 핵이 있는 왼쪽 방향으로 이동한다고 설명한다. 이런 면에서 보면 하위절에서 상위절로의 부정소 이동도 핵이동의 원칙을 준수하면서 핵이 있는 왼쪽 방향으로 이동하고 있음을 알 수 있다.

이제 국어에도 부정소 이동규칙이 존재하는지 검토할 단계이다. 먼저 절 사이의 부정소 이동이 가능한지 아래와 같은 위 영어 예문 (12)의 자연스러운 국어 대응문을 살펴보자.

(14) a. 나는 [순이가 오지 않았다고] 생각해. → [나는 [순이가 왔다고] 생각하지 않아.]

10) 현대성문법적 관점에서 보면 핵(Head)은 반드시 핵의 자리로만 이동하는 원칙(Head-to-Head Movement)이 있고 이동의 방향은 핵매개변인(Head Parameter)에 따라 영어와 같은 선핵언어는 핵이 왼쪽에 있으므로 통사적 이동은 왼쪽으로만 가능하며, 국어와 같은 후핵언어는 핵이 있는 오른쪽으로만 통사적 이동이 가능하다.

b. [그들이 오지 않을 듯] 해. → [[그들이 올 듯]하지 않아.]

c. [나는 방해하지지 않으려고] 해. → [[나는 방해하려고] 하지 않아.]

d. [그는 기분이 좋지 않은 것] 같아. → [[그는 기분이 좋은 것 같]지 않아.]

우리가 위 각 예문의 문법성 및 부정소의 실현 위치만 다른 두 문장 사이의 인지적 의미의 동일성을 받아들인다면, 국어도 영어와 같이 상위절과 하위절 사이의 부정소 이동규칙이 존재한다고 볼 수 있다.

이제 동일절 안에서 부정소 이동이 일어난 국어의 아래 예문을 보자. 역시 위에 제시했던 영어 예문 (13)의 국어 대응문이다.

(15) a. 그들이 너에게 경고하[지 않]았니? → 그들이 너에게 경고하였[지 않]니?

b. 나는 그녀와 [절대로] 결혼하지 않았을 텐데.

→ 나는 [절대로] 그녀와 결혼하지 않았을 텐데.

→ [절대로] 나는 그녀와 결혼하지 않았을 텐데.

먼저 예문 (15a)를 보면 부정소 '지 않'이 술어 '경고하-' 다음의 위치에서 시제소 '았(었)'의 다음 위치로 부정소 이동이 이루어지고 있는데, 이는 양상부 안에서 부정소가 후핵언어인 국어의 핵이 있는 오른쪽 방향으로 이동하고 있음을 보여주고 있다. 한편 예문 (15b)를 보면 부정 부사어인 '절대로'가 부정소 이동과 달리 왼쪽 방향으로 이동하고 있음을 보여준다. 우리는 상대적으로 어순이 자유로운 국어에서 양상부 안으로 이동이 불가능한 이 부사구가 문장의 앞쪽으로 이동하는 전치이동 (topicalization)을 하고 있다고 본다. 이러한 전치이동은 개념상 영어의 예문 (13b)와 다를 수 없다.

지금까지 우리는 절 사이의 부정소 이동규칙이나 동일절 안에서의 부정소 이동이 관련된 문장 사이의 인지적 의미가 동일하다는 전제 하에 이 규칙이 영어와 국어에 모두 존재하는 보편문법임을 논증하고자 하였다.

이제 이러한 논의를 토대로 하여 부정소 이동이 적용되기 전과 후의 두 문장

사이의 비인지적(non-cognitive/epistemic) 의미의 차이에 대하여 검토하기로 하자. 두 문장간의 비인지적 의미의 차이는 결국 구조의 차이에서 비롯된 것이므로, 이는 부정소가 수식하는 술어에 미치는 영향, 즉 부정적 힘(negative strength)의 정도의 차이라고 말할 수 있다. 이러한 견해는 일찍이 Poutsma(1928)에서 피력되었고, 가까이는 Bolinger(1977)의 "형태가 내용을 결정한다(More of form is more of content.)"는 주장 및 Lakoff와 Johnson(1979)의 "근접성이 영향력이다(Closeness is strength of effect.)"는 논의에서 구체화되어 왔다. 이를 우리가 받아들이면 앞에서 제시한 예문 (12), (13)의 영어나 (14), (15)의 국어가 모두 부정소가 이동되면 그만큼 부정소 이동 전의 술어에 미치는 부정의 힘이 약해지는 차이가 있게 된다.

우리는 이제 비인지적 의미의 차이를 만드는 부정소 이동을 구문 (1a)와 (1b)의 이차전제용법의 차이를 설명하는 장치가 될 수 있다고 가정하겠다. 다음 문장을 보자.

(16) a. 영희는 벌써 점심을 먹[지 않]았니?
b. 영희는 벌써 점심을 먹었[지 않]니?
c. 영희는 벌써 점심을 먹었다.

장형 부정의문문 (16a)의 술어 다음에 있는 부정소 '지 않'이 보조용언(auxiliary verb)의 하나인 시제소 '았'의 오른쪽으로 이동하여 (16b)를 만들면서 후핵언어의 핵이동원리을 준수하고 있다. 그 이동의 결과 표면적으로 시제소가 본동사의 오른쪽에 놓이게 된다. 부정소 이동이 인지적 의미를 바꾸지 않듯이, 이 때도 부정소 이동 전의 (16a)와 이동 후의 (16b)의 이차전제용법으로서의 차이는 없다. 다시 말해서 예문 (16a)와 (16b)는 화자가 전제하고 있는 긍정명제 (16c)를 강조하는 용법으로 사용된다. 그러나 이러한 구조적으로 다른 구조를 사용함으로써 화자가 자신의 전제를 강조하는 힘의 정도는 예문 (16b)가 (16a)보다 더 강하며, 이 의미가 바로 비인지적 의미이다. 실제 생활에서 화자가 이 두 구문중 어떤 구문을 선택하느냐 하는 점은 전적으로 화자 자신에게 달려 있겠지만, 경우에 따라서는 두 구문을 동시에 사용함으로써 자신의 의도를 명백히 하기도 한다.11) 아래의 실례는 우리의 이러한 분석이 모국어 사용자의 정신문법(mental grammar)을 그대로 반영하고 있음을 증명해주고 있다.

(17) a. "...박세리 선수가 2라운드에서 약간 어려움을 겪고 있었[지 않]습니까...겪[지 않]고 있었습니까?..."

-99년 6월 4일 LPGA 중계 아나운서의 중계 중에서

b. "...일본의 기록이 33개라고 하데예, 저는 적어도 34개는 쳐야 되[지않]겠나...치[지 않]아야 되겠나 생각합니다..."

-99년 6월 4일 27게임 연속안타 신기록 수립후 박정태 선수의 인터뷰에서

위 예문은 모두 화자가 자신의 긍정명제를 강조하기 위하여 한 문장에서 구문 (1a)형과 구문 (1b)형을 동시에 사용하고 있다는 면에서 우리의 논의와 직접 관련있는 살아있는 구어체 문장이다. 구체적으로 살펴보면 예문 (17a)는 "...겪고 있었[지 않]...까?"와 "...격[지 않]고 있었...까?"를 동일 화자가 동시에 사용함으로써, 구문 (1b)와 구문 (1a)가 동일한 화용론적 환경에서 사용될 수 있음을 그대로 보여주고 있다. 이 예문은 게임을 중계하면서 연속적으로 이어지는 논평이므로, 청자에게 확인 혹은 동의를 요청하는 화행을 수행하는 것이 아니고, 화자가 "박세리 선수가 어려움을 격고 있다"는 긍정명제를 강조하기 위하여 무의식적으로 구문 (1a)형과 (1b)형을 모두 사용하고 있는 것이다.

또한 예문 (17b)에서는 화자가 "저는 적어도 34개는 쳐야 되겠다"는 긍정명제를 강조하기 위하여 일반적 장형 부정의문문의 두 가지 형식을 동시에 사용

---

11) 장석진(1984: 263)은 '지' 앞과 '아니' 뒤의 양쪽에 시제가 오는 문장을 사용하는 사람이 있다고 언급하고 있다. 예를 들면 "영희는 밥을 먹었지 않았니?" 등의 문장을 사용하는 화자가 있다는 것이다. 우리는 이를 부정소 이동의 결과 본술어 '먹-'과 시제소 '었'이 인접하게 되어 긍정의 의미가 사실적으로 강조되고, 또 부정 보조술어 '지 아니하-' 다음에 있던 시제표지 '았'이 그대로 남아있는 표현으로서 중복되어 쓰이면 긍정의 의미가 더 강조되는 효과가 있다고 본다.

하고 있다. 즉 "...쳐야 되[지 않]겠나..."라는 형식과 "...치[지 않]아야 되겠나..." 라는 두 구조를 사용하고 있는데, 여기에는 (17a)와 달리 명시적인 시제소가 없으면서도 부정소의 이동에 의해서 다른 구문이 도출되고 있다.[12] 이를 좀 더 검토하기 위하여 예문 (17b)에서 우리의 논의와 관련된 부분을 뽑아 다음과 같이 약간 고쳐서 다시 써보자.

(18) a. 그는 안타를 치[지 않]아야 되겠니? (D-구조)
b. 그는 안타를 쳐야 되[지 않]겠니? (부정소 일차이동)
c. 그는 안타를 쳐야 되겠[지 않]니? (부정소 이차이동)
d. 그는 안타를 치지 않아야 되겠다. (부정명제)
e. 그는 안타를 쳐야 되겠다. (긍정명제)

위 예문 (18a)는 장형 부정의문문으로서 복합술어는 "치어야 되겠-"이며, 이는 다시 '치-'라는 본술어와 '(야)되-'라는 당위의 보조술어, 그리고 '겠-'이라는 의도의 보조술어로 구성되어 있다. 이 술어에는 명시적인 시제소가 없고 보조술어 '겠-'에 미래시제가 복합되어 있는 것으로 보인다. 이 술어를 부정하기 위하여 부정소 '지 않'이 본술어 '치-' 다음에 놓인 문장 (18a)가 이동규칙이 적용되기 전의 구조이며, 이 부정소가 핵의 방향인 보조술어 '되-' 다음으로 이동하면 예문 (18b)가 생성되고, 다시 이 부정소가 보조술어 '겠-' 다음으로 이동되면 예문 (18c)가 된다.

이제 이 예문들의 화자의 전제와 관련된 화행을 살펴보면, 부정소 이동규칙이 적용되기 전의 예문 (18a)는 모든 국어의 부정의문문이 그렇듯이 화자가 전제없이 단지 부정명제 (18d)를 청자에게 확인하거나, 긍정명제 (18e)를 전제로 하여 부정명제 (18d)를 확인하고자 하는 일차전제용법으로 쓰일 수도 있고, 또

12) 우리는 주로 시제소와 관련된 논의를 해왔지만 선행연구는 시제를 포함한 다른 보조용언도 언급하고 있다. 김동식(1981)은 시제와 시상을 모두 동일하게 다루고 있으며, 장석진(1984: 262)은 시제는 그의 '전형적 부가의문문'의 본문에만 허용되고, 상(aspect)은 부정의문문과 부가의문문의 본문에 허용되며, 의도의 '겠' 혹은 회상의 '더'와 같은 서법(mood)은 부가의문문에는 허용되지 않는다고 본다.

화자가 긍정명제 (18e)를 전제하면서 이를 청자에게 강조하기 위한 용법으로 사용될 수도 있다. 그러나 이와 대조적으로 부정소 이동규칙이 일차로 적용된 예문 (18b)와 부정소 이동규칙이 이차로 적용된 (18c)의 화용론적 용법은 화자가 긍정명제 (18e)를 강조하는 용법만으로 쓰인다. 더욱이 (18b)와 (18c)를 비교해보면, 부정소 이차이동이 일어난 (18c)가 부정소 일차이동이 일어난 (18b)보다 강조의 정도가 더 강하다.

이와 같은 분석이 옳다면 예문 (1a)와 (1b)의 표면적인 차이인 시제소의 실현 위치가 화용상의 의미 차이를 만드는 것이 아니라 부정소의 이동에 따른 화자의 전제 실현 방법의 차이라는 우리 주장의 정당성을 위 예문들이 다시 확인시켜주고 있다. 아울러 부정소 이동은 국어의 현재시제 문장에서는 왜 전용적인 이차전제용법이 존재하지 않는지도 자연스럽게 설명할 수 있다. 즉 양상부의 하나인 명시적인 시제 보조술어가 없기 때문에 이 보조술어 다음의 위치로 부정소 이동이 원천적으로 불가능한 것이다. 결과적으로 구문 (1a)는 (1b)로부터 동일절의 양상부(modality) 안에서의 통사적인 부정소 이동에 따라 생성된 구문의 하나라고 규정할 수 있게 되었다.

V. 결론

우리는 지금까지의 논의를 통해서 이 연구의 서두에 제시한 구문 (1a)는 문형상 장형 부정의문문임을 보편문법과 통사적 접근법을 통하여 논증하고자 하였다. 그 과정에서 구문 (1a)는 통사적으로는 국어의 일반적인 장형 부정의문문 (1b)에서 핵매개변인과 핵이동원리(Head Movement Principle)에 따라, 부정소 '지 않'이 시제소와 같은 양상부의 오른쪽으로 부정소 이동(Neg Movement)을 거쳐서 도출된 문장임을 논증하고자 하였다. 아울러 구문 (1a)가 화용론적으로 항상 구문 (1c)와 같은 긍정명제를 화자가 주장하는 용법으로 쓰이는 이유는 국어의 일반적인 장형부정의문문인 구문 (1b)의 다양한 화용론적 용법 가운데 하나인 이차전제용법으로 쓰이는 경우에 부정소 이동이 일어나기 때문이라고 논증하였다.

그 과정에서 이 문제에 대한 대표적인 선행연구를 검토하고 비판하였다. 구체적으로 김동식(1981)의 '확인문'론, 장석진(1984)의 '전형적 부가의문문'론, 그리고 구종남(1992)의 '융합형 부가의문문'론을 차례대로 비판하였다. 우리의 주장은 이미 김동식(1981)과 장석진(1984)을 비판하는데 초점이 맞추어져 있던 장경기(1986)에서의 논의와 크게 다르지 않지만, 구종남(1992)이 주로 장경기(1986)의 '장형 부정의문문'론을 비판하고 있기 때문에 이에 대한 반론과 그의 '융합형 부가의문문'론에 대한 반증을 제시하였다.

더 나아가서 우리는 구문 (1a)의 정체성, 즉 화자의 입장에서 구문 (1b) 대신에 (1a)를 사용해야 할 독립적 동기를 밝히고자 하였다. 화자는 구문 (1b)를 통해서 자신의 전제인 긍정명제 (1c)를 강조하는 용법으로 사용할 수 있다. 그러나 예문 (1b)는 비전제용법이나 일차전제용법 등으로 쓰일 수도 있기 때문에 화용론적 중의성을 가진 문장이다. 이 화자의 전제 유무와 관련된 중의성을 해소하고 항상 이차전제용법으로 쓰이게 하는 방법의 하나가 부정소 '지 않'를 '잖'으로 축약하는 방법이다. 그런데 구문 (1a)는 부정소의 핵이동이라는 또 하나의 구조적인 변화에 의해서 전용적인 이차전제용법을 실현하고 있는 구문이다. 우리는 이러한 부정소 이동은 결과적으로 부정소가 본술어로부터 공간적 거리가 멀어짐에 따라, 본술어에 대한 부정 기능의 약화로 이어져서 마침내 화자의 전제인 긍정명제를 강조하는 용법으로 발전된 것으로 분석하였다.

끝으로 우리는 지극히 구어적인 구문 (1a)가 오랜 세월 속에서 거의 관용적 표현으로 굳어지면서 일반 대중들에게는 그 도출과정은 무의식적인 언어지식으로 남게 된 것은 아닐까 하는 생각을 해 본다.

<추가 내용>

국어 부정의문문의 이차전제용법은 강한 긍정의 용법으로 쓰이므로 실제 언어생활에서 상대방의 응답을 기다리지 않고, 일종의 서술문처럼 사용되기도 한

다. 또한 부정의문문이 내포절로 쓰이는 경우도 매우 흔한데, 이때는 화자 자신도 의식하지 못할 정도의 중의성이 자연스럽게 발생한다. 예를 들어 "저는 시간이 많지 않을까 생각합니다"라고 말하면 화자에게 시간이 많을 수도 있고(전제용법), 많지 않을 수도 있다(일반 의문문)는 사실을 최근에 확인하였다.

참고문헌

구종남(1992). "국어 융합형 부가의문문의 구조와 의미," 『언어』17.2. 한국언어학회.
김동식(1981). "부정 아닌 부정," 『언어』6.2. 한국언어학회.
교육부(1991). 『고등학교 문법』. 성균관대학교 대동문화연구원.
교육부(1998). 『고등학교 문법』. 서울대학교 사범대학 국어교육연구소.
성광수(1980). "부가의문문에 대하여," 『한글』제168호.
임홍빈(1973). "부정의 양상." 『논문집』5. 서울대 교양과정부.
장경기(1985). "국어에도 부가의문문이 있는가," 『영어영문학』3. 현대영미어문학회.
장경기(1986). "국어의 부정의문문과 전제," 『어학연구』22.1. 서울대. 어학연구소.
장경기(1999). "부가의문문의 보편문법과 경상도 방언," 『인문논총』17. 울산대학교.
장석진(1984). "국어의 부가의문," 『언어』9.2. 한국언어학회.
전병쾌(1984). 『한국어 부정구조의 분석』. 한신문화사.
Bolinger D. (1977). *Meaning and Form*. London: Longman.
Cattell, Ray (1973). "Negative Transportation and Tag Questions," *Language* 49.3.
Hudson R. A. (1975). "The meaning of Questions," *Language* 51.1.
Jespersen O. (1933). *Essentials of English Grammar*. George Allen & Unwin, London
Karttunen L.(1973). "Presupposition of Compound Sentences," *Linguistic Inquiry 4.2.*
Lakoff G. & M. Johnson (1979). Metaphor We Live By. Chicago.
Poutsma H. (1928). *A Grammar of Late Modern English*.
Quirk, R. et al. (1972). *A Grammar of Contemporary English*.New York.

<Abstract>

A Syntax of the Korean Negative Question

Chang, Kyung-Key. 2000. A Syntax of the Korean Negative Question. *Korean Journal of Linguistics* 26-1, 000 This paper syntactically argues that the sentence type (1a) below with an apparently markedly-positioned tense marker belongs to a regular Korean negative question and that (1a) is derived from (1b) through the Neg Movement, one type of Head Movement, which language-universally supports that NegP can head-move within the clause or across the clause boundary observing both the Head Parameter and the Head Movement Principle of the modern Generative Grammar.

a. Yonghi-nun jumshim-ul mug-uss-chi anh-ni?
b. Yonghi-nun jumshim-ul mug-chi-anh-ass-ni?

(Ulsan University)

Key Words: Sentence Type, Negative Question, Neg Movement

05
부가의문문의 보편문법과 경상도 방언*

I. 논문의 목적

일반적으로 언어의 기본 단위인 문장(sentence)은 통사상의 문법(grammar) 기술의 최고이자 최후의 대상이라고 말할 수 있다. 따라서 전통적으로 언어학자들은 문장을 정의하고 기술하기 위한 방편으로 일정한 기준에 따라서 분류하는 것을 중요한 작업으로 삼아왔던 것이다. 그 실례로서 Quirk et al.(1985: 803-4)은 영어 문장의 유형(sentence type)을 단문(simple sentence)을 기준으로 하여 그 형태(form)에 따라 서술문(declarative), 의문문(interrogative), 명령문(imperative), 감탄문(exclamative) 등으로 분류하였고, 그 각각은 화용적 기능(function)에 따라 서술문은 진술(statement), 의문문은 질문(question), 명령문은 지시(directive), 감탄문은 감탄(exclamation)의 전형적이고 일차적인 용법을 갖는다고 보았다. 또 최현배님(1935: 854)은 국어의 문장을 서술문, 의문문, 명령문, 청유문(commissive)으로 분류하고 있는 바, 이를 Quirk et al.(1985)과 비교해 보면 영어는 감탄문이 있는 대신에 국어는 청유문이 있는 것이 주목된다. 우리는 그 근본 이유가 두 언어의 통사구조의 차이에서 비롯된 것이라고 보는데, 영어의 감탄문은 다른

*이 논문은 『인문논총』 제17호(울산대학교 논문집, 1999)에 실린 것을 수정·보완한 것이다.

문형과 독립된 형태, 즉 통사 구조를 가지고 있지만 국어의 감탄 표현은 독자적인 통사 구조가 존재하지 않기 때문에 국어의 감탄문은 없으며[1], 또 국어의 청유문은 "-자(-ㅂ/읍시다)"와 같은 독립 적인 문장 종결어미에 의해서 청유문을 만들지만 영어의 청유 표현은 "Let us(=Let's)"로 시작하는 일종의 명령문의 구조를 갖기 때문에 독립적인 청유문 의 문형으로 설정되지 않은 것이다. 또한 각각의 문장은 긍,부정의 서술 양식에 따라 긍정문(positive sentence)과 부정문(negative sentence)으로 다시 양분된다. 이러한 분류에 의해서 어떤 문장의 형식과 기본적 의미 및 화용적 기능이 대체로 결정된다.

그러나 이러한 기준으로 분류할 수 없는 대표적인 문장이 부가의문문(tag question)이다. 즉 부가의문문은 형태상으로는 선행하는 서술문에 일정한 의문문적인 요소가 부가되어 전체적으로 하나의 의문문을 만들고, 기능상으로도 진술(statement)과 질문(question)의 기능을 동시에 수행한다는 면에서 매우 특이한 문형이라고 말 할 수 있다.[2] 우리는 주로 영어의 부가의문문을 분석하여 부가의문문의 보편문법을 기술하고, 이를 근거로 하여 국어의 부가의문문에 관한 기존의 이론을 비판적으로 검토한 다음, 결론적으로 아마도 유일하게 경상도 방언에만 국어 부가의문문이 존재함을 증명하는 것이 이 연구의 목적이다.

II. 영어 부가의문문과 보편문법

2.1 영어 부가의문문의 통사적 특징

---

1) 영어의 감탄문이 'what'이나 'how'로 시작하는 고유한 어순을 갖는 문형인 반면에 국어의 감탄 표현은 예를 들어 "이 꽃은 얼마나 아름다우냐"라는 표현이 의문문과 구조적인 차이가 없음을 볼 때, 국어의 감탄문을 인정하지 않은 최현배님(1935)의 혜안이 놀랍다. 아울러 전통문법에서 기원문(optative)을 설정하기도 하지만 "May God bless you."처럼 조동사가 주어 앞으로 이동하는 것이 기원문의 통사적 특성이 아니라 의문문의 특성이므로 기원문을 인정하지 않은 Quirk et al.(1985)을 우리는 받아들인다.

2) 부가의무문의 선행문이 반드시 서술문이 아닐 수도 있다. 그 경우가 바로 선행문이 명령문인 경우인데, 일반적으로 명령문도 이인칭 주어가 생략된 서술문으로 분석할 수 있기 때문에 논의의 편의상 부가의문문의 선행문은 서술문이라고 단순화하기로 하겠다.

부가의문문에 관한 연구는 주로 영어를 중심으로 이루어져 왔다. ‘부가(附加)’라는 용어 자체도 바로 영어의 ‘tag’를 번역한 것으로 보인다. 그 이유는 무엇보다도 영어가 부가의문문의 통사적 특성을 가장 잘 드러내 보이는 언어라는 데에 있다. 다음 예문을 보기로 하자.

(1) a. Mary *wo't* read the book, *will* she?
 b. Mary *will* read the book, *won't* she?
 c. Mary *will* read the book, *will* she?
 d. Mary *won't* read the book, *won't* she?

위 예문은 선행 서술문과 후행 부가문(tag)의 결합 가능성을 잘 보여주고 있다. 의미 및 기능적 용법을 논외로 할 때, 통사적으로는 선행 서술문과 부가문의 긍,부정 형태에 따라 네 가지가 가능한데, Culicover(1976: 132-5)가 (1d)와 같은 [부정문+부정문]의 결합을 비문으로 보는 것과 달리 Zandvoort(1965: 224-6), Quirk et al.(1972: 390-2), Lyons(1979: 764), Cattell(1973: 614-6) 등의 대부분의 학자들이 위의 네 가지 형태를 모두 정문으로 간주하고 있다. 또한 위 예문은 선행 서술문과 부가문의 조동사가 일치해야 된다는 점과 부가문의 주어는 선행 서술문 주어와 일치하는 대명사여야 한다는 엄격한 제약이 있음을 잘 보여주고 있다.

그렇다면 과연 영어의 모든 부가의문문이 위와 같은 엄격한 통사적 제약이 있는 것일까? 학자들의 다른 논의를 보면 반드시 그렇지도 않음을 확인할 수 있다. 다음 예문들을 보자.

(2) a. He is a nice man, isn't he?
 b. He is a nice man, don't you think?

(3) They forgot(/didn't forget) to attend the lecture, am I right?(isn't that so?/ don't you think?/wouldn't you say?)

위 예문들 가운데 (2a)를 제외한 (2b)와 (3)은 모두 앞서 제시한 통사적 제약을 어기고 있으나 모두 일상대화에서 생산적으로 쓰이는 부가의문문이다. 먼저 Zandvoort(1965: 225)는 (2b)를 (2a)와 동일한 의미를 갖는 부가의문문으로 보았으며, Quirk et al.(1985: 814)은 (3)처럼 선행 서술문의 긍·부정에 관계없이 다양한 부가문(tag)이 뒤 따라 올 수 있음을 보여주고 있다. 따라서 예문 (1)에서 제시한 유형만을 영어의 부가의문문으로 규정할 수 없다고 보아야 한다. 우리는 편의상 예문 (1) 및 (2a)와 같이 선행 서술문과 구조적으로 밀접하게 관련된 부가문을 갖는 부가의문문은 통사적 부가의문문(syntactic tag question)으로, 예문 (2b), (3)과 같이 부가문이 선행 서술문의 구조와 관계없이 화자(speaker)가 청자(hearer)에게 선행서술문의 내용에 관한 견해를 묻는 부가의문문은 화용적 부가의문문(pragmatic tag question)으로 부르기로 하겠다.

또 다른 유형의 부가의문문으로 특정 어휘가 선행 서술문의 뒤에 부가되는 문형이 존재한다. 예를 들어 Quirk et al.(1985: 814)은 아래 예문도 구어체에서 쓰이는 부가의문문이라고 본다.

(4) She passed(/didn't pass) the exam, right/eh?

Stageberg(1980: 300)는 세계의 많은 언어가 고정된 어휘소에 의해서 부가의문문을 만든다고 언급하고 있는 바, 예를 들어 중국어는 ma, 스페인어는 verdad, 네델란드어는 niet waar, 영어는 huh, eh 등이 어휘적 부가문(lexical tag)으로 쓰인다고 기술하고 있다..

이상의 논의를 토대로 우리는 부가의문문의 유형을 부가문이 일정한 문장의 형식을 갖춘 통사적 부가의문문과 화용적 부가의문문, 그리고 특정 어휘가 부가문으로서 선행 서술문에 부가된 어휘적 부가의문문(lexical tag question)으로 분류하기로 하겠다.

부가의문문의 또 하나의 통사적 특징은 다른 문형과 달리 보문화가 불가능하다는 점이다. 그 이유를 배태영(1973: 71)은 논리적 근거를 가지고 설명하고 있다.

(5) a. John died, didn't he?

b. I don't know <u>that</u> John died.

c. I don't know <u>whether</u> John died.

d.*I don't know <u>that/whether</u> John died.

부가의문문 (5a)는 선행 서술문과 이의 생략형 의문문이 결합된 문장이므로 각각의 보문화는 정문 (5b)와 (5c)가 보여주듯이 가능하지만 서술문과 의문문을 동시에 보문화할 수 있는 보문자는 존재하지 않으므로 (5d)는 비문이 된다. 결국 부가의문문은 서술문과 의문문의 성질을 동시에 가지고 있는 특수구문이라는 점을 여기에서도 확인할 수 있다.

부가의문문의 가장 두드러진 특성 가운데 하나는 대화성(conversationality)이다. 대화를 구성하는 필수적인 요소는 화자와 청자이다. 화자가 혼자 중얼거릴 때에도 자신을 청자로 상정하고 대화 형식을 반드시 갖춰야 하는 문장이 부가의문문임을 아래의 Lyons(1977: 765)가 제시하는 예문에서 확인할 수 있다.

(6) a. "The door isn't open, is it?" he asked himself.

b.*"The door isn't open, is it?" he wondered.

c. "Isn't the door open?" he wondered.

(6a)의 인용문 "The door isn't open, is it?"은 부가의문문으로서 자문자답 형식의 대화에서 쓰이고 있는 데 반해, 대화문이 아닌 (6b)의 모문 술어인 'wondered'의 내포문인 직접 인용문으로 쓰이지 못함을 보여준다. 한편 장형 부정의문문인 "Isn't the door open?"은 술어 'wondered'의 내포문으로 쓰일 수 있음을 정문 (6c)가 보여준다.

2.2 영어 부가의문문의 음운론적 특성

부가의문문의 본질적인 대화 의존성 때문에 발화시의 음운론적 측면이 전달하고자 하는 의미에 크게 영향을 준다. 즉, 부가의문문의 부가문(tag)이 하강억양으로 끝나느냐 상승억양으로 끝나느냐에 따라 상당한 의미 차이가 있다. Quirk et al.(1985: 811)은 부가의문문의 선행 서술문은 화자의 가정(assumption)을, 부가문은 화자의 기대(expectation)를 표현한다고 언급하면서 부가문이 하강억양으로 끝나면 화자가 자신의 긍·부정 진술에 대하여 청자가 확인(confirmation) 해주기를 적극적으로 기대(positive/negative expectation)하고, 부가문이 상승억양으로 끝나면 화자가 자신의 긍·부정 진술에 대하여 청자가 명제의 사실성 여부를 검증(verification)해주기를 중립적으로 기대(neutral expectation)한다고 기술하고 있다.[3)]

부가의문문의 선행 서술문과 부가문 사이에는 거의 공통적으로 쉼표(comma)가 자리하고 있다. 이 쉼표는 부가의문문의 중요한 두 가지 특성을 반영하고 있다. 하나는 선행 서술문과 부가문이 상호 연결되어 있음을 나타내는 장치이다. 즉, 화자는 부가의문문을 두 문장이 아닌 한 문장으로 인식하며, 따라서 선행 서술문의 끝이 일반적인 서술문과 달리 하강억양을 갖지 않고 수평억양(sustained contour)을 가짐으로써 문장이 끝나지 않았음을 표시한다. 아울러 마침표와 달리 쉼표는 두 문장이 단절되지 않고 연속되고 있음을 의미한다. 다음 예문을 보자.

(7) a. She is so busy, <u>isn't she</u>?

b. She is so busy, <u>am I right</u>?

c. She is so busy. Am I right?

---

3) 실제로는 Quirk et al.(1985: 811)은 부가문의 핵심어조(nuclear tone)가 조동사에 오느냐의 여부에 따라 상승조/하강조를 구분하지만 우리는 일반적인 분류에 따라 부가문의 끝이 올라가느냐 내려가느냐로 분류하였다. 결국 조동사가 상승억양을 가지면 문장의 끝은 하강억양을 갖고 조동사가 하강억양을 가지면 문장의 끝은 상승억양을 가진다,

화자는 일반적인 부가의문문 (7a) 대신에 (7b)를 사용할 수도 있다. 그러나 (7b)와 유사한 구조와 기능을 가지고 있는 (7c)는 문형상 완전히 독립된 서술문과 의문문이 연속되고 있을 뿐이다. 다시 말해서 (7b)는 화자(I)가 선행 서술문 "She is so busy."를 가정하고 있지만, (7c)의 화자는 이러한 가정을 하고 있다는 아무 단서가 없다는 중요한 차이가 있는 것이다. 결론적으로 부가의문문의 쉼표는 선행 서술문과 부가문의 본질적 관계, 즉 완전히 두 문장은 아니면서도 상대적으로 독립성을 유지하고 있음을 동시에 표현하는 의미있는 장치라고 보아야 한다.

2.3 영어 부가의문문의 의미 및 기능상의 특징

아마도 부가의문문의 용법이 가장 잘 발달된 언어가 바로 영어인 듯한데, 통사적으로 복잡한 구조를 갖는 것과 걸맞게 그 의미 및 기능상의 용법도 매우 다양하다. 또한 학자마다 그 주장이 매우 다르고 복잡하다.[4] 우리는 여기에서 부가의문문의 보편문법을 규명하고자 하는 목적에 맞추어 Quirk et al.(1985: 811)의 기술을 기본으로 삼고자 한다. 그는 부가의문문의 선행 서술문은 화자의 가정(assumption)을 나타내고, 부가문은 화자의 청자에 대한 기대(expectation)를 나타내는데, 부가문의 끝이 상승억양이면 화자가 청자에게 자신의 가정에 대한 검증(verification)을 요청하고, 부가문이 하강억양으로 끝나면 화자가 청자에게 자신의 가정에 대한 확인(confirmation)을 요청한다고 기술하고 있다. 일반적으로는 부가의문문이 상승억양을 가지면 화자가 청자에게 확인을 요청하고, 하강억양이면 화자가 청자에게 동의(agreement)를 요청한다고 이해되고 있는 것과 다르지 않다. 분명한 것은 부가의문문이 상승억양으로 끝나면 화자는 자신의 가정에 대하여 중립적(neutral) 기대를 가지며, 하강억양으로 끝나면 화자는 자신의 가정에 대하여 비중립적(unneutral; positive or negative) 기대를 가지고 있다는 점이다. 그러나 이러한 화자의 발화가 실제 대화 중에는 반드시 청자의

4) 부가의문문의 의미.기능상의 용법에 관한 논의는 Zandvoort(1965), Quirk et al.(1972), Lyons(1979), Cattell(1973), Lakoff(1969), 성광수(1980), 박병수(1974), 전병쾌(1984) 등이 있다.

반응을 필요로 하는 것은 아니고, 오히려 많은 경우에 화자가 자신의 가정을 강조함으로써 다양한 함축적 의미(conversational implicature)나 화행(speech act)을 실현하기 위한 생산적 장치가 되고 있다.

2.4 부가의문문의 보편문법

이제 지금까지 살펴본 영어 부가의문문의 성질을 토대로 부가의문문의 보편문법을 어떻게 규정할 수 있는가를 생각해 보기로 하자. 이러한 작업은 이 연구의 중요한 목적인 국어의 부가의문문을 기술하는데 꼭 필요한 작업이다.

첫째, 부가의문문의 선행문은 서술문이고 부가문(꼬리)은 의문문이다. 먼저 선행 서술문은 화자의 가정(assumption), 혹은 전제(presupposition)를 나타내며, 부가문은 화자가 자신의 가정에 대한 청자의 기대(expectation)를 의문문 형식으로 요청하고 있다. 이 요청의 강도(strength)에 따라 부가문이 상승억양으로 끝나면 청자가 화자의 가정에 동의하지 않을 수 있을 정도이고, 부가문이 하강억양으로 끝나면 일반적으로 청자가 화자의 가정에 거의 동의하게 되는 의미를 갖게 된다.

둘째, 부가의문문의 부가문은 어휘적 요소로 나타날 수도 있고, 선행 서술문에 기초한 생략된 의문문의 구조를 갖기도 하며, 때로는 독립적인 의문문이 부가문이 되기도 한다. 중요한 것은 이 요소가 의문문의 구조로서 전체를 부가의문문이라는 의문문의 문형을 만든다는 점이다.

셋째, 선행 서술문과 부가문의 긍·부정 형태에 대한 어떠한 보편문법적인 제약도 없다. 물론 영어의 경우에 두 성분의 긍·부정 형태가 의미상의 차이를 가져오는 것은 당연하지만 선행 서술문과 완전히 독립된 문장도 부가문이 될 수 있다는 것은 두 성분 사이의 통사적 제약은 부가의문문의 보편적 성질은 아니라고 보아야 한다.

넷째, 부가의문문의 선행 서술문과 부가문을 연결하는 쉼표가 가지는 보편성은 무엇일까를 생각해보자. 물론 구두점 자체는 모든 언어에 필수적인 요소는 아니다. 우리는 영어 부가의문문의 쉼표가 갖는 상징성이 있으며, 이는 곧 부가의무문의 보편적 성격을 반영하는 하나의 장치라고 본다. 이는 바로 선행 서술문이 종결된 것이 아니라 부가문과 연관된다는 관계성의 의미를 가질 뿐만 아니라 선행 서술문은 통사적으로 완전한 문장의 구조를 독립적으로 가지고 있다는 두 가지 보편문법을 반영하고 있다고 본다. 따라서 다른 언어에서 이런 두 가지 보편성을 보여주는 다른 장치도 개별 문법적(particular grammar) 특성으로서 존재할 수도 있다고 보아야 한다.

이상과 같이 부가의문문의 보편문법을 가정하고서 우리는 다음 장에서 국어의 부가의문문의 논의에 들어가기로 하겠다.

III. 국어 부가의문문의 기존 이론 검토

이제 국어의 부가의문문에 관한 대표적인 기존 이론을 검토하여 논의의 쟁점을 정리하기로 하겠다.

3.1 성광수(1980)의 이론

성광수(1980: 61)는 국어 부가의문문에 관하여 "부가의문은 선행 서술문의 상위 구조에 포함된 이행동사(performative verb)로 인한 의미론적 제약을 받으면서도 구조상으로는 완전한 문장으로의 환원이 가능하다"고 기술하고 있다. 이를 근거로 하여 성광수의 논의를 다시 풀어보면 다음과 같다.

첫째, 국어 부가의문문[5]은 선행 서술문 자체가 아닌 선행 서술문의 상위 구조에 포함된 이행동사에 의하여 의미론적 제약을 받는다.

둘째, 국어 부가의문문은 선행 서술문의 상위문(higher sentence)으로부터 완

5) 성광수(1980)는 실제로 부가의문문 대신에 '부가의문'이라는 용어를 사용하고 있으나 우리는 선행서술문과 뒤에 오는 꼬리(tag)를 포함한 문형은 부가의문문이라 부르고 꼬리만은 부가문이라 부르기로 한다.

전한 문장으로의 복원이 가능하다.

그러면 이러한 두 가지 주장의 구체적인 내용과 타당성을 다음 문장을 통해서 살펴보자.

(8) a. 철수는 모범생이다, 아이가?
b. [철수는 모범생이다]가 사실이 아닌가?
c. 내가 너에게 [[철수는 모범생이다]가 사실이다]를 묻는다.

성광수(1980)에 의하면 먼저 (8b)는 경상도 방언 (8a)의 부가문(tag) "아이가?"를 "사실이 아닌가?"로 풀어쓰고 있음을 보여주고 있는데, 이는 앞에서 살펴본 영어 예문 (7b)와 일치하고 있다고 말할 수 있다. 이를 Quirk et al.(1985)을 따라 설명하면 화자는 "철수는 모범생이다"고 가정하고 있으며, 이 가정을 부가의문문의 형식 (8a)를 통해서 청자에게 그 가정의 사실성 여부를 청자에게 검증하거나 확인을 받고자 하는 문장이다.[6] 또한 그는 부가의문문 (8a)는 (8c)라는 완전한 이행동사 구문으로 복원된다고 주장하고 있는데, 이는 아래 예문과 같은 순수한 의문문도 동일한 (8c)의 이행동사 구문으로 분석된다는 면에서 부가의문문과 일반 의문문과의 차이를 포착할 수 없다는 심각한 문제점을 가지고 있다고 본다.

(9) a. 철수는 모범생이가?('이가'는 '이니'의 경상도 방언임)
b. 나는 [철수가 모범생이다]가 사실이 아닌가?
c.*나는 너에게 [[철수가 모범생이다]가 사실이다]를 묻는다.

위 예문을 예문 (8)과 비교해볼 때 부가의문문과 일반 의문문의 차이를 전혀 보여주기 못하므로 우리는 성광수(1980)의 주장을 받아들일 수 없다.

---

6) 영어의 부가의문문과 마찬가지로 국어의 부가의문문도 상승억양으로 끝나면 화자의 가정에 대한 청자로부터의 기대감이 상대적으로 약하고(neutral expectation), 하강억양으로 끝나면 화자의 가정에 대한 청자로부터의 기대감이 상대적으로 강하다(positive or negative expectation).

셋째, 성광수(1980: 56-8)는 부가의문문의 선행 서술문과 부가문(tag)의 긍·부정 형태에 대하여 논하고 있다. 다음 예문을 보기로 하자.

(10) a. 물에도 산소가 있다, 그지?('그지'는 '그렇지'의 경상도 방언)
b. 물에도 산소가 있다, 아이가?('아이가'는 '아니니'의 경상도 방언)

(11) a. 영자가 미인은 아니다, 그지?
b. 영자가 미인은 아니다, 아이가?

위의 예문은 경상도 방언의 전형적인 부가의문문인데, 보는 바와 같이 선행문과 부가문의 긍·부정 형태가 자유롭게 쓰이면서도 인지적 의미(cognitive meaning)의 차이를 가져오지 않고 있음을 잘 보여주고 있다. 즉 예문 (10)처럼 선행문이 긍정문일 때도 부가문은 긍정형 '그지?'와 부정형 '아이가?'가 가능하고, 예문 (11)처럼 선행문이 부정문일 때도 부가문은 긍정형 '그지?'와 부정형 '아이가?'가 모두 가능하다. 성광수(1980: 62)는 부가문이 긍정형 '그지?'가 사용된 부가의문문은 적극적 의문법이고 부가문이 부정형 '아이가'가 사용된 부가의문문은 소극적 의문법이라고 기술하고 있다. 그러나 우리는 그 근본 이유가 긍·부정형의 차이에 있다기보다는 부가문의 종결어미의 특성에 있다고 본다. 즉 긍정형 '그지?'는 '-지'라는 비중립적 종결어미를 사용하고 있고, 부정형 '아이가?'는 '-가?'(=니)라는 중립적 종결어미를 사용하고 있기 때문이라고 본다.[7]

한편 성광수(1980: 57)는 부가의문문이 상승억양으로 끝나느냐 하강억양으로 끝나느냐에 따라 의미의 차이가 크게 달라진다고 본다. 상승억양으로 끝나는 부가의문문은 '순수 의문'으로서 청자가 화자의 진술에 대하여 선택적으로 긍정이나 부정으로 답할 수 있으며, 하강억양으로 끝나는 부가의문문은 '반문

7) 비중립적 종결어미 '지' 대신에 중립형을 사용하면 "그렇지?"가 아닌 "그렇니?"가 되고, 중립형 종결어미 '가' 대신에 비중립형 어미를 사용하면 '아이가'는 '아니지'가 된다. 비중립적 종결어미 '지'는 화자의 가정 혹은 전제가 매우 강하다. 그런 의미에서 경상도 방언의 부가의문문의 부가문 "그지?"와 "아이가?"는 상호간에 완전한 대조를 이루는 것이 아니라는 점이 흥미롭다. 왜냐하면 '그지'는 비중립적 표현이고, '아이가'는 중립적 표현이기 때문이다.

의문'으로서 화자의 진술을 단정 혹은 확인하는 청자의 답이 요구되거나 전혀 청자의 답이 없어도 무방하다고 기술하고 있다. 중요한 것은 여기에서 국어의 부가의문문은 부가문의 긍·부정 형태는 선행문의 긍·부정 형태에 따른 통사적 제약이 없다는 면에서 영어와 다르지 않다는 점을 확인하였고, 아울러 부가의문문의 기능상의 용법은 종결어미의 억양에 의해서 결정된다는 점도 영어와 동일함을 확인하였다.

넷째, 성광수(1980: 58-60)는 부가의문문의 상승억양과 하강억양이 부가의문문의 통사구조와 선행 서술문과 부가문의 연접(juncture)에도 영향을 준다고 기술하고 있다. 다음 예문을 보자.

(12) a. 그 사람은 이미 죽었다, 아입니꺼? (/그지예?)
b. 그 사람은 이미 돌아가셨다, 아입니꺼?(/그지예?)[8)]

그에 따르면 부가의문문이 하강억양으로 끝나면 선행 서술문과 부가문 사이가 폐쇄연접(closed juncture)이 되어 그만큼 두 구문 사이의 쉼(pause)이 짧고, 상승억양으로 끝나면 선행 서술문과 부가문 사이가 개방연접(open juncture)가 되어 폐쇄연접보다 상대적으로 쉼이 길다. 또한 통사적으로 중요한 차이를 보여 주는데, 하강억양이면 선행문의 종결어미에 청자 존대법이 실현되지 않고 부가문에 "-ㅂ니꺼?"로 실현되는 반면에, 상승억양이면 선행문의 종결어미에 청자 존대법이 "-습니-"로 실현되고 동시에 부가문의 종결어미에도 실현된다고 기술하고 있다. 다시 말하면 이러한 통사적인 차이점이 (12a)는 반드시 하강억양을 가지며, (12b)는 상승억양을 가진다고 예측하게 해준다는 주장이 된다.

3.2 전병쾌(1984)의 이론

8) 성광수(1980: 60)의 억양과 관련된 주장과 달리 예문 (12b)는 통사적인 선행 서술문만으로 청자 존대법이 될 수 없으며, '죽다' 대신에 '돌아가셨다'는 존대표현을 사용하여 주어인 '그 사람'에 대한 화자의 존대법을 실현하고 있을 뿐이라는 것이 우리의 입장이다.

전병쾌(1984: 84)는 국어의 부가의문문을 선행 서술문의 종결어미에 따라 두 가지로 분류하고, 선행서술문의 긍·부정 형태에 따라 부가문의 긍·부정 형태의 실현 가능성이 달라진다. 다음 예문을 보자.

(13) a. 내가 어제 그에게 실수했다, 그렇지?(/그렇지 않니?)
  b. 내가 어제 그에게 실수했지, 그렇지?(/그렇지 않니?)
  c. 나는 어제 그에게 실수했지? 그렇지?(/그렇지 않니?)

(14) a. 나는 어제 그에게 실수하지 않았다, 그렇지?(/*그렇지 않니?)
  b. 나는 어제 그에게 실수하지 않았지, 그렇지?(/*그렇지 않니?)
  c. 나는 어제 그에게 실수하지 않았지? 그렇지?(/그렇지 않니?)

첫째, 전병쾌(1984)는 국어 부가의문문을 선행 서술문의 종결어미에 따라 둘로 나누었다. 위 예문 (13)과 (14)에서 보듯이 국어 부가의문문은 선행 서술문의 종결어미에 따라 '-다' 종결어미형과 '-지' 종결어미형으로 나누어진다. 성광수(1980)가 국어에 유일하게 존재하는 전형적인 경상도 방언의 부가의문문에 '-지' 종결어미형이 존재하지 않는다고 주장한 것과 배치된다는 점에 주목한다.

둘째, 전병쾌(1984)는 선행 서술문과 부가문(tag)의 긍·부정 형태는 위 예문 (13)이 보여주듯이 선행문이 긍정문이면 부가문은 긍정문이나 부정문이 다 가능하지만, 예문 (14)가 보여주듯이 선행문이 부정문이면 부가문은 오직 긍정문만 가능하다고 보았다. 이 점도 성광수(1980)와 매우 다른 점으로 (13b)가 (13c)와 비슷한 의미이듯이 (14b)는 (14c)와 비슷한 의미인 점을 받아들인다면 전병쾌(1984)의 주장을 받아들일 수 없다는 것이 우리의 입장이다.

셋째, 전병쾌(1984)는 부가문(tag)을 긍정형은 "그렇지?"로, 그리고 이의 부정형으로 "그렇지 않니?"만을 인정하였다

3.3 장석진(1984)의 이론

장석진(1984: 259)은 국어 부가의문문을 "평서문/의문문 문미에 꼬리표(tag)를 붙이는 꼬리표 의문(tag question)"으로 정의하면서 다시 꼬리가 "안그래?, 그렇지?" 등이 있다고 기술하고 있다. 우리는 그가 부가의문문의 선행문으로서 서술문 뿐만 아니라 의문문도 포함하고 있음에 주목하게 된다. 우선 그의 중요한 주장을 살펴보기로 한다.

첫째, 그는 국어의 전형적인 부가의문문으로서 꼬리가 "않아(요)?/않니?/않냐?/않습니까?"인 다음 문장을 설정한다.

(15) a. 비가 오지 않았어?
  b. 비가 왔지 않아?
  c. 비가 왔지? 그렇지 않아?

장석진(1984)은 예문 (15a)는 장형 부정의문문이지만 (15b)는 "전형적인 부가의문문"으로 설정한다. 두 구문의 차이는 바로 시제소의 위치에 의해서 결정되는데, 이 문제는 '지'의 통사적 성격과도 관련된다. 즉 (15a)의 '지'는 국어의 장형 부정문에 오는 부정소 안의 '지'이고 시제 '았'은 부정소 '않' 다음에 오지만, 부가의문문 (15b)의 '지'는 선행문의 종결어미이고 "않아?"는 꼬리라고 본다. 여기에서 중요한 점은 부정의문문 (15a)의 여러 의미 중에서 (15b)와 화행이 유사한 의미가 있다는 점이다. 다시 말해서 (15a)와 (15b)가 다 같이 (15c)의 의미를 갖는다는 것이다. 장석진(1984: 266)은 이를 인정하면서도 두 구문이 화행의 차이가 있다고 주장한다. 즉 (15a)는 "확인 요청"의 화행을 가지며, (15b)는 "동의 요청"의 화행을 갖는다고 주장하고 있다. 우리는 뒤에서 장석진(1984)의 두 가지 주장, 즉 부가의문문의 선행문이 의문문일 수 있느냐 하는 문제와 예문 (15b)와 같은 구문이 국어의 전형적인 부가의문문인지를 검토하기로 하겠다.

둘째, 장석진(1984: 267)은 부가의문문의 꼬리(=부가문)인 "안그래?, 그렇지?" 등을 대용표현 "그러하다"에서 나온 것으로 보고, 이러한 유형의 부가의문문을 '대용어 부가의문'이라고 부른다. 그는 꼬리의 긍·부정 형태는 "그래/안그래?," "그렇지/그렇지 않아?" 등이 선행문의 긍·부정문과 관계없이 쓰일 수 있다고 본다. 다만 선행문이 평서문이면 비문이 된다고 본다는 점은 매우 특이하다. 다음 예문을 보자.

(16) a. 비가 왔어, 그래?/안그래?/그렇지?/그렇지 않아?
b. 비가 안왔어, 그래?/안그래?/그렇지?/그렇지 않아?
c.*비가 왔습니다, 그렇습니까?
d. 비가 왔다, 그렇지?

(16a)와 (16b)의 문법성은 선행문의 긍·부정 형태에 상관없이 부가문(tag)은 일정함을 보여준다. 다시 말하면 선행문의 긍·부정 형태에 관계없이 꼬리의 긍·부정 형태가 자유롭게 쓰일 수 있다는 것을 의미한다. 한편 장석진(1984: 267)은 (16c)를 비문으로 보는데, 그 이유는 선행문이 의문문이 아니고 평서문이기 때문이라는 것이다. 그러나 이 주장은 (16d)가 정문인 것을 설명해주지 못하는 문제점이 있다. 왜냐하면 (16d)는 선행문이 분명히 서술문이고 또 정문이기 때문이다.

셋째, 장석진(1984: 271-2)은 부가의문문의 보문화가 가능하다고 언급하면서 다음 예문을 제시하고 있다.

(17) a. [비가 많이 왔지 않는냐]고 대답했다/말했다/*물었다.
b. [아무도 안 왔지 않느냐]고 대답했다/말했다/*물었다.
c. [비가 많이 오지 않았느냐]고 대답했다/말했다/물었다.

먼저 장석진(1984)은 그의 '전형적인' 부가의문문만 보문화된다고 기술하고 있지 대용어 부가의문에 대한 언급이 없다. 또한 부가의문문 (17a) 및 (17b)는 주절동사가 부정의문문의 주절동사와 달리 "물었다"가 될 수 없다고 논증 없이 기술하고 있다. 먼저 우리는 그의 전형적인 부가의문문인 (17a)와 (17b)와 부정의문문인 (17c)의 문법성이 주절동사 "물었다"에 의해서 달라진다는 주장을 우리의 국어에 대한 직관상 받아들일 수 없다. 또한 우리는 뒤에서 부가의문문의 보문화 문제에 대하여 다시 검토하기로 하겠다.

넷째, 장석진(1984: 272-6)은 부가의문문의 본문과 꼬리가 이어지는 절 경계(clause boundary)의 억양과 휴지(pause) 여부, 꼬리의 억양을 살피고 정서법, 특히 구두점 사용에 관한 방안을 논하고 있다.

우선 그의 전형적인 부가의문문은 본문과 꼬리 사이에 휴지가 없고, 그 사이에 어떤 토씨 - 는, 도, 요 등 - 도 끼지 못한다. 다음 예문을 보자.

(18) a.*비가 왔지는/도 않아?
　　 b.*비가 왔지요 않아요?

또한 본문과 꼬리 사이에 휴지가 없기 때문에 쉼표(,)도 없으며, 꼬리는 상승억양(high)이나 중평억양(mid)이 되고 구두점은 물음표(?)가 된다. 상승억양과 중평억양 사이에는 동의 요청의 정도의 차이가 있다.

장석진(1984: 274)은 그의 대용어 부가의문문은 본문과 꼬리 사이에 절경계가 있고 꼬리 끝은 상승억양을 갖는다고 기술하고 있다. 한편 본문의 끝은 종결어미가 '지'이면 상승, 중평, 하강의 억양을 가질 수 있고, 종결어미가 '어'이면 중평, 하강의 억양을 갖는다고 기술하고 있다. 이 때 구두점은 중평이면 쉼표를 넣거나 생략할 수 있으며, 상승이면 물음표(?), 하강이면 마침표(.)를 넣는다고 기술하고 있다. 이 문제에 대해서도 뒤에서 다시 논하기로 하겠다.

IV. 경상도 방언의 부가의문문과 보편문법

앞에서도 언급하였듯이 성광수(1980: 50)는 경상도 방언에서 "국어 가운데서도 비교적 완전하게 부가의문문이 실현되고 있다"고 기술하고 있다. 우리는 이 점에 대하여 동의하면서 이 경상도 방언의 부가의문문을 통해서 국어의 부가의문문의 특성을 밝히고, 이를 영어의 부가의문문과 비교하여 부가의문문의 보편문법을 기술하기로 하겠다.

4.1 경상도 방언의 부가의문문

먼저 가장 일상적으로 쓰이는 경상도 방언에 다음과 같은 두 표현이 있다. 이 표현의 통사적, 의미론적 특성을 부가의문문과 관련하여 면밀히 검토하기로 하자.9)

(19) a. 어제 밤에 비가 (안) 왔다(,) 그지?/맞지?
b. 어제 밤에 비가 (안) 왔다(,) 아이가?
c.*어제 밤에 비가 (안) 왔지(,) 그지?/맞지?
d.*어제 밤에 비가 (안) 왔지(,) 아이가?
e. 어제 밤에 비가 (안) 왔다(,) 그지예?/맞지예?
f.*어제 밤에 비가 (안) 왔습니다(,) 그지예?/맞지예?
g. 어제 밤에 비가 (안) 왔습니다. 그지예?/맞지예?/

우선 우리는 위 예문에서 다음과 같은 사실을 추론할 수 있다.

첫째, 정문 (19a)와 (19b)는 서술문과 의문문의 두 문장으로 연결되어 있다. 그 증거는 선행문이 서술형 종결어미 '-다'로 끝나고 있고 꼬리는 의문형 종결어미 '-지?'와 '-가?'로 끝나고 있다. 이 증거는 바로 부가의문문의 일반적인 통사적 정의에 부합한다.

둘째, 예문 (19a)와 (19b)는 화자가 "어제 밤에 비가 (안) 왔다"는 명제를 가정하고 이에 대하여 청자가 확인 혹은 동의 해주기를 요청하는 화용론적 용법을 가지고 있다. 이 용법은 꼬리의 끝을 올리느냐 내리느냐에 따라, 올리면 화자의

9) 이 예문에 대한 문법성 내지 용인성 판단은 1999학년도 2학기 울산대학교 영미어문학부 1학년 <영어2>, 3학년 <영어통사론2>, 그리고 교육대학원 <영문법 연구> 수강생들에게서 직접 확인하여 얻어낸 것임.

가정의 정도가 약하고 내리면 가정의 강도가 강하다. 이 점도 일반적인 부가의문문의 화행과 다르지 않다.

셋째, 선행 서술문과 꼬리 사이에 휴지가 있는 것은 사실이지만 완전한 마침(.)이 아니며 이를 쉼표(,)로 나타낼 수 있으나 국어에서는 형태소에 의해서 문장의 종결여부가 표시되므로 쉼표 자체가 부가의문문의 문법성을 결정하는 성분으로 이해되어서는 안된다. 따라서 우리는 이 성분을 괄호 안에 넣었다. 두 문장이 아니라는 증거는 바로 정문 (19e)와 비문 (19f), 정문 (19g)에 의해서 증명된다. 즉, 화자가 부가의문문 안에서 청자를 존대하는 어법을 사용하고자 할 때는 선행서술문의 종결어미 앞에 청자 대우법의 "-ㅂ니-"를 실현하는 것이 아니라 부가의문문 전체의 종결어미, 즉 꼬리의 종결어미 뒤에 "-예"를 부착하여 실현하고 있다. 이는 두 문장의 병렬인 (19g)에서의 청자 존대법의 실현과 완전히 다르다는 점을 보여준다. 이는 결국 부가의문문은 처음에는 두 문장으로부터 만들어지지만 일단 만들어지면 한 문장으로 행동함을 증명하는 중요한 증거라고 보아야 한다.

넷째, 부가의문문의 선행 서술문과 부가문의 긍.부정 형태는 아무 제약이 없으며, 인지적 의미의 차이도 보여주지 않는다는 점을 알 수 있다. 아울러 꼬리도 "그지?/맞지?/아이가?" 등으로 매우 제한적인 형태만이 쓰인다는 것을 보여준다.

다섯째, 정문 (19a)와 (19b), 비문 (19c), (19d)는 부가의문문의 선행문은 서술문이면서 반드시 중립적 종결어미만이 가능함을 보여준다. 아직 그 이유를 알 수 없지만 비중립적 종결어미 '지'가 쓰이지 못한다는 것은 '지'가 장석진(1984)에서 보듯이 의문형 종결어미로 쓰일 뿐만 아니라 비중립적 의미로 쓰이므로 꼬리인 "그지?"의 '지'와 중복되는 점이 차이점으로 드러난다.

끝으로 예문 (19a)와 (19b)는 꼬리의 억양에 따라 화행의 차이가 분명히 있다. 꼬리가 상승억양이면 화자의 가정에 대한 확신이 그만큼 약하므로 청자도 이를 부인할 가능성이 더 높아지고, 꼬리가 하강억양이면 화자의 확신이 그만큼 강하므로 청자도 이를 부정할 가능성은 더 적어진다.

이러한 증거로 볼 때 예문 (19a)와 (19b)는 바로 경상도 방언에 나타나는 국어의 전형적인 부가의문문이라고 보아야 할 것이다.

4.2 경상도 방언의 부가의문문의 보편문법

이제 우리가 2장에서 영어 부가의문문의 기술을 통해서 부가의문문의 보편문법이라고 추론한 내용을 기준으로 하여 경상도 방언의 부가의문문이 이러한 보편문법을 가지는지 검토하기로 하자.

첫째, 부가의문문의 선행문은 서술문이고 꼬리(부가문)는 의문문이다. 이 규칙에 비추어 볼 때 경상도 방언의 부가의문문은 선행문은 '-다' 종결어미로 끝나는 서술문만이 가능하고, 부가문은 긍정형 "그지?"나 부정형 "아이가?"가 의문문으로서 부가되므로 보편문법과 일치하고 있음을 알 수 있다.

둘째, 부가의문문의 부가문은 어휘적 요소로 나타날 수도 있고, 선행서술문에 기초한 생략된 의문문의 구조를 갖기도 하며, 때로는 독립적인 의문문이 부가문이 되기도 한다. 이 규칙에 비추어 경상도 방언의 부가문은 선행 서술문에 의해서 좌우되지 않는다는 면에서는 어휘적인 특성을 가지면서도 "그지?"는 대용어(pro form)일 뿐 아니라 '-지'라는 의문형 종결어미를 갖고 있고, 또 부정 부가문 "아이가?"도 '-가'라는 의문형 종결어미를 가진 통사-어휘적 부가문이라고 볼 수 있기 때문에 보편문법과 일치한다.

셋째, 선행서술문과 부가문의 긍.부정 형태에 대한 어떠한 보편문법적인 제약은 없다. 경상도 방언의 긍정형 부가문 "그지?"와 부정형 "아이가?"가 선행서술문의 긍 · 부정 형태와 무관하게 거의 자유롭게 쓰일 수 있다는 면에서 제약이 없고, 오히려 이 점이 보편문법이라고 말할 수 있다.

넷째, 부가의문문의 선행 서술문과 부가문을 연결하는 쉼표가 의미하는 보편성이 있다. 경상도 방언의 부가의문문의 선행 서술문과 부가문은 완전한 두 문장이 아닐 정도의 연계성과 완전히 한 문장도 아닐 정도의 음운론적 휴지(pause)가 있다. 그 증거는 앞에서 언급한 대로 선행문이 서술형 종결어미 '-다'로 끝나면서도 청자 존대법이 이 종결어미에 실현될 수 없다는 제약이 있다는 점이다. 그러나 이를 문자 언어에서 구두점으로 표시하느냐 하는 문제는 부차적인 것이다. 특히 영어와 달리 국어에서의 구두점은 형태소에 의한 마침법과 이음법의 보조역할을 한다는 면에서 잉여적인 면이 있다고 보아야 한다. 따라서 우리는 국어 부가의문문에서 이 보편성이 쉼표로 표시되느냐의 여부는 그렇게 중요하지 않다고 보며, 편의상 쉼표로 부가의문문의 선행 서술문과 부가문의 경계를 표시할 뿐이라고 본다.

다섯째, 부가의문문의 종결은 억양에 따라 두 가지로 나누어진다. 먼저 상승억양으로 끝나면 선행서술문에 대한 화자의 가정이 약하여 청자가 이를 부정하는 응답이 가능하며, 만일 하강억양으로 끝나면 선행서술문에 대한 화자의 가정이 강하여 일반적으로 청자가 이를 부인하기 위해서는 더 많은 정확한 정보의 제시가 뒤따라야 한다. 그러면 부가의문문의 화행(speech act)은 항상 화자의 청자로부터의 확인 혹은 동의 요청만을 갖는지 생각해보자. 사실 화자가 부가의문문을 사용하면서도 반드시 청자의 응답을 기다리지 않는 경우가 매우 많으며, 동시에 청자도 상대방의 부가의문문에 대하여 반드시 응답할 의무를 갖지 않는다는 것을 언어생활에서 어렵지 않게 확인할 수 있다. 따라서 우리는 부가의문문의 여러 화행 가운데 확인 요청 혹은 동의 요청이 대표적인 화행이며, 구체적인 화행은 화맥(pragmatic context)에 의해서 결정된다고 본다.

지금까지 살펴본 대로 경상도 방언의 부가의문문은 국어에서 매우 자연스럽고 생산적인 어법일 뿐만 아니라 영어의 부가의문문을 기초로 하여 우리가 추론한 부가의문문의 보편문법과도 거의 완벽하게 일치하고 있음을 확인하였다.

V. 기존 이론 비판

이제 4장에서 살펴본 국어 부가의문문의 보편문법을 근거로 하여 3장에서 제시한 국어 부가의문문의 선행연구의 타당성 여부를 면밀히 검토하기로 하자.

5.1 성광수(1980) 비판

성광수(1980)의 대표적 주장 중에서 네 가지를 차례대로 살펴보자.

첫째, 그는 국어의 부가의문문은 선행서술문 자체가 아닌 선행서술문의 상위구조에 포함된 이행동사(performative verb)에 의하여 의미론적 제약을 받는다고 주장하고 있다. 이를 경상도 방언의 부가의문문으로 판단해 볼 때, 부가문(꼬리)은 항상 "그지?"나 "아이가?"라는 고정된 성분이므로 선행 서술문이나 더 나아가서 그 상위의 이행동사구문에 의해서 의미론적 제약을 받는다고 볼 수는 없다.

둘째, 그는 부가의문문은 완전한 선행 서술문의 상위문으로부터 완전한 문장으로의 복원이 가능하다고 기술하고 있다. 그러나 우리는 의미의 유사성을 기초로 하여 상위문을 상정하는 문제와 부가의문문의 특성과는 별개의 문제라고 본다. 왜냐하면 일반 의문문도 동일하게 상위문으로 복원할 수 있기 때문이다.

셋째, 성광수(1980: 56-8)는 부가의문문의 선행 서술문과 부가문의 긍.부정 형태에 대하여 논하고 있다. 그는 경상도 방언의 부가의문문은 선행문과 부가문의 긍.부정 형태가 자유롭게 쓰이면서도 인지적 의미(cognitive meaning)의 차이를 가져오지 않는다고 주장하고 있다. 우리는 그의 주장에 전적으로 동의한다. 아울러 이는 부가의문문의 보편문법과 일치하고 있다.

넷째, 성광수(1980: 58-60)는 부가의문문의 상승억양과 하강억양이 부가의문문의 통사구조와 선행 서술문과 부가문의 연접(juncture)에도 영향을 준다고 기술하고 있다. 우리는 경상도 방언의 부가의문문에서 서술문과 부가문 사이의 연접, 즉 휴지(pause)의 시간이 부가문의 상승억양과 하강억양에 의해서 제약을 받는다는 그의 주장을 받아들일 수 없다. 우리는 두 구문의 휴지는 바로 두 구문의 독립성과 관련성을 동시에 표현하는 장치라고 보며, 부가문의 종결억양은 화자의 가정에 대한 강도(strength)를 표현하는 독립적인 장치라고 본다. 이는 또한 부가의문문의 보편문법이기도 하다.

5.2 전병쾌(1984) 비판

전병쾌(1984: 84)의 국어의 부가의문문에 대한 주장을 다시 검토해보자.

첫째, 그는 국어의 부가의문문을 선행 서술문의 종결어미의 형태소에 따라 두 가지로 분류하고 있다. 즉, 국어 부가의문문은 선행서술문의 종결어미에 따라 '-다' 종결어미형과 '-지' 종결어미형으로 나누어진다. 우리는 전형적인 경상도 방언의 부가의문문에 '-지' 종결어미형이 존재하지 않는다는 점을 근거로 하여 이를 받아들이지 않는다.

둘째, 전병쾌(1984)는 선행 서술문과 부가문의 긍·부정 형태는 선행문이 긍정문이면 부가문은 긍정문이나 부정문이 모두 가능하지만, 선행문이 부정문이면 부가문은 오직 긍정문만 가능하다고 보았다. 이는 경상도 방언의 부가의문문과도 배치되는 주장일 뿐만 아니라 우리가 상정한 부가의문문의 보편문법과도 상치된다.

셋째, 전병쾌(1984)는 부가문을 긍정형은 "그렇지?", 그리고 이의 부정형으로 "그렇지 않니?"만을 인정했다. 이를 경상도 방언의 부가의문문의 부가문과 비교해보면 긍정형 "그지?"는 "그렇지?"와 동일형태로, 부정형 "아이가?"는 "그렇지 않니?"와 대응시킬 수 있으나 실제로는 관용적인 이유로 사용되고 있지 않다고 볼 수 있다.

5.3 장석진(1984) 비판

이제 장석진(1984)의 국어 부가의문문에 관한 주장을 검토하기로 하자.

첫째, 그는 국어의 전형적인 부가의문문으로서 꼬리가 "않아(요)?/않니?/않냐?/않습니까?"인 다음 문장을 설정한다. 문제는 그의 전형적인 부가의문문이 바로 국어의 장형 부정의문문과 구조적으로 뿐만 아니라 의미·화행론적으로도 매우 유사하다는 점이다. 다음 예문을 다시 보자.

(20) a. 비가 왔지 않아?
b. 비가 오지 않았어?
c. 비가 왔잖아?
d. 비가 오잖았어?

장석진(1984)은 예문 (20a)는 국어의 '전형적인' 부가의문문으로서 "비가 왔지?"라는 선행 의문문과 "-않아?"라는 의문문형식의 부가문이 결합된 문장으로 본다. 그는 부정의문문 (20b)와 통사적으로나 화행적으로 유사하지만 그 차이는 시제소가 실현되는 위치에 따라 구분된다고 본다. 김동식(1980)은 구문 (20a)을 "확인문"이라는 새로운 문형으로 설정하는 논의를 제시한 바 있고, 특히 장경기(1986)는 구문 (20a)가 김동식(1981)의 확인문도 아니고 장석진(1984)의 "전형적인 부가의문문"도 아니며, 국어 부정의문문의 독특한 형태라는 주장을 한 바 있다.

장석진(1984)의 이러한 주장은 우리가 설정한 부가의문문의 보편문법에 비추어 두 가지의 심각한 문제점이 있다는 것이 우리의 판단이다. 첫째, 그의 전형적인 부가의문문인 구문 (20a)는 선행문이 '-지?'종결어미를 갖는 의문문인데, 이는 부가의문문의 보편문법과 배치된다. 더구나 그는 '전형적'이라는 표현을 쓰고 있는 바, 이는 대표적이고 생산적인 의미라고 볼 때 국어의 대표적인 부가의문문이 보편문법을 어기고 있다는 것은 심각한 문제점이라고 하지 않을 수 없다. 물론 이 구문이 의심의 여지없는 부가의문문이라는 증거가 있다면 국어의 개별문법적 특성이라고 볼 수도 있으나, 장경기(1986)에서 논하고 있듯이 부가의문문이 아니라 부정의문문일 가능성이 매우 크기 때문에 국어의 전형적인 부가의문문이라는 주장을 받아들일 수 없다. 둘째, 예문 (20a)는 '지'와 '않'의 축약이 구어체에서 매우 생산적으로 일어난다. 이 점은 바로 부가의문문의 보편문법상 선행문과 부가문 사이에 일정한 휴지가 있어야 한다는 조건을 위반하고 있는 것이다. 박남식(1982: 229)이 지적하고 있듯이 축약과 생략은 바로 의미와 발음의 약화를 유발하게 되는데, 이를 (20a)에 적용해보면 바로 '지'는 부정의문문의 ‘지’이지만 실제로는 강한 긍정의 의미를 가지고 있기 때문에 ‘지’와 부정소 ‘않’의 축약으로 ‘잖’이 된다고 볼 수 있는 것이다. 우리의 주장이 옳다면 (20a)의 ‘지’는 종결어미가 아니므로 당연히 한 문장이고 “않니?”도 부가의문문의 꼬리가 아니라 장형 부정의문문의 부정소일 뿐이다.

둘째, 장석진(1984: 267)은 부가의문문의 꼬리(부가문)인 “안그래?/그렇지?” 등을 대용 표현 “그러하다”에서 나온 것으로 보고, 이러한 유형의 부가의문문을 “대용어 부가의문”이라고 부른다. 그는 꼬리의 긍·부정 형태는 “그래/안그래?,” “그렇지/그렇지 않아?” 등이 선행문의 긍·부정문과 관계없이 쓰일 수 있다고 본다. 우리는 이 주장은 부가의문문의 보편문법과 일치하므로 그대로 받아들인다. 그러나 “그래/안그래?”가 국어 부가의문문의 일반적인 부가문인지는 뒤에서 더 논하기로 하겠다.

셋째, 장석진(1984: 271-2)은 부가의문문의 보문화가 가능하다고 기술하고 있다. 영어 부가의문문의 경우 배태영(1973)은 논리적으로 보문화가 불가능하다고 주장하는데, 그 이유는 선행서술문과 의문문 형식인 부가문을 동시에 연결해주는 보문자가 영어에는 존재하지 않기 때문에

영어 부가의문문의 보문화는 불가능하다고 설득력있게 진술하고 있다. 이러한 논리가 국어의 부가의문문에 어떻게 적용되는지 살펴보자.

(21) a. “어제 밤에 비가 왔다, 그지?”

b. 순이는 어제 밤에 비가 왔다고 말했다.

c. 순이는 어제 밤에 비가 왔냐고 물었다.

d.*순이는 어제 밤에 비가 <u>왔고 왔냐고(?)</u> <u>말했고 물었다(?)</u>.

전형적인 국어의 부가의문문인 경상도 방언의 예문 (21)에서 보듯이 국어 부가의문문의 보문화도 두 가지 면에서 자연스럽지 못하다. 첫째, 선행서술문과 의문형인 부가문을 동시에 만족하는 주절술어가 없기 때문에 보문화가 불가능하다. 즉 술어 ‘묻다’는 보문이 의문문일 경우의 주절 술어이고, 술어 ‘말하다’

는 보문이 서술문일 경우의 주절 술어일 뿐 의문문과 서술문을 동시에 보문화할 술어는 존재하지 않는다. 둘째, 보문화 과정에서 보문은 직접화법에서 간접화법으로 전환되어야 하는데 부가의문문은 직접 대화하는 어법이므로 (21d)처럼 간접화법으로 표현되면 원래의 화행상의 의미가 전달되지 못한다. 이러한 우리의 논의가 옳다면 영어와 마찬가지로 국어도 부가의문문의 보문화가 불가능하다고 보아야 하며, 결국 장석진(1984)의 부가의문문의 보문화가 가능하다는 주장을 우리는 받아들일 수 없다.

넷째, 장석진(1984: 272-6)은 부가의문문의 본문과 꼬리가 이어지는 절경계(clause boundary)의 억양과 휴지(pause) 여부, 꼬리의 억양을 살피고 정서법, 특히 구두점 사용에 관한 방안을 논하고 있다. 그는 부가의문문의 선행문과 부가문 사이의 휴지와 관련하여 휴지도 없고 쉼표도 없는 경우와 휴지가 있고 쉼표가 있는 경우, 그리고 휴지가 있고 마침표가 있는 경우로 분류하고 있다. 이때 선행문의 종결어미 및 억양도 이 문제에 영향을 준다고 주장하고 있다.

이를 부가의문문의 보편문법적 입장에서 고려해보면 몇 가지 문제가 있다. 첫째, 선행문과 부가문(꼬리) 사이에 휴지가 없는 경우를 부가의문문으로 본 것은 보편문법상 받아들일 수 없다. 물론 장석진(1984)이 앞에서 언급한 (20a)를 부가의문문으로 본 데서 온 논리적 귀결이지만, 이를 역으로 말하면 (20a)가 부가의문문이 아니라는 증거가 될 수도 있는 것이다. 둘째, 선행문과 부가문 사이에 마침표가 있는 경우를 부가의문문으로 본 것은 바로 부가의문문의 정의에 비추어 모순이 아닐 수 없다는 것이 우리의 입장이다. 마침표는 바로 두 문장이 독립적이라는 표시이므로 한 문장인 부가의문문으로 분류될 수 없다. 물론 통사적으로나 혹은 의미, 화용론적으로 마침표로 이어지는 두 문장과 쉼표로 연결된 부가의문문이 유사성을 가질 수는 있으나 이를 동일한 문형으로 분류할 수는 없다고 본다. 셋째, 선행문의 종결억양을 상승억양과 중평억양으로 나눈 것도 보편문법과 상치된다. 쉼표는 오직 중평억양만을 가진다는 것이 보편문법적 견해이다. 물론 장석진(1984)이 상승억양을 갖는다고 분류한 것은 (20a)의 '지'가 의문형 종결어미이므로 상승억양을 갖는다고 분류했지만, 우리는 이를 인정하지 않고 단지 부정의문문의 ‘지’라고 본다.

VI. 결론

우리는 지금까지 비교적 명시적으로 기술된 것으로 인식되는 영어 부가의문문의 성질을 토대로 하여 부가의문문의 보편문법을 가정하고, 이 보편문법에 따라 국어에도 과연 부가의문문이 존재하는지를 논의하였다.

구체적으로 우리는 부가의문문의 보편문법을 다음과 같이 설정하였다. 첫째, 부가의문문은 선행하는 서술문과 후행하는 의문문 형식의 부가문이 결합된 독립된 문형이다. 둘째, 부가의문문의 부가문은 어휘적 요소로 나타날 수도 있고, 선행 서술문에 기초한 생략된 의문문의 구조를 갖기도 하며, 때로는 독립적인 의문문이 부가문이 되기도 한다. 셋째, 선행서술문과 부가문의 긍·부정 형태에 대한 어떠한 제약도 없다. 넷째, 부가의문문의 선행 서술문과 부가문 사이에는 쉼표 정도의 휴지가 있다. 다섯째, 부가의문문의 종결억양이 상승억양이냐 하강억양이냐에 따라 나누어지고, 상승억양이면 화자의 가정이 약하여 청자가 이에 대하여 부정할 수도 있으나 하강억양이면 화자의 가정이 상대적으로 강하여 청자는 이를 부정하기가 쉽지 않다.

이러한 부가의문문의 보편문법에 비추어 볼 때, 국어의 부가의문문에 관한 대표적인 선행연구인 성광수(1980), 전병쾌(1984), 장석진(1984) 등이 모두 심각한 문제점을 가지고 있음을 확인하였다. 그 가운데서도 공통적으로 나타나는 문제점은 의심할 여지가 없는 국어의 전형적인 부가의문문을 제시하지 못하고 있다는 점이다. 다시 말해서 우리는 국어를 모국어로 사용하는 화자가 자연스럽게 부가의문문으로 인식하고 있는 예문을 제시하고, 또 이를 분석의 대상으로 삼고 있다는 어떠한 확증이나 논의를 선행연구에서 발견할 수 없었다.

우리는 과연 국어에도 부가의문문이 존재하는지를 확신하지 못하고, 또 국어 사용자라면 누구나 인정할 수 있는 부가의문문의 예문조차 발견하지 못한 채로 방황하다가 정말 우연히 경상도 방언에서 두루 쓰이고 있는 다음과 같은 문장을 발견하게 되었다. 4장 2절에서 논의된 예문을 다시 제시한다.

(22) a. 어제 밤에 비가 (안) 왔다(,) 그지?/맞지?
b. 어제 밤에 비가 (안) 왔다(,) 아이가?
c.*어제 밤에 비가 (안) 왔지(,) 그지?/맞지?
d.*어제 밤에 비가 (안) 왔지(,) 아이가?
e. 어제 밤에 비가 (안) 왔다(,) 그지예?/맞지예?
f.*어제 밤에 비가 (안) 왔습니다(,) 그지예?/맞지예?
g. 어제 밤에 비가 (안) 왔습니다. 그지예?/맞지예?/

그러면 우리가 어떻게 위 예문 (22a)와 (22b)가 의심의 여지가 없는 국어의 부가의문문으로 받아들였는가가 궁금할 수 있다. 그 근거는 다음과 같다. 첫째, 위 예문들이 지극히 구어적이고 생산적으로 사용되는 대화체 문장으로서 조사에 응한 경상도 토박이 학생들 중 단 한 명도 이 예문의 문법성 및 용인성(acceptability) 판단에 대하여 이의를 제기하지 않았다. 둘째, 통사적으로 위 예문들이 선행서술문과 의문형의 부가문(tag)으로 구성되어 있다. 이 때 선행서술문의 종결어미는 중립적 종결어미 '-다'만이 가능하고 부가문(tag)은 긍정형에서는 의문형 종결어미 '-지?'가, 부정형에서는 의문형 종결어미 '-가?'가 사용된다. 이 부가문은 선행문과 독립되어 있다는 면에서는 어휘적이지만, '-지?'나 '-가?'와 같은 의문형 종결어미가 부착되고, 또 예문 (22e)와 같이 청자 존대 종결어미 '-예'가 부착된다는 면에서는 통사적인 특성도 가지고 있다. 셋째, 위 예문들이 선행 서술문과 부가문의 긍·부정 형태에 대한 아무 제약이 없다. 넷째, 위 예문들의 선행서술문과 부가문 사이는 약간의 휴지가 있으나 결코 종결, 혹은 단절이 없이 자연스럽게 부가문으로 이어진다.[10]이 점은 언어학적으로 매우

10) 선행 서술문과 부가문이 자연스럽게 이어진다는 것을 설득력있게 설명한다는 것은 사실상 불가능하다. 필자는 전라도 토박이이고, 서울에서 오래 살았지만 부가의문문의 선행연구들이 제시한 예문을 보고서 자연스러운 문장, 즉 선행 서술문과 부가문이 끊기지 않고 이어지는 문

의미가 있는데, 통사적으로도 다른 성분이 선행 서술문과 부가문 사이에 개입할 수 없음을 의미하며, 또 화자의 청자에 대한 존대법조차도 선행 서술문의 종결어미에 실현되면 (22f)처럼 비문이 되고 (22e)처럼 오직 부가의문문의 끝, 즉 부가문의 종결어미에 청자대우법이 실현된다는 것은 부가의문문 (22a)나 (22b)는 결코 독립된 두 문장을 마침표를 없애고 단순히 이어 놓은 문장이 아니라는 점을 증명해주고 있는 것이기 때문이다. 이 사실은 음운론적으로도 선행 서술문의 종결어미 '-다'가 하강억양을 갖지 않는다는 점에서도 지지를 받고 있다. 따라서 음성언어가 아닌 문자언어에서 영어처럼 쉼표로 구분할 것인가 아닌가는 국어 부가의문문의 기술에서는 지엽적인 문제라고 보아야 할 것이다. 이러한 우리의 입장을 편의상 선택적인 쉼표((,))로 기술하였다. 다섯째, 음운론적으로 예문 (22a)와 (22b)는 상승억양으로 끝나면 선행 서술문에 대한 화자의 가정이 상대적으로 약하여 청자가 이를 부인할 수도 있으며, 하강억양으로 끝나면 선행 서술문에 대한 화자의 가정이 상대적으로 강하여 청자가 이를 청자가 부인하기가 그만큼 어렵게 된다.

지금까지의 우리의 논의가 옳게 진행되었다면 경상도 방언의 구어체 예문 (22a) 및 (22b)와 같은 유형의 구문은 바로 부가의문문의 보편문법을 그대로 준수하고 있음이 증명된 것이며, 의심의 여지가 없는 국어 부가의문문으로 판명된 것이라고 우리는 주장한다.

끝으로 우리가 국어 부가의문문에 관하여 논하고자 했을 때 다른 언어학적 주제와는 사뭇 다르다는 사실을 곧 깨닫게 되었다. 즉 무엇을 국어의 부가의문문으로 간주하고 이를 분석할 것인가, 즉 기술의 대상이 확정되어있지 않다는 점이 그것이다. 국어의 부정문을 기술한다고 할 때, 혹은 국어의 의문문을 기술

장이라는 판단이 들지 않았다. 바꾸어 말하면 영어의 원어민들이 부가의문문을 사용할 때 선행 서술문과 부가문을 자연스럽게 이어서 발화하는 것과 비교해보면 국어의 부가의문문은 매우 인위적이고 부자연스럽게 인식되었다. 그런 면에서 보면 적어도 전라도 방언이나 서울말에는 부가의문문이 없다는 것이 필자의 판단이다. 오직 경상도 방언에 나타나는 부가의문문은 필자가 청자의 입장에서 판단할 때 영어와 거의 비슷하게 선행 서술문과 부가문이 단절 없이 이어지고 있음을 확인하였다. 다시 말하지만 경상도 방언을 사용하지 않는 사람은 왜 (22a)와 (22b)가 자연스러운 문장인지를 이해하기 어렵다는 것이 우리의 확고한 판단이다.

한다고 할 때, 서술문이나 명령문과 다른 의문문이 분명히 드러나게 되고 이를 분석의 대상으로 삼는 데는 일단 어려움이 없는데 반해 국어의 부가의문문은 어떤 문장이 국어 부가의문문인지 불분명한데 어떻게 이를 분석하고 기술할 것인가 하는 문제에 부딪치게 되었다. 이는 바로 국어 부가의문문이 이론적으로 정립되지 않았음을 의미하는데, 우리는 이를 확인하기 위하여 몇 가지 선행 연구를 검토하였으나 예상한대로 부가의문문의 분석의 대상도 일정하지 않고 이의 정의조차 일치하지 않았다. 이를 극복하기 위하여 비교적 잘 기술되어 있는 영어 부가의문문의 이론을 참고로 하여 일단 부가의문문의 보편문법을 확립하고, 이에 따라 국어 부가의문문을 규정하고자 하였다. 그 과정에서 다행히도 경상도 방언에서 국어의 부가의문문으로 보이는 예문이 있음을 발견하게 되었고, 이를 임시적인 분석의 대상으로 삼고 이미 확립된 보편문법이라는 자(standard)를 사용하여 부가의문문인지를 검증하는 방법을 사용하였다. 그 결과 경상도 방언에는 부가의문문이 분명히 존재한다는 점이 사실로 밝혀지게 되었고, 부수적으로는 전라도 방언이나 서울말에는 부가의문문이 존재하지 않는다는 것도 밝혀지게 되었다. 그러나 필자가 아는 바가 없는 북녘 땅 어느 하늘 아래 오지나 충청도 혹은 강원도, 아니면 바다건너 삼다도의 어느 마을에서 부가의문문이 생생히 살아 숨쉬면서 언어학자의 손길을 안타깝게 기다리고 있지나 않을는지 모르겠다.

참고문헌

김동식(1981) '부정 아닌 부정,' 『언어』6.2, 한국언어학회

박병수(1974) 'Tag Question 재고: Discourse Analysis의 한 시도,' 영어영문학』 51-2. 한국영어영문학회.

배태영(1973) '부가의문에 관한 소고,' 『영어영문학』47. 한국 영어영문학회.

성광수(1980) '국어 부가의문에 대하여,' 『한글』제168호.

장경기(1986) '국어의 부정의문문과 전제.' 『어학연구』22.1, 서울대. 어학연구소.

장석진(1984) '국어의 부가의문,' 『언어』9.2, 한국언어학회.

전병쾌(1984) 『한국어 부정구조의 분석』. 서울: 한신문화사.

최현배(1935) 『우리말본』. 서울: 정음문화사.
Cattell, Ray.(1973) Negative Transportation and Tag Questions. *Language* 49.3.
Culicovor, Peter W.(1976) *Syntax*. New York.
Hudson R. A.(1975) The meaning of Questions,' *Language* 51.1.
Jespersen O.(1933) *Essentials of English Grammar,* George Allen & Unwin, London
Lakoff, Robin(1969) *A Syntactic Argument for Negative Transportation.* CLS. Lyons, John(1979) Semantics 2. Cambridge.
Park Nahm-Sheik(1982) Constraint on Proximate Reduction, *Language Research* 18.1.
Ohalla, J.(1994) *Introducing Transformational Grammar,* Edward Arnold.
Quirk R. et al.(1972) *A Grammar of Contemporary English.* Seminar Press.
Quirk R. et al.(1985) *A Comprehensive Grammar of the English Language,* Longman.
Stageberg, Norman C.(1981) *An Introductory English Grammar.* New York.

<Abstract>

Universal Grammar of Tag Question and Gyong-sang Dialect

Chang, Kyung Key. "Universal Grammar of Tag Question and Gyong-sang Dialect' *The Journal of Humanities.* 17. The University of Ulsan. (1999): This paper argues that tag question is language-universal and that the Korean language has tag questions as well. As a preliminary work for the UG(Universal Grammar) of tag question, we explicitly describe English tag questions. We argue that the UG of tag question is as follows.

First, a tag question consists of a preceding declarative and a following interrogative-type tag.

Second, the tag of the tag question may be an interrogative short form of the preceding declarative, an interrogative lexical type, or an independent interrogative.

Third, the positive or negative form of the declarative and tag are has no matching constraint.

Fourth, the declarative and tag are connected by a pause or comma, which means the two constituents are not independent but interrelated.

Fifth, the tag question has two rising or falling intonation contours, which is classified according to the intensity or degree of strength of the speaker's assumption.

We closely examine some foregoing arguments on Korean tag questions on the UG basis of the tag question, where we find neither satisfying explanatory adequacy nor theoretical consistency. Among others, they share neither general definition of the tag question nor the same types of data of the Korean tag question.

Luckily but amazingly enough, we come to discover the typical Korean tag question in the Gyong-sang Province dialect, which almost perfectly observes our UG of the tag question. We conclude that the Gyong-sang Province dialect only among several Korean dialects has tag questions with reservation about the other untouched Korean dialects by linguists. (Ulsan University)

Key Words: Tag Question, Gyong-sang Dialect, Declarative, Speaker's Assumption

06
대우법의 자립통사론과 화용론*

I. 서론

1.1 연구 목적과 방법

이 논문은 현대 국어의 대우법(Honorifics)에 대한 명시적인 기술을 위하여 대우법의 통사론과 화용론이 엄격하게 분리되어야 한다는 전제하에 자립적 통사론과 문장내의 화용론을 기술하고자 하는 시도의 하나이다. 대체로 그동안의 대우법 연구는 주로 대우법의 사용(use)에 관한 것이었다고 말할 수 있다. 우리는 국어의 대우법도 한국인의 내재된 언어 지식으로서의 언어 능력(language faculty)과 이의 실제적인 수행 행위인 언어 사용(language use)이 구분되어야 한다고 가정한다. 대우법의 언어 능력은 명시적인 통사 규칙으로 기술되어야 하며, 대우법의 사용 원리는 통사규칙을 준수하고 있는 정문이 어떤 대화자에 의해서 어떤 상황(context)에서 쓰이는가를 밝히는 것이라고 말할 수 있다. 따라서 우리의 일차적인 목적은 대우법의 자립 통사론을 정립하는 것이며, 이를 토대로 하여 대우법의 문장내적 화용론(sentence-internal pragmatics)을 정당화하고 아울러 이를 명시적으로 기술하는 것이 이차적인 목적이다. 우리가 여기서

* 이 논문은 『인문논총』 제17호(울산대학교 논문집, 1999)에 실린 것을 수정·보완한 것이다.

분명히 해두어야 할 점은 우리의 대우법의 화용론에 대한 논의는 문장 안의 대우 표현의 사용에 국한된 것이라는 점이다. 다시 말해서 우리는 대우법이 어떤 구체적인 상황에서 어떤 조건에 의해서 사용되는가에 대한 문장외적 화용론(sentence-external pragmatics)과 특정 사회집단의 대우법 사용의 다양성(diversity)에 대한 사회언어학적 연구(sociolinguistics)는 다루지 않는다. 따라서 우리는 대우법의 문장 안의 화용론은 대우법의 통사론과 구분되어야 하며, 또한 문장 밖의 대우법의 화용론 및 대우법에 대한 사회 언어학적 접근과도 구분되어야 한다고 가정한다.

연구 방법으로는 먼저 기존 연구의 대표적인 문제점을 제시하고, 이를 해결하기 위한 기본 전제를 설정한 다음, 대우법을 통일된 용어와 기준에 따라 분류하여 대우법의 자립통사론과 문장 안의 화용론을 각각 기술하기로 하겠다. 특히 대우법의 자립통사론은 Chomsky(1981)의 지배결속이론(Government-Binding Theory: 이하 GB이론)의 모델을 따라 대우법 기능범주를 통사적으로 기술하고, 대우법의 문장내 화용론은 현대 사회의 동질 집단의 이상적인 화자가 사용하는 문장을 양립성 조건(compatibility condition)으로 기술하기로 하겠다.

1.2 기본 전제

우리는 국어 대우법의 통사론과 문장 내의 화용론을 기술하기 위하여 다음과 같은 기본 입장과 전제를 가지고 출발하기로 한다.

첫째, 대우법을 기술하는 용어는 통일되어야 하며, 그 용어는 대우법의 일부만을 다루는 용어가 아닌 대우법 전체를 포괄할 수 있는 것이어야 한다. 이러한 인식이 성기철(1970), 서정수(1972, 1984), 임홍빈(1986) 등에서 받아들여졌지만 아직도 일반화되고 있지는 않다.[1]) 용어의 통일은 학문의 발달을 위해서 매우

---

1) '대우법'이라는 용어가 적절하다고 보는 논문으로 성기철(1970), 서정수(1972,1984), 임홍빈(1986) 등이 있고, 특히 서정수(1984)는 이 용어의 적절성과 '주체', '객체' 등의 용어에 대한 비판이 있다. 또 임홍빈(1986)은 '대우법'이라는 용어뿐만 아니라 '상대'라는 용어 대신에 '청자'가 적절하다고 주장한다. 우리는 이러한 논문에 힘입어 언어학적으로 타당한 용어의 설정을 주장하고 대안을 제시하게 되었다. 한편 '대우법'을 일반적으로 영어의 'Honorifics'라고 번

바람직한 필수조건이다. 왜냐하면 용어야말로 이론의 가장 기본적인 정의와 개념을 상징하고 있기 때문이다. 우리는 '대우법'이라는 용어가 이러한 정신에 부합하는 용어라고 본다. 즉 대우법은 화자가 어떤 인물에게 말을 높이고(존대법), 낮추고(하대법), 높이지도 낮추지도 않는(평대법) 어법을 모두 포괄하는 용어이다.

둘째, 대우법 기술의 기준은 하나로 통일되어야 한다. 대우법의 본질이 화용론적인 것임을 받아들인다면, 문장 안에 화자가 등장하느냐에 관계없이 화자가 대우법의 주체, 즉 실행자가 되어야 한다는 것은 당연한 논리인듯 보이지만, 기존의 연구는 이 점에 있어서도 합의되어 있지 않다. 청자 대우법은 화자가 대우의 주체라는 점은 일치된 견해를 보여주고 있지만, 주어로서의 인물도 대우법의 실행자로 분석하고 있는 이론이 많다. 만일 주어가 대우법의 주체(실행자)라는 주장은 화자와 청자가 없이 대화가 가능하다는 주장이나 다를 바 없으므로 우리는 이를 받아들일 수 없다. 우리는 일관되게 대우의 주체는 화자이며, 대우의 일차적 대상은 청자이고, 주어나 목적어로 등장하는 제삼의 인물에 대한 대우법조차도 청자 대우법의 관점에서 분석되어야 한다고 본다. 이러한 입장에서 대우법의 분류는 대우의 대상, 즉 객체를 기준으로 이루어져야 한다고 본다.

셋째, 대우법의 통사론은 자립적으로 기술되어야 한다. 기존의 이론이 명시성을 갖추지 못했다면 이는 바로 대우법의 구조, 즉 통사적 연구가 거의 이루어지지 않은 데에 원인이 있다고 판단된다. 대우법의 구조적 연구가 이루어지면 그만큼 화용론의 대상이 분명해지기 때문에 화용론 연구에도 많은 도움을 준다. 조의연(1988)은 대우법의 통사론과 화용론이 자립적으로 연구되어야 한다는 당위성을 매우 설득력있게 제시하고 있다. 또한 최근의 지배결속이론에 의한 국어 통사론의 연구가 활발해지면서 주어 대우법의 형태소인 '-시-'의 통사적 의의를 밝히고자 하는 연구가 매우 다양하게 진행되고 있다. 우리는 대우법

역하지만 엄격하게는 일치하지 않는 용어이다. 왜냐하면 국어의 대우법은 존대법, 평대법, 하대법의 개념이 모두 포함된 용어이고 영어의 'Honorifics'는 의미상으로 존대법만을 지칭하는 용어이기 때문이다.

의 통사론은 오직 통사적 용어와 개념에 의해서 구조적으로 설명되어야 한다고 가정한다. 아울러 대우법의 자립 통사론의 기술을 위해서 대우법의 어휘론과 형태론도 독립적으로 기술되어야 한다고 본다.

이상과 같은 세 가지 기본 입장과 전제하에 우리는 구체적인 분석 작업을 수행하기로 하겠다.

1.3 기존 연구의 문제점

국어의 대우법은 문장의 명제적 의미(propositional meaning)에 아무 영향을 주지 못하면서도 대우법이 실현되지 않은 문장은 결코 존재할 수 없다는 면에서, 그리고 대우법이 잘못 사용되면 대화의 내용과 관계없이 대화자간의 인간관계에 심각한 영향을 미치게 된다는 면에서 국어의 가장 두드러진 특징의 하나로 인식되어 왔고, 이에 상응하여 국어학계의 항구적인 연구 주제가 되어 왔다.

그러나 대우법에 대한 약간의 관심만 가지고 들여다보면 그 체계가 얼마나 복잡한가를 어렵지 않게 알 수 있다. 이를 단적으로 보여주는 증거가 바로 '대우법'을 지칭하는 용어의 수이다. 남기심·고영근(1985: 322-3)에 의하면 존비법, 공손법, 대우법, 존경법, 겸손법, 겸양법, 공대법, 경양법, 경어법, 존대법 등의 명칭이 쓰인다고 언급하고 있으며, 여기에 순 우리말 용어까지 합하면 그 숫자는 더욱 늘어날 것이다. 또 서울대 대학원 국어연구회편(1990: 388-434), "국어 연구 어디까지 왔나"를 보면 존경법, 공손법, 겸양법이 각각 다른 필자에 의해서 독립적으로 기술되고 있으면서도 내용은 상당 부분이 중복되고 있는 것도 대우법 연구가 그 연구 영역을 가르기조차 어려웠음을 웅변해주는 것이다. 학자는 자기가 사용하는 명칭의 고유성을 주장하거나 전제로 하겠지만, 학문의 진정한 발전을 위해서는 연구 대상을 투명하게 하는 일이 무엇보다도 중요하며, 또 전문 용어의 올바른 사용이 그 투명성을 좌우할 수도 있기 때문에 대우법 연구의 실상을 이해하기 위하여 우리는 우선 명칭의 혼란을 언급하였다.

이제 구체적으로 기존의 대우법 연구가 지닌 대표적인 몇 가지 문제점을 제시하여 이를 해결하기 위한 출발점으로 삼기로 한다. 다만 여기에서 기존의 연구란 우리의 입장에서 볼 때 문제점이라고 판단되는 일반적 견해라고 가정한다.

첫째, 용어와 개념의 혼란과 모호성이 심각하다. 이론의 생명인 타당성은 다른 이론에 의해서 검증될 수 있는 투명한 장치를 가지고 있느냐에 의해서 좌우되는데, 이런 면에서 많은 기존의 대우법 관련 이론은 문제가 되고 있다고 판단된다. 우선 우리의 '대우법'이 지칭하는 용어만 하더라도 적어도 열 개 이상의 용어가 사용되고 있으며, 주체, 객체 등의 언어학적 정의가 모호한 개념이 학자마다 자의적으로 사용되고 있다. 이와 같은 현상은 국어 대우법의 복잡성을 반영하는 것이기도 하지만, 한편으로는 이론 자체의 논리성과 설명력의 빈곤에서 연유한 것이라고 볼 수 있다. 예를 들어 화자가 주어나 청자를 높이는 대우법을 '존경법'이라고 부르면서 화자 자신을 낮추는 대우법을 '겸양법'이라고 부르는 것은 동일한 현상에 대한 다른 이름에 불과한 것이라고 본다. 왜냐하면 화자가 남을 높이는 것은 자신을 낮추는 행위요, 자신을 낮추는 것은 남을 높이는 행위에 다름 아니기 때문이다. 물론 국어에 소위 존경법과 겸양법이 통사적으로 완전히 다른 체계를 가지고 있다면 독립적 용어의 사용은 정당하다. 그러나 앞으로의 논의에서 밝혀지겠지만, 그렇다고 단정할 만한 통사적 증거는 없다는 것이 우리의 입장이다.

둘째, 대우법의 통사론과 화용론이 엄격하게 분리되지 않았다. 대우법이란 본질적으로 화자가 청자와 문장에 나타나는 인물과의 인간관계를 고려하여 청자에게 말하는 대우 어법이므로 이는 바로 화용론의 영역임이 분명하다. 그러나 화용론적 용법도 일단 문장화되면 이 문장은 통사론에 의해서 구조적으로 설명되어야 할 대상이 된다. 여기에 대우법의 통사론이 독자적으로 존재해야 하는 이유가 있고, 동시에 화용론이 독자적으로 존재해야 하는 이유가 있다. 우리는 국어 대우법의 통사론이 엄연히 존재하며, 이는 오직 통사론적 용어와 개념에 의해서 기술되어야 한다고 본다.

셋째, 대우법 기술의 기준에 일관성이 없었다. 대우법이 본질적으로 대우하는 인물과 대우받는 인물 사이의 직접 대화라고 정의할 수 있다면, 대우법의 실행자, 즉 주체는 화자이고 대우법의 일차적 대상자, 즉 객체는 청자이다. 그러나 기존의 이론을 보면 대우법이 화자와 청자와의 대우 관계로 분석되기도 하고, 주어(주체)가 대우의 주체로서 목적어(객체)의 대우 관계로 정의되기도 했다. 이익섭·임홍빈(1983: 225-6)과 서정수(1984: 28)가 대표적인 경우이다. 예를 들어 서정수(1984: 28)는 "학생이 선생님께 말씀 드린다"는 문장을 학생이 선생님을 존대하는 표현이라고 주장하고 있는데, 이는 대우의 주체가 주어일 수 있다는 기존 이론의 대표적인 잘못된 이론이다. 우리는 대우법의 수행자, 즉 주체는 오직 화자이므로 보이지 않는 화자가 주어인 학생을 어휘적으로 평대하고, 목적어인 선생님을 '-님'과 '-께'라는 형태 존대어에 의해서 존대함과 동시에 '드리-'라는 목적어 존대를 위한 어휘 술어에 의해서도 선생님을 존대하는 대우법을 실행하고 있다고 본다.

넷째, 대우법 통사론의 하위 영역으로서 어휘 대우와 형태 대우의 독립성을 인정하지 않았다. 서정수(1984: 27-8)는 "동일한 말이라도 상황에 따라서는 예사말이나 겸사말 또는 낮춤말로 여겨질 수가 있다"라고 기술하고 있는데서 이 점을 확인할 수 있다. 현행 고등학교 문법 교과서(1991: 109)에서도 '말씀'은 '말'의 높임말도 되고 낮춤말도 된다고 기술되고 있음을 볼 때, 이러한 오해가 얼마나 일반화되어 있는가를 단적으로 보여주고 있다. 서정수(1984: 28)에서도 '노래'도 선생님이 부르는 '노래'는 높임말이고 학생이 부르는 '노래'는 낮춤말이라 했으니, 이러한 왜곡된 학계의 현상은 '말씀'이라는 특정 어휘의 문제가 아님을 알 수 있다.

다섯째, 대우법에 대한 기존 이론이 본질적으로 화용론적이었음에도 불구하고 그 설명력조차 만족할만한 것은 아니었다. 그 일차적 원인은 화용론 연구의 혼합적 방법론에 있었다고 본다. 우리는 대우법의 화용론의 기술을 문장 안에서의 기술과 문장 밖에서의 기술로 나누어야 한다고 가정하며, 문장 안의 화용론은 화자의 대우법이 특정 인물에 대하여 일관성있게 실현되었느냐에 따라 적합성 여부가 결정되어야 한다고 본다. 우리는 뒤에서 이를 양립성 조건(compatibility condition)으로 개념화하여 구체적인 사례별로 살펴보기로 하겠다.

II. 대우법의 분류

2.1 분류의 필요성과 기준

우리는 대우법의 명시적 기술을 위해서 먼저 대우법을 엄격한 기준에 따라서 분류하고, 이를 근거로 통사론의 영역을 확정한 다음, 통사론 안에서 대우법의 위상을 설정하는 작업을 한 후에 구체적으로 통사론적 분석을 하게 된다. 그리고 대우법의 문장내의 화용론 기술을 위한 유형별 분류를 한 다음, 구체적인 기술에 들어가기로 하겠다.

먼저 대우법의 통사론을 체계적으로 다루기 위해서 통사론의 대상을 엄격하게 분리할 필요가 있다. 화용론은 통사론의 상위범주로서 분리되어야 하고, 통사론의 하위범주로서 분리되어야 할 영역은 가장 작은 단위로서 어휘론적 단계와 그 다음 단위로서 형태론적 단계가 있다. 우리는 전자는 어휘 대우법이라 부르고, 후자는 형태 대우법이라 부르기로 하겠다. 이 대우법은 다시 대우의 정도와 대상에 따라 각각 세 가 지 범주로 분류하도록 하겠다.

2.2 어휘 대우

어휘 대우(lexical Honorifics)란 화자가 독립적 어휘를 사용하여 그 어휘가 지시하는 인격체나 그 어휘와 직접 관련된 인격체를 대우하는 어법이다. 예를 들어 '밥'의 존대어는 '진지'가 되고, '말'의 존대어는 '말씀'이 된다. '자다'의 존대어는 '주무시다'가 되고, '묻다'의 존대어는 '여쭙다'가 된다. 중요한 것은 '밥'이라는 명사가 존대되어 '진지'가 되거나, '자다'라는 행위가 존대되어 '주무시다'가 되는 것이 아니고 이 존대 어휘들과 관련된 인격체(personality)가 화자에 의해서 존대된다는 점이다. 국어는 화자가 자신을 낮추는 하대어가 발달되어 있다. 화자를 지칭하는 '나'는 '저'가 되고, 조선시대에는 임금도 자신을 낮추어 '짐'이라 칭했다. 흔히 학자들이 자신의 논문을 '졸고'라 칭하고, 저술가

도 자신의 저술물을 '졸저'라 칭한다. 또한 상대방의 논문은 '옥고'라고 높여 부른다. 화자가 자신이나 자신과 관련된 사물을 낮추고 청자나 청자와 관련된 사물을 높이는 것은 모두 동일한 대우법, 즉 청자를 높이는 청자 대우법의 어휘적 실현 방법이다. 어휘 대우의 수는 많지 않으며, 그 유형도 불규칙적이고 자의적이어서 일반적으로 어휘가 보여주는 특이성(lexical idiosyncracy)을 그대로 가지고 있다.

2.3 형태 대우

형태 대우(morphological Honorifics)는 일정한 구속 형태소(bound morpheme)를 선행하는 자유 형태소(free morpheme)에 부착하여 대우 표현으로 만들어주는 대우 어법을 말한다. 예를 들어 '-님'은 사람의 이름이나 사람을 가리키는 명사 뒤에 부착되어 그 말을 존대어로 바꾸어 주는 형태 대우 접미사로서 '선생'은 '선생님'이 되고, '어머니'는 '어머님'이 되며, '홍길동'은 '홍길동님'이 된다.[2] 또한 문법 범주인 격조사의 존대어도 형태 대우 어휘의 일종이다. 예를 들어 여격 조사 '-에게'의 존대어는 '-께'이며, 주격 조가 '-이/가'의 존대어는 '-께서'이다. 형태 대우의 특징은 모두 접미사에 의해서 실현되고, 또 그 적용이 어휘 대우에 비해 비교적 더 규칙적이고 생산적이라는 데에 있다.

2.4 통사 대우법

다음으로 통사적 대우법(syntactic Honorifics)이 있다. 대우법은 일정한 문장 안에서 오직 통사적 개념과 법칙에 따라 실현되어야 한다. 대우법의 통사규칙을 준수하는 문장은 정문이 되고, 통사규칙을 위반하면 비문이 된다는 면에서

2) 주지하는 바와 같이 '님'은 어휘 대우를 위한 구속 형태소의 기능뿐만 아니라 자유 형태소로서 독자적인 뜻을 가진 어휘이기도 하다. 한용운님의 "님의 침묵"의 '님'은 바로 자유 형태소로서의 존대 어휘이다. 또한 '선생'은 자유 형태소로 쓰이기도 하지만, '김구 선생' 등에서 보듯이 구속 형태소로서 이름 다음에 부착되어 어휘 존대법을 실현하기도 한다.

대우 표현에서도 통사규칙은 문법성을 판단하는 엄격한 기준이 된다. 대우법의 통사론은 양상범주(modality) 안에서 실현되며, GB이론에서 양상범주는 기능범주(functional category)로 설정되는데, 우리는 국어 대우법의 통사론은 두 개의 기능범주로 나누어져야 한다고 본다. 하나는 용언의 어간 다음에 부착되는 '-시-'라는 요소이고, 또 하나는 문말어미 앞에 오는 것이 보통인 '-습니-' 등의 요소이다. 이에 대한 자세한 논의는 대우법의 통사론에서 다루기로 한다.

2.5 대우의 정도에 따른 분류법

다음은 대우의 정도에 따라 대우법을 분류하기로 한다. 어느 정도의 높임말을 사용할 것인가 하는 것은 대우 표현의 구체적 선택 사항의 하나이다. 이는 대화자 사이의 관계에 의해서 결정되겠지만, 사회적 환경이 어휘 선택의 폭을 크게 좌우한다고 말할 수 있다. 예를 들어 전제주의 계급사회에서는 주로 다양한 계층 사이에 다양한 표현이 존재하였지만, 오늘날의 민주 평등사회에서는 대우 표현이 놀라울 정도로 단순해지고, 획일화되고 있음을 알 수 있다. 우리는 변화하는 어휘 자체에 대한 관심에 앞서 대우법의 구조적 기술에 목적을 두고 있으므로 여기에서는 현대 대우법의 기술을 위한 최소한의 구분으로 제한하기로 한다. 따라서 우리는 존대법, 평대법, 하대법의 세 가지 등급으로 나누어서 기술하기로 한다. 하나 더 언급할 일은 존대법이 어휘, 형태상으로 일정 성분을 추가하여 특별한 의미를 창출하는 유표적인(marked) 용법이라면, 평대법 및 하대법은 존대법이 시행되지 않으면 자동적으로 실현된다는 면에서 무표적인(unmarked) 용법이다. 평대법은 객관적 진술이나 역사적 사실을 말한다든지, 일반 대중을 상대로 하는 매스컴의 어법으로 주로 쓰이게 된다. 평대법과 하대법은 어휘상으로나 통사적으로 엄격하게 구분되지 않는 일이 보통이므로 우리는 논의의 편의상 대우법을 존대법과 비존대법으로 이분하여 설명하는 경우가 많을 것이다.

2.6 대우의 대상에 따른 분류법

다음은 대우의 대상에 따라 대우법이 분류될 수 있다. 먼저 분명히 해두어야 할 일은 대우의 대상이 누구냐 하는 논의는 본질적으로는 화용론적인 것이지만, 통사론 안에서도 이러한 개념을 논의의 편의상 사용할 경우가 있는데, 이는 관례적인 인식을 근거로 하여 우리의 주장을 펴게 될 때 불가피하기 때문이다. 이제 우리는 대우의 수행자, 즉 주체는 화자이고, 대우의 대상, 즉 객체는 청자와 문장에 등장하는 인격체로서 구체적으로는 청자, 주어, 목적어 및 이와 관련된 인물이라고 규정한다. 이를 각각 청자 대우법, 주어 대우법, 목적어 대우법으로 명명하기로 하겠다.

지금까지 살펴본 대우법의 분류체계를 아래의 표로 나타낼 수 있다.

(1) 대우법의 분류체계

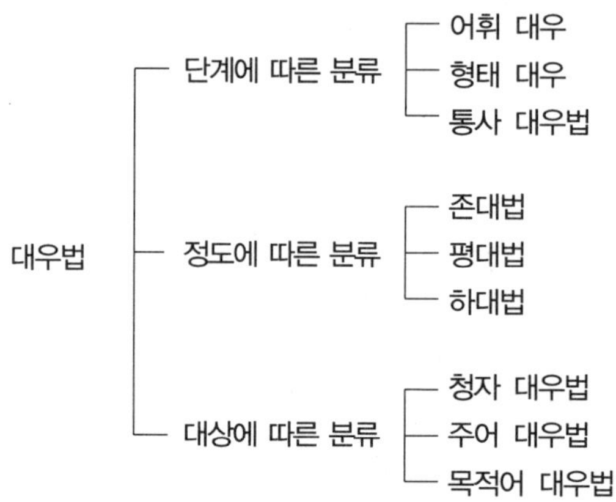

우리의 이러한 분류법과 용어는 기존의 복잡하고 애매하며 중복적인 모든 용어와 개념을 체계적으로 정리하는데 목표를 두고 있으며, 구체적인 논의를 통해서 기존 이론의 문제점을 파악하고, 대안을 제시하게 될 것이다. 다만 이 분류에 화용론적 대우법을 독립 범주로 설정하지 않은 것은 본질적으로 대우법

자체가 곧 화용론적 대우법을 의미하기 때문이다. 다시 말해서 화용론의 구체적 실현 범주가 어휘 대우, 형태 대우, 통사 대우법의 세 가지로 나누어진다는 것을 의미한다. 그리고 어휘 대우와 형태 대우는 통사 대우법과 구분하여 '법'(rule)이라는 명칭을 붙이지 않았음을 유의해야 한다. 즉 대우법이 통사적 생성 규칙을 가지고 있을 때 '법'이라는 명칭을 가질 수 있다고 우리는 가정한다. 이런 면에서 통사적 목적어 대우법이 존재하지 않으므로 이름은 있으되 내용은 없는데 그 논거를 다음 장에서 제시하겠다.

III. 대우법의 통사론

3.1 대우 기능범주

Chomsky(1981) 이후의 지배결속이론(GB이론)에서는 문장을 어휘범주(lexical category)와 기능범주(functional category)로 나누어서 분석하게 된다. 이러한 분류가 GB이론만의 새로운 방법이 아니며, 일찍이 Fillmore(1968)도 문장을 명제부(proposition)와 양상부(modality)로 나누어 기술하였다. 명제부는 다시 술어(predicate)와 논항(argument)으로 구성되며, 양상부는 다시 시제(tense), 서법(mood), 상(aspect), 의문소(Q), 부정소(neg) 등으로 구체화된다. Fillmore의 명제부는 GB이론의 어휘범주에 해당하고 양상부는 기능범주에 해당한다. GB이론은 의미역이 D-구조의 어휘범주에서 부여되고 격은 S-구조에서 주어지는데, 특히 주격은 문장의 핵인 INFL(=inflection)에 의해서 부여된다고 본다. 이때의 INFL은 양상부가 복합적으로 표시된 것인데 이 양상부를 하나 하나 구체적으로 나타내려면 Pollock (1989)의 INFL-하위분류가설(split-INFL Hypothesis)에 따라 각각의 기능범주로 나누게 된다. 이러한 기능범주는 문장 안에서 각각의 형태소를 핵으로 하는 최대투사범주를 구성한다. 이와 같은 어휘화된 하위기능범주는 언어마다 실현되는 방법과 순서가 다를 수 있는데, 중요한 점은 어떤 하위기능범주라 하더라도 그 영향력은 당연히 문장 전체에 미친다는 점이며, 이 기준은 각 언어마다 INFL을 하위분류할때 반드시 고려되어야 할 조건이기도 하다.

이와 같은 정의에 비추어 볼 때 국어의 대우법도 기능범주로 보아야 한다는 것은 자명한 것으로 판단된다. 우선 대우법은 문장의 명제적 의미에 아무 영향을 주지 않는다는 면에서 명제부가 아닌 양상부라고 보아야 하며, 또한 대우법이 화자의 청자 및 제삼의 관련 인물에 대한 심리적 태도(psychological attitude)를 표현하는 수단이라는 면에서 서법의 전통적인 정의에 부합된다고 말할 수 있다. 먼저 이을환·이철수(1978: 216-20)를 참고로 하여 국어의 대우법이 전통적으로 국어학계에서 어떠한 기능범주로 분석되었는지 살펴보기로 하겠다.

(2) <선생님께서 범어를 가르쳐주신다>

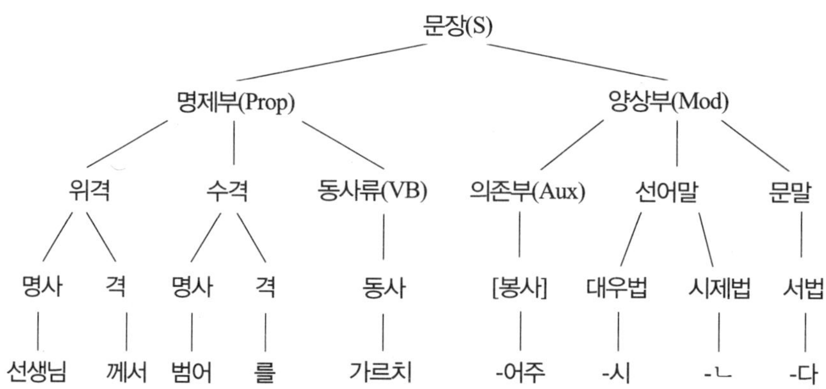

이들은 양상부를 양상 조동사에 의해서 표현되는 의존부와 선어말어미에 의해서 표현되는 대우법과 시제법, 그리고 문장의 유형을 결정하는 서법(mood)을 실현하는 문말어미 등의 세 가지로 나누고 있다.

이러한 접근법은 바로 GB이론에서 기능범주를 하위분류하는 것과 다를 바 없으며, 대우법이 양상부의 선어말어미 '-시-'에 의해서 실현된다는 점을 명쾌하게 보여주고 있다는 면에서 중요한 의의가 있다. 그러나 이러한 분류가 국어의 대우법을 명시적으로 구현하고 있다고 할 수 있을지 의문이다. 구체적으로 말해서 선어말어미 '-시-'는 화자가 주어를 존대하는 형태소임은 분명하지만, 위 문장은 화자의 청자에 대한 대우법이 실현되고 있음을 설명하지 못하고 있다. 즉 위 문장은 화자가 청자를 평대 혹은 하대하는 문장이므로 이러한 청자 대우법도 양상부에 표시되어야 한다는 것이 우리의 입장이다. 이와 같은 화자의 청자 대우법은 말할 것도 없이 위 문장의 종결어미, 즉 문말어미 '-다'에 의해서 구현된다. 다시 말해서 문말어미 '-다'는 서술문의 종결어미라는 서법을 실현하는 기능범주이면서 동시에 화자의 청자에 대한 평대 혹은 하대의 대우법을 실현하는 기능범주이기도 한 것이다. 우리는 지금까지의 논의에서 국어의 대우법은 기능범주로서 주어 대우법과 청자 대우법이 독립적으로 기술되어야 한다고 본다.

3.2 대우법의 통사구조

3.2.1 청자 대우법

먼저 청자 대우법이란 "화자가 청자에 대한 존대여부를 문말어미에 의해서 실현하는 대우 어법"이라고 정의하기로 한다. 이 정의는 순수 통사론적인 것은 아니다. 대우법의 본질상 기술의 과정에서는 순수 통사론적 접근이 가능하고 또 필요하더라도, 설명의 편의상 기존의 복합된 정의가 불가피하게 사용된다. 이 정의의 통사론적 부분은 후반부, 즉 "문말어미에 의해서 실현"이라는 부분이다. 국어의 청자 대우법이야말로 국어 대우법의 기본적이고 핵심적인 영역임을 앞에서 강조하였다. 이제 문장에 이 청자 대우법이 어떻게 구현되는지 자세히 살펴보기로 하겠다. 다음 문장을 보자.

(3) a. 김군이 왔습니다. (청자 존대)
 b. 김군이 왔다. (청자 비존대)

먼저 예문 (3a)와 (3b)를 비교해 보면, (3a)는 화자가 청자를 존대하기 위하여

'습니-'라는 구성소를 문말어미 앞에 놓아서 청자 대우법을 실현하고, (3b)는 이 구성소가 없으므로 청자가 존대되지 않고 있다고 말할 수 있다. 즉 화자가 청자가 자신이 존대해야 할 인물이라고 판단하면 (3a)를 사용하고, 청자가 평대 혹은 하대할 수 있는 인물이라고 판단하면 (3b)를 사용하게 된다. 그렇다면 (3a)를 위한 청자 대우법의 기능범주를 설정할 수 있는가? 먼저 '-습니-'를 독립된 형태소로 본다면 기능범주 설정이 정당한 듯이 보인다. 평대법과 하대법은 이 형태소가 실현되지 않았다고 보면 되기 때문이다. 문말어미 '-다'는 문장의 서법(Mood)을 결정하는 기능범주이고, 또 '-습니-'는 문말어미 앞에 오는 청자 대우범주의 형태소로 볼 수도 있다.

그러나 다음의 예문을 보면 청자 대우 형태소 '-습니-'가 독립적인 구성소를 형성한다고 볼 수 없음을 보여준다.

(4) a. 김군이 왔다네.
b. 김군이 왔어요.
c. 김군이 왔냐?
d. 김군이 왔습니까?
e. 김군이 왔소.

먼저 예문 (4a)와 (4b)는 각각 대우 표현 '-네', '-요'가 문말어미 뒤에 붙어 있으니, 만일 청자 대우범주를 문말어미 앞에 설정한다면 이 대우법을 구현할 수 없다는 문제가 생긴다. 또 예문 (4d)는 예문 (4c)의 존대 표현인데, 이 때 '습니-'의 삽입뿐만 아니라 문말어미인 '-냐'도 대우표현 '-까'로 바뀌고 있는 것은 문말어미와 청자 대우 표현이 형태적으로 구별되고 있지 않음을 보여주고 있다. 더구나 예문 (4e)에서는 '-소'가 문말어미의 기능과 청자대우의 기능을 동시에 수행하고 있으므로, 역시 청자 대우법을 문말어미와 분리한다면 이 대우법을 통사적으로 구현할 길이 없는 것이다. 이상과 같은 세가지 증거를 가지고 판단할 때 국어의 문말어미와 청자 대우 성분을 독립시키기 보다는 문말어미 자체가 청자 대우법의 자질을 내포하고 있다고 분석하는 것이 더 바람직하다는 결론에 이르게 된다. 따라서 우리는 문말어미를 국어의 최고기능범주로서 MP(mood phrase)라고 규정하고, 이 MP 안에서 청자 대우법도 실현된다고 본다. 이를 위해서 MP의 핵인 M 밑에 문형을 표시하는 자질과 함께 청자 대우 자질을 표시한다. 대표적으로 위 예문 (4a)를 수형도로 나타내면 다음과 같이 된다.

(5) <김군이 왔습니다>

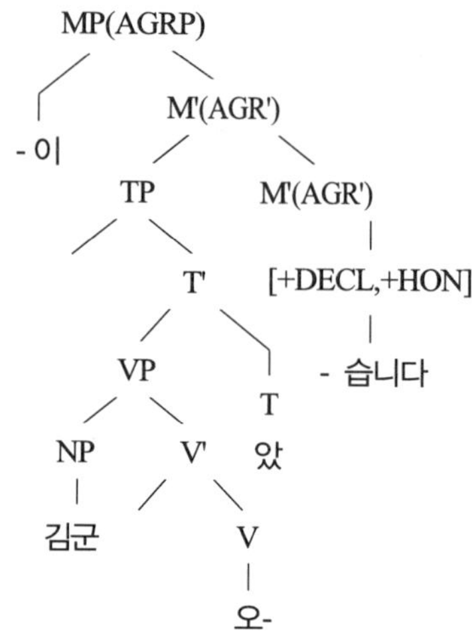

위 수형도에서 우리는 최고기능범주 MP의 핵인 M 밑에 문장의 유형, 즉 서법을 결정하는 자질의 하나인 서술문의 자질 [+DECL]와 청자를 존대하는 자질 [+HON]을 표시하여 어휘선택 단계에서 여러가지 화용론적 조건을 고려하여 '-습니다' 등를 선택할 수 있음을 보여준다. 결국 우리는 통사적으로 이론적 구성소를 형성하지 못하는 청자 대우범주를 설정하지 않고, 대우자질 [+/-HON]을 문말어미에 동시에 표시하여 어휘선택을 하는 방식을 취하는 것이 GB이론 안에서 논리성과 타당성이 있다고 본다. 여기서 한 가지 주목할 것은 이러한 문말어미와 주어나 목적어 사이에 어떠한 자질상의 의무적 공기관계를 볼 수 없다는 점이다.4) 따라서 주어와 문장의 핵인 문말어미 사이에 자질의 공유 혹은 공기관계라 면에서 영어와 마찬가지로 국어도 빈약한(meager) 언어이라고 할 수 있다. 또한 국어의 문말어미는 문장의 유형을 결정하는 양상부의 최고범주로서 주격 부여자일 뿐 아니라 국어의 모든 문장에서 필수적으로 나타나는 화자의 청자에 대한 대우법이 실현되는 구성소라는 언어학적 의의가 재평가되어야 할 것이다.

3.2.2 주어 대우법

먼저 우리는 주어 대우법을 정의하여 "화자가 주어 및 주어와 관련된 인물에 대한 존대 여부를 술어의 어간 바로 다음에 표현하는 대우 어법"이라고 정의한다. 이러한 정의는 대우법의 본질상 화용론적 측면과 통사적 측면이 동시에 반영된 것인데, 이 가운데 순수 통사적 측면은 "술어의 어간 바로 다음에 표현"까지라고 말할 수 있다. 그러나 여기서 분명히 해 두어야 할 점은 주어 대우법이란 오직 통사적 용어와 개념으로 정의되고 허가되는 엄격하게 제약된 문법규칙이라는 점이다. 어휘 혹은 형태적 존대어 혹은 하대어에 의해서 주어가 대우될 수 있으나, 이는 주어라는 문법 범주에만 관련된 주어 고유의 용법이 아니므로 우리의 통사적 주어 대우법이 아니다. 허웅(1963)을 비롯한 기존의 대우법 관련 이론이 국어의 주어 대우법을 논하면서 '수어' 대신에 '주제'라는 용어를 쓰고 있으나, 임홍빈(1976)의 적절한 지적대로 '주체'가 언어학적으로 엄격하게 정의된 개념이 아니며 단지 순환론에 지나지 않는 것이다. 물론 이 배경에는 주어 아닌 다른 인물이 주어로 나오는 인물과 동일한 방식에 의해서 존대되는 것을 통합하려는 노력으로 평가되지만, 우리는 이를 앞에 제시한 "주어 및 주어와 관련된 인물"이라고 정의함으로써 해결할 수 있다고 본다. 여기에서 분명히 해 둘 것은 우리의 정의는 주어 및 주어와 관련된 인물에 대한 대우법을 완벽하게 설명할 수 있어야 한다는 당위와 함께 오직 '주어'만, 즉 주어와 통사적 대립관계에 있는 '목적어'는 결코 주어 대우 규칙과 어떤 식으로든지 관련될 수 없다는 통사적 의의를 가진 정의라는 점이다.

주어 대우법의 통사규칙을 기술하기에 앞서 주어 존대법에서부터 논의를 시작하기로 한다. 주지하는 바와 같이 통사적인 주어 존대법은 오직 한 가지 방법밖에 없다. 즉 술어의 어간 바로 다음에 '-시-'라는 주어 존대 형태소를 삽입하여 주어 존대법을 실현한다. 그러나 만일 '-시-'가 없으면 주어 비존대, 즉 주어 평대법이나 주어 하대법이 실행된다. 따라서 주어 존대법은 유표적이며, 주어 비존대법은 무표적이다. 이러한 접근은 주어 존대법만 독립해서 다루는 기존의 입장과 완전히 다른 것이다. 이를 구현하기 위해서는 주어 대우법을 실현하기 위한 기능범주를 술어의 어간 바로 다음에 설정하여, 주어 존대법은 '-시-'가 어휘핵으로서 작동하고 주어 비존대법은 이 '-시-'가 작동하지 않으면 된다고 설명하면 된다. 다음 예문을 통해서 주어 대우법의 통사규칙을 구체적으로 검토해 보자.

(6) a. 벽창호가 왔다. [오+( )+았+다]
b. 선생님이 오셨다. [오+시+었+다]
c.*선생님이 왔시다. [오+았+시+다]

먼저 예문 (6b)는 정문이고 예문 (6c)는 비문이다. 그 이유는 말할 것도 없이 주어 존대의 '-시-'가 제 위치에 있느냐에 의해서 결정된다. 다시 말해 주어 존대의 '-시-'는 구조적으로 반드시 술어의 어간 다음에 놓여야 한다. 그런데 주어 비존대법은 형태적인 어떤 요소도 들어가지 않는 것을 정문 (6a)가 말해 준다. 주어 존대와 주어 비존대를 통합하는 방법은 주어 대우를 위한 기능범주를 하나만 설정하고, 그 실행을 '-시-'의 작동여부에 따라 주어 존대법과 주어 비존대법으로 나누는 것이다. 예문 (6b)를 우리의 수형도로 나타내면 다음과 같다.

(7) <선생님이 오셨다>

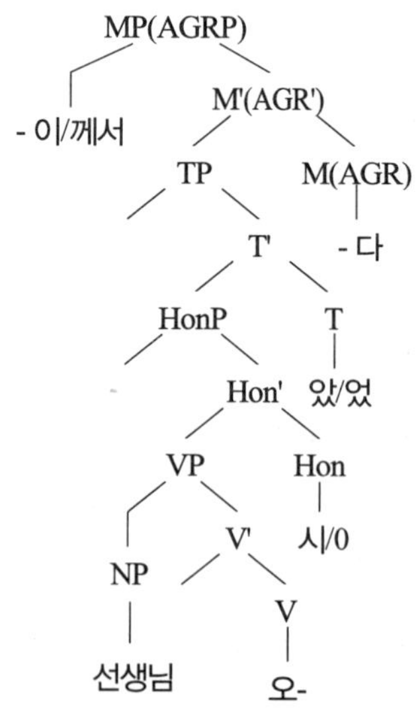

이 수형도는 GB이론의 모델을 따른 것이며, 후핵언어인 국어의 술어는 오른쪽으로 핵이동한다. 먼저 기능범주 HonP에 이르러 주어 존대법인 '시'를 선택하면 주어 존대법이 실현되고, 만일 HonP에서 영(zero)을 택하면 주어 비존대법, 즉 주어 평대법 혹은 주어 하대법이 실현된다. 따라서 기능범주 HonP는 단지 존대법만을 실현하는 장치가 아니라 주어 대우법의 모든 방법, 즉 존대법, 평대법, 하대법을 실현하는 기능범주로 설정하는 논리적 근거가 바로 여기에 있는 것이다. 술어 '오-'는 계속 오른 쪽으로 핵이동하여 최종적인 MP에서 문말어미 '-다'와 융합하여 문장을 완성한다. 한편 VP의 지정어자리에 있는 잠재주어는 D-구조에서 외재의미역을 부여받은 다음에, 격을 부여받기 위하여 S-구조에서 MP의 지정어자리로 이동하여 주격을 부여받아 기능범주를 모두 실현한 완전한 문장을 생성한다. 이때 주격조사도 '-이/가'는 화자의 주어에 대한 평대 혹은 하대 어휘이고 '-께서'는 존대 어휘이다.

통사적 주어 대우법을 위한 대우범주 HonP 설정의 정당성은 또 하나의 검증 작업을 거쳐야 한다. 즉 통사적으로 HonP가 결코 주어 대우법 외에 목적이 대우법이나 문장의 다른 성분에 등장하는 인물에 대한 대우법으로 사용되어서는 안된다는 점이 증명되어야만 비로소 주어 대우법의 진정한 기능범주가 될 수 있다. 이를 확인하기 위하여 다음 문장을 보자.

(8) a. 선생님이 창호를 칭찬하셨다.
　　b.!창호가 선생님으로부터 칭찬받으셨다.
　　c. 창호가 선생님으로부터 칭찬받았다.

먼저 예문 (8a)와 (8b), (8c)의 관계는 능동문과 수동문의 구조적 관계에 있다. 따라서 인지작 의미가 동일하고, 화자도 동일하며, 대우법의 실현도 동일하다는 전제가 가능하다. 그렇다면 능동문인 (8a)에서는 '-시-'에 의해서 화자는 주어인 선생님에 대한 존대법을 적법하게 실행하고 있는데, 수동문인 (8b)는 부적합하고 (8c)는 적합한 이유는 무엇인가? 그것은 바로 (8b)의 '-시-'는 주어만을 존대하므로 창호가 존대되어 (8a)와 존대 대상이 달라졌기 때문이라고 추론할 수 있다. 한편 (8c)는 '-시-'가 없어서 (8b)와 달리 적합문이 되었다. 따라서 우리는 설명의 편의를 위해서 '-시-'를 예로 들었지만, 주어 대우의 기능범주 HonP는 오직 주어 대우법과 관련되어 있음을 확인할 수 있게 되었다.

한편 주어 대우법이 엄격한 통사규칙으로 존재하는 점과 대조적으로 통사적인 목적어 대우법은 존재하지 않는다. 아래 예문을 비교해보자.

(9) a. 창호가 선생님을 만났다.
b.!창호가 선생님을 만나셨다.

먼저 예문 (9a)를 보면 화자는 목적어인 '선생님'에 대하여 어휘 존대법을 실현하고 있는 적합문이다. 만일 예문 (9b)처럼 어간 '만나-' 다음에 '-시-'를 삽입하면 주어 존대법이 실현되어 주어인 '창호'에 대한 화자의 어휘상의 평대 혹은 하대법과 통사상의 존대법이 상충되어 부적합문이 된다. 다시 말해서 화자는 목적어인 '선생님'을 통사적으로 존대할 방법이 존재하지 않음을 알 수 있다. 여기에서 통사적인 목적어 대우법이 존재하지 않는 근본 이유를 생각해보자. 우선 예문 (9a)의 D-구조 수형도를 그리면 아래와 같다.

(10) <창호가 선생님을 만났다>

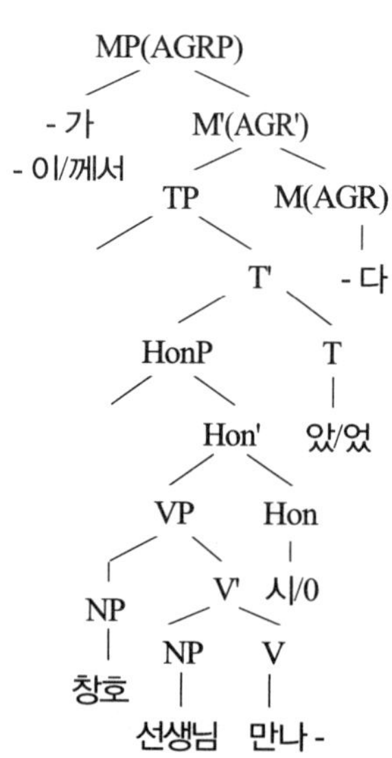

VP-내주어가설에 따라 VP의 지정어에 설정된 주어 '창호'는 기능범주 MP의 지정어 자리로 이동하여 주격을 부여받는다. 이와 대조적으로 목적어인 '선생님'은 술어 V의 보충어로서 항상 서로 인접해야 한다. 이 점은 주어의 격은 기능범주 M이 부여하지만, 목적어의 목적격은 어휘범주 V에 의해서 부여된다는 통사적인 차이를 반영한다. 또한 VP의 지정어 자리에 있던 주어가 기능범주 HonP의 지정어 자리로 이동하여 대우법을 실현하는데 반하여 VP의 보충어 자리에 있는 목적어는 어떤 기능범주의 도움을 얻기 위하여 이동하지 않음을 경험적으로 보여준다. 따라서 우리는 목적어에 대한 통사적 대우법이 경험적으로 존재하지 않는 이유는 주어와 달리 목적어는 기능범주로 이동하지 않고 원래의 자리에 그대로 머물러있기 때문이라고 본다.

한편 목적어 대우법에 대한 이러한 통사상의 제약을 보충하는 방법으로 특정 어휘에 의한 목적어 존대법이 발달되어 있는데, 그 대표적인 어휘가 '드리다'이다. '드리다'는 본용언으로 뿐만 아니라 보조용언으로서도 화자가 목적어를 존대하는 어휘 대우법을 매우 생산적으로 실현하게 해준다. 다음 예문을 보자.

(11) a. 선생님께서 나에게 책을 보여 주셨다.
b. 내가 선생님께 책을 보여 드렸다.

예문 (11a)는 '-시-'에 의해서 화자가 주어인 '선생님'을 통사적으로 존대하고 있고, 예문 (11b)는 화자가 목적어인 '선생님'을 '드리다'에 의해서 어휘적으로 존대하고 있다. 여기에서 흥미로운 점은 술어 '주다'와 '드리다'의 관계이다. 즉 '주다'의 존대어가 항상 '드리다'가 되는 것이 아니라 주어가 존대될 때는 '주시다'가 되고 목적어가 존대될 때만 '드리다'가 된다. 바꿔 말해서 '주시다'와 '드리다'는 대우법상의 고유한 용법을 가지고 있음을 알 수 있다.

IV. 대우법의 문장내 화용론

4.1 선택제한과 양립성 조건

주지하는 바와 같이 자립통사론(autonomous syntax)을 문법 기술의 이상적인 방법론으로 가정하는 생성문법 이론에서는 술어의 의미상의 제약, 즉 선택제한(selectional restriction)을 의미상의 부적형(semantically ill-formed)으로 간주하고 이를 통사상의 부적형(syntactically ill-formed)과 구분한다. 이 문제를 다음 예문을 통해서 구체적으로 살펴보기로 하자.

(12) a. *The boy [$_{VP}$ relied].
b. *The boy [$_{VP}$ relied [$_{NP}$ the girl]].
c. The boy [$_{VP}$ relied [$_{PP}$ on the girl]].

(13) a. !The boy frightens sincerity.
b. !Sincerity kicked the boy.

먼저 예문 (12a)와 (12b)가 비문이고 예문 (12c)가 정문인 이유는 술어 'rely'가 반드시 전치사구(PP)를 보충어로 갖는 하위범주틀(subcategorization frame)을 가지는 술어인데 이를 만족하는 문장은 (12c) 밖에 없기 때문이다. 다시 말해서 예문 (12c) 만이 술어 'rely'의 하위범주 규칙을 준수하는 통사적인 적형이 된다.

한편 예문 (13a)와 (13b)는 각각의 술어 'frighten'과 'kick'의 하위범주틀을 만족하는 통사적인 적형임에도 불구하고 실제 세계에서 의미상의 부적형, 즉 의미상의 해석이 불가능한 비정상적인 문장이다. 생성문법 이론으로 보면 예문 (13a)는 술어 'frighten'이 추상명사를 목적어로 선택할 수 없다는 선택제한(selectional restriction)을 어긴 문장이며, 예문 (13b)는 술어 'kick'이 추상명사를 주어로 선택할 수 없다는 선택제한을 어긴 문장이라고 본다. 다시 말해서 예문

(13a)와 (13b)는 통사적으로는 적형이나 의미상으로 부적형이 된다. 이와 관련하여 국어의 대우법이 실현된 다음 예문을 살펴보자.

(14) a.(!)선생님이 했다.
b. 선생님이 하셨다.

먼저 국어의 토박이 화자는 직관적으로 예문 (14a)가 예문 (14b)에 비하여 대우법이 올바르게 표현되지 못한 문장으로 판단한다. 그 이유는 무엇일까? 이 문제를 논하기 전에 먼저 우리가 앞 장에서 통사적 주어 존대법은 기능범주 HonP 안에서 형태소 '-시-'를 술어의 어간 다음에 부착하여 실현한다고 논의하였음을 상기하자. 이제 예문 (14a)를 보면 화자가 주어로 등장하는 인물에 대하여 어휘적으로 '-님'을 붙여서 존대하면서도 통사적으로는 주어 존대법인 '-시-'를 어간 뒤에 부착하지 않음으로써 결과적으로 주어의 인물에 대하여 평대 혹은 하대의 대우법을 사용하고 있다. 따라서 (14a)는 화자가 주어인 동일 인물에 대하여 존대와 평대 및 하대를 동시에 수행하고 있다는 매우 부자연스러운 결과가 발생된다. 바로 이 이유 때문에 국어의 토박이 화자는 (14a)가 부자연스럽다고 인식하게 된다. 우리는 이러한 현상을 문장 안에서 대우법의 실현이 일관되게 이루어지지 못하고 충돌(conflict)이 일어난다고 본다. 다시 말하면 특정 인물에 대한 대우법이 문장 안에서 일관되게 실현된 문장은 대우법이 양립한다고(compatible) 규정하고, 특정 인물에 대한 대우법이 문장 안에서 일관되게 수행되지 못하고 상충될 때 이를 대우법이 양립하지 못한다고(incompatible) 규정한다. 이런 면에서 예문 (14b)는 어휘적으로는 '-님'에 의해서 주어인 '선생'이 존대되고 있으며, 통사적으로는 형태소 '-시-'에 의해서 주어 존대법이 실현되고 있으므로 대우법이 양립하고 있는 자연스런 문장이다. 우리는 대우법이 문장 안에서 일관되게 수행되는 조건을 양립성 조건(compatibility condition)으로 개념화하고 이 조건을 만족하는 문장을 편의상 적합문(compatible sentence)이라 부르고, 양립성 조건을 위반하는 문장을 부적합문(incompatible sentence)이라고 부르기로 하겠다.

그러나 우리의 양립성 조건은 술어의 의미 자질과 주어 및 목적어 등의 의미 자질이 공기 관계(cooccurrence relationship)에 있어야 한다는 의미론적인 선택 제한과 구분되어야 한다. 어떤 문장이 선택제한을 어기면 의미 해석이 불가능하지만 양립성 조건을 어기더라도 의미 해석이 불가능하지는 않으며, 단지 대화자간의 인간관계에 영향을 준다. 첫째, 양립성 조건은 술어의 의미 자질과 무관하다. 둘째, 양립성 조건을 대화에 등장하는 인물에 대한 화자의 대우법이 일관되게 적용되느냐를 규정한다는 면에서 명제적 의미와 무관하다. 셋째, 양립성 조건은 화자와 청자가 반드시 개입된다는 면에서 화용론에 속한다. 넷째, 양립성 조건은 문장 안에서 지켜져야 하는 대우법의 원리라는 면에서 문맥 자유(context-free) 조건이다. 이러한 양립성 조건을 다음 절에서 구체적으로 사례별로 살펴보기로 하자.

4.2 청자 대우법: 양립성 조건(I)

먼저 청자 대우법의 양립성 조건을 몇가지 유형별로 살펴보자. 먼저 청자가 문장에 나타나지 않는 경우를 생각할 수 있다. 물론 청자 대우법은 문말어미인 최고기능범주 MP에 의해서 실현된다고 가정한다.

(15) 청자 대우법(A): 화자가 문장에 나오지 않은 경우
  a. 창호가 옵니다. (청자 통사존대)
  b. 창호가 온다. (청자 통사비존대)

예문 (15a)는 화자가 보이지 않는 청자를 '-ㅂ니다'에 의해서 존대하고 있으며, 예문 (15b)는 '-다'에 의해서 비존대하고 있다. 청자가 문장에 등장하지 않는 경우는 양립성 조건은 항상 만족한다. 그 이유는 대우 형태소가 문말어미로서 하나만 존재하므로 대우 표현간의 충돌의 여지가 없기 때문이다.

다음 예문은 화자가 문장의 주어로 등장하는 경우이다.

(16) 청자 대우법(B): 화자가 문장의 주어인 경우
a. 제가 갑니다. (화자 어휘하대/청자 통사존대)
b.(!)내가 갑니다. (화자 어휘평대/청자 통사존대)
c. 내가 간다. (화자 어휘평대/청자 통사비존대)
d. ! 제가 간다. (화자 어휘하대/청자 통사비존대)

어휘론적으로 보면 '저'는 화자가 자신을 낮추는 하대 어휘이며 '나'는 자신에 대한 평대 어휘이다. 그러나 대우법의 체계 안에서 보면 화자가 자신을 낮추는 어휘를 사용하는 궁극적인 목적은 바로 대화 상대방인 청자에 대한 존대법을 실현하기 위함이다. 예문 (16a)는 화자가 문말어미에 의한 통사 존대법과 자신에 대한 어휘 하대어 '저'를 사용하여 청자에 대한 존대법을 일관되게 실행하고 있다. 따라서 (16a)는 적합문이다. 예문 (16b)가 (16a)와 다른 점은 화자가 자신을 낮추지 않고 평대 어휘인 '나'를 사용한 것이다. 이 때는 양립성에 대한 판단이 쉽지 않다. 정확한 판단은 화자와 청자의 인간관계와 대화 상황에 대한 구체적인 정보가 주어졌을 때 가능하다. 한편 예문 (16c)는 화자가 문말어미에 의해서 통사적으로 청자를 비존대하고 있으므로 화자 자신을 '나'로 표현한 어휘 하대법과 대우법의 일치를 보여주므로 적합문이다. 그러나 예문 (16d)는 화자가 통사적으로는 청자 비존대법을 시행하면서도 청자에게 자신을 낮추어 '저'라는 존대 어휘를 사용하고 있으므로 대우법의 충돌이 일어나서 부적합문이다.

다음은 청자가 문장의 범주로 등장하는 예문이다.

(17) 청자 대우법(C): 청자가 문장의 주어인 경우
a. 창호씨가 가십시오. (청자주어 어휘존대/청자 통사존대)
b. 창호가 가라. (청자주어 어휘평대/청자 통사평대)

c.!창호씨가 가라. (청자주어 어휘존대/청자 통사하대)

d.!창호가 가십시오. (청자주어 어휘평대/청자 통사존대)

먼저 예문 (17a)와 (17b)는 청자 주어에 대한 어휘 대우법과 통사 대우법이 일치하므로 모두 적합문이다. 그러나 예문 (17c)는 청자 주어 존대법과 통사 하대법이 불일치를 보이므로 양립성 조건을 어긴 부적합문이다. 마찬가지 논리로 예문 (17d)도 양립성 조건을 어긴 부적합문이다.

지금까지 청자 대우법을 세 가지 유형으로 나누어서 살펴보았다. 그 결과 양립성 조건은 화자의 청자에 대한 대우법이 일관되게 실행되고 있느냐에 따라 결정된다는 것을 확인하였다. 다시 한번 강조할 점은 양립성 조건은 대우법이 실현된 문장 안에서 대우의 인물에 대한 대우 어법을 근거로 하여 화자의 대우법이 상호 충돌없이 실행되고 있는지를 판단하는 조건이라는 점이다. 만일 양립성 조건을 어기면 어휘상, 형태상, 통사상으로 대우법이 일관성있게 구현되지 않았음을 의미하지만 이는 통사상의 문법성과는 엄격히 구분되어야 한다는 면에서 문장내의 화용론이라고 본다.

4.3 5주어 대우법: 양립성 조건(II)

주어 대우법의 양립성 조건이란 한마디로 말하면 통사적 주어 대우법과 어휘적 대우법의 양립성을 판단함으로써 알 수 있다. 우선 주어 대우법을 정의하여 "화자가 주어 및 주어와 관련된 인물에 대한 대우 표현을 기능범주 HonP에 의해서 실현하는 어법"이라고 본다. 그러나 주어 대우법에 대한 가장 큰 논란은 과연 HonP, 즉 '-시-'가 오직 주어만을 존대하느냐 하는데 모아진다. 여기서 분명히 할 점은 HonP는 주어의 대우법 전체를 실행하는 장치이지 주어 존대라는 부분적 대우법 실행 장치가 아니라는 점이다. 이제 주어 대우법의 양립성 조건을 검토해 보자.

(18) 주어 대우법(A): 단일 주어 문장

a. 창호가 온다. (어휘 비존대/통사 비존대)

b. 창호씨가 오신다. (어휘 존대/통사 존대)

c.!창호가 오신다. (어휘 비존대/통사 존대)

d.!창호씨가 온다. (어휘 존대/통사 비존대)

위 예문은 주어 대우법의 가장 기본적인 유형이다. 주어가 사람이며 단일 주어인 문장이다. 예문 (18a)는 '-시-'가 없으므로 주어 비존대법이 통사적으로 실행되고 있으며 창호에 대하여 어휘상으로도 존대하지 않으므로 대우법이 양립하고 있어서 적합문이다. 예문 (18b)는 어간 '오-' 다음에 '-시-'를 넣어서 화자가 주어인 창호를 통사적 주어 존대법에 의해서 존대하고 있으며, 어휘 존대어인 '창호씨'와 양립하고 있으므로 적합문이다. 양립성이라는 면에서 예문 (18a)와 (18b)가 차이가 없다. 한편 예문 (18c)와 (18d)는 어휘 대우와 통사적 주어 대우법이 충돌되어 부적합문이 된다. 다만 그 정도를 보면 어휘 존대법보다 통사적 존대법의 구속력이 더 강하므로 (18c)가 (18d)보다 더 부적합한 문장으로 판단된다. 사실, 상황에 따라서는 예문 (18d)는 적합하게 쓰일 수 있는 문장이다.

다음은 중주어 구문에 대한 대우법 문장이다.

(19) 주어 대우법(B): 중주어 문장

a. 선생님은 키가 크시다.(어휘 존대/통사 존대)

b.!선생님은 키가 크다.(어휘 존대/통사 비존대)

c. 창호는 키가 작다.(어휘 평대/통사 평대)

d.!창호는 키가 작으시다.(어휘 비존대/통사 존대)

예문 (19)는 전형적인 중주어 구문인데 정의에 의해서 주어 대우법은 주어 및 주어와 관련된 인물에 대한 대우 어법이고, 대우법이란 본질적으로 사람에 대한 어법이므로 두 중주어 가운데 사람이 대우된다고 해석하면 된다. 만일 중주어를 받아들이지 않는 입장이라면 '주어와 관련된 인물'이라는 정의에 의해서 대우의 대상을 찾으면 된다. 이렇게 볼 때 예문 (19a)는 주어 존대법이 '-시-'에 의해서 실행되고 있고 이는 어휘 존대된 선생님과 양립하므로 적합문이다. 이와 대조적으로 예문 (19b)와 (19c)는 동일 인물에 대한 대우법이 충돌되어 부적합문이 된다. 예문 (19b)와 (19d) 사이에는 통사적 주어 존대법이 실행된 (19d)가 더 부적합하다. 예문 (19b)는 경우에 따라 적합하게 쓰일 가능성이 높은 문장이다.

다음은 단일 주어 구문이면서도 사람이 주어는 아닌 문장이다

(20) 주어 대우법(C): 소유관계/신체의 일부

a. 선생님의 코가 크시다. (어휘 존대/통사 존대)

b.!선생님의 코가 크다. (어휘 존대/통사 비존대)

c. 창호의 코가 작다. (어휘 비존대/통사 비존대)

d.!창호의 코가 작으시다. (어휘 비존대/통사 존대)

예문 (20)은 예문 (19)와는 대조적으로 사람이 주어가 아니고 코가 주어이다. 그러나 코는 대우법의 대상이 아니다. 따라서 정의에 따라서 '주어와 관련된 인물' 중에서 대우의 대상을 찾아야 한다. 그런 면에서 예문 (20a)와 (20b)의 대우 대상은 선생님이고, 예문 (20c)와 (20d)의 대우의 대상은 창호이다. 선생님은 존대 어휘이므로 주어 존대법이 실현된 (20a)는 적합문이고, 주어 비존대법이 실현된 (20b)는 부적합문이다. 한편 창호는 어휘 평대어이므로 주어 비존대법이 실현된 (20c)는 적합문이고, 주어 존대법이 실현된 (20d)는 부적합문이다. 예문 (20b)와 (20d)는 주어 존대법이 실현된 (20d)가 더욱 부적합하다는 것은 예문 (18c)나 (19d)와 같은 이유, 즉 통사적 대우법이 더 구속력이 강하기 때문임을 증명한다.

다음은 문장 안에 존대의 대상 인물이 둘일 경우의 예문이다.

(21) 주어 대우법(D): 두 사람이 존대의 대상

a. 선생님의 부인은 미인이시다. (어휘 평대/통사 존대)

b. 선생님의 부인은 미인이다. (어휘 평대/통사 평대)

c. 선생님은 따님이 예쁘시다. (어휘 존대/통사 존대)

d.!선생님은 따님이 예쁘다. (어휘 존대/통사 비존대)

e. 선생님은 딸이 예쁘다. (어휘 존대, 비존대/통사 평대)

주어 대우법에 대한 정의상 예문 (21a)는 선생님이 존대되고, 예문 (21b)는 부인이 평대된 적합문이다. 즉 이 두 문장은 양립성이 대조되는 문장이 아니라는 것이다. 또 예문 (21c)는 선생님과 따님이 모두 존대될 수 있고 구체적인 것은 상황에 따라 결정될 것이다. 그러나 예문 (21d)는 주어 존대법이 실현되지 않았으므로 부적합문이다. 그러나 예문 (21e)를 보면 주어 평대법은 딸에 대한 대우법이라고 보면 적합문이다. 중요한 것은 주어와 관련된 인물이 둘 이상이더라도 우리의 대우법 이론에 의해서 설명이 가능함을 그대로 보여준다는 점이다. 다만 예문 (21)에서는 선생님 면전에서, 즉 선생님이 청자인 경우에는 화자는 대우 어법의 선택에 더욱 신중하리라는 점을 예측할 수 있다.

다음의 예문은 주어 대우법의 특수한 구문들이다. 이를 통해서 주어 대우법의 다양한 용법을 이해할 수 있으며, 이들도 우리의 주어 대우법의 원칙을 그대로 따르고 있음을 확인할 수 있다.

(22) 주어 대우법(E): 특수한 구문

a. 교장 선생님으로부터 말씀이 있으시겠습니다. (어휘, 통사 존대)

b. 어마, 비님이 오시네. (어휘, 통사 존대)

c. 누구십니까? (임의주어 통사 존대)

d. 선생님이 할테니 잘 봐요. (어휘 존대/통사 평대)

e. 창호야, 너의 아버님이 찾아오셨다. (어휘 존대/통사 존대)

예문 (22a)의 주어는 '말씀'이지만 존대의 대상은 교장 선생님이다. 교장 선생님은 주어가 아니지만 말씀과 관련된 인물이므로 주어 대우법의 대상 인물이 되었다. 예문 (22b)는 존대의 대상이 비(雨)이다. 이 경우는 자연 현상에 대한 의인화에 의해서 주어 존대법이 실행된 구문이다. 예문 (22c)는 주어가 문장에 나타나있지 않지만, 문밖에서 노크하는 미지의 인물이므로 생략된 주어의 대상으로서의 주어 존대법이 실행된 구문이다. 예문 (22d)는 주어 비존대법이 실행된 적합문이라고 가정할 때, 교사가 학생들 앞에서 무언가를 설명하면서 자신을 선생님이라고 호칭하고 있는 구문이다. 이는 화자가 자신을 높여 부르는 경우가 아니고 교육 목적상 학생들의 호칭을 그대로 빌어서 자신을 가리키고 있다. 따라서 자신을 평대하는 것은 자연스럽다. 예문 (22e)는 화자가 친구의 아버지에 대한 주어 존대법을 실행하고 있는데, 그 이유가 청자의 체면을 살려주기 위해서 존대법을 실행하고 있다.고 말할 수 있다.

지금까지 화자의 주어 대우법에 관한 용법을 대표적 유형에 따라 살펴보았다. 이 내용은 지극히 복잡한 국어의 대우법을 모두 포함하고 있다고 할 수는 없을 것이다. 더구나 모든 문장이 청자 대우법과 주어 및 목적어 대우법이 동시에 실현되기 때문에 양립성 조건은 더욱 판단하기 힘들게 된다. 우리는 지금까지의 논의를 통해서 대우법의 화용론을 기술하는데 있어서 양립성 조건이 이론적 존재의의를 가지고 있음을 증명하고자 하였다.

V. 결론

흔히 언어는 사람의 마음을 비춰주는 거울(mind mirror)이자, 사회를 비춰주는 거울(social mirror)이라고 말한다. 국어의 대우법은 사람사이의 심리적, 사회적 인간관계를 그대로 반영하고 있다는 면에서 언어의 이러한 특성을 가장 잘 보여주는 언어현상이라고 말할 수 있다. 국어의 대우법은 문장의 명제적 의미와는 아무 관계가 없으나 대우법을 사용하지 않고는 한마디 말도 할 수 없으니,

과연 대우법의 진정한 역할은 무엇인지 신비스럽고 경외스럽기 조차 하다. 이에 상응하여 국어의 대우법은 어느 주제에 못지않게 학계의 거의 항구적인 연구 대상이 되어 왔다.

우리는 국어의 대우법에 대한 기존의 연구에 대하여 적어도 세 가지 면에서 만족할 수 없었기 때문에 이 논문에서 비판과 함께 대안을 제시하고자 하였다.

첫째, 대우 어법은 구조적인 차이를 보이지 않는 한 존대와 평대, 하대가 하나의 이론틀 안에서 다루어져야 한다고 보았다. 예를 들어 청자에 대한 공손 어법과 화자 자신을 낮추는 겸양 어법은 독립된 것이 아니라 모두 청자를 존대하는 동일 대우법이라고 보았다. 이러한 입장에서 우리는 기존의 이론을 통합하는 중립적 용어로서 '대우법'을 제안하였다.

둘째, 대우법은 본질적으로 화자가 청자 및 대화 관련 인물에 대한 대우 관계를 문장 안에 실현하는 장치라고 정의하고, 이를 독립적으로 분류, 기술되어야 한다고 주장하였다. 구체적으로 독립적인 어휘에 의해서 실현되는 어휘 대우, 구속형태소에 의해서 실현되는 형태 대우, 통사적으로 실현되는 통사 대우법으로 분류하였다. 특히 통사 대우법은 화용론적 개념과 용어로부터 자립적으로 기술되어야 한다는 것이 우리의 중요한 주장이다.

셋째, 문장 안에서 대우법이 어휘, 형태, 통사적으로 올바르게 실현되었다고 하더라도 자연스럽지 않은 문장이 있는데, 이는 대우 대상에 대한 대우법이 양립하지 못하고 상충(conflict)되는 데서 야기된다고 보았다. 우리는 대우법의 양립 및 상충 여부를 양립성 조건(compatibility condition)으로 기술하여 이 조건을 만족하는 문장은 적합문, 이를 만족하지 못하는 문장은 부적합문이라고 규정하였다. 양립성 조건은 화자가 청자를 포함한 대우 인물에 대한 대우 어법이 일관되게 실현되느냐를 규정한다는 면에서 문장 안에서의 화용론이라고 주장하였다.

한편 양립성 조건을 만족하더라도 적절한 상황에서 사용(use)되어야 하는데 이는 문장 밖에서의 화용론이라고 말할 수 있다. 또한 사회 계층에 따른 대우법의 다양성을 다루는 사회언어학이 독립적으로 존재할 수 있다. 우리의 목적은 일차적으로 국어 대우법의 자립통사론을 기술함으로써 문장 안의 화용론이 존재해야 함을 증명하는 것이므로 문장 밖의 화용론이나 사회언어학적 연구는 다루지 않았다. 그러나 문장 안의 대우법의 명시적 기술 그 자체가 대우법의 문장 밖의 화용론적 기술에도 직접적으로 기여할 수 있기를 기대한다.

참고문헌

국어연구회편(1990). 『국어연구 어디까지 왔나』. 서울대학교 대학원. 동아.

문교부(1991). 『고등학교 문법』. 성균관대학교 대동문화연구원.

박야우(1992). Functional Projections and Argument Raising. 서울대학위논문.

서정수(1972). "현대국어의 대우법 연구", 『어학연구』8.2. 서울대 어학연구소.

----- (1984). 『존대법의 연구』. 서울: 한신문화사.

성기철(1970). "국어 대우법 연구", 『충북대 논문집』. IV.

윤종열(1990). *Korean Syntax and Generalised X-bar Theory.* 학위논문.

임홍빈(1986). "청자대우등급의 명명법에 대하여",『국어학신연구』I. 탑출판사.

장경기(1993). "수정 격여과조건과 격승계가설",『언어』

18.2. 한국언어학회.

장경기(1996). 가시성조건 연구-격이론을 중심으로-. 학위논문. 서울대.

조의연(1988). *Some Interactions of Grammar and pragmatics in Korean.*

Bach, K. & R. M. Harnish(1979). *Linguistic Communication and Speech Acts.*

Brown, P. & S. Levinson.(1987). *Politeness: Some Universals in Language Usage.* Cambridge Univ. Press.

Chomsky,N.(1981). Lectures on Government and Binding. Dordrecht.

________ (1986). *Knowledge of Language: Its nature, Origins, and Use.*

Grice,H.P.(1975). "Logic and Conversation," In Cole, P. & J. Morgan.

Koopman, H. & J. Sportiche,(1990). *The Position of Subjects.* UCLA.

Levinson, Stephen C.(1983). *Pragmatics.* Cambridge.

Pollock, J.-Y.(1989). *Verb Movement, Universal Grammar, and the Structure of IP.* LI. 22.

<ABSTRACT>

An Autonomous Syntax and Pragmatics in Korean Honorifics

***Chang, Kyung Key. An Autonomous Syntax and Pragmatics in Korean Honorifics. The Journal of Modern British & American Language & Literature.* 13. (1994): 000-000.** The great wonder of Honorifics in the Korean language is that each and every utterance has one or more Honorific expressions. The Honorifics bears no relation to the propositional content, which leads us to the significant linguistic conclusion that Honorifics belongs to the pure syntactic modality component, namely the functional category.

Almost all the preceding papers or studies on Honorifics have been done chiefly on the pragmatic or sociolinguistic side without the least syntactic arguments. Of course we admit here that Honorifics is intrinsically pragmatic in the sense that we can not say even a word about Honorifics without using basic pragmatic terms or concepts such as Speaker, Hearer, Speaker's attitude, or appropriate contexts etc. However, we must note that such pragmatic function of Honorifics can be linguistically realized only through syntactic mechanism. So we argue that autonomous syntactic study on Honorifics must be done prior to pragmatic one and that this will help us with the explicit and comprehensive description about Honorifics.

Since the advent of Chomsky's (1981) GB Theory, the syntactic studies on Honorifics have been flourishing, among which some arguments about the identity of Subject-Honorific marker '*-si-*' and the presence of AGR in Korean are included as major issues. We admit that Subject-Honorific marker '*-si-*' is the Head of functional category HonP. We newly argue in this paper that sentence-ending element such as (*-subni-*)da constitutes the highest maximal projection MP (mood phrase) in the Head-final Korean language, which always serves as Hearer-Honorific functional category at the same time. Finally we propose a sentence-internal Compatibility Condition which requires the Speaker to perform the consistent and compatible Honorifics toward the interlocuters within the given sentence. (Ulsan University)

Key Words: Honorifics, Pragmatics, Speaker, Hearer, Korean, Syntax

07
Empathy와 국어의 대우법*

Ⅰ. 머리말

하버드 대학교의 저명한 심리학 교수인 Ellen J. Langer(1997)는 사람은 생리적으로 두 곳을 동시에 바라볼 수 없으며, 그 이유는 우리의 눈이 두 개의 초점(focus)을 동시에 만들지 못하기 때문이라고 기술하고 있다. 이를 좀 더 알기 쉽게 우리의 눈을 카메라의 렌즈에 비유할 수 있다. 사실 카메라의 렌즈의 기능은 인간의 눈의 기능과 매우 흡사하다. 정상적으로 솜씨 있게 촬영된 사진은 초점이 잘 맞아서 선명하고 아름답다. 이때 카메라의 초점은 사진 속의 여러 물체에 맞춰져 있는 것이 아니라 오직 한 대상에 맞춰져 있다.

이러한 초점의 개념을 언어 현상에 구체적으로 적용한 논의는 아마도 Kuno & Kaburaki(1977)와 Kuno(1987)가 처음일 것이다. 이들은 화자가 청자에게 메시지를 전달할 때 일반적으로 중립적인 입장에서 기술하는 것이 아니라 화자의 입장(position), 태도(attitude), 혹은 관점(view) 등이 문장의 구성 성분에 반영된다고 주장하면서 이를 'empathy'(감정이입)라는 언어학적 용어로 새롭게 개념화하고 있다.[1] 나아가서 이들은 empathy가 일본어와 영어에서 어떻게 실현되

---

* 이 논문은『현대영미어문학』25.1호(현대영미어문학회, 2007)에 실린 것을 수정·보완한 것이다.

1) 익명의 심사위원은 국어로 쓴 논문이므로 용어 empathy를 국어로 바꾸어 표기할 것을 제안

고 있는지에 대한 구체적인 논의를 제시하고 있다. 우리는 주로 Kuno & Kaburaki(1977)와 Kuno(1987)를 통해서 일본어와 영어의 empathy 현상을 비판적으로 검토한 다음, 이 이론을 국어에 적용해보고, 그 과정에서 국어에서 empathy의 존재여부 및 구현방법을 논의하며, 특히 수여동사 구문에서 일본어가 화자의 empathy와 관련하여 독립된 어휘를 사용하는 것과 국어가 수여동사 구문의 대우법에서 독립된 어휘를 사용하는 현상을 집중적으로 비교, 검토할 것이다. 구체적으로 일본어의 대표적인 수여동사 'give'와 대응하는 일본어의 수여동사는 화자의 대화 참여자에 대한 empathy에 따라 'yaru(やる)'와 'kureru(くれる)'로 다르게 표현되는데, 적어도 표면적으로는 국어의 수여동사도 '주다'와 '드리다'로 엄격히 구분되어 사용되는 경우가 있음을 우리는 주목하였다. 그러나 이러한 표면적인 유사성에도 불구하고 국어 수여동사 구문의 이 현상은 일본어와 달리 empathy와 관련이 없으며, 화자의 여격 목적어에 대한 화자의 존대법이 표현되면 '드리다'가 되고, 그 밖의 경우, 즉 화자의 여격 목적어에 대한 평대법이나 하대법이 실현되면 '주다'가 사용된다고 우리는 주장하게 될 것이다.

Ⅱ. Empathy의 개념

먼저 다음 문장을 살펴보자.

(1) a. John hit Mary.
   (John이 Mary를 때렸다.)
   b. John hit his wife.
   (John이 그의 부인을 때렸다.)
   c. Mary's husband hit her.
   (Mary의 남편이 그녀를 때렸다.)

하였으나, 언어학계에서 이미 전문용어로 굳어져 있고, '감정이입'이라는 우리말 용어도 완전히 본래의 개념을 표현하기에는 미흡하여 본 논문에서는 empathy를 그대로 사용하였다.

일단 위의 세 문장이 각각 완전히 독립적인 사건을 기술하고 있는 상황을 가정해 보자. (1a)는 John이라는 자연인이 Mary라는 자연인을 때렸다는 의미이며, (1b)는 John이 자신의 부인을 때렸을 수도 있고, 혹은 화자가 알고 있는 다른 남자의 부인을 John이 때렸을 수도 있는 중의적인 문장이다. (1c)는 Mary의 남편이 Mary 자신을 때렸을 수도 있고, 혹은 화자가 알고 있는 다른 여자를 때렸을 수도 있다.[2)] 이 세 가지 상황은 모두 각각의 사건을 기술하는 화자가 대화 참여자인 John과 Mary에 대하여 자신의 태도나 감정을 전혀 개입시키고 있지 않는 경우이다.

이제 위의 세 문장이 모두 동일한 한 사건을 기술하고 있으며, 이를 전달, 혹은 기술하는 화자가 사건의 참여자인 John과 Mary가 부부 사이인 상황이라고 가정해 보자. Kuno & Kaburaki(1977)는 (1a)는 화자가 사건을 객관적으로 기술하고 있으며, 이를 카메라 렌즈의 각도(angle)에 비유하여 카메라가 John과 Mary로부터 동일한 거리에 놓여있는 경우라고 말하고 있다.[3)] 계속해서 Kuno & Kaburaki(1977)는 (1b)는 카메라가 John에 더 가깝게 놓여 있는 문장으로서 화자가 John을 Mary보다 더 친밀하게 느끼고 있다고 주장한다. 반면에 (1c)는 카메라가 Mary에 더 가깝게 놓여있는 문장으로서 화자가 Mary에게 더 친밀함을 보여주고 있다고 기술하고 있다. 이들의 이러한 관찰은 주어진 일본어 예문을 국어로 바꿔 놓은 문장에서도 동일하게 적용됨을 국어의 직관을 통해서 충분히 알 수 있는데, 이는 곧 이러한 현상이 특정 언어의 문제가 아니라 언어 보편적인 것일 수 있음을 시사하고 있다고 우리는 판단한다.

이와 같이 Kuno & Kaburaki(1977)는 화자의 대화 참여자에 대한 태도를 카메라의 각도에 비유하고, 이를 'empathy'로 새롭게 개념화하였다. Kuno & Kaburaki

---

2) 대명사류(pronominal)의 의미해석은 GB이론의 결속이론(B)에 의해서 정확히 설명된다. 결속이론(B): 대명사류는 지배범주 안에서 자유롭다. (Binding Theory(B): A pronominal must be free in its governing category.)

3) 여기서 카메라의 각도를 조절하는 사람은 사진사임을 전제로 하고 있듯이 문장에 등장하는 참여자 가운데서 empathy를 실어줄 대상을 결정하고 선택하는 사람은 바로 화자이다. 화자가 문장에 등장하기도 하지만 많은 경우에 화자는 문장 안에 보이지 않기 때문에 청자나 독자는 화자의 empathy 실현 원리를 이해함으로써 결과적으로 문장을 더 잘 이해하고 대화를 더 효과적으로 이행할 수 있을 것이다.

(1977: 628)의 empathy의 정의는 다음과 같다.

(2) Empathy의 정의

Empathy란 화자와 문장 속의 참여자와의 일체성(identification)을 의미하며, 이는 0에서 1까지 다양한 정도로 나타난다. (Empathy is the speaker's identification, with varying degrees (ranging from degree 0 to 1), with a person who participates in the event that he describes in a sentence.)

따라서 empathy는 0~1 사이의 연속체(continuum)로서 empathy가 0일 경우는 화자는 참여자와의 일체성이 전혀 없고(no identification), empathy가 1일 경우는 화자와 참여자가 완전한 일체성(total identification)을 갖는다. 완전한 일체성을 갖는 경우란 곧 화자가 문장에 등장하는 경우이며, 참여자에 대한 부분적인 일체성(partial identification)을 갖는 경우가 일반적이다. 아래에서 일정한 상황을 상정하여 empathy를 좀 더 살펴보자.

먼저 John과 Mary는 부부이며, 화자가 John의 친구이며 그 부인은 잘 모르는 상황을 가정해 보자.

(3) <u>I</u> talked to <u>John</u>'s <u>wife</u> about him.

I(=speaker) > John > John's wife(=Mary) <참여자>

100% 50% 0% <empathy의 정도>

예문 (3)은 화자(I)가 문장에 등장하므로 자연스럽게 I(=speaker)는 empathy가 1, John은 0.5, Mary는 0이 된다.[4]

이와 대조적으로 화자가 Mary의 친구이며, 그녀의 남편을 잘 모르는 상황이

---

4) empathy의 수치는 화자와 대화 참여자 간의 상대적인 친밀도를 구조적으로 문장 안에서 실현되는 것을 체계적으로 설명하기 위한 비유적 개념임을 유의해야 한다. 따라서 1인칭 대명사 I는 항상 화자를 지칭하므로 empathy가 1이지만, 화자의 empathy가 John이 0.5이고 Mary가 0이라는 기술은 절대적인 친밀도를 의미하는 것이 아니라 화자와 자기 자신, 그리고 친구 John과 친구의 부인 Mary 사이의 상대적 친밀도를 수치화하여 언어 현상을 설명하는 방편으로 삼고 있다고 이해되어야 한다.

라면 (3)이 기술하는 동일한 사건은 아래 (4)와 같이 표현된다.

(4) I talked to Mary about her husband.
I(=speaker) > Mary > her husband(=John) <참여자>
100% 50% 0% <empathy의 정도>

예문 (3)과 달리 (4)는 화자가 Mary에게 empathy를 실어주고 그녀의 남편에게는 empathy를 주지 않는 표현이다.

여기서 우리가 주목해야 할 점은 empathy와 문장의 구조, 즉 통사론과의 관련성이다. Kuno & Kaburaki(1977: 629)가 empathy가 순수 화용론적인 개념이 아니라 "통사론과 상호 작용하는 주요 요소"라는 점을 분명히 하고 있듯이 위에서 살펴본 예문들이 empathy에 따라 어휘의 선택 및 명사구(NP)의 내부구조가 달라지는 것을 알 수 있다.

Ⅲ. Empathy와 일본어

Kuno & Kaburaki(1977)는 일본어가 영어보다 화자가 기술하는 사건(event)에 대한 화자의 태도를 표시하는데 더 광범위한 형태론적, 통사론적 장치를 가지고 있다고 주장한다. 아래의 수여동사 구문을 보자.

(5) Taroo gave money to Hanako.
(Taroo가 Hanako에게 돈을 주었다.)

그들은 영어와 달리 일본어는 예문 (5)의 사건(내용)을 화자의 입장에서 객관적으로 표현하는 방법이 없다고 말한다. 즉, 화자가 수여행위의 참여자인 Taroo와 Hanako의 어느 한 쪽에게 반드시 empathy를 실어 주어야 한다는 것이다.

예문 (5)에 대응하는 일본어 표현은 아래와 같은 두 문장이 된다.[5)]

(6) a. Taroo-wa Hanako-ni okane-o *yatta.* (주어-중심)
b. Taroo-wa Hanako-ni okane-o *kureta.* (간접목적어-중심)

예문 (6a)는 화자의 empathy가 주어(subject)인 Taroo에게 실린 주어-중심 표현으로서 수여동사가 'yatta'가 되며, 예문 (6b)는 화자의 empathy가 간접목적어(dative)인 Hanako에게 실린 목적어-중심 표현으로서 수여동사 'kureta'가 사용된다. 아래 예문을 통해서 좀 더 자세히 살펴보기로 하자.

(7) a. Boku-wa Taroo-ni okane-o *yatta.* (주어-중심)
(I gave money to Taroo.)
b.*Taroo-wa boku-ni okane-o *yatta.* (주어-중심)
(Taroo gave me money.)

(8) a. *Boku-wa Taroo-ni okane-o *kureta.* (간접목적어-중심)
(I gave money to Taroo.)
b. Taroo-wa boku-ni okane-o *kureta.* (간접목적어-중심)
(Taroo gave money to me.)

정문 (7a)는 화자가 주어(boku='I')이므로 화자의 empathy는 완전하게 주어와 일체성(identity)을 갖는데, 이때 주어-중심 동사인 'yatta'를 사용하므로 결국 empathy가 주어에 실린 주어-중심 구문이다. 한편 비문 (7b)는 화자가 간접목적어이므로 화자의 empathy는 완전히 목적어에 실리는데, 사용된 술어는 주어-중심 동사인 'yatta'이므로 주어인 Taroo에 화자의 empathy가 실려서 결국 한 문장 안에서 empathy의 충돌(conflicting)이 일어나 비문이 된 것이다. 또한 비문 (8a)

---

5) yaru ('やる') - yatta ('やった') / kureru ('くれる') - kureta ('くれた')

는 여격-중심 수여동사인 'kureta'를 사용하여 화자의 empathy가 여격명사인 Taroo에게 주어져야 하는데, 화자 자신이 주어로 나타났기 때문에 주어에 empathy가 와야 하므로 결국 empathy의 충돌이 일어나 비문이 된 것이며, 정문 (8b)는 화자 자신이 목적어로서 여격-중심 수여동사인 'kureta'의 쓰임과 일치하므로 정문이 된 것이다.

Kuno & Kaburaki(1977: 631)는 화자가 문장의 참여자이면 어떤 다른 참여자도 자신보다 더 강한 empathy를 가질 수 없다는 "화행 empathy 계층원리"(Speech-Act Empathy Hierarchy)를 다음과 같이 제시하고 있다.

(9) 화행 Empathy 계층원리
화자가 자신이 아닌 다른 사람과 더 많은 empathy를 갖는 것은 불가능하다.
(It is not possible for the speaker to empathize more with someone else than with himself.)

이제 empathy의 충돌이 비문으로 이어지는 현상을 복문(complex sentence)을 통해서 살펴보자.

(10) a. Taroo-wa [Hanako-ga hon-o *kureta* node] Hanako-ni okane-o *yatta.*
(Taroo gave money to Hanako because Hanako gave him books.)
b.*Taroo-wa [Hanako-ga hon-o *kureta* node] Hanako-ni okane-o *kureta.*
(Taroo gave money to Hanko because Hanako gave him books.)

먼저 (10a)를 보면 내포절은 'kureta' 동사를 사용하여 화자가 생략된 목적어 Toaroo(=him)에게 empathy를 실어주고 있으며, 주절은 'yatta' 동사를 사용하여 주어인 Taroo(=He)에게 empathy를 두고 있다. 다시 말하면 화자는 이 문장의 다른 참여자인 Hanako와 비교하여 상대적으로 내포절과 주절에서 일관성 있게 Taroo에게 더 강한 empathy를 실현하고 있는 것이다. 이 관계를 아래와 같이 나타낼 수 있다.

내포절의 참여자 empathy: Taroo > Hanako
주절의 참여자 empathy: Taroo > Hanako

한편 (10b)를 보면 내포절은 'kureta' 동사를 사용하여 화자가 생략된 목적어 Taroo(=him)에게 empathy를 실어주고 있으며, 주절은 'kureta' 동사를 사용하여 Hanako에게 empathy를 실현하고 있다. 즉 동일한 사건을 기술함에 있어서 (10a)와 달리 (10b)는 내포절과 주절에서 화자의 empathy가 충돌하고 있어서 비문이 된 것이다. 이 관계를 아래와 같이 나타낼 수 있다.

내포절의 참여자 empathy: Taroo > Hanako
주절의 참여자 empathy: Hanako > Taroo

결과적으로 볼 때 정문 (10a)는 카메라 렌즈의 초점이 하나인 정상적인 사진이며, 비문 (10b)는 카메라 렌즈의 초점이 갈라진 잘 못나온 사진이라고 말할 수 있다. Kuno & Kaburaki(1977: 632)는 "empathy 초점 충돌 금지조건"(Ban on Conflicting Empathy Foci)을 다음과 같이 제안하고 있다.

(11) Empathy 초점 충돌 금지조건
한 문장 안에서 empathy 관계가 논리적인 충돌이 있어서는 안 된다.
(A single sentence cannot contain logical conflicts in empathy relationship.)

아래 예문은 관계절에서 참여자 사이에 empathy의 충돌이 없어서 정문이 되는 경우를 보여주고 있다.

(12) [Hanako-ga Taroo-ni *yatta*] okane-o, Taroo-ga Yooko-ni *yatta.*

(The money that Hanako gave to Taroo, Taroo gave to Yooko.)

관계절의 참여자　empathy: Hanako > Taroo
주절의 참여자　empathy: Taroo > Yooko
참여자의 상대적인　empathy: Hanako > Taroo > Yooko

예문 (12)를 보면 관계절은 주어인 Hanako가 주어-중심 수여동사 'yatta'와 함께 쓰였으므로 정문이며, 주절은 주어인 Taroo가 주어-중심 수여동사 'yatta'와 함께 쓰여서 정문이 된다. 따라서 전체 문장이 세 명의 참여자 사이에 empathy의 정도가 상충되지 않고 있는 정문이다.

이제 수여동사가 보조동사와 함께 쓰이는 다음 예문 (13)을 살펴보자.

(13) Taroo-wa okane-o Hanako-ni *yatte simatta.*
(Taroo gave Hanako the money.)
(Taroo는 그 돈을 Hanako에게 주어 버렸다.)

예문 (13)은 주어-중심 수여동사인 'yatte'가 본동사로서 완료상을 구현하는 보조동사 'simatta'와 함께 쓰여서 주어인 Taroo에게 화자의 empathy를 실현하고 있다.[6)]

다음은 수여동사 'yaru'와 'kureru'가 다른 본동사의 보조동사로 사용되는 예문이다.

(14) a. Taroo-ga Hanako-o *tasuketa.*
(Taroo helped Hanako.)
b. Taroo-ga Hanko-o *tasukete yatta.*
c. Taroo-ga Hanako-o *tasukete kureta.*

6) simau ('しまう') - simatte ('しまって') - simatta ('しまった')

(14a)는 화자의 empathy가 실현되지 않은 중립적인 문장이며, (14b)는 보조 수여동사 'yatta'와 함께 쓰여서 화자의 empathy가 주어인 Taroo에 실려 있는 정문이고, (14c)는 보조 수여동사 'kureta'와 함께 쓰여서 화자의 empathy가 목적어인 Hanako에게 실려 있는 정문이다. 여기에서 흥미로운 사실은 화자 자신이 일인칭 대명사 'boku'로 문장에 나타날 경우에는 화자의 empathy가 반드시 구현되는 보조동사가 함께 쓰여야 한다는 점이다. 다음 예문을 보자.

(15) a.*Taroo-ga boku-o *tasuketa.*
(Taroo helped me.)
b. Taroo-ga boku-o *tasukete kureta.*
(Taroo help me.)
c. boku-ga Taroo-o *tasukete yatta.*
(I helped Taroo.)

(15a)는 화자 자신인 'boku'가 목적어로 쓰였으므로 empathy가 목적어에 실현되는 술어와 함께 쓰이지 않아서 비문이며, (15b)는 목적어-중심 술어동사 'kureta'가 본동사 'tasuketa'의 보조동사로 쓰여서 정문이 된다. 또한 (15c)는 화자인 'boku'가 주어로서 주어-중심 수여동사인 'yatta'가 본동사 'tasukete'의 보조동사로 쓰여서 empathy의 충돌이 없는 정문이 된다.[7)]

이제 반드시 화자의 empathy를 수반하는 동사가 다른 동사와 복합동사(compound)를 구성하는 아래 예문을 살펴보자.

(16) a.*John-ga boku-o *tazuneta.*
(John visited me.)
b. John-ga boku-o *tazunete kita.*
(John came to visit me.)

---

7) tasukeru ('たすける') - tasukete ('たすけて') - tasuketa ('たすけた')

c. John-ga boku-o *tazunete kureta.*

(John paid a visit to me.)

d. John-ga boku-o *tazunete kite kureta.*

(John came to pay a visit to me.)

예문 (16a)는 동사 'tazuneta'('visited')는 empathy-중립적 동사이므로 화자 자신인 'boku'와 함께 쓰일 수 없기 때문에 비문이다. 그러나 (16b)는 'tazunete' ('visit')가 empathy를 수반하는 동사 'kita'('came')와 함께 복합동사를 구성하여 정문이다.[8] (16c)는 목적어-중심 수여동사 'kureta'가 보조동사로 쓰여 정문이 된다. 또한 (16d)는 복합동사 'tazunete kite'가 보조동사 'kureta'와 함께 쓰여 정문이 된다. 결국 비문 (16a)는 앞서 제시한 바 (11)의 "Empathy 초점 충돌 금지조건"을 어기고 있으며, 나머지 세 정문은 모두 이 조건을 준수하고 있다.

Kuno & Kaburaki(1977: 635)는 일본어의 재귀사 'zibun'('self')의 선행사는 반드시 화자의 empathy를 갖는다고 주장하고 있다.

(17) a. Taroo$_i$-wa [Hanko-ga zibun$_i$-ni kasite *kureta*] okane-o tukatte simatta.

(Taroo has spent all the money that Hanako had lent to him.)

b. *Taroo$_i$-wa [Hanako-ga zibun$_i$-ni kasite *yatta*] okane-o tukatte simatta.

(Taroo has spent all the money that Hanako had lent to him.)

위의 두 예문은 'kuretta'와 'yatta'의 차이점이 있을 뿐인데, (17a)는 정문이 되고 (17b)는 비문이 된다. 그 이유는 일본어의 재귀사 'zibun'('self')이 쓰이면 화자는 이 재귀사의 선행사(=지시어)에게만 empathy를 실현해야 한다는 제약이 있기 때문이다. 이 관계를 도식화하면 아래와 같다.

8) tazuneru ('たずねる') - tazunete ('たずねて') - tazuneta('たすねた') / kuru ('くる') - kite ('きて')-kita ('きた')

(17a) *zibun*의 empathy: Taroo > Hanako

*kureta*의 empathy: zibun > Hanako

(17b)**zibun*의 empathy: Taroo > Hanako

*yatta*의 empathy: Hanako > zibun

이를 알기 쉽게 설명하면 (17a)와 (17b)가 모두 재귀사 'zibun'을 기준으로 하면 동지표된 선행사(=지시어)) Taroo에게 화자의 empathy가 주어진다. 이제 술어 'yatta'/'kureta'를 기준으로 하면 (17a)는 목적어-중심 동사 'kureta'가 쓰였으므로 내포절의 목적어인 'zibun'(=Taroo)에게 empathy가 실려서 두 기준에서 empathy가 일치하므로 정문이 되지만 (17b)는 주어-중심 동사인 'yatta'가 쓰여서 내포문의 주어인 Hanako에게 empathy가 실려서 결국 empathy의 충돌이 일어나 비문이 된 것이다.

다음 문장은 화자가 문장에 등장하면서도 참여자간의 empathy의 충돌이 없어서 정문이다.

(18) $Taroo_i$-wa [Hanko-ga $zibun_i$-ni kasite *kureta*] okane-o boku-ni watasita.[9]

(Taroo handed to me the money that Hanako had lent to him.)

위 예문의 empathy의 계층을 보면 아래와 같다.

내포절의 참여자 empathy: Taroo > Hanako

주절의 참여자 empathy: Speaker(='boku') > Taroo

지금까지의 논의를 종합해 볼 때 일본어의 대표적인 수여동사 'yatta'와 'kureta'는 본동사뿐만 아니라 보조동사 및 복합동사로 쓰이는 경우와 재귀대명사와

---

9) kasu ('かす') - kasite ('かして') / watasu ('わたす') - watasita ('わたした')

함께 쓰이는 경우에도 화자의 empathy의 구조적 실현과 상충되지 않아야 정문이 됨을 확인하였다.

아울러 우리가 주목해야 할 점은 적어도 일본어에서 문장의 문법성은 화자의 empathy를 전제로 하여 문장 안에서, 즉 통사적으로 결정된다는 것이다. 다시 말해서 화자가 문장을 생성하는 입장에서는 자신의 empathy에 따라 수여동사 'yatta'와 'kureta'를 적절히 사용하지만, 청자의 입장에서는 문장만을 가지고 화자의 empathy의 실현이 어휘와 구조를 통해서 올바르게 선택되었는지 판단하면서 의미해석을 하게 된다.

Ⅳ. Empathy와 국어의 대우법

지금까지 살펴본 바와 같이 empathy는 화자가 문장에 등장하는 참여자에 대한 자신과의 동일성을 실현하는 언어적 장치이며, 우리가 일본어와 영어에서 상세히 검토한 바와 같이 이는 언어 보편적일 가능성이 크다고 본다. 이제 과연 empathy가 국어에 존재하는지, 그리고 존재한다면 그것이 어떻게 구현되는지를 집중적으로 논의하기로 하겠다.

그 구체적인 작업으로서 먼저 4.1에서 국어와 empathy의 관련성을 논하고, 그 과정에서 논의된 국어의 수여동사 구문에서의 '주다'/'드리다'의 교체는 empathy와 관련된 것이 아니라 대우법과 관련된 것이라는 주장을 정당화하기 위하여 4.2에서 국어 대우법을 장경기(1966)를 중심으로 유형별로 살펴보며, 이를 토대로 하여 4.3에서 일본어의 empathy와 국어 대우법의 관계를 수여동사 구문을 중심으로 논의하기로 하겠다.

4.1 Empathy와 국어

먼저 다음 예문을 살펴보자.

(19) a. 존이 메리를 때렸다.
(John hit Mary.)
b. 존이 그의 부인을 때렸다.
(John hit his wife.)
c. 메리의 남편이 그녀를 때렸다.
(Mary's husband hit her.)
d.?메리의 남편이 그의 부인을 때렸다.
(?Mary's husband hit his wife.)

위 문장은 우리가 2장에서 영어 문장으로 살펴본 것을 국어로 바꾸어 놓은 것이다. 영어와 마찬가지로 먼저 위 세 문장이 독립적 사건을 기술하는 상황이라고 가정해보자. (19a)는 존이라는 자연인이 메리라는 자연인을 때렸다는 의미이며, (19b)는 존이 자신의 부인을 때렸을 수도 있고, 혹은 존이 다른 남자의 부인을 때렸을 수도 있는 중의적인 문장이다. (19c)는 메리의 남편이 메리 자신을 때렸을 수도 있고, 혹은 다른 여자를 때렸을 수도 있다. 이 세 가지 경우에 모두 각각의 사건을 기술하는 화자는 존과 메리에 대하여 자신의 태도나 감정, 즉 empathy를 전혀 개입시키고 있지 않다.

이제 위의 세 문장이 동일한 사건을 기술하고 있으며, 사건의 참여자인 존과 메리가 부부 사이라고 가정해 보자. 이때는 화자는 어떤 식으로든지 자신의 참여자에 대한 empathy를 문장 안에 표현하게 된다. (19)의 세 문장을 비교해보면 (19a)는 화자가 객관적으로 사건을 기술하고 있는 문장이며, (19b)는 화자가 존에게 empathy를 두고 있는 문장으로서 예를 들어 화자가 존의 친구이며, 존의 부인은 잘 모르는 경우에 사용될 수 있다. 반면에 (19c)는 화자가 메리의 친구이지만 메리의 남편을 잘 모르는 경우라고 해석될 수 있다. 다시 말하면 존을 잘 모르는 화자가 (19b)라고 말하거나, 메리를 잘 모르는 화자가 (19c)라고 말하면 이 문장들은 그 상황 안에서 매우 부자연스런 표현이 되는데, 그 이유가 바로 화자의 empathy가 문장에 잘못 실현되었기 때문이다. 이와 같은 empathy의 차이는 대화의 참여자가 포함된 명사구(NP)의 통사구조와 관련되어 있다. 즉, 화자는 명사구의 머리어(head)[10]로 표현된 참여자보다 소유격으로 표현된 참여자에게 더 강한 empathy를 갖는다. 이를 아래처럼 도식화할 수 있다.

[그의 부인]의 empathy: 그 > 부인 (그=존)
[메리의 남편]의 empathy: 메리 > 남편 (메리=존의 부인)

이렇게 볼 때 (19d)는 화자의 empathy가 존과 메리에게 동시에 주어져서 충돌이 일어나 부자연스러운 문장이 되고 있음을 알 수 있다.

이제 다음 문장을 보기로 하자.

(20) a. 존은 제인과 결혼하였다.
(John married Jane.)
b. 제인은 존과 결혼하였다.
(Jane married John.)
c. 존은 1960년에 지금의 부인과 결혼하였다.
(John married his present wife in 1960.)
d.?존의 지금의 부인은 1960년에 그와 결혼하였다.
(?John's present wife married him in 1960.)

위의 예문은 모두 상호동사 'marry'가 사용된 동일한 사건이라고 가정하자. 이를 empathy의 관점에서 보면 (20a)는 주어인 존에게 목적어인 제인보다 더 강한 empathy가 실려 있고, (20b)는 주어인 제인에게 목적어인 존보다 더 강한 empathy가 실려 있다. 이 사실은 (20c)와 (20d)의 용인성의 미묘한 차이를 설명해준다. (20c)는 주어인 존이 목적어에서 소유격으로 표현되고 있으므로

10) 머리어(head)는 수식어(modifier)와 대립되는 개념으로 모든 어휘범주의 최대투사(maximal projection)는 그 어휘범주인 머리어와 나머지인 수식어로 구성된다. 예를 들어 [그의 부인]이라는 명사구는 [부인]이 머리어이고 [그의]는 수식어이다.

empathy의 충돌이 없는 자연스러운 문장이지만, (20d)는 주어인 제인과 소유격인 존 사이에 empathy의 충돌이 일어나 (20c)보다 상대적으로 부자연스러운 문장이 된 것이다. 이 현상을 Kuno & Kaburaki(1977: 648)는 "표면구조 Empathy 계층원리"(Surface Structure Empathy Hierarchy)로 일반화하였다.[11] 이 원리에 따르면 empathy는 표면구조상의 주어가 목적어보다 더 강하다는 것이며, 이 원리가 영어뿐만 아니라 국어에도 적용될 수 있음을 위 예문이 확인시켜주고 있다.

이제 다음 예문을 살펴보자.

(21) a. 존은 한 17세 소녀와 결혼했다.
(John married a 17-year-old girl.)
b.?한 17세 소녀가 John과 결혼했다.
(?A 17-year-old girl married John.)
c.??한 17세 소녀가 나와 결혼했다.
(??A 17-year-old girl married me.)

자연스러운 문장 (21a)와 달리 (21b)가 부자연스러운 이유는 일반적으로 empathy가 강한 주어에 비한정 명사구(indefinite NP)가 왔고, empathy가 약한 목적어에 empathy가 강한 지시적(referential) 고유명사 존이 와서 empathy가 상충되기 때문이다. (21c)는 (21b)보다 더 부자연스러운데, 이는 목적어 존 대신에 화자 자신인 'me'가 와서 empathy가 가장 강한 참여자가 목적어 자리에 와서 더욱 부자연스러운 문장이 되었다. Kuno(1987: 209)는 이 현상을 담화상의 주제(discourse topic)와 관련된 문제라고 설명하면서 "주제 Empathy 계층원리"(Topic Empathy Hierarchy)라고 형식화하였다.[12] 이 원리는 주제가 비주제보다

11) 표면구조 Empathy 계층원리: 화자는 주어의 지시자(referent)와 empathy를 갖기가 가장 쉽고, 그 다음이 목적어의 지시자이며, 가장 어려운 것은 수동문의 <by+agent>이다.

12) 주제 Empathy 계층원리: 두 참여자가 관련된 사건의 경우에 현재의 담화상의 주제인 참여자에게 화자의 empathy가 더 강하게 실린다.

empathy가 강하게 실린다는 원리인데, 위 예문은 국어에도 이 원리가 적용될 수 있음을 잘 보여주고 있다.

지금까지 화자의 empathy가 국어에도 존재하여 생산적으로 실현되고 있음을 Kuno & Kaburaki(1977)와 Kuno(1987)가 영어와 관련하여 제시한 몇 가지 원리를 중심으로 살펴보았다.

이제 우리의 논의의 폭을 좀 더 넓혀서 국어의 수여동사 구문에서 empathy가 어떻게 실현되는지를 살펴보기로 하자. 우리가 3장에서 자세히 논의했듯이 일본어는 일본어의 수여동사 구문에서는 화자의 empathy가 주어에 실리느냐 간접목적어에 실리느냐에 따라 수여동사가 'yaru'/'kureru'의 교체가 일어난다. 과연 이러한 현상이 국어에도 존재하는지가 매우 궁금하다. 다음 수여동사 구문을 보자.

(22) a. 내가 순이에게 그 책을 주었다.
(I gave Sooni the book.)
b. 순이가 내게 그 책을 주었다.
(Sooni gave me the book.)
c. 선생님께서 내게 그 책을 주시었다.
(My teacher gave me the book.)
d. 내가 선생님께 그 책을 드렸다.
(I gave my teacher the book.)

우선 예문 (22a)와 (22b)는 화자가 문장 안에 주어로 등장하거나 간접목적어로 등장하거나 상관없이 수여동사가 '주었다'로서 동일하다는 점을 보여준다. 화자의 empathy는 당연히 자신에게 가장 강하므로 (22a)는 화자 자신인 주어에게 empathy가 실리고, (22b)는 화자 자신인 간접목적어에게 empathy가 실리고 있지만 동일한 수여동사가 쓰이고 있는 것이다. 이는 말할 것도 없이 국어의 수여동사 구문은 일본어의 수여동사 구문과 달리 화자의 empathy가 수여동사의 선택을 결정하지 않는다는 것을 증명하고 있는 것처럼 보인다. 그러나 바로 아래 예문 (22c)와 (22d)를 보면 (22a), (22b)와 유사한 통사구조를 가지고 있음에도 불구하고 '주시었다'/'드렸다'의 어휘 교체가 일어나고 있음을 보여주고 있어서 이 문제가 그렇게 간단치 않음을 짐작할 수 있을 것 같다. 일단 우리는 직관적으로 (22c)와 (22d)는 국어의 대우법이 관여되고 있음을 알 수 있는데, 이 문제를 제대로 다루기 위한 예비작업으로 다음 절에서 국어 대우법의 체계를 간략하게 살펴보기로 하겠다.

4.2 국어 대우법의 체계

대우법(Honorifics)은 국어의 두드러진 특징의 하나로서 대우법이 실현되지 않은 국어 문장은 하나도 존재하지 않을 정도로 국어의 본질적 특성으로 이해되어 왔다. 그만큼 대우법은 학계의 항구적인 연구 과제로서 오랫동안 다양하고 심도있게 다루어져 왔던 것이다. 말할 나위 없이 대우법의 실행 주체는 화자이고, 그 대상은 대화 참여자 모두이다. 대화 참여자는 문장의 주어나 목적어로 등장하기도 하고, 많은 경우에 화자와 청자는 문장에 보이지 않지만 문장 안에 그 참여자에 대한 대우표현이 엄밀하게 실현되어 있다. 이제 우리는 대우법을 empathy의 관점에서 새롭게 조명해보기 위한 선행 작업으로서 제한적으로 장경기(1996)를 중심으로 대우법의 실행자인 화자의 문장 참여자에 대한 대우 관계가 어떻게 실현되는지를 중점적으로 살펴보기로 하겠다.

장경기(1996: 214)는 대우법을 분류하는 방법으로서 분류의 기준을 명확히 하는 방법을 사용하였다. 먼저 대우의 대상(object)에 따라서 청자 대우법(hearer honorifics), 주어 대우법(subject honorifics), 목적어 대우법(object honorifics)으로 나누었으며, 또한 대우의 정도(degree)에 따라 평대법(level honorifics), 존대법(higher honorifics), 하대법(lower honorifics)으로 나누었고, 대우법이 이루어지는 단계(plane)에 따라 어휘 대우법(lexical honorifics), 형태 대우법(morphological honorifics), 통사 대우법(syntactic honorifics)으로 삼분하였다. 다음 예문을 통하여 그 내용을 구체적으로 간략하게 살펴보자.

(23) a. 김 군이 왔다.
b. 김 군이 왔습니다.
c. 김 선생님이 오셨다.
d. 김 선생님이 오셨습니다.

위 각 예문의 참여자는 문장에는 보이지 않는 화자와 청자, 그리고 문장의 주어로 등장하는 김 군과 김 선생님이다. 먼저 (23a)는 화자가 문장의 주어인 김 군의 지시자(referent)를 평대하고 있으며, 그 방법은 지시자의 성(family name)에 '-군'이라는 형태 접미소를 첨가하여 형태 대우법을 실현하고 있고, 술어 '오-' 다음에 주어 존대 보조용언 '시'를 첨가하지 않음으로서 통사 평대법을 실현하고 있다. 또한 화자는 (23a)의 청자에 대하여 평대법을 실현하고 있는데, 그 방법은 종결어미 '-다' 앞에 청자 존대 보조용언 '습니'를 첨가하지 않음으로서 청자 평대법이 실현되고 있다. (23b)는 (23a)와 청자 존대법만 다르다. 즉, 종결어미 '-다' 앞에 보조용언 '습니'를 첨가하여 청자 통사 존대법을 실현하고 있다. (23c)는 화자가 주어의 지시자의 성에 존대 어휘 표현인 '선생님'을 첨가하여 주어 존대 어휘 대우법을 실현하고 있으며, 동시에 술어 '오-' 다음에 보조용언 '시'를 첨가하여 주어 통사 대우법을 실현하고 있다. 이 때 청자에 대해서는 어말 어미 '-다' 앞에 존대 보조용언 '습니'가 참가되지 않아서 청자 평대법이 실현되고 있다. (23d)는 (23c)와 같은 주어 존대법이 실현될 뿐만 아니라 어말어미 '-다' 앞에 '습니'가 첨가되어서 청자 통사 존대법이 실현되고 있다. 이와 같이 국어의 모든 문장은 어떤 형식으로든지 반드시 대우표현이 실현된다는 면에서 그 오묘함이 신비스럽다고 할 만하다.

지금까지 우리는 논의의 편의상 위와 같은 매우 단순한 예문을 가지고 대우법의 특성을 살펴보았으나 실제 언어생활 속에서는 그 체계가 매우 복잡하며, 화자와 청자가 문장에 직접 등장하거나 주어나 목적어 이외의 성분으로 참여자가 등장함으로서 그 복잡성이 배가되기도 한다. 무엇보다도 한 문장에 실현된 화자의 대화 참여자에 대한 대우법이 상호 양립되지 않고 충돌이 일어나면 화용론적으로 부자연스러운 문장이 되는데, 이를 아래 예문에서 확인해보자.

(24) a. 선생님께서 나에게 그 책을 주셨다.
b. ?선생님께서 나에게 그 책을 주었다.
c. ?선생님께서 저에게 그 책을 주셨다.
d. ?선생님께서 나에게 그 책을 주셨습니다.
e. ??선생님께서 저에게 그 책을 주었다.
f. 선생님께서 저에게 그 책을 주셨습니다.

국어 대우법의 중요한 특징의 하나는 대화의 상대방이 누구든지 간에 화자가 자신을 높이는 어법이 존재하지 않는다는 점이다.[13] 일반적으로 화자는 자신을 지칭할 때 평대법을 사용하며, 또한 화자가 청자에 대한 존대를 표현하기 위한 한 가지 방법으로서 화자 자신을 가리켜 '나' 대신에 '저'로 표현한다. 위 예문 (24)의 각 표현은 화자가 문장에 등장하고 있다. 구체적으로 (24a)는 화자가 주어에 대해서는 어휘 존대법과 통사 존대법을 사용하여 존대하고 있으며, 청자에 대해서는 화자가 자신을 평대하는 어휘 평대법과 통사 평대법을 사용하여 평대하고 있어서 대우법이 일관되게 실현되고 있는 자연스런 문장이다. 그러나 (24b)는 청자에 대해서는 대우법이 바르게 실현되고 있으나, 주어에 대해서는 어휘 존대법과 통사 평대법이 서로 충돌되어 부자연스런 문장이 생성되고 있다. 또한 (24c)는 주어 대우법은 바르게 실현되었으나, 청자 대우법은 어휘 존대법과 통사 비존대법이 서로 충돌되어서 부자연스런 문장이 된다.[14] 더구나

13) 국어 대우법의 이러한 특징은 전제주의 군주인 왕도 자신을 낮추어 '짐'이라 지칭했다는 사실에 극명하게 나타나 있다. 때로는 교사가 학생들 앞에서 자신을 '선생님'이라고 지칭할 때가 있는데, 이는 청자(학생)가 자신을 지칭할 때 사용하는 표현을 그대로 빌려온 것으로서 교육 목적 등의 특수한 경우에 허용된다.

14) 여기에서 두 가지 점에 유의해야 한다. 하나는 '저'는 '나'의 겸양 표현, 즉 낮춤말이이지만 통사적 대우법 안에서는 청자를 높이기 위한 어휘 존대법이라는 점이며, 또 하나는 우리가 비존대법이라 표현한 것은 평대법과 하대법을 함께 묶어서 지칭할 때 사용한다는 점이다.

(24e)는 청자 대우법과 주어 대우법이 모두 어휘 대우법과 통사 대우법이 상충되어 상대적으로 더욱 부자연스런 문장이 된다. 끝으로 (24f)는 청자 대우법과 주어 대우법이 모두 바르게 실현된 자연스런 문장이다. 그런데 여기서 한 가지 흥미로운 점은 (24f)는 청자와 주어가 동일인인 경우에도 사용될 수 있는 중의적인 문장이라는 것이다. 이를 정문 (24a)가 중의적인 의미가 없는 점과 비교해보면 이는 청자가 문장에 등장하는 대우법의 한 특성으로 판단된다. 이상과 같이 국어의 대우법은 화자의 문장 참여자에 대하여 상호 충돌없이 일관되게 실현되어야 함을 확인하였으며, 우리는 이 원칙을 아래와 같이 "대우법 충돌 금지조건"(Ban on Conflicting Honorification of Participants)이라고 개념화하기로 한다.

(25) 대우법 충돌 금지조건

화자의 문장 참여자에 대한 대우법은 상호 충돌되지 않아야 한다.

(A single sentence cannot contain mutual conflicts in the speaker's honorification of participants.)

이제 "대우법의 충돌 금지조건"을 주어가 존대되는 (24)와 달리 목적어가 존대되는 아래의 문장에서 설명력을 확인해보자. 아래 예문 (26)은 앞서의 예문 (24)의 주어와 여격목적어(간접목적어)를 바꾸어 놓은 것이다.

(26) a.?내가 선생님께 그 책을 주셨다.
b.(?)내가 선생님께 그 책을 주었다.
c.?내가 선생님께 그 책을 주셨습니다.
d.?내가 선생님께 그 책을 주었습니다.
e.?제가 선생님께 그 책을 주셨다.
f.?제가 선생님께 그 책을 주었다.
g.?제가 선생님께 그 책을 주셨습니다.
h.(?)제가 선생님께 그 책을 주었습니다.

놀랍게도 위 예문 (24)와 동일한 어휘를 사용하면서 주어와 목적어를 바꾸어 놓은 예문 (26)이 모두 부자연스러운 문장이다. (26a)는 화자인 주어를 통사적으로 존대하여 대우법이 충돌되어 부자연스럽다. (26c)는 주어 대우법이 어휘 평대법과 통사 존대법 간에 상충되어서 부자연스럽다. (26d)는 청자에 대한 어휘 평대법과 통사 존대법이 상충되어 부자연스럽다. (26e)는 주어에 대한 통사 대우법이 잘못되었고, 청자에 대한 어휘 존대법과 통사 평대법이 상충되어서 부자연스럽다. (26f)는 청자에 대한 주어 어휘 평대법과 통사 평대법 사이에 충돌이 일어나 부자연스럽다. (26g)는 화자인 주어 비존대법이 잘못되어 부자연스럽다. 결국 이 예문들은 모두 (25)의 "대우법 충돌 금지조건"을 어겨서 부자연스런 문장이 되었다고 말할 수 있다.

그러나 오직 예문 (26b)와 (26h)는 나머지 예문과 달리 "대우법 충돌 금지조건"을 준수하는 듯 하면서도 완벽하게 자연스러운 문장은 아니라는 점에 주목할 필요가 있다. 우리는 그 원인을 대화 참여자인 간접목적어 '선생님'에 대한 대우법과 관련된 것이라고 일단 가정하고, 논의를 계속하기로 하겠다. 우선 (26b)와 (26h)에 대응하는 자연스런 국어 문장을 살펴보아야 한다. 다음 각 예문이 대응하는 문장들이다.

(27) a. 내가 선생님께 그 책을 드렸다.
b. 제가 선생님께 그 책을 드렸습니다.

예문 (27)은 본동사 '주다' 대신에 '드리다'를 사용하여 목적어인 선생님을 화자가 존대하여 대우법을 사용한 자연스런 문장이다.[15] 결국 국어의 수여동사 '주다'-구문은 목적어에 대한 화자의 존대법으로 특정 술어 '드리다'를 사용하는 어휘 대우법 밖에 없다는 점을 받아들이면 앞선 예문 (26b)와 (26h)의 부자연

---

15) 국어에 목적어를 존대하기 위하여 '주다'/'드리다'의 교체만 있는 것은 아니다. 예를 들어 '말하다'가 주어를 존대하기 위해서는 '말씀하(시)다'가 되고, 목적어를 존대하기 위해서는 '말씀드리다,' 혹은 '말씀올리다'가 된다. 또 '인사하다'도 '인사드리다'가 된다. 이렇게 볼 때 수여적 의미를 가진 '하다' 동사가 '드리다'로 교체되는 것이 아닌가 여겨진다.

스러움도 결국 “대우법 충돌 금지조건”으로 설명할 수 있게 된다.

그런데 국어 대우법의 ‘주다’/‘드리다’의 술어 교체 수여동사 구문이 예외적으로 사용되는 제한된 용법이 아니고, 이 술어가 매우 생산적으로 많은 본동사의 보조동사로 쓰이면서도 일관된 대우법의 원리를 준수하고 있다는 점도 간과되어서는 안 된다. 다음 예문을 보자.

(28) a. 선생님께서 내게 그 책을 읽어 <u>주셨다</u>.
b. 선생님께서 제게 그 책을 읽어 <u>주셨습니다</u>.
c. 내가 선생님께 그 책을 읽어 <u>드렸다</u>.
d. 제가 선생님께 그 책을 읽어 <u>드렸습니다</u>.

위 예문은 본동사는 ‘읽다’이고, ‘주다’/‘드리다’ 동사는 보조동사로서 화자가 목적어를 존대할 때는 ‘주다’ 대신에 ‘드리다’가 본동사의 어간 다음에 첨가되어 대우법이 올바르게 실현되고 있다. 이때 본동사 어간 ‘읽-’(‘read’) 대신에 ‘사-’(‘buy’), ‘찾-’(‘find’), ‘구하-’(‘get’), ‘집-’(‘pick up’) 등 많은 동사에서 널리 쓰이고 있으나, 그 원리는 일관되게 화자의 목적어 존대법과 관련되어 있다.

아래 예문은 ‘주다’/‘드리다’의 교체가 본동사로서 보조동사와 함께 쓰일 때도 일어남을 보여준다.

(29) a. 나에게 그 책을 <u>주어</u> 보아라.
b. 선생님께 그 책을 <u>드려</u> 보아라.

(29a)는 화자가 자신인 목적어를 존대할 수 없으므로 본동사 ‘주다’를 사용하고 있고, (29b)는 화자가 목적어인 선생님에 대한 존대를 위해서 ‘주다’ 대신에 ‘드리다’를 사용하고 있다. 물론 두 문장 모두 화자는 청자에 대해서 비존대 명령 어말어미 ‘-라’를 사용하여 평대법, 혹은 하대법을 실현하고 있다.

또한 아래 예문은 복합동사에서도 ‘주다’/‘드리다’의 교체가 일어남을 보여주고 있다.

(30) a. 나에게 물을 떠 주어라.

b. 선생님께 물을 떠 드려라.

예문 (30a)는 화자가 자신인 목적어를 존대할 수 없으므로 복합동사 '떠 주어라'를 사용하고 있고, 예문 (30b)는 화자가 목적어인 선생님에 대한 존대를 위해서 '떠 드려라'를 사용하고 있다.

지금까지 국어의 대우법에서 화자의 대화 참여자에 대한 대우관계가 어떻게 실현되는지를 간략하게 살펴보았다. 그 가운데 특히 수여동사 구문에서 주어와 목적어에 대한 화자의 대우법은 특정 어휘 술어와 밀접하게 관련되어 있음을 확인하였다. 우리는 이 결과를 기초로 하여 다음 절에서 일본어의 empathy와 국어의 대우법의 관련성을 논의하기로 하겠다.

4.3 일본어의 Empathy와 국어의 대우법

empathy와 국어 대우법이 모두 화자의 일정한 심리적 관점, 혹은 태도가 문장의 참여자에게 반영된 언어학적 개념이라는 면에서 공통점을 가지고 있다고 추정할 수 있다. 우리가 2장에서 제안하였듯이 Kuno & Kaburaki(1977)는 empathy를 대화 참여자에 대한 화자의 '일체성'이라고 정의하였고, 국어의 대우법은 대화 참여자에 대한 화자의 '존대성'이라고 정의할 수 있다는 면에서 정의상으로 볼 때 본질적으로 화용적인 공통성을 갖는 두 개념은 오히려 서로 대조적인 성질을 가지고 있다고 말할 수 있을 것이다. 우리는 이 두 개념이 실제로 어떠한 관련성이 있는지를 밝히기 위하여 empathy가 극명하게 드러나는 일본어의 수여동사 구문과 대우법이 극명하게 나타나는 국어의 수여동사 구문을 비교 분석하기로 하겠다.[16] 우리가 3장에서 확인하였듯이 일본어의 수여동사 구문은 화자의 empathy가 주어와 목적어 중 어디에 주어지느냐에 따라

---

16) 일본어의 'yaru'/'kureru'나 국어의 '주다'/'드리다'의 교체가 반드시 수여동사 구문에만 일어나는 것은 아니다. 목적어가 있는 타동사 구문에서 본동사나 보조동사로서 이러한 교체가 엄밀하게 일어난다.

'yaru'/'kureru'라는 독립된 어휘 술어를 사용해야 하며, 국어의 수여동사 구문은 화자의 존대법이 목적어에 주어지느냐의 여부에 따라 '주다'/'드리다'라는 독립된 어휘 술어를 선택하게 된다. 이미 앞에서 다루어졌던 아래 예문을 통해서 좀 더 구체적으로 살펴보기로 하자.

(31) a. Boku-wa Taroo-ni okane-o *yatta.*
　　(I gave money to Taroo.)
　b. Taroo-wa boku-ni okane-o *kureta.*
　　(Taroo gave money to me.)
　c. Taroo-wa Hanako-ni okane-o *yatta.*
　　(Taroo gave Hanako money.)
　d. Taroo-wa Hanako-ni okane-o *kureta.*
　　(Taroo gave Hanako money.)

(32) a. 내가 순이에게 돈을 주었다.
　　(I gave Sooni some money.)
　b. 순이가 내게 돈을 주었다.
　　(Sooni gave me some money.)
　c. 선생님께서 내게 돈을 주시었다.
　　(The teacher gave me some money.)
　d. 내가 선생님께 돈을 드렸다.
　　(I gave the teacher some money.)

먼저 일본어의 수여동사 구문 (31)을 보면 술어 'yaru'/'kureru'의 선택은 화자의 empathy가 주어와 목적어 가운데 어디에 주어지느냐에 따라 이루어진다. (31a)는 주어가 화자 자신(I='boku')이므로 이 주어에 empathy가 실리게 되며, 따라서 수여동사는 'yaru'의 과거형 'yatta'가 된다. 그러나 (31b)는 화자가 목적어이므로 목적어에 empathy가 실리는 수여동사 'kureru'의 과거형 'kureta'가 선택된다. 그러나 객관적으로 화자의 empathy가 어디에 있는지 알 수 없는 경우에는 술어를 보고 화자의 empathy가 주어진 참여자를 찾을 수 있다. 즉 (31c)는 술어 'yatta'가 사용되었으므로 화자의 empathy는 주어인 Taroo에게 실려 있고, (31d)는 술어 'kureta'가 사용되었으므로 화자의 empathy는 목적어인 Hanako에게 실려 있다. 이렇게 볼 때 일본어의 수여동사 구문은 화자의 empathy가 주어나 목적어 가운데 반드시 한 참여자에게만 표현되어야 한다는 것을 알 수 있다. 이렇게 함으로써 화자는 무의식적으로 우리가 3장에서 제시한 "Empathy 초점 충돌 금지조건"을 준수하게 된다.

한편 국어 수여동사 구문 (32)를 보면 수여동사 '주다'/'드리다'의 선택과 화자의 empathy의 실현과는 무관함을 (32a)와 (32b)가 보여준다. 즉, 화자 자신인 '나'(I)에게 화자의 empathy가 주어진다고 가정할 때 (32a)는 화자가 주어이며 (32b)는 화자가 목적어인데 두 문장 모두 동일한 수여동사 '주었다'를 사용하고 있음을 알 수 있다. 이 자료는 일본어와 달리 국어는 화자의 empathy가 수여동사의 술어를 결정하지 않는다는 것을 증명한다고 말할 수 있다. 그러나 (32c)와 (32d)를 비교해보면 (32c)의 수여동사 '주다'가 (32d)의 수여동사 '드리다'로 바뀐 것을 알 수 있다. 그 이유는 말할 것도 없이 대우법과 관련되어 있다. 즉, 화자가 목적어를 존대할 경우에는 무표적인(unmarked) 수여동사 '주다'를 '드리다'로 바꾸어 사용해야 한다는 것을 (32d)가 보여준다.[17] (32c)는 목적어가 화자 자신이어서 존대될 수 없으므로 '주다'가 그대로 사용되고 있다. 이렇게 볼 때 (32)의 수여동사 선택의 문법은 화자의 존대가 목적어로 표현된 대화 참여자에게 있느냐의 여부에 의해서 '주다'/'드리다'가 선택된다고 말할 수 있다.

이상의 논의로 볼 때 일본어에서는 화자의 empathy가 주어에 있느냐 목적어에 있느냐에 따라 수여동사 'yaru'/'kureru' 중에서 적절한 어휘를 선택함으로써 "Empathy 초점 충돌 금지조건"을 준수하며, 국어에서는 화자의 존대법이 목적어에 실현될 경우에만 수여동사 '주다'의 존대 어휘 술어인 '드리다'를 선택하

---

17) 우리가 '주다'를 무표적인(unmarked) 수여동사라고 부르는 이유는 '주다'-수여동사 구문에서 목적어를 존대하는 경우 외에는 모두 '주다'를 사용하기 때문이다.

여 "대우법 충돌 금지조건"을 준수한다고 말할 수 있다. 따라서 empathy가 언어-보편적인 현상이지만 구체적으로 문장에 실현되는 방식과 정도는 언어마다 다르며, 특히 일본어는 empathy가 반드시 문장에 실현되는 언어인데 반해, 국어는 대우법이 반드시 문장에 실현되는 언어라는 점을 추론할 수 있다.

그러면 empathy와 대우법은 어떤 관련성이 있는 것일까? 우리는 지금까지의 논의를 종합해 볼 때 empathy를 화자가 대화 참여자와의 동일화(identification), 혹은 일체화 현상이라고 말한다면 대우법은 화자가 대화 참여자와의 차별화(differentiation), 혹은 비동일화(disidentification) 현상이라고 말할 수 있다. 차별화의 동기는 존경심(deference), 예의(politeness), 혹은 체면 유지(face-saving) 등의 복합적 요인이며, 그 유형은 서정수(1984: 3)를 따르면 상하관계, 친소관계, 힘의 관계, 이해관계 등이 있다. 비유적으로 말하면 화자가 대화 참여자가 자신과 동일한 높이(height; level)에 있다고 판단하면 평대법을 사용하고, 화자가 대화 참여자를 자신보다 높이려면 존대법을 사용하며, 화자가 대화 참여자를 자신보다 낮추려면 하대법을 사용한다.[18] 물론 화자와 대화 참여자와의 거리(distance)는 심리적, 사회적 거리를 포함한다. 중요한 점은 국어의 대우법은 화자가 대화 참여자와의 이러한 차이점을 구별하여 다양한 방법으로 언어화한다는 점이다. empathy가 화자가 대화 참여자와 일체성을 언어화하는 점을 고려하면 empathy와 대우법은 상호 대립적인 개념임을 알 수 있다. 그러나 Kuno & Kaburaki(1977: 634)가 일본어를 화자-중심(speaker-centered) 언어라고 정의하면서 화자는 자신의 주위에서 일어나는 행동을 자신에게 우호적으로(favorably), 혹은 적대적으로(adversely) 인식하며, 이를 empathy에 의해서 언어적으로 실현한다고 언급하고 있는 점과 같은 맥락에서, 국어도 화자가 대화 참여자의 심리적, 사회적 높이가 자신보다 더 높으냐(higher), 더 낮으냐(lower)를 문장에 어휘적, 형태적, 통사적으로 표현하는 대우법을 반드시 실현한다는 면에서 더욱 철저한 화자-중심의 언어라고 말할 수 있을 것이다. 국어의 대우법은

18) 국어의 대우법은 본질적으로 화자와 대화 참여자와의 객관적 거리에 의해서 좌우되는 것은 아니다. 객관적으로 국가의 최고 통치자에게도 면전이 아니라면 얼마든지 평대법, 혹은 하대법을 사용할 수 있는 것이 대우법의 진실이다.

대부분 존대법에서만 유표적인(marked) 특별한 장치를 가지며, 무표적인 경우에는 자동적으로 비존대법, 즉 평대법이나 하대법의 대우법으로 해석된다. 국어의 대우법은 전통적인 신분과 권위 등이 사라진 현대 민주사회에서조차도 평대법이나 하대법과 달리 존대법이 엄격하게 수행되고 있는데, 그 근본 동기는 아마도 화자 자신에게 영향력을 행사할 수 있는 대화 참여자에게 상응하는 예의(politeness)를 표시하여 인간관계에서 자신의 이익을 보호하고, 불이익을 차단하려는 고도의 자기-중심적(ego-centric)인 생존전략의 표출이 아닌가 판단된다. 상대적으로 자신이 영향력을 가진 대화 참여자에 대한 대우법은 매우 단순한 평대법, 혹은 하대법 체계를 가지고 있음을 보아도 이를 확인할 수 있다.

결과적으로 empathy가 화자가 대화 참여자에 대하여 얼마나 자신과 동일하다고 인식하느냐를 언어화하는 장치라고 한다면 국어의 대우법은 화자가 대화 참여자에 대하여 얼마나 자신과 차별된다고 인식하느냐를 언어화하는 장치라고 말할 수 있다. 이런 면에서 empathy와 대우법은 동일선상의 양 끝에 존재하는 대칭관계에 있다고 말할 수 있을 것이다. 그렇다면 두 언어의 두 개념은 상호 독립된 개념이 아니라 동일 개념의 다른 이름이며, 일본어와 국어의 수여동사 구문에서 수혜자인 목적어에 대한 empathy나 존대법의 실현 여부에 따라 어휘의 교체가 일어나는 동일한 문법이 존재한다는 것은 결코 우연한 개별언어의 특성이 아니라 언어-보편적 문법이라고 말할 수 있을 것이다.

V. 맺음말

우리는 지금까지 Kuno & Kaburaki(1977)와 Kuno(1987)를 중심으로 empathy의 개념과 정의, 그리고 영어와 일본어의 empathy와의 관련성을 검토하고, 이를 토대로 하여 국어에도 empathy가 존재함을 논하였다. 특히 국어의 대우법이 화자의 대화 참여자에 대한 태도가 문장에 실현된다는 면에서 일본어의 empathy와 밀접한 관련성이 있다고 가정하고, 이를 확인하는 작업으로서 일본어의 수여동사 구문에서 empathy가 주어에 주어지느냐 목적어에 주어지느냐에 따라 'yaru'/'kureru'의 어휘 교체가 일어나는 현상과 국어의 수여동사 구문에서 화자의 존대법이 목적어에 실현되는지의 여부에 따라 '주다'/'드리다'의 어휘 교체가 일어나는 현상에 주목하였다. 더 나아가서 Kuno & Kaburaki(1977)가 일본어의 empathy는 화자가 대화 참여자에 대한 자신과의 일체성(identification)을 언어화하는 장치로서 "Empathy 초점 충돌 금지조건"을 준수하는데 반해, 우리는 국어의 대우법은 화자가 대화 참여자에 대한 자신과의 차별성(differentiation; disidentification)을 언어화하는 장치로서 "대우법 충돌 금지조건"을 준수한다고 새롭게 제안하였다. 이렇게 볼 때 두 개념은 화자의 대화 참여자에 대한 태도의 언어화라는 동일한 언어현상이지만, 일본어의 empathy는 동일성을 중심으로 대화 참여자에 대한 화자의 일체감(identity), 혹은 호의(favor)를 표현하고, 국어의 대우법은 차별성(difference)을 중심으로 화자의 대화 참여자에 대한 존대(honor), 혹은 존경(respect)을 표현한다는 면에서 동일 선상의 양 끝에 존재하는 대칭적 개념이라고 논의하였다.

결론적으로 우리는 empathy의 개념을 국어에 적용해봄으로써 empathy의 언어 보편성을 국어문법에서도 확인할 수 있었고, 특히 일본어의 empathy와 국어의 대우법이 상호 대칭적 방법으로 밀접하게 관련되어 있음을 밝혀내게 되었다. 이러한 학문적 성과가 국어의 empathy 현상과 대우법에 대한 앞으로의 더욱 심층적인 연구에 기여할 수 있기를 소망한다.

참고문헌

국어연구회편.『국어연구 어디까지 왔나』. 서울대학교대학원. 동아. 1990.

문용. 한국어의 발상 · 영어의 발상』. 서울대학교출판부. 1999.

서정수.「현대국어의 대우법 연구」.『어학연구』8.2. 서울대학교어학연구소. 1972.

서정수.『존대법의 연구』. 한신문화사. 1984.

장경기.「대우법의 자립통사론과 화용론」.『영어영문학』13.현대영미어문학회. 1996.

장경기. 『가시성조건연구-격이론을 중심으로-』. 서울대학교학위논문. 1996.

Kuno, Susumu & Etsuko Kaburaki, Empathy and Syntax, *Linguistic* Inquiry, Volume 8.4. 627-72. 1977.

Kuno, Susumu. *Functional Syntax.* Chicago: The University of Chicago Press. 1987.

Langer, J. Ellen. *The Power of Mindful Learning.* Perseus Books. 1997.

Poser, J. William. *Japanese Syntax.* CSLI. 1988.

Radford, Andrew. *English Syntax.* Cambridge.: Cambridge University Press. 2004.

<Abstract>

Empathy and Korean Honorifics.

Chang, Kyung Key. 2007. Empathy and Korean Honorifics. *The Journal of Modern English & American Language & Literature.* 25.1, 000-000. This paper aims to fully understand the concept of 'empathy' originally proposed by Kuno & Kaburaki(1977) and Kuno(1987) probably for the first time in the literature and also to apply the related theories to the Korean language. We argue that empathy phenomena may be realized in Korean almost the same way as in Japanese and English. Among others we focus on the dative construction in Japanese, where according to the speaker's empathy to the subject referent or to the dative referent, the regular lexical verb alternation of 'yaru'/'kureru' takes place. We also note that in the Korean dative construction the regular lexical verb alternation of 'zuda'('주다')/'durida'('드리다') exists. However, we argue that the dative verb alternation in Korean is not directly related to the speaker's empathy but to the speaker's honorification of the dative participant. (Ulsan University)

Key Words: Empathy, Speaker, Participant, Dative Construction, Honorifics

08

Empathy와 영·한 왕래동사의 관련성*

I. 연구의 목적과 방법

이 연구는 영어와 국어의 왕래동사(locomotion verb)의 화용론적 용법에 대한 국내외의 주요한 논의를 비판적으로 검토한 후, 이에 대한 대안을 제시하는데 목적이 있다.

여기서 왕래동사란 도착점(goal)과 출발점(source)이 있는 전형적인 이동 동사로서 영어는 'come'과 'go', 국어는 '오다'와 '가다'를 지칭한다. 일반적으로 모국어로서 영어와 국어를 사용하는 화자들에게는 영어의 'come'과 'go', 국어의 '오다'와 '가다'의 각 쌍(pair)이 이동(move)이라는 동일한 어휘적 의미를 가지면서도 각각 독립적인 화용론적 용법을 가진다고 인식되고 있다. 동시에 영어의 'come'과 국어의 '오다', 영어의 'go'와 국어의 '가다'가 거의 대립적 대응 관계로 이해되고 있다. 언어학자들은 왕래동사의 용법을 명시적으로 설명할 수 있는 문법 규칙, 혹은 원리를 규명하려는 논의를 계속해왔으나 우리는 아직 그 결과가 만족스럽지 않다고 보고, 구체적으로 몇몇 선행연구를 비판적으로 검토한 후 새로운 대안을 제시하기로 하겠다.

---

* 이 논문은 『현대영미어문학』 27.1호(현대영미어문학회, 2009)에 실린 것을 수정·보완한 것이다.

이 목적을 위하여 먼저 2장에서 우리 대안의 핵심적인 개념인 empathy에 관한 Kuno & Kaburaki(1977)과 Kuno(1987)의 논의를 검토하고, 3장에서는 왕래동사의 용법에 관한 국내외의 주요한 논의를 살펴본 다음, 4장에서 empathy에 기초한 우리의 대안을 제시하고 설명력을 논의한 다음, 5장에서 마무리하도록 하겠다.[1)]

II. Empathy의 개념과 정의

2.1 Empathy의 개념

아마도 empathy를 언어의 기술(description)에 구체적으로 적용한 논의는 Kuno & Kaburaki(1977)와 Kuno(1987)가 처음일 것이다. 이들은 화자가 청자에게 메시지를 전달할 때 일반적으로 중립적 입장에서 기술하는 것이 아니라 화자의 입장(position), 태도(attitude), 혹은 관점(view) 등이 문장의 구조에 반영된다고 주장하면서 이를 'empathy'라는 언어학적 용어로 새롭게 개념화하고 있다. 나아가서 이들은 empathy가 일본어와 영어에서 어떻게 실현되고 있는지에 대한 구체적인 논의를 제시하고 있다. 이 논의를 근거로 하여 장경기(2007)는 국어에도 empathy가 존재함을 논의한 바 있다.

2.2 Empathy와 영어의 관련성

먼저 empathy와 영어의 화용론적 용법과 어떻게 관련되어 있는지 다음 문장을 살펴보자.

1) 'empathy'의 사전적 번역어는 '감정이입(感情移入)'이지만 우리는 논의의 편의상 원어를 그대로 사용하기로 하겠다.

(1) a. John hit Mary.

b. John hit his wife.

c. Mary's husband hit her.

d.?Mary's husband hit John's wife.

위의 세 문장이 모두 동일한 한 사건을 기술하고 있으며, 이를 전달, 혹은 기술하는 화자가 사건의 참여자인 John과 Mary가 부부 사이라는 상황이라고 가정해 보자. Kuno & Kaburaki(1977)는 (1a)는 화자가 사건을 객관적으로 기술하고 있으며, 이를 카메라 렌즈의 각도에 비유하여 카메라가 John과 Mary로부터 동일한 거리에 놓여있는 경우라고 말하고 있다. 계속해서 Kuno & Kaburaki(1977)는 (1b)는 카메라가 John에 더 가깝게 놓여 있는 문장으로서 화자가 John을 Mary보다 더 친밀하게 느끼고 있다고 주장한다. 반면에 (1c)는 카메라가 Mary에 더 가깝게 놓여있는 문장으로서 화자가 Mary에게 더 친밀함을 보여주고 있다고 기술하고 있다. 한편 (1d)는 John과 Mary가 각각 소유격으로 표현됨으로써 화자의 empathy가 동시에 두 사람에게 실현되어 부자연스러운 문장이 되었다.

이와 같이 Kuno & Kaburaki(1977)는 화자의 대화 참여자에 대한 태도를 카메라의 각도에 비유하고, 이를 'empathy'로 새롭게 개념화하였다. Kuno & Kaburaki (1977: 628)의 empathy의 정의는 다음과 같다.

(2) Empathy의 정의

Empathy란 화자와 문장 속의 참여자와의 동일시(identification)를 의미하며, 이는 0에서 1까지 다양한 정도로 나타난다.

따라서 empathy는 0과 1 사이의 연속체(continuum)로서 empathy가 0이면 화자가 대화 참여자를 전혀 모르는 경우이고, empathy가 1이면 화자와 참여자가 완전히 동일시되는 경우이다. 다시 말하면 적어도 이론적으로는 empathy가 0이면 화자가 어떤 사건을 완전히 객관적으로 기술하는 것을 의미하고, empathy가 1이면 화자가 대화 참여자로 등장하는 실제 대화에서는 화자의 대화 참여자에 대한 empathy가 0과 1사이에 있어서 부분적인 동일시를 보여주는 것이 일반적이다. 아래에서 일정한 상황을 상정하여 empathy를 좀 더 살펴보자.

먼저 John과 Mary는 부부이며, 화자가 John의 친구이며 그의 부인은 잘 모르는 상황을 가정해 보자.

(3) I talked to John's wife about him.
I(=speaker) > John > John's wife(=Mary) <참여자>
100% 50% 0% <empathy의 정도>

예문 (3)은 화자(I)가 문장에 등장하므로 자연스럽게 I(speaker)는 empathy가 1, John은 0.5, Mary는 0이 된다.[2]

이와 대조적으로 화자가 Mary의 친구이며, 그녀의 남편을 잘 모르는 상황이라면 예문 (3)이 기술하고 있는 것과 동일한 사건이 아래 (4)와 같이 표현된다.

(4) I talked to Mary about her husband.
I(=speaker) > Mary > her husband(=John) <참여자>
100% 50% 0% <empathy의 정도>

예문 (3)과 달리 예문 (4)는 화자가 Mary에게 empathy를 실어주고 그녀의 남편에게는 empathy를 주지 않는 표현이다.

이제 empathy와 그밖에 다른 통사구조의 관련성을 다음 문장에서 보기로 하자.

2) empathy의 수치는 화자와 대화 참여자 간의 상대적인 친밀도를 구조적으로 문장 안에서 실현되는 것을 체계적으로 설명하기 위한 비유적 개념이다. 아울러 친밀도는 물리적 거리일 수도 있고, 심리적 혹은 사회적 거리감일 수도 있다.

(5) a. John married Jane in 1960.

b. Jane married John in 1960.

c. John married his present wife in 1960.

d.?John's present wife married him in 1960.

위의 각 예문이 모두 상호동사 'marry'가 사용된 동일한 사건을 기술하고 있다고 가정하자. 각 문장을 화자의 empathy의 관점에서 보면 (5a)는 주어인 John이 목적어인 Jane보다 더 강한 화자의 empathy를 가지며, (5b)는 주어인 Jane이 목적어인 John보다 더 강한 화자의 empathy를 갖는다. 이 현상을 Kuno & Kaburaki (1977: 648)는 다음과 같은 "표면구조 Empathy 계층원리(Surface Structure Empathy Hierarchy)"로 일반화하고 있다.

(6) 표면구조 empathy 계층원리

화자는 주어의 지시자(referent)와 empathy를 갖기가 가장 쉽고, 그 다음이 목적어의 지시자이며, 가장 어려운 것은 수동문의 <by+agent>이다: 주어 ≧ 목적어 ≧... by+행위자 (수동문)

그러나 문제는 이 원리만으로는 예문 (5c)와 (5d)의 용인성의 미묘한 차이를 설명할 수 없다는 데 있다. 이 두 문장의 참여자는 (5a) 및 (5b)의 참여자와 동일인이지만 Jane이 (5c)의 목적어 자리에는 "his present wife"라는 명사구로, 그리고 (5d)의 주어 자리에는 "John's present wife"라는 명사구로 기술되어 있다. 우리는 명사구 안에서 John이 각각 'his'와 'John's'라는 소유격으로 표현되어 있음에 주목하면서, Kuno & Kaburaki(1977: 639)에서 논한 아래 예문을 살펴보기로 하자.

(7) *Then Maryi's husbandj hit hisj wifei.

위 예문이 화용론적으로 부자연스러운 이유는 화자의 empathy가 한 발화 안에서 일관성 있게 구현되지 못하고 있기 때문이다. 즉, 그들은 소유격을 수식어로 갖고 있는 명사구는 화자의 empathy가 머리어보다 소유격의 지시자에게 더 강하게 주어진다는 원리를 가지고 설명하고 있다[3]. 위 예문에 나오는 명사구 안의 empathy 관계를 다음과 같이 나타낼 수 있다.

(8) a. <u>Mary's</u> *husband*: Mary > John

b. <u>His</u> *wife*: John > Mary

결과적으로 예문 (7)은 화자가 발화의 참여자인 John과 Mary에게 일관되게 자신의 empathy를 실현하지 못함으로써 empathy의 충돌이 일어나 비문이 된 것이다. 이 예는 본질적으로 화용론적 개념인 화자의 empathy가 일정한 통사구조와도 밀접히 관련되어 있음을 잘 보여주고 있다.

2.3 Empathy와 국어의 관련성

이제 2.2에서 영어를 중심으로 살펴본 바 있는 "표면구조 Empathy 계층원리"와 NP-구조의 머리어와 소유격 수식어 사이에 작용하는 화자의 empathy의 계층원리가 국어에서 어떻게 적용되는지를 살펴보기 위하여 다음 예문을 검토하기로 하자.

(9) a. 철수가 영희를 때렸다.

b. 철수가 <u>자신의 부인</u>을 때렸다.

c. <u>영희의 남편</u>이 그녀를 때렸다.

d.?<u>영희의 남편</u>이 <u>자신의 부인</u>을 때렸다.

---

3) Kuno(1987: 207)는 이 점을 "서술자 Empathy 계층원리(Descriptor Empathy Hierarchy)"로 설명하고 있다: "Given descriptor x (e.g., John) and another descriptor f(x) that is dependent upon x (e.g., John's brother), the speaker's empathy with x is greater than with f(x): E(x) > E(f(x))

논의의 편의상 위의 문장이 동일한 사건을 기술하고 있고, 사건의 참여자인 철수와 영희가 부부 사이이며, 화자가 이 부부와 잘 아는 사이라고 가정해 보자. 이때는 화자가 자연스럽게 어떤 식으로든지 참여자에 대한 자신의 empathy를 문장 안에 실현하게 된다.

구체적으로 살펴보면 (9a)는 화자가 객관적으로 사건을 기술하고 있는 문장이며, 화자는 주어인 철수에게 더 강한 empathy를 부여하고 있다. (9b)는 화자가 주어인 철수에게 empathy를 두고 있고, "자신의 부인"이라는 명사구 안에서 철수가 소유격으로 기술되고 있으므로 명사구의 머리어(head)인 부인(영희)보다 empathy가 강하므로 empathy의 충돌(conflict)이 없어서 정문이다. 반면에 (9c)는 화자가 영희를 그녀의 남편보다 더 잘 알고 있으므로 영희가 명사구의 소유격으로 표현되고, 남편은 명사구의 머리어로 표현되고 있다. 문제는 (9d)인데, 두 명사구 사이에서 화자의 empathy가 충돌을 일으켜서 부자연스런 문장이 되고 있다. 즉, 명사구 "영희의 남편"은 '영희'에게 empathy가 주어지는 데 반해 명사구 "자신(철수)의 부인"은 '철수'에게 empathy가 주어지므로 동일한 문장 안에서 empathy의 충돌이 일어나 부자연스럽다. 결과적으로 우리는 국어 문장의 표면구조와 NP-구조에서도 화자의 empathy가 밀접하게 관련되어 있음을 확인할 수 있게 되었다.

III. 왕래동사의 선행연구 검토

3.1 왕래동사의 개념과 쟁점

문장의 문법범주 가운데 동사는 일반적으로 구조적으로나 의미상으로 문장의 핵심이다. 동사의 전통적인 개념 정의는 "행위(action)를 나타내는 품사(parts of speech)"의 하나이다. 일반적으로 동사 중에서도 일정한 출발점과 도착점을 전제로 하여 이동하는 동사를 왕래동사(locomotion verb)라고 부른다.[4] 홍미로운 한 가지 사실은 적어도 영어에서는 왕래동사로서 어휘적으로 구별되지 않는 경우가 존재한다는 점이다. 다음 예문을 보자.

(10) a. Can the baby *walk*?

b. John *walks* (from home) to school.

예문 (10a)의 동사 'walk'는 '걷다'라는 행위를 의미할 뿐 출발점과 도착점을 전제하지 않는다. 바꾸어 말하면 왕래동사가 아니다. 그러나 이와 달리 예문 (10b)를 보면 동사 'walk'가 출발점과 도착점이 있는 왕래동사, 즉 '걸어 오다/가다'의 의미로 쓰이고 있다. 적어도 동사 'walk'는 왕래동사와 비왕래동사의 두 가지 용법으로 쓸 수 있는 동사라고 말할 수 있고, "run, crawl, roll, float, swim, fly" 등 대부분의 행위동사는 두 가지 용법으로 쓰일 수 있다.

영어를 모국어로 사용하는 화자의 입장에서 보면 이 사실은 오히려 언어의 경제성을 보여준다. 동일한 어휘로 행위 자체의 의미와 이동하는 행위의 의미 등 두 가지 용법으로 상황에 맞게 사용할 수 있기 때문이다. 그러나 외국어로서의 영어를 배우는 입장, 특히 자신의 모국어가 영어와 동일한 용법을 가지지 않는 언어를 모국어로 사용하는 우리와 같은 입장에서는 영어의 학습과 사용에 있어서 매우 심각한 어려움을 초래할 것은 너무 당연하다. 당장 (10b)를 "존이 학교에 걸어 간다"고 이해해야 할지, 아니면 "존이 학교에 걸어 온다"고 이해해야 할지가 문제가 될 것이다. 이를 바꾸어 말하면 국어의 모국어 사용자가 '걸어 오다'와 '걸어 가다'를 의미하는 영어 단어로서 'walk'를 선택하여 사용하기가 그만큼 어려울 것이라는 것을 어렵지 않게 예측할 수 있다.

그렇다면 영어에서 주로 왕래동사로 쓰이는 동사는 아무런 용법의 차이가 없는 것인지가 또한 궁금한 문제이다. 왜냐하면 예를 들어 위 예문에서 보듯이 'come'이나 'go' 대신에 'walk'가 사용될 수 있다면 어느 정도 두 동사가 의미가 동일하기 때문이라고 추정할 수 있기 때문이다. 이 문제를 아래의 왕래동사 문

4) 영어로 locomotive verb라 부르기도 하고, 국어로는 운동동사로 부르기도 하지만 우리는 주로 'come'과 'go'에 관한 논의를 하기 때문에 왕래동사라고 부르기로 하겠다.

장에서 더 생각해보기로 하자.

(11) a. John goes to school on foot.
b. John comes to school on foot.

예문 (11a)와 (11b)의 논리적, 인지적 의미는 동일하지만 화용론적 의미, 즉 언어사용의 관점에서 보면 매우 다른 용법을 갖는다. 가능한 여러 상황 가운데 한 가지 예를 들면, (11a)는 화자가 John의 집에서 말할 때의 발화일 수 있고, (11b)는 화자가 학교에서 사용할 수 있는 발화이다. 더 정확히 말하면 위의 상황에서 (11a)와 (11b)를 바꾸어 말하면 적절하지 않은 발화가 된다. 이러한 차이는 'walk' 동사 구문인 (10)에서는 전혀 인지될 수도 없고, 구분할 필요도 없는 의미인 점을 고려할 때 왕래동사의 고유한 화용론적 특성이라고 보아야 할 것이다.

이제 왕래동사의 이러한 특성이 과연 국어에서는 어떻게 드러나는지 알아보기 위하여 다음 예문을 보자.

(12) a. 철수는 매일 학교에 걸어(서) <u>간다</u>.
b. 철수는 매일 학교에 걸어(서) <u>온다</u>.
c.?철수는 매일 학교에 걷는다.
d. 철수는 매일 2시간씩 걷는다.

국어는 위 예문 (12a)와 (12b)가 보여주듯이 행위동사가 이동의 의미이면 왕래동사 '오다/가다'의 도움을 받아서 표현되고, 출발점과 도착점이 전제되지 않는 행위동사이면 부자연스러운 (12c)와 달리 (12d)는 정문이다. 다만 화자의 기술'오다/가다'의 어휘선택은 영어와 마찬가지로 화자의 empathy가 출발점에 있으면 (12a)가 적절하고, 도착점에 있으면 (12b)가 적절하다.

우리는 계속해서 영어의 대표적인 왕래동사 'come / go'와 국어의 대응어 '오다/가다'의 화용론적 용법을 설명하는 몇 가지 기존의 이론을 비판적으로 검토한 다음, 그 대안으로 Kuno & Kaburaki(1977), Kuno(1987)의 empathy를 빌어서 설명하고자 한다.

3.2 왕래동사의 선행연구 검토

3.2.1 지향성이론 검토

조준학(1977)은 영어의 대표적인 왕래동사 'come'과 'go'의 용법을 국어의 '오다'와 '가다'의 용법과 비교한 대표적인 주요 논문이다. 그는 특히 영어의 왕래동사의 용법을 직시소(deixis)[5]의 관점에서 다룬 Fillmore(1971, 1972)의 이론을 수용하면서 국어와의 관련성을 논하고 있다.

그는 왕래동사의 정의를 운동주(運動主)의 위치가 달라지는 동작을 나타내는 동사라고 정의한다. Fillmore(1971, 1972)에 따라 왕래동사를 일정한 기점(source)과 착점(goal)을 전제로 하는 동사라고 정의하면서 'come'은 착점-지향적(goal-oriented)이고 'go'는 기점-지향적(source-oriented)이라고 기술하고 있다. 우리는 'come'이 착점, 즉 도착점을 지향한다는 것은 착점-중심적(goal-centered) 이동동사이며, 'go'가 기점, 즉 출발점을 지향한다는 것은 기점-중심적(source-centered) 이동동사라고 이해한다. 다음 예문을 보자.

(13) a. John *came* home at midnight.
  b. John *arrived* home at midnight.
  c. John *went* home at midnight.
  d. John *left* for home at midnight.[6]

(13a)는 (13b)와 동일한 의미인데 'come'이 'arrive'의 의미이므로 결국 착점-

5) 직시소란 실재(實在) 세계의 사람, 시간, 공간을 지칭하는 의미론적 용어이다.
6) 조준학(1977)에는 (4d) 문장에 'for'가 빠져있다. 'leave home'은 집을 떠난다는 뜻이므로 'go home'과 동일한 의미가 될 수 없기 때문에 우리는 'leave' 다음에 전치사 'for'를 삽입하여 사용하였다.

지향적이라는 의미는 발화의 중심이 착점에 있음을 의미하며, (13c)는 (13d)와 동일한 의미인데 'go'가 'leave'의 의미이므로 결국 기점-지향적이라는 의미는 발화의 중심이 기점에 있다는 것을 의미한다. 다시 말하면 (13a)는 행위자인 운동주 John이 이동의 착점인 집에 왔음을 기술하는데 초점이 맞춰져 있고, (13c)는 운동주 John이 여기서는 드러나지 않은 어떤 주어진 기점을 떠났다는 데 이동의 기술상의 초점이 맞추어져 있다.

조준학(1977)은 이러한 입장에서 아래 문장의 문법성의 차이를 설명하고 있다.

(14) a. Where did he *come* from?

b.*Where did he *come* to?

c. Where did he *go*?

d.*Where did he *go* from?

come-동사 구문의 Wh-의문문 (14a)와 달리 (14b)는 'come'이 착점-지향동사인데 그 착점을 묻고 있어서 비문이 되고, go-동사 구문의 Wh-의문문 (14c)와 달리 (14d)는 'go'가 기점-지향동사인데 그 기점을 묻고 있으므로 비문이 된다. 이 증거로 볼 때 여기서 지향점은 이미 알려진(known/old), 혹은 전제된(presupposed) 정보라고 말할 수 있다. 논리적으로 대화 참여자간에 이미 알고 있는 정보를 묻지는 않기 때문이다.

이러한 왕래동사의 특성이 국어에서도 나타난다. 아래 예문을 보자.

(15) a. 그는 어디에서 왔니?

b.?그는 어디로 왔니?

c. 그는 어디로 가니?

d.?그는 어디에서 가니?

국어의 착점-지향동사 '오다'는 (15a)처럼 신정보인 기점을 묻는 문장은 정문이지만 착점을 묻는 (15b)는 부자연스럽거나 경로(path)를 묻는 다른 의미가 되어버리고, 국어의 기점-지향동사 '가다'는 (15c)처럼 신정보인 착점을 묻는 (15c)는 정문이지만 기점을 묻는 (15d)는 부자연스럽거나 경로를 묻는 다른 의미가 되어버린다.

지금까지 살펴보았듯이 지향성 이론은 발화에 등장하는 운동주가 지향성의 주체인 것으로 보인다. 이러한 조준학(1977)의 이론은 아래 예문에 대한 그의 설명에서도 드러난다.

(16) a. He *traveled* from Honolulu to New York.
b. He *went* from Honolulu to New York.
c. He *came* from Honolulu to New York.

그는 (16a)의 'travel' 동사구문과 (16b)의 'go' 동사구문을 기점과 착점에 초점이 있기 보다는 경로(path)에 초점이 있기 때문에 기점-지향도 아니고 착점-지향도 아닌 중립적인 왕래동사로 보고 있다.

우리는 우선 (16a)의 'travel' 동사는 앞 장에서 분류한 중립적 이동동사이므로 지향성도 중립이라는 데 동의한다. 그러나 'go' 동사구문인 (16b)는 일반적인 기점-지향적 동사로 분류되어야 한다고 주장한다. 이는 우리가 추가로 제시한 (16c)의 'come' 동사구문과 (16b)가 지향성의 차이를 명백히 보여주고 있다는 면에서 증명된다. 즉, (16b)는 발화의 초점이 기점인 Honolulu에 있고. (16c)는 발화의 초점이 착점인 New York에 있다. 이 사실은 조준학(1977)이 바로 위 구문의 문법성을 증명하는데 사용한 Wh-의문문 검증법을 여기에도 적용해보면 확인이 된다. 아래 Wh-의문문을 보자.

(17) a. Where did he *go* from Honolulu?
b. Where did he *came from* to New York?

기점-지향 동사 'go' 구문은 착점을 묻는 (17a)가 가능하고, 착점-지향 동사 'come' 구문은 기점을 묻는 (17b)가 가능하므로 조준학의 설명과 달리 왕래동사 'come / go'가 중립적 용법을 가질 수 없다고 우리는 다시한번 주장한다. 이 사실은 국어의 왕래동사에서도 쉽게 확인된다. 아래 예문을 보자.

(18) a. 그는 서울에서 뉴욕으로 갔다.
b. 그는 서울에서 뉴욕으로 왔다.

위 두 예문의 공통된 기점은 서울이고, 착점은 뉴욕이다. 지향성의 관점에서 볼 때 (18a)는 기점인 '서울'에 초점이 있고, (18b)는 착점인 '뉴욕'에 초점이 있다는 화용론적 차이가 있을 뿐이며, 조준학의 주장처럼 기점과 착점이 모두 주어졌기 때문에 지향성 중립이라는 주장은 국어에서도 옳지 않음이 분명하다는 것이 우리의 주장이다.

3.2.2 적절성이론 검토

왕래동사가 직시적 동사(deictic verb)라는 사실은 곧 왕래동사의 화용론적 특성이 어휘화되어 있음을 반영하는 것이다. 따라서 왕래동사의 문장 안에서의 적절성은 본질적으로 화용론적 용법과 직접 관련되어 있다. Fillmore(1972)는 영어의 'come/go'의 용법을 화용론적 적절성조건(appropriateness condition)으로 설명하고 있다. 그 내용을 요약하면 다음과 같다.

(19) 왕래동사의 적절성조건
(a) 'go'는 발화시에 화자가 착점에 위치하고 있지 않다고 가정되는 경우에 사용된다.
(b) 'come'은 아래 네 가지 조건중 하나만 만족하면 사용될 수 있다.
① 화자가 발화시에 착점에 있다고 가정되는 경우
② 화자가 운동주의 도착시(arrival time)에 착점에 있다고 가정되는 경우

③ 청자가 발화시에 착점에 있다고 가정되는 경우
④ 청자가 운동주의 도착시에 착점에 있다고 가정되는 경우

이러한 적절성조건에서 몇 가지 중요한 사실을 확인할 수 있다.

첫째, 'go'나 'come'의 사용이 모두 착점-중심적 조건이다.

둘째, 'go'나 'come'의 용법은 실재 행위를 중심으로 사용되는 것이 아니라 일정한 가정 혹은 전제하에 사용되고 있다.

셋째, 'go'는 (19a)에서 보듯이 화자가 발화시에 착점에 있지 않는다는 단일한 가정 하에서 사용된다는 면에서 'come'의 사용조건보다 매우 단순하다.

넷째, 'come'은 (19b)에서 보듯이 화자가 발화시나 운동주의 도착시에 착점에 있는 경우와, 청자가 발화시나 도착시에 착점에 있는 경우로 나누어진다.

이제 Fillmore(1972)의 적절성조건의 설명력을 차례대로 검토해보자.

(20) a. I will *go* to your office.
b. I will *come* to your office.

먼저 (20a)는 'go' 동사구문이므로 (19a)의 적절성조건을 적용시켜야 한다. (19a)는 화자가 발화시에 착점, 즉 청자의 사무실에 없다고 가정되는 경우에 'go'가 사용될 수 있다는 조건이므로 정문 (20a)는 이 조건을 준수하고 있다. 이제 예문 (20b)를 'come' 동사의 적절성조건 (19b)로 점검해보자. 먼저 (19b-①)를 적용해 보면, 화자가 (20b)의 발화시에 착점, 즉 청자의 사무실에 있을 수 없으므로 이 조건과 무관하다. 이제 (19b-②)를 적용해보자. 예문 (20b)는 화자이자 동작주가 도착시에 착점에 있다고 가정되므로 이 조건에 의해서 정문으로 확인된다. 다시 조건 (19b-③)을 적용해보면, 발화시에 청자가 착점에 있을 수 있으므로 이 조건으로도 정문이 된다. 끝으로 (19b-④)를 적용해보자. 운동주인 화자가 도착시에 청자가 착점에 있을 수는 있으나 가정되지는 않으므로 이 조건으로 설명된다고 말할 수는 없다. 그러나 이 네 가지 조건은 모두 선택조건이

어서 한 가지 조건만 충족하면 되므로 (20b)는 적절성조건을 준수하는 정문으로 판정된다.

문제는 왕래동사의 실제적인 용법이 예문 (20a)와 (20b)처럼 단순하지 않다는 데 있다. 다시 말하면 적절성조건 (19)가 모든 왕래동사의 용법을 설명할 수 있는지 검토할 필요가 있다. 그 내용 가운데 핵심적인 사항의 하나는 왕래동사의 용법에 착점이 아닌 기점이 작용하는 경우가 있다는 점이다. 아래 예문을 보자.

(21) a. *Go* away.
　　b. Let's *go*.
　　c. Don't *go* in the house.
　　d. Don't *come* in the house.

예문 (21a)는 착점이 언급되지 않고 화자가 청자에게 기점을 떠나라고 지시하는 정문이고, (21b)는 화자와 청자가 함께 기점을 떠나는 것을 가정하고 있으며, (21c)는 청자가 도착시에 착점에 있음을 가정하고 있지만 'go'를 사용하고 있다. 물론 (21d)처럼 'come'의 사용도 가능한데, 두 문장의 차이를 설명하기 위해서는 적절성조건만으로 충분치 않고, 바로 앞 절에서 설명된 조준학(1977)의 지향성이 유용할 수도 있다. 즉, (21c)는 기점-지향적이어서 화자의 발화시에 청자가 머무르고 있는 곳을 떠나지 말라는 지시이며, (21d)는 착점-지향적이어서 발화시의 화자가 있는 곳으로 청자가 이동하지 말라는 지시문이라고 보아야 할 것이다.

IV. Empathy-중심 이론: 우리의 대안

4.1 Empathy의 개념 정의

모든 발화의 주체는 당연히 화자이다. 화자는 자신의 생각을 표현하고 전달하기 위하여 어휘와 문장 구조를 선택한다. 왕래동사 구문을 사용하는 경우에 영어는 'go'와 'come'이, 국어는 '가다'와 '오다'가 동일한 이동행위를 기술하면서도 엄격하게 구분되어 사용된다.

우리는 기존의 몇 몇 이론이 왕래동사의 용법을 명시적으로 설명하지 못하고 있음을 앞에서 자세히 살펴보았으며, 이제 Kuno & Kaburaki(1977)와 Kuno (1987)에서 언어학적 개념으로 정립된 바 있는 empathy를 원용하여 그 대안을 마련하기로 하겠다. empathy의 일반적 개념정의와 왕래동사와 관련한 구체적인 개념 정의를 아래와 같이 기술할 수 있다.

(22) Empathy의 개념 정의

① 일반적 정의: 화자가 발화시에 문장의 참여자(사람, 사물, 장소 등)에 대한 자신과의 동일시(identification)를 의미한다.

② 구체적 정의: 화자가 발화시에 왕래동사의 선택에 있어서 이동의 기점과 착점에 대한 자신과의 동일시(identification)를 의미한다.

결국 구체적인 내용은 많이 다르지만 용어만으로 보면 우리가 선행연구에서 다룬 조준학(1977)의 기점-지향적인 경우가 화자의 empathy가 기점에 있는 경우와 동일하며, 우리는 이를 기점-중심적이라고 바꾸어 부른 바 있다. 마찬가지로 착점-지향적인 경우는 화자의 empathy가 착점에 있는 경우와 동일하며, 우리는 이를 착점-중심적이라고 불렀었다. 이제 발화시의 화자의 empathy에 따라 두 왕래동사중 하나가 선택되는 우리의 접근 방법은 화자의 empathy-중심적(empathy-centered) 이론이라고 말할 수 있다. 여기서 또 한 가지 매우 중요한 사실은 empathy가 화자의 일반적인 지식뿐만 아니라 발화시점의 순간적인 의식, 혹은 인식과 밀접하게 관련하여 왕래동사를 적절하게 선택하여 사용한다는 점이다. 이를 청자나 독자의 입장에서는 왕래동사가 사용된 발화 혹은 문장을 보고 청자의 의도를 바르게 해석하는데 empathy 사용원리를 언어지식으로 사용하게 된다.

4.2 왕래동사 용법의 기본원리

지금까지의 논의와 empathy의 개념정의를 토대로 하여 영어와 국어의 왕래동사의 화용론적 용법을 설명할 수 있는 기본원리를 다음과 같이 기술할 수 있다.

(23) 왕래동사 용법의 기본원리

① 'go/가다'는 발화시에 화자의 empathy가 이동의 기점에 있을 때 선택된다.

② 'come/오다'는 발화시에 화자의 empathy가 이동의 착점에 있을 때 선택된다.

실재 담화세계의 발화를 보면 왕래동사 구문에 기점과 착점이 외현적으로 표현되지 않는 경우가 대부분이지만 대화자간에 이미 알고 있는 구정보이기 때문에 생략된 것이며, 기점과 착점이 구체적인 장소가 아니고 사람이 대신하고 있거나 추상적인 경우 또는 비유적으로 표현된 경우 등으로 매우 다양하고 복잡하게 실현된다는 점을 유의하면서 위에 제시한 기본원리의 설명력을 확인해보기로 하겠다. 다음 예문을 보자.

(24) a. I *went* to him. (나는 그에게 갔다)

b. I *came* to him. (나는 그에게 왔다)

c. He *came* to me. (그가 나에게 왔다)

d. He *went* to me. (But I wasn't there then.)

(그가 나에게 갔다. 그러나 나는 그때 거기에 없었다)

e. He *went* to my office. (그가 내사무실에 갔다)

f. He *came* to my office. (그가 내사무실에 왔다)

우선 위 모든 예문은 화용론적으로 적절하게 사용된 왕래동사 구문이다. (24a)는 화자가 'go/가다'를 선택하여 문장에 드러나지 않은 일정한 기점에 empathy를 두고서 그 곳을 "떠났음(went)"을 표현하고 있고, (24b)는 화자가 'come/오다'를 선택하여 일정한 착점, 여기서는 'him'으로 표현된 장소 곧 그가 머물고 있는 곳으로 "왔음(came)"을 표현하고 있다. (24c)는 화자가 착점이 머물고 있는 경우로서 자신의 empathy가 착점에 있으므로 'came'이 적절하게 사용되었고, (24d)는 화자가 착점에 놓여져 있지만 'went'가 사용된 이유는 다른 상황에서 화자의 empathy가 일정한 기점(여기서는 표현되지 않은 어떤 곳)에 놓여있음을 표현하고 있다. (24e)와 (24f)는 화자의 사무실을 착점으로 하고 있지만 (24e)는 드러나지 않은 기점에 화자의 empathy가 주어진 구문이고, (24f)는 발화시에 화자의 empathy가 자신의 사무실이라는 착점에 주어진 구문이다.

4.3 왕래동사구문의 적절성조건 재검토

우리가 선행연구의 검토과정에서 확인하였듯이 Fillmore(1972)가 제안한 왕래동사의 적절성조건이 영어의 'come'과 'go'가 적절하게 사용되는 구체적인 예문에 대한 부분적인 설명일 뿐 왕래동사의 용법에 대한 명시적인 원리가 될 수 없다. 적절성조건은 일정한 화용론적 상황 안에서만 적용된다. 왕래동사구문의 적절성조건은 곧 화자의 empathy가 발화 안에서 적절하게 실현되는 조건을 규정한다. 다시 말하면 적절성조건을 위반한다는 것은 화자의 empathy가 문장 안에서 상호 충돌이 일어나는 것을 의미하며, 결과적으로 그 문장은 부자연스럽고 화용론적으로 부적절해진다. 아래 예문을 보자.

(25) a. !The man *came* into her bedroom and in 10 minutes *came* out of the room[7].
(!그 사람이 그녀의 침실에 들어와서 10분후에 나왔다)

b. The man *came* into her bedroom and in 10 minutes *went* out of the room.
(그 사람은 그녀의 침실에 들어와서 10분후에 나갔다)

위 예문에서 (25a)가 부자연스러운데, 이는 화자의 empathy가 한 발화 안에서 충돌이 일어나기 때문이다. 즉. (25a)는 선행절에 쓰인 'came'은 착점 즉, 그녀의 침실에 화자의 empathy가 있음을 보여주고 있으며, 후행절에서 그 곳에서 다시 이동했는데 'came'을 사용하여 그녀의 침실이 아닌 다른 장소(새로운 착점)가 화자의 empathy가 있다고 해석되므로 결과적으로 부자연스러운 문장, 즉 화행상 부적절한 문장이 된 것이다. 반면에 자연스런 문장 (25b)는 후행절에서 'went'가 사용되어 화자의 empathy가 주어진 그녀의 침실이 이어지는 이동의 기점이 되므로 화자의 empathy가 동일문장 안의 선행절과 후행절에서 충돌되지 않고 일관되게 유지되어 적절한 문장이 되고 있다. 이런 면에서 왕래동사의 적절성조건은 다음과 같은 "Empathy 충돌 금지조건"이 되어야 한다고 제안한다.

(26) Empathy 충돌 금지조건 (Ban on Conflicting Empathy)
한 발화 안에서 empathy 관계가 논리적인 충돌이 있어서는 안된다.

이미 Kuno & Kaburaki(1977: 632)는 "Empathy 초점 충돌 금지조건(Ban on Conflicting Empathy Foci)[8]"을 제안한 바 있는데, 우리는 이를 왕래동사구문의 화용론적 적절성조건으로 원용하였다. 이 조건은 위 예문 (25)의 번역문에서 보듯이 국어에도 그대로 적용될 수 있다는 면에서 다시 한번 empathy의 언어보편성을 확인할 수 있다.

---

7) 문장 앞에 표시한 느낌표(!)는 그 문장이 화용론적으로 부적절한 문장임을 의미한다.

8) Kuno & Kaburaki(1977: 632)의 "Empathy 초점 충돌 금지조건(Ban on Conflicting Empathy Foci)"은 다음과 같다. "A single sentence contain logical conflicts in empathy relationships."

4.4 영·한 왕래동사 용법의 차이점

지금까지의 논의에서 보았듯이 영어의 'come'과 국어의 '오다', 그리고 영어의 'go'와 국어의 '가다'의 용법이 놀라울 정도로 일치하고 있다. 그러나 이러한 일치는 우연이 아니라 보편문법의 반영이라고 보아야 할 것이다. 모든 언어에 이동을 의미하는 왕래동사가 존재하고, 왕래는 외현적으로 표현되었든, 함축된 것이든 관계없이 기점과 착점이 전제된 동작이며, 왕래동사 구문의 사용자가 화자라는 사실, 그리고 왕래동사가 기점을 기준으로 한 동사와 착점을 기준으로 한 동사로 나누어질 수 있다는 사실이 인간의 일반적인 인지기능이라는 점을 받아들인다면 영·한 왕래동사의 사용법의 일치는 오히려 당연한 현상인 것이다.

그러나 복잡한 상황 속에서의 구체적인 쓰임을 보면 두 언어 사이에 분명한 차이점도 발견되는데, 이 점이 단일한 원리를 추구하는 언어학적 입장에서나 두 언어를 비교하면서 학습해야 하는 언어 교육적 입장에서 특별한 관심의 대상이 되어왔다. 이 문제를 아래 예문을 통해서 검토하자.

(27) A: Tom, dinner is ready. (Tom, 밥 먹어라)
B: Mom, I'm *coming* soon. (곧 <u>갑</u>니다)
/ !I'm going soon.(/!곧 옵니다)

위 대화는 식사준비가 끝난 엄마와 자기 방에 있는 아들이 나누는 대화이다. 여기서 영어는 'come'을 사용하는데 국어는 '가다'를 사용하므로 영어와 국어가 일치하지 않고 있다. 이 경우를 학계에서도 화자가 청자에게 이동할 때는 영어는 'come'을 쓰지만 국어는 '가다'를 사용한다고 일반화하여 두 언어의 중요한 차이점으로 받아들이고 있다.

그렇다면 화자가 청자에게 이동할 경우에만 영어는 'come'을 사용하고 국어는 '가다'를 사용하는 것일까? 다음 예문은 반드시 그렇지 않음을 보여준다.

(28) A: Tom, dinner is ready. (Tom, 저녁 먹어라)

B: Mom, Tom is not here now. He is *coming* soon.

(엄마, Tom이 지금 여기 없어요. 곧 갈 거예요/!올 거예요)

위 예문 (28)의 대화 상황은 예문 (27)과 달리 화자가 청자에게 이동하지 않고 대화 참여자인 Tom이 청자에게 이동할 것이라고 화자가 말하는 경우인데, 영어는 'come'을 사용하고 국어는 '가다'를 사용하고 있다.

좀 더 복잡한 다른 경우를 아래 예문에서 확인해보자.

(29) A: Come to bed, Honey. (여보, 어서 침실로 오세요/가세요)

B: I am coming soon, Sweetie, (여보, 곧 갑니다/!옵니다)

위 예문은 부인이 침실에서 남편을 부르고 이에 남편이 응답하는 상황이라고 일반적으로 해석될 수 있지만, 실제 TV 드라마에서 쓰인 상황은 부인이 침실에서 눈을 비비면서 거실에 나와서 여전히 컴퓨터 게임에 열중하고 있는 남편에게 하는 말에 대해서 남편이 응답하는 장면이다. 정확하게 말하면 화자인 부인의 현재의 위치가 침실이 아니면서도 영어는 'come'을 사용하고 있고, 부인이 현재 서있는 자리가 아닌 침실로 가겠다고 말하면서 또 다른 화자인 남편도 'come'을 사용하고 있음을 보여준다. 국어는 이 예문에서 부인은 "침실로 오세요"와 함께 "침실로 가세요"라고 말할 수 있는데 반해 남편은 "곧 갑니다" 대신에 "!곧 옵니다"라고 말할 수 없다.

이제 청자가 머무르는 곳이 왕래동사의 착점이 아니라 화자와 청자가 함께 일정한 업무를 위해서 정해진 곳으로 이동하는 경우를 살펴보자.

(30) a. Let's *come* in. (들어 갑시다/?옵시다)

b. Please *come* inside. (어서 들어 가세요/오세요)

예문 (30a)는 화자가 청자와 함께 구체적인 장소로 이동하면서 'come'을 사용하는 경우이며, 국어에서 '오다'의 사용이 완전히 불가능한 것은 아니다. 또한 (30b)는 어떤 장소 안에 있는 화자가 밖에 있는 청자에게 하는 말일 수도 있지만, 그 장소의 바로 문 밖에서 청자와 함께 들어가면서 하는 말일 수 있다. 이때 국어에서는 화자가 안에 있으면서 밖에 있는 청자에게 "들어 오세요'라고 말할 수도 있고, 밖에서 화자 자신의 사무실로 청자와 함께 들어갈 때 "들어 가세요" 나 "들어 오세요"가 모두 쓰일 수 있다.

예문 (27), (28), (29), (30)이 서로 전혀 다른 상황에서 쓰인 대화문이지만 영어는 'come'이 사용되고 'go'는 사용될 수 없으며, 국어는 '가다'가 자연스럽고 (30c)를 제외하면 적어도 '오다'는 부자연스럽다. 다시 말하면 적어도 어떤 특별한 상황 안에서는 일반적인 용법과 달리 영어의 'come'과 국어의 '가다'가 자연스런 대응어가 된다. 또 하나 주목할 점은 위 영어 예문에서 왕래동사 구문의 착점에 청자의 empathy가 직·간접적으로 주어지고 있다는 것이다. 구체적으로 대화문 (27)과 (28)에서 부엌에서 식사를 준비중인 엄마가 청자인 경우이고, (29)에서는 침실에서 잠을 자다가 도중에 나와서 남편에게 잠을 자도록 권하는 부인이 청자인 경우이며, (30)에서는 화자와 청자가 함께 이동하므로 이동할 장소에 화자와 청자의 empathy가 함께 착점에 주어진다고 말할 수 있다. 바로 이러한 특성이 영어와 국어의 왕래동사의 용법의 중요한 차이를 가져온다고 보아야 한다. 우리는 모든 발화의 주체는 화자이고, 화자가 자신의 empathy에 따라 왕래동사를 선택한다는 면에서 위와 같은 특수한 경우에도 화자가 자신의 empathy를 청자의 empathy가 주어지는 착점에 둠으로써 착점-중심적인 동사 'come'을 사용한다고 주장한다. 이처럼 특정한 상황에서 화자가 착점에 주어진 청자의 empathy를 자신의 empathy와 동일시하여 왕래동사를 선택하는 언어가 영어이고, 국어는 위의 모든 예문이 보여주듯이 발화시에 화자의 기점이거나 다른 대화 참여자의 기점에 자신의 empathy가 있으면 기점-중심적인 왕래동사 '가다'를 일관되게 선택하고 있다. 다만 예문 (9)에서처럼 국어에서도 화자가 청자와 동시에 움직이는 경우에 '오다'가 선택될 수 있는데, 이는 아마도 기점과 착점의 거리가 아주 짧은 순간적 이동일 경우에 기점과 착점의 구분이 무의미하기 때문인 것으로 보인다.

V. 마무리글

우리는 이 연구에서 영어와 국어의 왕래동사의 용법이 기존 연구와 달리 empathy에 의해서 명시적으로 기술될 수 있다고 주장하였다. empathy는 이미 Kuno & Kaburaki(1977)와 Kuno(1987)에서 처음으로 언어학적 개념으로 도입하여 일본어를 기초로 하여 경험적 증거를 제시하고 이를 영어로 확장함으로써 언어보편적 개념임을 논의한 바 있다. 우리는 empathy가 영어와 국어의 왕래동사의 쓰임에도 필수적으로 작용하는 개념이라고 주장하기 위해서 먼저 empathy의 개념을 소개하고, 왕래동사에 관한 선행 연구를 비판적으로 검토한 다음, 우리의 대안을 제시하고 대안의 설명력을 증명하였다.

우리가 중점적으로 논의한 영어의 왕래동사 'come / go'와 국어의 왕래동사 '오다/가다'는 너무 일상적으로 쓰이는 평범한 술어임에도 불구하고 기존의 연구가 명시적인 원리라고 할 수는 없었는데, 그 중요한 이유는 그 원리로 설명되지 않은 자료들이 너무 많고, 기술의 기준이 분명치 않아서 결과적으로 이론으로서 설명력이 문제가 되었기 때문이다. 기존 이론의 문제점을 극복하기 위한 대안으로서 우리는 모든 발화의 주체는 화자이며, 화자가 왕래동사의 사용, 즉 대립적인 한 쌍 가운데 어느 하나를 자신의 empathy를 활용하여 선택한다고 논의하였다. 구체적으로 화자가 발화시에 자신의 empathy를 기점에 두면 'go/가다'를, 착점에 두면 'come/오다'를 선택하게 된다고 주장하였다. 결론적으로 영어와 국어의 왕래동사의 용법이 대부분 영어의 'come'과 국어의 '오다'가 일치하고, 영어의 'go'와 국어의 '가다'가 일치하여 언어보편성을 보여주고 있음을 확인할 수 있었다.

참고문헌

문용. 『한국어의 발상·영어의 발상』. 서울대학교출판부. 1999.

장경기. 「Empathy와 국어의 대우법」. 『현대영미어문학』25.1. 현대영미어문학회. 2007.

조준학. 「국어와 영어의 locomotion verb 비교연구」.『영어교육』 13호. 1977.

Cho, Choon-Hak. *A Study of Korean Pragmatics: Deixis and Politeness.* Korea: Hanshin Publishing Co. 1982.

Fillmore, Charles. How to know Whether You're Coming or Going? *Studies in Descriptive and Applied Linguistics,* edited by Sakurai, Shigeharu, Hideo Kanai, and Masatake Murai Tokyo: International Christian University. 1972.

Kuno, Susumu & Etsuko Kaburaki, Empathy and Syntax, *Linguistic Inquiry,* Volume 8.4. 627-72. 1977.

Kuno, Susumu. Functional *Syntax.* Chicago: The University of Chicago Press. 1987.

Lee, Keedong. The Deictic Motion Verbs *kata* and *ota* in Korean. *Papers in Korean Linguistics.* edited by Chin-W. Kim. Hornbeam Press. 1978.

Radford, Andrew. English Syntax. Cambridge.: Cambridge University Press. 2004. Yang, In-Seok. Pragmatics of Going-Coming Compound Verbs in Korean. *Papers in Korean Linguistics.* edited by Chin-w Kim. Hornbeam Press. 1978.

<Abstract>

The Relationship Between Empathy and Locomotion Verb in English and Korean

Chang, Kyung Key. 2009. The Relationship Between Empathy and Locomotion Verbs in English and Korean. ***The Journal of Modern English & American Language & Literature.*** **27.1, 000-000.** This paper aims to examine some foregoing theories about the use of locomotion verbs in English and Korean and then propose an alternative theory on the basis of the concept of 'empathy' originally introduced by Kuno & Kaburaki(1977) and Kuno(1987) probably for the first time in the lierature. Chang(2007) has argued that empathy phenomena may be realized in Korean almost in the same way as in Japanese and English. In this paper we first present the concept of empathy mostly based on Chang(2007) and next we examine some preceding theories about locomotion verbs in English and Korean through Cho(1977) and Fillmore(1972) respectively. Last we propose our alternative principle about the comprehensive use of locomotion verbs in English and Korean. We mostly focus on English locomotion verbs 'come/go' and Korean locomotion verbs '오다(oda)/가다(gada)'. Unlike most other theories, we argue that the use of locomotion verbs exclusively depends on the speaker's empathy to the source and goal of the movement. We also argue that 'come' and '오다' are selected when the speaker's empathy at the time of utterance is placed on the goal, and 'go' and '가다' are selected when the speaker's empathy is placed on the source. (Ulsan University)

Key Words: Locomotion Verb, Empathy, Deixis, Speaker's View, Source, Goal

09
영 · 한 IP-구조와 주격부여자의 비교*

I. 머리말

이 논문은 생성문법의 최소주의(Minimalism) 이전까지 발전된 지배-결속이론((Government-Binding Theory: 이하 GB이론)의 틀 안에서 국어의 격이론을 재정립하려는 노력의 하나로서 주격 부여자를 찾아내고 주격 부여과정을 명시적으로 밝히는데 목적이 있다. 그 방법으로는 먼저 영어의 주격 부여자 AGR(=tensed INFL)의 개념을 재검토하여 AGR의 본질은 주어와의 자질의 일치소가 아니라 문장의 유형을 결정하는 서법(Mood)이어야 함을 논증하고 이를 토대로 하여 국어의 주격 부여자는 영어와 마찬가지로 Mood이며 바로 문장의 종결어미(sentence ending=SE)가 문장의 유형을 결정하는 Mood로서 주격부여자임을 정당화한다.

논문 제목이 시사하는 바와 같이 우리는 두 언어에 IP-구조가 존재한다는 전제하에 작업을 시작하기로 한다. 그러나 이러한 방식은 약간의 위험을 안고 있는 접근법일 수 있는데 왜냐하면 아직도 국어의 INFL 자체를 부인하는 주장들이 상당한 것이 현실이기 때문이다(강영세, 1986). 우리는 INFL의 존재를 부인

---

* 이 논문은 은사님이신 이맹성 교수님 『정년기념논문집』에 발표한 것을 수정·보완한 것이다.

하는 주장을 반박하는 방식으로 논의를 시작하지 않는다. 다만 모든 구성소는 핵의 최대투사라는 X'-통사론을 받아들이면 문장을 I(=INFL)의 최대투사인 IP로 규정하기 때문에 모든 언어에 IP-구조가 존재한다고 가정하는 것은 당연하다. 이러한 논리적 당위성과는 달리 그동안의 연구 성과를 돌아보면 INFL의 개념과 IP-구조의 설정 동기 및 하위이론에 있어서 GB이론 자체에 심각한 결함이 있음을 발견하게 된다. 더 나아가서 이러한 결함이 적어도 국어의 통사구조를 정립하는데 결정적인 걸림돌이 되어왔다고 판단된다. 이러한 입장을 논리적으로 증명하고 이를 근거로 하여 INFL의 개념과 IP-구조에 대한 재해석을 한 다음, 이를 토대로 영어와 국어의 IP-구조를 비교, 검토하게 될 것이다. 사실 IP-구조에 대한 올바른 이해는 바로 그 언어의 통사구조를 정립하는 문제 자체라고 말할 수 있다. 좀 더 구체적으로 말하면 GB이론의 하위이론인 격이론 및 의미역이론과 직접적으로 관련되어있으며 따라서 국어통사론의 주격 부여자 문제에 대한 궁극적인 해답을 제시하게 될 것이다. 국어의 IP를 인정하는 기존의 이론들도 주격 부여자가 구체적으로 무엇인가에 대해서는 여러 가지 주장이 있어왔다. 예를 들어 시제라는 주장(임영재, 1985), 추상적 AGR이라는 주장(최현숙, 1988), 주어존대의 '시'라는 주장((윤종열, 1990), 박약우, 1992)) 등이 있는데 우리는 이러한 주장에 대한 반론을 제기하는 대신에 국어의 IP-구조를 받아들이면 국어의 I가 주격 부여자가 되는 것이 타당하다는 주장을 펴기로 하겠다. GB이론 안에서 주격 부여자는 둘 이상일 수 없으며, IP의 핵인 I가 주격 부여자가 되는 것이 논리적 귀결이다. 우리는 주격 부여문제를 주로 다루기로 하지만 필요에 따라 목적격 부여문제도 다룬다. 국어의 목적격 부여과정은 영어와 다르지 않다는 면에서 주격 부여에 대한 이론보다는 의견이 갈라지지 않고 있으나 주어와 목적어가 구조적으로 대조되고 있다는 면에서 능동문과 수동문, 주동문과 사동문의 주어와 목적어의 관계를 살펴보면 각각의 정체를 정확하게 확인할 수 있다. 특히 국어의 중주어double subject)와 중목적어(double object)를 격이론으로 설명하는데 있어서 대조적인 구문사이의 주어와 목적어의 관계를 살펴보는 것은 매우 유익하므로 목적격의 부여과정도 함께 다루게 된다.

GB이론의 격이론의 중요한 특징의 하나는 격을 추상격(abstract case)과 형태격(morphological case)으로 나누어 접근하는 방식에 있다. 추상격은 일정한 자리에 주어지는 격을 말하며, 이 자리에 들어간 어휘가 표면적으로 실현된 격이 형태격이다. 영어는 인칭대명사를 제외하고는 주격과 목적격의 형태가 다르지 않기 때문에 추상격이 부여된 자리가 계속해서 논항의 격을 구분해주는 중요한 단서가 된다. 이러한 기본 입장을 국어의 격이론을 정립하는데도 그대로 적용되어야 한다고 우리는 믿는다. 다만 국어의 형태격은 격조사에 의해서 항상 명시적으로 구현된다는 점이 영어와 다른 점이며, 또한 국어는 순전히 문법적 역할을 하는 격조사와 담화기능 및 화용론적 기능을 가진 보조사가 함께 표면에 나타날 수 있다는 점이 국어의 명시적 격이론을 확립하는데 장애가 되어왔다고 본다. 따라서 우리는 문법적 격조사의 형태적 실현은 S - 구조에서 일어나며 ,화용론적 보조사의 실현은 PF-계층의 문체규칙(stylistic rule)이라는 전제하에서 국어의 격문제의 실마리를 풀어보기로 한다,

II. INFL의 개념 재론

초기의 GB이론 특히 Chomsky(1981)는 문장을 I의 최대투사인 IP로 보지 않았기 때문에 문장의 핵으로서의 INFL의 자질에 대한 분명한 인식은 없었다. 그러나 Chomsky(1981:52)는 주격 부여자로서의 시제를 가진 INFL(=tensed INFL)을 AGR로 명명하고 이의 자질을 [+N,-V,+INFL]로 보아 명사적 속성을 가진 것으로 파악하면서 INFL이 문장의 핵일 수 있다고 시사하였다. 또한 Chomsky(1981: 18)는 INFL이 정형문(finite clause)과 비정형문(nonfinite clause)을 가르는 기준이 된다고 하여 역시 문장의 핵으로서의 INFL의 역할을 암시하였다. 그러나 무엇보다도 중요한 점은 주격 부여자로서의 INFL의 기능을 분명히 규정했다는 점이다. 이후 AGR은 주격 부여자로서 확고한 지위를 차지하게 되고 다른 언어의 주격 부여자를 규명하는 과정에서도 가장 중요한 개념으로

작용하였다. 국어에서도 INFL의 존재유무에 대한 논쟁은 바로 AGR의 존재유무에 대한 논의로 이어지고 이는 곧 주격 부여자를 밝히는 문제의 핵심이 되어왔다.

그러나 이러한 거의 확립되어가는 이론에 대해서도 최근에 두 가지 면에서 비판이 대두되기 시작하였다. 하나는 AGR이 없으면서도 주어가 있는 문장이 분명히 존재하는 것을 어떻게 설명하느냐 하는 문제이고, 또 하나는 적어도 영어에서는 AGR이 독립적인 형태론적 증거를 가지고 있지 않고 시제와 함께 나타난다는 면에서 이를 독립된 기능범주로 설정할 수 있느냐 하는 문제로서 이는 바로 동형성원리(isomorphic principle)를 위반하기 때문이다. 우선 전자의 문제에 대해서는 Chomsky(1981:18) 자신도 INFL의 개념을 설정할 때 직설법과 가정법의 차이를 무시했음을 주목해야한다.("Suppressing the distinction between indicative and subjunctive,...") 즉 Chomsky(1981)도 처음부터 주격 부여자로서의 INFL을 완벽한 개념으로 보지 않았다는 점과 구체적으로는 가정법의 주격 부여에 대해서는 다룰 수 없음을 인식하고 있었다고 추정할 수 있는 것이다. 그렇다면 가정서법과 직설법을 통합하여 다룰 수 있는 이론이 나와야 할 여지는 처음부터 열려져 있었다고 보는 것이 좋을 것이다. 더우기 Chomsky(1981: 27)는 INFL을 '서법-표시자'(mood-indicator)라고 언급하고 있는데 이는 INFL이 바로 서법(mood)과 관련되어있음을 보여주는 것이다. 한편 Chomsky(1986b: 2)는 INFL이 시제, 일치소, 양상(modality)을 포함한다고 구체적으로 언급하고 있다. 이런 면에서 볼 때 INFL을 주격 부여자로서의 AGR로 규정한 Chomsky (1981)는 직설법의 경우에만 적용될 수 있는 잠정적인 이론이었다는 추론이 가능하다.

아마도 이러한 문제에 대한 본격적인 논의는 Chierchia(1984)에서 비롯된 것 같고 이를 국어의 주격 부여자에 대한 논의와 관련하여 진지하게 논의한 것은 윤종열(1990)이 대표적인 것으로 보인다. Chierchia(1984: 245)는 정형절을 서술절(declarative)과 비서술절(nondeclarative)의 두 유형으로 나누고 후자를 가정문과 명령문으로 나누었다. 다음 문장을 보자.

(1) a. John proposed that he preside the conference. (가정 서법)

b. Everybody stand up. (명령 서법)

(1a)는 내포절이 가정문으로서 INFL이 없이도 주격이 적절하게 허가되어 정문이고, (1b)는 명령문으로서 INFL이 없이도 주격이 적절하게 허가된 정문이다. Chierchia는 이들이 [+AGR]의 자질을 가지고 있지 않지만 각각 [+SUB]와 [+IMP]라는 자질에 의해서 주격이 부여된다고 보았다. 결국 그는 영어 정형절과 비정형절의 주격 부여자질을 [+finite]라고 보았다. 이를 윤종열(1990: 16)도 그대로 받아들인다. 한편 S. Chung(1983)은 Chamorro어는 정형절과 비정형절이 모두 [+AGR]을 가지지만 양자는 [+/-Mood]의 차이라고 보았다. 우리는 모든 정형문이 바로 [+Mood]를 가지고 있으므로 결국 Chierchie(1984)나 S. Chung (1983)이 본질적 차이가 없으나 통사적 개념으로 더 잘 확립된 [+Mood]의 자질을 주격 부여자질로 본다는 면에서 윤종열(1990)과 다르다. 이 입장은 비정형절이 존재하지 않는 언어에서는 더욱 중요한 의의를 가지는데 우리는 국어가 바로 비정형절이 존재하지 않는 언어라는 입장에 있다. 이 문제에 대해서는 뒤에 다시 논하기로 한다.

앞에서 언급한 바 주격부여자로서의 AGR이 가지고 있는 또 하나의 문제점은 일반적으로 AGR이 시제와 함께 나타나므로 AGR만의 독립적인 형태소를 가지지 않는다는 면에서 AGR을 기능범주로 설정한다면 이는 영상원리를 어기게 된다는 점이다. 우리는 적어도 영어에서 굴절소(inflection) 자체가 주어와의 형태적 일치를 보여주지 못하고 있다고 본다. 예를 들어 동사의 원형에 붙는 '-s'는 주어가 3인칭이고 단수임을 보여주지만 이 자질이 바로 주격을 부여한다고 할 수는 없다는 것이다. 왜냐하면 이 접사가 부가되지 않고도 다른 인칭의 주어나 복수의 주어는 얼마든지 가능하기 때문이다. 따라서 우리는 AGR이 독립적 주격 부여기능이 있다는 주장을 받아들이지 않고 다만 Chomsky(1981)에서 직설법(indicative)의 주격 부여자로서 tensed INFL에 대한 다른 이름 정도의 의미를 가진다고 볼 수밖에 없다. 따라서 INFL이 주격 부여기능과 시제 표시기능의 이중기능(dual function)을 가지고 있다는 점이 비판의 대상이 되어 Pollock(1989)에서 AGRP와 TenseP로 나누게 되는 한 동기가 되는데 이러한 새로운 접근은 시제소를 주격 부여자로부터 분리하는 효과가 있지만 형태론적 근거는 없어서 주격 부여자를 AGR로서 독립적 성분으로 설정하는 것은 적어도 영상원리를 준수해야 한다는 입장에서 보면 비판의 대상이 될 수 있다. 우리는 모든 기능범주는 형태적 근거를 가져야 한다고 보는데 앞에서 보았듯이 영어는 독자적인 형태적 증거가 없기 때문이다. 다시 말해서 '-s'는 주어의 인칭과 수의 한 특징을 반영하고는 있지만 이것이 주격을 결정하는 요소는 아니라는 것이 우리의 입장이다. 결론적으로 영어에서는 일반적으로 형태론적으로 시제소와 추상적 주격 부여자가 동일 성분에 표시되고 가정법이나 명령법과 같이 시제소가 없는 문장은 주격부여자도 형태론적으로 실현되지 않는다고 할 수 있다.

한편 윤종열(1990: 16, 48-51)은 영어의 주격 부여자는 [+finite]INFL이라는 Chierchie(1984)에 동의하면서도 국어의 주격 부여자는 AGR이라고 본다. 즉 윤종열(1990: 51)은 주격 부여자로서의 [+finite]INFL과 AGR을 매개변인화하여 전자는 영어, 후자는 국어의 주격 부여자라고 주장한다. 그러면 윤종열(1990)의 국어의 AGR의 실체는 무엇인가? 하나는 주어 존대서법의 '-시'이고, 다른 하나는 복수 주어에 붙는 '-들'이다. 우리로서는 우선 주격 부여요소로서 성격이 서로 완전히 다른 두요소가 존재한다는 것 자체가 부자연스럽고 특히 '-들'은 주어가 복수일때 술어에 나타나지만 그 위치가 일정하지 않고 부사에도 동시에 붙을 수도 있다는 면에서 기능범주로 설정할 수 없고 또 자질의 일치가 주격부여자임을 보증하지 않는다는 면에서 이를 국어의 AGR로 볼 수 없다고 본다. 문제는 존대표현인 '-시'가 주어에 붙는 '께서'와 같은 형태적 자질과의 일치를 보여준다는 면에서 AGR의 특성을 가지고 있는 듯이 보인다는 데에 있다. 즉 AGR이 주격부여자라는 입장에서는 국어에서 거의 유일한 증거를 이 대우서법의 '-시'가 보여주고 있는 것이다. 이 '-시'는 '-들'과 달리 항상 일정한 위치인 술어의 어간 다음에 붙고 화자의 주어에 대한 심리적 태도를 나타내는 양상부에 속하기 때문에 학계에서는 꾸준히 주격 부여자로서의 논의의 대상이 되어왔다. 우리는 이 문제에 대한 해답을 IP의 개념과 구조에 대한 본질적인 검토작업 과정에서 얻을 수 있다고 본다. 구체적으로 말해서 국어의 주격 부여자를 밝히고 '-시'의 기능을 밝히는 작업은 INFL의 본질적 속성과 복합적인 기능을 파악함으로써 가능하다는 입장에서 논의를 계속하기로 한다. 물론 학계에서는 국어의 주격 부여자에 대한 논의는 매우 다양하여 VP다, tense다, 추상적 AGR이다 등의 논의가 있으나 이 이론을 검토하기 보다는 INFL의 개념과 IP의 구조를 밝혀서 대안을 제시하는 방법을 택하기로 한다.

한편 국어의 주격 부여자로서 생각할 수 있는 다른 가능성은 국어의 주격부여자를 영어와 동일한 요소, 즉 Mood라고 보는 관점이 있을 수 있다. 우리는 바로 이 입장을 취하겠는데 만일 영어와 마찬가지로 국어 IP-구조의 I가 굴절소가 없는 국어에서도 영어의 Mood와 동일하다는 점이 밝혀진다면 이는 보편문법을 위해서나 이론의 간결성을 위해서 가장 바람직한 방향이 될 것이다. 우리는 이를 뒤에서 귀납적이 아닌 연역적 방법에 의해서 밝히게 될 것이다.

IP의 핵으로서의 I는 구조적으로는 핵매개변인인 선핵언어 / 후핵언어(Head-initial / final language)의 구조와 일치해야 하며 이를 바꾸어 말하면 선핵언어인 영어는 기본문(root clause)은 D -구조에서 핵인 INFL이 선행해야하며, 후핵언어인 국어는 D -구조에서 핵인 INFL이 후행해야한다는 조건을 반드시 준수해야 한다. 이를 구조적으로 아래와 같이 그릴 수 있다.

(2) 영어와 국어의 IP-구조

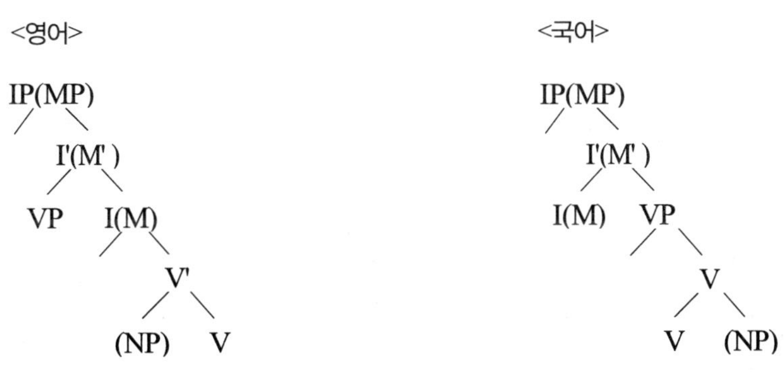

이 그림은 VP-내주어가설(Koopman & Sportiche, 1988)을 받아들이는 입장에서 D-구조를 그린 것으로서 VP 안에서 의미역이 모두 부여된 다음 S-구조에서 격이 부여된다. 주어는 VP의 지정어 자리에서 V'로부터 외재의미역을 받은 다음 S-구조에서 IP의 지정어 자리로 핵이동하여 I로부터 주격을 부여받는다. 우리는 이미 영어의 주격 부여자는 AGR이 아니라 Mood임을 밝혔으므로 IP는 곧 MP(Mood Phrase)를 의미하지만 논의의 편의상 IP라는 용어를 그대로 사용한다. 위 그림이 보여주듯이 국어와 영어의 IP-구조의 유일한 차이는 핵매개변인의 차이에서 비롯한 핵과 보충어의 어순의 차이일 뿐이다. 즉 선핵언어인 영어는 핵이 보충어의 앞에 오고 후핵언어인 국어는 핵이 보충어의 뒤에 오고 있다.

그러나 우리의 관심은 INFL이라는 개념의 본질에 있는 것이지 용어 자체에 있는 것이 아니므로 논의의 연속성을 위해서 I를 기능범주를 포괄하는 양상부라고 보고 의미역이 완전히 표시되는 D-구조에서의 VP는 명제부에 해당한다고 본다. 이는 곧 Fillmore(1968)가 문장을 양상부(modality)와 명제부(proposition)로 구성된다는 관점과 동일한 것이다. 따라서 우리 입장에서의 IP와 I라는 개념은 Chomsky(1981)를 극복하고 국어의 문장을 분석하는데 있어서도 유익한 보편적 개념임을 주장하게 된다.

III. 국어의 INFL인 Mood

우리는 이러한 입장에서 국어의 주격 부여자를 찾아내는 작업을 진행하기로 한다. 이를 위하여 양상부를 실현하는 INFL의 본질이 무엇인가를 먼저 밝히고 그 다음에 영어에서의 주어와 INFL 사이의 형태론적 일치의 빈약함을 보이며, 국어의 문법적 표지어와 화용론적 표지어를 엄격하게 구분한 다음, 이러한 관점에서 문장(IP)의 핵으서의 기능을 담당하는 요소가 국어에서 무엇인가를 논증함으로써 이 핵이 주격 부여자라고 결론을 내리는 방식을 택하겠다.

우리는 INFL을 양상부의 복합체로 정의했으므로 국어의 INFL을 확인하기 위해서는 먼저 양상부가 무엇이며 또 국어에서는 어떻게 구현이 되는지를 살펴 볼 필요가 있다. 이를 위하여 Crystal(1985)의 사전적 정의를 참고로 하는 것으로 충분하다.

Mood (Modal, modality): “A term used in the theoretical and descriptivestudy of SENTENCE/CLAUSE types, and especially of the VERBS they contain. Mood (‘modality’,or ‘mode’) refers to a set of SYNTACTIC andSEMANTIC CONTRASTS signalled by alternative PARADIGMS of the verb, e.g. INDICATIVE (the unmarked form), SUBJUNCTIVE, IMPERATIVE... Syntactically, these contrasts may be signalled by alternative INFLECTIONAL forms of a verb, or by using AUXILIARIES.”

이러한 정의에 비추어 볼 때 간단히 말해서 양상부란 문장의 유형을 의미하며 이는 양상조동사(modal operator)의 작용에 의해서 결정되며, 부분적으로는 동사 또는 굴절에 의해서 이루어진다. 굴절소는 오히려 직설법의 인칭과 시제에 따라 다르다는 면에서 지엽적이다. 양상조동사가 없다고 하더라도 운용자(operator)에 의해서 의문문/부정문의 서법을 실현하고 있으며, 따라서 Chomsky가 INFL을 서법지시자(mood indicator)라고 했던 점을 긍정적으로 받아들인다. 영어의 INFL에는 일반적으로 서법과 시제가 동시에 구현되는데 이를 GB에서는 AGR이라는 추상요소를 주격부여자로 보게 된다. 분명한 것은 이 AGR이라는 개념은 주어와의 형태론적 일치를 염두에 둔 개념이라는 점인데, 그러나 적어도 영어에서 주어의 형태론적 특성은 성과 수에 따라서 다르게 나타나는 것이 아니고 오직 인칭대명사에서 단수의 인칭에 따른 독립된 형태를 가지고 있을 뿐이며, 여기에 따른 동사의 일치소도 오직 한가지 경우, 즉 주어가 3인칭 단수이고 시제가 현재일때 독립된 형태를 가질 뿐이다. 따라서 영어에서의 주어와 INFL 사이의 일치란 형태론적으로는 빈약한 것이며 결국 우리는 추상적 일치소로서의 AGR이란 바로 주격부여자로서의 서법(Mood)의 기능을 가진 요소로 재정의되어야 한다고 본다.

국어에서도 주어와 동사 간의 형태적 일치를 보여주지 못한다는 면에서 이 주격부여자를 규명하는데 있어서 일치소라는 존재를 찾기 보다는 양상의 실현자를 밝히는 것이 더 타당하다고 판단된다. 우리가 양상을 "문장의 유형을 결정하는 요소"라고 이해할 때 영어의 INFL의 기능은 바로 이 정의에 맞는 기능을 한다. 직설법은 굴절소의 부가에 의해서 실현하고 가정법은 형태의 변화에 의해서 실현하며 의문문은 양상조동사가 운용자로서 COMP 자리로의 이동에 의해서 실현한다. 그렇다면 국어의 문장(IP)의 유형을 결정하는 요소는 무엇인가를 식별하는 것은 어려운 일이 아니다. 일반적으로 직설법은 종결어미 '-다'에 의해서, 의문법은 종결어미 '-냐'에 의해서, 명령법은 종결어미 '-라'에 의해서 정확하게 문장의 유형이 결정되고 있다. 따라서 우리는 국어의 종결어미(sentence ending; SE)를 국어의 주격 부여자 INFL이라고 규정하지 않을 수 없다. 이는 양상의 정의에 입각한 국어의 I를 규명한 것이다.

이제 왜 종결어미(SE)가 국어의 주격 부여자인가를 핵매개변인의 관점에서 살펴보기로 한다. 문장을 IP로 규정할 때 문장의 핵은 I여야 하고 선핵언어인 영어는 D-구조에서 핵어인 I가 문장의 머리에 오고 후핵언어인 국어는 D-구조를 포함한 모든 구조에서 우리가 I로 규정한 종결어미가 문장의 꼬리에 온다. 이와 관련하여 Whitman(1989: 345)은 매우 의미있는 주장을 하고 있다.

"Mood is the highest category in IP In Korean and Japanese, just as Tense is the highest category in IP in Germanic and Romance."

그는 국어의 IP의 최고범주는 서법이며 영어의 IP의 최고범주는 시제라는 것이다. 여기서 국어 IP의 최고범주란 곧 문장의 유형을 결정하는 종결어미를 의미함은 말할 나위가 없다. 영어의 I에는 시제소가 최고범주로서 내재되어있듯이 국어의 I에는 문장의 유형을 결정하는 양상소가 최고범주로서 내재되어있다는 점을 Whitman(1989)이 정확하게 인식했다고 우리는 평가한다. 오히려 영어의 IP-구조에 대해서는 IP를 TP로 보는 데서 알 수 있듯이 tensed INFL이 지닌 한계를 극복하지 못함으로써 오히려 영어와 국어의 IP-구조의 동일성을 포착하지 못한 아쉬움이 있다. 적어도 Whitman(1989)은 국어의 IP를 MP로 본 탁견을 보여주고 있다는 점에서 주목할 만한 가치가 있다고 본다.

지금까지 국어의 주격 부여자가 문장의 종결어미임을 형식적인 입장에서 살펴보았다. 이제 보다 실질적인 입장에서 이를 살펴보기로 하자. 첫째, 문장의 핵심 요소이므로 이 요소가 없으면 완전한 문장 구성이 될 수 없다.

(3) a. *철이는 야구를 좋아한___. (직설법)
b. *너는 어디 가느___? (의문문)
c. *좀 더 열심히 공부하___. (명령문)

위 예문이 보여주듯이 종결어미가 없으면 완전한 문장이 될 수 없다. 국어의 종결어미는 영어의 굴절어미와 유사하게 활용에 의해서 양상을 실현함으로써 완전한 문장을 만들어준다. 둘째, 다른 어휘범주가 모두 후핵언어의 매개변인을 준수하는데 통사론의 본체에 해당하는 문장(IP)이 그것도 국어만 이를 어긴다면 보편문법을 추구하는 언어이론의 입장에서 보면 이를 도저히 용인할 수 없다. 셋째, 종결어미는 주격을 부여함으로써 술부와 주부를 갖추고 양상을 통사적으로 실현하게 함으로써 IP의 핵으로써의 문법적 기능을 완벽하게 수행하고 있으며, 이러한 면에서 영어의 I와 완벽한 일치를 보여주고 있다. 이상의 근거로 볼 때 국어의 주격부여자로서의 종결어미의 정체가 확인되었다. 최근의 GB이론에 의한 분석이 성행하기 전에는 오히려 국어의 양상의 실현자가 종결어미라는 합의가 있었던 점도 우리의 주장을 더 확실하게 지지한다. 예를 들어 서법이 문장의 유형을 결정하는 체계를 이을환 / 이철수(1978:216-3)에서 잘 보여주고 있다.

(4) 국어의 서법(Mood) 체계

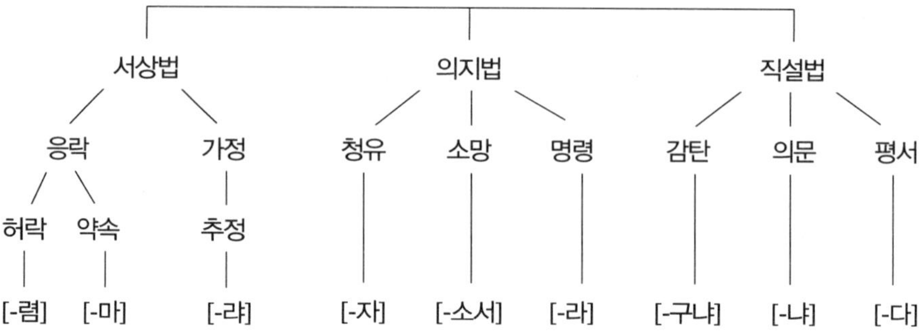

이 체계는 종결어미에 의해서 문장의 양상에 따른 문형이 표시된다는 우리의 입장과 완전히 일치하고있다. 또한 양상부의 복합성을 구조적으로 표현하기 위해서 현대 GB이론은 Pollock(1989)의 INFL-하위분류가설(Split-INFL Hypothesis)을 받아들이고 있다. 물론 이 기능범주의 순서는 언어마다 다르다.

지금까지 국어의 주격 부여자가 종결어미임을 논증하였다. 이를 다시 요약하면 다음과 같은 이유에서 국어의 종결어미를 주격부여자라고 본다.

가) 종결어미는 동사의 활용어미로서 영어의 굴절현상과 유사하다.
나) 문장의 유형을 결정하는 기능을 하는 종결어미는 바로 양상부에 속한다.
다) 후핵언어라는 매개변인과 종결어미가 핵이라는 주장과 일치한다.
라) 문장이 IP라면 문장의 핵은 I여야하며, 그 I는 곧 문장의 가장 핵심적 기능을 가지고 있어야 한다. 즉 다른 요소가 모두 갖추어져있어도 있어도 그 I가 없으면 문장이 되지 않는 요소이다.
마) 종결어미로서의 I는 주어로서의 지정어-핵일치관계(Spec-head agreement)를 보여준다.

국어의 주격 부여자를 종결어미 아닌 다른 요소, 즉 Tense, 존대의 '시', AGR, VP 등이라는 국내외의 많은 관련 이론들이 위와 같은 엄격한 검증 장치를 통과할 수 있을지 의문이다. 다시 말하면 국어의 주격 부여자는 유일해야 하므로 어느 주장이 맞다면 다른 주장은 잘못된 것이라는 것이 논리적 귀결이다.

IV. IP-구조와 격부여과정

4.1 GB이론의 격이론

GB이론에서의 격에 대한 접근은 종래의 격에 대한 개념을 근본적으로 바꾸어 놓았다고 해도 과언이 아니다. Chomsky(1981)의 LGB에서 처음 제시된 격이론(Case Theory)은 GB 내의 다른 이론과 원리 안에서 독립적인 이론으로 정립되기에 이르렀다. Chomsky는 격이 무엇이라는 정의를 내리고 있지는 않지만 격이론의 역할을 규정하여 격을 간접적으로 정의하고 있는 셈이다. Chomsky (1981:6)는 "격이론은 추상적인 격의 부여와 이의 형태론적 실현을 다룬다" (Case Theory deals with assignment of abstract Case and its morphological realization)고 언급하고 있다. 이 간단한 명제 안에 GB의 격이론의 핵심이 담겨있다고 할 수 있다.

우선 격이론은 격을 명사 스스로 가지고 있다고 보지 않는다는 면에서 전통적인 격에 대한 이해와 다르다. 따라서 명사를 포함한 NP는 격을 받을 자로 규정하고 이 NP에게 격을 주는 자를 격부여자로서 규정하여 이 양자간에 엄격한 통사적 관계를 명시화하였다. 다시 말하면 격이론에서는 모든 NP는 격을 받을 수 있는 자리에서 추상적인 격이 주어지고 이 자리는 논항자리여야 한다. 또 격을 줄 자격을 갖춘 요소를 Chomsky(1981)는 어휘범주 가운데 [-N]자질을 가진 범주, 즉 동사와 전치사에 의해서 목적격이 주어지고 주격은 시제를 가진 INFL(=AGR)이 부여한다고 보았다. 격을 주는 자와 받는 자의 구조적 관계는 핵매개변인에 따라 다음과 같이 나타낼 수 있다.

(5) 영어와 국어의 격부여 구조VNP

a. 영어(선핵언어) b. 국어(후핵언어)

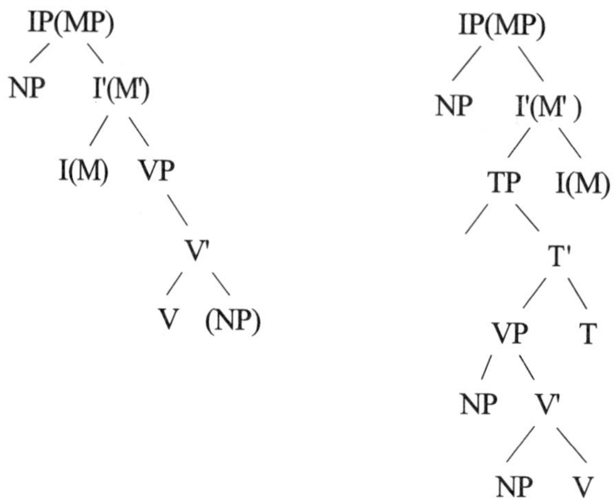

우선 앞에서 언급했던 대로 영어는 시제소와 주격 부여자가 형태상으로 분리되지 않으므로 TP(TenseP)라는 기능범주를 설정하지 않으며 국어는 항상 두요소가 형태적으로 분리되어 나타나므로 TenseP를 I의 보충어로 설정한다. 영어는 선핵언어로서 VP의 지정어 자리에서 의미역을 받은 후에 IP의 지정어자리로 논항이동되어 I(M)로부터 주격을 부여받는다. 앞에서 언급했듯이 격은 추상적으로 논항자리에 주어지고 그 자리에 들어간 어휘가 형태격을 실현하게된다. 또한 목적격은 핵인 V가 자신의 보충어자리에 추상적인 목적격을 부여하고 그 자리에 들어간 논항은 형태적 목적격을 실현한다. 영어에서는 인칭대명사를 제외하고는 주격과 목적격이 형태적으로 구분되지 않는다. 여기에서 우리는 격부여자와 격 피부여자간에 엄격한 구조적 관계를 확인할 수 있는데 하나는 선형적 인접조건이고 또 하나는 계층적 지배조건이다. 주격 부여자 I와 주어간에는 M-command 관계에 있고 목적격부여자 V와 목적어간에는 C-command 관계에 있다. 위의 그림이 보여주듯이 국어의 추상적 격부여구조도 영어와 기본적으로 다를 바 없다. 다만 국어는 후핵언어로서 보충어가 핵의 앞에 온다는 차이만 있을 뿐이다. 심각하게 다른 점은 형태격의 실현 방식에 있다. 영어는 오직 인칭대명사만 형태격이 다르게 실현되지만 국어는 일정한 접사에 의해서 형태적으로 격이 표시된다. 이 형태적 격표지를 격조사라고 부른다. 이론적으로 보면 추상격이 주어진 논항에 적절한 형태격을 부여하면 국어의 격 부여과정은 해결된다. 그러나 언어이론은 실제로 사용되는 자연언어를 일차적인 분석대상으로 하기 때문에 형태격조사가 실현된 문장을 통해서 그 추상격 구조를 도출하게된다. 만일 국어의 형태격조사가 명시적인 것이라면 그 도출과정도 명시적이어야 한다. 그러나 유감스럽게도 국어는 문법적인 격을 표시해주는 격조사와 담화기능 및 화용론적 의미를 갖는 보조사의 용서법이 매우 생산적인 언어로서 양자가 분포상의 상보적 관계를 보이기도 하고 때로는 중복하여 쓰이기도 하고 경우에 따라서는 격조사가 생략되기도 하는 등의 이유로해서 국어의 격이론을 정립하는 문제를 지극히 어렵게 해왔다고 본다. 또한 적어도 일반적인 관점에서 볼 때 중주어와 중목적어가 국어에 존재한다는 사실도 국어의 격이론 안에서 설명되어야 할 과제이다.

우리는 국어의 격문제를 해결하기 위한 방서법론으로서 추상격과 형태격을 구분하는 GB이론을 따르고 국어의 격조사를 순수히 문법적 격을 표시하는 형태격으로 보면서 이를 보조사와 엄격히 구분하여 각각의 표시계층을 달리하여 형태격은 S-구조에서 표시되며 보조사는 PF-계층에서 부착되는 문체규칙의 하나로 보는 접근서법을 사용하겠다. 또한 중주어와 중목적어는 본질적으로 술어의 논항구조에서 오는 것이므로 이를 국어의 어휘가 가진 개별문법의 특성으로 이해해야 하며 중주어와 중목적어는 각각 독립적 언어 현상이 아니라 상호의존 관계에 있음을 격이론으로 밝히고자 한다.

4.2 국어의 형태격조사 부여과정

국어의 격부여에 대한 논의는 필연적으로 두 가지 문제를 다루게 된다. 하나는 화용론적 표지와의 관련성이요 하나는 중주어 문제이다. 이 두 문제는 주어의 개념을 명확히 할 것을 요구하는데 화용론적 주어로 부터 문법적 주어를 완전히 분리해야 한다는 것이 우리의 입장이다. 또한 여기에서 문제가 되는 것은 의미역 배당과 문법적 주어와의 관련성이다. 영어에서도 중주어는 없지만 중목적어나 전치사의 목적어가 있으므로 실제는 의미역이 하나의 논항에 주어지는 것이 아니라 의미역이 배분되어진다는 데에 주목할 필요가 있다. 우리는 이를 국어의 중주어나 중목적어에 의미역이 배분될 수 있음과 다르지 않다고 본다. 더욱 중요한 것은 의미역과 문법적 주어가 직접적인 관계가 있는 것은 아니라는 것이 영어에서도 분명하다는 점이다. 이런 면에서 문법적 주어는 오직 주어자리에 있는 요소에 추상적으로 격이 주어지고 '이/가'에 의해서 형태적으로 실현된다는 것만이 유일하고 확실한 증거라는 점이다. 주어와 목적어의 구조적 관련성은 영어와 마찬가지로 국어에서도 능동문-수동문의 관계나 주동문-사동문의 관계에서 분명히 확인될 수 있다.

지금까지의 논의를 보면 국어의 주격 부여자가 종결어미라는 점이 명백한 것으로 보인다. 그러나 그동안의 다양한 논의가 반증하듯이 이 문제를 어렵게 만든 요인이 있다. 그것은 다름 아닌 국어의 다양한 격표지어 때문이다. 이 문제를 보문화와 관련하여 집중적으로 검토함으로써 주격부여자의 성격을 보다 분명히 이해할 수 있을 것이다.

우리는 영어와 마찬가지로 국어의 격도 자리에 주어지고 이 자리에 들어간 논항은 형태격이 주어지는데 이때 격을 표시해주는 표지어가 논항의 끝에 부가되어 형태격이 실현된다. 이 격의 부여 단계는 영어와 마찬가지로 S-구조에서 격의 점검을 통해서 문자화된다. 주격은 D-구조에서 VP의 지정어 자리에서 외재의미역을 받은 논항이 S-구조에서 IP의 지정어 자리로 이동하여 I로부터 주격을 부여받는다. 주격의 형태격은 주격조사 '이/가' 가 논항에 부가되어 실현된다. 목적격은 D-구조에서 VP의 보충어자리에서 내재의미역을 받은 논항이 S-구조에서 그 자리에서 V로부터 목적격을 부여받는다. 목적격의 형태격은 직접목적어는 목적격 조사 '을/를'이, 간접목적어는 '에게'가 논항에 부가되어 실현된다. 우리는 국어에는 영어의 고유격은 인정하지 않는다. 앞에서 언급하였듯이 국어는 격 부여자와 격 피부여자 간에 절대적 인접조건은 작용하지 않는 것으로 본다. 또한 직접목적어와 간접목적어 사이에 엄격한 어순이 고정되어있지도 않다.

우리는 국어의 통사적 격조사를 주격, 소유격, 목적격, 부사격의 네 가지만 인정한다. 이 구조격에는 상응하는 형태격표지가 부가되는데 이를 격조사라 부른다. 이 가운데 소유격은 문장과 직접 관계없이 NP-구조 안에서 이루어지므로 더 이상 다루지 않겠으며 부사격구문은 영어의 전치사구에 상응하는 구조를 이루지만 목적격을 갖지 않는다는 면에서 독립적으로 다루어져야 한다. 다만 우리는 문장의 중요한 격으로서 주격과 목적격을 주로 다루기로 한다. 이와 같은 순전히 구조적 관계를 보여주는 구조격과 대조적으로 주로 논항에 부가되어 의미를 보충해주는 첨사가 있는데 이를 보조사라고 부른다. 보조사에는 "도, 은/는, 만, 까지, 마저, 조차, 부터" 등이 있으며 이 보조사는 화용론의 입장에서 보면, 주제(topic), 대조(contrast), 강조(focus), 약정함축(conventional implicature) 등의 기능을 가지는데 단지 어휘에 의존해서 나타날 수 있다는 면에서 보조사이다. 우리는 문법적인 격조사와 기능적인 보조사가 여러 면에서 대조를 이루고 있음을 보이게 될 것이다.

먼저 주격조사 '이/가' 는 IP의 지정어인 주어자리에 있는 논항에게만 붙는다. 물론 이 주어는 IP의 핵인 I, 즉 종결어미에 의해서 허가된 것이다. 우리는 이 형태격의 부여는 S-구조에서 이루어지며 PF-단계에서 생략되거나 특정 보조사가 붙으면 생략되기도 한다. 이 주격조사는 엄격한 통사조건에 의해서 부여된 것이므로 이를 대신할 격조사는 있을 수 없으며 따라서 다른 격조사가 붙으면 비문이 된다.

(6) a. 순이가 간다.
b.*순이를 간다.
c. 순이는 간다.

(6a)는 주격조사 '가'가 정당하게 허가되어 정문이며 (6b)는 주격이 부여될 자리에 목적격이 부여되어 비문이다. 한편 격조사 대신에 보조사 '는'이 부여된 (6c)는 정문이다. 이와 같은 자연언어에서의 격조사간의 대조적 관계와 보조사의 역할은 국어의 격조사가 얼마나 엄격하게 통사적 관계를 규정해주는가를 명쾌하게 보여주고 있음을 알 수 있다. 물론 (6a)가 정문이고 (6b)가 비문인 근본적인 이유는 '가다'라는 술어가 일항술어로서 외재논항만을 갖는 논항구조를 가지고 있기 때문이다. 이를 통사적으로 바꾸어 말하면 '가다'라는 자동사는 보충어를 필요로 하지 않으므로 보충어를 전제로 하여 목적격조사가 붙은 (6b)는 비문이 된다. 한편 (6c)가 정문인 이유는 보조사 '는'이 문법적 격관계를 보여주는 요소가 아니고 단지 선행어휘에 의미를 보조해주는 기능을 하는 보조사이기 때문이다. 사실 국어의 '는'은 논항에만 붙는 것이 아니라 부사어에도 붙고 다른 보조사 다음에 붙기도 한다. 격조사는 오직 논항에만 붙고 문법적 기능이 대조적인 격조사가 중복해서 붙는다는 것은 불가능하다는 점과 비교해보면 보조사를 문법적 계층에서 다룰 수 없음은 명백하다고 할 수 있다.

목적격조사가 붙는 경우에도 같은 사실을 확인할 수 있다. 국어의 일반적 목적격조사는 '을/를'이다. '에게'도 수여동사에서 간접목적격조사로 쓰일 수 있으나 우리는 '을/를'을 대표적 목적격조사로 다루기로 한다. 다음 문장을 보자.

(7) a. 내가 사과를 먹었다.
b.*내가 사과가 먹었다.
c. 내가 사과는 먹었다.

먼저 '먹다'라는 타동사는 두개의 논항을 필요로 하는 2항술어로서 외재논항은 '나'라는 주어로 실현되고 내재논항인 보충어 '사과'는 목적어로 적절한 형태격이 허가된 (7a)는 정문이고 목적어가 형태격을 바르게 실현되지 못한 (7b)는 비문이다. 한편 이 목적격조사 대신에 보조사 '는'이 부여된 (7c)는 정문임을 보여주는데 (6c)와 마찬가지로 '는'은 격조사가 아님을 극명하게 보여주고있다.

이상의 관찰을 근거로 우리는 다음과 같이 국어의 형태격조사의 부여조건을 제안한다.

(아) 국어의 형태격조사 부여조건

① 형태격조사는 S-구조에서 부여된 격자리에 있는 논항에 실현된다.
② 주격조사 '이/가'는 IP의 지정어자리에 있는 주어에 부여된다.
③ 목적격조사 '을/를'은 V의 보충어자리에 있는 목적어에 부여된다.

결국 국어의 언어학적 의의가 있는 격조사는 주격조사 '이/가'와 목적격조사 '을/를'이라고 할 수 있는데 이를 능동문과 수동문의 관계에서 재확인할 수 있다. 다음 구문을 비교해보자.

(8) a. 순이가 그 책을 읽었다. (능동문)
b. 그 책이 (순이에 의해서) 읽혀졌다. (수동문)
c. 순이는 그 책은 읽었다. (능동문)
d. 그 책은 (순이에 의해서) 읽혀졌다. (수동문)

능동문 (8a)의 목적어는 수동문 (8b)의 주어가 되었음을 주격조사와 목적격조사가 그대로 보여주고 있는데 반해서 (8c)와 (8d)의 보조사 '은/는'은 이러한 문법적 기능을 가지고 있지 못함을 보여주고 있다.

국어의 대표적인 보조사 '은/는'이 문법적 기능이 없다는 것은 바꾸어 말하면 통사론의 대상이 아니라는 것을 의미한다. 이러한 국어의 주격과 목적격의 형태격조사의 대조적 관계는 영어의 격부여와 완전히 동일한 모습을 보여준다는 면에서 UG의 입장에서 볼때 매우 바람직한 것이다. 그럼에도 불구하고 국어의 격부여 문제를 어렵게 만든 것은 바로 격조사와 보조사의 역할에 대한 올바른 이해가 없었기 때문이라고 본다. 따라서 여기에서 격조사와 보조사의 관련성을 분명하게 밝혀둘 필요가 있다. 앞에서도 잠깐 언급하였듯이 격조사는 문법적 범주이고 보조사는 화용론적 범주의 요소라고 본다. 다시 말해서 보조사는 문법관계와 무관하며 오직 의미의 보조사로서의 구실을 한다. 이 의미는 기본적으로는 어휘의 특성에서 나오지만 화용론적 의미를 함축한다는 면에서 화용론적 보조사라고 할 수 있다. 전통적으로 주제표지라고 언급되어온 '은/는'은 우리의 입장에서 보면 국어의 중요한 보조사의 하나일 뿐이며 그 구체적인 기능이 주제일 수도 있고 대조일 수도 있다. 이 보조사도 주로 논항 다음에 부착되지만 격조사가 반드시 논항에 붙어야 하는 것과 달리 보조사는 부사에도 붙고 경우에 따라서는 술어를 변형시켜 그 뒤에 붙기도 한다. 또한 격조사가 결코 다른 격조사와 중복할 수 없지만 보조사는 중복하여 쓰이기도 하며 격조사와 함께 쓰일 수 있는 것과 쓰일 수 없는 것이 있는 등 어휘적인 속성이 강하다. 이를 보조사의 특성으로서 다음과 같이 정리할 수 있다.

(자) 국어 보조사의 제약

① 보조사의 부가는 PF-계층에서 표시되는 문체규칙의 하나이다.
② 보조사 '은/는'의 자리는 고정되어있지 않고 그 화용론적 의미도 오직 화맥에 의해서 결정된다.
③ 보조사 '은/는'은 격조사와 함께 쓰이지 못하고 격조사를 생략하고 부가된다.
④ 보조사 '은/는'은 '도, 만, 까지, 조차' 등과 함께 쓰일 수 있다.
⑤ 보조사 '도, 만, 까지, 조차'등의 뒤에 격조사 '이/가, 을/를'이 부착될 수 있다.

우리가 보조사는 PF-계층에서 부가된다고 보는 근본 이유는 보조사가 붙은 어귀가 어떠한 고유한 문법적 기능을 가지고 있지 않다는 데에 있다. 다시 말해서 S-구조에서 구현된 논항의 통사적 지위가 보조사의 대치나 부가에 의해서

손상을 입지 않는다는 면에서 보조사는 구조적 위치와 관계없이 의미의 추가나 보충을 위해서 부가되는 단계는 GB이론 안에서 PF-계층밖에 없다.

지금까지 살펴본 바와 같이 영어의 형태격은 인칭대명사에서만 실제적으로 구별되지만 국어는 S-구조에서 반드시 형태격이 실현되어야 함을 알 수 있었다. 또한 화용론적 기능을 가진 보조사는 문법관계를 표시하는 격조사와 엄격히 구분되어야 함을 알았다. 또한 국어는 후핵언어이므로 격조사는 각 논항의 꼬리에서 그 논항의 격을 결정하는 핵어의 구실을 하며, 이 점이 격조사가 항상 배타적 분포를 가지는 것을 정당화한다. 한편 보조사는 의미만을 추가하는 기능을 가지므로 중복해서 부가될 수 있고 격조사 다음에는 붙을 수 없다. 이는 마치 형태론의 굴절접사는 문법적 기능을 가지며 파생접사는 어휘적 기능을 갖는 것과 유사하다. 또한 지금까지의 논의를 통해서 국어도 영어와 마찬가지로 통사적으로 의의있는 대표적인 문법적 격은 주격과 목적격임을 확인하였다. 이 주격과 목적격은 구조적으로 상호 대립적이면서 보완적인 관계를 유지하는데 이점에 있어서도 영어와 다를 바 없다. 즉 능동문과 수동문의 관계에서 주어가 목적어로 나타나는 것을 확인하였다.

4.3 중주어와 중목적어의 통사적 관계

영어와 국어의 격부여가 근본적으로 차이가 없다는 우리의 입장에서 마지막으로 고려해야 할 문제는 우리의 이론 안에서 국어의 중주어/중목적어를 어떻게 다룰 것인가 하는 문제이다. 왜냐하면 영어는 중주어는 존재하지 않으며 중목적어는 수여동사라는 특정동사에서 직적목적어와 간접목적어가 존재하는 것이 유일한데 반해서 국어의 경우에는 적어도 구어체에서 중주어/중목적어에서 매우 일반적으로 나타나기 때문이다. 우리의 이 문제에 대한 접근방향은 두가지 가정에 근거를 두고 있다. 하나는 의미역 배당은 합성적으로 이루어진다는 가정이다. 이 가정은 영어의 경우에도 생소한 것이 아니다. 다만 영어는 어차피 주어는 하나이므로 합성적 의미역 부여는 동사가 자신의 목적어와 전치사의 목적어에 행사하는 것으로 보아야 하며 이를 국어의 중목적어는 물론 중주어에도 확대하는 것이다. GB의 가시조건(Visibility Condition)은 논항이 그 의미역 실현을 위해서는 격을 갖는 것이 필수적이므로 D-구조에서 합성적 의미역을 가진 논항이 S-구조에서 정당하게 격이 허가되어야만 가시조건을 만족하게 된다. 우리의 또 하나의 가정은 문법적 격의 개념은 의미적 관계와 독립적이라는 점이다. 전통적으로 국어의 주어에 대한 가장 잘못된 접근은 문법적 주어와 의미적 주어, 그리고 화용론적 주어를 동시에 해결하려 한데 있었다고 우리는 본다. 먼저 영어의 경우에 문법적 주어가 의미적 주어와 무관하다는 점을 아래 예문에서 확인할 수 있다.

(9) a. John opened the door with the key.
  b. The door opened.
  c. The key opened the door.

위 문장에는 'John', 'the door', 'the key'라는 세개의 논항이 있는데 각각의 논항이 어떤 문장 식을 취하느냐에 따라 문법적 격은 다르게 나타난다. (9a)는 행위자격을 가진 John이 문법적 주어가 되고 있으며 (9b)는 대상격인 'the door'가 주어가 되고 있다. 한편 (9c)에서는 도구격인 'the key'가 주어가 되고 있다. 이를 화용론적 관점에서 보면 주어가 주제(topic)이 되는 것이 일반적이므로 문법적 주어와 화용론적 주제의 일치가 일반적이다. 그러나 주어아닌 다른 논항을 주제, 즉 화용론적 주제로 만들고 싶다면 영어에서는 주제화라는 통사적 장치 즉, 전치이동(fronting)등에 의해서 실현한다. 이런 면은 국어도 본질적으로 다르지 않다. 다음 문장을 보자.

(10) a. 창호는 (축구를 하다가) 다리를 부러뜨렸다.
  b. 창호는 (축구를 하다가) 다리가 부러졌다.

위 예문에서 논항 '창호'와 '다리'가 가진 의미역은 문장 구조에 관계없이 일정하다. 다만 달라지는 것은 문법적인 격일 뿐이다. 여기에서는 '창호'는 피해자격을 가지며 문법적인 주어이다. '다리'는 대상(Theme) 의미역이지만 (10a)에서는 목적어이며 (10b)에서는 주어이다. 다만 화용론적 기능은 국어에서는 통사적 장치 아닌 보조사에 의해서 실현하는데 그 대표적인 경우가 '는'이 주제 표지로 쓰이는 경우이다. 그러나 이 표지가 항상 문두에 오는 것은 아니며 또 문두에 오더라도 항상 주제어가 되는 것은 아니라는 면에서 영어와 다르다. 본질적으로 주제냐 아니냐 하는 판단은 화용론적 근거에 바탕을 두어야 한다는 것이 우리의 입장이다. 이제 국어의 대표적인 중주어구문을 살펴보자.

(11) a. 코끼리가 코가 길다.
b. 코끼리가 코를 길다.
c.*코끼리를 코가 길다.
d.*코끼리를 코를 길다.
e. 코끼리는 코가 길다.
f. 코끼리가 코는 길다.
g. 코끼리는 코는 길다.

(11) 문장의 문법성을 논하기 위해서 먼저 술어 '길다'의 논항구조를 살펴보면 대상(Theme)이라는 의미역이 외재논항으로 구현되는 자형용사이다. 이를 구현하기 위해서 중주어구문이 필수적이며 각 논항에 주격조사 '가'가 부착된 (11a)가 정문이고 주격조사 대신에 목적격조사 '를'이 부착된 (11b), (11c), (11d) 등이 비문인 것은 바로 격이론에 의해서 설명될 수 있음을 보여주고 있다. 물론 목적격조사가 부착될 수 없는 근본 이유는 '길다'라는 술어가 타동성이 없으므로 보충어를 필요로 하지 않는다는 데에 있다. 한편 이러한 엄격한 제약을 따르는 격조사와 달리 보조사는 격조사 대신에 부착될 수 있음을 (11e), (11f), (11g) 등이 문법적인데서 확인할 수 있다. 우리는 다시 한번 보조사는 통사론의 범주

가 아니고 화용론의 기능이 어휘화된 것임을 주장한다. 그러면 이 중주어가 구조적으로 어떻게 부여되는지 살펴보아야 한다. 먼저 이를 다음과 같은 수형도로 나타낼 수 있다.

(12) 국어 중주어구문의 구조

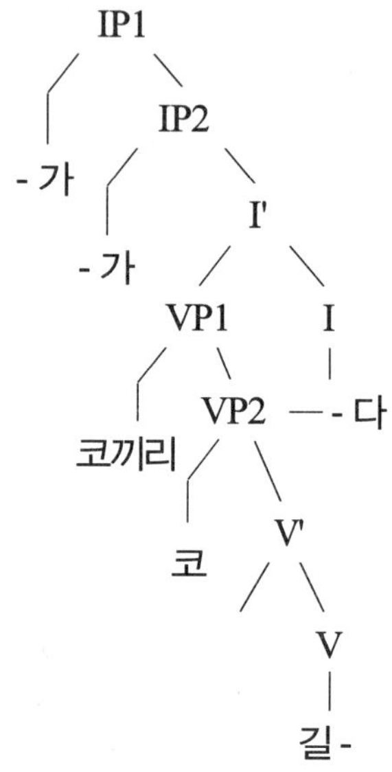

먼저 D-구조에서 VP 안에서 의미역이 완전하게 주어진 다음 S-구조에서 VP의 지정어자리에 있던 논항이 IP의 지정어자리로 논항이동하여 I로부터 주격을 부여받는다. 결론적으로 국어의 중주어는 VP와 IP의 지정어에 대한 부가구조를 설정함으로써 명시적인 해결이 가능하다고 주장한다.

이제 중목적어구문을 살펴보기로 하자. 중목적어는 중주어보다는 일반적인 것은 아니지만 구조적으로는 V'-부가에 의해서 의미역과 목적격이 부여된다고 본다. 다음 구문을 보자.

(13) a. 창호가 책을 세권을 샀다.
b. 창호는 책은 세권은 샀다.

먼저 '사다'라는 타동사는 '책'과 '세권'이라는 두개의 내재논항과 '창호'라는 하나의 외재논항을 가지며 내재논항에 목적격이 부여되고 외재논항에 주격이 부여된 (13a)는 정문이다. 또한 문법적 격조사 대신에 보조사가 부착된 (13b)도 정문인데 이는 다시한번 보조사가 문법적 성분이 아님을 보여준다. 격부여의 구조를 수형도로 나타내면 다음과 같다.

(14) 국어 중목적어구문의 구조

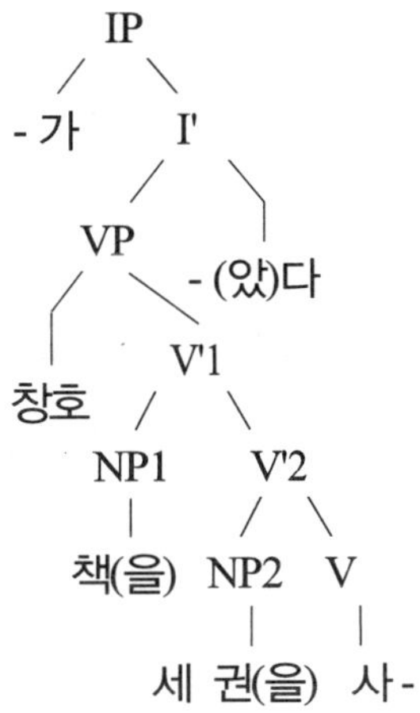

타동사 '사-'는 자신의 보충어인 NP1 '책'과 NP2 '세권'에게 D-구조에서는 의미역을 부여하고 S-구조에서는 목적격을 부여한다. 중주어와 마찬가지로 중목적어에 대해서도 V의 보충어에 대한 부가구조를 설정하면 중목적어의 구조를 구현할 수 있다.

이제 중주어와 중목적어의 구조적 관계를 능동문과 수동문, 주동문과 사동문의 구조를 통해서 살펴보기로 하자. 먼저 (13a)의 수동문은 아래와 같다.

(15) a. 책이 세권이 (창호에 의해서) 사졌다.
b.*책은 세권을 (창호에 의해서) 사졌다.
c.*책을 세권이 (창호에 의해서) 사졌다.

(15a)는 (13a)의 중목적어가 정확하게 중주어로 바뀐 모습을 보여주고 있으므로 이는 중주어와 중목적어의 정당성을 동시에 보여주는 것이다. 우리는 이를 국어의 통사구조에 중주어현상이 있음은 중목적어가 존재하는 것과 같은 차원에서 이해되어야 한다는 것을 시사한다고 본다. 이제 (11a)의 사동문을 살펴보자. 물론 (11a)는 목적어가 없으므로 수동문을 만들수 없기 때문에 사동문이 이 경우에는 유용하다.

(16) a. 창호가 코끼리를 코를 길게 만들었다.
b. 창호가 [[코끼리가 코가 길(다)]게] 만들었다.

먼저 (11a)에 대한 사동문이 (16a)와 (16b)와 같이 두 유형이 존재한다. 우선 (14)와 같은 문장이 의미상으로 가능한가 하고 반문하는 독자가 있다면 우리는 코끼리가 종이코끼리라고 부연하는 것으로 충분한 대답이 된다고 본다. 물론 우리의 본 뜻은 의미론적 접근과 통사적 접근을 엄격하게 구분해야 한다는 것을 주장하는 것이다. (16)이 가져다주는 언어학적으로 중요한 의미는 표면구조상에서 동일한 논항에 주격조사와 목적격조사가 동시에 부착되고 있다는 점이다. 이는 우리의 이제까지의 주장, 즉 주격조사와 목적격조사가 구조적으로 엄격하게 구분된다는 주장을 무색하게 하고있기 때문이다. 그러나 우리는 격 부여구조, 즉 S-구조를 들여다봄으로써 오히려 (16a)와 (16b)의 구조가 정당함을 확인할 수 있게 된다. 먼저 국어의 통사적 사동문은 복문구조임을 받아들일때 (16b)는 그 복문의 내포문 안에서 '코끼리'와 '코'가 주격을 부여받은 구조라고 보아야 한다. 그러면 이때 두 논항에 대한 주격부여자도 이 내포문의 종결어미가 되어야 하는데 우리는 이를 양인석(1972)의 '양상삭제', 양동휘(1975)의 '서서법삭제' 현상으로 본다. 즉 내포문의 종결어미 '-다'가 I로서 중주어에 주격을 부여하고 보문자 '게' 앞에서 생략된 것으로 간주한다. 한편 (14a)는 내포문 안에 있던 두 논항이 내포문 밖으로 이동된 것으로서 타동사인 주절의 본동사 '만들다'로부터 목적격을 부여받아 중목적어구문으로 나타난 것이다. 따라서

(16a), (16b)는 격이론을 위반한 것이 아니라 우리의 격이론 안에서 정당하게 격이 부여된 정문이다.

이제 소위 심리동사와 중주어의 관계에 대하여 우리의 입장에서 살펴보기로 한다. 심리동사와 관련해서 학계의 관심은 두 가지로 나누어 볼 수 있다. 하나는 국어의 중주어현상은 심리동사, 정확하게 표현하면 형용사를 포함하여 심리술어에서만 나타난다는 주장(=심리동사가설)이고, 또 하나는 심리동사의 주격조사가 부착된 논항은 사실은 그 심리동사의 보충어라는 주장으로서 중주어구문이 아니라는 주장(=보충어 가설)이다. 이 두 주장이 상호 관련되어있으므로 우리는 함께 살펴보기로 한다. 다음 문장을 살펴보자.

(17) a. 나는 가을이 좋다.
b. 나는 가을을 좋아한다.

먼저 심리동사가설의 입장에서 보면 (17a)는 중주어구문인데 그것은 바로 '좋다'가 심리동사이기 때문에 가능한 구문이라는 주장이고 (17b)는 일반적인 타동사구문이다. 한편 보충어가설의 입장에서 보면 (17a)의 주어는 '그'이며 '가을'는 '좋다'의 보충어(=목적어)이지 주어가 아니라는 주장이다. 그 근거는 (15b)의 '좋아하다'와 의미구조가 같다는 데서 찾는다. 그러나 이 두 주장의 허구성을 다음의 문장을 살펴보는 것으로 알아낼 수 있다.

(18) a. 그는 머리가 좋다.
(He has a good memory. / He prefers head parts.)
b.*그는 머리를 좋아한다.
(He has a good memory.)
c. 그는 머리를 좋아한다.
(He prefers head parts.)

우선 (17)와 (18)이 모두 '좋다'는 동일한 술어를 핵으로 하는 문장임을 주목한다. 심리동사가설의 입장에서 볼 때 (18a)는 화자의 심리를 표현하는 문장이 아닌데도 (18a)의 중주어구문이 가능하므로 이 가설은 옳지 않다. 그러나 더욱 중요한 요점은 "주어"라는 순전히 통사적 현상을 "화자"의 "심리"를 가지고 설명하고자 하는 동기가 잘못된 것이라는 점이다. 또한 보충어 가설의 입장에서 보면 (18a)가 (18c)의 의미로 쓰일 때는 중주어구문이 아니고 (18b)의 의미일 때는 중주어구문이라고 해야 한다는 모순을 낳는다. 보충어가설의 근본문제는 '좋다'와 '좋아하다'의 논항이 둘이라는 점을 문법구조도 동일해야 한다고 확대해석한데 있다고 보여지며 더 나가서 '좋다'가 '좋아하다'와 전혀 다른 의미로 쓰일 수 있음을 간과한 것이다. 두 가설의 공통적인 오류는 통사현상과 비통사적인 현상을 엄격하게 구분하지 않고 통사적 분석을 위하여 비통사적 정보를 활용하는데서 생긴 것이라고 할 수 있으며 우리는 이를 엄격한 통사적 격 부여이론으로 극복할 수 있는 것이다. 그것은 곧 S- 구조에서 IP의 지정어자리에 오는 모든 논항은 주어로서 주격조사가 붙고 VP의 보충어자리에 오는 모든 논항은 목적어로서 목적격조사가 붙는다는 것이다. 더구나 중주어나 중목적어는 국어의 일반적 특징이라는 점을 인식하지 못하고 중주어와 중목적어의 구조적 관련성을 파악하지 못하고 있다고 할 수 있다.

지금까지 살펴보았듯이 부가구조의 설정 외에는 영어와 국어의 중주어/중목적어의 부여가 다르지 않다. 오직 다른 점은 술어핵의 논항구조가 다를 수 있고 이 논항이 어떤 통사적 격을 부여받아 문장에 실현되는가 하는 점이다. 이는 바로 그 언어의 개별문법의 특성이라고 보아야 한다.

V. 맺는말

우리가 지금까지 살펴본 바대로 격이론이야말로 통사론의 핵심임은 말할 나위가 없다. 격이론이 통사론의 핵심으로 자리한 것은 바로 격 부여자와 격 피부여자의 관계를 구조적으로 설정한 Chomsky(1981)의 공로라고 해야 할 것이다. 그럼에도 불구하고 국어학계에서는 국어를 보편문법적 시각에서 조명하는데 인색한 나머지 국어의 격관계를 구조적으로 파악하는데 실패했으며 GB이론을 받아들인 최근의 분석이론도 엄격한 통사론적 분석을 하는데 실패했는데 그 이유는 서구 학자들의 검증되지 않은 가설을 비판 없이 수용하여 국어에 적용한데서 그 근본 원인을 찾을 수 있다. 그 대표적인 예가 국어를 비형상언어로 간주함으로써 더 이상의 구조적 접근을 시도하지 않은 점이다. 우리는 비형상언어(unconfigurational language)라는 매개변인이 상대적 개념임을 부인하는 것이 아니라 국어에 대해서 격이론을 엄격히 적용함으로써 국어의 구조성을 규명하게 된 결과 국어도 영어 못지않은 형상언어임을 밝히게 된 것이다. 또 하나의 잘못된 흐름은 언어 현상의 계층을 잘못 적용한 경우이다. 국어가 화용론적 특성이 어휘화되는 데에 있어서 매우 독특한 언어라는 것은 명백한데 이를 통사현상과 구별하지 않은 것이다. 이 점에 있어서도 GB이론은 통사현상은 D-구조와 S-구조 사이에서 일어나는 것으로 규정함으로써 의미론 및 화용론이 통사론에 개입하는 것을 차단하고 있는데 국어학계에서는 주어를 주제와 함께 다룬다든지 보조사를 격조사와 같은 계층에서 다룸으로써 통사론과 화용론의 진정한 발달을 모두 저해해온 것이 아닌가 판단된다.

우리는 우선 GB이론의 두 가지 정신을 받아들였다. 하나는 격 부여자와 격 피부여자간에 엄격한 구조적 관계가 성립되어야 한다는 점이다. X'-구조를 언어 보편적인 장치라고 받아들이면 또 국어에도 IP-구조가 기본문으로서 존재한다면 국어의 격부여도 이 기본정신을 준수해야 한다고 가정하였고 이를 논증하였다. 우리가 받아들인 GB이론의 두번째 정신은 오직 통사현상만을 통사개념과 규칙으로 설명해야 한다는 허가조건이다. 이는 화용론적 표지어(=보조사)가 매우 생산적으로 쓰이는 국어의 경우에는 더욱 의미있는 정신일 수 있다고 본다. 주어와 목적어는 통사론의 핵심개념으로서 국어에서도 주어는 '이/가'가 붙고 목적어는 '을/를'이 붙는다. 그러나 '은/는'은 '이/가' 대신에도 붙고 '을/를' 대신에 붙기도 한다. 이는 '을/를'이 문법요소가 아니라는 것을 결정적으로 보여주는 것이다. 마찬가지로 존대의 '시'는 화자가 주어를 높이고자 할 때 어간 다음에 놓는 요소이다. 화용론적 개념을 사용하지 않고는 설명할 길이 없으므로 이는 통사론의 대상이 아니다. 비통사적 요소가 주격을 부여한다고 설명하는 것은 바로 허가조건을 위배하는 것이다. 우리는 문법적 과정은 S-구조에서 모두 끝마쳐야 한다고 본다. 국어의 문법과정의 중요한 작업은 바로 형태격조사의 부여이다. 그러나 보조사는 문법 즉 통사구조나 개념과 관련된 것이 아니라 의미의 제한이나 추가 등에 의해서 의미론적 혹은 화용론적 개념과 관련되어있는 어휘소이다. 우리는 이 보조사는 PF-계층에서 부여된다고 가정하였다.

이러한 우리의 기본 입장은 두 가지의 성과를 가져오게 되었다. 하나는 영어나 국어의 주격 부여자가 실제로는 서법(Mood)이라는 점을 밝혔다는 점이며, 또 하나의 성과는 국어의 격부여 문제를 GB이론의 틀 안에서 명시적으로 설명할 수 있게 되었다는 점이다. 결과적으로 국어문법의 보편성과 형상성(configurationality)을 다시한번 확인하는 계기가 되었다고 본다.

참고문헌

국어연구회편(1990). 『국어연구 어디까지 왔나』. 서울대학교 대학원.

남기심·고영근(1965). 『표준국어문법론』. 탑출판사.

문용(1978). 『고급영문법해설』. 박영사.

서정수(1991). 『현대 한국어 문법연구의 개관 I』. 서울: 한국문화사.

양동휘(1989). 『지배결속이론의 기초』. 서울: 신아사.

이건수(1993).“한국어심리동사구문의 복합문적분석,”『생성문법연구』 3.2.

이을환·이철수(1978). 『한국어문법론』. 개문사.

장경기(1993).“수정격여과조건과 격승계가설,” 『언어』. 18.2.

Bak, Sung-Yun (1982). "Causativization in Korean," 『언어』. 7.2.

Baker, M. C. (1988). *Incorporation: A Theory of Grammmatical Function Changing*, Chicago Univ. Press.

Chierchia G.(1984). *Topics in the Syntax and Semantics of Infinitives and Gerunds*. Ph. D. UMass.

Cho Euiyon (1988). *Some Interactions of Grammar and Pragmatics in Korean*. Ph. D.dissertation.

Chomsky, N.(1981). *Lectures on Government and Binding*. Dordrecht.

Chomsky, N.(1986a). *Knowledge of Language: Its nature, Origins, and Use.* MIT Press.
Chomsky, N.(1896b). *Barriers.* MIT Press.
Chung S.(1983). "The ECP and Government in Chamorro," NLLT1.
Fillmore,C.(1968).Case for Case," *Universals in Linguistics Theory.*
Greenbaum, S. & R.Quirk (1990). *A Student's Grammar of The English Language.*
Grimshaw, J.(1990). *Argument Structure.* MIT Press.
Kang, Young-Se (1986). *The Korean Syntax and Universal Grammar.* Ph.D. dissertation.
Koopman, H. & J. Sportiche, (1990). *The Position of Subjects.* UCLA.
Lasnik, H. & J. Uriagereka. (1988). *A Course in GB Syntax.* MIT.
Pollock, J.-Y.(1989). "Verb Movement, Universal Grammar, and the Structure of IP," LI.22.
Whitman, J.(1989). "Topic, Modality, and IP Structure in Korean," *Havard Studies III.*
Yang, Hyun-Kwon (1990). Categories and Barriers in Korean. Ph.D. Yoon, Jong-Yurl (1989). *Koran Syntax and Generalized X-bar Theory.* Ph.D. dissertation.
Yun, J. M.(1989). "ECM and Multiple Subject Constructions in Korean," *Havard Studies III.*

10
Seem-구문과 '것 같다'-구문의 통사성 비교*

I. 연구의 목적 및 방법

한동안 우리 사회의 언어생활 속에서, 특히 젊은 세대사이에서 더욱 두드러지게 "...것 같다"라는 구어체 표현이 유행처럼 애용된 적이 있었다. 정상적인 화법일 경우는 논외로 할 때, 화자가 자신의 심리상태를 표현할 때에도 '...것 같다'라는 표현을 사용하는 것이 기성세대들에게는 책임회피 내지는 자신감 결여 등의 젊은이들의 심리가 언어에 투사된 것으로 보였던 것이다. "자기, 나 좋아해?"라는 연인의 질문에 "응, 좋아하는 것 같아"라는 응답을 하는 젊은이들의 대화 방식이 딱 부러지기를 기대하는 사람들에게는 답답해 보였을 법도 하다. 살아 있는 언어 현상이 흔히 그렇듯이 처음에는 낯설고 기이해 보이던 표현도 세월이 가면서 조금만 익숙해지면 아주 일상적인 어법으로 굳어지게 되는데, 요즈음에 '것 같다'-식 어법에 대한 시시비비가 별로 없는 것을 보면 이미 이 표현도 우리의 언어 토양 속에 깊이 뿌리를 내린 것 같기도 하다.

이 논문은 이 표현이 갖는 모호성의 근본원인이 어디에 있는가를 언어학적으

* 이 논문은 울산대학교 『인문논총』 제 14집 pp. 75~103 (1998)에 실린 것을 수정·보완한 것이다.

로 규명해 보는 것을 목적으로 하고 있다. 우선 표면적으로 보면 '것 같다'-구문은 선행절이 명사화 접사 '것'에 의해서 명사화된 다음에 용언인 '같다'가 첨가되고 있다. 그렇다면 의미상의 모호성도 바로 술어 '같다'와 밀접하게 관련되어 있다고 추정할 수 있다. 전통적으로 '(것) 같다'는 최현배(1937) 선생 이후로 선행용언을 도와주는 보조용언으로 간주하는 보조용언설이 주류를 이루어 왔다. 그러나 비교적 최근에는 '(것) 같다'를 선행용언과 독립된 본용언으로 기술되어야 한다는 주장이 제기되었다. 특히 박승윤(1983)은 몇 가지 본용언설을 비교, 검토하고 대안으로서 '같다'가 본용언으로서 주어는 존재하지 않는다는 무주어 문장론을 제안하기에 이른다.

그의 무주어 문장론은 국어의 '것 같다'-구문이 영어의 seem-구문과 매우 유사하다는 주장을 포함하고 있다. seem-구문은 의미상으로도 '것 같다'-구문과 마찬가지로 추측의 의미를 가질 뿐만 아니라 주어 자리가 의미역이 주어지지 않는 비의미역 자리(non-theta position)로서 내포절의 주어가 이동되지 않으면 허사 'it'가 삽입된다는 면에서 매우 특이한 구문이다. 박승윤(1983)은 바로 seem-구문의 허사가 들어가는 주어 자리가 국어의 '것 같다'-구문의 주어 자리에 해당하며, 허사가 존재하지 않는 국어는 주어 자리가 비어 있는 구문, 즉 무주어 문장이라고 주장하고 있다.

우리는 '것 같다'-구문과 seem-구문이 의미상의 유사성이 있음을 인정하지만 통사상으로는 상당한 차이점이 있다고 본다. seem-구문의 통사구조는 술어 'seem'의 논항구조(argument structure)와 하위범주(subcategorization)에 의해서 결정된다. 촘스키(1986)는 'seem'은 명제를 논항으로 갖는 일항술어로서 주어 자리는 비의미역 자리로서 허사 'it'가 삽입될 수 있다고 주장하고 있다. 국어의 '것 같다'-구문의 통사구조를 밝히기 위해서는 술어 '같다'의 논항구조와 하위범주를 규명해야 한다는 것이 우리의 기본 입장이다. 이 작업을 통해서 국어의 '것 같다'-구문의 주어 자리는 의미역이 주어지는 실사(real entity)의 자리이며 주어가 존재하지 않는 것이 아니라 화자인 주어가 구어체에서 생략될 수 있음을 논증하게 될 것이다. 더 나아가서 추측구문으로서의 '것 같다'-구문의 주어의 생략은 국어가 pro - 탈락언어(pro-drop language)라는 점을 증명하게 될 것이다. 이 과정에서 pro - 탈락 현상이 매개변인(pro-drop parameter)의 차이에서 오는 것임을 논증하기 위하여 pro -탈락 언어의 언어 보편적인 통사성을 살펴보게 된다. 결과적으로 우리는 국어의 '것 같다'-구문은 구어체에서 흔히 화자인 주어가 생략되는 구문임을 밝히게 될 것이며, 더 나아가 국어의 보편성을 확인하여 보편문법의 확립에 기여할 수 있게 될 것이다.

연구방법으로는 우리는 먼저 선행연구를 비판적으로 검토하게 된다. 우선 전통적인 보조용언설의 타당성 여부를 논의하게 된다. 나아가서 박승윤(1983)이 제시하고 있는 몇 가지 본용언설을 검토하고, 궁극적으로는 박승윤(1983)의 무주어 문장론도 심각한 문제점을 가지고 있음을 밝히게 될 것이다. 우리는 '것 같다'-구문도 술어 '같다'의 논항구조와 하위범주의 틀을 벗어날 수 없다는 전제하에 '같다'-구문의 통사적 특성을 기술한 다음, 그 안에서 '것 같다'-구문의 특성도 자리매김하게 될 것이다. 결론적으로 '것 같다'-구문은 일반적으로 구어체에서 화자인 주어가 생략된 구문으로서 화자가 의도적으로 자신의 의도를 드러내지 않기 위하여 사용하는 구문임을 밝히게 될 것이다. 이러한 특징은 곧 pro - 탈락언어의 특징이므로 국어도 생산적인 pro - 탈락언어의 하나임이 아울러 규명됨으로써 국어의 보편성이 확인될 것이다.

II. 선행연구의 검토

우리는 먼저 '것 같다'-구문에 관한 선행연구를 비판적으로 검토하면서 우리가 제안할 대안의 방향을 모색하기로 하겠다.

선행연구는 대체로 두 가지 입장으로 분류할 수 있다. 한 입장은 전통적인 학설로서 최현배(1937) 선생이후로 국어의 '것 같다'-구문을 다양한 보조용언의 하나로 다루어 왔다. 우리는 이 이론을 보조용언설이라고 부르기로 한다. 또 다른 입장은 비교적 최근의 연구로서 '것 같다'-구문의 '같다'를 본용언으로 다루는 것이다. 특히 박승윤(1983)은 이 구문의 보조용언설에 대한 언급이 전혀 없이 국내외의 몇 가지 대표적인 본용언설을 비판한 다음, 자신의 대안을 제시하고 있다는 면에서 주목을 끈다. 우리는 후자의 입장을 본용언설이라고 부르기로 한다. 여기에서 우리는 보조용언설과 본용언설의 핵심적 내용을 비판적으로 검토하기로 하겠다.

2.1 보조용언설 비판

전통적인 보조용언설(Auxiliary Predicate Analysis)은 한마디로 말하면 '것 같다'-구문의 용언 '같다'를 의미상으로 뿐만 아니라 통사상으로도 자립적인 술어가 아니라 선행하는 본용언을 도와주는 보조술어(auxiliary predicate)라고 간주한다. 우리는 학계에서 전형적인 보조용언으로 간주되어 온 '싶다'-구문과 문제의 '것 같다'-구문을 비교해 보기로 하겠다. 다음 예문을 보자.

(1) a. 나는 고향에 가고 싶다.
b. 나는 고향에 간다.
c.*나는 싶다.

(2) a. 여기가 좋은 것 같다.
b. 여기가 좋다.
c.*여기가 같다.

우선 '싶다'-구문 (1)과 '것 같다'-구문 (2)를 비교해 보면 예문 (1b)와 (2b)가 정문인 것과는 대조적으로 예문 (1c)와 (2c)가 모두 비문이므로 '싶다'와 마찬가지로 '같다'도 의미상으로나 통사상으로 자립적인 요소가 되지 못함을 알 수 있다. 바로 이점이 '것 같다'-구문의 보조용언설을 지지하는 강력한 증거가 되어 왔다. 그러나 다음 예문을 보기로 하자.

(3) a. 선생님이 밖에 나가고 싶으시다.
b. 선생님이 밖에 나가시고 싶다.
c. 선생님이 밖에 나가시고 싶으시다.

(4) a. 선생님이 나가실 것 같다.
b.*선생님이 나갈 것 같으시다.
c.?선생님이 나가실 것 같으시다.

이을환 · 이철수(1978: 216-17)에 따라 국어의 문장을 명제부(proposition)와 양상부(modality)로 나눌 때 보조용언은 양상부에 속한다. 국어의 대우법도 양상(modal)의 하나이므로 보조용언 안에서 실현된다. 따라서 예문 (3a)처럼 주어인 '선생님'에 대한 화자의 대우법을 실현하기 위하여 '시'가 보조용언의 어간 '싶-' 다음에 오면 정문이 된다. 한편 본용언의 어간 다음에 '시'가 들어간 (3b)나 본용언과 보조용언 모두에게 '시'가 실현된 예문 (3c)도 국어에서는 용인되는 문장이 된다.[1)] 이와 달리 '것 같다'-구문 (4)를 보면 예문 (4a)가 정문인 반면, 예문 (4b)는 완전한 비문이고 예문 (4c)도 부자연스러운 문장임을 보여준다. 문법성의 판단에 개인차가 있음을 참작하더라도 위 예문은 적어도 보조용언 '싶다'와 우리가 논의중인 '(것)같다'가 양상부 여부와 관련하여 동일한 성격을 가진 성분이 아니라는 점을 보여주고 있다. 더욱 주목할 점은 박승윤(1983)이 지적하듯이 예문 (4b)가 비문이라는 점은 바로 '같다'의 주어가 '선생님'이 아니라는 증거가 된다는 것이다. 왜냐하면 국어의 대우법에는 화자가 주어에게 존대법을 실현하기 위하여 용언의 어간 다음에 '시'를 삽입한다는 규칙이 있는데, 예문 (4b)가 비문이므로 결국 '같다'의 주어는 '선생님'일 수 없기 때문이다. 적어도 위의 증거는 '(것)같다'가 전형적인 보조용언 '싶다'와 상이한 통사적

1) 국어의 구어체에서는 용언만 있으면 모두 대우법이 실현 가능하다. 이는 마치 대우표현의 사용회수가 많으면 더 존대표현이 된다고 화자가 믿기 때문인 듯 하다. 예를 들어 "선생님의 딸이 말이 여간 좋지 않다"는 표현도 화자에 따라서는 "선생님의 따님이 말씀이 여간 좋으시지 않으시다"로 표현되기도 한다. 이는 형태가 의미를 결정한다는 일반적인 원리와 일치한다. (More of forms means more of meanings.)

자질을 가지고 있음을 증명하고 있다.

이제 두 구문사이의 더 분명한 통사적 차이점을 인식하기 위하여 다음 예문을 보자.

(5) a. 나는 고향에 가고 싶다.
b. 나는 고향에 가고 싶었다.
c.*나는 고향에 갔고 싶다.

(6) a. 비가 오는 것 같(았)다.
b. 비가 온 것 같(았)다.
c. 비가 올 것 같(았)다.

위 구문 (5)와 (6)을 비교해 보면 '싶다'-구문 (5)의 시제는 반드시 보조용언의 어간 다음에 실현되지만, '것 같다'-구문 (6)은 각각의 예문이 보여주듯이 '것 같다'를 선행하는 용언의 어간 다음에 시제가 실현될 뿐만 아니라 '(것) 같다'의 어간 다음에도 독자적인 시제의 실현이 가능함을 보여주고 있다. 생성문법의 지원을 받을 필요도 없이 시제는 문장의 양상부의 핵심이 되는 문법자질이므로 이 증거는 '(것) 같다'가 자신의 선행하는 용언으로부터 독립된 절에 속한다는 강력한 증거가 된다.

지금까지의 논의를 근거로 하여 판단할 때 '것 같다'-구문의 '같다'는 보조용언이 아니라 본용언이라고 보아야 한다는 것이 우리의 입장이다. 계속해서 박승윤(1983)에 제시된 몇 가지 본용언설을 차례대로 검토하기로 하겠다.

2.2 명사화 분석론 비판

Sawada(1980)는 '것 같다'-구문의 '것'에 의해서 명사화된 선행절이 명사구로서 술어 '같다'의 주어가 된다는 이른바 명사화 분석론(Nominalization Analysis)

을 제안한다. 그는 자신의 주장을 뒷받침하는 몇 가지 증거를 제시하고 있다.

첫째, 선택제한(selectional restriction)으로 볼 때 '같다'는 명사구내의 주어와 무관하다. 다음 예문을 보자.

(7) a. 철수가 먹은 것 같다.

b. [[[철수가 먹었다]$_S$ 것]$_{NP}$ [같다]$_{VP}$]S.

Sawada(1980)는 예문 (7a)의 심층구조를 (7b)로 가정한다. 그는 '철수'가 술어 '같다'와 선택제한의 관계에 있는 것이 아니라 '먹다'와 선택제한의 관계에 있으므로 '철수가 먹(었)다'가 내포문을 구성하고 명사 '것'에 의해서 명사화된 주절 술어 '같다'의 주어가 된다고 본다.

이에 대하여 박승윤(1983)은 여기에서 선택제한의 문제는 "철수가 먹었다"가 '같다'의 주어라는 주장과 전혀 무관한 것이라고 반론을 제기한다. 예를 들어 "철수가 먹었다"가 주어가 아닌 목적어라고 하더라도 '철수'와 '먹었다' 사이에는 선택제한의 관계에 있기 때문에 이 사실이 명사화절이 '같다'의 주어라는 점을 보장하는 것은 아니라고 주장한다.

둘째, Sawada(1980)는 '그러하'-검증법(do-so Test)에 의하여 '것 같다'-구문의 '것'까지가 본술어 '같다'의 주어라고 주장한다. 다음 예문을 보자.

(8) a. 우리가 드라이브 갈 것 같니? (Is it likely that we will drive?)

b. 그럴 것 같다. (It is likely to do so.)

Sawada(1980)는 질문 (8a)의 응답으로 (8b)가 가능한 것은 바로 '그러하-'가 NP나 S를 대신하여 들어갈 수 있기 때문에 가능한 것이며, 이는 곧 예문 (8a)의 "우리가 드라이브 가다"가 '같다'의 주어임을 증명한다고 주장한다.

이에 대하여 박승윤(1983)은 이 구성소 검증법(Constituent Test)이 Sawada (1980)의 주장, 즉 심층구조에서 내포문 "우리가 드라이브 가다"가 '같다'의 주어임을 증명하는 것은 아니라고 반박한다. 왜냐하면 이 검증법은 내포문이 주어가 아니라 목적어일 때도 그대로 유효하기 때문이다. 더 나아가서 박승윤은 '철수'가 '같다'의 주어가 아니라는 가장 확실한 증거는 이 내포문이 주격조사가 부착될 수 없는 점이라고 주장한다. 다음 예문을 보자.

(9) *[[철수가 죽은] 것]<u>이</u> 같다.

박승윤(1983)은 만일 Sawada(1980)의 주장대로 "철수가 죽은 것"이 술어 '같다'의 주어라면 주격조사 '이'가 부착된 위 예문 (9)가 비문임을 설명할 수 없기 때문에 Sawada의 이론은 잘못이라고 보고 있다.

우리는 박승윤(1983)의 Sawada(1980)에 대한 이러한 비판에 동의하지만 Sawada(1980)의 선택제한과 관련된 논의는 적어도 술어 '같다'의 주어가 '철수' 일 수 없다는 앞으로의 우리의 논의에 의미있는 주장을 함축하고 있다고 본다.

2.3 보문화 분석론 비판

양인석(1972)은 '것 같다'-구문의 '같다'가 본술어(main predicate)로서 보문자 '것'에 의해서 보문화된 선행절을 보문절로 갖는다는 이른바 보문화 분석론(Complementation Analysis)을 제안한다. 다음 예문을 보자.

(10) a. 철수가 밥을 <u>먹고 싶다</u>.

b. 철수가 [(철수가) 밥을 먹(는다)] 고] 싶다.

위 예문 (10a)는 예문 (10b)의 내포문의 주어인 '철수'는 동일명사구 삭제규칙(Equi-NP Deletion)에 의해서 생략되고, 내포문은 각각 보문자 '고'에 의해서 목적절로 보문화되어 생성된다고 본다. 양인석(1972)은 이를 '것 같다'-구문에 확장하여 다음과 같이 분석한다.

(11) a. 철수가 죽은 것 같다.

b. 철수가 [[(철수가) 죽(었다)] 것] 같다.

예문 (11b)의 '것'은 예문 (10b)의 보문자 '고'와 마찬가지로 보문자로서 내포문을 주절문의 술어 '같다'의 목적절로 보문화하여 (11a)가 도출된다고 양인석은 주장한다.

이에 대한 박승윤(1983)은 우선 구문 (10)과 구문 (11)이 동일한 구문이 아니라고 주장한다. 즉 양인석의 주장과 달리 그는 예문 (11a)의 '같다'의 주어는 '철수'가 아님을 주어 대우법에 의해서 논증하고 있다. 다음 예문을 보자.

(12) a. 선생님이 밖에 나가(를) 보시었다.

b.*선생님이 밖에 나간 것 같으시다.

c. 선생님이 밖에 나가신 것 같다.

d. *선생님이 [PRO 밖에 나가신 것]을 같다.[2)]

위 예문에서 화자가 문법적인 주어인 '선생님'을 존대하고자 할 때 주어존대 형태소인 '시'가 '나가 보다'의 '보-'와 '다' 사이에 들어간 예문 (12a)가 정문인 것과 달리 예문 (12b)는 '같-'과 '다' 사이에 '시'가 들어가면 비문이 되고, (12c) 처럼 내포문의 '나가-' 다음에 '시'가 들어간 경우에는 정문이 되는 것은 바로 '같다'의 주어가 '선생님'이 아님을 증명한다고 박승윤은 본다. 그리고 그는 두 구문의 또 하나의 유력한 차이점은 예문 (12a)의 '나가-' 다음에는 '를'이 부착될 수 있으나 예문 (12c)의 '것' 다음에는 목적격 조사 '를'이 부착된 (12d)가 비문이기 때문에 두 구문의 내포문이 동일하게 목적절이라는 주장은 잘못이라고 본다.

---

2) 예문 (12d)의 내포문의 주어 자리에 PRO(big pro)를 설정한 것은 Chomsky(1981)의 정의에 비추어 적절치 않다. 그는 부정사구문의 주어 자리에 보이지 않는 대명사로서 PRO를 설정하고 있으며, 이 PRO는 구조적으로 지배되지 않는 자리에 있다. 그러나 위의 주어 자리는 Agr에 의해서 지배되므로 pro(small pro)가 되어야 한다. 우리는 원전 그대로 실었다.

우리는 위의 논의와 관련하여 '같다'가 보문절을 목적어로 갖는 타동사라는 양인석(1972)의 주장을 비판하는 박승윤(1983)에 동의하지만, 그가 예문 (12a)의 용언 '나가-'에 대하여 목적격조사 '를'이 부착될 수 있는 목적어라고 간주하고 뒤에 따라오는 '보다'를 완전타동사로 본 것에 대해서는 견해를 달리 한다. 우리는 전통적인 보조용언설에 따라 '나가 보다'의 '보다'는 보조용언이며, 본용언 '나가-'다음에 부착된 '를'은 문법적인 목적격조사가 아니라 화용론적인 의미를 강화해주는 강의사(intensifier)라고 본다.[3)]

2.4 동일문 분석론 비판

이른바 동일문 분석론(Equational Sentence Analysis)은 '것 같다'-구문을 비교구문인 '같다'-구문과 동일시하여 "A와 B가 같다"(A is the same as B)의 구조로 파악하고자 하는 일반적인 이론을 말한다. 이러한 접근법은 기존의 보조용언설이나 Sawada(1980)의 명사화 분석론 및 양인석(1972)의 보문화 분석론과 매우 다르다는 점에서 우리의 주목을 끈다. 다음 예문을 보자.

(13) a. 철수가 <u>죽은 것 같다</u>.
b. [철수]가 <u>[죽은 것]과 같다</u>.
c. [e] [철수가 죽은 것](과) 같다.
d. [철수가 죽은 것](과) 같다.

예문 (13a)는 비교구문 (13b)로부터 비교첨사(comparative particle) '과'의 생략에 의해서 도출되며, 이때 비교되는 요소는 "철수"와 "죽은 것"이고 본용언 '같다'의 주어는 '철수'이다. 이 의미를 다시 풀어쓰면 "철수가 죽은 상태에 있

3) 목적격 조사 '를'은 논항인 타동사의 목적어에만 부착된다. 국어의 '를'은 목적어가 아닌 요소에도 부착이 가능한데 이 경우는 우리는 모두 화용론적 강조사로 가정한다. 예를 들어 "나는 고향에 가고 싶다"를 구어체에서 "나는 고향에를 가고를 싶다"라고 말할 수 있는데 이 때의 두 '를'은 목적격 조사가 아니라 강조사이다.

다"는 동일성(sameness)의 의미가 된다.

이 이론에 대하여 박승윤(1983)은 '같다'를 본용언으로, 그리고 '과'를 선행명사와 후치구문을 만드는 비교첨사로 보는 점에 동의하고 있으나 본용언 '같다'의 주어가 무엇이냐에 대하여는 전혀 의견을 달리 한다. 박승윤(1983: 14)은 예문 (13a)의 비교되는 한 요소가 "철수가 죽은 것"이고 다른 한 비교요소는 술어 '같다'의 주어로서 생략되어 보이지 않는다고 보고 있다. 즉 예문 (13a)의 심층구조를 예문 (13c)로 보는 것이다. 박승윤(1983)의 중요한 주장은 예문 (13a)를 비교구문으로부터 도출하면서도 의미는 비교구문이 갖는 동일성(sameness)의 의미로 보지 않고 "철수가 죽었다고 추측한다"는 일종의 개연성(likeliness)의 의미로 본다는 점이다. 결국 박승윤(1983)이 예문 (13a)의 심층구조를 예문 (13c)로 설정함으로써 용언 '같다'의 주어는 일반적인 상황을 나타내기는 하지만 실제로는 존재하지 않는다는 무주어 문장론을 제안하게 된다.

우리가 여기에서 동일문 분석론과 이에 대한 박승윤(1983)의 비판에 대하여 생각해 보아야 할 점은 두 가지이다.

첫째는 '것 같다'-구문의 용언 '같다'의 주어를 선행절의 주어로 볼 수 없느냐 하는 점이다. 먼저 지적해 둘 것은 앞에서 살펴본 Sawada(1980)의 명사화분석론이나 양인석(1972)의 보문화 분석론은 용언 '같다'는 선행절과 독립된 요소라고 보았었고, 박승윤(1983)도 이 점에 있어서는 입장이 동일하다. 그러나 동일문 분석론의 입장에서 보면 예문 (13a)는 심층구조 (13b)가 보여주듯이 비교구문으로서 단문(simple sentence)이므로 유일한 본용언 '같다'의 주어는 논항인 '철수'일 수밖에 없다. 비교구문은 최소한 두 개의 논항이 필요한데,[4] 한 논항은 주어이고 다른 한 논항은 '죽은 것'이 된다. 물론 '죽은 것'은 술어 '죽다'가 명사화접사 '것'에 의해서 명사화된 요소이다. 동일문 분석론의 입장에서 예문 (13a)의 의미를 풀어쓰면 "철수는 죽은 것과 같은 상태에 있다"가 된다. 따라서 동일문 분석론에서 '같다'의 주어를 '철수'로 분석한 것은 적절하다는 것이 우

4) 여기서 비교구문이란 '같다'나 '다르다' 와 같은 술어가 필연적으로 두 개의 논항을 가지고 서로를 비교하는 구문을 말한다. 예를 들어 "그녀는 천사와 같다" 혹은 "사과는 배와 다르다" 등의 구문이 비교구문이다.

리의 입장이다. 이에 대한 반론을 제기하려면 예문 (13a)를 비교구문으로 분석한 것 자체를 비판하는 것이 순서일 것이다. 그러나 (13d)를 심층구조로 보는 Sawada(1980)나 양인석(1972)은 예문 (13a)를 비교구문으로 분석하지 않았기 때문에 그들이 제시한 선택제한, 주어 대우법, '그러하'-검증법(do-so Test) 등이 동일문분석론의 반증자료가 될 수 없으며, 또 박승윤(1983)은 비교구문으로 분석하기는 했으나 심층구조를 예문 (13c)로 보았기 때문에 '같다'의 주어에 대한 논의는 Sawada(1980)나 양인석(1972)과 비슷한 논리적인 문제를 가지고 있다는 것이 우리의 판단이다. 따라서 동일문 분석론이 예문 (13a)의 본용언을 '같다'로 보고 주어를 '철수'로 본 것은 잘못이 없다는 것이 우리의 입장이다.

동일문 분석론에 대하여 생각해볼 두 번째 문제는 구조적으로 '것 같다'-구문을 모두 비교구문인 '것과 같다'-구문으로부터 도출할 수 있느냐 하는 점이다. 다음 예문을 보자.

(14) a. 비가 온 것 같다.
b. 비가 온 것과 같다.
c. <u>마치</u> 비가 온 것(과) 같다
d.*<u>아마</u> 비가 온 것과 같다.
e. <u>아마</u> 비가 온 것 같다.

예문 (14a)가 비교구문이라면 심층구조는 (14b)가 된다. 이 문장은 비교문장이므로 비교부사인 '마치'와 함께 사용된 예문 (14c)가 정문이다. 그러나 예문 (14a)가 비교의 의미가 아닌 추측의 의미로 쓰일 수 있음에 주목하기로 하자. 더 나아가서 이 추측의 의미는 비교구문인 예문 (14b)에서는 나올 수 없음에 유의하자. 우리의 판단이 맞다면 추측의 부사 '아마'는 비교구문에서는 사용될 수 없으므로 예문 (14d)는 비문이며, 대조적으로 추측구문인 예문 (14e)는 정문이다.[5] 이 증거로 볼 때 예문 (13a) 및 (14a)는 구조적인 중의성을 가진 문장으로

5) 여기서 추측구문이라는 용어는 설명의 편의를 위하여 사용된 것이다. 박승윤(1983)은 일반적인 비교구문은 동일성(sameness)을 갖지만, 비교구문의 비교의 대상이 일반적인 상황일 경우

서 비교구문일 뿐만 아니라 추측구문이라고 보아야 하며, 따라서 동일문 분석론이 '것 같다'-구문을 모두 비교구문으로부터 도출하는 것은 잘못이라고 본다.

2.5 무주어 문장론 비판

'것 같다'-구문의 내포절은 주어절도 아니고 목적어절도 아니라고 보는 박승윤(1983)의 대안은 '것 같다'-구문의 '것'은 선행절을 보문화하는 보문자이지만, 이 보문은 본술어 '같다'의 보어이고 '같다'의 주어는 존재하지 않는다는 이른바 무주어 문장론(Subjectless Sentence Analysis)이다. 그 구체적인 내용을 검토하기 위하여 다음 예문을 보자.

(15) a. 철수가 <u>자는 것 같다</u>.

b. [[Φ]np [[[철수가 자(다)]s 것]cp 과]pp [같다]vp]s

박승윤(1983)은 예문 (15a)의 심층구조를 (15b)로 가정한다. 이 주장의 특징은 다음과 같다. 첫째, 예문 (15a)의 '철수가 자는 것'은 비교첨사 '과'와 함께 후치사구(postpositional phrase)를 구성하여 술어 '같다'의 보어가 된다. 둘째, '것'을 보문자(COMP)로 간주하여 결국 CP가 후치사인 비교첨사 '과'의 보충어가 되고 있다. 셋째, 예문 (15a)는 심층구조에서부터 주어가 존재하지 않는 무주어 문장이라고 본다. 이때 주어는 사태(the way things are), 혹은 현상(current situation)과 같은 일반적인 상황(general situation)을 나타내지만 규정하기는 힘들다고 언급되고 있다.

박승윤(1983)은 자신의 제안만이 앞에서 비판적으로 검토한 세 가지 이론과 달리 대우법, 선택제한, 주격 조사와 목적격 조사의 부착 불가능 등의 증거에

에는 무주어로 실현되면서 개연성(likeliness)을 갖는다고 보았다. 그는 '것 같다'-구문이 비교구문이면서도 무주어 문장으로서 개연성을 갖는다고 보았으나 우리는 모든 비교구문은 동일성의 의미만을 가지며, 개연성을 갖는 구문은 독립적으로 존재한다고 보며, 이를 추측구문이라고 부른다.

의해서 정당화될 수 있다고 본다. 또한 그는 의미상으로 예문 (15a)가 비교상의 동일성(sameness)을 갖지 않고 다만 개연성(likeliness)을 갖는데, 그 이유는 예문 (15a)가 비교의 대상이 존재하지 않거나 불분명하기 때문이라고 본다.

한편 그는 영어에서는 이러한 양상부가 무주어 구문으로 실현되는 것이 아니라 허사 'it'가 주어로 나타남을 언급하고 있다. 다음 예문을 보자.

(16) a.*ф seems that Chelswu died.

b. It seems that Chelswu died.

박승윤(1983: 18)은 영어는 반드시 주어 자리가 채워져야 하는 언어이지만, 국어는 주어가 의미상으로 무의미하면 빈자리로 남아 있다고 본다. 영어의 'it', 독일어의 'es', 불어의 'il/ce' 등이 의미상의 빈 주어 자리에 들어가는 허사이며, 이러한 허사를 필요로 하는 언어는 바로 Mathesius(1928)나 Li & Thomson (1976)이 제안한 바의 주어 중심 언어(subject-prominent language)의 특징이고, 국어처럼 무주어 구문으로 남아 있는 것은 바로 주제중심 언어(topic-prominent language)의 특징이라고 본다.

우리는 '것 같다'-구문에 관한 기존이론을 비판한 박승윤(1983)의 주장이 기본적으로 동일문 분석론에 근거한 것임을 지적하면서 그의 대안에 대해서는 다음과 같은 문제점이 있다고 본다.

첫째, 모든 '것 같다'-구문을 '것과 같다'-비교구문에서 도출하면서도 기본적인 추측의 의미가 비교구문에는 없고 '것 같다'-구문에만 존재한다고 본 것을 우리는 받아들일 수 없다. 일반적으로 의미는 어떤 구성성분도 생략되지 않은 심층구조에 표시되고, 표면구조에서의 어떤 구성성분의 생략으로 인해서 그 문장의 기본적인 의미가 달라져서는 안되기 때문이다. 다음 예문을 보자.

(17) a. 이것은 사과와 같다.

b. 이것은 사과 같다.

(18) a. 창호는 죽은 것과 같다.

b. 창호는 죽은 것 같다.

(19) a.?소낙비가 올 것과 같다.

b. 소낙비가 올 것 같다.

먼저 예문 (17a)는 전형적인 비교구문으로서 비교첨사 '과'가 생략되면 예문 (17b)가 된다. 그러나 예문 (17b)는 자질비교의 의미뿐만 아니라 추측의 의미를 가지고 있음에 주목하지 않으면 안된다. 즉 예문 (17b)는 구조적 중의성(structural ambiguity)을 가진 문장으로서 비교첨사 '과'가 생략된 비교구문임과 동시에 심층구조에서부터 추측구문이기도 하다. 이 개연성의 의미는 비교구문 전용인 예문 (17a)는 가지고 있지 않다.[6]

예문 (18a)는 '같다' 앞에 술어가 있다는 면에서 예문 (17a)와 다르지만 비교구문임에는 틀림없다. 이 예문에서 비교첨사가 생략되면 예문 (18b)가 된다. 그러나 예문 (17b)와 마찬가지로 (18b)도 비교구문의 의미뿐만 아니라 추측의 의미를 동시에 가지고 있다.

한편 예문 (19a)는 예문 (18a)와 비교해 보면 덜 자연스러운 문장이지만 비교구문임에는 틀림이 없다.[7] 이에 비해 예문 (19b)는 역시 구조적으로 중의성을 가지며, 예문 (19a)의 비교첨사가 생략된 비교구문일 수도 있고, 원래부터 비교첨사가 없는 추측구문일 수도 있다. 따라서 우리는 추측의 의를 비교구문에서 도출하는 박승윤(1983)의 입장을 받아들일 수 없다.

둘째, 국어의 무주어 구문을 설정한 것을 보편문법상 받아들일 수 없다. 의미

6) 비교구문이 추측 혹은 개연성의 의미를 가지고 있지 않다는 것은 이 구문이 추측부사 '아마'와 함께 쓰이지 못함을 보면 쉽게 알 수 있다. "*아마 이것은 사과와 같다," "*아마 창호는 죽은 것과 같다" 등은 비문이다. 그러나 비교첨사가 없는 구문은 추측구문이 될 수 있기 때문에 '아마'와 함께 쓰일 수 있다. "아마 이것은 사과 같다,"나 "아마 창호는 죽은 것 같다"는 정문이다.

7) 예문 (19a)의 문법성에 대하여 이론이 있을 수 있으나, 우리가 이 문장의 시제를 과거로 하고 또 비교부사 '마치'를 넣어 "마치 소낙비가 온 것과 같다"로 바꾸어 보면 매우 자연스럽게 쓰일 수 있는 상황을 상상하는 것이 그리 어렵지 않음을 알 수 있다. 여기에서도 '것 같다'-구문이 구어체로서 실제적인 사용(use)과 밀접하게 관련되어 있음을 확인할 수 있다.

를 반영하는 심층구조는 물론이고 표면구조에서도 무주어 구문을 상정하는 것은 현대 격이론(Case Theory)이나 최소이론(Minimalist Program)의 점검이론(Checking Theory)에 비추어 우리는 이를 받아들이지 않는다. 화자로서의 주어가 생략되는 현상은 국어의 일반적인 현상이지만 주어가 존재하지 않는 구문이 존재한다는 주장은 보편문법상 너무 값비싼 것이라고 하지 않을 수 없다.

이와 같은 문제점에도 불구하고 박승윤(1983)은 기존의 이론과 전혀 다른 중요한 관점이 있다. 즉 '것 같다'-구문의 용언 '같다'는 보조용언이 아니고 본용언이지만 후치사 '것'까지의 성분이 용언 '같다'의 보어라고 보는 점이다. 다시 말해서 용언 '같다'는 반드시 보어를 필요로 하는 불완전 용언이며 그 보어는 선행절이 후치사 '것'에 의해서 명사화된 요소이다. 이 점이 영어의 seem-구문과 유사하다고 본 것이다. 우리는 이점을 그대로 수용하면서 그의 문제점을 해결할 수 있는 대안을 다음 장에서 모색하기로 하겠다.

III. 대안: 주어 생략론의 제안

바로 앞 장에서 논의한 대로 우리는 '것 같다'-구문의 '같다'는 본용언으로서 '것'에 의해서 명사화된 절을 보어로 갖는 불완전 용언으로 분석한 박승윤(1983)의 주장에 동의한다. 그러나 그가 '같다'의 주어가 존재하지 않는다고 보는 무주어 문장론에 대해서는 견해를 달리 한다. 그는 '것 같다'-구문을 모두 비교구문 '것과 같다'-구문에서 도출하면서도 비교구문의 의미를 갖는 것이 아니라 추측구문의 의미를 갖는다고 보고 있다. 우리는 기본적으로 비교구문과 추측구문은 별개의 것이며, 따라서 추측구문은 비교구문에서 도출될 수 없고, 또 비교구문은 추측의 의미를 갖지 않는다고 본다. 이러한 우리의 주장을 정당화하기 위해서 우리는 먼저 국어의 '같다'-구문의 구조와 의미를 분석하기로 하자. 왜냐하면 '것 같다'-구문은 '같다'-구문의 일부이기 때문이다.

박승윤(1983)은 '것 같다'-구문의 주어가 존재하지 않는다는 점을 논증하기 위하여 영어의 seem-구문과 비교하면서 영어에서 허사가 들어가는 자리가 국어에서는 무주어라고 주장하였다. 우리는 영어의 seem-구문의 통사적 특성을 재론하여 논항의 이동과 허사의 삽입 여부가 밀접하게 관련되어 있음을 논하기로 한다.

나아가서 '것 같다'-구문의 통사적 특성을 규정하기로 하겠다. 여기에서 우리는 국어의 구어체에서 '것 같다'-구문의 주어가 표면구조에 보이지 않는 현상은 화자인 주어가 생략될 수 있는 pro-탈락언어(pro-drop language)로서의 국어의 특성을 반영한다고 논의하게 될 것이다.

3.1 '같다'-구문의 구조와 의미

우리는 '것 같다'-구문에 대한 올바른 분석은 곧 용언 '같다'의 문법범주와 자질을 올바로 이해하는데서 출발한다고 본다. 앞 장까지 우리는 기존 이론의 본질적인 문제가 바로 용언 '같다'를 잘못 이해한데서 연유한 것이라고 시사하였다. 이제 다음 예문을 통해서 용언 '같다'의 포괄적인 용법을 검토하기로 하자.

(20) a. 철수는 순이와 (나이가/키가/고향이/성이) 같다.
b. 철수와 순이는 (나이가/키가/고향이/성이) 같다.
c.*철수는 (나이가/키가/고향이/성이) 순이 같다.

(21) a. 철수는 바보와 같다.
b.*철수와 바보는 같다.
c.*철수는 같다.
d. 철수는 바보 같다.

(22) a. 철수는 자는 것과 같다.
b. 철수는 자는 것 같다.

먼저 구문 (20)은 엄밀한 의미에서 동일요소 비교구문이다. "A는 B와 같다"에서 의미상으로 동일 차원의 요소인 A와 B를 바꾸어 놓아도 의미의 변화가 없다. 즉 예문 (20a)와 (20b)는 동일한 의미를 갖는다. 그러나 예문 (20a)의 비교첨사 '와'가 생략되면 비문 (20c)가 된다.

다음으로 구문 (21)은 표면구조상의 유사성에도 불구하고 구문 (20)과 대립적인 통사구조를 가지고 있음을 주목해야 한다. 즉 문장의 전환이라는 면에서 정반대의 특징을 보여주는 것을 정문 (20b)와 비문 (21b), 비문 (20c)와 정문 (21c)가 여실히 부여주고 있는 것을 알 수 있다. 사실 의미론적으로 볼 때 '철수'와 '순이'는 개체(entity)이지만 '바보'는 성질(property)로서 성격이 다른 명사이다. 다시 말해서 구문 (21)은 동일요소 비교구문이 아니라 성질 비교구문이며, 예문 (21c)가 비문이고 (21d)가 정문인 것을 볼 때 '바보'는 불완전 용언인 '같다'를 보충해 주는 보어이다. 이 보어가 예문 (21a)에서는 명사로서 비교첨사 '와'가 붙은 것이고,[8] 예문 (21d)는 비교첨사의 생략으로 인하여 '바보 같다'라는 독립된 용언으로 재구성된다고 말할 수 있다.

한편 예문 (22a)는 (21a)와 비교해 볼 때 비교대상이 명사화된 술어인 상태 비교구문으로서 "철수는 자는 상태에 있다"는 의미를 갖는다. 예문 (22a)의 비교첨사가 생략된 예문 (22b)도 (22a)와 동일한 의미를 갖는 비교구문일뿐만 아니라 처음부터 독자적인 추측구문으로서 존재하기도 한다. 즉 "철수는 잔다고 추측된다"는 의미를 갖는다.

이와 같은 '같다'의 문법범주 및 자질에 관한 우리의 논의가 정당하다면 동일문 분석론이 '것 같다'-구문을 모두 비교구문으로부터 유도한 것이나 박승윤 (1983)이 '것 같다'-구문을 모두 추측구문으로 분석한 것은 모두 부분적인 설명력만을 가질 뿐이라는 것이 우리의 판단이다.

---

8) 비교첨사 '와(과)'는 비교구문의 비교되는 대상인 명사구에 부착되는데, 흥미로운 것은 두 명사구중 하나는 격조사가 부착되고 다른 하나는 비교첨사가 부착된다는 점이다. 예를 들어 "A와 B는 같다(다르다)"와 "A는 B와 같다(다르다)"는 모두 비교구문이며, 동일요소를 비교하면 동일요소 구문이 되고, 어떤 개체를 어떤 자질과 비교하면 자질 비교구문이 된다.

3.2 주어 생략론의 논증

이제 우리는 '것 같다'-구문의 주어가 표면구조에 나타나지 않는 것은 이 구문이 무주어 구문이기 때문이 아니라 주어가 생략된 구문이라는 주장, 즉 주어 생략론(Subject-Drop Analysis)을 정당화하기 위한 논의를 하기로 하겠다. 다음 예문을 보자.

(23) a. 선생님은 [비가 금방 쏟아질 것] 같으셨대.
b. "비가 금방 쏟아질 것 같구나."
c. "나는 비가 금방 쏟아질 것 같애."

먼저 '것 같다'-구문이 매우 구어적인 표현임을 상기하면서 위의 예문을 살펴보자. 예문 (23a)는 어떤 학생이 자신의 선생님의 어떤 경험을 자기 친구에게 전달하는 내용이라고 가정해 보자. 예문 (23a)에는 두 개의 술어가 존재하는데, 하나는 '쏟아지다'이고 다른 하나는 '같다'이다. 전자인 '쏟아지다'의 주어는 '비'임이 자명하고, '같다'의 주어는 '선생님'이라는 것도 본용언설의 입장에서 보면 분명하다. 특히 용언 '같-' 다음에 주어 대우 형태소 '시'가 삽입된 것은 화자인 학생이 주어인 자신의 선생님에 대한 존대법을 실현하고 있음을 입증한다. 아직 내포문과 주절문의 관계는 밝혀지지 않았으나 독립된 두 개의 절을 가진 복문인 것은 틀림없다. 예문 (23b)는 선생님께서 직접 말했을 법한 내용을 옮긴 것이다. 이 문장을 들여다보면 예문 (23a)와 동일한 두 개의 술어, 즉 '쏟아지다'와 '같다'로 이루어졌음에 주목하게 된다. 그렇다면 각각의 주어는 무엇인가? 먼저 '쏟아지다'의 주어는 '비'임이 분명한데, 그렇다면 '같다'의 주어는 무엇일까? 표면상으로 보이지 않기 때문에 박승윤(1983)은 주어가 없다고 보았음은 앞에서 논의한 바 있으나, 우리는 예문 (23a)와의 구조와 의미의 유사성에 비추어 예문 (23b)의 '같다'의 주어는 다름 아닌 화자 자신인 선생님이라고 보아야 한다고 주장한다. 이를 일반화하면 '것 같다'-구문의 '같다'의 주어가 화자와 일치할 경우에는 국어의 일반적인 현상처럼 화자가 주어 자신(I)을 생략한다고 말할 수 있다. 따라서 예문 (23b) 대신에 예문 (23c)를 사용하면 주어 생략의 전략을 사용하지 않는 경우로서 역시 자연스러운 문장이 될 수 있는 것이다.

만일 예문 (23a)의 '같다'의 주어는 '선생님'이고, 예문 (23b)의 '같다'의 주어는 존재하지 않는다고 주장하려면 두 가지의 심각한 문제에 직면하게 될 것이다. 첫째, 의미와 구조가 동일한데 한 구문은 일반적인 구문이고, 다른 구문은 보편문법상으로도 받아들여지지 않는 무주어 구문임을 정당화해야 할 것이다. 둘째, 박승윤(1983)이 영어의 허사 주어를 갖는 동사 'seem'과 '같다'를 동질적인 것으로 비교하였는데, seem-구문의 주어가 일관되게 심층구조에서 항상 비어 있고, 표면구조에서 NP-이동이 없으면 허사 'it'가 삽입되는 것은 'seem'이 가진 어휘 자질상의 특성 때문이라고 설명되는데 반해, 국어의 '같다'는 동일구문에서 오직 다른 점은 현재와 과거라는 시제상의 차이밖에 없는데 실사 주어(real subiect)를 갖기도 하고 또 허사 주어(dummy)를 갖기도 하는지를 논증해야 할 것이다. 사실 시제(tense)에 의해서 주어의 존재유무가 결정된다는 언어이론을 정립한다는 것은 거의 불가능하다고 하지 않을 수 없다. 아니 오히려 시제는 일치소(Agr)와 더불어 INFL의 핵심적 요소로서 주어와 공기관계에 있다고 보는 것이 현대생성문법 이론의 지배적인 입장이다.

우리가 추측의 용법으로서의 '것 같다'-구문이 반드시 주어가 존재해야 된다고 보는 중요한 이유가 또 하나 있다. 다음 예문을 보자.

(24) a. <u>선생님은</u> 비가 올 것 <u>같으셨다</u>
b. <u>나는</u> 눈이 올 것 <u>같았다</u>.
c.*<u>나는</u> 눈이 올 것 같<u>으셨다</u>.
d. 선생님은 <u>비님이 오실 것</u> 같으셨다.
e. 나는 <u>눈님이 오실 것</u> 같았다.
f. 저는 눈이 올 것 같습니다.

있을 법한 어떤 날씨 상황에 대하여 선생님은 예문 (24a)으로 추측하였고, '나'라는 학생 신분의 화자는 예문 (24b)를 추측하였다고 가정하자. 예문 (24a)의 '같으시었다'의 '시'는 분명히 주어인 '선생님'에 대한 화자의 존대를 실현하는 대우법이고, (24b)의 '같았다'는 '시'의 삽입을 하지 않음으로써 화자가 주어인 자신을 존대하지 않는 대우법을 실현하고 있는 것이다. 만일 예문 (24c)처럼 사용하면 화자가 자신에게 존대어법을 사용할 수 없다는 매우 엄격한 국어 대우법의 규칙을 어겨서 비문이 된 것이다. 또 만일 대자연 현상에 대한 외경심(awesomeness)을 표현하려면 화자는 예문 (24d)나 (24e)를 사용하는 것을 주저치 않을 것이다. 즉 예문 (24d)는 내포문의 주어인 '비'가 어휘 대우법에 의해서 '비님'이 되고 통사 대우법에 의해서 술어 '오-' 다음에 '시'가 삽입되었고, (24e)는 내포문의 주어인 '눈'이 어휘 존대법에 의해서 '눈님'이 되고 통사 존대법에 의해서 술어 '오-' 다음에 '시'가 삽입되었다. 바꾸어 말하면 내포문 안에서도 주어에 대한 평대와 존대 여부가 술어 다음의 '시'의 십입 여부에 의해서 결정되는 것이다. 끝으로 예문 (24f)를 보면 주어인 일인칭 하대표현 '저'가 자연스러운 표면구조에 존재하고 있고, 종결어미의 청자존대표현인 '습니다'를 사용하여 일이칭 주어이자 이 문장의 화자인 '저'의 하대표현과 청자의 존대표현인 문장 종결어미 '습니다'가 일치된 정문이 되고 있다. 이상의 증거로 볼 때 우리는 국어의 문장의 술어에 의한 대우법 실현을 위해서 주어는 반드시 존재해야 하며, 화용론적 문맥에 따라 영범주(null category)로 생략될 수 있다고 주장하게 된다.

시각을 바꾸어 우리는 생성문법적 관점에서 보아도 박승윤(1983)의 무주어 문장론을 받아들일 수 없다. Chomsky(1981) 이후 문장은 I(INFL)를 핵(Head)으로 하는 최대투사인 IP로 정의된다. IP의 지정어인 주어와 I의 자질인 일치소(Agr) 사이에는 지정어-핵 일치원칙(Spec-Head Agreement)에 의해서 자질의 일치관계를 갖게 된다. 이를 발전시켜 Chomsky(1992) 이후 최소이론(Minimalist Program)에서는 일치관계를 의무적인 자질의 점검관계(checking relation)로 설명하고 있다. 이 두 이론의 기본적인 생각은 다르지 않으며, 핵심적 요지는 정형문(finite sentence)의 일치소와 주어는 항상 구조적 지배관계(government relation)과 공기관계(cooccurrence relation)에 있어야 한다는 것이다. 바꾸어 말하면 표면구조에서 일치소는 반드시 주어를 필요로 하고, 주어는 반드시 일치소를 필요로 한다. 국어도 이 보편문법이 적용된다면 무주어 구문의 설정 자체가 불가능하게 된다. 즉 '것 같다'-구문의 '같다'의 주어가 존재하지 않는다면 '같다'가 가진 일치소는 점검되지 못하여 비문이 되어야 하는데, 실제로는 정문이므로 무주어 문장론의 정당성이 의문시된다고 하지 않을 수 없다. 대조적으로 영어에서는 무의미 요소인 허사 'it'를 'seem'의 주어 자리에 삽입함으로써 일치소의 자질점검이 가능하게 된다.

이상과 같은 논의로 볼 때 '것 같다'-구문의 주어는 문맥상 복원가능성(recoverability)이 있으면 생략이 가능하다는 우리의 주어 생략설의 타당성이 입증되었다고 본다.

3.3 영어 Seem-구문의 통사적 특성

우리는 이 논문의 서두에서 밝혔듯이 국어의 '것 같다'-구문은 영어의 seem-구문과 의미상의 유사성이 있다고 전제하였고, 박승윤(1983)도 구체적으로 seem-구문과 비교하여 '것 같다'-구문을 분석한 바 있으므로 여기에서 seem-구문의 통사적 특성을 살펴보는 것이 적절할 것 같다.

Chomsky(1981) 이후 seem-구문은 대표적인 분석 대상이 되어 왔다. 그 이유는 말할 것도 없이 생성문법 이론의 핵심원리인 격이론(Case Theory), 의미역이론(Theta-role Theory), 논항(Argument), 비논항(Nonargument), 격여과(Case Filter), 가시성조건(Visibility Condition), 논항이동(Argument Movement) 등의 개념이 seem-구문과 밀접하게 관련되어 있기 때문이다. 다음 예문을 살펴보자.

(25) a. [e] seems that John is innocent.
  b. [It] seems that John is innocent.

c. [e] seems [[John to be innocent]].

d. [John] seems [[[t] to be innocent]].

e. It seems to me that John is innocent.

f. John seems to me to be innocent.

g. I think that John is innocent.

구문 (25)은 seem-구문의 통사성을 그대로 보여주고 있다. 먼저 예문 (25a)는 명제인 that-절이 불완전자동사 'seem'의 보어이므로 의미상의 완전해석원리(Full Interpretation Principle)를 만족하는 문장이지만 주어 자리가 채워지지 않아서 결국 통사상의 허가원리(Licensing Principle)를 준수하지 못한 상태에 있다. 이의 해결을 위해서 시시물을 갖지 않는 비논항인 허사 'it'를 주어 자리에 삽입하여 정문 (25b)를 생성한다. 한편 동일한 의미를 가진 문장이면서도 예문 (25c)는 내포절 안에서 논항인 'John'이 의미역은 배당받았으나 격을 받지 못하여 격여과와 가시성조건을 어기고 있다. 이를 해결하기 위하여 격은 받되 의미역을 다시 배당받지 않는 비의미역 자리로서 격을 받을 수 있는 유일한 빈자리인 주절 주어 자리로 NP-이동한 예문 (25d)가 생성된다. 여기에서 허사의 삽입은 최후수단(Last Resort)으로서 사용된다는 점을 확인할 수 있다. 최소이론은 허사 'it'의 삽입은 단지 비어 있는 주어 자리의 메꿈에 있는 것이 아니라 주절 안의 AGR의 자질 점검을 위해서도 반드시 필요하다는 점을 밝혀 내게 되었다. 이제 의미상으로 'seem'의 경험자(experiencer)는 누구인지 생각해 보자. 일반적으로 술어의 의미자질에 따라 주어가 행위자(Agent)나 경험자(Experiencer)가 되지만 'seem'은 허사 주어를 가지므로 행위의 경험자는 주어 아닌 다른 방법으로 실현된다. 그 방법은 예문 (25e)와 (25f)가 보여주듯이 'seem' 다음에 전치사구를 놓아서 해결하는 것이다. 그 경험자는 영어나 국어나 할 것없이 화자일 가능성이 가장 높다. 이를 반영하듯이 Fillmore(1968)는 'seem' 다음에 'to me'가 생략된 것으로 보았던 것이다. 여기에서 'me'란 화자에 다름 아니다. 물론 현재 시제가 아닌 경우에 경험자가 일인칭 화자가 아닌 다른 사람이면 생략되지 않고 표면구조에 드러나게 될 것이다. 이는 국어의 '것 같다'-구문의 주절문의 주어가 화자인 것과 크게 다른 것이 아니라는 것이 우리의 견해이다. 다만 영어와 다른 점은 허사 주어가 존재하지 않고 경험자가 바로 주어가 된다는 것이다. 한편 예문 (25g)가 보여주듯이 seem-구문을 사용하지 않고도 동일한 의미를 표현할 수도 있다. 즉 어떤 용언을 선택하느냐에 따라 논항의 문법범주가 결정된다.

이상의 논의에서 우리는 몇 가지 점을 확인하게 되었다. 첫째, 허사의 삽입은 논항이동(Argument Movement) 현상과 관련지어 설명되어야 한다. 필수적인 논항이동이 모두 이루어진 다음에 허사의 삽입 여부가 결정된다. 둘째, 허사의 삽입은 비어 있는 주어 자리의 메꿈이 목적이 아니라 Agr의 자질점검을 충족하기 위한 최후수단이다. 셋째, 허사가 삽입되는 자리는 비의미역 자리이다. 그 자리가 비의미역 자리인가의 여부는 술어의 어휘 특성이 결정한다. [seem+절]-구문은 주어 자리가 비의미역 자리이다. 넷째, seem-구문의 주체인 화자가 주어 자리에 나올 수는 없지만 'to me'라는 전치사구에 의해서 문장에 실현될 수 있음을 보여주고 있다. 이와 같은 seem-구문의 술어 'seem'의 어휘적 특성과 국어의 '것 같다'-구문의 술어 '같다'의 어휘적 특성이 어떠한 관련성을 갖는지 다음 절에서 알아보기로 하자.

3.4 '것 같다'-구문의 통사적 특성

지금까지의 논의를 토대로 하여 이제 우리는 추측구문으로서의 국어의 '것 같다'-구문의 통사구조를 규명할 수 있게 되었다. 다음 예문을 보자.

(26) a. 이 책이 좋은 것 같다.
b. [나는 [[이 책이 좋다] 것] 같다]
c. 저는 이 책이 좋은 것 같습니다.
d.*나는 이 책이 좋은 것 같습니다.
e.*저는 이 책이 좋은 것 같다.

예문 (26a)는 표면구조이고, 예문 (26b)는 이의 심층구조이다. 내포문 “이 책이 좋다”는 보문자형 명사화접사 ‘것’에 의해서 명사화되어 불완전 용언인 ‘같다’의 보어가 된다. 본용언 ‘같다’의 주어는 화자인 ‘나’이다. 예문 (26b)와 (26c)를 비교해 보면, 우리가 주장하는 주어와 본용언 사이에 자질의 공기(共起)관계가 있음을 확인할 수 있다. 즉 예문 (26b)에서는 화자인 주어가 청자에게 평대법을 사용하고 있음을 ‘나’와 ‘같다’의 관계로 표현하고 있으며, 예문 (26c)에서는 화자 주어가 청자에 대한 존대어법을 ‘저’와 ‘같습니다’의 관계로 표현하고 있다. 이 점은 주어와 본용언의 대우법이 잘못 표현된 예문 (26d)와 (26e)가 부적절한 문장임을 볼 때 우리의 주장을 분명히 뒷받침해 주고 있는 것이다.

이제 예문 (26a)가 기본적인 의미의 변화 없이 어떻게 바꿔 쓰기(paraphrasing)될 수 있는가를 생각해 보기 위하여 다음 예문을 보자.

(27) a. 나는 이 책이 좋다고 생각한다.
b. (나는) 이 책이 좋은 것처럼 보인다.
c. 나는 이 책이 좋다.
d. 나로서는 이 책이 좋다.
e. 나에게는 이 책이 좋다.

예문 (27)는 모두 예문 (26a)와 비슷한 의미를 갖는다. 그러나 구조적으로는 조금씩 다르다. 예문 (27a)는 가장 문어적인 표현으로서 “이 책이 좋다”는 내포절은 술어 ‘생각하다’의 목적절이다. 예문 (27b)는 예문 (26b)와 동일한 구조를 가지고 있다. 즉, ‘것 같다’가 ‘것처럼 보인다’의 구조로 표현된 것이다. 한편 예문 (27c), (27d), (27e)는 모두 단문으로서 예문 (27c)는 중주어구문이고 예문 (27d)와 (27e)는 예문 (27a)의 주어가 후치사구(postpositional phrase)의 형태로 표현되고 있다. 우리가 여기에서 확인할 수 있는 것은 ‘것 같다’-구문도 동일한 의미를 가진 다양한 주어 실현구조의 하나라는 점이다.

이제 ‘것 같다’-구문의 주어 생략현상을 보편문법적 관점에서 조명해 보기로 하자. Chomsky(1981) 이후 영어의 부정사구문(infinitive construction)의 주어 자리에 오는 보이지 않는 대명사 PRO의 구조적 특성은 지배되지 않는다는 점이다. 이에 대하여 Rizzi(1982)는 AGR에 의해서 지배되는 보이지 않는 주어인 영범주 pro의 존재를 가정하고 있다. 이 소문자 pro(small/little pro)는 항상 지배되는 자리에 있다는 면에서 지배되지 않는 자리에 있는 대문자 PRO(big pro)와 구분된다. pro가 지배된다는 점을 제외하면 PRO와 마찬가지로 선행사에 의해서 통제된다. 이 pro의 존재가 빈약한 대표적인 언어는 영어이고, 풍부한 언어는 이탤리어이다. 이를 매개변인화하여 pro-탈락 매개변인(pro-drop parameter)이라 부른다.

그러면 이러한 표면적인 차이를 가져오는 근본 원인은 무엇일까를 생각해보자. 현대 생성문법 이론에서는 AGR이 주어에게 주격을 부여한다고 본다. 이를 바꾸어 말하면 주어와 AGR이 어떤 형태로든 자질의 일치를 갖게 된다는 의미이다. 이 일치관계가 영어는 형태론적으로 빈약하므로 추상격(abstract Case)이 풍부한 언어라고 말할 수 있고, 이탤리어는 주어와 AGR이 외현적으로 일치관계를 보여준다는 면에서 형태격(morphological Case)이 풍부한 언어라고 말할 수 있다. 다음 자료를 보자.

(28) a. (io) mangio ‘I eat’
b. (tu) mangi ‘you eat’
c. (lui/lei) mangia ‘he/she eats’
d. (noi) mangiamo ‘we eat’
e. (voi) mangiate ‘you eat’
f. (essi) mangiano ‘they eat’

위의 자료가 보여주듯이 이탤리어는 기본형(root form) ‘mangi’에 주어의 인칭, 수, 성에 따라 각각 다른 형태의 일치소가 부착되고 있음을 보여주는 것과 대조적으로 영어는 기본형 ‘eat’에 주어가 3인칭/단수일 경우에만 일치소 ‘-s’가 부착되고 있으며, 이조차도 남녀의 성별차이도 보여주지 못하고 있다. 다시 말해서 이탤리어는 일치소(AGR)에 의해서 주어가 정확히 예측될 수 있어서 결과적으로 일치소에 의해서 주어가 복원가능한 언어임을 증명하고 있다.

이제 pro-탈락 언어의 성질을 이용하여 국어의 주어 생략현상을 살펴보기로 하자.

(29) a. pro(내가 / *제가 / *선생님이) 왔다.
b. pro(*내가 / 제가 / *선생님이) 왔습니다.
c. pro(*내가 / *제가 / 선생님이) 오셨다.
d. pro(*내가 / *제가 / 선생님이) 오셨습니다.

주어가 생략된 구문 (29)의 각 표현이 동일한 기본적인 의미를 가진 과거시제의 문장이면서도 일치소(Agr)가 다름에 유의하기로 하자. 먼저 예문 (29a)는 주어 존대의 '시'나 청자 존대의 '습(/읍)니-'가 없으므로 생략된 주어가 지시하는 인물에 대하여 화자가 존대할 대상이 아님과 아울러 이 말을 듣는 청자도 화자가 평대해도 되는 인물임을 보여주고 있다. 또 예문 (29b)는 주어 존대의 '시'는 없으나 청자 존대의 '습니-'는 있으므로 화자가 주어의 지시 인물과는 평대의 사이이며, 청자는 존대해야 하는 인물임을 보여주고 있다. 그리고 예문 (29c)는 주어 존대의 '시'만 있으므로 화자가 주어의 지시 인물은 존대하지만, 청자에 대해서는 평대하고 있음을 보여주고 있다. 끝으로 예문 (29d)는 주어 존대의 '시'와 청자 존대의 '습니-'가 모두 쓰였으므로 화자는 주어 지시인물과 청자에 대하여 모두 존대를 표시하고 있다. 이와 같이 국어의 일치소와 주어의 자질 사이에 영어와 이탤리어가 보여주는 성, 수, 격의 일치자질은 없으나 화자와 주어, 혹은 화자와 청자 사이의 대우자질의 일치관계를 풍부하게 보여주고 있음을 알 수 있다. 하나 더 유의할 점은 보조용언에 실현되는 대우자질과 주어의 인칭 사이의 일치를 부분적으로 보여주고 있다는 점이다. 위 예문에서 pro 대신에 실제 주어를 드러내 보면 예문 (29a)와 (29b)는 일인칭 주어만이 가능한 반면, 예문 (29c)와 (29d)는 삼인칭 주어만이 가능하다. 이 증거는 적어도 부분적으로는 국어의 대우자질과 주어의 인칭이 일치관계를 갖는다는 사실을 입증하고 있다. 이는 실제 주어가 아닌 pro의 존재이유를 설명하고 있는 셈이다. 즉, 이는 국어가 pro - 탈락 언어에 속한다는 것을 보여주는 의미 있는 증거자료이다.

이렇게 볼 때 추측의 '것 같다'-구문이 특히 현재시제에서 화자가 주어일 때 주어가 생략되는 것은 pro - 탈락 매개변인에서 비롯된 보편문법상의 특성이라는 것이 분명해졌다.

IV. 결론

우리는 지금까지 국어의 '것 같다'-구문이 갖는 의미상의 모호성을 통사적으로 규명하기 위한 논의를 통해서 다음과 같은 결론에 도달하였다.

첫째, 표면적인 '것 같다'-구문은 비교구문과 추측구문으로 나눌 수 있으며, 비교구문일 경우에는 심층구조 '것과 같다'-구문의 비교첨사 '과(와)'가 생략되어 표면구조로 나오게 되지만 추측구문일 경우에는 심층구조에서부터 비교첨사는 존재하지 않는다. 이는 명사화 접사 '것'이 처음부터 없는 '같다'-구문도 동일하므로 결국 '것 같다'-구문의 통사구조는 술어 '같다'의 어휘자질에서 비롯된다고 논증하였다.

둘째, 추측구문으로서의 '것 같다'-구문은 명사화접사 '것'에 의해서 명사화된 내포절을 보어절로 갖는 전통문법상의 2형식구문이며, 이 점은 술어 '같다'의 통사적 성질과 일치됨을 보여준다. 즉 술어 '같다'는 명사(구)를 보어로 갖는 불완전 자동용언이다.

셋째, '것 같다'-구문이 표면구조상에 주어가 나타나지 않는 것은 화자가 주어일 경우에 국어에서 주어가 탈락되는 언어(pro - drop language)라는 매개변인상의 특성일 뿐 주어가 존재하지 않는 것은 아니다. 이 점은 주어가 화자가 아닌 경우에 주어가 생략되지 않고 쓰이는 많은 예문에 의해서 증명되고 있다.

넷째, 추측의 의미를 가지며, 표면구조에서 허사 주어가 쓰이는 영어의 seem-구문과 비교해 보면 'seem'의 어휘 특성상 명제절(propositional clause)를 논항으로 갖는다는 점과 국어의 '것 같다'-구문이 명사화된 절을 논항으로 갖는다는 점에서는 유사성이 있지만 국어는 논항의 이동 및 허사가 존재하지 않는 언어이므로 결과적으로 논항의 이동규칙의 존재여부와 허사의 존재여부가 밀접하게 관련되어 있음을 확인하였다.

다섯째, 화자가 자신의 뜻을 명확하게 밝히고 싶지 않은 경우에 '것 같다'-구문을 사용하여 주어를 생략함으로써 결과적으로 화자는 자신을 드러내고 싶지 않은 목적을 관철하지만 청자는 해석상의 어려움을 겪게 된다는 점을 통사적으로 밝히게 되었다.

끝으로 전통적으로 보조용언으로 분석되었던 '(것) 같다'가 보어를 필요로 하는 본용언임을 밝힘으로써 기존의 보조용언으로 분류되어온 다른 술어에 대해서도 다시 엄밀하게 검토할 필요가 있게 되었다. 특히 '것 같다'와 유사한 의미를 갖는 예로서 "...것처럼 보이다," "...듯 싶다," "...지 싶다" 등이 '것 같다'와 동일하게 분석되어야 할지 검토되어야 하며, '...것이다'는 '것 같다'-구문과 어떠한 차이가 있는지도 검토되어야 할 과제로 남긴다.

참고문헌

남기심·고영근 (1985). 『표준국어문법론』. 서울: 탑출판사.

이을환·이철수 (1978). 『한국어 문법론』. 개문사.

이익섭·임홍빈 (1983). 『국어문법론』. 서울: 학연사.

장경기 (1993). 수정격여과조건과 격승계가설. 『언어』12.2. 한국언어학회.

장경기 (1996). 가시성조건연구-격이론을 중심으로- 서울대 학위논문.

최현배 (1937). 『우리말본』. 정음사.

Bak, Sung-Yun (1983). *kes kath-ta construction and subjectlessness* in Korean. Korean Lingusitics Vol.3.

Chomsky, N. (1981). *Lectures on Government and Binding. Dordrecht.*

Chomsky, N. (1986). *Knowledge of Language: Its Nature, Origins, and Use.* MIT.

Chomsky, N. (1994). *The Minimalist Program.* MIT Press.

Li, C. and Thompson, S. (1976). 'Subject and Topic: A New Typology od Language' in C. Li ed. *Subject and Topic.* New York: Academic Press.
Mathesius, V. (1928) 'On Linguistic Characterology with Illustrations from Modern English' in J. Vachek ed. (1964). A Prague School Reader in *Linguistics.* Bloomington: Indiana University Press.
Rizzi, L. (1982). Issues in Italian *Syntax,* Foris, Dordrecht.
Sawada, H. (1980). 'Theme Prominence in Korean,' *Korean Linguistics 2.*
Yang, I.S. (1972). *Korean Syntax.* Seoul: Paek Hap Sa

<Abstract>

A Study of Seem-Construction and 'kes kath ta'-Construction

Chang, Kyung Key. "A Syntactic Study of *Seem*-Construction and *'kes kath ta'-Construction.'* *The Journal of Humanities.* 14. The University of Ulsan. (1998): 75~103. This paper chiefly aims to explicitly describe *ket kathta*-construction in Korean in comparison with *seem*-construction in English on the broad theoretical basis of recent Chomskyan (1981, 1986, 1994) generative grammar.

Our major arguments are as follows.

First, unlike the prevailing traditional view that the predicate *kathta* of kes *kathta*-construction is an auxiliary of the preceding main predicate, we almost originally argue that it is a main predicate with its own tense and subject-honorific modality within its own main clause.

Second, unlike the previous equational sentence analysis about the construction which argues that *kes kathta*-construction derives from *kes*-kwa *kathta*-construction by deleting the comparative particle *'kwa'* and that kes *kathta*-construction as a likeliness sentence does not exist independently but only stands as one of comparison constructions, we argue that *kes kathta*-construction as a likeliness sentence is absolutely different from *kes*(kwa) *kathta*-construction as a comparison sentence by showing that the former can never cooccur with a likeliness adverb 'machi,' but can ever cooccur with a likeliness adverb 'ama.' So, our point is that the surface *kes kathta*-construction is an ambiguous one with two different semantic structures.

Third, we argue that *kes kathta*-construction as a likeliness sentence is not different from *kathta*-construction in that the two constructions share the same predicate '*kathta.*' The predicate *'kathta'* is an incomplete verb, and it has one argument as a subject and also one complement to make the incomplete verb complete. The complement can be an NP in the *kathta*-construction and can be a nominalized NP by nominal suffix 'kes,' which is derived from an embedded clause.

Fourth, unlike Pak's (1983) argument that *kes kathta*-construction is subjectless from the underlying structure to the surface structure, we argue that the construction has its subject and if the subject is a speaker, it can be deleted in the informal or colloquial style. We also argue that the deleted subject is just governed pro and that the construction justifies that the Korean language belongs to a pro-drop language in terms of pro-drop parameter in the Universal Grammar.

Last but not least, we suggest that the *kes kathta*-construction without its subject as a speaker reflects the speaker's general pragmatic and psychological

motives that he is unwilling to express his definite intention about some event for some reason or others. (Ulsan University)

Key Words: *seem*-Construction, *'kes kathta'*-Construction, GB Theory, Argument Structure.

부록

1. 자전적 에세이—공부에서 학문으로
2. 영어교육 칼럼 모음—영어교육 제자리 찾기
3. 발표 논문 목록
4. 저서와 역서 목록
5. 연보(年譜)

1. 자전적 에세이: 공부에서 학문으로

少年易老 學難成 一寸光陰 不可輕
未覺池塘 春草夢 階前梧葉 已秋聲

소년은 늙기 쉽고 학문은 이루기 어렵나니, 한 순간도 가벼이 여기지 말지니라.
연못가 봄풀은 아직도 꿈속에 있건만, 섬돌 앞 오동잎은 어느덧 가을을 알리누나.

Since the young are easy to get old and studies are hard to accomplish,
You should not take a single minute lightly.
While the spring grasses at the pond are still daydreaming,
Princess trees in front of stepping stones already make the autumn sound.

지금의 필자의 심경을 가장 잘 표현한 朱子의 勸學篇으로 이 글을 시작한다. 지난 1981년에 弱冠 31세의 나이로 울산대학교 영문학과 강단에서 고등교육과 학문연구를 전업으로 시작한 이후 오늘까지 살아온 지난 36년은 필자에게 아마도 타고난 남다른 知的 호기심이 이끄는 대로 영어를 좀 더 잘 알아서 학생들을 더 잘 가르치고 싶다는 教學相長의 신념으로 앞만 보고 달려온 참으로 보람차고 행복한 나날이었던 것 같다.

1979년 10월 26일 현직 대통령이 시해되는 역사적인 10.26사건이 터졌다. 극심한 사회적 혼란 속에 짧은 서울의 봄을 끝으로 제5공화국이 탄생하였다. 전두환 정권의 사회분위기 일신과 대입시 지옥문제의 해결방안으로 졸업정원제가 전격적으로 시행되었다. 30%의 입학정원이 늘어나게 되니 당장 교수요원의 학보가 모든 대학의 현안이 되었고, 바로 대학원을 졸업한 나에게도 대학 진출의 기회가 왔다. 확신 없이 일단 시도해보자 하는 심정으로 울산대학교 영문학과 교수로 재직 중이던 김경학 대학 후배(현재 수원대학교 교수)의 주선으로 울산대학교에 이력서를 제출하였고, 영문학과 김상훈 학과장님과 박병희 교수님의 안내를 받아 곧 이관 학장님과 면담을 갖게 되었다. 지금처럼 복잡한 절차 없이 몇 마디 물으신 다음 "잘 해 봅시다"라는 악수의 손을 내밀었다. 이렇게 1981년 3월, 정들었던 서울사대부중 교사를 끝으로 7년 동안의 중등교사의 생활을 마감하고 내 인생의 새로운 모험의 장이 울산대학교에서 펼쳐졌다.

대학교수는 일반적으로 세 가지 주요 의무가 있다. 교육과 연구, 그리고 봉사가 그것이다. 교육은 전공과목과 교양과목으로 나누어진다. 전공과목은 교수 자신의 주 전공과 관련된 교과목이다. 나의 전공은 영어통사론이므로 이와 관련된 전공과목을 주로 가르쳐왔다. 교수는 자신의 전공과 관련하여 연구를 해야 한다. 연구의 결과를 관련 학회의 학술지에 발표함으로써 평가를 받게 된다. 아무리 내적으로 연구를 한다고 해도 결과물이 출판되지 않으면 그 성과를 인정받지 못한다. 대학교수의 다른 이름은 학자이다. 학자는 학문을 업으로 하는 사람이므로 교수는 교육자이자 학자여야 한다. 일반적으로 중고등학교 교사를 학자라고 부르지는 않는다. 그렇다고 모든 대학교수가 학자로서 평가되지는 않는다. 그러나 학자로서의 학문 연구 없이 제대로 교수의 직능을 수행할 수 없다. 학자로서 교수를 해야만 진정한 대학교수가 될 수 있다는 것이 내 소신이다.

내가 석사과정을 마치면서 배운 지식으로 교수는 할 수 있겠지만 학자로서 학문을 할 수 있을까 내심 걱정이 되었다. 한마디로 교수는 단순히 지식을 전달하는 자가 아니라 지식을 비판적으로 수용하고, 자신의 이론을 만들어가는 학자여야 하기 때문이다. 교수는 학생에 의해서 평가되고, 학자는 학술지에 발표한 논문을 통해서 학계의 동료 학자에 의해서 평가된다. 필자에게 생성문법(Generative Grammar)을 강의해주신 서울대학교의 양동휘 교수님은 강의 중에 항상 강조하셨다. "학문은 국경이 없지만 학자는 국경이 있다." 이 말씀은 두 가지 의미가 있다. 학문은 그 수준이 요즈음 말하는 global standard에 맞아야 하지만 학자는 자신의 국가의 명예를 걸고 세계적인 다른 나라의 학자와 경쟁하여 더 나은 성과를 내도록 최선을 다해야 한다는 것이다. 교수님은 또 한 가지를 강조하셨다. "교수가 되려고 하지 말고, 학자가 되려고 노력하라." 학자가 되면 교수가 되기 쉽지만, 교수가 되려고 하면 교수되기도 힘들고, 학자되기는 더욱 어렵다는 의미로 대학원 학생들이 더 큰 목표를 가지고 지식 쌓기가 아니라 학문에 정진하기를 당부하셨다.

• EPISODE 1

나는 무엇보다도 교수로서 최선을 다 해야겠지만 어떻게 학문을 할 수 있을까 깊은 생각에 빠졌다. 그리고 얼마 후에 학교 학술지(UIT Report)에 내 생애 최초의 논문을 발표하기에 이른다. 그것이 바로 「Morphological Change of '-y'」(이 책 제1부 제1장에 게재됨)이다. 이 주제와 관련하여 나로서는 의미 있는 사연이 있다.

석사과정 중에 황적륜 교수님 강의시간이었다. 각자 적절한 기말 페이퍼 주제를 선정하여 중간발표(proposal)를 하라는 과제를 주셨다. 나는 사실 얼마 전 중학교 1학년 수업 중에 우연히 중요한 사실을 체험하였다. 명사의 복수형을 가르치는 중에 baby의 복수형을 칠판에 쓰면서 설명하려는 순간이었다. "자음+y로 끝나는 단어는 y를 i로 바꾸고 -es를 붙인다"라고 설명하려는 찰라 y를 i로 바꾸는 것이 맞는지, 아니면 y를 ie로 바꾸고 -s를 붙이는 것이 맞는지 머리 속에서 갑자기 혼란이 일어났다. 당황할 수밖에 없었다. 결과는 동일하게 babies가 되지만 그 생성과정이 정확하게 어떻게 설명해야 하는지 궁금하였다. 다시 말하면 y와 i가 일대일 대응관계에 있는지, y와 ie가 일대일 대응관계에 있는지는 정확하게 밝혀져야 한다.

이 문제를 국내의 대부분의 참고서는 y가 i로 바뀐다고 기술하고 있지만 원서를 보면 y가 ie로 바뀐다고 기술하고 있는 학자도 있어서 이론적으로 타당한 답을 찾아보고 싶었다. 이와 관련된 다른 어형변화도 존재함을 발견하게 되었는데, 그 하나는 동사의 과거형에서 study의 과거형이 studied인데 그 과정이 y가 i/ie 중 어느 것으로 변한다고 보아야 하는지가 문제가 되고, 더 나아가서 형용사의 비교급에서 early의 비교급이 earlier인데 y가 i/ie 중 어느 것으로 변한다고 보아야 하는지 등이 머리에 떠오르면서 이 문제들을 한 가지 규칙으로 일관성 있게 설명하는 문법을 찾아내는 것이 매우 의미 있겠다는 생각이 불현

듯 들었다. 그동안 영어를 배우는 과정에서 참고서의 설명을 그대로 받아들이는 데만 익숙해져있던 나로서는 아마도 처음으로 기존의 규칙(rule) 자체의 타당성에 의문을 제기하는 계기가 된 셈이다.

나는 용기를 내서 황적륜 교수님의 강의 기말 페이퍼의 중간발표용으로 이 주제를 선정하여 발표하기에 이르렀다. 나는 나만의 어처구니없는 생각인지도 모른다는 두려움이 있었기에 조심스럽게 운을 떼었다. “저는 중학교 1학년 수업 중에 엉뚱한 생각을 해보았습니다. 명사의 복수형을 가르칠 때 “y->i” 로의 기존의 설명 대신에 “y → ie” 로 가르치는 것이 더 타당하지 않을까 가정하고, 그 논리적 증거를 제시하도록 하겠습니다...” 발표가 끝난 후 교수님의 논평이 있었는데, 한마디로 “기발한 아이디어다. 나도 그런 생각을 해본 적이 없다”라고 말씀하셨다. 평소에 존경하는 스승님의 이 한 말씀은 외국어인 영어의 문법 규칙을 내가 새로 만든다는 것이 가능하다는 의미이기에 나로서는 엄청난 격려와 충격으로 다가왔다. 실제로 교수님은 그 일이 있은 후 가끔 나를 만나면 좀 더 논문의 양이 길어지면 정식으로 학술지에 발표할 수도 있을 것이라고 일러주셨다. 이러한 좋은 기억을 가지고 있던 나는 대학교수로서 이 문제를 본격적으로 다시 검토하여 영어 논문으로 완성하여 학교 학술지에 기고하게 된 것이다. 나는 이 논문이 나오자마자 별쇄본 1부를 교수님께 보내드리고 고마움을 표시하였다. 그리고 가끔씩 교육대학원에서 강의중에 현직 혹은 미래의 교사들에게 이 episode를 전하면서 동기를 부여하곤 하였다.

• EPISODE 2

아마도 본격적으로 나도 학문을 할 수 있다는 자신감을 갖게 된 것은 다음과 같은 또 하나의 episode 때문일 것이다.

어렵게 석사과정에 입학한 나는 Chomsky의 생성문법을 제대로 공부하고 싶었다. 학부에서 우리나라 언어학박사 1호이신 이맹성 교수님(나의 석·박사과정 지도교수)으로부터 소위 변형생성문법(Transformational Generative Grammar) 개론을 배웠지만, 나로서는 오직 이수과정으로 지나갔을 뿐이고, 생성문법도 표준이론(Standard Theory) 단계에 머물러 있어서 나에게 강하게 어필하지 못했다. 대학원에서는 인문대학에서 강의를 자유롭게 들을 수 있었기 때문에 한국의 Chomsky라는 양동휘 교수님으로부터 생성문법을 듣고 싶어서 수강신청을 하였다. 그런데 주위에서 이상한 소문이 들렸다. 양동휘 교수님 강의는 어려워서 듣기 힘들고, 좋은 학점 따기도 힘들어서 중도 포기자가 대다수라는 것이다. 나도 직장을 다니면서 공부를 해야 하는 처지에 고민이 되기는 했지만, 어쩌면 무식해서 용기가 났던지 일단 도전해보기로 결심하였다. 3학점짜리 강의 첫 시간에 몇 가지 안내와 함께 바로 강의에 들어갔다. 안내 사항 중에 별일 없으면 주말 오후에 이 강의를 다시한번 들으라는 말씀이 계셨다. 나중에 알았지만 양동휘 교수님 강의를 수강하는 학생들은 주말에 다시 나와서 박사과정 학생들로부터 보충강의를 듣는 것이 정례화 되어 있었던 것이다. 나는 이 사실을 모른 채 주말에 집에서 편히 쉬고, 월요일에 중학교 수업을 마치고 오니 책상 앞에 쪽지가 있었다. "서울대 양동휘 교수에게 전화바람." 나는 좀 불길한 예감 속에서 바로 전화를 드렸다. 교수님은 내 이름을 확인하고서는 지난 토요일에 강의를 빼먹었으니 당장 강의를 취소하던가 아니면 토요일에 보충 강의를 듣던가 택일 하라는 것이었다. 나는 너무 놀라고 당황하여 어찌할 바를 몰랐다. "네, 알겠습니다. 죄송합니다" 하고 전화를 끊었다. 토요일 보충강의는 선택이 아니라 필수였던 것이다.

이렇게 목요일은 교수님으로부터 3시간짜리 강의를 연강으로 들었고, 토요일에 다시 후배 박사과정 학생들로부터 보충강의(그때 새끼강의라 부름)를 또 들으면서 최신 생성문법이론을 본격적으로 공부하였다. 가끔씩은 논문을 읽고 질문을 하는 방식으로 수업을 하였는데, 이때 학생들이 질문을 안 하면 전혀 진도를 나가지 않고 우리의 게으름을 우회적으로 꾸짖는 말씀으로 3시간을 다 채운 적도 있을 만큼 철저하셨다. 나는 이래서는 안 되겠다는 생각이 들어서 과제 논문을 읽고 질문을 준비하여 강의에 임하게 되었다. 어느 날 결심을 하고 질문을 하였다. "교수님, 제가 보기에는 이 대목에서 논리적으로 A이면 B이다 라고 해야 맞을 것 같은데, 저자는 B이면 A다 라고 주장하고 있습니다. 제가 잘못된 것입니까?" 교수님께서는 순간적으로 (내 생각에) 놀라는 표정으로 "나도 처음에는 자네와 똑같이 생각했었다. 그러나 ..." 나는 '그러나' 이후가 중요한 게 아니었다. 전반부, 그러니까 교수님께서도 나와 똑같이 생각했었다는 말씀이 나에게는 천만금의 값어치가 있었다. 결국 이 한마디가 격려가 되어 응용언어학(영어교육학)에서 순수언어학(영어통사론)으로 전공을 바꾸는 결정적인 계기가 되었다. 그 때 이미 나는 작업 중인 석사논문을 절반 이상이 끝난 자료와 원고를 폐기하고, 위의 논문을 바탕으로 한 순수 영어학 석사논문으로 졸업하게 된다. 석사논문의 주제는 곧 내 전공이 된다. 그 시간이 끝난 후 양동휘 교수님께서는 연구실로 나를 부르셨다. 나는 좀 긴장이 된 채로 찾아뵈었다. 연구실은 온통 책으로 가득차서 사람이 들락거리기가 불편할 정도였다. "장선생, 요즈음 공부 열심히 하는 구만. 다른 학생들은 질문하고 싶어도 체면상 질문을 안 한다네. 자네는 염려 말고 질문을 오늘처럼 하면서 열심히 하게." 나는 원래 호기심이 강해서 질문을 안 하면 오금이 쑤시는 편이었는데, 이런 격려의 말씀까지 듣고서는 용기백배하여 이후에는 즐겁게 통사론 공부를 할 수 있었고, 예상치도 않게 당시에 거의 받기 힘들다는 A 학점도 받았다. 훗날 박사과정 중에도 양동휘 교수님으로부터 생성문법 이론의 꽃인 지배결속이론(Government and Binding Theory)을 체계적으로 배우고 박사논문의 토대를 마련할 수 있었으니, 그 은혜에 오직 감읍(感泣)할 따름이다. 나도 순수 학문을 할 수 있다는 자신감을 갖게 된 두 번째 사건이었다고 말할 수 있다.

• EPISODE 3

학자로서 학문을 하기 위해서는 논문을 발표해야 하고 논문을 발표하기 위해서는 자기 전공과 관련된 학회에 가입해야 한다. 나는 대학교수로서 우선 한국언어학회에 가입하였다. 아마 지금도 어학 관련 전공자들이 대부분 가입하고 있는 우리나라의 가장 큰 학회일 것이다. 각 학회에서는 매년 몇 차례씩 학술대회를 갖고, 또한 학회의 전문 학술지를 발간하는데, 한국언어학회는 『언어』라는 학술지를 발간하고 있다. 나는 우선 학회에서 주관하는 학술대회에 참석하여 분위기를 익히고, 또한 학회에서 발간되는 학회지에 실린 논문 가운데 나의 관심이 있는 논문들을 열심히 읽었다. 나도 전국적인 유명 학회에 내 논문이 실릴 날을 기대하면서 말이다.

그러던 중 우연히 1981년 『언어』지에 실린 국어학 전공인 김동식 교수의 『부정 아닌 부정』이라는 논문을 접하게 되었다. 제목 자체가 나의 흥미를 끌만 했고, 국어에 관한 논문이라서 읽는데 별로 어려움이 없었다. 그러나 그 내용은 나로서는 매우 도전적이었다. 그의 주장을 한 마디로 요약하면 "영희는 가지 않았니?"가 부정문처럼 보이지만 부정문이 아니고 "영희가 갔다" 라는 긍정 명제를 확인하는 문장, 즉 가부정(假否定)이라는 것이었다. 따라서 이는 기존의 부정문과 다른 확인문이라는 새로운 문형으로 분류되어야 한다고 주장하는 논문이었다. 나는 직관적으로 통사적인 부정문으로 보지 않고, 새로운 문형을 만들어내는 이론은 본질적으로 내가 받아들일 수 없는 심각한 문제가 있을 것이라고 생각하였다. 그런 생각을 어떻게 정리할 것인가를 고심하던 중에 우연히 Jespersen(1933: 304)을 만나게 된다. 한마디로 영어의 부정문 "Isn't it nice?"가 "It's very nice!"라는 강한 긍정의 의미를 가질 수 있다고 기술된 내용을 본 순간, 나는 마음속으로 환호성을 질렀다. 만약 이 설명이 사실이라면 보편문법(Universal Grammar)의 관점에서 국어의 이 문제를 해결할 수 있는 중요한 증거를 확보한 셈이기 때문이다. "우연한 발견"이란 바로 이런 것이구나 하는 생각도 들었다. 물론 이 전에도 이 문장을 무심코 읽고 지나쳤을지도 모른다. 그러나 이번에는 내가 이 문제에 집중하고 있었기 때문에 이를 깨달을 수 있었던 것이다. 동시에 나의 토박이말인 전라도 방언이 떠올랐다. "그것이 멋 있잖냐?" 혹은 단형 부정문인 "그것이 안 멋있냐?" 가 모두 상황에 따라 부정의 의미로도 사용되고, 강한 긍정의 의미로 사용되는 것을 너무 자연스럽게 경험하였다.

나는 이 문제에 대한 나의 직관과 관점을 학문적으로 정리하여 인정받고 싶은 강한 욕망이 솟아났다. 1985년 여름에 마침, 서울대학교 어학연구소에서 학술대회의 발표 논문을 모집한다는 공고가 났다. 당시 어학연구소는 서울대학내의 연구소이지만 그 위상은 한국언어학회보다 더 높았으며, 『어학연구』라는 정기적인 학술지를 발행하고 있었다. 나는 아직 학문적 업적은 미약하지만 내 직관상으로 분명히 잘못된 주장을 바로 잡아야 한다는 신념이 모든 다른 두려움을 극복하였다. 논문 발표신청이 받아들여졌고, 마침내 생애 처음이자 마지막으로 서울대학에 가서 발표할 기회를 갖게 되었다. 어학관련 은사님들이 거의 모두 참석하셨고, 내 얼굴을 기억하신 분들이 반갑게 맞아주셨다. 어떤 분은 발표내용이 국어학이어서 발표자가 나일 줄 몰랐노라고 말씀하시기도 하였다. 정신없이 나의 주장을 펴고 단상을 내려왔는데, 그 때 어학연구소의 연구부장님이셨던 이정민 교수님께서 격려해주시면서 수고비까지 챙겨주신 것을 아직도 잊지 못하고 있다. 그 때 발표한 다른 분들의 여러 논문이 있었지만 다음해에 학술지 『어학연구』22.1호에 「국어의 부정의문문과 전제」라는 이름으로 게재된 논문은 매우 제한적이었던 것을 보면 나의 논문은 나름대로 큰 성공을 거둔 셈이다(이 책 제2부 제2장). 더욱이 이 문제는 국어의 부가의문문 이론과도 맞물려있고(이 책 제2부 제8장 「부가의문문의 보편문법과 경상도방언」), 수사의문문과도 관련되어 있어서(이 책 제1부 제9장 「수사의문문과 전제의문문의 통사적 연구」로 실음) 나의 연구활동의 기폭제가 된 셈이다. 그리고 더 먼 훗날 내가 2002년도 미국 UCLA에 방문교수로 나갈 때 이정민 교수님의 추천이 없었다면 어려웠을 것임을 생각할 때, 헤아릴 수 없는 인연의 힘이 경외스러울 따름이다.

나의 학술활동과 관련하여 더욱 고무적인 사건이 1992년도에 일어났다. 즉, 앞에서 언급한 『어학연구』 22.1호에 게재된 나의 논문 「국어의 부정문과 전제」에 대한 본격적인 반박 논문이 국어학 전공 구종남 교수에 의해서 「국어 융합형 부가의문문의 구조와 의미」라는 이름으로 『언어』 17.2호에 게재된 것이다. 나는 처음에는 나의논문에 대한 관심으로 이해되어 반가웠지만, 그 내용을 보고 실망하였다. 이 논문은 나의 주장을 반박하고, 김동식 교수의 '확인문' 이론에 대한 대안으로 '융합형 부가의문문'이라고 주장하고 있지만, 이 논의에 국어의 부가의문문을 끌어들인 효과 외에는 통사적인 부정의문문이라는 나의 주장에 대한 논리적 반증을 인정할 수 없었다. 긍정적인 면에서 나의 논문이 학계에 널리 알려졌지만 내가 다시 이를 반박하는 논문을 쓰지 않는다면 나의 주장이 묻혀버릴 수도 있고, 또한 학자로서 의무를 다하지 않는 것이므로 다시 반박하는 논문을 『언어』 26.1호에 게재하게 되었다. 그러나 이후 이 문제에 관한 활발한 논의가 학계에서 이어지기를 기대했지만 더 이상의 후속 반박논문은 없었다. 다만 국어의 부정법을 다룬 논문이나 저서에서 가끔씩 나의 논문이 인용되는 것에 만족하고 있다.

이제 나는 이 문제에 대한 국어학계의 통일된 합의가 이루어질 날이 오기를 후학들에게 기대할 수밖에 없다. 한 마디로 Chomsky의 자립통사론(Autonomous Syntax)의 진정한 의미를 이해한다면 나처럼 부정의문문으로 분류되어야 하고, 화용론적 의미까지 통사적인 문형의 분류에 넣는 것이 옳다면 확인문(김동식)으로 보아야 하며, 만일 융합형 부가의문문(구종남)이라고 분류해야 한다면, 그 전에 국어의 부가의문문에 대한 이론적 정립이 이루어져야 한다. 우리는 확인(confirmation)의 의미는 여러 화용론적 기능의 하나임이 명백하므로 문형의 분류기준이 될 수 없고, 국어의 부가의문문의 올바른 이론을 정립하는 과정에서 구종남의 융합형 부가의문문과 전혀 관련이 없음을 논하고, 더 나아가서 국어의 부가의문문은 오직 경상도 방언에만 존재하는 통사적 문형이라고 주장하였다(이 책 제2부 제8장 「부가의문문의 보편문법과 경상도방언」). 이 문제는 학계에서 가능하면 빨리 결론이 나야 한다. 왜냐하면 교육부 발간 고등학교 문법 교과서에는 확인문과(성균관대학교 대동문화연구원, 1991) 부정의문문(서울대학교 사범대학 국어교육연구소, 1998)으로 다르게 기술되고 있기 때문이다.

• EPISODE 4

울산대학교 영문학과에서 평생 동안 교육과 연구를 해오면서 내가 받은 최고의 선물은 아마도 국어의 부가의문문이 경상도 방언에만 존재한다는 사실을 학계에서 처음으로 발견하여 논문으로 발표한 것이다. 그 기쁨은 한 마디로 말해서 백두산의 심마니가 산삼을 발견한 것 이상이리라. 학계에서 동일한 문장을 놓고 부정의문문(장경기, 1986)과 확인문(김동식, 1981), 그리고 부가의문문

(장석진, 1984; 구종남, 1992)으로 주장이 나누어진 상황에서 학계에서 누구나 받아들일 수 있는 국어의 전형적인 부가의문문이 경상도 방언에만 존재한다는 것이 명백하게 밝혀진다면, 이는 학문의 발전을 위하여 그 영향력이 상상할 수 없을 정도이다. 그 기막힌 사연을 정리해본다.

필자는 바로 앞에서 자세히 기술한 대로 그동안 학계에서 올바로 정립되지 못한 국어 부정의문문의 특수용법을 기술하는 과정에서 동일한 구문을 '전형적인' 부가의문문이라고 주장한 장석진(1984)을 검토하게 되었다. 다음 예문을 보자.

a. 영희는 가지 않았니?
b. 영희는 갔지 않니?

예문 (a)와 (b)의 구조적 차이는 시제소 '았'이 (b)에서는 어간 '가-' 다음에 온다는 점이다. 장석진은 "영희가 갔다"는 긍정명제를 확인하는 의미로 쓰일 때도 앞에서 언급한 김동식(1981)의 확인문으로 보지 않고 우리 주장처럼 부정의문문으로 보며, (b)는 김동식(1981)의 확인문이나 우리의 부정의문문이 아닌 전형적인 부가의문문으로 본다. 우리는 '전형적'이라는 표현에 주목하지 않을 수 없는데, 이는 이미 국어 학계에서 대부분이 인정하는 부가의문문이 존재한다는 것을 전제로 한 표현이다. 그러나 유감스럽게도 필자를 포함한 대부분의 국어 사용자들은 부가의문문의 존재 여부조차 확신하지 못하고 있는 실정이다.

부가의문문은 화자가 청자에게 자신의 주장을 확인하는 매우 구어적이고, 대화적인 용법이다. 그럼에도 불구하고 영어와 달리 국어의 부가의문문은 학계에서조차 확립된 이론이 없는 실정이다. 따라서 장석진(1984)처럼 '전형적인' 부가의문문이라는 주장을 하기 위해서는 국어의 부가의문문 자체에 대한 논의가 선행되어야 한다. 부가의문문의 가장 일반적인 구조적 정의는 영어 부가의문문을 기준으로 말할 때 [기본문+생략된 부가문(tag)]이다. 이론적으로 가장 잘 정립된 영어의 부가의문문을 보면 기본문과 생략된 부가문 사이에 쉼표(comma)

로 경계선이 그어져있다. 그러나 여기서 분명히 해야 할 점은 기본문과 부가문 사이에 문장의 마침표(period)가 아니라 문장이 종결되지 않고 기본문 다음에 독립된 부가문이 연결되어있음을 표시하는 장치로서 편의상 쉼표로(,) 구별한 것이라는 점이다. 흥미롭게도 경상도 토박이들은 기본문과 부가문 사이에서 생리적인 숨을 쉴 정도의 멈춤은 없는 것처럼 자연스럽다. 이 무의식적인 발화행위를 경상도 토박이가 아니면 할 수 없다고 필자는 의심 없이 믿는다. 과연 장석진(1984)이 규정한 전형적인 부가의문문인 (b)의 '-지'는 기본문의 종결어미이고, 잠간의 쉼(pause)이 있은 다음에 생략된 부가문이 이어진다는 것을 모국어 화자의 무의식적인 지식에 내재되어 있는가? 필자는 (b)를 아무리 반복해서 되풀이 해보아도 이를 직관적으로 받아들일 수 없다. 바꾸어 말하면 시제 표시의 자리가 달라진다는 점 외에는 (a)와 (b)의 차이를 전혀 느낄 수 없다. 그 이유는 필자의 무의식적인 언어 능력(I-Language)에 부가의문문이 존재하지 않기 때문이다.

이러한 필자의 고뇌를 단번에 해결해준 것이 경상도 방언이다. 경상도 토박이들이 일상적으로 쓰는 표현에 아래와 같은 것들이 있다.

a. 영희는 (안) 갔다(,) 아이가?
b. 영희는 (안) 갔다(,) 그자?
c. 영희는 (안) 갔다(,) 맞제?

이런 구어적인 표현이야말로 부가의문문의 보편문법적 정의에 부합하는 국어의 전형적인 부가의문문임을 나는 직감하였고, 그 아이디어를 우리 사랑하는 울산대학교 영문학과 학생들로부터 고스란히 얻게 된 것이다. 오직 경상도 토박이만이 위의 부가의문문을 자연스럽게 한 문장으로 말할 수 있다는 것을 필자는 언어학자의 눈으로 신비롭게 관찰할 수 있었다. 필자는 전라도 토박이로서 위와 유사한 표현법을 알지 못하며, 내가 아는 한 서울말 혹은 표준어에도 부가의문문이 존재하지 않는다. 더욱 주목할 점은 경상도 방언의 부가의문문은 또 하나의 엄격한 통사적 제약이 있는데, 선행하는 기본문의 종결어미가 반드시 '-다' 여야 하고, 주어 존대표현이 올 수 없다는 점이다.

a.*영희는 (안) 갔어(,) 그자?
b. 영희는 (안) 갔어. 그자?

c. 영희는 (안) 갔다(,) 아이가?/아입니까?
d.*선생님은 (안) 갔습니다. 아이가?
e. 선생님은 (안) 갔다, 아입니까?/그지예?
f. 선생님은 (안) 가셨습니다. 아아가?/그자?/아입니까?/그지예?

따라서 그 제약을 어긴 부가의문문 (a)와 (d)는 비문이며, 독립된 두 문장의 연속인 (b)와 (f)는 부가의문문이 아니므로 부가의문문의 제약과 관계없는 정문이다. 자세한 논의는 제2부 제5장「부가의문문의 보편문법과 경상도 방언」에서 심도있게 다루었다. 필자의 이 연구가 왜 적어도 국어의 부가의문문은 경상도 방언에만 존재하는지에 대한 더 심층적인 연구가 앞으로 진행되는 연구의 진정으로 의미있는 징검다리가 되기를 간절히 소원한다.

• EPISODE 5

1981년은 나에게는 대학교수 생활을 시작한 원년으로서 의미있는 해이지만, 언어학계에도 Noam Chomsky의 저서 LGB(Lectures on Government and Binding)가 출간된 해이다. LGB의 출간은 세상에 지배결속이론(Government and Binding Theory)의 탄생을 알리는 기념비적인 사건이다. 지금까지의 생성문법이론으로부터 혁명적인 진화(Bing Bang)라고 나는 감히 말할 수 있다. 그러나 대부분의 Chomsky의 저서나 논문이 그렇듯이 기존의 인식과 관점에서 이해하는 데는 엄청난 고통이 따른다. 우리 언어학계도 그 충격을 이겨내기 위하여 온갖 노력을 다하였다. 각 관련 학회 때마다 특강을 통해서 이 새로운 이론을 공부하고,

주로 미국에서 새로 학위를 마치고 돌아온 신진학자들로부터 특강을 청하는 것이 일반화 되었다. 한국언어학회에서는 여름과 겨울 방학을 이용하여 1주일 동안 LGB 강의를 듣는 seminar가 정례화 되었다. 후에 언어학회 회장을 지내신 서강대학의 이홍배 교수님이 'Government and Binding'을 '정부와 구속'이라고 번역하여 당시의 사회분위기를 풍자하는 유머를 사용하여 참석자들의 웃음을 자아내기도 하였다. 때로는 원서의 misprint를 알아채지 못하고 그대로 해석하다가 이해의 어려움에 빠지는 해프닝도 있었다. 나도 초년병으로서 기회 있을 때마다 이 수업에 참여했지만 알 수 없는 열등감과 숙제만을 안고 돌아오곤 했다. "왜 꼭 GB이론이어야 하는가? 지금까지 이것 없이도 영어를 잘 해냈는데 말이다." "내가 GB이론을 아는 것과 모르는 것은 어떤 차이가 있을까?" 온갖 상념 속에서 이 거대한 지적 파도를 어떻게 극복해야 할지 고민하였다.

당시 대학에는 최고과정인 박사학위를 가진 교수와 나처럼 석사학위를 가진 교수로 나누어져 있었다. 동시에 많은 분들이 도중에 박사학위를 마치기 위하여 해외에 유학을 가기도 하고, 국내 대학에서 박사과정을 밟기도 하였다. 나도 이 문제에 관한 고민을 해야만 했다. 우선 당장은 박사학위 없이도 교육과 연구는 가능할 것 같았다. 그러나 지배결속이론은 나 혼자서 완전히 이해하는데 어려움이 있을 것이 분명하고, 이를 체계적으로 공부하지 않고서는 교수의 직은 물론 학문도 제대로 할 수 있을지 확신이 없었다. 아내도 더 늦기 전에 박사과정을 하도록 격려(잔소리)를 하였다. 이런 저런 고민을 하면서 10년이 지나서야 서울대학교 교육대학원에 박사과정이 생기면서 입학을 하였다. 이제 울산에서 수업을 마치고 매주 서울에 올라가서 2박 3일 동안 수업을 듣는 생활을 5학기동안 계속해야만 했다.

다른 영문법 및 영어교육과 관련된 강의도 들었지만 나의 관심은 온통 GB이론에 있었고, 인문대학에서 양동휘 교수님의 강의를 중심으로 기초부터 공부할 수 있게 되었다. 이 GB이론은 교수님에게도 아직 새로운 것이어서 3시간 강의를 모두 판서로 진행하기도 하였다. 논리에 따라 이론 하나하나를 열심히 필기하여 원서를 읽으면서 이해해가는 것이 가장 기본적인 학습법이었다. 처음에는 그렇게 힘들었지만 점점 재미있고, 신기할 정도로 이해가 뒤따라왔다. 솔직히 말해서 이처럼 남보다 늦게 공부하는 것이 얼마나 다행인가 하는 역설적인 생각도 들었다. GB이론을 이처럼 제대로 공부할 기회를 갖게 된 때문이다.

Chomsky의 생성언어학은 한 마디로 언어의 본질, 즉 언어가 무엇인가를 규명하는 학문이다. 이를 통해서 궁극적으로는 인간이 무엇인가를 밝히는 인문학이다. 협의의 의미로는 생성문법은 각 언어의 본질을 구조적으로 정의하는 학문이다. 영어의 모국어 화자가 가진 무의식적인 지식이 내재된(internal) 영문법이다. 이를 명시적으로 규명한 것이 외재(external) 영문법이다. 문법이론은 사실이 아니고 끊임없이 그 정당성이 검증되어야 하는 가설이다. 이러한 가정은 나의 영어와 영문법에 관한 기존의 생각을 완전히 무너뜨렸다. 영문법은 계속 발전되고, 진화되어야 한다. 생성영문법은 전통문법이나 구조문법처럼 단순히 관점을 달리 하는 한 문법이론이라고 보아서는 안 된다. 마치 computer가 더 성능이 좋은 version으로 계속 출시되듯이, 또 스마트폰이 더욱 사용이 편리한 새로운 제품이 나오듯이 문법이론도 계속해서 더 나은 이론으로 발전한다.

이러한 새로운 인식에서 GB이론을 배워나가면서 비판적으로 검토할 수 있어야 나 자신의 논문을 쓸 수 있다. 학위논문을 염두에 두고서 나는 구체적으로 GB이론의 격이론(Case Theory)에 주목하였다. 문장이란 한 마디로 단어의 규칙적인 배열이며, 이때 술어와 논항 사이에 통사적 제약을 가하는 것이 격이다. 주어는 주격을 합법적으로 허가받아야만 문장의 주어로서 자격을 얻게 된다. 목적어도 마찬가지이다. 그야말로 격이론은 통사론의 핵심적 원리라고 말할 수 있다.

그런데 격이론 안에서 일반적인 격부여 원리를 위반하는 구조가 있다. 이를 ECM -구문이라고 부른다. 예외적인 격부여 구문(Exceptional Case Marking Construction)이라고 부른다. GB이론이 나온 이후에 이 문제에 대한 어떤 다른 대안도 나오지 않고 있다. 그만큼 뜨거운 감자인지도 모른다. 나는 이 ECM 이론이 기존의 격이론의 예외적 현상이라고 이름 붙이는 것은 문제의 회피에 지나지 않는다고 보았다. 대표적인 ECM 동사는 'believe'이다. 다음 예문을 보자.

a. I believe [him to be honest].

b. I believe that he is honest.

c. I believe him [t to be honest]

ECM 이론은 (a)를 ECM-구문이라고 부른다. 그 이유는 주절동사 'believe'가 내포절의 주어인 'him'에게 목적격을 부여하고 있기 때문이다. 그러나 나는 과연 believe가 him에게 직접 목적격을 부여할까를 의심해보았다. 그 가장 중요한 증거는 'believe'는 타동사이므로 자신의 목적어에게 목적격을 한번만 부여하는데, 목적어는 (b)와 마찬가지로 'him'이 아니라 [him to be honest]라는 소절(Small Clause)로서의 명제이기 때문이다. 다시 말해서 최소이론의 격자질 점검이론으로 보아도 'believe'는 VP의 머리어로서 보충어-자질인 목적격 자질을 점검받아야 하는데, 보충어 [him to be honest]와 점검이 이루어졌으므로, 다시 'him'의 목적격 자질을 점검할 자질을 가지고 있지 않은 것이다. 그렇다면 왜 'him'은 형태상의 목적격을 가지는 것일까? 나는 논리적으로 격의 승계(Inheritance of Case)라는 새로운 개념을 제안하여 이전에 구조적으로 [him to be honest]에 주어진 목적격을 'him'이 승계하고 나머지 보충어는 구조적인 외치이동을 한다고 이론화하였다. 그 구조가 (c)인 셈이다. 표면적으로 보면 인상이론(Raising Theory)과 유사하지만 이론적 배경은 전혀 다르다. 어떤 면에서 기존의 인상이론과 GB이론의 격이론을 통합한다는 의미가 있다. 이것이 1996년에 완성한 나의 박사논문의 핵심 주장이다.

박사논문의 완성으로 나는 그동안의 외국어로서의 영어에 대한 모든 심리적 부담을 극복하고, 고정관념에서 해방되어 자유를 얻게 되었다. 모든 이론은 가설이며, 검증 가능성(falsifiability)이 있어야 한다는 의미를 되새기면서 영어를 모국어인 국어와 다름없는 인간 언어의 연구 대상으로 바라보며 오늘에 이르기까지 뚜벅뚜벅 올바른 학문의 길을 가게 되었다. 어려운 심사과정을 거쳐서 마지막 단계를 통과했을 때 황적륜 교수님께서 악수를 청하면서 "이제 너 자신의 학문을 할 수 있게 되었다"고 격려해 주시던 자상하신 모습이 눈에 선하다.

한 편의 논문이 완성되기 까지는 각고의 노력이 필요하다. 우선 아이디어가 필요하고, 이를 논문의 형식에 맞추어 작성해야 하고, 학회의 학술지에 게재하는 심사과정을 통과해야 한다. 나는 나의 논문을 심사받아보고, 남의 논문을 심사도 해보면서 많은 생각을 해보았다. 내 논문을 심사받을 때는 과연 심사위원이 내 의도를 제대로 이해하고 심사하는 것일까 의문이 든 적이 많았고, 내가 남의 논문을 심사할 때는 과연 이 논문의 저자가 이 문제에 대해서 제대로 알고 쓰고 있는 것일까 하는 의문을 가진 적이 많았다. 이를 달리 표현하면 그만큼 소통이 어렵다는 것이다. 심사를 받으면서 미쳐 내가 깨닫지 못한 부분을 부정하고 보완하는 하는 것이 정상적이겠지만, 내가 결코 받아들일 수 없는 것을 지적하고 수정하기를 요구할 때, 받는 스트레스는 고독한 학자의 숙명이라고나 할까? 내가 심사위원이 되어서는 또 누구에겐가 이러한 좌절을 안겨주었을지도 모른다. 특히 인문학의 논문은 객관적으로 논문의 질적 수준을 검증하기 어려운 부분이 많기 때문에 이런 과정이 불가피한지 모른다. 심리적으로 이런 불통의 두려움 때문에 나는 연구활동의 후반기에 주로 '현대영미어문학회'의 학회지 『현대영미어문학』에 기고하게 되었다. 그러나 내 논문의 어느 것도 논문을 위한 논문, 즉 연구업적을 쌓기 위하여 쓴 적은 없다고 부끄럼 없이 말할 수 있다. 논문 한편 한편이 모두 내 혼신의 노력을 다한 창의적이고(creative), 독창적인(original)인 결정체이다. 진리를 추구하는 학자로서, 그리고 보편문법의 입장에서 이론의 global standard를 항상 염두에 두고 최선의 논리성과 설명력을 가진 논문을 쓰고자 노력하였다. 다만 국제 학술지에 한편의 논문 발표도 시도하지 않은 아쉬움을 숨기지 않겠다.

2. 영어교육 칼럼 모음—영어교육 제자리 찾기

2008년 새 학기가 시작된 후 어느 날 정정길 총장님께서 외국어교육원장인 나를 부르셨다. 그 자리에서 총장님께서는 심각한 표정으로 "장 교수님, 온 나라가 대학 졸업생들의 취업 문제 때문에 난리인데, 우리 대학 전공 교수님들께 물어보면 대부분의 교수님들이 학생들의 전공 실력은 다른 대학에 비하여 뒤지지 않는데, 영어실력이 형편없어서 취업이 안 된다고 하네요. 정말 우리 학생들 영어 좀 잘하는 방법이 없겠습니까? 만약 방법이 있다면 학교에서 지원을 아끼지 않을 테니 한번 그 방법을 찾아보세요"라는 취지의 말씀을 하셨다. 나는 한마디로 가슴이 설레다 못해 쿵쿵 뛰었다. 역대 어떤 책임자도 울산대 전체 재학생의 영어실력에 이처럼 직접적인 관심을 보인 적이 없었는데, 이제 정말 울산대학교에 영어교육의 혁명이 이루어질 것인가! 지금까지도 여전히 울산대학교에서 "영어"처럼 뜨거운 화두가 또 있을까? 아마 없을 것이다. 이제 적어도 내가 울산대학교의 영어교육에 대하여 가지고 있던 생각을 구체화하여 검증을 받을 기회가 주어졌고, 이를 제대로 실천한다면 엄청난 변화가 일어날 지도 모른다는 생각이 들었다. 곧 바로 박종희(경영학과 교수) 교무처장님의 적극적인 지원을 받아 각 단과대학의 교수님을 위원으로 하는 "학생영어능력 향상방안 연구위원회"가 발족되었고, 2008년 6월~2009년 1월까지 7개월 동안의 활발한 활동의 결과로 '연구보고서'를 작성하고, 본부의 여러 참모회의에서 발표하기에 이르렀다. 발표장에서 공과대학장님이 대학 역사상 처음으로 영어교육의 실태에 관한 사실적 보고서가 나왔다는 논평을 해주었던 것이 기억에 남는다. 그러나 불행히도 그 사이에 우리대학의 최고책임자가 바뀌면서 원래의 취지가 약해지고, 학기 초에 전교생의 모의토익 시험을 실시해야 한다는 방안도 변질되어 신입생에 한해서 매년 실시되고 있을 뿐이고, 더욱 중요한 다른 방안은 시도조차 되지 못하고 말았으니 못내 안타까울 따름이다. 위원회가 건의한 혁신적인 방안 가운데 대표적인 것은 재학생의 영어강의를 학점이수의 형식적 과정이 아니라, 외국의 어학연수과정(ESL)을 모델로 하여 실력에 맞게 수준별 수업을 하여 졸업시까지 일정한 단계에 모든 학생이 이르게 하도록 하는 방안이다. 이러한 혁명적인 접근법이 아니면 영어기초가 부족한 채로 대학에 진학하였고, 다양한 학과별 혹은 개인별 수준이 엄청난 학생들을 동일 교재로 교육하고, 동일한 시험문제로 테스트하여 기계적인 상대평가를 하는 현행제도로는 결코 우리 대학의 영어문제가 근본적으로 해결될 수는 없을 것이라고 감히 말할 수 있다.

마침 같은 시점에서 학기 초에 대학신문사에서 영어교육과 관련한 원고 요청이 들어왔다. 나는 대학언론을 통해서 대학 구성원의 영어에 관한 의식을 올바르게 선도할 필요가 있다고 판단하고, 몇 차례 연재한 다음, 학생들과 좌담회로 끝을 맺었다. 그 원고를 아래에 싣는다.

• 영어교육강화정책과 우리 대학인의 자세

새로운 정권이 출범할 때마다 어김없이 손대는 곳이 딱 두 군데가 있으니 부동산 정책과 교육정책이 바로 그것이다. 우리에게 그만큼 절실한 문제이기도 하거니와 두 문제에 대한 과거 정권의 정책이 실패했다는 국민적 원성을 일거에 해소하여 새 정권의 애국심과 통치력을 과시할 수 있는 절호의 먹거리이기 때문이리라.

'이명박' 정부의 산파역을 담당하고 있는 막강 권력기관인 <인수위원회>에서도 같은 선택을 하는데 주저치 않았으니, 그것이 바로'영어교육강화정책'이다. 처음에는 사교육비의 주범인 영어교육비를 줄이기 위해서 공교육기관에서 영어교육을 강화하여 사설학원에 갈 필요가 없게 하고, 오직 자녀의 영어교육을 위해서 생긴 기러기 아빠, 펭귄 아빠를'퇴출'시키겠다고 호언하더니, 어느덧 영어로 수업하고, 다시 모든 과목을 영어로 하는 이른바 '몰입(immersion)교육'이라는 대학의 영어교수법 전공 강의에서나 듣던 생소한 용어가 대한민국의 보통사람의 입에 오르내리는 일상어가 되어버렸다. 중고등학교에서부터 모든 교과목을 영어로 가르치고 영어만 사용하게(English Only Policy) 하면 마치 메마른 스폰지가 물을 빨아들이듯이 영어를 저절로 배울 수 있다는 몰입교육이 왜 이제서야 나타났는지 원망스럽기까지 하다. 영어전담교사의 양성을 위해서 TESOL과정을 인증제로 도입한다는 등 날마다 새로운 아이디어가 쏟아져 나와서 현직 영어교사 왈 자기들은 요즈음 '울렁증'이라는 신종 가슴앓이가 생길 정도라는 것이다. (울렁증이란 새로운 영어교육 관련 발표를 들을 때마다 영어교사들의 가슴이 울렁거린다고 하여 붙여진 이름이다.) 아마 학부모들의 가슴도 마찬가지가 아닐까?

새 정부의 공약과 기대대로라면 고등학교만 나와도 영어로 웬만한 의사소통은 가능하다 하니 대학생들의 영어실력은 지금과는 비교도 안될 정도로 향상될 날도 머지않아 보인다. 그러나 대학에서 평생 영어를 가르치고 연구한 사람으로서 근거 없는 낙관론을 믿고 있을 수 없고 심지어 양심선언이라도 하고 싶은 심정으로 필자의 견해를 피력하려고 한다.

첫째, 영어교육강화정책으로 사교육비를 줄일 수 없을 것이다. 세계화와 정보화 시대에 영어는 특정 국가의 언어로서가 아니라 다민족 다언어 사용자 간에 가장 경제적인 의사소통의 수단으로서 이미 확고한 지위를 차지하고 있다. 물론 그 배경에는 초강대국 미국이 든든하게 동력을 끊임없이 제공하고 있다. 우리 사회가 영어에 투자하고 있는 정신적, 물질적 비용은 새로운 환경에 대한 적응이라는 본능적 욕구에 뿌리를 두고 있기 때문에 누구든지 여유만 있다면, 아니 다른 욕구를 억제하고서라도 최우선적으로 영어실력을 향상시키려고 할 것이다.따라서 아무리 공교육으로서의 영어교육을 강화한다고 해도 그것이 학교의 시험이거나 직장의 승진시험이거나 아니면 기업의 국제업무를 위해서나 심지어는 해외관광을 위해서나 가릴 것 없이 조금이라도 영어실력을 길러서 경쟁사회에서 승리할 수만 있다면 수단과 방법을 가리지 않고 감행할 것이다. 세계화시대에 global leader가 되고 global standard에 맞게 살기 위해서 해외유학과 여행을 적극 권장하고 있는 현실과도 뭔가가 맞지 않는 것 같다는 느낌을 지울 수 없다.

둘째, 공교육기관에서 영어교육을 강화하는 획기적인 정책을 실시한다고 해도 우리 국민의 영어 의사소통능력이 영어를 공용어로 사용하는 동남아국가 수준으로 향상되지 않을 것이다. 이는 우리 국민의 머리가 나빠서가 아니라 의식과 문화가 다르기 때문이다. 한마디로 영어 시험성적을 끌어 올리는 것은 생존의 문제이지만 실제적인 의사소통 능력의 향상은 기호(pleasure)의 문제요 선택(choice)의 문제이다. 우리 문화의 전통과 취향은 아직도 영어가 우리 토양과 문화에서 또 하나의 세계언어(world language)로서 토착화(acculturation)하는 것을 바라지 않고 있다. 이미 영어는 미국의 힘이 미치는 곳이면 세계 어디든지 퍼져나가서 현지 언어와 동화된 수많은 세계어(Globishes)가 자생력을 가지고 있으나, 오직 우리 땅에는 영어가 들어온 지 100년이 넘어서는데도 토착화의 씨앗인 '콩글리쉬'(Konglish)를 비하하고 추방운동이나 하고 있는 안타까운 현실이다. 여러 복잡한 조건을 감안하더라도 진정한 한국영어(Korean English)가 우리 문화에서 뿌리내리고 건강하게 성장하여 알찬 열매를 맺을 때 비로소 영어에 맺힌 컴플랙스(complex)와 이데올로기(ideology)로부터 자유로워질 것이다. 그 날이 올 때까지, 아니 그날을 앞당기는 주인공으로서 영어교육자와 학습자를 비롯한 모든 대학인이 창조적으로 신나게 영어를 가르치고 배우며, 적극적으로 힘을 모아서 차분하게 지속적으로 (아무개 정부의 정책과 전혀 상관없이)활용해나갈 때 그 날이 꼭 올 것이다. 국어와 한자(漢字)와 영어가 서로 얽히고 설킨 채로 서로의 장점을 빨아드리고 단점을 메워주는 상생의 언어문화시대가 아무도 모르게 새벽처럼 서서히 다가올 것이다.

(울산대학신문 410호. 2008년 3월 3일)

• 영어교육자를 위한 변명

그리 먼 옛날 얘기가 아니다. 정부가 부동산 안정화대책을 발표할 때마다 전국의 집값, 땅값이 폭등하였고, 결국 무자비하게 세금폭탄을 공중 투하하여 적군, 아군, 양민 할 것 없이 생명과 재산에 엄청난 피해를 입혀서 원상회복하는 데만 수 십 년이 걸렸던 시대가 있었다고 한다.

오늘의 새 정부가 국민의 사교육비(영어과외비) 절감을 위한 공교육, 아니 영어교육 강화정책이 쏟아져 나올 때마다 사교육시장은 기름을 부은 듯이 타오르고, 심지어는 전국의 영어학원에 광풍(狂風)이 몰아치고 있다는 것이 사회 기상대의 예보인 것 같다. 아마도 새로운 영어교육 강화정책에 대한 반대여론이 심상치 않고, 더욱이 4월 총선에 미칠 역풍을 전략적으로 고려한 듯 적어도 공식적인 논의가 잠잠한 상황이 마치 한반도 대운하계획과 비슷하여 흥미롭다.

그런 가운데서도 이미 사교육시장은 말할 것도 없고 새 정부의 새로운 영어교육 정책에 남보다 앞서서 호응하려는 각급 교육기관에서는 이미'몰입교육'이라는 새로운 형태의 수업을 진행하고 있는 곳이 상당수 있다고 보도되고 있다. 몰입식 영어교육, 다시 말해 모든 과목을 영어로 수업하는 수업방식이 선진형(?) 영어교육 및 각 교과교육으로 포장되어 실행에 옮겨지고 있는 것이 우리의 엄연한 현실이 되어가고 있는 것이다.

3월 10일자 모 신문을 보면"교단 10년에 쪼그라든 열정, 실력.."이라는 제목으로 오늘의 한 현직교사의 참담한 심정을 소개하고 있다. 내용인즉, 전국 석차 0.5% 이내의 수능성적으로 서울의 S사대에 입학했고, 토익성적 930점에 대기업에 입사했다가"아이들을 가르치고 싶다"는 꿈을 실현하기 위해서 교직에 돌아온 33세의 김모 교사의 현주소는 대기업 사원과 현직 교사의 연수비용과 내용의 차이를 비교하면서"엘리트 인재들이'선생님'으로 들어오지만 잘못된 시스템으로 이들의 열정과 지식은 공중에서 사라지고 있다. 무너진 공교육을 살리려면 교사들을 일으켜 세워야 한다. 교실에 '좋은'교사가 없다면 우리 자녀들에게는 '좋은'교육도 없는 것이다"라고 마무리 하고 있다.

매우 그럴 듯 해 보이는 논조는 사실 공교육의 문제, 즉 수요자인 학생들이 사교육시장으로 몰리는 이유가 공교육기관의 교사들의 책임, 더 정확히는 무능력이라는 전제가 깔려있는 매우 위험한 발상에 근거하고 있다는 것이 필자의 판단이다. 우리는 교사의 책임이 없다고 말하려는 것이 아니라 거의 전적인 책임이 교사에게 있다는 논리, 따라서 교사의 재교육이나 교사 채용제도를 바꾸어 영어를 잘 말하는 교사를 채용하여 모든 교육에 투입하여 몰입교육을 하는 것만이 공교육강화의 유일한 해결책이라는 잠재적인 논리를 위한 잘못된 확신임을 지적하려고 하는 것이다.

교육은 인간 대 인간으로 이루어지는 바람직한 가치추구의 만남이다. 영어교육도 교육의 한 분야이며, 교육 본래의 기능을 제외하면 그것은 이미 교육이 아니다. 오늘의 공교육의 문제는 교육의 본질적 기능을 수행할 수 없고, 거의 상급학교 입시를 준비하는 기관으로서만 존재의의를 갖게 된 우리 사회와 국가의 시스템과 문화에 문제가 있는 것이다. 시험성적 중심의 학교교육이 수요자인 학생과 학부모, 이제는 사회와 국가의 요구이며, 이를 충족시키지 못하는 공교육의 교사는 무능한 교사로 낙인찍히는 현실에서 참다운 교육은 생존할 수 없을 것이고, 이는 영어교육만의 문제가 아니라 모든 교과목의 문제가 되어버렸다. 왜냐하면 몰입교육은 교사가 우선 각 과목의 전문지식을 가지고 있어야 하고, 이를 영어로 가르쳐야 하기 때문이다. 게다가 더욱 중요한 것은 몰입식 교육의 대상인 학습자, 즉 학생이 영어를 몰라서 그 과목의 내용을 더 효과적으로 이해할 수 없는 상황이 불을 보듯이 뻔하지 않은가!

영어를 단순히 의사전달의 수단으로 정의하는 것은 지나친 단순화이다. 인간을 가장 인간답게 하는 것이 바로 언어능력임이 현대 언어학, 특히 Noam Chomsky의 생성언어학에서 명시적으로 규명되고 있는 이때에 언어를 인간의 이해를 위한 가장 확실한 방법으로 새롭게 인식되어야 할 것이다. 우리는 정보화, 국제화시대의 주인공으로서 주도적으로 살아가기 위해서 영어의 사용능력이 절실한 수단이라는 데에 공감한다. 그러나 영어의 사용자가 바로 인간이라는 사실을 인식하고 이런 관점에서 영어를 가르치고 배우는 영어교육 본래의 모습이 공교육기관에서부터 부활(Renaissance)해야 하고, 이 부활운동을 위해서 힘 있는 사람과 기관과 정부가 온 지혜를 모아야 할 때가 바로 지금이다.

(울산대학신문 411호. 2008년 3월 17일)

• 영어나무는 밤에 자라는가

현대 한국 불교계의 거목이신 고(故) 숭산(崇山) 스님의 파란 눈을 가진 수제자 중의 한 분인 현각 스님이 한국을 방문중인 미(美)Columbia대 MBA과정 학생들을 위한 법회를 마친 후 질문을 받았다.한 학생이 질문하였다. “스님, 생각은 어디서 오나요?” 스님이 대답하였다. “당신의 그 열린 입에서.”그 선문답의 깊이를 미련한 중생이 헤아릴 수는 없으나 아마도 생각이 입에서 나온다면 곧 생각(思想)이 말(言語)이라는 뜻으로 이해될 수 있을 것 같다.

공교육의 강화를 통해서 사교육비를 줄이겠다는 새 정부의 정책의지를 시험해보려는 듯 서울시의회에서는 현행 밤 10시까지로 되어 있는 학원 수강시간을 철폐하는 조례안을 상정하였다. 이 안을 주도한 J서울시의원은 기자의 질문에 답하는 자리에서 “공부하다가 죽었다는 학생은 못 보았다”고 폭언하여 수험생과 학부모는 물론이고 대부분의 국민들을 경악케 하였다.‘언어폭력’이 법률용어인지는 모르겠으나 이 지도층 인사의 망언은 우리 국민들이 언젠가 스스로 선택한 지도자의 예측할 수 없는 폭력성 막말(혹은 망발)로 인하여 심한 상처와 수치심을 안고 살던 시절을 떠올리게 하였다. 이 막말을 전해들은 우리 청소년 학생들의 솔직한 심정은 어떠했을까? 생각만 해도 가슴이 뭉클하고 알 수없는 분노 같은 것이 치밀어 오른다. 정말 다행스럽게도 우리의 지도자가 신속하게 “그렇게 되면 공교육의 황폐화를 가져올 것이다”라고 한마디 하셨고, 이것이 결정적인 힘이 되어 그 조례안은 며칠 후에 폐기처리 되었다. 그야말로 최고 지도자만이 할 수 있는 통치력의 극치를 보여준 사례였다.(그러나 불행히도 같은 날 울산시의회는 그동안 이런저런 이유를 둘러대며 심의를 유보해오던“심야교습 밤10시 제한”안건을 다시 보류 처리하였다.)

여기에서 과연 심야 학원교습 문제의 본질이 어디에 있는지를 생각해볼 필요가 있다. 고등학교를 기준으로 밤10시까지 매일 15시간동안 학교에 거의 수용(收容)되고 있는 것이 우리의 교육현실이다. 그런데도 공교육이 제 구실을 하지 못하고, 사교육에 절대적으로 의존하게 되어, 사교육비가 가족제도와 가정경제는 물론이고 국가경제를 흔들어놓을 정도로 심각하다는 것이 엄연한 현실이다.

다시 영어교육으로 범위를 좁혀서 보면 학생들의 영어공부, 혹은 학습시간은 정규시간과 보충수업 및 자율학습을 모두 합하여 어느 과목보다 많다고 할 수 있다. 열심히, 생리적 수면시간도 줄여가면서 건강을 해칠 정도로 공부하는데도 학교교육은 부실하고 학원교습은 충실하다는 사회적 통념이 과연 어디까지 진실일까? (사실, 사교육의 교육내용 및 효율성에 관한 정확한 진단과 검증이 이루어진 적이 없다.) "정말 학원에서 새벽까지 수강하고 마침내 집에 돌아와 잠을 자는 둥 마는 둥 하고 일어나, 아침밥을 먹는 둥 마는 둥 학교에 다시 나오면 어차피 별로 배울 것도 없는 수업을 듣느니 차라리 불편은 하지만 쏟아지는 잠을 피할 수 없으니 책상에 엎드려서라도 잠을 자 두어야 또 학원에 가서 정신 차려 수업을 들을 수 있을 것이 아닌가!"정말 상상하고 싶지 않은 이 시나리오가 대부분의 우리 수험생들의 하루라면 이는 너무 비참하지 않은가! 더구나 그들이 정신적으로나 육체적으로나 가장 예민하고 왕성한 성장기에 있는 우리의 미래를 짊어질 피 끓는 젊은이들이라는 점을 생각할 때 과연 기성세대들이 무슨 명분으로 이런 비인간적인 노역(toil)을 모든 학생에게 동일하게 무차별적으로 부과할 수 있다는 것인가!

우리는 이 질곡(桎梏)의 상황을 과감하게 청산해야 한다. 그 지름길은 공교육을 교육 본래의 기능을 다 하도록 바꾸고, 보충수업은 이름 그대로 정상적인 수업의 개인차를 줄이기 위한 보충학습이 되어야 한다. 사교육비를 줄이기 위한 방편, 혹은 대안으로서 공교육의 문제를 해결하려는 모든 발상을 이제 그만두어야 한다. 오직 교육의 정상화를 위하여 기성세대들이 온갖 노력을 다 해야 한다. 우리는 역사적으로 수많은 교육제도를 시험해왔다. 이미 국민들은(이기적인 동기만 없다면)어느 교육제도가 진정으로 각 개인과 국가를 위한 것인지 잘 알고 있다. 영어교육도 단순암기와 문제풀이식이 아니라 지적 탐구를 통한 자아의 실현과 표현을 위한 또 하나의 언어체계를 자기주도적 학습(mindful learning)을 통해서 성취할 수 있도록 제반 제도를 개혁하고 아울러 문화와 의식을 바람직한 방향으로 꾸준히 바꾸어 나가야 할 것이다.

(울산대학신문 412호. 2008년 4월 7일)

• 어느 원어민 영어강사의 충고

아마도 현재의 학생들은 말할 것도 없고 현대를 살아가는 한국사람 으로서 언젠가 한번쯤 영어 때문에 마음의 상처를 받아보지 않은 사람은 아마 거의 없다고 해도 지나친 말이 아닐 것이다. 영어 단어와 문법을 밤늦도록 외어가면서 아무리 열심히 공부해도 여전히 토익, 토플 점수는 제자리에서 맴돌고, 외국인을 만나면 아직도 속 시원하게 말 한마디 할 수 없으니 그때마다 좌절하기 마련이다. 내가 가르치는 K대학의 수업시간에 한 학생이 말했다. "수년 동안 영어를 공부하고도 영어로 말할 수 없으니 기가 죽습니다." 또 다른 학생은 이렇게 말했다."영어로 말을 할 수 없으니 정말 답답하고 화가 나기까지 합니다." 가끔씩 나는 이 학생들의 학부모가 그동안 사설학원이나 과외선생에게 얼마나 많은 돈을 들였을까, 그리고 이 학생들이 영어와 얼마나 힘든 싸움(struggle)을 하고 있는가를 생각해 보았다.영어를 배우는데 그동안 들인 그 많은 돈과 시간과 에너지에도 불구하고 결과는 대개 아주 불만스러우니 안타깝고 측은하기까지 하다. 한국학생들의 이와 같은 영어에 대한 절망적인 체험은 마침내 그들에게 한국에서 영어를 배우는 것이 불가능하다고 확신시켜주게 된다. 나아가서 그들은 영어를 제대로 배우기 위해서는 어떻게 해서든지 영어의 본토로 가야만 한다고 굳게 믿어버리게 되는 것 같다.

그러나 외국에서 영어를 공부하는 것이 필수적인 것은 아니다. 문제는 공부하는 장소(where)가 아니라 방법(how)이다. 수 년 동안 외국에서 영어를 공부해 왔으나 여전히 영어에 어려움을 가지고 있는 많은 한국인을 나는 알고 있다. 마찬가지로 해외에 전혀 나간 적이 없으나 영어를 훌륭하게 말하는 사람들도 많이 보았다. 누구나 영어를 말하기 위해서 꼭 미국행 비행기 표를 필요로 하는 것은 아니다. 단지 그들에게 기본 가정(basic assumption)과 공부방법의 변화가 필요할 뿐이다.

첫째, 무엇보다도 우선적으로, 영어를 제대로 배우기 위해서는 한국사람은 영어를 공부하는 방법을 바꾸어야 한다. 모든 언어는 인간이 타고난 기본적인 인지능력(cognitive faculty)으로서 인간다운 생활을 위한 필수 지식이자 경이로운 기술(skill)이다. 이런 면에서 영어는 다른 학문적 교과목(academic subject)과 구별되어야 한다. 다만 모국어와 달리 외국어로서의 영어는 학습자가 접촉하고 경험할 시간이 절대적으로 부족하므로 영어의 사용능력을 향상시키기 위해서는 그만큼 충분한 연습이 절대적으로 필요하다. 개인의 기호에 맞추어서 영어 노래를 부르고, 영어 영화를 보고, 여가시간에 원서를 읽으며, 영어로 대화할 기회를 갖는 것 등은 영어를 배우는 뛰어난 방법들이다. 그러나 무작정 단어의 목록을 달달 반복해서 외우고, 두꺼운 문법책을 통째로 마스터하겠다고 죄 없는 두뇌만 혹사시키거나, 토익 혹은 토플 문제집만 반복해서 풀면 점수가 올라가고 또 그 점수가 자기 실력이라고 믿는 순진한 공부 방법으로는 자신의 목표 달성은 물론이요 진정한 의미의 의사소통능력(communicative competence)을 발전시키는데 별로 도움이 되지 않는다. 물론 제대로 된 문법 설명은 반드시 필요하지만 학습자 자신의 주도적인 연습이 동반되지 않는 이제까지의 공부법은 반드시 바꾸어야 할 것이다.

내가 만난 대부분의 학생들은 너무 긴장한 채로 진지하게 영어수업에 임하여 혹시 하나라도 틀리면 어쩌나 심히 두려워하여 수업활동에 적극적으로 참여하지 않으려고 하는 것을 보고 매우 놀랐다. 모든 연습(practice)은 우선 재미가 있어야 하고, 그 과정에서 실수는 자연스럽고, 오히려 연습을 더욱 신나게 만드는 중요한 요소이다. 영어를 배우는 과정을 재미있는 게임이나 스포츠라고 생각하고 즐거운 마음으로 다양한 영어 활용 이벤트에 참여하는 것이 절대적으로 필요하다.

둘째, 원어민만이 영어를 제대로 가르칠 수 있다는 끔찍한 미신(myth)을 버려야 한다. 이 미신에 많은 한국사람들이 속고 있다. 내가 보기에 많은 우수하고, 잘 교육받은 한국인 영어교사가 원어민 때문에 일자리를 잃어가고 있다. 원어민 중에서도 물론 뛰어난 분들이 있지만, 영어교수법에 대해서 거의 알지 못하며, 심지어는 "가르침(teaching)" 자체를 좋아하지 않거나 한국의 문화나 언어에 대해서 전혀 이해하지 못하고, 이해하려고 노력하지도 않는 원어민 강사도 적지 않다는 것을 말하고 싶다. 국적과 인종과 성별에 관계없이 훌륭한 영어강사가 채용되는 제도가 하루 빨리 마련되어야만 한국학생들이 더 훌륭한 교육 환경에서 영어를 배울 수 있을 것이다.

끝으로 학생들의 영어학습을 가로막는 가장 바보 같은 가정은 완벽주의(perfectionism)의 망령이 아닌가 싶다. 즉 완전하게 알 때까지는 영어를 말하지 않으려는 고정관념이나. 이 끔찍한 태도가 바로 영어를 제대로 배울 수 있는 유일한 방법인 연습을 가로막고 있는 것이다. 분명히 말하지만 실수를 저지르는 것은 모든 학습과정의 적극적인 일부분이다. 누구도 수영교재만으로는 물에 뜨기조차 힘들 듯이, 영어를 머리와 눈으로만 공부해서는 정상적으로 말할 수 없고, 들을 수도 없을 것이다. 영어를 잘 이해하고, 이를 잘 활용하여 자기 것으로 만들기 위해서 자신의 몸과 마음으로 즐겁게 체험하는 기회를 최대한도로 늘려가는 것이야말로 영어학습의 왕도(royal road)가 아닌 정도(right road)가 될 것이다. (울산대학신문 413호. 2008년 5월 13일)

• "지름길 대신에 '돌아가는 미덕'의 영어교육"

지난 2일 '공교육 강화와 대학 영어교육의 방향'에 대한 장경기(영어영문학) 교수의 연재를 마무리 짓는 간담회를 진행했다. 영어교육에 대한 대학생의 현실과 영어 공교육에 대해 학우, 교수와 함께 이야기를 나눴다.

외국어교육원장 장경기(영어영문학) 교수
울산대신문사 편집국장 박다영
권기성(영어영문학·2)
허동혁(조선해양공학부·3)

박다영(이하 사회자): 많은 학우들이 학점을 잘 받거나 취업을 위해 토익이나 토플을 준비한다. 현재 토익이나 토플을 공부하고 있는가?

권기성(이하 권): 토익, 토플을 따로 공부하기보다는 영어영문학과 교육과정에 따라 하고 있다. 이렇게만 해도 점수는 어느 정도 나온다. '모두가 영어공부를 해야 한다'는 사회적 인식 때문인지 영어공부는 필수다.

허동혁(이하 허): 취업준비를 위해 공부하고 있다. 누리장학금에서 지원하는 예치금 형식을 이용해 일주일에 4시간 토익 수업을 듣고 회화 수업도 2시간을 하고 있다. 앞의 학우처럼 흥미 위주로 영어공부를 하면 좋겠지만 현재의 토익은 취업의 등용문이다. 원하는 학문을 전공하고 전공을 살려서 취업하려면 토익 성적과 학점은 기본이므로 어쩔 수 없이 영어 공부의 목적이 취업이 된 것이다. 더 나아가 영어는 세계 공용어이므로 언어적으로도 꼭 필요하다는 생각으로 공부하고 있다.

장경기 교수(이하 장): 두 학생이 비교가 되는 관점이다. 학업 과정을 잘 따라가면 점수가 잘 나온다는 영어영문학과 학생은 아직 2학년이므로 그런 생각이 당연하다. 하지만 학년이 올라갈수록 토익 성적이 생각만큼 잘 올라가지 않아 그저 여유롭게 공부할 수만은 없다. 하지만 토익과 토플에 앞서 영어에 대한 정확한 이해가 우선되는 것이 중요하다. 시간은 적고 마음은 급하지만 진짜 영어가 무엇인지 궁금증을 가지고 문법적·이론적으로 이해하기 위한 자세가 필요하다.

사회자: 수능영어처럼 토익에서도 문제를 잘 풀기 위한 스킬이 존재하는 것 같다. 토익이나 토플을 응시한 경험은 있는가? 공부하면서 어려웠던 점은?

권: 토익은 수능과 별 다를 것이 없다고 생각한다. 수능영어가 어느 정도 스킬을 습득하면 답을 찾을 수 있는 것처럼 토익도 같은 맥락이다. 개인적으로 토익이 영어 실력을 판단하는 기준이 될 수 없다고 생각한다. 토익을 잘한다고 해서 영어를 잘하지는 않기 때문이다. 하지만 토플은 쓰기, 말하기 등 여러 분야를 평가하기 때문에 토익과는 다른 부분이 존재한다.

허: 솔직히 토익 공부보다는 잘 풀기 위한 스킬공부를 하고 있다는 말이 맞는 것 같다. 토익강좌에서도 '토익은 스킬이다'며 '800점까지는 누구나 공부하면 올라갈 수 있고 900점부터는 영어에 감이 있는 사람이 승리한다'고 말한다. 공대는 과 특성상 전공이 주가 되고 토익은 부수적이다. 그렇지만 점수가 800점 이상이 넘으면 대기업에서 떨어지지 않기 때문에 영어에 대해 깊이 생각하기 보다는 스킬 위주로 공부하고 있는 것 같다. 영어에 대해 깊이 공부하기에는 지금 당장 취업이 더 급하다.

장: 스킬 위주의 공부 방식은 우려되는 지점이다. 토익 강의를 들어보면 영어를 가르치는 것보다 문제풀이 방식만을 가르치고 있다. 그것은 영어를 배우기 위한 단기적인 처방은 되지만 영어를 배우는 진정한 방법은 아니라고 생각한다. 진짜 영어공부가 아닌 문제풀이만 계속 한다면 영어공부의 기회를 영영 잃어버리게 될 것이다. 자신의 점수가 오르는 것을 만족하기보다는 영어에 대한 관심이 우선 되어야 하고 차근차근 단계적으로 올라가는 것이 중요하다.

사회자: 대학 재학 중 해외어학연수가 꼭 필요하다고 많은 학우들이 생각한다. 요즘은 휴학을 하고 해외어학연수를 떠나는 학우들도 많다. 이에 대한 생각은?

권: 지방은 영어회화를 배울 곳이 부족해 해외로 많이 나가는 것 같다. 들으면 들을수록 귀가 뚫린다는 말처럼 영어를 많이 들으면 실력이 향상될 거란 생각에 외국으로 나가는 것이고 실질적으로 효과가 있다고 생각한다.

허: 일주일에 두 시간 정도 외국인과 대화를 하지만 그때 순간뿐이다. 스터디 그룹 등을 통해 지속적으로 말하기를 하지 않으면 실력을 유지하기가 힘들다. 이 때문에 많은 사람들이 해외어학연수를 택하는 것 같다.

장: 영어영문학과에서도 해외어학연수를 실시하고 있다. 직접 외국에 나가 수업을 참관한 결과 우리의 영어수업과 가장 큰 차이점은 24시간 동안 영어를 경험한다는 것이다. 영어에만 완전히 몰입할 수 있는 시간이 많아지면서 언어사용 능력이 자기도 모르는 사이에 향상될 것이다. 그 경험을 한국에서도 할 수 있다면 더욱 좋다.

사회자: 현재 필수적으로 수강해야 하는 영어회화, 영어1·2과목에 대해 부정적인 의견이 많다. 직접 수업을 들은 학우로서 강의에 대해 어떻게 생각하는가?

권: 1학년 1학기 때는 영어영문학과, 2학기 때는 과에 상관없이 전체가 같이 듣는 강의를 수강했다. 하지만 잘하는 사람 몇 명만 강의에 적극적으로 참여하고 그 외의 사람들은 시간만 때우는 식이다. 또한 내용이 대부분 이전에 배운 표현이어서 필요하지 않은 내용이 많았다. 영어1·2는 이전에 배워왔던 독해·듣기·문법 등의 내용과 공부방식이다. 한번 읽고 해석하고 중요한 문법을 체크하는 것 대신에 실력에 따라 영어회화 수업을 하는 것이 더 효율적이다.

허: 영어1·2는 수업을 듣는 대신 토익점수로 대체가 가능하다. 해야 할 공부고 얻어야 할 점수라면 나 또한 특별학점으로 대체할 생각이다. 하지만 이렇게 되면 과목의 의미가 없어지고 진정 영어를 배우고자 하는 학우들에게는 불리할 것 같다. 친구 중에서도 영어 실력이 뛰어나지만 점수를 잘 받기 위해 영어1을 듣는 경우가 있었다. 즉 영어에 대한 배움보다는 점수를 얻기 위해 수업을 듣는 것이다.

장: 올해는 많은 외국인 교수의 채용으로 한 반의 정원이 35명에서 25~30명 선으로 줄었다. 이 때문에 기존보다 수업의 질을 높일 수 있을 것으로 보인다. 영어1·2는 토익점수로 대체가 가능한데 이 제도를 만든 이유는 그 점수대의 학우라면 혼자서도 공부할 수 있다고 판단해서다. 하지만 영어공부에 있어서 학점에 얽매이는 것보단 자기능력 계발에 초점을 두는 것이 필요하다. 학점 위주로 공부하게 되면 공부하는 즐거움과 자발적인 공부의 기회가 사라질 것이다.

사회자: 기존의 영어 강의들 대신 어떤 강의가 개설됐으면 하는가?
권: 미국 드라마, 영화, 뉴스 등을 보면 현재의 영어 흐름이나 유행을 알 수 있다. 이렇게 학우들이 흥미를 느끼는 주제를 통해 회화, 실용영어 중심으로 배웠으면 한다.

허: 영어마을과 같이 어떠한 상황을 통해 흥미를 유발시킬 수 있는 시스템이나 강의가 필요하다.

장: 지금의 영어회화는 현실에 맞지 않고 영어1·2는 고등학교 수준이다. 잉글리시카페 등 학내에서 영어를 사용하는 공간을 넓혀나가는 것이 필요하다. 하지만 유념해야 하는 것은 전국적으로 우후죽순으로 들어서는 영어마을 문제다. 각 지자체에서 경쟁적으로 많은 돈을 투자해 영어마을을 만들고 있지

만 제대로 된 대안이 되지 못했다. 이에 대한 반성이 필요한 시점이다.

사회자: 대학 내에서 영어교육에 대한 갈증이 해소되면 사교육비가 줄어들고 굳이 외국으로 나갈 필요가 없다. 이를 위한 영어공교육 방안에 대해서 이야기해 달라.

장: 영어교육을 하면서 내가 목표, 의도한대로 학생들이 잘 소화하는지에 대한 의문이 들 때가 있다. 학우들이 영어교육에 있어서 정말 제대로 배울 수 있는 자세를 가져야 한다. 순수한 마음의 지적 호기심을 가지지 않는다면 자기계발은 어려울 것이다. 학우들이 학점에 매이지 않고 모든 학문에서 '공부하는 재미'를 찾는 것이 필요하다. 영어공부에 있어서 동기를 부여하고 자기에게 맞는 방법을 찾아 조금씩 나아가는 것이다. 당장은 돌아가는 길이 힘들지 몰라도 살아가면서 더 크고 중요한 것에 진정한 '실력'이 발휘될 수 있을 것이다. (울산대학신문 414호. 2008년 6월 9일)

• 교수 추천도서

BEYOND SUCCESS AND FAILURE [성공과 실패를 넘어서]

인생은 만남이다. 책과의 만남도 그 중의 하나이다. 필자가 이 책과 만난 것은 더할 수 없는 행운이었다. 지난 2002년 UCLA에 방문교수로 가 있던 어느 날,주로 학교나 공공 도서관에서 폐기처분된 책을 도서관 입구에서 산더미처럼 쌓아놓고 헐값으로 팔고 있었다. 그 때,그 자리에서, 운명적으로, 이 책과 만났다. 1960년대 초에 출판된 빛바랜 문고판이었다. 첫눈에 들어온 Beyond Success and Failure 라는 책 제목이 무언가 알 수 없는 호기심을 불러일으켰다. 그리고 곧 이 책에 정신없이 빠져들었다. 이 책은 숨이 막힐 정도로 근본적인 태도로, 진지하고 성실하게 인간의 내면과 인생 전반을 진단해가고 있었다. 과연 진단 후의 처방은 무엇인지가 너무나 궁금하여 도중에 책을 놓을 수 없었다. 마지막장을 덮는 순간 탄식과 환희가 교차하였다. 마침내 그동안 살아오면서 그토록 갈망하던 진리이자 자유, 바로 그것을 얻었다!

필자는 이 책을 통해서 처음으로 저자들과 만났다. 이들은 50년 이상을 정신과 전문의로 함께 살아온 부부이다. 이들은 개인 심리학의 대가, 알프레드 아들러(Alfred Adler)박사의 제자로서 그의 결정적인 영향을 받았다. 이 책은 동서고금을 자유롭게 넘나들면서 기독교, 불교, 힌두교, 도교, 선교 등의 가르침을 인용하고, 철학, 심리학, 문학, 신화, 언어 등을 적절하게 활용하여 비유와 반복으로 삶의 실재(reality)를 보여주고 있다. 심리학자이며 작가인 프로고프(Ira Progoff) 박사는 "어느 모로 보나 내가 이제까지 읽은 책 가운데 가장 훌륭한 인생 지침서(self-help books)이다"라고 이 책을 평하고 있다. 그러나 정작 저자들은 이 책이 일반적인 인생 지침서로 분류되는 것을 거부하고 있다. 기존의 대부분의 인생 지침서가 인생 전반, 혹은 특정분야에서 성공하는 법과 실패하지 않는 법을 안내하는 여러 가지 사례연구를 나열하는 것을 주요 내용으로 하고 있으나, 대개 이런 종류의 책들은 너무나도 복잡한 인생을 살아가야 하는 각 개인의 삶에서 똑같이 적용되는 경우가 거의 없기 때문에 별로 도움을 주지 못한다고 저자는 확신하고 있다. 대부분의 사람들은 인생의 목표는 성공이고, 성공하지 못하면 인생의 낙오자와 패배자라고 굳게 믿고 살아간다. 하지만 놀랍게도 저자는 인생의 진정한 의미는 그런 것이 아니라고 주장한다. 성공하면 행복하고, 실패하면 불행하다는 단순한 공식으로 자리 매김할 수 없는,모든 개인에게 주어진 유일무이(唯一無二)한 존엄한 과정이라는 것이다. 모든 인생은 그 자체가 의미이며, 성숙을 목표로 하고 있고, 성숙은 정서적 자립을 통해서 달성될 수 있다고 설파하고 있다. 저자의 메시지는 너무나 강렬하고 엄숙하다. 아니 계시적이고, 예언적이다. 그러면서도 구체적이고 현실적이다. 누구든지 이 책을 읽다보면 자기도 모르게 한숨과 탄식이 절로 나오게 될 터인데, 이는 곧 깨달음과 재탄생의 메시지에 다름 아닌 것이다.

필자는 오직 이 책의 내용이 너무 좋아서, 그리고 혼자만 알고 즐기기에는 너무 아까워서 사랑하는 사람, 소중한 사람에게 전해주고자 우리말로 번역하여 출판 중에 있고, 이 책의 부제인『정서적 자립과 성숙의 길』(Ways to self-reliance and maturity)을 제목으로 하였다. 원서로 읽던 번역서로 읽던 상관없이 저자의 바람대로 이 책의 모든 독자들이 각자의 내면의 빛을 발견하여, 진정으로 자립적이고 성숙한 삶을 누리는 운명적인 계기가 되기를 간절히 소망한다.

(울산대학신문 417호. 2008년 10월 13일)

Willard & Marguerite Beecher, *BEYOND SUCCESS AND FAILURE - Ways to Self-reliance and Maturity*. Pocket Books.1966.

장경기 옮김. 『명상—정서적 자립과 성숙의 길』.북코리아.2010.

3. 발표논문 목록(1980-2016)

(1) 「英語의 代名詞化 硏究」. 서울대 석사논문.1980.

(2) 「A Re-examination of "Double-Subject" in Korean」.『UIT Report』 13.1.울산대학교.강선영 공저.1982.

(3) 「Morphological Change of "-y"」.『UIT Report』14.1.울산대학교. 1983.

(4) 「A Reevaluation of The Concept of Topic」.『영어영문학』1.한국영어영문학회 경남지회.강선영공저.1983.

(5) 「국어에도 부가의문문이 있는가」.『영어영문학』3.한국영어영문학회 경남지회.1985.

(6) 「국어의 부정의문문과 전제」『어학연구』22.1.서울대어학연구소.1986.

(7) 「영어분열문의 본질」.『인문논총』19.2.울산대학교.1988.

(8) 「국어의 부정 의문문과 화행」.『인문논총』20.1. 울산대학 교.1989.

(9) 「국어 부정의문문의 GB분석시론」.『김상훈선생회갑논문집』. 1991.

(10) 「격이론과 논항이동에 대하여」.『인문논총』4.울산대학교.1993.

(11) 「국어 부정의문문의 구조와 의미해석」.『영어영문학』10.한국영어영문학회 경남지회.1993.
(12) 「수정격여과조건과 격승계가설」.『언어』18.2.한국언어학회.1993.
(13) 「울산대학교 신입생 영어능력실태 연구」.『인문논총』6. 울산대학교.강선영, 고인수, 한규만 공동연구. 1994.
(14) 「대우법의 자립통사론과 화용론」.『영어영문학』13.한국영어영문학회경남지회.1996.
(15) 「可示性條件 研究-格理論을 중심으로」.서울대박사학위논문. 1996.
(16) 「영한 IP-구조와 주격부여자 비교」.『이맹성선생기념논문집』. 1995.
(17) 「Seem-구문과 '것 같다'-구문의 통사성 비교」.『인문논총』14.울산대학교.1998.
(18) 「부가의문문의 보편문법과 경상도 방언」. 『인문논총』17.울산대학교. 1999.
(19) 「국어 부정의문문의 통사적 연구」. 『언어』26.1. 한국언어학 .2001.
(20) 「There-구문의 통사적 연구」. 『현대영미어문학』 21.2. 현대영미어문학회.2003.
(21) 「관계구문의 통사적 연구」. 『영어영문학연구』31.3. 대한영어영문학회.2005.
(22) 「관계사 생략의 비밀을 찾아서」. 『인문논총』24. 울산대학교.2005.
(23) 「Empathy와 국어의 대우법」. 『현대영미어문학』25.1. 현대영미어문학회. 2007.
(24) 「Empathy와 영한 왕래동사의 관련성」. 『현대영미어문학』27.1. 현대영미어문학회. 2009.
(25) 「There-구문의 존재성 연구」.『영어영문학연구』36.1.대한영어영문학회. 2010.
(26) 「Wh-주어의문문의 통사적 연구」.『현대영미어문학』29.1.현대영미어문학회. 2011.
(27) 「There-존재구문의 한정성효과 연구」. 『현대영미어문학』30.1.현대영미어문학회. 2011.

(28) 「수사의문문과 전제의문문의 통사적 연구」.『현대영미어문학』30.4.현대영미어문학회. 2012.

(29) 「There-존재구문의 정체성 연구」.현대영미어문학』32.2.현대영미어문학회. 2014.

4. 저서 및 역서 목록

(1) 『대학영문법』(An Introductory English Grammar). Norman C. Stageberg 저. 강선영/안장윤 공역. 학문사. 1985.

(2) 『현대생성문법 탐구』. 울산대출판부. 2005

(3) 『현대영어학의 이론 및 응용』. 장경기외 7인 공저. 울산대출판부. 2005.

(4) 『한·중·일 언어학의 이론 및 응용』.울산대출판부. 2005.

(5) 『현대영어학의 이론과 실용』. 심민수 공저. 울산대출판부. 2008.

(6) 『명상--자립과 성숙의 길』. Willard and Marguerite Beecher 저. Beyond Success and Failure.1966. 북코리아. 2010.

(7) 『시사영어청취의 실제: 직청직해의 바른길 빠른길』. 울산대출판부.2010.

(8) 『현대생성문법과 영어와 국어의 부정법 연구』. 울산대출판부.2010.

5. 연보(年譜)

1974.2. 서울대학교 사범대학 영어교육과 졸

1974.~1977.5. 서울 장안중학교 교사

1974.12.~1975.12. 군복무

1977.5.~1981.2 서울사대부중 교사

1981.3. 울산대학교 영문학과 전임강사 임용

1987.3.~1988.12. 인문대학 교학과장

1987.4. 조교수

1991.~1992. 인문대학 교수협의회장

1991.4. 부교수

1991.1.~1992.12. 영문학과장

1994. Portland State University visiting professor

1996.3.~1998.3. 학생생활관장

1996.4. 교수

1998. Regina University visiting professor

1999.1.~2001.1. 어학교육원장

2000. 울산대학교 교수테니스회 회장

2002. UCLA visiting professor

2003.7.~2005.6. 영어과장(산경대)

2008.2.~2010.1. 외국어교육원장

2011.~2012. 현대영미어문학회장

2013.5.1. 울산대학교 연구우수교수A 선정